MÉMOIRES

DU DUC

DE SAINT-SIMON

I

TYPOGRAPHIE DE CH. LAHURE
IMPRIMEUR DU SÉNAT ET DE LA COUR DE CASSATION
RUE DE VAUGIRARD, 9, A PARIS

MÉMOIRES

COMPLETS ET AUTHENTIQUES

DU DUC

DE SAINT-SIMON

SUR LE SIÈCLE DE LOUIS XIV ET LA RÉGENCE

COLLATIONNÉS SUR LE MANUSCRIT ORIGINAL PAR M. CHÉRUEL

ET PRÉCÉDÉS D'UNE NOTICE

PAR M. SAINTE-BEUVE DE L'ACADÉMIE FRANÇAISE

TOME PREMIER

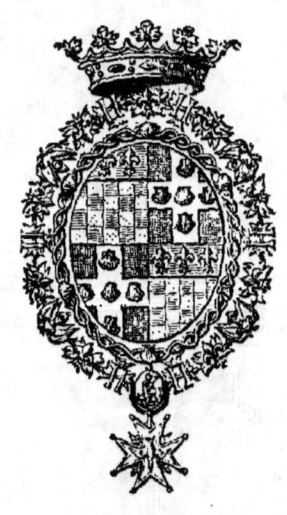

PARIS

LIBRAIRIE DE L. HACHETTE ET Cie

RUE PIERRE-SARRAZIN, N° 14

1856

AVIS DES ÉDITEURS.

Cette édition des Mémoires de Saint-Simon n'est pas la reproduction de l'édition de 1829-1830, ni d'aucune des éditions suivantes; le texte en a été établi d'après une collation exacte des manuscrits originaux, qui appartiennent à M. le duc de Saint-Simon, collation faite en entier par M. Chéruel, et il n'est presque point de page qui n'ait donné lieu à quelque rectification. On peut se former une idée de la nature et de l'importance de ces restitutions ou corrections diverses, d'après l'examen comparatif qui a été publié, et qu'on pourra rendre plus complet un jour. Cette édition mérite donc d'être considérée comme la véritable édition *princeps* des Mémoires de Saint-Simon.

Indépendamment de cet avantage fondamental d'un texte fidèle et tout à fait exact, cette édition en a d'autres accessoires qui la recommandent au public. Elle contient : une Introduction par M. Sainte-Beuve, dans laquelle il traite du mérite et des caractères essentiels des Mémoires de Saint-Simon; une nouvelle table alphabétique des matières et des noms propres, si indispensable pour un tel ouvrage; un portrait authentique de l'auteur; nous disons authentique, car le portrait donné dans d'autres éditions n'était pas le sien; un fac-simile de son écriture reproduisant une page de son testament; et enfin le testament même, que nous sommes autorisés à publier, soit en entier, soit par extraits.

INTRODUCTION.

On vient tard à parler maintenant de Saint-Simon et de ses Mémoires ; il semble qu'on ait tout dit, et bien dit, à ce sujet. Il est impossible, en effet, qu'il y ait eu depuis plus de vingt-cinq ans une sorte de concours ouvert pour apprécier ces admirables tableaux d'histoire et leur auteur, sans que toutes les idées justes, toutes les louanges méritées et les réserves nécessaires se soient produites : il ne peut être question ici que de rappeler et de fixer avec netteté quelques-uns des points principaux, acquis désormais et incontestables.

Saint-Simon est le plus grand peintre de son siècle, de ce siècle de Louis XIV dans son entier épanouissement. Jusqu'à lui on ne se doutait pas de tout ce que pouvaient fournir d'intérêt, de vie, de drame mouvant et sans cesse renouvelé, les événements, les scènes de la Cour, les mariages, les morts, les revirements soudains ou même le train habituel de chaque jour, les déceptions ou les espérances se reflétant sur des physionomies innombrables dont pas une ne se ressemble, les flux et reflux d'ambitions contraires animant plus ou moins visiblement tous ces personnages, et les groupes ou *pelotons* qu'ils formaient entre eux dans la grande galerie de Versailles, pêle-mêle apparent, mais qui désormais, grâce à lui, n'est plus confus, et qui nous livre ses combinaisons et ses contrastes : jusqu'à Saint-Simon on n'avait que des aperçus et des esquisses légères de tout cela :

le premier il a donné, avec l'infinité des détails, une impression vaste des ensembles. Si quelqu'un a rendu possible de repeupler en idée Versailles et de le repeupler sans ennui, c'est lui. On ne peut que lui appliquer ce que Buffon a dit de la terre au printemps : « Tout fourmille de vie. » Mais en même temps il produit un singulier effet par rapport aux temps et aux règnes qu'il n'a pas embrassés ; au sortir de sa lecture, lorsqu'on ouvre un livre d'histoire ou même de Mémoires, on court risque de trouver tout maigre et pâle, et pauvre : toute époque qui n'a pas eu son Saint-Simon paraît d'abord comme déserte et muette, et décolorée ; elle a je ne sais quoi d'inhabité ; on sent et l'on regrette tout ce qui y manque et tout ce qui ne s'en est point transmis. Très-peu de parties de notre histoire (si on l'essaye) résistent à cette épreuve, et échappent à ce contre-coup ; car les peintres de cette sorte sont rares, et il n'y a même eu jusqu'ici, à ce degré de verve et d'ampleur, qu'un Saint-Simon.

Ce n'est pas à dire qu'on n'ait pas eu avant lui de très-belles formes de Mémoires et très-variées : il serait le premier à protester contre une injustice qui diminuerait ses devanciers, lui qui s'est inspiré d'eux, il le déclare, et de leur exemple, pour y puiser le goût de l'histoire, de l'histoire animée et vivante. C'étaient des peintres aussi, au milieu de leurs narrations un peu gênées, mais d'une gaucherie charmante et naïve, que les Ville-Hardouin et les Joinville. Les Froissart, les Commynes étaient arrivés déjà à la science et à l'art avec des grâces restées simples. Quelle génération d'écrivains de plume et d'épée n'avaient point produite les guerres du XVIe siècle, un Montluc, un Tavannes, un d'Aubigné, un Brantôme ! Que de paroles originales et toutes de source, et quelle diversité d'accents dans les témoignages ! Sully, au milieu de ses pesanteurs, a bien des parties réellement belles, d'une solidité attachante, et que le sourire de Henri IV éclaire. Et la Fronde, quelle moisson nouvelle de récits de toutes sortes, quelle brusque volée d'historiens inattendus elle a enfantés parmi ses propres acteurs, en tête desquels Retz se détache et brille entre tous comme le plus grand peintre avant Saint-Simon! Mais cette génération d'auteurs de Mémoires, issus de la Fronde, s'arrête à peu près au seuil du règne véritable de Louis XIV. A partir de là on n'a que des esquisses rapides, inachevées, qu'ont tracées des plumes élégantes et fines, mais un peu paresseuses, Choisy, Mme de La Fayette, La Fare, Mme de Caylus. Ils mettent en goût, et ils ne tiennent pas; ils commencent, et ils vous laissent en chemin. Or, il n'y a rien qui fasse moins défaut et qui vous laisse moins, il n'y a rien de moins paresseux et qui se décourage moins vite que Saint-Simon. Il s'adonne à l'histoire au sortir de l'enfance comme à un travail, comme à une mission. Ce n'est pas au courant de la plume qu'il s'amuse à se ressouvenir de loin et en vieillissant, comme fait Retz; méthode toujours scabreuse, source inévitable de confusions et de méprises. Il amasse jour par jour, il écrit chaque soir; il commence dès dix-neuf ans sous la tente, et il continue sans relâche à Versailles et partout. Il s'informe sans cesse comme un Hérodote. Sur les généalogies il en remontrerait au Père Anselme. Il raisonne du passé comme un Boulainvilliers. Dans le présent il est à tout, il a vent de toutes les pistes, et en tient registre incontinent. Toutes les heures qu'il peut dérober, il les emploie; et puis vieux, retiré dans sa terre, il coordonne cette masse de matériaux, il la met en corps de récit, en un corps unique et continu, se bornant à la distribuer par paragraphes distincts, avec des titres en marge[1]; et ce long texte immense, il le recopie *tout*

---

[1]. Saint-Simon, dans le texte original, n'établit point de chapitres proprement dits ni aucune division; il était d'une haleine infatigable; on a bien été obligé, en imprimant, de faire des chapitres de longueur à peu près égale pour soulager l'attention du lecteur; mais on a eu soin, dans la présente édition, de ne composer les sommaires qu'avec les termes mis en marge par Saint-Simon, et on a reproduit, autant qu'on l'a pu, ces mêmes termes de la marge au haut des pages dans le titre courant.

de sa main avec une netteté, une exactitude minutieuse, qualités authentiques qu'on n'a pas assez remarquées, sans quoi on eût plus religieusement respecté son ordre et sa marche, son style et sa phrase, qui peut bien être négligée et redondante, mais où rien (je parle des Mémoires et non des notes) n'est jeté au hasard.

Comment cette vocation historique si prononcée se format-elle, et se rencontra-t-elle ainsi toute née au sein de la Cour et dans un si jeune âge? Et d'où sortait donc ce mousquetaire de dix-neuf ans, si résolu dès le premier jour à transmettre les choses de son temps dans toutes leurs complications et leurs circonstances?

Son père, sans un tel fils, serait resté un de ces favoris comblés, mais obscurs, que l'histoire nomme tout au plus en passant, mais dont elle ne s'occupe pas. Jeune page, il avait su plaire à Louis XIII par quelques attentions et de l'adresse à la chasse, en lui présentant commodément son cheval de rechange ou en rendant le cor après s'en être proprement servi. Sans doute il avait bonne mine; il avait certainement de la discrétion et de l'honneur. A la manière dont Saint-Simon nous parle de son père, et même si l'on en rabat un peu, on voit en celui-ci un homme de qualité, fidèle, assez désintéressé, reconnaissant, et, en tout, d'une étoffe morale peu commune à la Cour. Son attitude envers Richelieu est digne en même temps que sensée: il n'est ni hostile, ni servile. On découvre même dans le père de Saint-Simon une qualité dont ne sera pas privé son fils, une sorte d'humeur qui, au besoin, devient de l'aigreur; c'est pour s'être livré à un mouvement de cette nature qu'il tomba dans une demi-disgrâce à l'âge de trente et un ans et quitta la Cour pour se retirer en son gouvernement de Blaye où il demeura jusqu'à la mort du cardinal. Si j'avais à définir en deux mots le père de Saint-Simon, je dirais que c'était un favori, mais que ce n'était pas un courtisan: car il avait de l'honneur et de l'humeur.

C'est de ce père déjà vieux et remarié en secondes noces avec une personne jeune, mais non plus de la première jeunesse, que naquit Saint-Simon en janvier 1675. On a cité comme une singularité et un prodige, dans un livre imprimé du vivant même du père [1], qu'il ait eu cet enfant à l'âge de soixante et douze ans; il n'en avoit en réalité que soixante-huit. Il lui transmit ses propres qualités très-marquées avec je ne sais quoi de fixe et d'opiniâtre : la probité, la fierté, la hauteur de cœur, et des instincts de race forte sous une brève stature. Le jeune Saint-Simon fut donc élevé auprès d'une mère, personne de mérite, et d'un père qui aimoit à se souvenir du passé et à raconter mainte anecdote de la vieille Cour : de bonne heure il dut lui sembler qu'il n'y avoit rien de plus beau que de se ressouvenir. Sa vocation pour l'histoire se prononça dès l'enfance, en même temps qu'il restait indifférent et froid pour les belles-lettres proprement dites. Il lisait sans doute aussi avec l'idée d'imiter les grands exemples qu'il voyait retracés, et de devenir quelque chose; mais au fond son plus cher désir et son ambition étaient plutôt d'*être de quelque chose* afin de savoir le mieux qu'il pourrait les affaires de son temps et de les écrire. Cette vocation d'écrivain, qui se dégage et s'affiche pour nous si manifestement aujourd'hui, était cependant d'abord secrète et comme masquée et affublée de toutes les prétentions de l'homme de cour, du grand seigneur, du duc et pair, et des autres ambitions accessoires qui convenaient alors à un personnage de son rang.

Saint-Simon, en entrant dans le monde à l'âge de dix-neuf ans, dénote bien ses instincts et ses goûts. Dès le lendemain de la bataille de Nerwinde (juillet 1693) à laquelle il prend part comme capitaine dans le Royal-Roussillon, il en fait un bulletin détaillé pour sa mère et quelques amis. Ce récit a de la netteté, de la fermeté; le caractère en est simple; on y

---

[1]. *Tableau de l'amour considéré dans l'état du mariage* (Amsterdam, 1687), page 134.

sent l'amour du vrai. Le style n'a rien de cette fougue et de
ces irrégularités qu'il aura quelquefois, mais qu'il n'a pas
toujours et nécessairement chez Saint-Simon. A force de le
vouloir définir dans toutes ses diversités et ses exubérances,
il ne faut pas non plus se faire de ce style un monstre.
Très-souvent il n'est que l'expression la plus directe et
la plus vive, telle qu'elle échappe à un esprit plein de son
objet.

L'année suivante (1694), dans les loisirs d'un camp en
Allemagne, il commence décidément ses Mémoires qu'il
mettra soixante ans entiers à poursuivre et à parachever.
Il y fut excité « par le plaisir qu'il prit, dit-il, à la lecture
de ceux du maréchal de Bassompierre. » Bassompierre avait
dit pourtant un mot des plus injurieux pour le père de Saint-
Simon : cela n'empêche pas le fils de trouver ses Mémoires
très-curieux, « quoique dégoûtants par leur vanité. »

Le jeune Saint-Simon est vertueux ; il a des mœurs, de la
religion ; il a surtout d'instinct le goût des honnêtes gens.
Ce goût se déclare d'abord d'une manière singulière et presque bizarre par l'élan qui le porte tout droit vers le duc de
Beauvilliers, le plus honnête homme de la Cour, pour lui
aller demander une de ses filles en mariage, ou l'aînée, ou la
cadette, il n'en a vu aucune, peu lui importe laquelle ; peu
lui importe la dot ; ce qu'il veut épouser, c'est la famille ;
c'est le duc et la duchesse de Beauvilliers dont il est épris.
Cette poursuite de mariage qu'il expose avec une vivacité si
expressive a pour effet, même en échouant, de le lier étroitement avec le duc de Beauvilliers et avec ce côté probe et
sérieux de la Cour. C'est par là qu'il se rattachera bientôt
aux vertueuses espérances que donnera le duc de Bourgogne.

Une liaison fort différente et qui semble jurer avec celle-ci,
mais qui datait de l'enfance, c'est la familiarité et l'amitié de
Saint-Simon avec le duc d'Orléans, le futur Régent. Là encore toutefois la marque de l'honnêteté se fait sentir ; c'est

par les bons côtés du Prince, par ses parties louables, intègres et tant calomniées que Saint-Simon lui demeurera attaché inviolablement; c'est à cette noble moitié de sa nature qu'il fera énergiquement appel dans les situations critiques déplorables où il le verra tombé; et, dans ce perpétuel contact avec le plus généreux et le plus spirituel des débauchés, il se préservera de toute souillure.

Avec le goût des honnêtes gens, il a l'antipathie non moins prompte et non moins instinctive contre les coquins, les hypocrites, les âmes basses et mercenaires, les courtisans plats et uniquement intéressés. Il les reconnaît, il les devine à distance, il les dénonce et les démasque; il semble, à la manière dont il les tire au jour et les dévisage, y prendre un plaisir amer et s'y acharner. On se rappelle, dès les premiers chapitres des Mémoires, ce portrait presque effrayant du magistrat pharisien, du faux Caton, de ce premier président de Harlay, dont sous des dehors austères il nous fait le type achevé du profond hypocrite.

Mais il avait à s'en plaindre, dira-t-on, et ici, comme en bien des cas, en peignant les hommes il obéit à des préventions haineuses et à une humeur méchante : je vais tout d'abord à l'objection. Selon moi, et après une étude dix fois refaite de Saint-Simon, je me suis formé de lui cette idée : il est doué par nature d'un sens particulier et presque excessif d'observation, de sagacité, de vue intérieure, qui perce et sonde les hommes, et démêle les intérêts et les intentions sur les visages : il offre en lui un exemple tout à fait merveilleux et phénoménal de cette disposition innée. Mais un tel don, une telle faculté est périlleuse si l'on s'y abandonne, et elle est sujette à outrer sa poursuite et à passer le but. Les tentations ne sont jamais pour les hommes que dans le sens de leurs passions : on n'est pas tenté de ce qu'on n'aime pas. Dès le début, Saint-Simon fils d'un père antique, et, sous sa jeune mine, un peu antique lui-même, n'a pas de goût vif pour les femmes, pour le jeu, le vin et les autres plaisirs : mais il est glorieux; il tient au vieux culte; il se fait un idéal de vertu patriotique qu'il combine avec son orgueil personnel et ses préjugés de rang. Et avec cela il est artiste, et il l'est doublement : il a un coup d'œil et un *flair*[1] qui, dans cette foule dorée et cette cohue apparente de Versailles, vont trouver à se satisfaire amplement et à se repaître; et puis, écrivain en secret, écrivain avec délices et dans le mystère, le soir, à huis clos, le verrou tiré, il va jeter sur le papier avec feu et flamme ce qu'il a observé tout le jour, ce qu'il a senti sur ces hommes qu'il a bien vus, qu'il a trop vus, mais qu'il a pris sur un point qui souvent le touchait et l'intéressait. Il y a là des chances d'erreur et d'excès jusque dans le vrai. Il est périlleux, même pour un honnête homme, s'il est passionné, de sentir qu'il écrit sans contrôle, et qu'il peint son monde sans confrontation. Je ne parle en ce moment que de ce qu'il a observé lui-même et directement : car, pour ce qu'il n'a su que par ouï-dire et ce qu'il a recueilli par conversation, il y aura d'autres chances d'erreur encore qui s'y mêleront.

Quoique Saint-Simon ne paraisse pas avoir été homme à mettre de la critique proprement dite dans l'emploi et le résultat de ses recherches, et qu'il ne semble avoir guère fait que verser sur sa première observation toute chaude et toute vive une expression ardente et à l'avenant, son soin ne portant ensuite que sur la manière de coordonner tout cela, il n'est pas sans s'être adressé des objections graves sur la tentation à laquelle il était exposé et dont l'avertissait sans doute le singulier plaisir qu'il trouvait à y céder. Religieux par principes et chrétien sincère, il se fit des scrupules de conscience, ou du moins il tint à les empêcher de naître et à se mettre en règle contre les remords et les faiblesses qui

---

1. Je n'emploie le mot que parce que lui-même me le fournit. Il dit quelque part, à l'occasion des joies secrètes et des mille ambitions flatteuses mises en mouvement par une mort de prince : « Tout cela, et tout à la fois, se sentait *comme au nez.* »

pourraient un jour lui venir à ses derniers instants. S'il lui avait fallu jeter au feu ses Mémoires, croyant avoir fait un long péché, quel dommage, quel arrachement de cœur! Il songea assez naïvement à prévenir ce danger. Le Discours préliminaire qu'il a mis en tête nous témoigne de sa préoccupation de chrétien, qui cherche à se démontrer qu'on a droit historiquement de tout dire sur le compte du prochain, et qui voudrait bien concilier la charité avec la médisance. Une lettre écrite à l'abbé de Rancé [1], et par laquelle il le consultait presque au début sur la mesure à observer dans la rédaction de ses Mémoires, atteste encore mieux cette pensée de prévoyance ; il s'emble s'être fait donner par l'austère abbé une absolution plénière, une fois pour toutes. Saint-Simon, dans son apologie, admet ou suppose toujours deux choses : c'est, d'une part, qu'il ne dit que la vérité, et, de l'autre, qu'il n'est pas impartial, qu'il ne se pique pas de l'être, et, qu'en laissant la louange ou le blâme *aller de source* à l'égard de ceux pour qui il est diversement affecté, il obéit à ses inclinations et à sa façon impétueuse de sentir : et, avec cela, il se flatte de tenir en main la balance. Dans le récit de ce premier procès au nom de la Duché-Pairie contre M. de Luxembourg, il y a un moment où l'avocat de celui-ci ayant osé révoquer en doute la loyauté royaliste des adversaires, Saint-Simon, qui assistait à l'audience, assis dans une lanterne ou tribune entre les ducs de La Rochefoucauld et d'Estrées, s'élance au dehors, criant à l'imposture et demandant justice de ce coquin : « M. de La Rochefoucauld, dit-il, me retint à mi-corps et me fit taire. Je m'enfonçai de dépit plus encore contre lui que contre l'avocat. Mon mouvement avoit excité une rumeur. » Or, quand on est sujet à ces mouvements-là, non-seulement à l'audience et dans une occasion extraordinaire, mais encore dans l'habitude de la vie et même en écrivant, il y a chance non pour qu'on se

---

[1]. Nous reproduisons cette lettre en tête des Mémoires : elle en est la première préface.

trompe peut-être sur l'intention mauvaise de l'adversaire, mais au moins pour qu'on outre-passe quelquefois le ton et qu'on sorte de la mesure. On a de ces élans où l'on a besoin d'être retenu à *mi-corps*. J'indique la précaution à prendre en lisant Saint-Simon ; il peut bien souvent y avoir quelque réduction à faire dans le relief et dans les couleurs.

On a fort cherché depuis quelque temps à relever des erreurs de fait dans les Mémoires de Saint-Simon, et l'on n'a pas eu de peine à en rassembler un certain nombre. Il fait juger et condamner Fargues, un ancien frondeur, par le premier président de Lamoignon, et Fargues fut jugé par l'intendant Machault. Il dit de Mlle de Beauvais, mariée au comte de Soissons, qu'elle était fille naturelle, et l'on a retrouvé et l'on produit le contrat de mariage des parents. Il fait de De Saumery un argus impitoyable et un espion farouche auprès du duc de Bourgogne, et l'on sait, par une lettre de ce jeune prince à Fénelon, que c'était un homme dévoué et sûr. Quelques-unes de ces rectifications auront place dans la présente édition, et seront indiquées en leur lieu. Dans le domaine de la littérature, j'ai moi-même à signaler une inexactitude et une méprise. Saint-Simon impute à Racine, en présence de Louis XIV et de Mme de Maintenon, une distraction maladroite qui lui aurait fait mal parler de Scarron. Au contraire, c'est Despréaux qui eut plus d'une fois cette distraction plaisante, dans laquelle le critique s'échappait, tandis que Racine, meilleur courtisan, lui faisait tous les signes du monde sans qu'il les comprît. Tranchons sur cela. La question de la vérité des Mémoires de Saint-Simon n'est pas et ne saurait être circonscrite dans le cercle des observations de ce genre, même quand les erreurs se trouveraient cent fois plus nombreuses. Qu'on veuille bien se rendre compte de la manière dont les Mémoires, tels que les siens, ont été et sont nécessairement composés. Il y a entre les façons infinies d'écrire l'histoire deux divisions principales qui tiennent à la nature des sources auxquelles on puise. Il y a une sorte d'histoire qui se fonde sur les pièces mêmes et les instruments d'État, les papiers diplomatiques, les correspondances des ambassadeurs, les rapports militaires, les documents originaux de toute espèce. Nous avons un récent et un excellent exemple de cette méthode de composition historique dans l'ouvrage de M. Thiers, qui se pourrait proprement intituler : *Histoire administrative et militaire du Consulat et de l'Empire*. Et puis, il y a une histoire d'une tout autre physionomie, l'histoire *morale* contemporaine écrite par des acteurs et des témoins. On vit dans une époque, à la Cour si c'est à une époque de cour ; on y passe sa vie à regarder, à écouter, et, quand on est Saint-Simon, à écouter et à regarder avec une curiosité, une avidité sans pareille, à tout boire et dévorer des oreilles et des yeux. On entend dire beaucoup de choses ; on s'adresse le mieux qu'on peut pour en savoir encore davantage ; si l'on veut remonter en arrière, on consulte les vieillards, les disgraciés, les solitaires en retraite, les subalternes aussi, les anciens valets de chambre. Il est bien difficile que dans ce qu'on ne voit point soi-même il ne se mêle un peu de crédulité, quand elle est dans le sens de nos inclinations et aussi de notre talent à exprimer les choses. On ne fait souvent que répéter ce qu'on a entendu ; on ne peut aller vérifier chez les notaires. Dans ce qu'on voit par soi-même, et avec les hommes à qui l'on a affaire en face et qu'on juge, oh ! ici l'on va plus sûrement ; si l'on a le don d'observation et la faculté dont j'ai parlé, on va loin, on pénètre ; et si à ce premier don d'observer se joint un talent pour le moins égal d'exprimer et de peindre, on fait des tableaux, des tableaux vivants et par conséquent vrais, qui donnent la sensation, l'illusion de la chose même, qui remettent en présence d'une nature humaine et d'une société en action qu'on croyait évanouie. Est-ce à dire qu'un autre observateur et un autre peintre placé à côté du premier, mais à un point de vue différent, ne présenterait pas une autre peinture qui aurait d'autres couleurs, et peut-être aussi quelques autres traits de dessin? Non, sans doute; autant de peintres, autant de tableaux; autant d'imaginations, autant de miroirs; mais l'essentiel est qu'au moins il y ait par époque un de ces grands peintres, un de ces immenses miroirs réfléchissants; car, lui absent, il n'y aura plus de tableaux du tout; la vie de cette époque, avec le sentiment de la réalité, aura disparu, et vous pourrez ensuite faire et composer à loisir toutes vos belles narrations avec vos pièces dites positives et même avec vos tableaux d'histoire, arrangés après coup et symétriquement, et peignés comme on en voit, ces histoires, si vraies qu'elles soient quant aux résultats politiques, seront artificielles, et on le sentira; et vous aurez beau faire, vous ne ferez pas qu'on ait vécu dans ce temps que vous racontez.

Avec Saint-Simon on a vécu en plein siècle de Louis XIV; là est sa grande vérité. Est-ce que par lui nous ne connaissons pas (mais je dis connaître comme si nous les avions vus), et dans les traits même de leur physionomie et dans les moindres nuances, tous ces personnages et les plus marquants et les secondaires, et ceux qui ne font que passer et figurer? Nous en savions les noms, qui n'avaient pour nous qu'une signification bien vague : les personnes, aujourd'hui, nous sont familières et présentes. Je prends au hasard les premiers que je rencontre : Louville, ce gentilhomme attaché au duc d'Anjou, au futur roi d'Espagne, et qui aura bientôt un rôle politique, — Saint-Simon se sert de lui tout d'abord pour faire sa demande d'une entrevue à M. de Beauvilliers; il raconte ce qu'est Louville, et il ajoute tout courant : « Louville étoit d'ailleurs homme d'infiniment d'esprit, et qui, avec une imagination qui le rendoit toujours neuf et de la plus excellente compagnie, avoit toute la lumière et le sens des grandes affaires, et des plus solides et des meilleurs conseils. » Louville reviendra mainte fois dans les Mémoires; lui-même il a laissé les siens : vous pouvez les lire si vous en avez le temps; mais, en attendant, on a sur l'homme et sur sa nuance distinctive et neuve les choses dites, les choses essentielles et fines, et comme personne autre n'aurait su nous les dire. — M. de Luxembourg a été un adversaire de Saint-Simon ; il a été sa partie devant le Parlement, après avoir été son général à l'armée ; il a été l'objet de sa première grande colère, de sa première levée de boucliers comme duc et pair. Est-ce à dire que son portrait par Saint-Simon en sera moins vrai, de cette vérité qui saisit, et qui, d'ailleurs, se rapporte bien à ce que disent les contemporains, mais en serrant l'homme de plus près qu'ils n'ont fait?

« …. A soixante-sept ans, il s'en croyoit vingt-cinq, et vivoit comme un homme qui n'en a pas davantage. Au défaut de bonnes fortunes, dont son âge et sa figure l'excluoient, il y suppléoit par de l'argent, et l'intimité de son fils et de lui, de M. le prince de Conti et d'Albergotti, portoit presque toute sur des mœurs communes et des parties secrètes qu'ils faisoient ensemble avec des filles. Tout le faix des marches et des ordres de subsistances portoit toutes les campagnes sur Puységur, qui même dégrossissoit les projets. Rien de plus juste que le coup d'œil de M. de Luxembourg, rien de plus brillant, de plus avisé, de plus prévoyant que lui devant les ennemis, ou un jour de bataille, avec une audace, une flatterie, et en même temps un sang-froid qui lui laissoit tout voir et tout prévoir au milieu du plus grand feu, et du danger et du succès les plus imminent, et c'étoit là où il étoit grand. Pour le reste, la paresse même : peu de promenades sans grande nécessité ; du jeu, de la conversation avec ses familiers, et tous les soirs un souper avec un très-petit nombre, presque toujours le même, et si on étoit voisin de quelque ville, on avoit soin que le sexe y fût agréablement mêlé. Alors il étoit inaccessible à tout, et s'il arrivoit quelque chose de pressé, c'étoit à Puységur à y donner ordre. Telle étoit à l'armée la vie de ce grand général, et telle encore à Paris, où la cour et le grand monde occupoient ses journées, et les soirs ses plaisirs. A la fin, l'âge, le tempérament, la conformation le trahirent…. »

Est-ce que vous croyez que M. de Luxembourg ainsi présenté dans un brillant de héros et dans ses vices est calomnié? Bien moins connu, bien moins en vue, vous avez dès les premières pages le vieux Montal, « ce grand vieillard de quatre-vingts ans qui avoit perdu un œil à la guerre, où il avoit été couvert de coups, » et qui se vit injustement mis de côté dans une promotion nombreuse de maréchaux : « Tout cria pour lui hors lui-même; sa modestie et sa sagesse le firent admirer. » Il continua de servir avec dévouement et de commander avec honneur jusqu'à sa mort. Ce Montal, tel qu'un Montluc innocent et pur, se dresse devant nous en pied, de toute sa hauteur, et ne s'oublie plus. Saint-Simon ne peut rencontrer ainsi une figure qui le mérite sans s'en emparer et la faire revivre. Et ceux même qui sembleraient le mériter moins et qui seraient des visages effacés chez d'autres, il leur rend cette originalité, cette empreinte individuelle qui, à certain degré, est dans chaque être. Rien qu'à les regarder, il leur ôte de leur insipidité, il a surpris leur étincelle. Prétendre compter chez lui ces sortes de portraits, ce serait compter les sables de la mer, avec cette différence qu'ici les grains de sable ne se ressemblent pas. On ne peut porter l'œil sur une page des Mémoires sans qu'il en sorte une physionomie. Dès ce premier volume on a (et je parle des moindres) Crécy, Montgommery, et Cavoye, et Lassay, et Chandenier; qui donc les distinguerait sans lui? et ce Dangeau si comique à le bien voir, qui a reconquis notre estime par ses humbles services de gazetier auprès de la postérité, mais qui n'en reste pas moins à jamais orné et chamarré, comme d'un ordre de plus, de la description si complète et si divertissante qu'a faite de lui Saint-Simon. Que s'il arrive aux plus grandes figures, son pinceau s'y égale aussitôt et s'y proportionne. Ce Fénelon qu'il ne connaissait que de vue, mais qu'il avait tant observé à travers les ducs de Beauvilliers et de Chevreuse, quel incomparable portrait il en a donné! voyez le en regard de celui de Godet, l'évêque de Chartres, si creusé dans un autre sens. S'il y a du trop dans l'un et dans l'autre, que ce trop-là aide à penser, à réfléchir, et comme, après même l'avoir réduit, on en connaît mieux les personnages que si

l'on était resté dans les lignes d'en deçà et à la superficie?
Et quand il aura à peindre des femmes, il a de ces grâces
légères, de ces images et de ces suavités primitives, presque
homériques (voir le portrait de la duchesse de Bourgogne),
que les peintres de femmes proprement dits, les malicieux
et coquets Hamilton n'égalent pas. Mais avec Saint-Simon
on ne peut se mettre à citer et à vouloir choisir : ce n'est
pas un livre que le sien, c'est tout un monde. Que si on le
veut absolument, on peut retrancher et supprimer en idée
quelques-uns de ces portraits qui sont suspects, et où il
entre visiblement de la haine; le personnage du duc du
Maine est dans ce cas. En général, toutefois, le talent de
Saint-Simon est plus impartial que sa volonté, et s'il y a
une grande qualité dans celui qu'il hait, il ne peut s'empêcher de la produire. Et puis, oserai-je dire toute ma
pensée et ma conviction? ce n'est pas une bonne marque à
mes yeux pour un homme que d'être très-maltraité et défi-
guré par Saint-Simon : il ne s'indigne jamais si fort que
contre ceux à qui il a manqué de certaines fibres. Ce qu'il
méprise avant tout, ce sont les gens « en qui le servile sur-
nage toujours, » ou ceux encore à qui la duplicité est un
instrument familier. Quant aux autres, il a beau être sévère
et dur, il a des compensations. Mais je ne parle que de
portraits et il y a bien autre chose chez lui, il y a le drame
et la scène, les groupes et les entrelacements sans fin des
personnages, il y a l'action; et c'est ainsi qu'il est arrivé à
ces grandes fresques historiques parmi lesquelles il est impossible de ne pas signaler les deux plus capitales, celle de
la mort de Monseigneur et du bouleversement d'intérêts et
d'espérances qui s'opère à vue d'œil cette nuit-là dans tout
ce peuple de princes et de courtisans, et cette autre scène
non moins merveilleuse du lit de justice au Parlement sous
la Régence pour la dégradation des bâtards, le plus beau
jour de la vie de Saint-Simon et où il savoure à longs traits
sa vengeance. Mais, dans ce dernier cas, le peintre est trop

intéressé et devient comme féroce : la mesure de l'art est dépassée. Quoi qu'il en soit des remarques à faire, ce n'est certes pas exagérer que de dire que Saint-Simon est le Rubens du commencement du XVIIIe siècle.

La vie de Saint-Simon n'existe guère pour nous en dehors de ses Mémoires; il y a raconté, et sans trop les amplifier (excepté pour les disputes et procès nobiliaires), les événements qui le concernent. A défaut de la fille du duc de Beauvilliers, il se maria à la fille aînée du maréchal de Lorges; la *bonté* et la *vérité* du maréchal, de ce neveu et de cet élève favori de Turenne, l'attiraient, et l'air aimable et noble de sa fille, je ne sais quoi de majestueux, tempéré de douceur naturelle, le fixa. Il lui dut un bonheur domestique constant et vécut avec elle dans une parfaite fidélité. Il n'avait que vingt ans alors, était duc et pair de France, gouverneur de Blaye, gouverneur et grand bailli de Senlis, et commandait un régiment de cavalerie : « Il sait, — disait le *Mercure galant* dans une longue notice sur ce mariage et sur ses pompes, envoyée probablement par lui-même, — il sait tout ce qu'un homme de qualité doit savoir, et Madame sa mère, dont le mérite est connu, l'a fait particulièrement instruire des devoirs d'un bon chrétien. » — « J'oubliois à vous dire, ajoutoit le même gazetier en finissant, que la mariée est blonde et d'une taille des plus belles; qu'elle a le teint d'une finesse extraordinaire et d'une blancheur à éblouir; les yeux doux, assez grands et bien fendus, le nez un peu long et qui relève sa physionomie, une bouche gracieuse, les joues pleines, le visage ovale, et une gorge qui ne peut être ni mieux taillée ni plus belle. Tout cela ensemble forme un air modeste et de grandeur qui imprime du respect : elle a d'ailleurs toute la beauté d'âme qu'une personne de qualité doit avoir, et elle ira de pair en mérite avec M. le duc de Saint-Simon son époux, l'un des plus sages et des plus accomplis seigneurs de la Cour. » Saint-Simon a parlé en bien des endroits de sa femme, et toujours avec un sentiment touchant de respect et d'affection, l'opposant à tant d'autres femmes ou inutiles, ou ambitieuses quand elles sont capables, et la louant en termes charmants de « la perfection d'un sens exquis et juste en tout, mais doux et tranquille, et qui, loin de faire apercevoir ce qu'il vaut, semble toujours l'ignorer soi-même, avec une uniformité de toute la vie de modestie, d'agrément et de vertu.

On a de Saint-Simon et de sa femme vers cette époque de leur mariage, deux beaux portraits par Rigaud, que possède M. le duc actuel de Saint-Simon. Le portrait gravé de Saint-Simon est joint à la présente édition et remplace avantageusement l'ancien portrait qu'on voyait dans la première, lequel n'était pas bon, et avait de plus l'inconvénient de n'être réellement pas le sien, mais celui de son père. Il s'est fait quelquefois de ces méprises.

Quoiqu'il faille prendre garde de trop raisonner sur les portraits, et que l'air de jeunesse du nouvel époux jure un peu avec l'idée que donnent ses Mémoires, on remarque pourtant que sa figure et sa physionomie sont assez bien celles de son œuvre; la figure est fine; l'œil assez doux peut se courroucer et devenir terrible. Il a le nez un peu en l'air et assez mutin, la bouche maligne et d'où le trait n'a pas de peine à partir. Mais l'idée de force, qui est si essentielle au talent de Saint-Simon, reste absente, et elle est sans doute dissimulée par la jeunesse.

Saint-Simon avait servi à la guerre convenablement et avec application pendant plusieurs campagnes. Après la paix de Ryswick, le régiment de cavalerie dont il était mestre de camp fut réformé, et il se trouva sans commandement et mis à la suite. Lorsque la guerre de la Succession commença (1702), voyant de nouvelles promotions se faire dans lesquelles figuraient de moins anciens que lui et y étant oublié, il songea à se retirer du service, consulta plusieurs amis, trois maréchaux et trois hommes de Cour, et sur leur avis unanime « qu'un duc et pair de sa naissance, établi d'ailleurs comme il était et ayant femme et enfants, n'allait point servir comme un *haut-le-pied* dans les armées et y voir tant de gens si différents de ce qu'il était, et, qui pis est, de ce qu'il y avait été, tous avec des emplois et des régiments, » il donna, comme nous dirions, sa démission; il écrivit au roi une lettre respectueuse et courte, dans laquelle, sans alléguer d'autre raison que celle de sa santé, il lui marquait le déplaisir qu'il avait de quitter son service. « Eh bien! monsieur, voilà encore un homme qui nous quitte, » dit le roi au secrétaire d'État de la guerre Chamillart, en lui répétant les termes de la lettre; et il ne le pardonna point de plusieurs années à Saint-Simon, qui put bien avoir encore quelquefois l'honneur d'être nommé pour le bougeoir au petit coucher, mais qui fut rayé *in petto* de tout acheminement à une faveur réelle, si jamais il avait été en passe d'en obtenir. Il avait vingt-sept ans.

Un ou deux ans après, à l'occasion d'une quête que Saint-Simon ne voulut point laisser faire à la duchesse sa femme, ni aux autres duchesses, comme étant préjudiciable au rang des ducs vis-à-vis des princes, le roi se fâcha, et un orage gronda sur l'opiniâtre et le récalcitrant : « C'est une chose étrange, dit à ce propos Louis XIV, que depuis qu'il a quitté le service, M. de Saint-Simon ne songe qu'à étudier les rangs et à faire des procès à tout le monde. » Saint-Simon averti se décida à demander au roi une audience particulière dans son cabinet; il l'obtint, il s'expliqua, il crut avoir au moins en partie ramené le roi sur son compte, et les minutieux détails qu'il nous donne sur cette scène, et qui en font toucher au doigt chaque circonstance, montrent assez que pour lui l'inconvénient d'avoir été dans le cas de demander l'audience est bien compensé par le curieux plaisir d'y avoir observé de plus près le maître, et par cet autre plaisir inséparable du premier, de tout peindre et raconter.

Peu après, à l'occasion de l'ambassade de Rome, qu'il fut près d'avoir un peu à son corps défendant et qui manqua,

Mme de Maintenon exprimait sur Saint-Simon un avis qui ne démentait point son bon sens : elle le disait « glorieux, frondeur et plein de vues. » Plein de *vues*, c'est-à-dire de projets systématiques et plus ou moins aventurés. Cette opinion, dans laquelle Mme de Maintenon resta invariable, atteste l'antipathie des natures et n'était pas propre à donner au roi une autre idée que celle qu'il avait déjà sur ce courtisan médiocrement docile. Plus on accordait à un homme de son âge du sérieux, de la lecture et de l'instruction en lui attribuant ce caractère indépendant, plus on le rendait impossible dans le cadre d'alors et inconciliable. Les envieux et ceux qui lui voulaient nuire trouvaient leur compte en le louant : on le faisait passer, par sa liberté de parole et sa hauteur, pour un homme d'esprit plus à craindre qu'à employer et dangereux. Il avait beau se surveiller, il avait des silences expressifs et éloquents, ou des énergies d'expression qui emportaient la pièce; « il lui échappait d'abondance de cœur des raisonnements et des blâmes. » Quand on le lit aujourd'hui, on n'a pas de peine à se figurer ce qu'il devait paraître alors. Une telle nature de *grand écrivain posthume*[1] ne laissait pas de transpirer de son vivant; elle s'échappait par éclats; il avait ses détentes, et l'on conçoit très-bien que Louis XIV, à qui il se plaignait un jour des mauvais propos de ses ennemis, lui ait répondu : « Mais aussi, monsieur, c'est que vous parlez et que vous blâmez, voilà ce qui fait qu'on parle contre vous. » Et un autre jour : « Mais il faut tenir votre langue. »

Cependant, le secret auteur des Mémoires gagnait à ces contre-temps de la fortune. Saint-Simon, libre et vacant, et, sauf la faveur avec le roi perdue sans remède, nageant d'ailleurs en pleine Cour, sur bien des récifs cachés, mais sans rien d'une disgrâce apparente, intimement lié avec plusieurs des ministres d'État, était plus que personne en position et

---

[1] Expression de M. Villemain.

à l'affût pour tout savoir et pour tout écrire. Sa liaison particulière avec les ducs de Chevreuse et de Beauvilliers, avec celui-ci surtout, « sans qui il ne faisait rien, » ne le confinait pas de ce côté, et il l'a dit très-joliment en faisant le portrait de l'abbé de Polignac, l'aimable et brillant séducteur dont ils furent les dupes : « Malheureusement pour moi, la charité ne me tenoit pas renfermé dans une bouteille comme les deux ducs. » Il rayonnait dans tous les sens, avait des ouvertures sur les cabales les plus opposées, et par amis, femmes jeunes ou vieilles, ou même valets, était tenu au courant, jour par jour, de tout ce qui se passait en plus d'une sphère. Tous ces bruits, toutes ces intelligences qui circulent rapidement dans les Cours et s'y dispersent, ne tombaient point chez lui en pure perte; il en faisait amas pour nous et réservoir. Dans un précieux chapitre où il nous expose son procédé de conduite et son système d'information : « Je me suis donc trouvé instruit journellement, dit-il, de toutes choses par des canaux purs, directs et certains, et de toutes choses grandes et petites. Ma curiosité, indépendamment d'autres raisons, y trouvoit fort son compte; et il faut avouer que, personnage ou nul, ce n'est que de cette sorte de nourriture que l'on vit dans les Cours, sans laquelle on n'y fait que languir. »

L'ambitieux pourtant ne laissait pas sa part d'espérances : il était jeune; le roi était vieux; Louis XIV vivant, il n'y avait rien à faire; mais après lui le champ était ouvert et prêtait aux perspectives. Saint-Simon s'appliquait donc en secret dès lors à réformer l'État; et comme il faisait chaque chose avec suite et en poussant jusqu'au bout sans se pouvoir déprendre, il avoit tout écrit, ses plans, ses voies et moyens, ses combinaisons de Conseils substitués à la toute-puissance des secrétaires d'État; il avait, lui aussi, son royaume de Salente tout prêt, et sa République de Platon en portefeuille, avec cela de particulier qu'en homme précis il avait déjà écrit les noms des gens qu'il croyait bons à mettre en place, les appointements, la dépense, en un mot la chose minutée et supposée faite : et un jour que le duc de Chevreuse venait le voir pour gémir avec lui des maux de l'État et discourir des remèdes possibles, il n'eut d'autre réponse à faire qu'à ouvrir son armoire et à lui montrer ses cahiers tout dressés.

Il y eut un moment tout à fait brillant et souriant dans la carrière de cour de Saint-Simon sous Louis XIV : ce fut l'intervalle de temps qui s'écoula entre la mort de Monseigneur (14 avril 1711) et celle du duc de Bourgogne (18 février 1712), ce court espace de dix mois dans lequel ce dernier fut Dauphin et héritier présomptif du trône. Saint-Simon, après avoir échappé à bien des crocs-en-jambe, à bien des noirceurs et des scélératesses calomnieuses qui avaient failli par moments lui faire quitter de dégoût la partie et abandonner Versailles, s'était assez bien remis dans l'esprit du roi ; la duchesse de Saint-Simon, aimée et honorée de tous, était dame d'honneur de la duchesse de Berry, et lui-même s'avançait chaque jour par de sérieux entretiens en tête à tête, sur les matières d'État et sur les personnes, dans la confiance solide du nouveau Dauphin. Il travaillait confidentiellement avec lui. S'il eut jamais espérance de faire accepter en entier sa théorie politique, son idéal de gouvernement, ce fut alors. Il semble, à le lire, qu'il n'existât aucun désaccord, aucun point de dissentiment entre lui et le jeune prince qui allait comme de lui-même au-devant de ses idées et de ses maximes : dès la première ouverture qu'il lui fit, tout se passa entre eux comme en vertu d'une harmonie préétablie.

Quelle était cette théorie politique de Saint-Simon et ce plan de réforme ? il nous l'a exposé assez longuement, et dans ses conversations avec le duc du Bourgogne, et depuis dans celles qu'il eut avec le duc d'Orléans à la veille de la mort de Louis XIV et de la Régence. Si l'on va au fond et qu'on dégage le système des mille détails d'étiquette qui le compliquent et qui le compromettent à nos yeux par une teinte de ridicule, on y saisit une inspiration qui, dans Saint-Simon, fait honneur sinon au politique pratique, du moins au citoyen et à l'historien publiciste. Il sent la plaie et la faiblesse morale de la France au sortir des mains de Louis XIV; tout a été abaissé, nivelé, réduit à l'état d'individu, il n'y a que le roi de grand. Il ne faut pas demander à Saint-Simon de penser au peuple dans le sens moderne; il ne le voit pas, il ne le distingue pas de la populace ignorante et à jamais incapable. Reste la bourgeoisie qui fait la tête de ce peuple et qu'il voit déjà ambitieuse, habile, insolente, égoïste et repue, gouvernant le royaume par la personne des commis et secrétaires d'État, ou usurpant et singeant par les légistes une fausse autorité souveraine dans les Parlements. Quant à la noblesse dont il est, et sur laquelle seule il compte pour la générosité du sang et le dévouement à la patrie, il s'indigne de la trouver abaissée, dénaturée et comme dégradée par la politique des rois, et surtout du dernier : en accusant même presque exclusivement Louis XIV, il ne se dit pas assez que l'œuvre par lui consommée a été la politique constante des rois depuis Philippe Auguste, en y comprenant Henri IV et ce Louis XIII qu'il admire tant. Il s'indigne donc de voir « que cette noblesse françoise si célèbre, si illustre, est devenue un peuple presque de la même sorte que le peuple même, et seulement distingué de lui en ce que le peuple a la liberté de tout travail, de tout négoce, des armes même, au lieu que la noblesse est devenue un autre peuple qui n'a d'autre choix que de croupir dans une mortelle et ruineuse oisiveté qui la rend à charge et méprisée, ou d'aller à la guerre se faire tuer à travers les insultes des commis des secrétaires d'État et des secrétaires des intendants. » Il la voudrait relever, restaurer en ses anciens emplois, en ses charges et services utiles, avec tous les degrés et échelons de gentilhomme, de seigneur, de duc et pair. Les Pairs surtout, en qui il a mis toutes ses complaisances, et dont il fait la clef de voûte dans le vrai système, lui semblent devoir être (comme ils l'ont jadis été, selon lui,) les conseillers nécessaires du roi, les copartageants de sa souveraineté. Il n'a cessé de rêver là-dessus, et il a sa reconstitution de la monarchie française toute prête. Certes, si un prince était capable d'entrer dans quelques-unes de ces vues à la fois courageuses, patriotiques, mais étroites, hautaines et rétrospectives, il semble que ç'ait été le duc de Bourgogne tel qu'on nous le présente, avec ce mélange de bonnes intentions, d'effort sur lui-même, d'éducation laborieuse et industrieuse, de principes et de doctrine en serre-chaude. On ne refait point l'histoire par hypothèse. Le duc de Bourgogne n'a pas régné, et la monarchie française, lancée à travers les révolutions, a suivi un tout autre cours que celui qu'il méditait de lui faire prendre. Quand on lit aujourd'hui Saint-Simon après les événements accomplis et en présence de la démocratie débordante et triomphante (quelles que soient ses formes de couronnement et de triomphe), on se demande plus que jamais avec doute, ou plutôt on se dit sans hésiter sur la réponse :

Est-ce qu'il y avait moyen de refaire ainsi après Louis XIV, après Richelieu, après Louis XI, les fondements de la monarchie française, de la refaire une monarchie *constitutionnelle aristocratique* avec toutes les hiérarchies de rang? Une telle reconstruction par les bases était-elle possible quand déjà allaient se dérouler de plus en plus par des pentes larges et rapides les conséquences du nivellement universel? Et enfin cela était-il d'accord avec le génie de la nation, avec le génie de cette noblesse même qui aimait à sa manière à être un peuple, un peuple de gentilshommes?

La seule réponse, encore une fois, est dans les faits accomplis : à Saint-Simon reste l'honneur d'avoir résisté à l'abaissement et à l'anéantissement de son Ordre, de s'être roidi contre la platitude et la servilité courtisanesque. Sa théorie est comme une convulsion, un dernier effort suprême de la noblesse agonisante pour ressaisir ce qui va passer à ce tiers état qui est tout, et qui, le jour venu, dans la plénitude de son installation, sera même le Prince.

La mort subite du duc de Bourgogne vint porter le plus rude coup à Saint-Simon et briser la perspective la plus flatteuse qu'un homme de sa nature et de sa trempe pût envisager, moins encore d'être au pouvoir par lui-même que de voir se réaliser ses idées et ses vues, cette chimère du bien public qu'il confondait avec ses propres satisfactions d'orgueil. Le duc de Bourgogne mort à trente ans, Saint-Simon, qui n'en avait que trente-sept, restait fort considérable et fort compté par sa liaison intime et noblement professée en toute circonstance avec le duc d'Orléans, que toutes les calomnies et les cabales ne pouvaient empêcher de devenir, après la mort de Louis XIV et de ses héritiers en âge de régner, le personnage principal du royaume.

Les plans que Saint-Simon développa au duc d'Orléans pour une réforme du gouvernement ne furent qu'en partie suivis. L'idée des Conseils à substituer aux secrétaires d'État pour l'administration des affaires, était de lui; mais elle ne fut pas exécutée et appliquée comme il l'entendait. Une des mesures qu'il proposait avec le plus de confiance, eût été de convoquer les États généraux au début de la Régence; il y voyait un instrument commode duquel on pouvait se servir pour obtenir bien des réformes, et sur qui on en rejetterait la responsabilité par manière d'excuse. Il y avait à profiter, selon lui, de l'*erreur populaire* qui attribuait à ce corps un grand pouvoir, et on pouvait favoriser cette erreur innocente sans en redouter les suites. Ici Saint-Simon se trompait peut-être de date comme en d'autres cas, et il ne se rendait pas bien compte de l'effet et de la fermentation qu'eussent produits des États généraux en 1716; la machine dont il voulait qu'on jouât pouvait devenir dangereuse à manier. On va vite en France, et, à défaut de l'abbé Siéyes pour théoricien, on avait déjà l'abbé de Saint-Pierre qui aurait trouvé des traducteurs plus éloquents que lui pour sa pensée et des interprètes. Et Montesquieu n'avait-il pas alors vingt-cinq ans?

A dater de ce moment (1715), les Mémoires de Saint-Simon changent un peu de caractère. Membre du conseil de Régence, il est devenu un des personnages du gouvernement, et, bien que rarement ses avis prévalent, il est continuellement admis à les donner et ne s'en fait pas faute; on a des entretiens sans nombre où la matière déborde sous sa plume comme elle abondait sur ses lèvres; l'intérêt, qui se trouve toujours dans de certaines scènes et dans d'admirables portraits des acteurs, y languit par trop de plénitude et de regorgement. Le règne de Louis XIV où il était contenu allait mieux à Saint-Simon que cette demi-faveur de la Régence, où il a beaucoup plus d'espace sans avoir pour cela d'action bien décisive. Il ne fut point ministre parce qu'il ne le voulut pas; il aurait pu l'être à un instant ou à un autre, mais il se pliait peu aux combinaisons diverses et n'en augurait rien de bon; il ne trouvait point dans le duc d'Orléans l'homme qu'il aurait voulu et qu'il avait tant espéré et regretté dans le duc de Bourgogne; il lui reprochait précisément d'être l'homme des transactions et des *moyens termes*, et le Prince, à son tour, disait de son ardent et peu commode ami « qu'il était immuable comme Dieu et d'une suite enragée, » c'est-à-dire tout d'une pièce. A un certain jour (1721), Saint-Simon, dans un intérêt de famille, désira l'ambassade d'Espagne, et il l'eut aussitôt. Cette mission fut plus honorifique que politique, et il l'a racontée fort au long[1]. Ce fut son dernier acte de représentation. La mort subite du Régent (1723) vint peu après l'avertir de ce que la mort du duc de Bourgogne lui avait déjà dit si éloquemment au cœur, que les choses du monde sont périssables,

---

[1]. Moins au long toutefois qu'il n'a semblé jusqu'ici, d'après les éditions précédentes: car, dans la première qui a servi aux réimpressions, on a jugé à propos de transposer, du tome IIIe au XIXe, plus de 100 pages relatives aux grandesses d'Espagne, et on en a bourré le récit de l'ambassade de Saint-Simon.

et qu'il faut, quand on est chrétien, penser à mieux. La politique craintive de Fleury aida à lui redoubler le conseil. L'évêque de Fréjus, dans une visite à Mme de Saint-Simon, lui fit entendre qu'on saurait son mari avec plus de plaisir à Paris qu'à Versailles. Saint-Simon pensait trop haut pour ce ministère à voix basse que méditait Fleury. Il ne se le fit pas dire deux fois, et dès ce moment il renonça à la Cour, vécut plus habituellement dans ses terres et s'occupa de la rédaction définitive de ses Mémoires. Il ne mourut qu'en 1755, le 2 mars, à quatre-vingts ans.

Il tournait depuis longtemps le dos au nouveau siècle, et il habitait dans ses souvenirs. Il mourut quand Voltaire régnait, quand l'*Encyclopédie* avait commencé, quand Jean-Jacques Rousseau avait paru, quand Montesquieu ayant produit tous ses ouvrages venait de mourir lui-même. Que pensait-il, que pouvait-il penser de toutes ces nouveautés éclatantes? On a souvent cité un mot dédaigneux sur Voltaire, qu'il appelle Arouet, « fils d'un notaire qui l'a été de mon père et de moi.... » On en conclu un peu trop vite, à mon sens, le mépris de Saint-Simon pour les gens de lettres et les gens d'esprit qui n'étaient pas de sa classe. Saint-Simon, dans ses Mémoires, se montre bien plus attentif qu'on ne le suppose à ce qui concerne les gens de lettres et les gens d'esprit de son temps; mais ce sont ceux du siècle de Louis XIV; c'est Racine, c'est La Fontaine, c'est La Bruyère, c'est Despréaux, c'est Nicole, il n'en oublie aucun à la rencontre. Il a sur Bossuet de grandes paroles, sur Mme de Sévigné il en a d'une grâce et d'une légèreté délicieuse. Il sait rappeler au besoin cette vieille bourgeoise du Marais si connue par le sel de ses bons mots, Mme Cornuel. Tels sont les gens d'esprit aux yeux de Saint-Simon. Quant à Voltaire, il en parle, il est vrai, comme d'un aventurier d'esprit et d'un libertin : on en voit assez les raisons sans les faire, de sa part, plus générales et plus injurieuses à la classe des gens de lettres qu'elles ne le sont en effet.

On a remarqué comme une chose singulière que tandis que Saint-Simon parle de tout le monde, il est assez peu question de lui dans les Mémoires du temps. Ici encore il est besoin de s'entendre. De quels Mémoires s'agit-il? Il y en a très-peu sur la fin du règne de Louis XIV. Saint-Simon alors était fort jeune et n'avait aucun rôle apparent : son principal rôle, c'était celui qu'il se donnait d'être le champion de la Duché-Pairie et le plus pointilleux de son Ordre sur les rangs. C'est ainsi qu'on lit dans une des lettres de Madame, mère du Régent :

« En France et en Angleterre, les ducs et les lords ont un orgueil tellement excessif qu'ils croient être au-dessus de tout; si on les laissoit faire, ils se regarderoient comme supérieurs aux princes du sang, et la plupart d'entre eux ne sont pas même véritablement nobles (*Gare! voilà un autre excès qui commence*). J'ai une fois joliment repris un de nos ducs. Comme il se mettoit à la table du roi devant le prince des Deux-Ponts, je dis tout haut : « D'où vient que monsieur le duc de Saint-Simon presse tant le prince des Deux-Ponts? A-t-il envie de le prier de prendre un de ses fils pour page? » Tout le monde se mit si fort à rire qu'il fallut qu'il s'en allât. »

Si un jour il se publie des Mémoires sur la Régence, si les Mémoires politiques du duc d'Antin et d'autres encore qui doivent être dans les archives de l'État paraissent, il y sera certainement fort question de Saint-Simon.

Saint-Simon, à qui ne le voyait qu'en passant et à la rencontre dans ce grand monde, devait faire l'effet, je me l'imagine aisément, d'un personnage remuant, pressé, mystérieux, échauffé, affairé, toujours dans les confidences et les tête-à-tête, quelquefois très-amusant dans ses veines et charmant à de certaines heures, et à d'autres heures assez intempestif et incommode. Le maréchal de Belle-Isle le comparait vieux, pour sa conversation, au plus intéressant et au plus agréable des dictionnaires. Après sa retraite de la Cour, il venait quelquefois à Paris, et allait en visite chez la duchesse de La Vallière ou la duchesse de Mancini (toutes deux Noailles) : là, on raconte que, par une liberté de vieillard et de grand seigneur devenu campagnard, et pour se mettre plus à l'aise, il posait sa perruque sur un fauteuil, et *sa tête fumait*. — On se figure bien en effet cette tête à vue d'œil fumante, que tant de passions échauffaient.

Les Mémoires imprimés du marquis d'Argenson contiennent (page 178) un jugement défavorable sur Saint-Simon. Ce jugement a été arrangé et modifié à plaisir, comme tout le style en général dans ces éditions de d'Argenson. Je veux donner ici le vrai texte du passage tel qu'il se lit dans le manuscrit. Si injurieux qu'en soient les termes pour Saint-Simon, ce n'est pas tant à lui que ce jugement fera tort qu'à celui qui s'y est abandonné; et d'ailleurs on peut, jusqu'à un certain point, en contrôler l'exactitude, et cela en vaut la peine avant que quelqu'un s'en empare, ce qui aurait lieu au premier jour; on ne manquerait pas de crier à la découverte et de s'en faire une arme contre Saint-Simon:

« Le duc de Saint-Simon, écrivait d'Argenson à la date de 1722, est de nos ennemis, parce qu'il a voulu grand mal à mon père, le taxant d'ingratitude, et voici quel en a été le lieu. Il prétend qu'il a plus contribué que personne à mettre mon père en place de ministre, et que mon père ne lui a pas tenu les choses qu'il lui avoit promises comme pot-de-vin du marché; or quelles étoient ces choses? Ce petit *broudillon* vouloit qu'on fît le procès à M. le duc du Maine, qu'on lui fît couper la tête, et le duc de Saint-Simon devoit avoir la grande maîtrise de l'artillerie. — Voyez un peu quel caractère odieux, injuste et anthropophage de ce petit dévot sans génie, plein d'amour-propre, et ne servant d'ailleurs aucunement à la guerre!

« Mon père voyant les choses pacifiées, les bâtards réduits, punis, envoyés en prison ou exil, et tout leur parti débellé, ce qui fut une des grandes opérations de son ministère, il ne voulut pas aller plus loin, ni mêler des intérêts particuliers aux motifs des grands coups qu'il frappa.

« De là le petit duc et sa séquelle en ont voulu mal de mort à mon père et l'ont traité d'ingrat, comme si la reconnoissance, qui est une vertu, devoit se prouver par des crimes; et cette haine d'une telle légitime rejaillit sur les pauvres enfants qui s'en.......[1] »

---

1. Manuscrits de la Bibliothèque du Louvre, dans le volume de d'Argenson qui est consacré à ses Mémoires personnels, au paragraphe 19.

Si la haine ou l'humeur éclate quelque part, c'est assurément dans cette injurieuse boutade bien plus que dans tout ce que Saint-Simon a écrit sur les d'Argenson. A l'égard du duc du Maine, Saint-Simon en effet a eu le tort de le trop craindre, même après qu'il était déraciné et abattu ; mais quant à juger *avec haine* le garde des sceaux et ancien lieutenant de police d'Argenson, c'est ce qu'il n'a pas fait. Les différents endroits où il parle de lui sont d'admirables pages d'histoire ; le marquis n'a pas parlé de son père en des termes plus expressifs et mieux caractérisés que ne le fait Saint-Simon, qui n'y a pas mis d'ailleurs les ombres trop fortes : tant il est vrai que le talent de celui-ci le porte, nonobstant l'affection, à la vérité et à une sorte de justice quand il est en face d'un mérite réel et sévère, digne des pinceaux de l'histoire.

Je ne relèverai pas les autres injures de ce passage tout brutal : Saint-Simon y est appelé un dévot *sans génie*. Saint-Simon n'avait pas, il est vrai, le génie politique ; bien peu l'ont, et le marquis d'Argenson, avec tout son mérite comme philosophe et comme administrateur secondaire, n'en était lui-même nullement doué. Pour être un politique, indépendamment des vues et des idées justes qui sont nécessaires, mais qu'il ne faut avoir encore qu'à propos et modérément, sans une fertilité trop confuse, il ne convient pas de porter avec soi de ces humeurs brusques qui gâtent tout, et de ces antipathies des hommes qui créent à chaque pas des incompatibilités. Le génie de Saint-Simon, qui devait éclater après lui, rentrait tout entier dans la sphère des Lettres : en somme, ce qu'il a dû être, il l'a été.

Il y a à dire à sa dévotion. Elle était sincère et dès lors respectable ; mais elle ne semble pas avoir été aussi éclairée qu'elle aurait pu l'être. Après chaque mécompte ou chagrin, Saint-Simon s'en allait droit à la Trappe chercher une consolation, comme on va, dans une blessure, au chirurgien ; mais il en revenait sans avoir modifié son fond et sans travailler à corriger son esprit. Il se livrait à toutes ses passions intellectuelles et à ses aversions morales sans scrupule, et sauf à se mettre en règle à de certains temps réguliers et à s'en purger la conscience, prêt à recommencer aussitôt après. Cette manière un peu machinale et brusque de considérer le remède religieux, sans en introduire la vertu et l'efficace dans la suite même de sa conduite et de sa vie, annonce une nature qui avait reçu par une foi robuste la tradition des croyances plutôt qu'elle ne s'en était pénétrée et imbue par des réflexions lumineuses. En tout, Saint-Simon est plutôt supérieur comme artiste que comme homme ; c'est un immense et prodigieux talent, plus qu'une haute et complète intelligence.

Après la mort de Saint-Simon, ses Mémoires eurent bien des vicissitudes. Ils sortirent des mains de sa famille pour devenir des espèces de prisonniers d'État; on craignait les divulgations indiscrètes. On voit que Duclos et Marmontel en eurent connaissance, et en firent un ample usage dans leurs travaux d'historiographes. M. de Choiseul, pendant son ministère, en prêta des volumes à Mme du Deffand qui en écrivit ses impressions à Horace Walpole auquel elle aurait voulu également les prêter et les faire lire : « Nous faisons une lecture l'après-dîner, lui mandait-elle (21 novembre 1770), les Mémoires de M. de Saint-Simon, où il m'est impossible de ne pas vous regretter; *vous auriez des plaisirs indicibles.* » Elle dit encore à un autre endroit (2 décembre) : « Les Mémoires de Saint-Simon m'amusent toujours, et comme j'aime à les lire en compagnie, cette lecture durera longtemps, elle vous amuserait, quoique le style en soit abominable, les portraits mal faits; l'auteur n'était point un homme d'esprit; mais comme il était au fait de tout, les choses qu'il raconte sont curieuses et intéressantes; je voudrais bien pouvoir vous procurer cette lecture. »

Elle y revient pourtant et corrige ce qui peut étonner dans ce premier jugement tumultueux (9 janvier 1771). « Je suis

désespérée de ne pouvoir pas vous faire lire les Mémoires de
Saint-Simon : le dernier volume, que je ne fais qu'achever,
m'a causé des plaisirs infinis; *il vous mettrait hors de vous.* » Je
le crois bien que ces Mémoires de Saint-Simon vous *mettent
hors de vous;* ils vous transportent au cœur d'un autre siècle.

Voltaire sur sa fin avait, dit-on, formé le projet « de réfuter tout ce que le duc de Saint-Simon, dans ses Mémoires encore secrets, avait accordé à la prévention et à la haine. » Voltaire, en cela, voyait où était le défaut de ces redoutables Mémoires, et aussi, en les voulant infirmer à l'avance, il semblait pressentir où était le danger pour lui, pour son *Siècle de Louis XIV*, de la part de ce grand rival, et que, lorsque de tels tableaux paraîtraient, ils éteindraient les esquisses les plus brillantes qui n'auraient été que provisoires.

A partir de 1784, la publicité commença à se prendre aux Mémoires de Saint-Simon, mais timidement, à la dérobée, par anecdotes décousues et par morceaux. De 1788 à 1791, puis plus tard en 1818, il en parut successivement des extraits plus ou moins volumineux, tronqués et compilés. La marquise de Créquy, à propos d'une de ces premières compilations, écrivait à Sénac de Meilhan[1] (7 février 1787) : « Les Mémoires de Saint-Simon sont entre les mains du censeur; de six volumes on en fera à peine trois, et c'est encore assez. » Et, un peu plus tard (25 septembre 1788) : « Je vous annonce que les Mémoires de Saint-Simon paraissent, mais très-mutilés, si j'en juge par ce que j'ai vu en trois gros tapons verts, et il y en avoit six. Mme de Turpin mourut, j'en demeurai là, cela est mal écrit, mais le goût que nous avons pour le siècle de Louis XIV nous en rend les détails précieux. »

Il est curieux de voir comme chacun s'accorde à dire que c'est *mal écrit*, que les portraits sont *mal faits*, en ajoutant

---

1. *Lettres inédites de la marquise de Créquy à Sénac de Meilhan*, qui sont sous presse (Potier, libraire-éditeur).

toutefois que c'est intéressant. Mme du Deffand elle-même, la seule qui ait lu à la source, apprécie l'amusement plus que la portée de ces Mémoires. La forme de Saint-Simon tranchait trop avec les habitudes du style écrit au XVIIIe siècle, et on en parlait à peu près comme Fénelon a parlé du style de Molière et de cette « multitude de métaphores qui approchent du galimatias. » Tout ce beau monde d'alors avoit fait, plus ou moins, sa rhétorique dans Voltaire.

L'inconvénient de ces publications tronquées, comme aussi des extraits mis au jour par Lemontey et portant sur les Notes manuscrites annexées au Journal de Dangeau, c'était de ne donner idée que de ce qu'on appelait la causticité de Saint-Simon, en dérobant tout à fait un autre côté de sa manière, qui est la grandeur. Cette grandeur, qui, nonobstant tout accroc de détail, allait à revêtir d'une imposante majesté l'époque entière de Louis XIV, et qui était la première vérité du tableau, ne pouvait se dévoiler que par la considération des ensembles et dans la suite même de ce corps incomparable d'annales. C'est donc la totalité des Mémoires qu'il falloit donner dans leur forme originale et authentique. L'édition de 1829 y a pourvu. La sensation produite par les premiers volumes fut très-vive : ce fut le plus grand succès depuis celui des romans de Walter Scott. Un rideau se levait tout d'un coup de dessus la plus belle époque monarchique de la France, et l'on assistait à tout comme si l'on y était. Ce succès toutefois, coupé par la Révolution de 1830, se passa dans le monde proprement dit, encore plus que dans le public ; celui-ci n'y arriva qu'un peu plus tard et graduellement.

Aujourd'hui il restait à faire un progrès important et, à vrai dire, décisif pour l'honneur de Saint-Simon écrivain. Cette première édition, si goûtée, avait été faite d'après un singulier principe et sur un sous-entendu étrange : c'est que Saint-Simon, parce qu'il a sa phrase à lui et qui n'est ni académique, ni celle de tout le monde, écrivait au hasard, ne savait pas écrire (comme le disaient les marquises de Créquy et du Duffand), et qu'il était nécessaire de temps en temps, dans son intérêt et dans celui du lecteur, de le corriger. D'autres relèveront dans cette première édition des noms historiques estropiés, des généalogies mal comprises et rendues inintelligibles, des pages du manuscrit sautées, des transpositions et des déplacements qui ôtent tout leur sens à d'autres passages où Saint-Simon s'en réfère à ce qu'il a déjà dit ; pour moi, je suis surtout choqué et inquiet des libertés qu'on a prises avec la langue et le style d'un maître. M. de Chateaubriand, dans un jour de mauvaise humeur contre le plus grand auteur de Mémoires, a dit : « Il écrit *à la diable* pour l'immortalité. » Et d'autres, entrant dans cette jalousie de Chateaubriand et comme pour la caresser, ont été jusqu'à dire de Saint-Simon qu'il était « le premier des barbares. » Il faut bien s'entendre sur le style de Saint-Simon, il n'est pas le même en tous endroits et à toute heure. Lorsque Saint-Simon écrit des Notes et commentaires sur le Journal de Dangeau, il écrit comme on fait pour des notes, à la volée, tassant et pressant les mots, voulant tout dire à la fois et dans le moindre espace. J'ai comparé ailleurs cette pétulance et cette précipitation des choses sous sa plume « à une source abondante qui veut sortir par un goulot trop étroit et qui s'y étrangle. » Toutefois, même dans ces brusques croquis de Notes, tels qu'on les a imprimés jusqu'ici, il y a bien des fautes qui tiennent à une copie inexacte. Dans ses Mémoires, Saint-Simon reprend ses premiers jets de portraits, les développe, et se donne tout espace. Quand il raconte des conversations, il lui arrive de reproduire le ton, l'empressement, l'afflux de paroles, les redondances, les ellipses. Habituellement et toujours, il a, dans sa vivacité à concevoir et à peindre, le besoin d'embrasser et d'offrir mille choses à la fois, ce qui fait que chaque membre de sa phrase pousse une branche qui en fait naître une troisième, et de cette quantité de branchages qui s'entre-croisent, il se forme à chaque instant un arbre des plus touffus. Mais il ne faut pas croire que cette production comme naturelle n'ait pas sa raison d'être, sa majesté et souvent sa grâce. C'est à quoi l'édition de 1829, qui a servi depuis aux réimpressions, n'avait pas eu égard : à première vue, on y a considéré les phrases de Saint-Simon comme des *à peu près* de grand seigneur, et chemin faisant, sans parti pris d'ailleurs, on les a traitées en conséquence [1].

Respectons le texte des grands écrivains, respectons leur style. Sachons enfin comprendre que la nature est pleine de variétés et de moules divers; il y a une infinité de formes de talents. Éditeurs ou critiques, pourquoi nous faire strictement grammairiens et n'avoir qu'un seul patron? Et ici, dans ce cas particulier de Saint-Simon, comme nous avons affaire de plus et très-essentiellement à un peintre, il faut aussi bien comprendre (et c'est sur quoi j'ai dû insister en commençant, quel est le genre de vérité qu'on est en droit surtout de lui demander et d'attendre de lui, sa nature et son tempérament d'observateur et d'écrivain étant connus. L'exactitude dans certains faits particuliers est moins ce qui importe et ce qu'on doit chercher qu'une *vérité d'impression*

---

1. Un seul petit exemple. Dès la seconde page, Saint-Simon nous montre sa mère qui lui donne dès l'enfance de sages conseils et qui lui représente la nécessité, à lui fils tardif d'un vieux favori oublié, d'être par lui-même un homme de mérite, puisqu'il entre dans un monde où il n'aura point d'amis pour le produire et l'appuyer : « Elle ajoutoit, dit-il, le défaut de tous proches, oncles, tantes, cousins germains, qui me laissoit comme dans l'abandon à moi-même, et augmentoit le besoin de savoir en faire un bon usage sans secours et sans appui; ses deux frères obscurs, et l'aîné ruiné et plaideur de sa famille, et le seul frère de mon père sans enfants et son aîné de huit ans. »
Or, ne trouvant pas la phrase assez claire dans son tour un peu latin, l'édition de 1829 a dit : « Elle ajoutoit le défaut de tous proches, oncles, tantes, cousins germains, qui me laissoit comme dans l'abandon à moi-même, et augmentoit le besoin de savoir en faire un bon usage, *me trouvant* sans secours et sans appui; ses deux frères *étant* obscurs, et l'aîné ruiné et plaideur de sa famille, et le seul frère de mon père *étant* sans enfants et son aîné de huit ans. » *Me trouvant* et deux fois *étant* sont ajoutés. Ainsi dès les premiers pas, comme si la phrase de Saint-Simon ne marchait pas toute seule, on lui prêtait un bâton et deux béquilles.

dans laquelle il convient de faire une large part à la sensibilité et aux affections de celui qui regarde et qui exprime. Le paysage, en se réfléchissant dans ce lac aux bords sourcilleux et aux ondes un peu amères, dans ce lac humain mobile et toujours plus ou moins prestigieux, s'y teint certainement de la couleur de ses eaux. Une autre forme de talent, je l'ai dit, un autre miroir magique eût reproduit des effets différents; et toutefois celui-ci est vrai, il est sincère, il l'est au plus haut degré, dans l'acception morale et pittoresque. C'est ce qu'on ne saurait trop maintenir, et Saint-Simon n'a eu que raison quand il a conclu de la sorte en se jugeant : « Ces Mémoires sont de source, de la première main : leur vérité, leur authenticité ne peut être révoquée en doute, et je crois pouvoir dire qu'il n'y en a point eu jusqu'ici qui aient compris plus de différentes matières, plus approfondies, plus détaillées, ni qui forment un groupe plus instructif ni plus curieux. » La postérité, après avoir bien écouté ce qui s'est dit et se dira encore pour et contre, ne saurait, je le crois, conclure autrement.

Sainte-Beuve.

LETTRE

ÉCRITE PAR SAINT-SIMON A M. DE RANCÉ, ABBÉ DE LA TRAPPE,
EN LE CONSULTANT SUR SES MÉMOIRES.

« Versailles, le 29 mars 1699.

« Il faut, Monsieur, que je sois bien convaincu que vous avez pour moi une bonté extrême, pour oser prendre la liberté que je fais en vous envoyant par la voie de M. du Charmel les papiers dont j'eus l'honneur de vous parler en mon dernier voyage, lorsque vous me permîtes de le faire. Je vous dis lors qu'il [y] avoit déjà quelque temps que je travaillois à des espèces de Mémoires de ma vie qui comprenoient tout ce qui a un rapport particulier à moi, et aussi un peu en général et superficiellement une espèce de relation des événements de ces temps, principalement des choses de la Cour[1]; et comme je m'y suis proposé une exacte vérité, aussi m'y suis-je lâché à la dire bonne et mauvaise, toute telle qu'elle m'a semblé sur les uns et les autres, songeant à satisfaire mes inclinations et passions en tout ce que la vérité m'a permis de dire, attendu que travaillant pour moi et bien peu des miens pendant ma vie, et pour qui voudra

1. On voit quelle était à cette date de 1699, c'est-à-dire quand il n'avait encore que vingt-quatre ans, la première idée de Saint-Simon en rédigeant ses Mémoires : mettre avec grand détail ce qui le concernait, et assez superficiellement ce qui regardait les autres. Mais, une fois à l'œuvre et à mesure qu'il y mordait, son dessein s'est accru et l'accessoire est devenu le principal ; le peintre, en présence de sa toile et de ses modèles, n'y a pas tenu et s'est donné carrière.

après ma mort, je ne me suis arrêté à ménager personne par aucune considération ; mais voyant cette espèce d'ouvrage qui va grossissant tous les jours avec quelque complaisance de le laisser après moi, et aussi ne voulant point être exposé aux scrupules qui me convieroient à la fin de ma vie de le brûler comme ç'avoit été mon premier projet, et même plus tôt, à cause de tout ce qu'il y a contre la réputation de mille gens, et cela d'autant plus irréparablement que la vérité s'y rencontre tout entière et que la passion n'a fait qu'animer le style, je me suis résolu à vous en importuner de quelques morceaux, pour vous supplier par iceux de juger de la pièce et de me vouloir prescrire une règle pour dire toujours la vérité sans blesser ma conscience, et pour me donner de salutaires conseils sur la manière que j'aurai à tenir en écrivant des choses qui me touchent particulièrement et plus sensiblement que les autres. J'ai donc choisi la relation de notre procès contre MM. de Luxembourg père et fils, qui a produit des rencontres qui m'ont touché de presque toutes les plus vives passions d'une manière autant ou plus sensible que je l'aie été en ma vie, et qui est exprimée en un style qui le fait bien remarquer. C'est, je crois, tout ce qu'il y a de plus âpre et de plus amer en mes Mémoires, mais, au moins, y ai-je tâché d'être fidèle à la plus exacte vérité. Je l'ai copiée d'iceux, où elle est écrite éparse çà et là selon l'ordre des temps auxquels nous avons plaidé, et mise ensemble ; et, au lieu d'y parler à découvert comme dans mes Mémoires, je me nomme dans cette copie comme les autres, pour la pouvoir garder et m'en servir sans que j'en paroisse manifestement l'auteur. J'y ai joint aussi deux portraits pour servir d'échantillon au reste, quoique en bien celui de M. d'Aguesseau pût suffisamment servir à ceux de ce genre, duquel il y en a bien moins qu'en mal. Je vous supplie très-humblement de vouloir garder ce que je vous envoie, jusqu'à ce que je l'aille moi-même chercher, espérant avoir ce délice tout aussitôt après Pâques, et vous porter en même temps quelques cahiers des Mémoires mêmes. Je me flatte donc, qu'au milieu de tous vos maux, de toutes les peines que vous cause ce changement heureux de votre grand et merveilleux monastère, vous aurez la charité d'examiner ce que je vous envoie, d'y penser devant Dieu, et de dicter ces avis, règles et salutaires conseils que j'ose vous demander, afin que, demeurant écrits, ils ne me passent point de la mémoire et que j'y puisse avoir toute ma vie recours. Je crois qu'il seroit inutile de vous demander des précautions sur le secret et sur le ton de voix dont on vous lira ces papiers pour qu'on ne puisse rien entendre hors de votre chambre : eux-mêmes vous en feront souvenir suffisamment. Il ne me reste plus rien à ajouter ici, sinon de vous demander pardon cent et cent fois de la distraction que cela vous causera de tant de saintes et d'admirables occupations dont vous vous nourrissez sans relâche, et de vous assurer que je suis, Monsieur, plus que personne au monde, pénétré de respect, d'attachement et de reconnoissance pour vous, et à jamais votre très-humble et très-obéissant serviteur. »

« *P. S.* M. du Charmel ne sait point ce que c'est que ces papiers[1]. »

---

[1]. On aura remarqué combien, dans cette lettre, qui porte la date de l'extrême fin du xvııe siècle, le style est comme en entier du xvıe, et non-seulement quelques mots, mais les tours et le ton général. Il semble que c'était, à ce point de départ, l'habitude naturelle de Saint-Simon dans la familiarité épistolaire, et quand la passion n'excitait pas son talent.

INTRODUCTION.

SAVOIR S'IL EST PERMIS D'ÉCRIRE ET DE LIRE L'HISTOIRE, SINGULIÈREMENT CELLE DE SON TEMPS.

Juillet 1743.

L'histoire a été dans tous les siècles une étude si recommandée, qu'on croiroit perdre son temps d'en recueillir les suffrages, aussi importants par le poids de leurs auteurs que par leur nombre. Dans l'un et dans l'autre on ne prétend compter que les catholiques, et on sera encore assez fort ; il ne s'en trouvera même aucun de quelque autorité dans l'Église qui ait laissé par écrit aucun doute sur ce point. Outre les personnages que leur savoir et leur piété ont rendus célèbres, on compte plusieurs saints qui ont écrit des chroniques et des histoires non-seulement saintes, mais entièrement profanes, et dont les ouvrages sont révérés de la postérité, à qui ils ont été fort utiles. On omet par respect les livres historiques de l'Écriture. Mais, si on n'ose mêler en ce genre le Créateur avec ses créatures, on ne peut aussi se dispenser de reconnoître que, dès que le Saint-Esprit n'a pas dédaigné d'être auteur d'histoires dont tout le tissu appartient en gros à ce monde, et seroit appelé profane comme toutes les autres histoires du monde, si elles n'avoient pas le Saint-Esprit pour auteur, c'est un préjugé bien décisif qu'il est permis aux chrétiens d'en écrire et d'en lire. Si on objecte que les histoires de ce genre qui ont le Saint-Esprit pour auteur se reportent toutes à des objets plus relevés, et bien que réelles et véritables en effet, ne laissent pas d'être des figures de ce qu'il devoit arriver, et cachent de grandes merveilles sous ces voiles, il ne laissera pas de demeurer véritable qu'il y en a de grands endroits qui ne sont simplement que des histoires, ce qui autorise toutes les autres que les hommes ont faites depuis, et continueront de faire ; mais encore, que dès qu'il a plu à l'Esprit saint de voiler et de figurer les plus grandes choses sous des événements en apparence naturels, historiques, et en effet arrivés, ce même Esprit n'a pas réprouvé l'histoire, puisqu'il lui a plu de s'en servir pour l'instruction de ses créatures et de son Église. Ces propositions, qui ne se peuvent impugner avec de la bonne foi, sont d'une transcendance en faveur de l'histoire à ne souffrir aucune réplique. Mais sans se départir d'un si divin appui, cherchons d'ailleurs ce que la vérité, la raison, la nécessité et l'usage approuvé dans tous les siècles, pourront fournir sur ce prétendu problème.

Que sait-on qu'on n'ait point appris? Car il ne s'agit pas ici des prophètes et des dons surnaturels, mais de la voie commune que la Providence a marquée à tous les hommes. Le travail est une suite et la peine du péché de notre premier père ; on n'entretient le corps que par le travail du corps, la sueur et les œuvres des mains ; on n'éclaire l'esprit que par un autre genre de travail, qui est l'étude ; et comme il faut des maîtres, pour le moins des exemples sous les yeux, pour apprendre à faire les œuvres des mains dans chaque art ou métier, à plus forte raison en faut-il pour les sciences et les disciplines si diverses, propres à l'esprit, sur lesquelles l'inspection des yeux et des sens n'ont aucune prise.

Si ces leçons d'autrui sont nécessaires à l'esprit pour lui apprendre ce qui est de son ressort, il n'y a point de science où il s'en puisse moins passer que pour l'histoire. Encore que pour les autres disciplines il soit indispensable d'y avoir au moins quelque introducteur, il est pourtant arrivé à des esprits d'une ouverture extraordinaire d'atteindre eux-mêmes, sans autre secours que celui de ce commencement, à divers degrés, même quelques-uns aux plus relevés, des disciplines où ils n'avoient reçu qu'une assez légère introduction; parce que avec l'application et la lumière de leur esprit, ils s'étoient guidés de degré en degré, pour atteindre plus haut, et, par de premières découvertes, se frayer la route à de nouvelles, à les constater, à les rectifier, et à parvenir ainsi au sommet de la science par eux cultivée, après en avoir appris d'autrui les premières règles et les premières notions. C'est que les arts et les sciences ont un enchaînement de règles, des proportions, des gradations qui se suivent nécessairement, et qui ne sont, par conséquent, pas impossibles à trouver successivement par un esprit lumineux, solide et appliqué, qui en a reçu d'autrui les premiers éléments et comme la clef, quoique ce soit une chose extrèmement rare, et que pour presque la totalité il faille être conduit d'échelon en échelon par les diverses connoissances et les divers progrès de la main d'un habile maître, qui sait proportionner ses leçons à l'avancement qu'il remarque dans ceux qu'il instruit.

Mais l'histoire est d'un genre entièrement différent de toutes les autres connoissances. Bien que tous les événements généraux et particuliers qui la composent soient cause l'un de l'autre, et que tout y soit lié ensemble par un enchaînement si singulier que la rupture d'un chaînon feroit manquer, ou pour le moins changer, l'événement qui le suit; il est pourtant vrai qu'à la différence des arts, surtout des sciences, où un degré, une découverte, conduit à un autre certain, à l'exclusion de tout autre, nul événement général ou particulier historique n'annonce nécessairement ce qu'il causera, et fort souvent fera très-raisonnablement présumer au contraire. Par conséquent, point de principes ni de clef, point d'éléments, de règle ni d'introduction qui, une fois bien compris par un esprit, pour lumineux, solide et appliqué qu'il soit, puisse le conduire de soi-même aux événements divers de l'histoire; d'où résulte la nécessité d'un maître continuellement à son côté, qui conduise de fait en fait par un récit lié dont la lecture apprenne ce qui sans elle seroit toujours nécessairement et absolument ignoré.

C'est ce récit qui s'appelle l'histoire, et l'histoire comprend tous les événements qui se sont passés dans tous les siècles et dans tous les lieux. Mais si elle s'en tenoit à l'exposition nue et sèche de ces événements, elle deviendroit un faix inutile et accablant : inutile, parce que peu importeroit à l'instruction d'avoir la mémoire chargée de faits inanimés, et qui n'apprennent que des faits secs et pesants à l'esprit, à qui nul enchaînement ne les range et ne les rappelle; accablant, par un fatras sans ordre et sans lumière qui puisse conduire à plus qu'à plier sous la pesanteur d'un amas de faits détachés et sans liaison l'un à l'autre, dont on ne peut faire aucun usage utile ni raisonnable.

Ainsi pour être utile, il faut que le récit des faits découvre leurs origines, leurs causes, leurs suites et leurs liaisons des uns aux autres, ce qui ne se peut faire que par l'exposition des actions des personnages qui ont eu part à ces choses; et comme sans cela les faits demeureroient un chaos tel qu'il a été dit, autant en seroit-il des actions de ces personnages si on s'en tenoit à la simple exposition de leurs actions, par conséquent de toute l'histoire, si on ne faisoit connoître quels ont été ces personnages, ce qui les a engagés à la part qu'ils ont eue aux faits qu'on raconte, et le rapport d'union ou d'opposition qu'il y a eu entre eux. Plus donc on a de lumière là-dessus, et plus les faits deviennent intelligibles, plus l'histoire devient curieuse et intéressante, plus on instruit par les exemples des mœurs et des causes des événements. C'est ce qui rend nécessaire de découvrir les intérêts, les vices, les vertus, les passions, les haines, les amitiés, et tous les autres ressorts tant principaux que incidents des intrigues, des cabales et des actions publiques et particulières qui ont part aux événements qu'on écrit, et toutes les divisions, les branches, les cascades qui deviennent les sources et les causes d'autres intrigues et qui forment d'autres événements.

Pour une juste exécution, il faut que l'auteur d'une histoire générale ou particulière possède à fond sa matière par une profonde lecture, par une exacte confrontation, par une juste comparaison d'auteurs les plus judicieusement choisis, et par une sage et savante critique, le tout accompagné de beaucoup de lumière et de discernement. J'appelle histoire générale celle qui l'est en effet par son étendue de plusieurs nations ou de plusieurs siècles de l'Église, ou d'une même nations mais de plusieurs règnes, ou d'un fait ecclésiastique éloigné et fort étendu. J'appelle histoire particulière celle du temps et du pays où on vit. Celle-là, étant moins vaste, et se passant sous les yeux de l'auteur, doit être beaucoup plus étendue en détails et en circonstances, et avoir pour but de mettre son lecteur au milieu des acteurs de tout ce qu'il raconte, en sorte qu'il croie moins lire une histoire ou des Mémoires, qu'être lui-même dans le secret de tout ce qui lui est représenté, et spectateur de tout ce qui est raconté. C'est en ce genre d'écrire que l'exactitude la plus scrupuleuse sur la vérité de chaque chose et de chaque trait doit se garder également de haine et d'affection, de vouloir expliquer ce qu'on n'a pu découvrir, et de prêter des vues, des motifs, des caractères, et de grossir ou diminuer, ce qui est également dangereux et facile si l'auteur n'est homme droit, vrai, franc, plein d'honneur et de probité, et fort en garde contre les piéges du sentiment, du goût et de l'imagination, très-singulièrement si cet auteur se trouve écrire de source par avoir eu part par lui-même, ou par ses amis immédiats de qui il aura été instruit, aux choses qu'il raconte; et c'est en ce dernier cas où tout amour-propre, toute inclination, toute aversion, et toute espèce d'intérêt doit disparoître devant la plus petite et la moins importante vérité, qui est l'âme et la justification de toute histoire, et qui ne doit jamais pour quoi que ce puisse être souffrir la moindre ternissure, et être toujours exposée toute pure et tout entière.

Mais un chrétien, et qui veut l'être, peut-il écrire et lire l'histoire? Les faits secs, il est vrai, accablent inutilement; ajoutez-y les actions nues des personnages qui y ont eu part, il ne s'y trouvera pas plus d'instruction, et le chaos n'en sera qu'augmenté sans aucun fruit. Quoi donc, les caractères, les intrigues, les cabales de ces personnages pour entendre les causes et les suites des événements? Il est vrai que sans cela ils demeureroient inintelligibles, et qu'autant vaudroit-il ignorer ce qui charge sans apprendre, et par conséquent sans instruire. Mais la charité peut-elle s'accommoder du récit de tant de passions et de vices, de la révélation de tant de ressorts criminels, de tant de vues honteuses, et du démasquement de tant de personnes, pour qui sans cela on auroit conservé de l'estime, ou dont on auroit ignoré les vices et les défauts? Une innocente ignorance n'est-elle pas préférable à une instruction si éloignée de la charité? et que peut-on penser de celui qui, non content de celle qu'il a prise par lui-même ou par les autres, la transmet à la postérité, et lui révèle tant de choses de ses frères, ou méprisables ou souvent criminelles?

Voilà, ce me semble, l'objection dans toute sa force. Elle disparoîtroit par la seule citation de ce qui a été dit, au commencement de ce discours, de l'exemple du Saint-Esprit; mais on s'est proposé de la détruire, même sans s'avantager de l'autorité divine, après laquelle il n'est plus permis de raisonner quand elle a décidé, comme on croit qu'elle l'a fait sur la question qu'on agite.

Ne se permettre aucune histoire au deçà de ce que l'Écriture nous en apprend, c'est se jeter dans les ténèbres palpables d'Égypte. Du côté de la religion, on renonce à savoir ce que c'est que tradition, et y renoncer n'implique-t-il pas blasphème? c'est ignorer les dogmes et la discipline, en ignorant les conciles œcuméniques qui ont défini les dogmes et établi la discipline, et mettre sur la même ligne les saints défenseurs de la foi, les uns par leur lumière et leurs travaux, les autres par leur courage et leur martyre, et les hérésiarques et les persécuteurs. C'est se priver de l'admirable spectacle des premiers siècles de l'Église, et l'édification de ses colonnes, de l'instruction de ses premiers docteurs, de la sainte horreur de la première vie ascétique et solitaire, de la merveille de cette économie qui a établi, étendu et fait triompher l'Église au milieu des contradictions et des persécutions de toutes les sortes, de peur de voir en même temps la scélératesse, la cruauté et les crimes des hérésiarques et de leurs principaux appuis, l'ambition, les vices et les barbaries des évêques, et de ceux des plus grands siéges, et de là jusqu'à nous, ce qui s'est passé de mémorable dans l'Église pour le dogme, sur les dernières hérésies, sur la discipline et le culte, et de peur de voir le désordre et l'ignorance, l'avarice et l'ambition de tant et tant des plus principaux membres du clergé. Ce qui résulteroit de cette ignorance est plus aisé à penser qu'à représenter. Tout en est palpable, et saute de soi-même aux yeux.

Si donc il ne paroît pas sensé de ne vouloir pas être instruit de ces choses qui intéressent si fort un chrétien comme chrétien, comment le pourra-t-on être indépendamment de l'histoire profane, qui a une liaison si intime et si nécessaire avec celle de l'Église qu'elles ne peuvent pour être entendues être séparées l'une de l'autre? C'est un mélange et un enchaînement qui, pour une cause ou pour une autre, se perpétue de siècle en siècle jusqu'au nôtre, et qui rend impossible la connoissance d'aucune partie de l'une, sans acquérir en même temps celle de l'autre qui lui répond pour le temps. Si donc un chrétien, à qui tout ce qui appartient à la religion est cher à proportion de son attachement pour elle, ne peut être indifférent sur les divers événements qui ont agité l'Église dans tous les temps, il ne peut aussi éviter de s'instruire en parallèle de toute l'histoire profane, qui y a un si indispensable et un si continuel rapport.

Mais mettant même à part ce rapport, puisqu'en effet il se trouve de longs morceaux d'histoire qui n'en ont point avec celle de l'Église, pourroit-on sans honte se faire un scrupule de savoir ce qu'a été la Grèce, ce qu'ont été les Romains, l'histoire de ces fameuses républiques et de leurs personnages principaux? Oseroit-on ignorer par scrupule les divers degrés de leurs changements, de leur décadence, de leur chute, ceux de l'élévation des États qui se sont formés de leurs débris, l'origine et la fondation des monarchies de notre Europe, et de celle des Sarrasins, puis des Turcs, enfin la succession des siècles et des règnes, et leurs événements principaux jusqu'à nous? Voilà en gros pour l'histoire générale. Venons maintenant à ce qui regarde celle du temps et du pays où l'on vit.

Si l'on convient que le scrupule qui retiendroit dans l'entière ignorance de l'histoire générale seroit la plus grossière ineptie, et qui jetteroit dans les inconvénients les plus honteux et les plus lourds, il sera difficile de se persuader qu'aucun scrupule doive ou puisse admettre l'ignorance de l'histoire particulière du temps et du pays où on vit, qui est bien plus intéressante que la générale, et qui touche bien autrement l'instruction de notre conduite et de nos mœurs.

J'entends le scrupuleux répondre que l'éloignement des temps et des lieux affranchit la charité en quelque sorte sur les vices de personnages étrangers, reculés, dont on ne connoît ni les personnes ni les races, et à qui il n'est plus d'hommes qui puissent prendre quelque part; bien différents de ceux de notre pays et de notre âge que nous connoissons tous par leurs noms, par leur conduite, par leurs familles, par leurs amis, pour qui on a pu conserver de l'estime, qui même en ont pu mériter par quelques endroits, et pour qui on fait souvent plus que la perdre par la levée du rideau qui les couvroit.

L'objection n'est pas différente de celle qui a été déjà présentée : les raisons qui la détruisent ne seront pas différentes aussi des premières dont on s'est servi ; mais pour couper court, ne craignons point le sarcasme, et un sarcasme que j'ai vu très-littéralement et très-exactement réalisé par des personnes dont le nom et le rang distingué sont parfaitement connus. Ce n'étoit pas scrupule, mais ignorance d'éducation, puis de négligence, et d'abandon au tourbillon du jeu et des plaisirs, au milieu même de la cour. D'où que vienne cette ignorance, sa grossièreté est la même ; revenons à son effet. Quelle surprise de s'entendre demander qui étoit ce Monseigneur qu'on a ouï nommer et dire qu'il étoit mort à Meudon ? Qui étoit le père du roi, par où et comment le roi et le roi d'Espagne sont-ils parents ? Qu'est-ce que c'étoit que Monsieur, et que M. et Mme la duchesse de Berry ? De qui feu M. le duc d'Orléans régent étoit-il fils ? Quand on en est là, on peut juger si les notions remontent plus haut, ou descendent aux personnages et aux actions du règne qui ne fait que de passer, et quel abîme de ténèbres sur ce qui précède. Voilà néanmoins l'effet de l'ignorance d'éducation et de tourbillon, qu'il est aisé de réparer par de la conversation et de la lecture, mais qui, fondée sur le scrupule, ne se peut plus guérir. Il est si imbécile, il blesse tellement le bon sens et la raison naturelle, que la démonstration de l'erreur de cette idée se fait tellement de soi-même et d'une façon si rapide à la simple exposition, qu'elle efface tout ce qui s'y peut répondre, et tarit tout ce qu'on auroit à opposer.

En effet, est-on obligé d'ignorer les Guise, les rois et la cour de leur temps, de peur d'apprendre leurs horreurs et leurs crimes ? les Richelieu et les Mazarin pour ignorer les mouvements que leur ambition a causés, et les vices et les défauts qui se sont déployés dans les cabales et les intrigues de leur temps? Se taira-t-on M. le Prince pour éviter ses révoltes et leurs accompagnements; M. de Turenne et ses proches pour ne pas voir les plus insignes perfidies les plus immensément récompensées? Et vivant parmi la postérité de ce qui a figuré dans ces temps dont je parle, s'exposera-t-on avec le moindre sens à ignorer d'où ils viennent, d'où leur fortune, quels ils sont, et aux grossiers et continuels inconvénients qui en résultent? N'aura-t-on nulle idée de Mme de Montespan et de ses funestes suites, de peur de savoir les péchés de leur élévation? N'en aura-t-on point aucune de Mme de Maintenon et du prodige de son règne, de peur des infamies de ses premiers temps, de l'ignominie et des malheurs de sa grandeur, des maux qui en ont inondé la France? Il en est de même des personnages qui ont figuré sous ce long règne, et de ses fertiles événements dont le long gouvernement a changé toute l'ancienne face du royaume. Demeurera-t-on, par obligation de conscience, sans oser s'instruire des causes d'une si funeste mutation, dans le scrupule d'y découvrir l'intérêt et les ressorts de ces grands ministres qui, sortis de la boue, se sont faits les seuls existants et ont renversé toutes choses? Enfin se cachera-t-on jusqu'au présent pour ne point voir les désordres personnels d'un régent, les forfaits d'un premier ministre, les barbaries et l'imbécillité du successeur, les faussetés, les bévues, l'ambition sans bornes les crimes de celui qui vient de passer, dont la jalousie et l'insuffisance plongent aujourd'hui l'État dans la situation la plus dangereuse, et dans la plus ruineuse confusion? Qui pourroit résister à un problème si insensé, je dis si radicalement impossible? Qui n'en seroit pas révolté? Ces scrupuleux persuaderont-ils que Dieu demande ce qui est opposé à lui-même puisqu'il est lumière et vérité, c'est-à-dire que l'on s'aveugle en faveur du mensonge, de peur de voir la vérité;

qu'il a donné des yeux pour les tenir exactement fermés sur tous les événements et les personnages du monde; du sens et de la raison, pour n'en faire d'autre usage que de les abrutir, et pour nous rendre pleinement grossiers, stupides, ridicules, et parfaitement incapables d'être soufferts parmi les plus charitables même des autres hommes?

Rendons au Créateur un culte plus raisonnable, et ne mettons point le salut que le Rédempteur nous a acquis au prix indigne de l'abrutissement absolu, et du parfait impossible. Il est trop bon pour vouloir l'un, et trop juste pour exiger l'autre. Fuyons la folie des extrémités qui n'ont d'issue que les abîmes, et, avec saint Paul, ne craignons pas de mettre notre sagesse sous la mesure de la sobriété, mais de la pousser au delà de ses justes bornes. Servons-nous donc des facultés qu'il a plu à Dieu de nous donner, et ne croyons pas que la charité défende de voir toutes sortes de vérités, et de juger des événements qui arrivent, et de tout ce qui en est l'accompagnement. Nous nous devons pour le moins autant de charité qu'aux autres; nous devons donc nous instruire pour n'être pas des hébétés, des stupides, des dupes continuelles. Nous ne devons pas craindre, mais chercher à connoître les hommes bons et mauvais pour n'être pas trompés, et sur un sage discernement régler notre conduite et notre commerce, puisque l'une et l'autre est nécessairement avec eux, et dans une réciproque dépendance les uns des autres. Faisons-nous un miroir de cette connoissance pour former et régler nos mœurs, fuir, éviter, abhorrer ce qui doit l'être, aimer, estimer, servir ce qui le mérite, et s'en approcher par l'imitation et par une noble ou sainte émulation. Connoissons donc tant que nous pourrons la valeur des gens et le prix des choses; la grande étude est de ne s'y pas méprendre au milieu d'un monde la plupart si soigneusement masqué; et comprenons que la connoissance est toujours bonne, mais que le bien ou le mal consistent dans l'usage que l'on en fait. C'est là où il faut mettre le scrupule, et où la morale chrétienne, l'étendue de la charité, en un mot la loi nouvelle doivent sans cesse éclairer et contenir nos pas, et non pas le jeter sur les connoissances dont on ne peut trop acquérir.

Les mauvais, qui dans ce monde ont déjà tant d'avantages sur les bons, en auroient un autre bien étrange contre eux, s'il n'étoit pas permis aux bons de les discerner, de les connoître, par conséquent de s'en garer, d'en avertir à même fin, de recueillir ce qu'ils sont, ce qu'ils ont fait à propos des événements de la vie, et, s'ils ont peu ou beaucoup figuré, de les faire passer tels qu'ils sont et qu'ils ont été à la postérité, en lui transmettant l'histoire de leur temps. Et d'autre part, quant à ce monde, les bons seroient bien maltraités de demeurer, comme bêtes brutes, exposés aux mauvais sans connoissance, par conséquent sans défense, et leur vertu enterrée avec eux. Par là toute vérité éteinte, tout exemple inutile, toute instruction impossible, et toute providence restreinte dans la foi, mais anéantie aux yeux des hommes.

Distinguons donc ce que la charité commande d'avec ce qu'elle ne commande pas, et d'avec ce qu'elle ne veut pas commander, parce qu'elle ne veut commander rien de préjudiciable, et que sa lumière ne peut être la mère de l'aveuglement. La charité qui commande d'aimer son prochain comme soi-même décide par cela seul la question. Par ce commandement elle défend les contentions, les querelles, les injures, les haines, les calomnies, les médisances, les railleries piquantes, les mépris. Tout cela regarde les sentiments intérieurs qu'on doit réprimer en soi-même, et les effets extérieurs de ces choses défendues dans l'exercice du commerce et de la société. Elle défend de nuire et de faire, même de souhaiter, du mal à personne; mais quelque absolu que paroisse un commandement si étendu, il faut toujours reconnoître qu'il a ses bornes et ses exceptions. La même charité qui impose toutes ces obligations n'impose pas celle de ne pas voir les choses et les gens tels qu'ils sont.

Elle n'ordonne pas, sous prétexte d'aimer les personnes parce que ce sont nos frères, d'aimer en eux leurs défauts, leurs vices, leurs mauvais desseins, leurs crimes; elle n'ordonne pas de s'y exposer; elle ne défend pas, mais elle veut même qu'on en avertisse ceux qu'ils menacent, même qu'ils regardent, pour qu'ils puissent s'en garantir, et elle ne défend pas de prendre tous les moyens légitimes pour s'en mettre à couvert.

Tout est plein de cette pratique chez les saints les plus révérés, et les plus illustres qui n'ont pas même épargné les découvertes des faits les plus fâcheux ni les invectives les plus amères, contre les méchants particuliers dont ils ont eu à se défendre ou qu'ils ont cru devoir décrier; et quand je dis les méchants particuliers, cette expression n'est que pour exclure la généralité vague, montrer qu'ils s'en sont pris aux personnes de leur temps, et quelquefois les plus élevées dans l'Église ou dans le monde. La raison de cette conduite est évidente, c'est que la charité n'est destinée que pour le bien, et autant qu'on le peut conserver, pour les personnes; mais dès qu'elle devient préjudiciable au bien, et qu'il ne s'agit plus que de personnes et de personnes, il est clair qu'elle est due aux bons aux dépens des mauvais, à qui il n'est pas permis de laisser le champ libre, d'opprimer et de nuire aux bons, faute de les avertir, de les défendre, de publier autant qu'il le faut, les artifices, les mauvais desseins, la conduite dangereuse, les crimes même des mauvais, qui, si on les laissoit faire, deviendroient les maîtres de toutes leurs entreprises, et réussiroient sûrement, toujours contre les bons, et qui malgré ces secours les accablent si souvent.

De cet éclaircissement il en résulte un autre : c'est que le chrétien à qui la charité défend de mal parler et de nuire à son prochain, et dans toute l'étendue qui vient d'être rapportée, est par elle-même obligée à tout le contraire en certains cas, différents encore de ceux qui viennent d'être remarqués. Ceux qui ont la confiance des généraux, des ministres, encore plus ceux qui ont celle des princes, ne doivent pas leur laisser ignorer les mœurs, la conduite, les actions des hommes. Ils sont obligés de les leur faire connoître tels qu'ils sont, pour les garantir de piéges, de surprises, et surtout de mauvais choix. C'est une charité due à ceux qui gouvernent, et qui regarde très-principalement le public qui doit être toujours préféré au particulier. Les conducteurs de la chose publique, en tout ou en partie, sont trop occupés d'affaires, trop circonvenus, trop flattés, trop aisément abusés et trompés par le grand intérêt de le faire pour pouvoir bien démêler et discerner. Ils sont sages de se faire éclairer sur les personnes, et heureux lorsqu'ils trouvent des amis vrais et fidèles qui les empêchent d'être séduits; et le public, ou la portion du public qui en est gouvernée, a grande obligation à ces conseillers éclairés qui les préservent de tant de sortes d'administrations, dans lesquelles il a toujours tant à souffrir quand elles sont commises en de mauvaises mains; et il ne suffit pas à ceux qui ont l'oreille de ces puissants du siècle d'attendre qu'ils les consultent sur certaines personnes mauvaises : ils doivent prévenir leur goût, leur facilité, les embûches qui leur sont dressées, et les prévenir à temps d'y tomber Ils se doivent estimer placés pour cela dans la confiance de ces maîtres du siècle; et ceux-là même qui ont celle de ces favoris à portée de tout dire ne doivent pas négliger de les éclairer, et de se rendre ainsi utiles à la société. Il en est de même envers les proches et les amis.

S'il est évident, comme on vient de le montrer, que la charité permet de se défendre et d'attaquer même les méchants; si elle veut que les bons soient avertis et soutenus; si elle exige que ceux qui sont établis en des administrations publiques soient éclairés sans ménagement sur les personnes et sur les choses, quoique toutes ces démarches ne se puissent faire sans nuire d'une façon très-directe et très-radicale à la réputation et à la fortune, à plus forte raison la charité ne défend pas d'écrire, et par conséquent de lire, les histoires générales et particulières. Outre les raisons qui ont ouvert ce discours, et après lesquelles on pourroit n'en pas alléguer d'autres, il en faut donner de nouvelles qui achèvent de lever tout scrupule là-dessus. Je laisse les histoires générales pour me borner aux particulières de son pays et de son temps; parce que, si j'achève de démontrer que ces dernières sont licites, la même preuve servira encore plus fortement pour les histoires générales. Mais il faut se souvenir des conditions qui ont été proposées pour écrire.

Écrire l'histoire de son pays et de son temps, c'est repasser dans son esprit avec beaucoup de réflexion tout ce qu'on a vu, manié, ou su d'original, sans reproche, qui s'est passé sur le théâtre du monde, et les diverses machines, souvent les riens apparents, qui ont mû les ressorts des événements qui ont eu le plus de suite et qui en ont enfanté d'autres; c'est se montrer à soi-même pied à pied le néant du monde, de ses craintes, de ses désirs, de ses espérances, de ses disgrâces, de ses fortunes, de ses travaux; c'est se convaincre du rien de tout par la courte et rapide durée de toutes ces choses et de la vie des hommes; c'est se rappeler un vif souvenir que nul des heureux du monde ne l'a été, et que la félicité, ni même la tranquillité, ne peut se trouver ici-bas; c'est mettre en évidence que, s'il étoit possible que cette multitude de gens de qui on fait une nécessaire mention avoit pu lire dans l'avenir le succès de leurs peines, de leurs sueurs, de leurs soins, de leurs intrigues, tous, à une douzaine près tout au plus, se seroient arrêtés tout court dès l'entrée de leur vie, et auroient abandonné leurs vues et leurs plus chères prétentions; et que de cette douzaine encore, leur mort, qui termine le bonheur qu'ils s'étoient proposé, n'a fait qu'augmenter leurs regrets par le redoublement de leurs attaches, et rend pour eux comme non avenu tout ce à quoi ils étoient parvenus. Si les

livres de piété représentent cette morale, si capable de faire
mépriser tout ce qui se passe ici-bas, d'une manière plus
expresse et plus argumentée, il faut convenir que cette théorie, pour belle qu'elle puisse être, ne fait pas les mêmes
impressions que les faits et les réflexions qui naissent de
leur lecture. Ce fruit que l'auteur en tire le premier, se
recueille aussi par ses lecteurs ; ils y joignent de plus l'instruction de l'histoire qu'ils ignoroient. Cette instruction
forme ceux qui ont à vivre dans le commerce du monde, et
plus encore s'ils sont portés en celui des affaires. Les exemples dont ils se sont remplis les conduisent et les préservent
d'autant plus aisément, qu'ils vivent dans les mêmes lieux
où ces choses se sont passées, et dans un temps encore trop
proche pour que ce ne soient pas les mêmes mœurs, et le
même genre de vie, de commerce et d'affaires. Ce sont des
avis et des conseils qu'ils reçoivent de chaque coup de pinceau à l'égard des personnages, et de chaque événement par
le récit des occasions et des mouvements qui l'ont produit ;
mais des avis et des conseils pris de la chose et des gens par
eux-mêmes qui les lisent, et qu'ils reçoivent avec d'autant
plus de facilité qu'ils sont tous nus, et n'ont ni la sécheresse, ni l'autorité, ni le dégoût, qui rebutent et qui font
échouer si ordinairement les conseils et les avis de ceux qui
se mêlent d'en vouloir donner. Je ne vois donc rien de plus
utile que cette double et si agréable manière de s'instruire
par la lecture de l'histoire de son temps et de son pays, ni
conséquemment de plus permis que de l'écrire. Et dans
quelle ignorance profonde ne seroit-on pas, dans quelles
ténèbres sur l'instruction et sur la conduite de la vie si on
n'avoit pas ces histoires ? Aussi voit-on que la Providence a
permis qu'elles n'ont presque point manqué, nonobstant les
pertes infinies qu'on a faites dans tous les temps par la
négligence de les faire passer d'âge et âge en les transcri-
vant avant l'impression, et depuis par les gênes que l'intérêt
y a mises, par les incendies et par mille autres accidents.

L'histoire a un avantage à l'égard de la charité sur les occasions où on vient de voir qu'elle permet, et quelquefois qu'elle prescrit, d'attaquer et de révéler les mauvais. C'est que l'histoire n'attaque et ne révèle que des gens morts, et morts depuis trop longtemps pour que personne prenne part en eux. Ainsi la réputation, la fortune et l'intérêt des vivants n'y sont en rien altérés, et la vérité paroît sans inconvénient dans toute sa pureté. La raison de cela est claire : celui qui écrit l'histoire de son temps, qui ne s'attache qu'au vrai, qui ne ménage personne, se garde bien de la montrer. Que n'auroit-il point à craindre de tant de gens puissants, offensés en personne, ou dans leurs plus proches par les vérités les plus certaines, et en même temps les plus cruelles ! Il faudroit donc qu'un écrivain eût perdu le sens pour laisser soupçonner seulement qu'il écrit. Son ouvrage doit mûrir sous la clef et les plus sûres serrures, passer ainsi à ses héritiers, qui feront sagement de laisser couler plus d'une génération ou deux, et de ne laisser paroître l'ouvrage que lorsque le temps l'aura mis à l'abri des ressentiments. Alors ce temps ne sera pas assez éloigné pour avoir jeté des ténèbres. On a lu avec plaisir, fruit et sûreté beaucoup de diverses histoires et Mémoires de la minorité de Louis XIV aussitôt après sa mort, et il en est de même d'âge en âge. Qui est-ce qui se soucie maintenant des personnages qui y sont dépeints, et qui prend part aujourd'hui aux actions et aux manéges qui y sont racontés ? Rien n'y blesse donc plus la charité ; mais tout y instruit et répand une lumière qui éclaire tous ceux qui les lisent. S'étendre davantage sur ces vérités seroit s'exercer vainement à prouver qu'il est jour quand le soleil luit. On espère du moins qu'on aura levé tous les scrupules.

MÉMOIRES
DE
SAINT-SIMON

CHAPITRE PREMIER.

1691. — Où et comment ces Mémoires commencés. — Ma première liaison avec M. le duc de Chartres. — Maupertuis, capitaine des mousquetaires gris[1]; sa fortune et son caractère. — 1692. — Ma première campagne, mousquetaire gris. — Siége de Namur par le roi en personne. — Reddition de Namur. — Solitude de Marlaigne. — Poudre cachée par les jésuites. — Bataille navale de la Hogue. — Danger de badiner avec des armes. — Coetquen et sa mort.

Je suis né la nuit du 15 au 16 janvier 1675, de Claude, duc de Saint-Simon, pair de France, et de sa seconde femme Charlotte de L'Aubépine, unique de ce lit. De Diane de Budos, première femme de mon père, il avoit eu une seule fille et point de garçon. Il l'avoit mariée au duc de Brissac, pair de France, frère unique de la duchesse de Villeroy. Elle étoit morte en 1684, sans enfants, depuis longtemps séparée d'un mari qui ne la méritoit pas, et par son testament m'avoit fait son légataire universel.

---

1. Il y avait deux compagnies de mousquetaires dans la maison du roi : les mousquetaires noirs et les mousquetaires gris, qui tiraient leur nom de la couleur de leurs chevaux.

Je portois le nom de vidame[1] de Chartres, et je fus élevé avec un grand soin et une grande application. Ma mère, qui avoit beaucoup de vertu et infiniment d'esprit de suite et de sens, se donna des soins continuels à me former le corps et l'esprit. Elle craignit pour moi le sort des jeunes gens qui se croient leur fortune faite et qui se trouvent leurs maîtres de bonne heure. Mon père, né en 1606, ne pouvoit vivre assez pour me parer ce malheur, et ma mère me répétoit sans cesse la nécessité pressante où se trouveroit de valoir quelque chose un jeune homme entrant seul dans le monde, de son chef, fils d'un favori de Louis XIII, dont tous les amis étoient morts ou hors d'état de l'aider, et d'une mère qui, dès sa jeunesse, élevée chez la vieille duchesse d'Angoulême, sa parente, grand'mère maternelle du duc de Guise, et mariée à un vieillard, n'avoit jamais vu que leurs vieux amis et amies, et n'avoit pu s'en faire de son âge. Elle ajoutoit le défaut de tous proches, oncles, tantes, cousins germains, qui me laissoient comme dans l'abandon à moi-même, et augmentoit le besoin de savoir en faire un bon usage, sans secours et sans appui; ses deux frères obscurs, et l'aîné ruiné et plaideur de sa famille, et le seul frère de mon père sans enfants et son aîné de huit ans.

En même temps, elle s'appliquoit à m'élever le courage, et à m'exciter de me rendre tel que je pusse réparer par moi-même des vides aussi difficiles à surmonter. Elle réussit à m'en donner un grand désir. Mon goût pour l'étude et les sciences ne le seconda pas, mais celui qui est comme né avec moi pour la lecture et pour l'histoire, et conséquemment de faire et de devenir quelque chose par l'émulation et les exemples que j'y trouvois, suppléa à cette froideur pour les lettres; et j'ai toujours pensé que si on m'avoit fait moins

---

1. Les vidames étaient des seigneurs qui tenaient des terres d'un évêché, à condition de défendre le temporel de l'évêque et de commander ses troupes. Il y avait quatre principaux vidames dans l'ancienne France : ceux de Laon, d'Amiens, du Mans et de Chartres.

perdre de temps à celles-ci, et qu'on m'eût fait faire une étude sérieuse de celle-là, j'aurois pu y devenir quelque chose.

Cette lecture de l'histoire et surtout des Mémoires particuliers de la nôtre, des derniers temps depuis François Ier, que je faisois de moi-même, me firent naître l'envie d'écrire aussi ceux de ce que je verrois, dans le désir et dans l'espérance d'être de quelque chose et de savoir le mieux que je pourrois les affaires de mon temps. Les inconvénients ne laissèrent pas de se présenter à mon esprit; mais la résolution bien ferme d'en garder le secret à moi tout seul me parut remédier à tout. Je les commençai donc en juillet 1694, étant mestre de camp[1] d'un régiment de cavalerie de mon nom, dans le camp de Guinsheim sur le Vieux-Rhin, en l'armée commandée par le maréchal-duc de Lorges.

En 1691, j'étois en philosophie et commençois à monter à cheval à l'académie des sieurs de Mémon et Rochefort, et je commençois aussi à m'ennuyer beaucoup des maîtres et de l'étude, et à désirer fort d'entrer dans le service. Le siége de Mons, formé par le roi en personne, à la première pointe du printemps, y avoit attiré presque tous les jeunes gens de mon âge pour leur première campagne; et ce qui me piquoit le plus, M. le duc de Chartres y faisoit la sienne. J'avois été comme élevé avec lui, plus jeune que lui de huit mois, et si l'âge permet cette expression entre jeunes gens si inégaux, l'amitié nous unissoit ensemble. Je pris donc ma résolution de me tirer de l'enfance, et je supprime les ruses dont je me servis pour y réussir. Je m'adressai à ma mère; je reconnus bientôt qu'elle m'amusoit. J'eus recours à mon père à qui je fis accroire que le roi, ayant fait un grand siége cette année, se reposeroit la prochaine. Je trompai ma mère qui ne découvrit ce que j'avois tramé que sur le point de l'exécution, et que j'avois monté mon père à ne se laisser point entamer.

---

1. Le titre de *mestre de camp* répondait à celui de colonel.

Le roi s'étoit roidi à n'excepter aucun de ceux qui entroient dans le service, excepté les seuls princes du sang et ses bâtards, de la nécessité de passer une année dans une de ses deux compagnies des mousquetaires, à leur choix, et de là, à apprendre plus ou moins longtemps à obéir, ou à la tête d'une compagnie de cavalerie, ou subalterne dans son régiment d'infanterie qu'il distinguoit et affectionnoit sur tous autres, avant de donner l'agrément d'acheter un régiment de cavalerie ou d'infanterie, suivant que chacun s'y étoit destiné. Mon père me mena donc à Versailles où il n'avoit encore pu aller depuis son retour de Blaye, où il avoit pensé mourir. Ma mère l'y étoit allée trouver en poste et l'avoit ramené encore fort mal, en sorte qu'il avoit été jusqu'alors sans avoir pu voir le roi. En lui faisant sa révérence, il me présenta pour être mousquetaire, le jour de Saint-Simon Saint-Jude, à midi et demi, comme il sortoit du conseil.

Sa Majesté lui fit l'honneur de l'embrasser par trois fois, et comme il fut question de moi, le roi, me trouvant petit et l'air délicat, lui dit que j'étois encore bien jeune, sur quoi mon père répondit que je l'en servirois plus longtemps. Là-dessus, le roi lui demanda en laquelle des deux compagnies il vouloit me mettre, et mon père choisit la première, à cause de Maupertuis, son ami particulier, qui en étoit capitaine. Outre le soin qu'il s'en promettoit pour moi, il n'ignoroit pas l'attention avec laquelle le roi s'informoit à ces deux capitaines des jeunes gens distingués qui étoient dans leurs compagnies, surtout à Maupertuis, et combien leurs témoignages influoient sur les premières opinions que le roi en prenoit, et dont les conséquences avoient tant de suites. Mon père ne se trompa pas, et j'ai eu lieu d'attribuer aux bons offices de Maupertuis la première bonne opinion que le roi prit de moi.

Ce Maupertuis se disoit de la maison de Melun et le disoit de bonne foi ; car il étoit la vérité et l'honneur et la probité même, et c'est ce qui lui avoit acquis la confiance du roi. Cependant il n'étoit rien moins que Melun, ni reconnu par aucun de cette grande maison. Il étoit arrivé par les degrés, de maréchal des logis des mousquetaires jusqu'à les commander en chef et à devenir officier général ; son équité, sa bonté, sa valeur lui en avoient acquis l'estime. Les vétilles, les pointilles de toute espèce d'exactitude et de précision, et une vivacité qui d'un rien faisoit un crime, et de la meilleure foi du monde, l'y faisoient moins aimer. C'étoit par là qu'il avoit su plaire au roi qui lui avoit souvent donné des emplois de confiance. Il fut chargé, à la dernière disgrâce de M. de Lauzun, de le conduire à Pignerol, et, bien des années après, de l'en ramener à Bourbon deux fois de suite, lorsque l'intérêt de sa liberté et celui de M. du Maine y joignirent Mme de Montespan et cet illustre malheureux, qui y céda les dons immenses de Mademoiselle à M. du Maine pour changer seulement sa prison en exil. L'exactitude de Maupertuis dans tous ces divers temps qu'il fut sous sa garde le mit tellement au désespoir qu'il ne l'a oublié de sa vie. C'étoit d'ailleurs un très-homme de bien, poli, modeste et respectueux.

Trois mois après que je fus mousquetaire, c'est-à-dire en mars de l'année suivante, le roi fut à Compiègne faire la revue de sa maison et de la gendarmerie, et je montai une fois la garde chez le roi. Ce petit voyage donna lieu de parler d'un plus grand. Ma joie en fut extrême ; mais mon père, qui n'y avoit pas compté, se repentit bien de m'avoir cru et me le fit sentir. Ma mère, après un peu de dépit et de bouderie de m'être ainsi enrôlé par mon père malgré elle, ne laissa pas de lui faire entendre raison et de me faire un équipage de trente-cinq chevaux ou mulets, et de quoi vivre honorablement chez moi soir et matin. Ce ne fut pas sans un fâcheux contre-temps, précisément arrivé vingt jours avant mon départ. Un nommé Tessé, intendant de mon père, qui demeuroit chez lui depuis plusieurs années, disparut tout à coup et lui emporta cinquante mille livres qui se trouvèrent dues à tous les marchands dont il avoit produit de fausses quittances dans ses comptes. C'étoit un petit homme, doux, affable, entendu, qui avoit montré du bien, qui avoit des amis, avocat au parlement de Paris, et avocat du roi au bureau des finances de Poitiers.

Le roi partit [le 10 mai 1692] avec les dames, et je fis le voyage à cheval avec la troupe et tout le service comme les autres mousquetaires pendant les mois qu'il dura. J'y fus accompagné de deux gentilshommes : l'un, ancien dans la maison, avoit été mon gouverneur, et d'un autre qui étoit écuyer de ma mère. L'armée du roi se forma au camp de Gevry. Celle de M. de Luxembourg l'y joignoit presque. Les dames étoient à Mons, à deux lieues de là. Le roi les fit venir en son camp où il les régala, puis leur fit voir la plus superbe revue qui ait peut-être jamais été faite, de ces deux armées rangées sur deux lignes, la droite de M. de Luxembourg touchant la gauche du roi et tenant trois lieues d'étendue.

Après dix jours de séjour à Gevry, les deux armées se séparèrent et marchèrent. Deux jours après le siége de Namur fut déclaré, où le roi arriva en cinq jours de marche. Monseigneur [1], Monsieur [2], M. le Prince [3] et le maréchal d'Humières, tous quatre, l'un sous l'autre par degrés, commandoient l'armée sous le roi, et M. de Luxembourg, seul général de la sienne, couvroit le siége et faisoit l'observation. Les dames étoient cependant allées à Dinant. Au troisième jour de marche, M. le Prince fut détaché pour

---

1. Louis de France, fils de Louis XIV et de Marie-Thérèse, né le 1er novembre 1661, mort le 14 avril 1711. Il est toujours désigné, dans les *Mémoires de Saint-Simon*, sous le nom de *Monseigneur*.

2. Philippe de France, duc d'Orléans, second fils de Louis XIII et d'Anne d'Autriche; il était né le 21 septembre 1640, et mourut le 9 juin 1701.

3. Henri-Jules de Bourbon, prince de Condé, né le 9 juillet 1643, mort le 1er avril 1709. Il était fils du grand Condé. Le chef de la maison de Condé porte toujours, dans ces Mémoires, le nom de *M. le Prince*.

aller investir la ville de Namur. Le célèbre Vauban, l'âme de tous les siéges que le roi a faits, emporta que la ville seroit attaquée séparément du château contre le baron de Bressé, qui vouloit qu'on fît le siége de tous les deux à la fois, et c'étoit lui qui avoit fortifié la place. Un fort mécontentement lui avoit fait quitter depuis peu le service d'Espagne, non sans laisser quelques nuages sur sa réputation de s'être aussitôt jeté en celui de France. Il s'étoit distingué par sa valeur et sa capacité ; il étoit excellent ingénieur et très-bon officier général. Il eut, en entrant au service du roi, le grade de lieutenant général et un grand traitement pécuniaire. C'étoit un homme de basse mine, modeste, réservé, dont la physionomie ne promettoit rien, mais qui acquit bientôt la confiance du roi et toute l'estime militaire.

M. le Prince, le maréchal d'Humières et le marquis de Boufflers eurent chacun une attaque. Il n'y eut rien de grande remarque pendant les dix jours que ce siége dura. Le onzième de tranchée ouverte, la chamade fut battue, et la capitulation telle, à peu près, que les assiégés la désirèrent. Ils se retirèrent au château, et il fut convenu de part et d'autre qu'il ne seroit point attaqué par la ville, et que la ville seroit en pleine sûreté du château qui ne tireroit pas un seul coup dessus. Pendant ce siége, le roi fut toujours campé, et le temps fut très-chaud et d'une sérénité constante depuis le départ de Paris. On n'y perdit personne de remarque que Cramaillon, jeune ingénieur de grande espérance, et d'ailleurs bon officier, que Vauban regretta fort. Le comte de Toulouse reçut une légère contusion au bras tout proche du roi, qui, d'un lieu éminent et pourtant assez éloigné, voyoit attaquer en plein jour une demi-lune qui fut emportée par un détachement des plus anciens des deux compagnies de mousquetaires.

Jonvelle, gentilhomme, mais d'ailleurs soldat de fortune, d'honneur et de valeur, mourut de maladie pendant ce siége. Il étoit lieutenant général et capitaine de la deuxième compagnie des mousquetaires ; il avoit plus de quatre-vingts ans, et fut fort regretté du roi et de sa compagnie. Toutes les deux se joignirent pour lui rendre les derniers devoirs militaires. Sa compagnie fut à l'instant donnée à M. de Vins qui la commandoit sous lui, beau-frère de M. de Pomponne, et qui, maréchal de camp en l'armée d'Italie, commandoit lors un gros corps pour couvrir la Provence, où il servit très-utilement, et fut l'année suivante lieutenant général.

L'armée changea de camp pour le siège du château. En arrivant chacun dans le lieu qui lui étoit marqué, le régiment d'infanterie du roi trouva son terrain occupé par un petit corps des ennemis qui s'y retranchoient, d'où il résulta à l'instant un petit combat particulier assez rude. M. de Soubise, lieutenant général de jour, y courut et s'y distingua. Le régiment du roi acquit beaucoup d'honneur avec peu de perte, et les ennemis furent bientôt chassés. Le roi en fut très-aise par son affection pour ce régiment qu'il a toujours particulièrement tenu pour sien entre toutes ses troupes.

Ses tentes et celles de toute la cour furent dressées dans un beau pré à cinq cents pas du monastère de Marlaigne. Le beau temps se tourna en pluies, de l'abondance et de la continuité desquelles personne de l'armée n'avoit vu d'exemple, et qui donnèrent une grande réputation à saint Médard, dont la fête est au 8 juin. Il plut tout ce jour-là à verse, et on prétend que le temps qu'il fait ce jour-là dure quarante jours de suite. Le hasard fit que cela arriva cette année. Les soldats, au désespoir de ce déluge, firent des imprécations contre ce saint, en recherchèrent des images et les rompirent et brûlèrent tant qu'ils en trouvèrent. Ces pluies devinrent une plaie pour le siège. Les tentes du roi n'étoient communicables que par des chaussées de fascines qu'il falloit renouveler tous les jours, à mesure qu'elles s'enfonçoient ; les camps et les quartiers n'étoient pas plus accessibles ; les tranchées pleines d'eau et de boue, il falloit souvent trois jours pour remuer le canon d'une batterie à une autre. Les chariots devinrent inutiles, en sorte que les transports des bombes, boulets, etc., ne purent se faire qu'à dos de mulets et de chevaux tirés de tous les équipages de l'armée et de la cour, sans le secours desquels il auroit été impossible. Ce même inconvénient des chemins priva l'armée de M. de Luxembourg de l'usage des voitures. Elle périssoit faute de grains, et cet extrême inconvénient ne put trouver de remède que par l'ordre que le roi donna à sa maison de prendre tous les jours par détachement des sacs de grains en croupe, et de les porter en un village où ils étoient reçus et comptés par des officiers de l'armée de M. de Luxembourg. Quoique la maison du roi n'eût presque aucun repos pendant ce siège pour porter les fascines, fournir les diverses gardes et les autres services journaliers, ce surcroît lui fut donné, parce que la cavalerie servoit continuellement aussi, et en étoit aux feuilles d'arbres presque pour tout fourrage.

Cette considération ne satisfit point la maison du roi, accoutumée à toutes sortes de distinction. Elle se plaignit avec amertume. Le roi se roidit et voulut être obéi. Il fallut donc le faire. Le premier jour, le détachement des gens d'armes et des chevau-légers de la garde, arrivé de grand matin au dépôt des sacs, se mit à murmurer et, s'échauffant de propos les uns les autres, vinrent jusqu'à jeter les sacs et à refuser tout net d'en porter. Crenan, dans la brigade duquel j'étois, m'avoit demandé poliment si je voulois bien être du détachement pour les sacs, sinon qu'il me commanderoit pour quelque autre ; j'acceptai les sacs, parce que je sentis que cela feroit ma cour par tout le bruit qui s'étoit déjà fait là-dessus. En effet j'arrivai avec le détachement des mousquetaires au moment du refus des troupes rouges, et je chargeai mon sac à leur vue. Marin, brigadier de cavalerie et lieutenant des gardes du corps, qui étoit là pour faire charger les sacs par ordre, m'aperçut en même temps, et, plein de colère du refus qu'il venoit d'essuyer, s'écria, me touchant en me montrant et me nommant : « que puisque je ne trouvois pas ce service au-dessous de moi, les gens d'armes et les chevau-légers ne seroient ni déshonorés ni gâtés de m'imiter. » Ce propos, joint à l'air sévère de Marin, fit un effet si prompt qu'à l'instant ce fut sans un mot de réplique à qui de ces troupes rouges se chargeroit le plus tôt de sacs. Et oncques depuis il n'y eut plus là-dessus la plus légère difficulté. Marin vit partir le détachement chargé, et alla aussitôt rendre compte au roi de ce qui s'y étoit passé et de l'effet de mon exemple. Ce fut un service qui m'attira plusieurs discours obligeants du roi, qui chercha toujours pendant le reste du siége à me dire quelque chose avec bonté toutes les fois qu'il me voyoit, ce dont je fus d'autant plus obligé à Marin que je ne le connoissois en façon du monde.

Le vingt-septième jour de tranchée ouverte, qui étoit le mardi 1er juillet 1692, le prince de Barbançon, gouverneur de la place, battit la chamade, et certes il étoit temps pour les assiégeants à bout de fatigues et de moyens par l'excès du mauvais temps qui ne cessoit point, et qui avoit rendu tout fondrière. Jusqu'aux chevaux du roi vivoient de feuilles, et aucun de cette nombreuse cavalerie de troupes et d'équipages ne s'en est jamais bien remis. Il est certain que sans la présence du roi dont la vigilance étoit l'âme du siége, et qui, sans l'exiger, faisoit faire l'impossible (tant le désir de lui plaire et de se distinguer étoit extrême), on n'en seroit jamais venu à bout; et encore demeura-t-il fort incertain de ce qui en seroit arrivé si la place eût encore tenu dix jours, comme il n'y eut pas deux avis qu'elle le pouvoit. Les fatigues de corps et d'esprit que le roi essuya en ce siége lui causèrent la plus douloureuse goutte qu'il eût encore ressentie, mais qui de son lit ne l'empêcha pas de pourvoir à tout, et de tenir pour le dedans et le dehors ses conseils comme à Versailles, ainsi qu'il avoit fait pendant tout le siége.

M. d'Elbœuf, lieutenant général, et M. le Duc, maréchal de camp, étoient de tranchée lors de la chamade, M. d'Elbœuf mena les otages au roi, qui eut bientôt réglé une capitulation honorable. Le jour que la garnison sortit, le plus pluvieux qu'il eût fait encore, le roi, accompagné de Monseigneur et de Monsieur, fut à mi-chemin de l'armée de M. de Luxembourg, où ce général vint recevoir ses ordres pour le reste de la campagne. Le prince d'Orange avoit mis toute sa science et ses ruses pour le déposter pendant le siége sur lequel il brûloit de tomber ; mais il eut affaire à un homme qui lui avoit déjà montré qu'en matière de guerre il en savoit plus que lui, et qui continua à le lui montrer le reste de sa vie.

Pendant cette légère course du roi, le prince de Barbançon sortit par la brèche à la tête de sa garnison qui étoit encore de deux mille hommes, qui défila devant M. le Prince et le maréchal d'Humières, entre deux haies des régiments des gardes françoises et suisses et du régiment d'infanterie du roi. Barbançon fit un assez mauvais compliment à M. le Prince, et parut au désespoir de la perte de son gouvernement. Il en étoit aussi grand bailli, et il en tiroit cent mille livres de rente. Il ne les regretta pas longtemps, et il fut tué l'été d'après à la bataille de Neeruinden.

La place, une des plus fortes des Pays-Bas, avoit la gloire de n'avoir jamais changé de maître. Aussi eut-elle grand regret au sien, et les habitants ne pouvoient contenir leurs larmes. Jusqu'aux solitaires de Marlaigne en furent profondément touchés, jusque-là qu'ils ne purent déguiser leur douleur, encore que le roi, touché de la perte de leur blé qu'ils avoient retiré dans Namur, leur en eût fait donner le double et de plus une abondante aumône. Ses égards à ne les point troubler furent pareils. Ils ne logèrent que le cardinal de Bouillon, le comte de Grammont, le P. de La Chaise, confesseur du roi, et son frère, capitaine de la porte ; et le roi ne permit le passage du canon à travers leur parc qu'à la dernière extrémité, et quand il ne fut plus possible de le pouvoir conduire par ailleurs. Malgré tant de bontés, ils ne pouvoient regarder un François après la prise de la place, et un d'eux refusa une bouteille de bière à un huissier de l'antichambre du roi, qui se renomma de sa charge et qui offrit inutilement de l'échanger contre une de vin de Champagne.

Marlaigne est un monastère sur une petite et agréable éminence, dans une belle forêt tout environnée de haute futaie, avec un grand parc, fondé par les archiducs Albert et Isabelle pour une solitude de carmes déchaussés, telle que ces religieux en ont dans chacune de leurs provinces, où ceux de leur ordre se retirent de temps en temps, pour un an ou deux et jamais plus de trois, par permission de leurs supérieurs. Ils y vivent en perpétuel silence dans des cellules plus pauvres, mais telles à peu près que celles des chartreux, mais en commun pour le réfectoire qui est très-frugal, dans un jeûne presque continuel, assidus à l'office, et partageant d'ailleurs leur temps entre le travail des mains et la contemplation. Ils ont quatre chambrettes, un petit jardin et une petite chapelle chacun, avec la plus grande abondance des plus belles et des meilleures eaux de source que j'aie jamais bues, dans leur maison, autour et dans leur parc, et la plupart jaillissantes. Ce parc est tout haut et bas avec beaucoup de futaies et clos de murs. Il est extrêmement vaste. Là dedans sont répandues huit ou dix maisonnettes loin l'une de l'autre, partagées comme celles du cloître, avec un jardin un peu plus grand et une petite cuisine. Dans chacune habite, un mois, et rarement plus, un religieux de la maison qui s'y retire par permission du supérieur qui seul le visite de fois à autre. La vie y est plus austère que dans la maison et dans une séparation entière. Ils viennent tous à l'office le dimanche, emportent leur provision du couvent, préparent seuls leur manger durant la semaine, ne sortent jamais de leur petite demeure, y disent leur messe qu'ils sonnent et que le voisin qui entend la cloche vient répondre, et s'en retournent sans se dire un mot. La prière, la contemplation, le travail de leur petit ménage, et à faire des paniers, partagent leur temps, à l'imitation des anciennes laures[1].

Il arriva une chose à Namur, après sa prise, qui fit du bruit, et qui auroit pu avoir de fâcheuses suites avec un autre prince que le roi. Avant qu'il entrât dans la ville, où pendant le siège du château il n'auroit pas été convenable qu'il eût été, on visita tout avec exactitude, quoique par la capitulation les mines, les magasins, et tout en un mot eût été montré. Lorsque, dans une dernière visite après la prise du château, on la voulut faire chez les jésuites, ils ouvrirent tout, en marquant toutefois leur surprise, et quelque chose de plus, de ce qu'on ne s'en fioit pas à leur témoignage. Mais en fouillant partout où ils ne s'attendoient pas, on trouva leurs souterrains pleins de poudre dont ils s'étoient bien gardés de parler : ce qu'ils en prétendoient faire est demeuré incertain. On enleva leur poudre, et, comme c'étoient des jésuites, il n'en fut rien.

Le roi essuya, pendant le cours de ce siége, un cruel tirelesse[2]. Il avoit en mer une armée navale commandée par le célèbre Tourville, vice-amiral; et les Anglois une autre jointe aux Hollandois, presque du double supérieure. Elles étoient dans la Manche, et le roi d'Angleterre sur les côtes de Normandie, prêt à passer en Angleterre suivant le succès. Il compta si parfaitement sur ses intelligences avec la pulpart des chefs anglois, qu'il persuada au roi de faire donner bataille, qu'il ne crut pouvoir être douteuse par la défection certaine de plus de la moitié des vaisseaux anglois pendant le combat. Tourville, si renommé par sa valeur et sa capacité, représenta par deux courriers au roi l'extrême danger de se fier aux intelligences du roi d'Angleterre, si souvent

---

1. Cellules des solitaires dans l'Orient, formant une sorte de village; ce furent les premiers monastères.
2. Vieux mot que l'on écrit ordinairement *tire-laisse*. Il exprimait le désappointement d'un homme frustré d'une chose qu'il croyait ne pouvoir lui manquer.

trompées, la prodigieuse supériorité des ennemis, et le défaut des ports et de tout lieu de retraite si la victoire demeuroit aux Anglois, qui brûleroient sa flotte et perdroient le reste de la marine du roi. Ses représentations furent inutiles ; il eut ordre de combattre, fort ou foible, où que ce fût. Il obéit, il fit des prodiges que ses seconds et ses subalternes imitèrent, mais pas un vaisseau ennemi ne mollit et ne tourna. Tourville fut accablé du nombre, et quoiqu'il sauvât plus de navires qu'on ne pouvoit espérer, tous presque furent perdus ou brûlés après le combat dans la Hogue. Le roi d'Angleterre, de dessus le bord de la mer, voyoit le combat, et il fut accusé d'avoir laissé échapper de la partialité en faveur de sa nation, quoique aucun d'elle ne lui eût tenu les paroles sur lesquelles il avoit emporté de faire donner le combat.

Pontchartrain étoit lors secrétaire d'État, ayant le département de la marine, ministre d'État, et en même temps contrôleur général des finances. Ce dernier emploi l'avoit fait demeurer à Paris, et il adressoit ses courriers et ses lettres pour le roi à Châteauneuf son cousin, Phélypeaux comme lui et aussi secrétaire d'État, qui en rendoit compte au roi. Pontchartrain dépêcha un courrier avec la triste nouvelle, mais tenue en ces premiers moments dans le dernier secret. Un courrier de retour à Barbezieux, secrétaire d'État ayant le département de la guerre, l'alloit de hasard retrouver en ce même moment devant Namur. Il joignit bientôt celui de Pontchartrain, moins bon courrier et moins bien servi sur la route. Ils lièrent conversation, et celui de terre fit tout ce qu'il put pour tirer des nouvelles de celui de la mer. Pour en venir à bout il courut quelques heures avec lui. Ce dernier, fatigué de tant de questions, et se doutant bien qu'il en seroit gagné de vitesse, lui dit enfin qu'il contenteroit sa curiosité, s'il lui vouloit donner parole d'aller de conserve, et de ne le point devancer, parce qu'il avoit un grand intérêt de porter le premier une si bonne nouvelle ; et tout de suite, lui dit que Tourville a battu la flotte ennemie, et lui raconte je ne sais combien de vaisseaux pris ou coulés à fond. L'autre, ravi d'avoir su tirer ce secret, redouble de questions pour se mettre bien au fait du détail qu'il vouloit se bien mettre dans la tête; et dès la première poste donne des deux, s'échappe et arrive le premier, d'autant plus aisément que l'autre avoit peu de hâte et lui vouloit donner le loisir de triompher.

Le premier courrier arrive, raconte son aventure à Barbezieux qui sur-le-champ le mène au roi. Voilà une grande joie, mais une grande surprise de la recevoir ainsi de traverse. Le roi envoie chercher Châteauneuf, qui dit n'avoir ni lettres ni courrier, et qui ne sait ce que cela veut dire. Quatre ou cinq heures après arrive l'autre courrier chez Châteauneuf, qui s'empresse de lui demander des nouvelles de la victoire qu'il apporte; l'autre lui dit modestement d'ouvrir ses lettres; il les ouvre et trouve la défaite. L'embarras fut de l'aller apprendre au roi, qui manda Barbezieux et lui lava la tête. Ce contraste l'affligea fort, et la cour parut consternée. Toutefois le roi sut se posséder, et je vis, pour la première fois, que les cours ne sont pas longtemps dans l'affliction ni occupées de tristesse.

Le gouvernement de Namur et son comté fut donné à Guiscard. Il étoit maréchal de camp, mais fort oublié et fort attaché à ses plaisirs. Il avoit le gouvernement de Sedan qu'il conserva, et qu'il avoit eu de La Bourlie, son père, sous-gouverneur du roi, et il étoit encore gouverneur de Dinant qui lui fut aussi laissé. La surprise du choix fut grande, ainsi que la douleur de ceux de Namur, accoutumés à n'avoir pour gouverneurs que les plus grands seigneurs des Pays-Bas. Guiscard eut le bon esprit de réparer ce qui lui manquoit par tant d'affabilité et de magnificence, par une si grande aisance dans toute la régularité du service d'un gouvernement si jaloux, qu'il se gagna pour toujours le cœur et la confiance de tout son gouvernement et des troupes qui s'y succédèrent à ses ordres..

Deux jours après la sortie de la garnison ennemie, le roi s'en alla à Dinant où étoient les dames, avec qui il retourna à Versailles. J'avois espéré que Monseigneur achèveroit la campagne, et être du détachement des mousquetaires qui demeureroit avec lui; et ce ne fut pas sans regret que je repris avec toute la compagnie le chemin de Paris. Une des couchées de la cour fut à Marienbourg, et les mousquetaires campèrent autour. J'avois lié une amitié intime avec le comte de Coetquen qui étoit dans la même compagnie. Il savoit infiniment et agréablement, et avoit beaucoup d'esprit et de douceur, qui rendoit son commerce très-aimable. Avec cela assez particulier et encore plus paresseux, extrêmement riche par sa mère, qui étoit une fille de Saint-Malo, et point de père. Ce soir-là de Marienbourg, il nous devoit donner à souper à plusieurs. J'allai de bonne heure à sa tente où je le trouvai sur son lit, d'où je le chassai en folâtrant, et me couchai dessus en sa place, en présence de plusieurs de nous autres et de quelques officiers. Coetquen en badinant prit son fusil qu'il comptoit déchargé, et me couche en joue. Mais la surprise fut grande lorsqu'on entendit le coup partir. Heureusement pour moi, j'étois, en ce moment, couché tout à plat. Trois balles passèrent à trois doigts par-dessus ma tête, et comme le fusil étoit en joue un peu en montant, ces mêmes balles passèrent sur la tête, mais fort près, à nos deux gouverneurs qui se promenoient derrière la tente. Coetquen se trouva mal du malheur qu'il avoit pensé causer; nous eûmes toutes les peines du monde à le remettre, et il n'en put bien revenir de plusieurs jours. Je rapporte ceci pour une leçon qui doit apprendre à ne badiner jamais avec les armes.

Le pauvre garçon, pour achever de suite ce qui le regarde, ne survécut pas longtemps. Il entra bientôt dans le régiment du roi, et sur le point de l'aller joindre au printemps suivant, il me vint conter qu'il s'étoit fait dire sa bonne aventure par une femme nommée la du Perchoir, qui en faisoit secrètement métier à Paris; qu'elle lui avoit dit qu'il seroit noyé et bientôt. Je le grondai d'une curiosité si dangereuse et si folle, et je me flattai de l'ignorance de ces sortes de personnes, et que celle-là en avoit jugé de la sorte sur la physionomie effectivement triste et sinistre de mon ami, qui étoit très-désagréablement laid. Il partit peu de jours après et trouva un autre homme de ce métier à Amiens, qui lui fit la même prédiction; et, en marchant avec le régiment du roi pour joindre l'armée, il voulut abreuver son cheval dans l'Escaut et s'y noya, en présence de tout le régiment, sans avoir pu être secouru. J'y eus un extrême regret, et ce fut pour ses amis et pour sa famille une perte irréparable. Il n'avoit que deux sœurs, dont l'une épousa le fils aîné de M. de Montchevreuil et l'autre s'étoit faite religieuse au Calvaire.

Les mousquetaires m'ont entraîné trop loin; avant de continuer, il faut rétrograder et n'oublier pas deux mariages faits à la cour au commencement de cette année, le premier prodigieux, le 18 février; l'autre, un mois après.

CHAPITRE II.

Mariage de M. le duc de Chartres. — Cause de la préséance des princes lorrains sur les ducs à la promotion de 1688. — Premiers commencements de l'abbé Dubois, depuis cardinal et premier ministre. — Appartement. — Fortune de Villars père. — Maréchale de Rochefort. — Comte et comtesse de Mailly. — Marquis d'Arcy, et comte de Fontaine-Martel et sa femme.

Le roi, occupé de l'établissement de ses bâtards, qu'il agrandissoit de jour en jour, avoit marié deux de ses filles à deux princes du sang. Mme la princesse de Conti, seule fille du roi et de Mme de La Vallière, étoit veuve sans enfants;

l'autre, fille aînée du roi et de Mme de Montespan, avoit épousé M. le Duc[1]. Il y avoit longtemps que Mme de Maintenon, encore plus que le roi, ne songeoit qu'à les élever de plus en plus, et que tous deux vouloient marier Mlle de Blois, seconde fille du roi et de Mme de Montespan, à M. le duc de Chartres. C'étoit le propre et l'unique neveu du roi, et fort au-dessus des princes du sang par son rang de petit-fils de France et par la cour que tenoit Monsieur. Le mariage des deux princes du sang, dont je viens de parler, avoit scandalisé tout le monde. Le roi ne l'ignorait pas, et il jugeoit par là de l'effet d'un mariage sans proportion plus éclatant. Il y avoit déjà quatre ans qu'il le rouloit dans son esprit, et qu'il en avoit pris les premières mesures. Elles étoient d'autant plus difficiles que Monsieur étoit infiniment attaché à tout ce qui étoit de sa grandeur, et que Madame étoit d'une nation qui abhorroit la bâtardise et les mésalliances, et d'un caractère à n'oser se promettre de lui faire jamais goûter ce mariage.

Pour vaincre tant d'obstacles, le roi s'adressa à M. le Grand[2], qui étoit de tout temps dans sa familiarité, pour gagner le chevalier de Lorraine, son frère, qui de tout temps aussi gouvernoit Monsieur. Sa figure avoit été charmante. Le goût de Monsieur n'étoit pas celui des femmes, et il ne s'en cachoit même pas; ce même goût lui avoit donné le chevalier de Lorraine pour maître, et il le demeura toute sa vie. Les deux frères ne demandèrent pas mieux que de faire leur cour au roi par un endroit si sensible, et d'en profiter pour eux-mêmes en habiles gens. Cette ouverture se faisoit dans l'été 1688. Il ne restoit pas au plus une douzaine de chevaliers de l'ordre; chacun voyoit que la promotion ne se

---

1. On appelait ordinairement *M. le Duc* le fils aîné du prince de Condé. Il s'agit ici de Louis de Bourbon, né le 11 octobre 1668, mort le 4 mars 1710.

2. Ce titre désignait le grand écuyer, qui était alors Louis de Lorraine, comte d'Armagnac, né en 1641, mort en 1718.

pouvoit plus guère reculer. Les deux frères demandèrent d'en être, et d'y précéder les ducs. Le roi, qui pour cette prétention n'avoit encore donné l'ordre à aucun Lorrain, eut peine à s'y résoudre; mais les deux frères surent tenir ferme; ils l'emportèrent, et le chevalier de Lorraine, ainsi payé d'avance, répondit du consentement de Monsieur au mariage, et des moyens d'y faire venir Madame et M. le duc de Chartres.

Ce jeune prince avoit été mis entre les mains de Saint-Laurent au sortir de celles des femmes. Saint-Laurent étoit un homme de peu, sous-introducteur des ambassadeurs chez Monsieur et de basse mine, mais, pour tout dire en un mot, l'homme de son siècle le plus propre à élever un prince et à former un grand roi. Sa bassesse l'empêcha d'avoir un titre pour cette éducation; son extrême mérite l'en fit laisser seul maître; et quand la bienséance exigea que le prince eût un gouverneur, ce gouverneur ne le fut qu'en apparence, et Saint-Laurent toujours dans la même confiance et dans la même autorité.

Il étoit ami du curé de Saint-Eustache et lui-même grand homme de bien. Ce curé avoit un valet qui s'appeloit Dubois, et qui l'ayant été du sieur....[1] qui avoit été docteur de l'archevêque de Reims Le Tellier, lui avoit trouvé de l'esprit, l'avoit fait étudier, et ce valet savoit infiniment de belles-lettres et même d'histoire; mais c'étoit un valet qui n'avoit rien, et qui après la mort de ce premier maître étoit entré chez le curé de Saint-Eustache. Ce curé, content de ce valet pour qui il ne pouvoit rien faire, le donna à Saint-Laurent, dans l'espérance qu'il pourroit mieux pour lui. Saint-Laurent s'en accommoda, et peu à peu s'en servit pour l'écritoire d'étude de M. le duc de Chartres; de là, voulant s'en servir à mieux, il lui fit prendre le petit collet pour le décrasser, et de cette sorte l'introduisit à l'étude du

---

1. Le nom est en blanc dans le manuscrit.

prince pour lui aider à préparer ses leçons, à écrire ses
thèmes, à le soulager lui-même, à chercher les mots dans le
dictionnaire. Je l'ai vu mille fois dans ces commencements,
lorsque j'allois jouer avec M. de Chartres. Dans les suites
Saint-Laurent devenant infirme, Dubois faisoit la leçon, et
la faisoit fort bien, et néanmoins plaisant au jeune prince.

Cependant Saint-Laurent mourut et très-brusquement.
Dubois, par intérim, continua à faire la leçon; mais depuis
qu'il fut devenu presque abbé, il avoit trouvé moyen de
faire sa cour au chevalier de Lorraine et au marquis d'Effiat,
premier écuyer de Monsieur, amis intimes, et ce dernier
ayant aussi beaucoup de crédit sur son maître. De faire
Dubois précepteur, cela ne se pouvoit proposer de plein
saut; mais ses protecteurs, auxquels il eut recours, éloignèrent le choix d'un précepteur, puis se servirent des progrès
du jeune prince pour ne le point changer de main, et laisser
faire Dubois; enfin ils le bombardèrent précepteur. Je ne
vis jamais homme si aise ni avec plus de raison. Cette
extrême obligation, et plus encore le besoin de se soutenir, l'attacha de plus en plus à ses protecteurs, et ce fut de
lui que le chevalier de Lorraine se servit pour gagner le
consentement de M. de Chartres à son mariage.

Dubois avoit gagné sa confiance; il lui fut aisé en cet âge,
et avec ce peu de connoissance et d'expérience, de lui faire
peur du roi et de Monsieur, et, d'un autre côté, de lui faire
voir les cieux ouverts. Tout ce qu'il put mettre en œuvre
n'alla pourtant qu'à rompre un refus; mais cela suffisoit au
succès de l'entreprise. L'abbé Dubois ne parla à M. de Chartres que vers le temps de l'exécution; Monsieur étoit déjà
gagné, et dès que le roi eut réponse de l'abbé Dubois, il se
hâta de brusquer l'affaire. Un jour ou deux auparavant,
Madame en eut le vent. Elle parla à M. son fils de l'indignité
de ce mariage avec toute la force dont elle ne manquoit pas,
et elle en tira parole qu'il n'y consentiroit point. Ainsi foiblesse envers son précepteur, foiblesse envers sa mère,

aversion d'une part, crainte de l'autre, et grand embarras de tous côtés.

Une après-dînée de fort bonne heure que je passois dans la galerie haute, je vis sortir M. le duc de Chartres d'une porte de derrière de son appartement, l'air fort empêtré, triste, suivi d'un seul exempt des gardes de Monsieur; et, comme je me trouvois là, je lui demandai où il alloit ainsi si vite et à cette heure-là. Il me répondit d'un air brusque et chagrin qu'il alloit chez le roi qui l'avoit envoyé quérir. Je ne jugeai pas à propos de l'accompagner, et, me tournant à mon gouverneur, je lui dis que je conjecturois quelque chose du mariage, et qu'il alloit éclater. Il m'en avoit depuis quelques jours transpiré quelque chose, et comme je jugeai bien que les scènes seroient fortes, la curiosité me rendit fort attentif et assidu.

M. de Chartres trouva le roi seul avec Monsieur dans son cabinet, où le jeune prince ne savoit pas devoir trouver M. son père. Le roi fit des amitiés à M. de Chartres, lui dit qu'il vouloit prendre soin de son établissement, que la guerre allumée de tous côtés lui ôtoit des princesses qui auroient pu lui convenir; que, de princesses du sang, il n'y en avoit point de son âge; qu'il ne lui pouvoit mieux témoigner sa tendresse qu'en lui offrant sa fille dont les deux sœurs avoient épousé deux princes du sang, que cela joindroit en lui la qualité de gendre à celle de neveu, mais que, quelque passion qu'il eût de ce mariage, il ne le vouloit point contraindre et lui laissoit là-dessus toute liberté. Ce propos, prononcé avec cette majesté effrayante si naturelle au roi, à un prince timide et dépourvu de réponse, le mit hors de mesure. Il crut se tirer d'un pas si glissant en se rejetant sur Monsieur et Madame, et répondit en balbutiant que le roi étoit le maître, mais que sa volonté dépendoit de la leur. « Cela est bien à vous, répondit le roi, mais dès que vous y consentez, votre père et votre mère ne s'y opposeront pas; » et se tournant à Monsieur : « Est-il pas vrai, mon frère? » Monsieur consentit comme il l'avoit déjà fait seul avec le roi, qui tout de suite dit qu'il n'étoit donc plus question que de Madame, et qui sur-le-champ l'envoya chercher; et cependant se mit à causer avec Monsieur, qui tous deux ne firent pas semblant de s'apercevoir du trouble et de l'abattement de M. de Chartres.

Madame arriva, à qui d'entrée le roi dit qu'il comptoit bien qu'elle ne voudroit pas s'opposer à une affaire que Monsieur désiroit, et que M. de Chartres y consentoit : que c'étoit son mariage avec Mlle de Blois, qu'il avouoit qu'il désiroit avec passion, et ajouta courtement les mêmes choses qu'il venoit de dire à M. le duc de Chartres, le tout d'un air imposant, mais comme hors de doute que Madame pût n'en pas être ravie, quoique plus que certain du contraire. Madame, qui avoit compté sur le refus dont M. son fils lui avoit donné parole, qu'il lui avoit même tenue autant qu'il avoit pu par sa réponse si embarrassée et si conditionnelle, se trouva prise et muette. Elle lança deux regards furieux à Monsieur et à M. de Chartres, dit que, puisqu'ils le vouloient bien, elle n'avoit rien à y dire, fit une courte révérence et s'en alla chez elle. M. son fils l'y suivit incontinent, auquel, sans donner le moment de lui dire comment la chose s'étoit passée, elle chanta pouille avec un torrent de larmes, et le chassa de chez elle.

Un peu après, Monsieur, sortant de chez le roi, entra chez elle, et excepté qu'elle ne l'en chassa pas comme son fils, elle ne le ménagea pas davantage; tellement qu'il sortit de chez elle très-confus, sans avoir eu loisir de lui dire un seul mot. Toute cette scène étoit finie sur les quatre heures de l'après-dînée, et le soir il y avoit appartement, ce qui arrivoit l'hiver trois fois la semaine, les trois autres jours comédie, et le dimanche rien.

Ce qu'on appeloit appartement étoit le concours de toute la cour, depuis sept heures du soir jusqu'à dix que le roi se mettoit à table, dans le grand appartement, depuis un des salons du bout de la grande galerie jusque vers la tribune de la chapelle. D'abord, il y avoit une musique; puis des tables par toutes les pièces toutes prêtes pour toutes sortes de jeux; un lansquenet où Monseigneur et Monsieur jouoient toujours; un billard : en un mot, liberté entière de faire des parties avec qui on vouloit, et de demander des tables si elles se trouvoient toutes remplies; au delà du billard, il y avoit une pièce destinée aux rafraîchissements, et tout parfaitement éclairé. Au commencement que cela fut établi, le roi y alloit et y jouoit quelque temps, mais dès lors il y avoit longtemps qu'il n'y alloit plus, mais il vouloit qu'on y fût assidu, et chacun s'empressoit à lui plaire. Lui cependant passoit les soirées chez Mme de Maintenon à travailler avec différents ministres les uns après les autres.

Fort peu après la musique finie, le roi envoya chercher à l'appartement Monseigneur et Monsieur, qui jouoient déjà au lansquenet; Madame qui à peine regardoit une partie d'hombre auprès de laquelle elle s'étoit mise; M. de Chartres qui jouoit fort tristement aux échecs, et Mlle de Blois qui à peine avoit commencé à paroitre dans le monde, qui ce soir-là étoit extraordinairement parée et qui pourtant ne savoit et ne se doutoit même de rien, si bien que, naturellement fort timide et craignant horriblement le roi, elle se crut mandée pour essuyer quelque réprimande, et étoit si tremblante que Mme de Maintenon la prit sur ses genoux où elle la tint toujours la pouvant à peine rassurer. A ce bruit de ces personnes royales mandées chez Mme de Maintenon et Mlle de Blois avec elle, le bruit du mariage éclata à l'appartement, en même temps que le roi le déclara dans ce particulier. Il ne dura que quelques moments, et les mêmes personnes revinrent à l'appartement, où cette déclaration fut rendue publique. J'arrivai dans ces premiers instants. Je trouvai le monde par pelotons, et un grand étonnement régner sur tous les visages. J'en appris bientôt la cause qui ne me surprit pas, par la rencontre que j'avois faite au commencement de l'après-dînée.

Madame se promenoit dans la galerie avec Châteauthiers, sa favorite et digne de l'être; elle marchoit à grands pas, son mouchoir à la main, pleurant sans contrainte, parlant assez haut, gesticulant et représentant bien Cérès après l'enlèvement de sa fille Proserpine, la cherchant en fureur et la redemandant à Jupiter. Chacun, par respect, lui laissoit le champ libre et ne faisoit que passer pour entrer dans l'appartement. Monseigneur et Monsieur s'étoient remis au lansquenet. Le premier me parut tout à son ordinaire. Jamais rien de si honteux que le visage de Monsieur, ni de si déconcerté que toute sa personne, et ce premier état lui dura plus d'un mois. M. son fils paroissoit désolé, et sa future dans un embarras et une tristesse extrême. Quelque jeune qu'elle fût, quelque prodigieux que fût ce mariage, elle en voyoit et en sentoit toute la scène, et en appréhendoit toutes les suites. La consternation parut générale, à un très-petit nombre de gens près. Pour les Lorrains ils triomphoient. La sodomie et le double adultère les avoient bien servis en les servant bien eux-mêmes. Ils jouissoient de leurs succès, comme ils en avoient toute honte bue; ils avoient raison de s'applaudir.

La politique rendit donc cet appartement languissant en apparence, mais en effet vif et curieux. Je le trouvai court dans sa durée ordinaire; il finit par le souper du roi, duquel je ne voulus rien perdre. Le roi y parut tout comme à son ordinaire. M. de Chartres étoit auprès de Madame qui ne le regarda jamais, ni Monsieur. Elle avoit les yeux pleins de larmes qui tomboient de temps en temps, et qu'elle essuyoit de même, regardant tout le monde comme si elle eût cherché à voir quelle mine chacun faisoit. M. son fils avoit aussi les yeux bien rouges, et tous deux ne mangèrent presque rien. Je remarquai que le roi offrit à Madame presque de tous les plats qui étoient devant lui, et qu'elle les refusa tous d'un air de brusquerie qui jusqu'au bout ne rebuta point l'air d'attention et de politesse du roi pour elle.

Il fut encore fort remarqué qu'au sortir de table et à la fin de ce cercle debout d'un moment dans la chambre du roi, il fit à Madame une révérence très-marquée et basse, pendant laquelle elle fit une pirouette si juste, que le roi en se relevant ne trouva plus que son dos, et [elle] avancée d'un pas vers la porte.

Le lendemain toute la cour fut chez Monsieur, chez Madame et chez M. le duc de Chartres, mais sans dire une parole; on se contentoit de faire la révérence, et tout s'y passa en parfait silence. On alla ensuite attendre à l'ordinaire la levée du conseil dans la galerie et la messe du roi. Madame y vint. M. son fils s'approcha d'elle comme il faisoit tous les jours pour lui baiser la main. En ce moment Madame lui appliqua un soufflet si sonore qu'il fut entendu de quelques pas, et qui, en présence de toute la cour, couvrit de confusion ce pauvre prince, et combla les infinis spectateurs, dont j'étois, d'un prodigieux étonnement. Ce même jour l'immense dot fut déclarée, et le jour suivant le roi alla rendre visite à Monsieur et à Madame, qui se passa fort tristement, et depuis on ne songea plus qu'aux préparatifs de la noce.

Le dimanche gras, il y eut grand bal réglé chez le roi, c'est-à-dire ouvert par un branle, suivant lequel chacun dansa après. J'allai ce matin-là chez Madame qui ne put se tenir de me dire, d'un ton aigre et chagrin, que j'étois apparemment bien aise des bals qu'on alloit avoir, et que cela étoit de mon âge, mais qu'elle qui étoit vieille voudroit déjà les voir bien loin. Mgr le duc de Bourgogne y dansa pour la première fois, et mena le branle avec Mademoiselle. Ce fut aussi la première fois que je dansai chez le roi, et je menai Mlle de Sourches, fille du grand prévôt, qui dansoit très-bien. Tout le monde y fut fort magnifique.

Ce fut, un peu après, les fiançailles et la signature du contrat de mariage, dans le cabinet du roi, en présence de toute la cour. Ce même jour la maison de la future duchesse de Chartres fut déclarée; le roi lui donna un chevalier d'honneur et une dame d'atours, jusqu'alors réservés aux filles de France, et une dame d'honneur qui répondit à une si étrange nouveauté. M. de Villars fut chevalier d'honneur, la maréchale de Rochefort dame d'honneur, la comtesse de Mailly dame d'atours, et le comte de Fontaine-Martel, premier écuyer.

Villars étoit petit-fils d'un greffier de Condrieu, l'homme de France le mieux fait et de la meilleure mine. On se battoit fort de son temps; il étoit brave et adroit aux armes, et avoit acquis de la réputation fort jeune en des combats singuliers. Cela couvrit sa naissance aux yeux de M. de Nemours, qui aimoit à s'attacher des braves, et qui le prit comme gentilhomme. Il l'estima même assez pour le prendre pour second au duel qu'il eut contre M. de Beaufort, son beau-frère, qui le tua, tandis que Villars avoit tout l'avantage sur son adversaire.

Cette mort renvoya Villars chez lui; il n'y fut pas longtemps que M. le prince de Conti se l'attacha aussi comme un gentilhomme à lui. Il venoit de quitter le petit collet. Il étoit foible et contrefait, et souvent en butte aux trop fortes railleries de M. le Prince son frère; il projeta de s'en tirer par un combat, et ne sachant avec qui, il imagina d'appeler le duc d'York, maintenant le roi Jacques d'Angleterre, qui est à Saint-Germain et qui pour lors étoit en France. Cette belle idée et le souvenir du combat de M. de Nemours lui fit prendre Villars. Il ne put tenir son projet si caché qu'il ne fût découvert, et aussitôt rompu par la honte qui lui en fut faite, n'ayant jamais eu la plus petite chose à démêler avec le duc d'York. Dans les suites il prit confiance en Villars, alors que le cardinal Mazarin songea à lui donner sa nièce. Ce fut de Villars dont il se servit, et par qui il fit ce mariage. On sait combien il fut heureux et sage ensuite. Villars devint le confident des deux époux et leur lien avec le cardinal, et tout cela avec toute la sagacité et la probité possible.

Une telle situation le mit fort dans le monde, et dans un monde fort au-dessus de lui, parmi lequel quelque fortune qu'il ait faite depuis, il ne s'est jamais méconnu. Sa figure lui donna entrée chez les dames; il étoit galant et discret, et cette voie ne lui fut pas inutile. Il plut à Mme Scarron qui, sur le trône où elle sut régner longtemps depuis, n'a jamais oublié ces sortes d'amitiés si librement intimes. Villars fut employé auprès des princes d'Allemagne et d'Italie, et fut après ambassadeur en Savoie, en Danemark et en Espagne, et réussit et se fit estimer et aimer partout. Il eut ensuite une place de conseiller d'État d'épée, et, au scandale de l'ordre du Saint-Esprit, il fut de la promotion de 1698. Sa femme étoit sœur du père du maréchal de Bellefonds, qui avoit de l'esprit infiniment, plaisante, salée, ordinairement méchante : tous deux fort pauvres, toujours à la cour, où ils avoient beaucoup d'amis et d'amies considérables.

La maréchale de Rochefort étoit d'une autre étoffe et de la maison de Montmorency, de la branche de Laval. Son père, second fils du maréchal de Boisdauphin, avec très-peu de bien, épousa pour sa bonne mine la marquise de Coislin, veuve du colonel général des Suisses et mère du duc et du chevalier de Coislin, et de l'évêque d'Orléans, premier aumônier du roi. Elle étoit fille aînée du chancelier Séguier et sœur aînée de la duchesse de Verneuil, mère en premières noces du duc de Sully et de la duchesse du Lude. La maréchale de Rochefort naquit posthume, seule de son lit, en 1646, et M. de Boisdauphin, frère aîné de son père, n'eut point de postérité. Elle épousa en 1662 le marquis, depuis maréchal, de Rochefort-Alloigny, peu de mois après que l'héritière de Souvré, sa cousine issue de germaine, eut épousé M. de Louvois.

Cette héritière étoit fille du fils de M. de Courtenvaux, lequel étoit fils du maréchal de Souvré et frère de la célèbre

Mme de Sablé, mère de M. de Laval, père de la maréchale de Rochefort. M. de Rochefort, qu'elle épousa, étoit ami intime de M. Le Tellier et de M. de Louvois qui lui firent rapidement sa fortune. Il mourut capitaine des gardes du corps, gouverneur de Lorraine, et désigné général d'armée, en allant en prendre le commandement au printemps de 1676. Il n'y avoit pas un an qu'il étoit maréchal de France de la promotion qui suivit la mort de M. de Turenne. Cette même protection avoit fait sa femme dame du palais de la reine.

Elle étoit belle, encore plus piquante, toute faite pour la cour, pour les galanteries, pour les intrigues, l'esprit du monde à force d'en être, peu ou point d'ailleurs, et toute la bassesse nécessaire pour être de tout et en quelque sorte que ce fût. M. de Louvois la trouva fort à son gré, et elle s'accommoda fort de sa bourse et de figurer par cette intimité. Lorsque le roi eut et changea de maîtresses, elle fut toujours leur meilleure amie ; et quand il lia avec Mme de Soubise, c'étoit chez la maréchale qu'elle alloit, et chez qui elle attendoit Bontems à porte fermée, qui la menoit par des détours chez le roi. La maréchale elle-même me l'a conté, et comme quoi elle fut un jour embarrassée à se défaire du monde que Mme de Soubise trouva chez elle, qui n'avoit pas eu le temps de l'avertir ; et comme elle mouroit de peur que Bontems ne s'en retournât, et que le rendez-vous ne manquât, s'il arrivoit avant qu'elle se fût défaite de sa compagnie.

Elle fut donc amie de Mmes de La Vallière, de Montespan et de Soubise, et surtout de la dernière, jusqu'au temps où j'ai connu la maréchale, et le sont toujours demeurées intimement. Elle le devint après de Mme de Maintenon, qu'elle avoit connue chez Mme de Montespan, et à qui elle s'attacha à mesure qu'elle vit arriver et croître sa faveur. Elle étoit telle au mariage de Monseigneur que le roi n'eut pas honte de la faire dame d'atours de la nouvelle Dauphine ; mais n'osant aussi l'y mettre en plein, il ne put trouver mieux que la maréchale de Rochefort pour y être en premier, et pour s'accommoder d'une compagne si étrangement inégale, et avoir cependant pour elle toutes les déférences que sa faveur exigeoit. Elle y remplit parfaitement les espérances qu'on en avoit conçues, et sut néanmoins avec cela se concilier l'amitié et la confiance de Mme la Dauphine jusqu'à sa mort, quoiqu'elle ne pût souffrir Mme de Maintenon, ni Mme de Maintenon cette pauvre princesse.

Une femme si connue du roi, et si fort à toutes mains, étoit son vrai fait pour mettre auprès de Mme la duchesse de Chartres qui entroit si fort de traverse dans une famille tellement au-dessus d'elle, et avec une belle-mère outrée, et qui n'étoit pas femme à contraindre ses mépris. Si une maréchale de France, et de cette qualité, avoit surpris le monde dans la place de dame d'atours de Mme la Dauphine, ce fut bien un autre étonnement de la voir dame d'honneur d'une bâtarde, petite-fille de France. Aussi se fit-elle prier avec cette pointe de gloire qui lui prenoit quelquefois, mais qui plioit le moment d'après. Elle étoit fort tombée par la mort de M. de Louvois, quoique M. de Barbezieux eût pour elle les mêmes égards qu'avoit eus son père. Tout ce qu'elle gagna à ce premier refus fut une promesse d'être dame d'atours lorsqu'on marieroit Mgr le duc de Bourgogne.

Mme de Mailly étoit une demoiselle de Poitou qui n'avoit pas de chausses, fille de Saint-Hermine, cousin issu de germain de Mme de Maintenon. Elle l'avoit fait venir de sa province demeurer chez elle à Versailles, et l'avoit mariée, moitié gré, moitié force, au comte de Mailly, second fils du marquis et de la marquise de Mailly, héritiers de Montcavrel qui, mariés avec peu de biens, étoient venus à bout avec l'âge, à force d'héritages et de procès, d'avoir ce beau marquisat de Nesle, de bâtir l'hôtel de Mailly, vis-à-vis le pont Royal, et de faire une très-puissante maison. Le marquis de Nesle, leur fils aîné, avoit épousé malgré eux la dernière de l'illustre maison de Coligny. Il étoit mort devant Philippsbourg en 1688, maréchal de camp, et n'avoit laissé qu'un fils et une fille. C'étoit à ce fils que les marquis et marquise de Mailly vouloient laisser leurs grands biens. Ils avoient froqué un fils et une fille, et fait prêtre malgré lui un autre fils; une autre fille avoit épousé malgré eux l'aîné de la maison de Mailly.

Le comte de Mailly qui leur avoit échappé, ils ne vouloient lui rien donner ni le marier. C'étoit un homme de beaucoup d'ambition, qui se présentoit à tout, aimable s'il n'avoit pas été si audacieux, et qui avoit le nez tourné à la fortune. C'étoit une manière de favori de Monseigneur. Avec ces avances il se voulut appuyer de Mme de Maintenon pour sa fortune et pour obtenir un patrimoine de son père: c'est ce qui fit le mariage en faisant espérer monts et merveilles aux vieux Mailly qui vouloient du présent, et sentoient en gens d'esprit que le mariage fait, on les laisseroit là, comme il arriva. Mais quand on a compté sur un mariage de cette autorité, il ne se trouve plus de porte de derrière, et il leur fallut sauter le bâton d'assez mauvaise grâce. La nouvelle comtesse de Mailly avoit apporté tout le gauche de sa province dont, faute d'esprit, elle ne sut se défaire; et enta dessus toute la gloire de la toute-puissante faveur de Mme de Maintenon : bonne femme et sûre amie d'ailleurs, quand elle l'étoit, noble, magnifique, mais glorieuse à l'excès et désagréable avec le gros du monde, avec peu de conduite et fort particulière. Les Mailly trouvèrent cette place avec raison bien mauvaise, mais il la fallut avaler.

M. de Fontaine-Martel, de bonne et ancienne maison des Martel et des Claire de Normandie, étoit un homme perdu de goutte et pauvre. Il étoit frère unique du marquis d'Arcy, dernier gouverneur de M. le duc de Chartres, qui avoit acquis une grande estime par la conduite qu'il lui avoit fait tenir à la guerre et dans le monde, qui y étoit lui-même fort estimé, et qui s'étoit fait auparavant ce dernier emploi une

grande réputation dans ses ambassades. Il étoit chevalier de
l'ordre et conseiller d'État d'épée, et mourut des fatigues de
l'armée et de son emploi sans avoir été marié, au printemps de 1694, à Valenciennes. Ce fut à cette qualité de
frère de M. d'Arcy que la charge fut donnée. Sa femme étoit
fille posthume de M. de Bordeaux, mort ambassadeur de
France en Angleterre, et de Mme de Bordeaux, qui, pour
une bourgeoise, étoit extrêmement du monde et amie intime
de beaucoup d'hommes et de femmes distingués. Elle avoit
été belle et galante; elle en avoit conservé le goût dans sa
vieillesse, qui lui avoit conservé aussi des amies considérables. Elle avoit élevé sa fille unique dans les mêmes
mœurs : l'une et l'autre avoient de l'esprit et du manége.
Mme de Fontaine-Martel s'étoit ainsi trouvée naturellement
du grand monde; elle étoit fort de la cour de Monsieur. La
place de confiance que M. d'Arcy, son beau-frère, y remplit
si dignement lui donna de la considération, et tout cela ensemble leur valut cette lucrative charge.

Le lundi gras, toute la royale noce et les époux superbe-
ment parés se rendirent un peu avant midi dans le cabinet
du roi, et de là à la chapelle. Elle étoit rangée à l'ordinaire
comme pour la messe du roi, excepté qu'entre son prie-Dieu
et l'autel étoient deux carreaux pour les mariés, qui tour-
noient le dos au roi. Le cardinal de Bouillon tout revêtu y
arriva en même temps de la sacristie, les maria et dit la
messe. Le poêle fut tenu par le grand maître et par le maître des cérémonies, Blainville et Sainctot. De la chapelle on
alla tout de suite se mettre à table. Elle étoit en fer à cheval. Les princes et les princesses du sang y étoient placés à
droite et à gauche, suivant leur rang, terminés par les deux
bâtards du roi, et pour la première fois, après eux la duchesse de Verneuil; tellement que M. de Verneuil, bâtard
d'Henri IV, devint ainsi prince du sang, tant d'années après
sa mort sans s'être jamais douté de l'être. Le duc d'Uzès le
trouva si plaisant, qu'il se mit à marcher devant elle, criant

tant qu'il pouvoit : « Place, place à Mme Charlotte Séguier ! »
Aucune duchesse ne fit sa cour à ce dîner que la duchesse
de Sully et la duchesse du Lude, fille et belle-fille de
Mme de Verneuil, ce que toutes les autres trouvèrent si
mauvais qu'elles n'osèrent plus y retourner. L'après-dînée,
le roi et la reine d'Angleterre vinrent à Versailles avec leur
cour. Il y eut grande musique, grand jeu, où le roi fut
presque toujours fort paré et fort aise, son cordon bleu
par-dessus comme la veille. Le souper fut pareil au dîner.
Le roi d'Angleterre ayant la reine sa femme à sa droite et
le roi à sa gauche ayant chacun leur cadenas [1]. Ensuite on
mena les mariés dans l'appartement de la nouvelle duchesse
de Chartres, à qui la reine d'Angleterre donna la chemise,
et le roi d'Angleterre à M. de Chartres, après s'en être défendu, disant qu'il étoit trop malheureux. La bénédiction du
lit se fit par le cardinal de Bouillon, qui se fit attendre un
quart d'heure, ce qui fit dire que ces airs-là ne valoient rien
à prendre pour qui revenoit comme lui d'un long exil, où la
folie qu'il avoit eue de ne pas donner la bénédiction nuptiale
à Mme la duchesse s'il n'étoit admis au festin royal, l'avoit
fait envoyer.

Le mardi gras grande toilette de Mme de Chartres, où le
roi et la reine d'Angleterre vinrent, et où le roi se trouva
avec toute la cour; la messe du roi ensuite; puis le dîner
comme la veille. On avoit dès le matin renvoyé Mme de
Verneuil à Paris, trouvant qu'elle en avoit eu sa suffisance.
L'après-dînée, le roi s'enferma avec le roi et la reine d'Angleterre; et puis grand bal comme le précédent, excepté
que la nouvelle duchesse de Chartres y fut menée par Mgr le
duc de Bourgogne. Chacun eut le même habit et la même
danseuse qu'au précédent.

Je ne puis passer sous silence une aventure fort ridicule

---

1. Coffret de métal précieux contenant la cuiller, la fourchette et le
couteau. Le cadenas était un signe distinctif des princes et des seigneurs
du plus haut rang.

qui arriva au même homme à tous les deux. C'étoit le fils de Montbron, qui n'étoit pas fait pour danser chez le roi, non plus que son père pour être chevalier de l'ordre, qui le fut pourtant en 1688, et qui étoit gouverneur de Cambrai, lieutenant général, et seul lieutenant général de Flandre, sous un nom qu'il ne put jamais prouver être le sien. Ce jeune homme, qui n'avoit encore que peu ou point paru à la cour, menoit Mlle de Mareuil, fille de la dame d'honneur de Mme la Duchesse (les bâtards de cette grande maison des Mareuil) et qui, non plus que lui, ne devoit pas être admise à cet honneur. On lui avoit demandé s'il dansoit bien, et il avoit répondu avec une confiance qui donna envie de trouver qu'il dansoit mal : on eut contentement. Dès la première révérence il se déconcerta. Plus de cadence dès les premiers pas. Il crut la rattraper et couvrit son défaut par des airs penchés et un haut port de bras; ce ne fut qu'un ridicule de plus qui excita une risée qui en vint aux éclats, et qui, malgré le respect de la présence du roi qui avoit peine à s'empêcher de rire, dégénéra enfin en véritable huée. Le lendemain, au lieu de s'enfuir ou de se taire, il s'excusa sur la présence du roi qui l'avoit étourdi, et promit merveilles pour le bal qui devoit suivre. Il étoit de mes amis, et j'en souffrois. Je l'aurois même averti si le sort tout différent que j'avois eu ne m'eût fait craindre que mon avis n'eût pas de grâce. Dès qu'au second bal on le vit pris à danser, voilà les uns en pied, les plus reculés à l'escalade, et la huée si forte qu'elle fut poussée aux battements de mains. Chacun, et le roi même, rioit de tout son cœur, et la plupart en éclats, en telle sorte, que je ne crois pas que personne ait jamais rien essuyé de semblable. Aussi disparut-il incontinent après, et ne se remontra-t-il de longtemps. Il eut depuis le régiment Dauphin infanterie, et mourut tôt après sans avoir été marié. Il avoit beaucoup d'honneur et de valeur, et ce fut dommage. Ce fut le dernier de ces faux entés sur Montbron, c'est-à-dire son père qui lui survécut.

CHAPITRE III.

Mariage du duc du Maine. — Mme de Saint-Vallery. — M. de Montchevreuil, sa femme et leur fortune. — 1693. — Duchesse douairière d'Hanovre et ses filles sans rang, à grands airs. — Causes de sa retraite en Allemagne et de la haute fortune de sa seconde fille. — Ma sortie des mousquetaires pour une compagnie de cavalerie dans le Royal-Roussillon. — Promotion de sept maréchaux de France. — Duc de Choiseul pourquoi laissé. — Mort de Mademoiselle et ses donations libres et forcées. — Distinction du rang de petite-fille de France procurée par mon père.

Le mercredi des cendres mit fin à toutes ces tristes réjouissances de commande, et on ne parla plus que de celles qu'on attendoit. M. du Maine voulut se marier. Le roi l'en détournoit et lui disoit franchement que ce n'étoit point à des espèces comme lui à faire lignée; mais, pressé par Mme de Maintenon qui l'avoit élevé et qui eut toujours pour lui le foible de nourrice, il se résolut de l'appuyer du moins de la maison de Condé et de le marier à une fille de M. le Prince, qui en ressentit une joie extrême. Il voyoit croître de jour en jour le rang, le crédit, les alliances des bâtards. Celle-ci ne lui étoit pas nouvelle depuis le mariage de son fils, mais elle le rapprochoit doublement du roi, et venoit incontinent après le mariage de M. le duc de Chartres. Madame en fut encore bien plus aise. Elle avoit horriblement appréhendé que le roi, lui ayant enlevé son fils, ne portât encore les yeux sur sa fille; et ce mariage de celle de M. le Prince lui parut une délivrance.

Il en avoit trois à choisir. Un pouce de taille de plus qu'avoit la seconde lui valut la préférence. Toutes trois étoient extrêmement petites; la première étoit belle et pleine d'esprit et de raison. L'incroyable contrainte, pour ne rien dire de pis, où l'humeur de M. le Prince tenoit tout ce qui étoit réduit sous son joug, donna un extrême crève-cœur à cette aînée. Elle sut le supporter avec constance, avec sagesse, avec hauteur, et se fit admirer dans toute sa conduite. Mais elle le paya chèrement : cet effort lui renversa la santé, qui fut toujours depuis languissante.

Le roi, d'accord du choix avec M. le Prince, alla à Versailles faire la demande à Mme la Princesse dans son appartement ; et peu après, sur la fin du carême, les fiançailles se firent dans le cabinet du roi. Ensuite le roi et toute la cour fut à Trianon, où il y eut appartement et un grand souper pour quatre-vingts dames en cinq tables, tenues chacune par le roi, Monseigneur, Monsieur, Madame, et la nouvelle duchesse de Chartres. Le lendemain, mercredi 19 mars, le mariage fut célébré à la messe du roi par le cardinal de Bouillon, comme l'avoit été celui de M. le duc de Chartres. Le dîner fut de même et le souper aussi; après, l'appartement. Le roi d'Angleterre donna la chemise à M. du Maine. Mme de Montespan ne parut à rien et ne signa point à ces deux contrats de mariage. Le lendemain, la mariée reçut toute la cour sur son lit, la princesse d'Harcourt faisant les honneurs, choisie pour cela par le roi. Mme de Saint-Vallery fut dame d'honneur, et Montchevreuil, qui avoit été gouverneur de M. du Maine, et qui conduisoit toute sa maison, continua dans cette dernière fonction et demeura gentilhomme de sa chambre.

Mme de Saint-Vallery étoit fille de Montlouet, premier écuyer de la grande écurie, petit-fils cadet de Bullion, surintendant des finances, et elle étoit veuve depuis un an d'un fils cadet de Gamaches, chevalier de l'ordre en 1661, sans enfants, par conséquent belle-sœur de Cayeu, depuis Gamaches, duquel il y aura occasion de dire un mot ; et la mère de Mme de Saint-Vallery étoit Rouault, cousine germaine paternelle de Gamaches, le chevalier de l'ordre. C'étoit une femme grande, belle, agréable, très-bien faite, de fort peu d'esprit, à qui la douceur et une vertu jamais démentie et une piété solide tenoient lieu de tout le reste, et la rendirent aimable et respectée de toute la cour, où elle ne vint que malgré elle. Aussi n'y demeura-t-elle que le moins qu'elle put. Elle s'aperçut qu'on avoit envie de sa place où tout lui déplaisoit, et que M. du Maine se radoucissoit autour d'elle, ou naturellement, ou de dessein. Il n'en fallut pas davantage pour lui faire demander à se retirer, avec la douleur de toute la cour, que sa beauté, sa vertu, sa modestie ●le grand air de toute sa personne avoient charmée. On mit en sa place Mme de Manneville, femme du gouverneur de Dieppe et de la dernière duchesse de Luynes fille duc hancelier d'Aligre[1]. Mme de Manneville étoit fille de Montchevreuil; et c'étoit tellement leur vrai ballot, qu'on ne comprend pas comment elle n'y avoit pas été mise d'abord.

Montchevreuil étoit Mornay, de bonne maison, sans esprit aucun, et gueux comme un rat d'église. Villarceaux, de même maison que lui, étoit un débauché fort riche, ainsi que l'abbé son frère, avec qui il vivoit. Villarceaux entretint longtemps Mme Scarron, et la tenoit presque tout l'été à Villarceaux. Sa femme, dont la vertu et la douceur donnoient une sorte de respect au mari, lui devint une peine de mener cette vie en sa présence. Il proposa à son cousin Montchevreuil de le recevoir chez lui avec sa compagnie, et qu'il mettroit la nappe pour tous. Cela fut accepté avec joie, et ils vécurent de la sorte nombre d'étés à Montchevreuil.

1. La phrase est reproduite textuellement d'après le manuscrit autographe. Il y a une erreur évidente. Il faut lire probablement : « Mme de Manneville, femme du gouverneur de Dieppe et belle-fille de la dernière duchesse de Luynes fille du chancelier d'Aligre. » En effet, Marguerite d'Aligre, fille du chancelier, épousa en premières noces Charles-Bonaventure, marquis de Manneville, et en secondes noces, Louis-Charles d'Albert, duc de Luynes. Du premier mariage était né Étienne de Manneville, gouverneur de Dieppe, qui épousa Bonne-Angélique de Mornay-Montchevreuil, dont il s'agit ici.

La Scarron devenue reine eut cela de bon qu'elle aima presque tous ses vieux amis dans tous les temps de sa vie. Elle attira Montchevreuil et sa femme à la cour où les Villarceaux trop libertins ne se pouvoient contraindre ; elle voulut Montchevreuil pour un des trois témoins de son mariage avec le roi ; elle lui procura le gouvernement de Saint-Germain en Laye, l'attacha à M. du Maine, le fit chevalier de l'ordre avec le fils de Villarceaux, au refus du père, en 1688, qui l'aima mieux pour son fils que pour lui-même, et mit sous la conduite de Mme de Montchevreuil Mlle de Blois jusqu'à son mariage avec M. le duc de Chartres, après avoir été gouvernante des filles d'honneur de Mme la Dauphine, emploi qu'elle prit par pauvreté.

Montchevreuil étoit un fort honnête homme, modeste, brave, mais des plus épais. Sa femme, qui étoit Boucher-d'Orsay, étoit une grande créature, maigre, jaune, qui rioit niais, et montroit de longues et vilaines dents, dévote à outrance, d'un maintien composé, et à qui il ne manquoit que la baguette pour être une parfaite fée. Sans aucun esprit, elle avoit tellement captivé Mme de Maintenon qu'elle ne voyoit que par ses yeux, et ses yeux ne voyoient jamais que des apparences et la laissoient la dupe de tout. Elle étoit pourtant la surveillante de toutes les femmes de la cour, et de son témoignage dépendaient les distinctions ou les dégoûts et souvent par enchaînement les fortunes. Tout jusqu'aux ministres, jusqu'aux filles du roi, trembloit devant elle ; on ne l'approchoit que difficilement ; un sourire d'elle étoit une faveur qui se comptoit pour beaucoup. Le roi avoit pour elle une considération la plus marquée. Elle étoit de tous les voyages et toujours avec Mme de Maintenon.

Le mariage de M. du Maine causa une rupture entre Mme la princesse et la duchesse d'Hanovre, sa sœur, qui avoit fort désiré M. du Maine pour une de ses filles, et qui prétendit que M. le Prince lui avoit coupé l'herbe sous le pied. Elle vivoit depuis longtemps en France avec ses deux filles déjà fort grandes. Elles n'avoient aucun rang, n'alloient point à la cour, voyoient peu de monde et jamais Mme la Princesse qu'en particulier. Elles ne laissoient pas d'avoir usurpé peu à peu de marcher avec deux carrosses, force livrée, et un faste qui ne leur convenoit point à Paris. Avec ce cortége, elle rencontra Mme de Bouillon dans les rues, à qui les gens de l'Allemande firent quitter son chemin, et la firent ranger avec une grande hauteur. Ce fut quelque temps après le mariage de M. du Maine. Mme de Bouillon, fort offensée, n'entendit point parler de Mme d'Hanovre. Sa famille étoit nombreuse et lors en grande splendeur, elle-même tenoit un grand état chez elle; les Bouillon, piqués à l'excès, résolurent de se venger et l'exécutèrent. Un jour qu'ils surent que Mme d'Hanovre devoit aller à la comédie, ils y allèrent tous avec Mme de Bouillon et une nombreuse livrée. Elle avoit ordre de prendre querelle avec celle de Mme d'Hanovre, et l'exécution fut complète; les gens de la dernière battus à outrance, les harnois de ses chevaux coupés, son carrosse fort maltraité. L'Allemande fit les hauts cris, se plaignit au roi, s'adressa à M. le Prince, qui, mécontent de sa bouderie, n'en remua pas; et le roi, qui aimoit mieux les trois frères Bouillon qu'elle qui avoit le premier tort et s'étoit attiré cette insulte, ne voulut point s'en mêler, en sorte qu'elle en fut pour ses plaintes, et qu'elle apprit à se conduire plus modestement.

Elle en demeura si outrée, que dès lors elle résolut de se retirer avec ses filles en Allemagne, et quelques mois après elle l'exécuta. Ce fut leur fortune : elle maria son aînée au duc de Modène, qui venoit de quitter le chapeau de cardinal pour succéder à son frère; et, quelque temps après, le prince de Salm, veuf de sa sœur, gouverneur, puis grand maître de la maison du fils aîné de l'empereur Léopold, roi de Bohême, puis des Romains, fit le mariage de ce prince avec Amélie, son autre fille.

Mon année de mousquetaire s'écouloit, et mon père demanda au roi ce qu'il lui plairoit faire de moi. Sur la disposition que le roi lui en laissa, il me destina à la cavalerie, parce qu'il l'avoit souvent commandée par commission, et le roi résolut me donner, sans acheter, une compagnie de cavalerie dans un de ses régiments. Il falloit qu'il en vaquât; quatre ou cinq mois s'écoulèrent de la sorte, et je faisois toujours mes fonctions de mousquetaire avec assiduité. Enfin, vers le milieu d'avril, Saint-Pouange m'envoya demander si je voudrois bien accepter une compagnie dans le Royal-Roussillon qui venoit de vaquer, mais fort délabrée en garnison à Mons. Je mourois de peur de ne point faire la campagne qui s'alloit ouvrir; ainsi je disposai mon père à l'accepter. Je remerciai le roi qui me répondit très-obligeamment. La compagnie fut entièrement réparée en quinze jours.

J'étois à Versailles lorsque, le vendredi 27 mars, le roi fit maréchaux de France le comte de Choiseul, le duc de Villeroy, le marquis de Joyeuse, Tourville, le duc de Noailles, le marquis de Boufflers et Catinat : le comte de Tourville et Catinat n'étoient point chevaliers de l'ordre. M. de Boufflers étoit en Flandre et Catinat sur la frontière d'Italie; les cinq autres à la cour ou à Paris. Le roi manda aux deux absents de prendre dès lors le titre, le rang et les honneurs de maréchaux de France en attendant leur serment, qui en effet n'est point nécessaire pour leur donner le caractère. M. de Duras ne l'a prêté que parce que les gens du roi, qui en touchent gros, s'avisèrent enfin qu'il n'avoit prêté ni celui de maréchal de France ni celui de gouverneur de Franche-Comté, et l'obligèrent par le roi de le prêter plus de trente ans après.

J'étois au dîner du roi ce même jour. A propos de rien, le roi regardant la compagnie : « Barbezieux, dit-il, apprendra la promotion des maréchaux de France par les chemins. » Personne ne répondit mot. Le roi étoit mécontent de ses fréquents voyages à Paris où les plaisirs le détournaient,

Il ne fut pas fâché de lui donner ce coup de caveçon et de faire entendre aussi le peu de part qu'il avoit en la promotion.

Le roi l'avoit dit au duc de Noailles en entrant au conseil, mais avec défense d'en parler à personne, même à ses collègues. Sa joie ne se peut exprimer, et il avoit plus raison d'être aise que pas un des autres.

L'engouement du duc de Villeroy dura plusieurs années. Tourville fut d'autant plus transporté que sa véritable modestie lui cachoit sa propre réputation, et qu'il n'imaginoit pas même d'être maréchal de France si on en faisoit, quoiqu'il le méritât autant qu'aucun d'eux pour le moins, de l'aveu général. Choiseul et Joyeuse parurent fort modérés, comme des seigneurs qui méritoient cet honneur et l'espéroient depuis longtemps. Ils dînoient ensemble à Paris lorsqu'un capitaine d'infanterie arriva en poste, satisfait d'avoir ouï nommer Joyeuse à qui il l'apprit, et ne s'étoit point informé des autres; de sorte que Choiseul fut une demi-heure dans un état violent jusqu'à ce que le courrier arriva. Ils allèrent le soir à Versailles et prêtèrent serment le lendemain avec les trois autres.

Cette promotion fit une foule de mécontents, moins de droit par mérite que pour s'en donner un par les plaintes; mais de tous ceux-là le monde ne trouva mauvais que l'oubli du duc de Choiseul, de Maulevrier et de Montal. Ce qui exclut le premier est curieux. Sa femme, sœur de La Vallière, belle et faite en déesse, ne bougeoit d'avec Mme la princesse de Conti, dont elle étoit cousine germaine et intime amie. Elle avoit eu des galanteries en nombre, et qui avoient fait grand bruit. Le roi qui craignoit cette liaison étroite avec sa fille, lui avoit fait parler, puis l'avoit mortifiée, ensuite éloignée, et lui avoit après toujours pardonné. La voyant incorrigible et n'aimant pas les éclats par lui-même, il le voulut faire par le mari, et se défaire d'elle une fois pour toutes. Il se servit pour cela de la promotion, et

chargea M. de La Rochefoucauld, ami intime du duc de
Choiseul, de lui représenter le tort que lui faisoit le désordre public de sa femme, de le presser de la faire mettre
dans un couvent, et de lui faire entendre, s'il avoit peine à
s'y résoudre, que le bâton qu'il lui destinoit étoit à ce prix.

Ce que le roi avoit prévu arriva. Le duc de Choiseul, excellent homme de guerre, étoit d'ailleurs un assez pauvre
homme et le meilleur homme du monde. Quoique vieux,
un peu amoureux de sa femme qui lui faisoit accroire une
partie de ce qu'elle vouloit, il ne put se résoudre à un tel
éclat, tellement que M. de La Rochefoucauld à bout d'éloquence fut obligé d'en venir à la condition du bâton. Cela
même gâta tout. Le duc de Choiseul s'indigna que la récompense de ses services et de la réputation qu'il avoit justement acquise à la guerre, se trouvât attachée à une affaire
domestique qui ne regardoit que lui, et refusa avec une
opiniâtreté qui ne put être vaincue. Il lui en coûta le bâton
de maréchal de France, dont le scandale public éclata. Ce
qu'il y eut de pis pour lui, c'est que sa femme bientôt après
fut chassée, et qu'elle en fit tant, que le duc de Choiseul
enfin n'y put tenir, la chassa de chez lui et s'en sépara pour
toujours.

Maulevrier avoit beaucoup de réputation à la guerre et il
la méritoit. Elle lui avoit valu l'ordre malgré M. de Louvois,
un gros gouvernement et force commandements en chef. Le
roi le crut assez récompensé et le laissa. Ce pauvre homme
en conçut une si violente douleur, qu'il ne survécut pas deux
mois à la promotion de ces sept cadets. Croissy, son frère,
ministre et secrétaire d'État, en fut outré, mais il n'osa le
trop paroître.

Montal étoit un grand vieillard de quatre-vingts ans, qui
avoit perdu un œil à la guerre, où il avoit été couvert de
coups. Il s'y étoit infiniment distingué, et souvent en des
commandements en chef considérables. Il avoit acquis beaucoup d'honneur à la bataille de Fleurus et encore plus de

gloire au combat de Steinkerque, qu'il avoit rétabli. Tout cria pour lui, hors lui-même. Sa modestie et sa sagesse le firent admirer. Le roi même en fut touché et lui promit de réparer le tort qu'il lui avoit fait. Il s'en alla quelque peu chez lui, puis revint et servit par les espérances qui lui avoient été données et qui furent trompeuses jusques à sa mort.

Mademoiselle, la grande Mademoiselle, qu'on appeloit [ainsi] pour la distinguer de la fille de Monsieur, ou, pour l'appeler par son nom, Mlle de Montpensier, fille aînée de Gaston, et seule de son premier mariage, mourut en son palais de Luxembourg, le dimanche 5 avril, après une longue maladie de rétention d'urine, à soixante-trois ans, la plus riche princesse particulière de l'Europe. Le roi l'avoit visitée, et elle lui avoit fort recommandé M. de Joyeuse, comme son parent, pour être fait maréchal de France. Elle cousinoit et distinguoit et s'intéressoit fort en ceux qui avoient l'honneur de lui appartenir, en cela, bien que très-altière, fort différente de ce que les princes du sang sont devenus depuis à cet égard. Elle portoit exactement le deuil de parents même très-médiocres et très-éloignés, et disoit par où et comment ils l'étoient. Monsieur et Madame ne la quittèrent point pendant sa maladie. Outre la liaison qui avoit toujours été entre elle et Monsieur, dans tous les temps, il muguetoit sa riche succession, et fut en effet son légataire universel. Mais les plus gros morceaux avoient échappé.

Les Mémoires publics de cette princesse montrent à découvert sa foiblesse pour M. de Lauzun, la folie de celui-ci de ne l'avoir pas épousée dès qu'il en eut la permission du roi, pour le faire avec plus de faste et d'éclat. Leur désespoir de la rétractation de la permission du roi fut extrême, mais les donations du contrat de mariage étoient faites et subsistèrent par d'autres actes. Monsieur, poussé par M. le Prince, avoit pressé le roi de se rétracter, mais Mme de Montespan et M. de Louvois y eurent encore plus de part, et furent

ceux sur qui tomba toute la fureur de Mademoiselle et la
rage du favori; car M. de Lauzun l'étoit. Ce ne fut pas pour
longtemps ; il s'échappa plus d'une fois avec le roi, plus
souvent encore avec la maîtresse, et donna beau jeu au ministre pour le perdre. Il vint à bout de le faire arrêter et
conduire à Pignerol, où il fut extrêmement maltraité par
ses ordres et y demeura dix ans. L'amour de Mademoiselle
ne se refroidit point par l'absence. On sut en profiter pour
faire un grand établissement à M. du Maine, à ses dépens et
à ceux de M. de Lauzun qui en acheta sa liberté. Eu, Aumale, Dombes et d'autres terres encore furent données à
M. du Maine, au grand regret de Mademoiselle. Et ce fut
sous ce prétexte de reconnoissance que, pour élever de plus
en plus les bâtards, le roi leur fit prendre la livrée de Mademoiselle, qui étoit celle de M. Gaston. Cet héritier forcé lui
fut toujours fort peu agréable, et elle étoit toujours sur la
défensive pour le reste de ses biens que le roi lui vouloit
arracher pour ce fils bien-aimé.

Les aventures incroyables de M. de Lauzun, qui avoit
sauvé la reine d'Angleterre et le prince de Galles, l'avoient
ramené à la cour. Il s'étoit brouillé avec Mademoiselle toujours jalouse de lui, qui, même à la mort, ne le voulut pas
voir. Il avoit conservé Thiers et Saint-Fargeau de ses dons.
Il laissoit toujours entendre qu'il avoit épousé Mademoiselle,
et il parut devant le roi, en grand manteau, qui le trouva
fort mauvais. Après son deuil il ne voulut pas reprendre sa
livrée et s'en fit une d'un brun presque noir, avec des ga-
lons bleus et blancs, pour conserver toujours la tristesse de
la perte de Mademoiselle, dont il avoit des portraits partout.

Cette princesse donna à Monseigneur sa belle maison de
Choisy, qui fut ravi d'en avoir une de plaisance où il pût
aller seul quelquefois avec qui il voudroit ; vingt-deux mille
livres à Mlle de Bréval et du Cambout, ses filles d'honneur;
et des legs pieux et d'autres à ses domestiques qui répondi-
rent peu à ces richesses.

Tous les Mémoires de guerres civiles et les siens propres l'ont trop fait connoître pour qu'il soit nécessaire d'y rien ajouter ici. Le roi ne lui avoit jamais bien pardonné la journée de Saint-Antoine, et je l'ai ouï lui reprocher une fois, à son souper, en plaisantant, mais un peu fortement, d'avoir fait tirer le canon de la Bastille sur ses troupes. Elle fut un peu embarrassée, mais elle ne s'en tira pas trop mal.

Sa pompe funèbre se fit en entier, et son corps fut gardé plusieurs jours, alternativement par deux heures, par une duchesse ou une princesse et par deux dames de qualité, toutes en mantes, averties, de la part du roi, par le grand maître des cérémonies; à la différence des filles de France qui en ont le double ainsi que d'évêques, en rochet et camail, et des princesses du sang qui ne sont gardées que par leurs domestiques. La comtesse de Soissons refusa d'y aller; le roi se fâcha, la menaça de la chasser et la fit obéir.

Il y arriva une aventure fort ridicule. Au milieu de la journée et toute la cérémonie présente, l'urne, qui étoit sur une crédence et qui contenoit les entrailles, se fracassa avec un bruit épouvantable et une puanteur subite et intolérable. A l'instant voilà les dames les unes pâmées d'effroi, les autres en fuite. Les hérauts d'armes, les feuillants qui psalmodioient, s'étouffoient aux portes avec la foule qui gagnoit au pied. La confusion fut extrême. La plupart gagnèrent le jardin et les cours. C'étoient les entrailles mal embaumées qui, par leur fermentation, avoient causé ce fracas. Tout fut parfumé et rétabli, et cette frayeur servit de risée. Ces entrailles furent portées aux Célestins, le cœur au Val-de-Grâce, et le corps conduit à Saint-Denis par la duchesse de Chartres, suivie de la duchesse de La Ferté, de la princesse d'Harcourt et de dames de qualité; celles de Mme la duchesse d'Orléans suivoient dans le carrosse de cette princesse. Les cours assistèrent au service à Saint-Denis quelques jours après, où l'archevêque d'Alby officia. L'abbé Anselme, grand prédicateur, fit l'oraison funèbre. Mademoiselle, fille de Monsieur, suivie de la duchesse de Ventadour et de la princesse de Turenne, sa fille, avoit conduit le cœur : toutes distinctions au-dessus des princesses du sang, par ce rang de petite-fille de France, que mon père lui fit donner par le feu roi, étant lors seule de la famille royale.

CHAPITRE IV.

Distribution des armées. — Le roi en Flandre. — Époque de l'obéissance des maréchaux les uns aux autres par ancienneté. — Art de M. de Turenne. — Mort de mon père, dont le roi me donne le gouvernement. — Origine première de la fortune de mon père. — Bonté et prévoyance de Louis XIII sur le gouvernement de Blaye. — Mon oncle et mon père chevaliers de l'ordre en 1633, avant l'âge. — Mon père duc et pair en janvier 1635, et comment. — Grandeur d'âme et courage de Louis XIII à la perte de Corbie. — Réprimande à mon père en public pour n'avoir pas écrit *monseigneur* au duc de Bellegarde disgracié et exilé. — Chasteté de Louis XIII digne de saint Louis, qui réprimande mon père. — Époque du nom de *madame* aux dames d'atours filles. — Intimité jusqu'à la mort de M. le Prince, père du héros, avec mon père, et sa cause. — Bontems et Nyert. — Leur fortune par mon père.

Le 3 mai, le roi déclara qu'il iroit de Flandre commander une de ses armées avec le nouveau maréchal de Boufflers, ayant sous lui Monseigneur, et M. le Prince entre-deux comme à Namur, M. de Luxembourg pour l'autre armée de Flandre avec les maréchaux de Villeroy et de Joyeuse sous lui ; et en même temps [le roi nomma pour] les autres armées, c'est-à-dire le maréchal de Lorges en Allemagne, le maréchal Catinat en Italie, et le nouveau maréchal de Noailles en Catalogne. Comme on craignoit les descentes des Anglois, Monsieur eut le commandement de toutes les côtes de l'Océan,

avec des troupes en divers lieux, le maréchal d'Humières
sous lui et le duc de Chaulnes gouverneur de Bretagne, qui y
étoit, le maréchal d'Estrées commandant d'Aunis, Saintonge
et Poitou, et le maréchal de Bellefonds en Normandie à ses
ordres. M. le duc de Chartres eut le commandement de la
cavalerie dans l'armée de M. de Luxembourg où M. le Duc
et M. le prince de Conti servirent de lieutenants généraux.
M. du Maine en servit en celle de M. de Boufflers que le roi
commandoit, et fut en même temps à la tête de la cavalerie ;
ce qui exclut le comte d'Auvergne de servir, qui en étoit
colonel général.

Il fut nouveau de voir des maréchaux de France obéir à
d'autres. L'inconvénient du commandement égal tour à tour
avoit été souvent funeste. C'est ce qui donna lieu à la faveur
de M. de Turenne, jointe à sa grande réputation, de renouveler pour lui la charge de maréchal général des camps et
armées de France, pour le faire commander aux maréchaux
de France, et qui encore ne s'y soumirent qu'après l'exil de
MM. de Bellefonds, Humières et Créqui, et c'est depuis cette
époque de charge, que M. de Turenne, confondant avec art
son nouvel état avec son rang de prince, ôta les bâtons de
ses armes et ne voulut plus être appelé que le vicomte de
Turenne. Enfin le roi régla, pour l'utilité de son service,
que les maréchaux de France s'obéiroient les uns aux autres
par ancienneté, tellement que ces maréchaux en second
n'étoient proprement à l'armée que des lieutenants généraux
qui ne rouloient point avec les autres et qui les commandoient, qui ne prenoient point jour et qui avoient les mêmes
honneurs militaires que le général de l'armée, mais qui
prenoient l'ordre de lui et ne se mêloient de rien que sous
ses ordres et par ses ordres, et duquel ils étoient même fort
rarement consultés, et point du tout du secret de la campagne.

Ce même jour, 3 mai, sur les dix heures du soir, j'eus le
malheur de perdre mon père. Il avoit quatre-vingt-sept ans,
et ne s'étoit jamais bien rétabli d'une grande maladie qu'il

avoit eue à Blaye, il y avoit deux ans. Depuis trois semaines il avoit un peu de goutte. Ma mère, qui le voyoit avancer en âge, lui proposa des arrangements domestiques qu'il fit en bon père, et elle songeoit à le faire démettre en ma faveur de sa dignité de duc et pair. Il avoit dîné avec de ses amis comme il avoit toujours compagnie. Sur le soir il se remit au lit sans aucun mal ni accident, et pendant qu'on l'entretenoit, il poussa tout à coup trois violents soupirs tout de suite. Il étoit mort qu'à peine s'écrioit-on qu'il se trouvoit mal : il n'y avoit plus d'huile à la lampe.

J'en appris la triste nouvelle en revenant du coucher du roi, qui se purgeoit le lendemain. La nuit fut donnée aux justes sentiments de la nature. Le lendemain j'allai de bon matin trouver Bontems, puis le duc de Beauvilliers qui étoit en année[1] et dont le père avoit été l'ami du mien. M. de Beauvilliers me témoignoit mille bontés chez les princes dont il étoit gouverneur, et me promit de demander au roi les gouvernements de mon père en ouvrant son rideau. Il les obtint sur-le-champ. Bontems, fort attaché à mon père, accourut me le dire à la tribune où j'attendois ; puis M. de Beauvilliers lui-même, qui me dit de me trouver à trois heures dans la galerie où il me feroit appeler et entrer par les cabinets, à l'issue du dîner du roi.

Je trouvai la foule écoulée de sa chambre. Dès que Monsieur, qui étoit debout au chevet du lit du roi, m'aperçut : « Ah! voilà, dit-il tout haut, M. le duc de Saint-Simon. » J'approchai du lit et fis mon remercîment par une profonde révérence. Le roi me demanda fort comment ce malheur étoit arrivé, avec beaucoup de bonté pour mon père et pour moi : il savoit assaisonner ses grâces. Il me parla des sacrements que mon père n'avoit pu recevoir ; je lui dis qu'il y avoit fort peu qu'il avoit fait une retraite de plusieurs jours

---

1. Le duc de Beauvilliers était un des quatre premiers gentilshommes de la chambre du roi ; ces gentilshommes servaient par année à tour de rôle.

à Saint-Lazare où il avoit son confesseur, et où il avoit fait
ses dévotions, et un mot de la piété de sa vie. Le colloque
dura assez longtemps, et finit par des exhortations à continuer d'être sage et à bien faire, et qu'il auroit soin de moi.

Lors de la maladie de mon père à Blaye, plusieurs personnes demandèrent au roi le gouvernement de Blaye, d'Aubigné entre autres, frère de Mme de Maintenon, à qui il répondit plus brusquement qu'il n'avoit accoutumé : « Est-
ce qu'il n'a pas un fils ? » En effet, le roi, qui s'étoit fermé à
n'accorder plus de survivances, s'étoit toujours fait entendre
à mon père qu'il me destinoit son gouvernement. M. le
Prince muguetoit fort celui de Senlis qu'avoit mon oncle; il
l'avoit demandé à sa mort. Le roi le donna à mon père, et je
l'eus en même temps que celui de Blaye.

Tout ce qui avoisinoit Chantilly étoit envié par M. le
Prince. Il embla[1] à mon oncle la capitainerie des chasses de
Senlis et d'Hallatte en vrai Scapin. Mon oncle, aîné de huit
ans de mon père, avoit eu ce gouvernement et cette capitainerie de son père, qui étoit depuis longtemps dans la maison, et depuis des siècles avec peu d'intervalles. Son grand
âge et un tremblement universel qui n'attaqua jamais sa
tête ni sa santé l'avoient retiré depuis bien des années du
monde. Il passoit les hivers à Paris où il en voyoit fort peu,
et sept ou huit mois à sa campagne tout auprès de Senlis.
Sa femme, dont il n'avoit point d'enfants, étoit aussi vieille
que lui. Elle étoit sœur du père du duc d'Uzès, et avoit
épousé en premières noces le marquis de Portes, de la maison de Budos, chevalier de l'ordre ainsi que mon oncle, et
vice-amiral de France, tué au siége de Privas. Il étoit frère
de la connétable de Montmorency, mère de Mme la Princesse, grand'mère de M. le Prince, et du dernier duc de
Montmorency, décapité à Toulouse. M. le Prince l'appeloit
toujours sa tante, et les alloit voir assez souvent de Chantilly.

---

1. Vieux mot qui a le même sens que *voler*.

Un beau jour il fut leur compter dans leur retraite que le
roi, importuné des plaintes de ceux qui se trouvoient encla-
vés dans les capitaineries royales, alloit rendre un édit pour
les supprimer toutes, à l'exception de celles de ses maisons
qu'il habitoit et des bois et plaines qui environnoient Paris ;
que les leurs alloient donc être supprimées ; que cependant
il espéroit cette considération du roi que si elles étoient
entre ses mains il les lui conserveroit ; qu'eux-mêmes y
trouveroient doublement leur compte, parce que les capitaineries étant conservées, ils en demeureroient toujours les
maîtres comme lui-même, pour leurs gens, leur table et
leurs amis, et qu'il leur donneroit volontiers deux ou trois
cents pistoles pour cette complaisance, quoiqu'il ne fût pas
sûr de faire changer le roi là-dessus en sa faveur. Les bonnes gens le crurent, pestèrent contre l'édit, donnèrent la
démission à M. le Prince, qui laissa deux cents pistoles en
partant, et se moqua d'eux. Tout le pays, qui vivoit en paix
et sans inquiétude dans cette capitainerie, fut outré de douleur. Elle devint une tyrannie entre les mains de M. le
Prince, qui l'étendit encore tant qu'il put ; mais il est vrai
qu'il laissa ceux qu'il avoit ainsi escamotés les maîtres pour
eux et pour leurs domestiques le reste de leur vie.

Mon oncle avoit eu le régiment de Navarre ; il étoit lieutenant général, et avoit emporté le prix de la bonne mine à
sa promotion de l'ordre en 1633. Il mourut en 1690, le
25 janvier, et sa femme en avril 1695. C'étoit un fort grand
homme, très-bien fait, de grande mine, plein de sens, de
sagesse, de valeur et de probité. Mon père l'avoit toujours
fort respecté et suivoit fort ses avis pendant sa faveur. La
marquise de Saint-Simon étoit haute, intéressée et méchante, et elle trouva le moyen de faire passer la plupart
des biens de mon oncle aux ducs d'Uzès, de faire payer à
mon père et à moi une grande partie des dettes, et de laisser les autres insolvables. Sa passion étoit de me marier à
Mlle d'Uzès, qui a été la première femme de M. de Barbe-

zieux. Je n'ai pu me refuser ce mot sur mon oncle ; il est bien juste de m'étendre un peu plus sur mon père.

La naissance et les biens ne vont pas toujours ensemble. Diverses aventures de guerre et de famille avoient ruiné notre branche, et laissé mes derniers pères avec peu de fortune et d'éclat pour leur service militaire. Mon grand-père, qui avoit suivi toutes les guerres de son temps, et toujours passionné royaliste, s'étoit retiré dans ses terres, où son peu d'aisance l'engagea de suivre la mode du temps, et de mettre ses deux aînés pages de Louis XIII, où les gens des plus grands noms se mettoient alors.

Le roi étoit passionné pour la chasse, qui étoit sans meute[1] et sans cette abondance de chiens, de piqueurs, de relais, de commodités, que le roi son fils y a apportés, et surtout sans routes dans les forêts. Mon père, qui remarqua l'impatience du roi à relayer, imagina de lui tourner le cheval qu'il lui présentoit, la tête à la croupe de celui qu'il quittoit. Par ce moyen, le roi, qui étoit dispos, sautoit de l'un sur l'autre sans mettre pied à terre, et cela étoit fait en un moment. Cela lui plut, il demanda toujours ce même page à son relais ; il s'en informa, et peu à peu il le prit en affection. Baradas, premier écuyer, s'étant rendu insupportable au roi par ses hauteurs et ses humeurs arrogantes avec lui, il le chassa, et donna sa charge à mon père. Il eut après celle de premier gentilhomme de la chambre du roi à la mort de Blainville, qui étoit chevalier de l'ordre, et avoit été ambassadeur en Angleterre. Il étoit du nom de Warigniés, qui est bon, mais éteint en Normandie, n'avoit point été marié, et étoit frère aîné du père de la comtesse de Saint-Géran, qui a été dame du palais de la reine, et qui a tant figuré dans le monde, femme de ce comte de Saint-Géran, chevalier de l'ordre, de qui l'état fut tant

---

1. Les précédents éditeurs ont mis ici le mot *suite ;* il est impossible de lire autre chose que *meute* ou *route*. Ce dernier mot se trouvant plus bas dans la même phrase, *meute* a paru préférable.

et si longtemps disputé par un procès également étrange et curieux.

Mon père devint tout à fait favori sans autre protection que la bonté seule du roi, et ne compta jamais avec aucun ministre, pas même avec le cardinal de Richelieu, et c'étoit un de ses mérites auprès de Louis XIII. Il m'a conté qu'avant de l'élever, et en ayant envie, il s'étoit fait sourdement extrêmement informer de son personnel et de sa naissance, car il n'avoit pas été instruit à les connoître, pour voir si cette base étoit digne de porter une fortune, et de ne retomber pas une autre fois. Ce furent ses propres termes à mon père à qui il le raconta depuis, attrapé comme il l'avoit été à M. de Luynes. Il aimoit les gens de qualité, cherchoit à les connoître et à les distinguer; aussi en a-t-on fait le proverbe des trois places et des trois statues de Paris : Henri IV avec son peuple sur le pont Neuf, Louis XIII avec les gens de qualité à la place Royale, qui de son temps étoit le beau quartier; et Louis XIV avec les maltôtiers dans la place des Victoires. Celle de Vendôme, faite longtemps depuis, ne lui a guère donné meilleure compagnie.

A la mort de M. de Luxembourg, frère du connétable de Luynes, le roi donna le choix à mon père de sa vacance. Il avoit les chevau-légers de la garde et le gouvernement de Blaye. Mon père le supplia d'en récompenser des seigneurs qui le méritoient plus que lui déjà comblé de ses bienfaits. Le roi et lui insistèrent dans cette singulière dispute; puis, se fâchant, lui dit que ce n'étoit pas à lui ni à personne à refuser ses grâces, qu'il lui donnoit vingt-quatre heures pour choisir, et qu'il lui ordonnoit de lui dire le lendemain matin le choix qu'il auroit fait. Le matin venu, le roi le lui demanda avec empressement. Mon père lui répondit que, puisque absolument il lui vouloit donner une des deux vacances, il croyoit ne pouvoir rien faire de plus avantageux pour lui que de le laisser choisir lui-même. Le roi prit un air serein et le loua; puis lui dit que les chevau-légers étoient brillants, mais que Blaye étoit solide, une place qui bridoit la Guyenne et la Saintonge, et qui, dans les troubles, faisoit fort compter avec elle; qu'on ne savoit ce qui pouvoit arriver; que s'il venoit après lui une guerre civile, les chevau-légers n'étoient rien, et que Blaye le rendroit considérable, raison qui le déterminoit à lui conseiller de préférer cet établissement. C'est ainsi que mon père a eu ce gouvernement, et que les suites ont fait voir combien Louis XIII avoit pensé juste et quelle étoit sa bonté, non par ce que mon père en retira, mais par tout ce qu'il méprisa, et par la fidélité et l'importance du service dont il s'illustra.

Lorsque M. Gaston revint de Bruxelles, par ce traité tenu si secret que sa présence subite à la cour l'apprit aux plus clairvoyants, le roi l'avoit confié à mon père. Il lui dit en même temps qu'il avoit résolu de le faire un jour duc et pair, que sa jeunesse l'auroit encore retenu, mais qu'ayant promis à Monsieur de faire Puylaurens, il ne pouvoit se résoudre à le faire sans lui. Ce bon maître ajouta qu'il y avoit une condition qui lui sembleroit dure, c'étoit de faire Puylaurens le premier, s'il en faisoit encore à cette occasion. En effet, mon père s'en trouva si choqué, qu'il balança vingt-quatre heures comme si, n'étant pas duc, Puylaurens duc n'eût pas été bien au-dessus de lui que simplement son ancien. Enfin il accepta, et le fut seul quinze jours après lui. Il n'en eut pas le dégoût longtemps; moins d'une année éteignit ce duché-pairie de la façon que tout le monde l'a su. Mon père étoit déjà chevalier de l'ordre, deux ans auparavant, n'ayant lors que vingt-sept ans juste, à la promotion de 1633. Mon grand-père fut nommé avec lui. Il étoit vieux et retiré. Il trouva que ce n'étoit pas la peine de faire connoissance avec la cour. Il chargea mon père de demander le collier qui lui étoit destiné pour mon oncle, qui avoit trente-cinq ans au juste, qui en jouiroit plus longtemps que lui. En effet, il l'a porté cinquante-sept ans et mon père soixante, et sont restés longtemps les deux seuls du feu roi. Chose sans exemple dans aucun ordre.

Mon père eut encore les capitaineries de Saint-Germain et de Versailles, dont il se défit au président de Maisons, par amitié pour lui ; et fut aussi quelque temps grand louvetier. Lorsqu'il fut fait duc et pair, il vendit sa charge de premier gentilhomme de la chambre au duc de Lesdiguières, pour M. de Créqui, fils de feu son second fils de Canaples, tué mestre de camp du régiment des gardes. M. de Lesdiguières l'exerça durant sa jeunesse, mais rarement, par son presque continuel séjour en son gouvernement de Dauphiné. M. de Créqui, depuis duc et pair, ambassadeur à Rome, enfin gouverneur de Paris, fit passer sa charge au duc de la Trémoille, mari de sa fille unique, d'où elle est restée à sa postérité. De l'argent de cette charge mon père acquit, de l'aîné de la maison, la terre de Saint-Simon qui n'en étoit jamais sortie, depuis l'héritage de Vermandois qui nous l'avoit apportée en mariage, et la fit ériger en duché-pairie.

Il ne se contenta pas de suivre le roi en toutes ses expéditions de guerre. Il eut plusieurs fois le commandement de la cavalerie dans les armées, et le commandement en chef de tous les arrière-bans du royaume, qui étoient de cinq mille gentilshommes, à qui, contre leur privilége, il persuada de sortir les frontières du royaume. Sa valeur et sa conduite lui acquirent beaucoup de réputation à la guerre, et l'amitié intime du maréchal de La Meilleraye et du fameux duc de Weimar. Je puis dire, sans craindre d'être démenti par tout ce qu'il y a d'amateurs de ces temps-là, que sa faveur fut sans envie, qu'il fut toujours modeste et souverainement désintéressé ; qu'il ne demanda jamais rien pour soi, qu'il fut l'homme le plus obligeant, le mieux faisant et le plus généreux qui ait paru à la cour, où il causa un grand nombre de fortunes, appuya les malheureux et fit répandre force bienfaits.

La condamnation du duc de Montmorency lui pensa coûter

la sienne, pour avoir demandé sa grâce avec trop de persévérance et de chaleur. L'éclat que cela fit perça jusqu'à cet illustre coupable qui avoit toujours été de ses amis. Allant à l'échafaud avec le courage et la piété qui l'ont tant fait admirer, il fit deux présents bien différents de deux tableaux d'un grand prix du même maître[1], et uniques de lui en France : un saint Sébastien percé de flèches, au cardinal de Richelieu ; et une Pomone et Vertumne (Pomone la plus belle et la plus agréable qu'on sauroit voir de grandeur naturelle), à mon père. Je l'ai encore, et je le garde précieusement.

Je serois trop long si je me mettois à raconter bien des choses que j'ai sues de mon père, qui me font bien regretter mon âge et le sien qui ne m'ont pas permis d'en apprendre davantage. Je me contenterai de quelques-unes, remarquables en général. Je ne m'arrêterai point à la fameuse journée des Dupes, où il eut le sort du cardinal de Richelieu entre les mains, parce que je l'ai trouvée, dans....[2], toute telle que mon père me l'a racontée. Ce n'est pas qu'il tînt en rien au cardinal de Richelieu, mais il crut voir un précipice dans l'humeur de la reine mère et dans le nombre de gens qui, par elle, prétendoient tous à gouverner. Il crut aussi, par les succès qu'avoit eus le premier ministre, qu'il étoit bien dangereux de changer de main dans la crise où l'État se trouvoit alors au dehors, et ces vues seules le conduisirent. Il n'est pas difficile de croire que le cardinal lui en sut un bon gré extrême, et d'autant plus qu'il n'y avoit aucun lien entre eux. Ce qui est plus rare, c'est que, s'il conçut quelques peines secrètes de s'être vu en ses mains et de lui devoir l'affermissement de sa place et de sa puissance et le triomphe sur ses ennemis, il eut la force de le cacher si bien, qu'il n'en donna jamais la moindre marque, et mon

---

1. Le Carrache. (*Note de Saint-Simon.*)
2. Le nom a été gratté dans le manuscrit.

père aussi ne lui en témoigna pas plus d'attachement. Il arriva seulement que ce premier ministre, soupçonneux au possible, et persuadé sur mon père par une expérience si décisive et si gratuite, alloit depuis à lui sur les ombrages qu'il prenoit. Il est souvent arrivé à mon père d'être réveillé en sursaut, en pleine nuit, par un valet de chambre qui tiroit son rideau une bougie à la main, ayant derrière lui le cardinal de Richelieu, qui s'asseyoit sur le lit et prenoit la bougie, s'écriant quelquefois qu'il étoit perdu, et venant au conseil et au secours de mon père sur des avis qu'on lui avoit donnés, ou sur des prises qu'il avoit eues avec le roi.

Ce fut cette journée des Dupes qui coûta au maréchal de Bassompierre tant d'années de Bastille, qui le mirent de si mauvaise humeur contre mon père qui en avoit été la cause indirecte en sauvant et maintenant le cardinal de Richelieu. Ce dépit qu'il montre si à découvert dans ses curieux Mémoires, quoique d'ailleurs si dégoûtants par leur vanité, ne peut pourtant rien alléguer contre mon père; et se borne à une injure, sans aucun appui, qui ne mérite que le mépris et la compassion d'une envie et d'une colère impuissante jusqu'à ne pouvoir rien articuler que le mot injurieux et unique dans tout ce qui reste d'écrits de ces temps-là.

Je ne puis passer sous silence ce que mon père m'a raconté de la consternation qui saisit Paris et la cour lorsque les Espagnols prirent Corbie, après s'être rendus maîtres de toute la frontière jusque-là et de tout le pays jusqu'à Compiègne, et du conseil qui fut tenu. Le roi vouloit qu'il y fût présent fort souvent, non pour y opiner à son âge, mais pour le former aux affaires, le questionner en particulier sur les partis importants à prendre, pour voir son sens et le louer ou le reprendre et lui expliquer en quoi il avoit bien ou mal pensé et pourquoi, comme un père qui prend plaisir à former l'esprit de son fils.

Dans ce conseil le cardinal de Richelieu parla le premier. Il opina à des partis foibles, et surtout de retraite pour le roi au delà de la Seine, et compta d'emporter l'avis de tout ce qui étoit au conseil, comme il ne manqua pas d'arriver. Le roi les laissa tout dire sans témoigner ni impatience ni répugnance, puis leur demanda s'ils n'avoient rien à ajouter. Comme ils eurent répondu que non, il dit que c'étoit donc à lui à leur expliquer à son tour son avis. Il parla un bon quart d'heure, réfuta le leur par les plus fortes raisons, allégua que sa retraite ne feroit qu'achever le désordre, précipiter la fuite, resserrer toutes les bourses et perdre toute espérance, décourager ses troupes et ses généraux; puis expliqua pendant un autre quart d'heure le plan qu'il estimoit devoir être suivi; et tout de suite se tournant à mon père, sans plus prendre les avis, lui ordonna que tout ce qui pourroit être prêt de ses charges le fût à le suivre le lendemain matin vers Corbie, et que le reste le joindroit quand il pourroit. Cela dit d'un ton à n'admettre point de réplique, se lève, sort du conseil et laisse le cardinal et tous les autres dans le dernier étonnement. On peut voir par l'histoire et les Mémoires de ces temps-là que ce hardi parti fut le salut de l'État, et les succès qu'il eut. Le cardinal, tout grand homme qu'il étoit, en trembla jusqu'à ce que les premières apparences de fortune l'enhardirent à joindre le roi. Voilà un échantillon de ce roi foible et gouverné par son premier ministre à qui les muses et les écrivains ont donné bien de la gloire qu'ils ont dérobée à son maître, comme l'opiniâtreté et tous les travaux du siége de la Rochelle et l'invention et le succès inouïs de sa digue si célèbre, tous uniquement dus au feu roi.

Si le roi savoit bien aimer mon père, aussi savoit-il bien le reprendre, dont mon père m'a raconté deux occasions. Le duc de Bellegarde, grand écuyer et premier gentilhomme de la chambre, étoit exilé; mon père étoit de ses amis et premier gentilhomme de la chambre aussi, ainsi que premier écuyer et au comble de sa faveur. Cette dernière raison et ses charges exigeoient une grande assiduité, de manière que, faute d'autre loisir, il se mit à écrire à M. de Bellegarde en attendant que le roi sortît pour la chasse. Comme il finissoit sa lettre, le roi sortit et le surprit comme un homme qui se lève brusquement et qui cache un papier. Louis XIII, qui de ses favoris plus que de tous les autres vouloit tout savoir, s'en aperçut et lui demanda ce que c'étoit que ce papier qu'il ne vouloit pas qu'il vît. Mon père fut embarrassé, pressé et avoua que c'étoit un mot qu'il écrivoit à M. de Bellegarde. « Que je voie! » dit le roi; et prit le papier et le lut. « Je ne trouve point mauvais, dit-il à mon père après avoir lu, que vous écriviez à votre ami, quoiqu'en disgrâce, parce que je suis bien sûr que vous ne lui manderez rien de mal à propos; mais ce que je trouve très-mauvais, c'est que vous lui manquiez au respect que vous devez à un duc et pair, et que, parce qu'il est exilé, vous ne lui écriviez pas *monseigneur;* » et déchirant la lettre en deux : « Tenez, ajouta-t-il, voilà votre lettre; elle est bien, d'ailleurs, refaites-la après la chasse, et mettez *monseigneur*, comme vous le lui devez. » Mon père m'a conté que, quoique bien honteux de cette réprimande, tout en marchant, devant du monde, il s'en étoit tenu quitte à bon marché, et qu'il mouroit de peur de pis pour avoir écrit à un homme en profonde disgrâce et qui ne put revenir dans les bonnes grâces du roi.

L'autre réprimande fut sur un autre article et plus sérieuse. Le roi étoit véritablement amoureux de Mlle d'Hautefort. Il alloit plus souvent chez la reine à cause d'elle, et il y étoit toujours à lui parler. Il en entretenoit continuellement mon père, qui vit clairement combien il en étoit épris. Mon père étoit jeune et galant, et il ne comprenoit pas un roi si amoureux, si peu maître de le cacher, et en même temps qui n'alloit pas plus loin. Il crut que c'étoit timidité; et, sur ce principe, un jour que le roi lui parloit avec passion de cette fille, mon père lui témoigna la surprise que je viens d'expliquer, et lui proposa d'être son ambassadeur et de conclure bientôt son affaire. Le roi le laissa dire, puis prenant un air sévère : « Il est vrai, lui dit-il, que je suis amoureux d'elle, que je le sens, que je la cherche, que je parle d'elle volontiers et que j'y pense encore davantage; il est vrai encore que tout cela se fait en moi malgré moi, parce que je suis homme, et que j'ai cette foiblesse; mais plus ma qualité de roi me peut donner plus de facilité à me satisfaire qu'à un autre, plus je dois être en garde contre le péché et le scandale. Je pardonne pour cette fois à votre jeunesse, mais qu'il ne vous arrive jamais de me tenir un pareil discours si vous voulez que je continue à vous aimer. » Ce fut pour mon père un coup de tonnerre; les écailles lui tombèrent des yeux; l'idée de la timidité du roi dans son amour disparut à l'éclat d'une vertu si pure et si triomphante. C'est la même que le roi fit dame d'atours[1] de la reine, et que sous ce prétexte il fit appeler Mme d'Hautefort, qui à la fin fut la seconde femme du dernier maréchal de Schomberg, duc d'Halluyn, qui n'en eut point d'enfants. C'est depuis elle que les dames d'atours filles ont été appelées madame.

Mon père fut heureux dans plusieurs de ses différentes sortes de domestiques, qui firent des fortunes considérables. Tourville, qui étoit un de ses gentilshommes, et celui par qui, à la journée des Dupes, il envoya dire au cardinal de Richelieu de venir sur sa parole trouver le roi à Versailles le soir même, étoit un homme fort sage et de mérite. Le cardinal de Richelieu mariant sa nièce au fameux duc d'Enghien, M. le Prince lui demande un gentilhomme de valeur et de confiance à mettre auprès de M. son fils. Il lui donna Tourville, qui y fit une fortune. Son fils, à force d'être, de

---

1. La charge de *dame d'atours* était une des principales de la maison de la reine. D'après le *Traité des Offices* de Guyot, la dame d'atours devait donner les ordres pour tout ce qui concernait les vêtements et les pierreries de la reine; elle présidait à sa toilette et dirigeait les femmes de chambre chargées de l'habiller et de la coiffer. Aux audiences que donnait la reine, la dame d'atours se plaçait à sa gauche; elle servait la reine à son petit couvert, en l'absence de la dame d'honneur.

l'aveu des Anglois et des Hollandois, le plus grand homme de mer de son siècle, en fit une bien plus grande Il voyoit mon père assidûment quand il étoit à Paris, et avec un respect qui lui faisoit honneur. Je me souviens de la joie de mon père quand il fut maréchal de France et de celle qu'il lui témoigna en l'embrassant. Il n'eut pas le temps de jouir longtemps de cette satisfaction; mais avec moi, tout jeune que j'étois, ce maréchal me voyoit et en toutes occasions et en tous lieux affectoit pour moi une déférence qui m'embarrassoit souvent. Ce n'est pas pour lui une petite louange.

Ce qui mit son père chez M. le prince, où il est demeuré et sa femme jusqu'à leur mort, dans les premières places de la maison, fut la confiance de M. le Prince le père pour le mien, et son intimité avec lui que l'éloignement à Blaye ne diminua point. La cause en fut très-singulière. Le cardinal de Richelieu tomba très-dangereusement malade à Bordeaux, revenant du voyage qui coûta la vie au dernier duc de Montmorency, et le roi retourna à Paris par une autre route. Ce fut cette maladie dont on crut qu'il ne reviendroit point qui donna lieu aux lettres du garde des sceaux de Châteauneuf et de la fameuse duchesse de Chevreuse, par lesquelles ils se réjouissoient de sa mort prochaine. Elles furent interceptées. Châteauneuf en perdit les sceaux et fut mis au château d'Angoulême, d'où il ne sortit qu'après la mort du cardinal, et la duchesse de Chevreuse s'enfuit du royaume. Dans cette extrémité du cardinal, le roi, en peine de qui le remplacer, s'il venoit à le perdre, en raisonna souvent avec mon père, qui lui persuada M. le Prince. Cela n'eut pas lieu parce que le cardinal guérit; longtemps après M. le Prince témoigna à mon père toute sa reconnoissance de ce qu'il avoit voulu faire pour lui. Mon père se tint sur la négative et sur une entière ignorance jusqu'à ce que M. le Prince lui dit que c'étoit du roi même qu'il le savoit, et cela lia entre eux une amitié qui n'a fini qu'avec la vie de ce prince de Condé, mais qu'il ne transmit pas à sa famille.

Entre d'autres sortes de domestiques de mon père, il eut un secrétaire dont le fils, connu sous le nom de du Fresnoy, devint dans les suites un des plus accrédités commis de M. de Louvois, et qui n'a jamais oublié d'où il étoit parti. Sa femme fut cette Mme du Fresnoy si connue par sa beauté conservée jusque dans la dernière vieillesse, pour qui le crédit de M. de Louvois fit créer une charge de dame du lit de la reine qui a fini avec elle, parce qu'avec la rage de la cour elle ne pouvoit être dame et ne vouloit pas être femme de chambre.

Il eut encore deux chirurgiens domestiques qui se rendirent célèbres et riches : Bienaise, par l'invention de l'opération de l'anévrisme ou de l'artère piquée; Arnaud, pour celle des descentes. Sur quoi je ne puis me tenir de raconter que depuis qu'il fut revenu chez lui, et devenu considérable dans son métier, un jeune abbé fort débauché alla lui en montrer une qui l'incommodoit fort dans ses plaisirs. Arnaud le fit étendre sur un lit de repos pour le visiter, puis lui dit que l'opération étoit si pressée qu'il n'y avoit pas un moment à perdre, ni le temps de retourner chez lui. L'abbé, qui n'avoit pas compté sur rien de si instant, voulut capituler, mais Arnaud tint ferme et lui promit d'avoir grand soin de lui. Aussitôt il le fait saisir par ses garçons et avec l'opération de la descente lui en fit une autre qui n'est que trop commune en Italie aux petits garçons dont on espère de belles voix. Voilà l'abbé aux hauts cris, aux fureurs, aux menaces. Arnaud, sans s'émouvoir, lui dit que s'il vouloit mourir incessamment il n'avoit qu'à continuer ce vacarme, que s'il vouloit guérir et vivre il falloit surtout se calmer et se tenir dans une grande tranquillité. Il guérit et vouloit tuer Arnaud, qui s'en gara bien, et le pauvre abbé en fut pour ses plaisirs.

Deux des quatre premiers valets de chambre durent leur fortune à mon père : Bontems, dont le fils, gouverneur de Versailles et le plus intérieur des quatre du roi, ne l'a jamais oublié ; et Nyert, dont le fils n'a rien fait moins que s'en souvenir. Le père de Bontems saignoit dans Paris et avoit très-bien saigné mon père ; Louis XIII, quelque temps après, eut besoin de l'être et ne se fioit pas à son premier chirurgien, dont la main étoit appesantie. Mon père lui produisit Bontems, qui continua à saigner le roi et que mon père fit premier valet de chambre. Le père de Niert avoit une jolie voix, savoit la musique, et jouoit fort bien du luth. M. de Mortemart, premier gentilhomme de la chambre, qui en 1633 devint duc et pair, l'avoit pris à lui et le mena au voyage de Lyon et de Savoie, où mon père l'entendit plusieurs fois chez M. de Mortemart.

CHAPITRE V.

Gloire de Louis XIII au fameux pas de Suse. — Chavigny ; ses trahisons ; son étrange mort. — Retraite à Blaye de mon père, et sa cause, jusqu'à la mort du cardinal de Richelieu, et cependant employé et toujours dans la faveur. — Mort sublime de Louis XIII, qui fait mon père grand écuyer de France. — Prophétie de Louis XIII mourant. — Scélératesse qui prive mon père de la charge de grand écuyer, et qui la donne au comte d'Harcourt. — Fortune de Beringhen, premier écuyer. — Premier mariage de mon père. — Sa fidélité. — Contraste étrange de fidélité et de perfidie de mon père et du comte d'Harcourt. — Refus héroïque de mon père. — Quel étoit le marquis de Saint-Mégrin. — Origine du bonnet que MM. de Brissac et depuis MM. de La Trémoille et de Luxembourg ont à leurs armes. — Deuxième mariage de mon père. — Combat de mon père contre le marquis de Vardes. — Étrange éclat de mon père sur un endroit des Mémoires de M. de La Rochefoucauld. — Gratitude de mon père jusqu'à sa mort pour Louis XIII.

Les diverses ruses suivies de toutes les difficultés militaires que le fameux Charles-Emmanuel avoit employées au délai d'un traité et à l'occupation de son duché de Savoie, l'avoient mis en état de se bien fortifier à Suse ; d'en empêcher les approches par de prodigieux retranchements bien gardés, si connus sous le nom des barricades de Suse, et d'y attendre les troupes impériales et espagnoles dont l'armée venoit à son secours. Ces dispositions, favorisées par les précipices du terrain à forcer, arrêtèrent le cardinal de Richelieu, qui ne jugea pas à propos d'y risquer les troupes, et qui emporta l'avis de tous les généraux à la retraite. Le roi ne la put goûter. Il s'opiniâtra à chercher des moyens de vaincre tant et de si grands obstacles naturels et artificiels, auxquels le duc de Savoie n'avoit rien épargné. Le cardinal, résolu de n'y pas commettre l'armée, empêchoit les généraux d'y donner aucun secours au roi, qui, s'irritant des difficultés, ne chercha plus les ressources qu'en soi-même.

Pour le dégoûter, le cardinal y ajouta l'industrie : il fit en sorte que, sous divers prétextes, le roi étoit laissé fort seul tous les soirs, après s'être fatigué toute la journée à tourner le pays pour chercher quelques passages, ce qui dura ainsi plusieurs jours. Mon père, qui s'aperçut que les soirées paroissoient en effet longues au roi depuis le retour de ses promenades jusqu'au coucher, s'avisa de profiter du goût de ce prince pour la musique et lui fit entendre Nyert : il s'en amusa quelques soirs, jusqu'à ce qu'enfin, ayant trouvé un passage à l'aide d'un paysan et encore plus de lui-même, il fit seul toute la disposition de l'attaque et l'exécuta glorieusement le 9 mars 1629. J'ai ouï conter à mon père, qui fut toujours auprès de sa personne, qu'il mena lui-même ses troupes aux retranchements et qu'il les escalada à leur tête, l'épée à la main et poussé par les épaules pour escalader sur les roches et sur les tonneaux et sur les parapets.

Sa victoire fut complète. Suse fut emportée après, ne pouvant se soutenir devant le vainqueur. Mais ce que je ne puis assez m'étonner de ne trouver point dans les histoires de ces temps-là, et que mon père m'a raconté comme l'ayant vu de ses deux yeux, c'est que le duc de Savoie éperdu vint à la rencontre du roi, mit pied à terre, lui embrassa la botte et lui demanda grâce et pardon ; que le roi, sans faire aucune mine de mettre pied à terre, lui accorda en considération de son fils et plus encore de sa sœur, qu'il avoit eu l'honneur d'épouser. Ce furent les termes du roi à M. de Savoie.

On sait combien il tâcha d'en abuser aussitôt après qu'il se vit délivré de la présence d'un prince qui ne devoit un si grand succès qu'à sa ferme volonté de le remporter, à ses travaux pour y parvenir et à son épée pour en remporter tout le prix et la gloire, et combien ce duc en fut châtié par le prompt retour du roi. Mais depuis cette humiliation de Charles-Emmanuel, ce prince, si longuement et si dangereusement compté dans toute l'Europe, qui s'étoit emparé du marquisat de Saluces pendant les derniers désordres de la Ligue sous Henri III, qui avoit donné tant de peine à Henri IV régnant et affermi dans la paix, et qui n'avoit pu être forcé à rendre ce fameux vol à un roi si guerrier, Charles-Emmanuel, dis-je, depuis son humiliation, ne parut plus en public de dépit et de honte, s'enferma dans son palais, n'y vit que ses ministres, pour les ordres seulement qu'il avoit à leur donner, et son fils des moments nécessaires, aucun de ses domestiques, que les plus indispensables et pour le service personnel seulement dont il ne put se passer. Il mourut enfin de honte et de douleur le 26 juillet 1630, c'est-à-dire treize mois après. C'est ainsi que Louis XIII sut protéger le nouveau duc de Mantoue, auparavant son sujet, et l'établir et le maintenir dans les États que la nature et la loi lui donnoient, malgré la maison d'Autriche, celle de Savoie et toutes leurs armées.

Pour en revenir à Nyert, le roi à son retour continua de s'en amuser. Mon père, qui étoit l'homme du monde le mieux faisant, vit jour à sa fortune. Il demanda à M. de

Mortemart s'il trouveroit bon que le roi le prît à lui, et ce seigneur, qui aimoit Nyert, y consentit; mon père ne tarda pas à le donner au roi, et, assez peu de temps [après], le fit premier valet de chambre.

Il est difficile d'avoir un peu lu des histoires et des Mémoires du règne de Louis XIII et de la minorité du roi son fils, sans y avoir vu M. de Chavigny faire d'étranges personnages auprès du roi, du cardinal de Richelieu, des deux reines, de Gaston, à qui, bien que secrétaire d'État, il ne fut donné pour chancelier, malgré ce prince, que pour être son espion domestique. Il ne se conduisit pas plus honnêtement après la mort du roi, avec les principaux personnages, avec la reine, avec le cardinal Mazarin, avec M. le Prince, père et fils, avec la Fronde, avec le parlement, et ne fut fidèle à pas un des partis qu'autant que son intérêt l'y engagea. Sa catastrophe ne le corrigea point. Ramassé par M. le Prince, il le trompa enfin, et il fut découvert au moment qu'il s'y attendoit le moins. M. le Prince, outré de la perfidie d'un homme qu'il avoit tiré d'une situation perdue, éclata et l'envoya chercher. Chavigny, averti de la colère de M. le Prince, dont il connoissoit l'impétuosité, fit le malade et s'enferma chez lui; mais M. le Prince, outré contre lui, ne tâta point de cette nouvelle duperie, et partit de l'hôtel de Condé suivi de l'élite de cette florissante jeunesse de la cour qui s'étoit attachée à lui, et dont il étoit peu dont les pères et eux-mêmes n'eussent éprouvé ce que Chavigny savoit faire, et qui ne s'étoient pas épargnés à échauffer encore M. le Prince. Il arriva, ainsi escorté, chez Chavigny, à qui il dit ce qui l'amenoit, et qui, se voyant mis au clair, n'eut recours qu'au pardon. Mais M. le Prince, qui n'étoit pas venu chez lui pour le lui accorder, lui reprocha ses trahisons sans ménagement, et l'insulta par les termes et les injures les plus outrageants; les menaces les plus méprisantes et les plus fâcheuses comblèrent ce torrent de colère, et Chavigny de rage et du plus violent désespoir. M. le

Prince sortit après s'être soulagé de la sorte en si bonne compagnie. Chavigny, perdu de tous côtés, se vit ruiné, perdu sans ressource et hors d'état de pouvoir se venger. La fièvre le prit le jour même et l'emporta trois jours après.

Tel fut l'ennemi de mon père, qui lui coûta cher par deux fois. Il étoit secrétaire d'État et avoit la guerre dans son département. Soit sottise, soit malice, il pourvut fort mal les places de Picardie, dont les Espagnols surent bien profiter en 1636 qu'ils prirent Corbie. Mon père avoit un oncle qui commandoit à la Capelle, et qui demandoit sans cesse des vivres et surtout des munitions, dont il manquoit absolument. Mon père en parla plusieurs fois à Chavigny, puis au cardinal de Richelieu, enfin au roi, sans avoir pu obtenir le moindre secours. La Capelle, dénuée de tout, tomba comme les autres places voisines. On a vu plus haut que le courage d'esprit et de cœur de Louis XIII ne laissa pas jouir longtemps ses ennemis de leurs avantages; mais naturellement ennemi de la lâcheté, et plein encore du péril que l'État avoit couru par la prompte chute des places de Picardie, il en voulut châtier les gouverneurs à son retour à Paris. Chavigny l'y poussoit. Il étoit lors dans la plus grande confiance du cardinal de Richelieu; il lui donna de l'ombrage de la faveur de mon père et le fit consentir à s'en délivrer, quoique autrefois cette même faveur l'eût sauvé. L'oncle de mon père fut donc attaqué comme les autres. Mon père ne put souffrir cette injustice. Il fit souvenir des efforts inutiles qu'il avoit faits pour faire envoyer des munitions à son oncle, il prouva qu'il en manquoit entièrement; mais le parti étoit pris et on aigrit le roi de l'aigreur de mon père, qui avoit éclaté contre Chavigny et parlé hautement au cardinal qui le protégeoit. Piqué à l'excès, et surtout de trouver pour la première fois de sa vie le roi différent pour lui de ce qu'il l'avoit toujours éprouvé, il lui demanda la permission de se retirer à Blaye, et il fut pris au mot. Il s'y en alla donc au commencement de 1637, et il y demeura jusqu'à la mort du cardinal de Richelieu. Dans cet éloignement, le roi lui écrivit souvent et presque toujours en un langage qu'ils s'étoient composé pour se parler devant le monde sans en être entendus, et j'en ai encore beaucoup de lettres, avec un grand regret d'en ignorer le contenu.

Le goût du roi ne put être émoussé par l'absence, et la confiance subsista telle qu'il ordonna à mon père d'aller trouver M. le Prince en Catalogne en 1639, et de lui rendre compte en leur langage de ce qui s'y passeroit. Il s'y distingua extrêmement par sa valeur, et il fut toujours considéré dans cette armée, non-seulement comme l'ami particulier de M. le Prince, mais comme l'homme de confiance du roi, bien que éloigné de lui. L'année d'auparavant, il avoit commandé la cavalerie sous le même prince de Condé, au siége de Fontarabie; avec la même confiance du roi et le même bonheur pour lui-même, en une occasion où le mauvais succès ne laissa d'honneur à partager qu'entre si peu de personnes. Mon père, toujours soutenu par ce commerce direct avec le roi, et inintelligible à tous autres, et par deux expéditions de suite, où il fut si honorablement employé, passa ainsi quatre ans à Blaye et fut rappelé par une lettre du roi qu'il lui envoya par un courrier, lors de la dernière extrémité du cardinal de Richelieu. Mon père se rendit aussitôt à la cour où il fut mieux que jamais, mais dont il ne put sentir la joie, par l'état où il trouva le roi, qui ne vécut plus que quelques mois.

On sait avec quel courage, quelle solide piété, quel mépris du monde et de toutes ses grandeurs, dont il étoit au comble, quelle présence et quelle liberté d'esprit, il étonna tout ce qui fut témoin de ses derniers jours, et avec quelle prévoyance et quelle sagesse il donna ordre à l'administration de l'État après lui, dont il fit lire toutes les dispositions devant tous les princes du sang, les grands, les officiers de la couronne et les députés du parlement, mandés exprès dans sa chambre, en présence de son conseil. Il connoissoit trop les esprits des personnes qui nécessairement après lui se trouveroient portées de droit au timon des affaires, pour ne leur laisser la disposition que de celles qu'il ne pouvoit pas faire avant de mourir. Il dicta donc un long écrit à Chavigny de ses dernières volontés les plus particulières, et il y remplit tout ce qui vaquoit.

Il n'y avoit point de grand écuyer depuis la mort funeste de Cinq-Mars; cette belle charge fut donnée à mon père : l'écrit dicté à Chavigny fut lu tout haut devant tout le monde, comme les dispositions concernant l'État l'avoient été, mais non devant le même nombre ni avec les mêmes cérémonies. Tout ce que le roi en put défendre pour ses obsèques le fut étroitement, et comme il s'occupoit souvent de la vue de Saint-Denis, que ses fenêtres lui découvroient de son lit, il régla jusqu'au chemin de son convoi pour éviter le plus qu'il put à un nombre de curés de venir à sa rencontre, et il ordonna jusqu'à l'attelage qui devoit mener son chariot avec une paix et un détachement incomparables, un désir d'aller à Dieu, et un soin de s'occuper toujours de sa mort, qui le fit descendre dans tous ces détails.

Mon père, éperdu de douleur, ne put répondre au roi qui lui apprit qu'il l'avoit fait grand écuyer, que par se jeter sur ses mains et les inonder de ses larmes, ni autrement que par elles aux compliments qu'il en reçut. Sa douleur lui déroba sans doute une infinité de grandes choses qui, dans le détail, se passèrent dans les derniers temps de la vie de son maître, et c'est sans doute ce qui m'a empêché de savoir par lui ce que j'ai appris de Priolo.

C'étoit un noble Vénitien, né en France d'un père exilé de sa patrie, et qui s'attacha au duc de Longueville, qui à la mort de Louis XIII venoit d'épouser en secondes noces la fille de M. le Prince qui a fait tant de bruit dans le monde, parmi les troubles et les guerres civiles de la jeunesse de Louis XIV. Priolo a fait une histoire latine de cette minorité, dont l'extrême élégance est la moindre partie. On y voit un homme extrêmement instruit et souvent acteur, traitant lui-même avec la reine et avec le cardinal Mazarin, pour ceux à qui il étoit attaché, et avec tous les personnages, dont il fait des portraits parfaitement ressemblants. On voit dans cet ouvrage qu'il avoit toute la confiance de son parti, qu'il y influoit par ses conseils, qu'il avoit une pénétration profonde, une grande probité, et l'amour de la vérité ; et l'exactitude à la transmettre à la postérité s'y faisoit sentir partout, jusque dans les choses les moins avantageuses, et qu'il auroit pu cacher des fautes et des foiblesses des personnes qui il étoit attaché. Dès les premières pages de son histoire, qu'il commence à la mort de Louis XIII, et qu'il décrit courtement, mais avec des traits admirables pour ce prince, il rapporte un fait merveilleux, et qu'il étoit en situation d'avoir appris sur-le-champ de M. le Prince même et de M. de Longueville. Parlant du roi qui mourut le lendemain [1] : *Condæum intuitus*, dit-il livre Ier, page 17, *Filius tuus*, inquit, *insignem victoriam reportavit* (comme les prophètes, ce qui va arriver comme déjà passé).... *Id ante efflaam animam, Ludov. magis præsagio, quam mentis alienatæ signum dedit. Gast. Aurel. fratrem unicum serio monuit, etc.... Quæ toties concionatoribus intonata reticeo. Nullus mortalium nec antiquorum nec recentiorum fatum ultimum tam intrepide excepit.*

Pour revenir à mon père et à sa nouvelle charge, il en fit les fonctions aux obsèques du roi, et il m'a souvent dit qu'en

---

1. Benj. Prioli *Ab excessu Lud. XIII de rebus Gallicis hist.* libri XII. *Ad Ser. Pr. et Aug. Sen. Reip. Venet.*, 1 vol. in-4, Carolopoli, typ. God. Ponceleti Ser. D. Munt. typ. (*Note de Saint-Simon.*) — Le texte de Priolo est un peu altéré dans cette citation. Voici la reproduction exacte du passage : « Condeum intuitus, Filius tuus, inquit, insignem victoriam repor-
« tavit.... Id ante efflatam animam Ludov. magis præsagium, quam mentis
« alienatæ signum dedit. Gast. Aurel. fratrem unicum serio monuit, etc....
« Quæ toties concionatoribus intonata hic reticeo. Nullus mortalium nec
« antiquorum nec recentiorum fatum ultimum tam intrepide excepit. »

jetant l'épée royale dans le caveau, il fut au moment de s'y jeter lui-même. Il ne pensoit qu'à sa douleur, et ses amis le pressoient d'envoyer chercher ses provisions de grand écuyer sans qu'ils le pussent distraire. A la fin pourtant il y envoya ; ce fut inutilement : elles n'étoient pas, disoit-on, expédiées.

Le crime rend honteux, on ne l'avoue que le plus tard qu'on peut ; cependant, après plusieurs mois, il apprit que Chavigny avoit laissé son nom en blanc, bien sûr que le roi, en l'état extrême où il se trouvoit lorsqu'il lui dicta ses dernières dispositions, signeroit sans lire, ainsi qu'il arriva ; que Chavigny avoit été trouver la reine, auprès de laquelle il s'étoit fait un mérite de sa scélératesse, pour lui laisser la disposition de la charge de grand écuyer, dont il rempliroit le nom à son choix, afin que celui à qui elle donneroit cet office de la couronne, mon père ou un autre, lui en eût l'obligation entière, et qu'elle pût s'acquérir une créature considérable par ce grand bienfait à l'entrée de sa régence. Chavigny n'ignoroit pas que l'aversion que la reine avoit pour le roi s'étendoit à tout ce qu'il aimoit, même sans autre cause, et qu'avec ce détour mon père ne seroit point grand écuyer. La comtesse d'Harcourt, quoique nièce du cardinal de Richelieu, avoit depuis longtemps trouvé grâce devant elle, et les moyens de se mettre intimement bien avec elle, ce qui a duré jusqu'à sa mort. Elle fut bien avertie, et le comte d'Harcourt fut grand écuyer.

A cette nouvelle on peut juger de l'indignation de mon père ; la reine lui étoit trop respectable, et Chavigny trop vil : il envoya appeler le comte d'Harcourt. Les exploits et la valeur de celui-ci mettoient sa réputation au-dessus du refus d'un combat particulier, dont la cause étoit si odieuse. Il avertit la reine qui leur envoya à chacun un exempt des gardes du corps. Elle n'oublia rien pour apaiser ou plutôt pour tromper mon père. Les amis communs s'entremirent ; tout fut inutile, et mon père, sans s'emporter, persévéra toujours à vouloir tirer raison de cette iniquité l'épée à la main. Il n'y put parvenir, et les exempts des gardes du roi demeurèrent auprès d'eux fort longtemps et tant qu'ils furent à portée l'un de l'autre. Désespérant enfin de se pouvoir satisfaire, mon père s'en alla à Blaye et mit en vente la seule charge qui lui restoit, qui étoit celle de premier écuyer.

Lors de ce grand vacarme, qui fit tant de bruit dans le monde, du commerce et des intelligences de la reine avec l'Espagne, où la reine, par l'ordre du roi, fut fouillée jusque dans son sein, au Val-de-Grâce, par le chancelier Séguier, qui par sa politique conduite en cette occasion s'assura pour toujours de la faveur de la reine sans se commettre avec le roi ni avec le cardinal de Richelieu, tout ce qui étoit le plus alors dans la confidence prit la fuite ou fut chassé. Mme de Senecey, sa dame d'honneur, le fut chez elle à Randan en Auvergne, et Mme de Brassac, tante paternelle de M. de Montausier, fut mise en sa place. Mme de Chevreuse s'enfuit en Flandre, et Beringhen, premier valet de chambre du roi après son père, se sauva à Bruxelles. C'étoit un homme d'esprit et d'intrigue, et le plus avant dans celle-là, parce qu'il étoit sur le pied qu'on pouvoit se fier à son secret et à sa parole.

Dès que la reine fut veuve et régente, son premier soin fut de rappeler et récompenser ses martyrs. Mme de Chevreuse accourut comptant tout gouverner, et y fut trompée. Mme de Brassac fut congédiée, et Mme de Senecey rétablie, et pour dédommagement, la comtesse de Fleix, sa fille, eut sa survivance : elles jouirent toutes deux de toute la confiance et de la plus intime faveur de la reine le reste de sa vie, devinrent duchesses, et avec elles, M. de Foix, fils de la comtesse de Fleix, duc et pair.

Beringhen reçut à Bruxelles un courrier de la reine, et arriva auprès d'elle dans les premiers jours de sa puissance. Il fut de tous le plus prodigieusement récompensé : je dis avec raison prodigieusement.

Henri IV, tout au commencement de son règne, lors très-mal affermi, passoit pays à cheval avec une très-petite suite, et s'arrêta chez un gentilhomme pour faire repaître ses chevaux, manger un morceau, et gagner pays : c'étoit en Normandie et il ne le connoissoit point. Ce gentilhomme le reçut le mieux qu'il put dans la surprise, et le promena par sa maison en attendant que le dîner fût prêt. Il étoit curieux en armes et en avoit une chambre assez bien remplie. Henri IV se récria sur la propreté dont elles étoient tenues, et voulut voir celui qui en avoit le soin. Le gentilhomme lui dit que c'étoit un Hollandois qu'il avoit à son service, et lui montra le père de Beringhen. Le roi le loua tant et dit si souvent qu'il seroit bien heureux d'avoir des armes aussi propres, que quelques-uns de sa suite comprirent qu'il avoit envie du Hollandois et le dirent au gentilhomme. Celui-ci, ravi de faire sa cour au roi et plaisir à son domestique, le lui offrit, et après quelques compliments, le roi lui avoua qu'il lui faisoit plaisir. Beringhen eut le même soin des armes du roi, lui plut par là, et en eut à la fin une charge de premier valet de chambre qu'il fit passer à son fils.

Ce fils avoit perdu cette charge par sa fuite. Chamarande, père de l'officier général, en étoit pourvu; il s'étoit si bien conduit que la reine n'eut point envie de le chasser, et Beringhen lui-même en avoit encore moins. Il avoit affaire à une femme qu'il avoit complétement servie, et pour laquelle il avoit été perdu, et au premier ministre qui ne connoissoit les états que pour en vouloir la confusion, et qui, dans la primeur de son règne, vouloit flatter celle par qui il régnoit, et s'acquérir des créatures importantes dans son plus intérieur. Beringhen en sut profiter, et de premier valet de chambre fugitif osa lever les yeux sur la charge de premier écuyer, et il l'osa avec succès. La reine en fit son affaire, et l'obtint de mon père pour quatre cent mille livres et vingt mille livres de pension du roi, dont il n'a de sa vie touché que la première année. Défait d'une charge qui ne faisoit plus que lui peser, et ayant perdu mon grand-père la même année que Louis XIII, il fut longtemps à se pouvoir résoudre de recommencer à vivre avec ses amis.

Il étoit fort attaché à son père et à sa mère qu'il alloit voir toutes les semaines au Plessis près de Senlis, tant que le roi demeuroit à Paris et à Saint-Germain, et ils jouirent pleinement de sa fortune. Revenu de Blaye, son frère aîné, qui avoit grand pouvoir sur son esprit, le pressa de se marier; lui-même l'étoit dès 1634 à la sœur du duc d'Uzès, dont il n'eut point d'enfants. Elle étoit veuve de M. de Portes, du nom de Budos, vice-amiral, chevalier de l'ordre, tué au siége de Privas, frère de la connétable de Montmorency, mère de Mme la Princesse et du duc de Montmorency, comme je l'ai dit plus haut. Il avoit laissé deux filles extrêmement différentes, une Lia et une Rachel. L'aînée étoit également laide, méchante, glorieuse, artificieuse; la cadette, belle et agréable au possible, avec une douceur, une bonté et des agréments qui ne firent que rehausser sa vertu, et qui la firent aimer de tout le monde. Ce fut elle que mon père choisit; il l'épousa chez mon oncle, à la Versine près Chantilly, en septembre 1644; et Mlle de Portes, sa sœur aînée, ne leur pardonna jamais. Ces deux sœurs étoient cousines germaines de Mme la Princesse, mère du héros, de M. le prince de Conti et de Mme de Longueville, avec qui, et surtout avec M. le Prince le père et Mme la Princesse, ce mariage lia mon père de plus en plus.

Le voisinage de la cour ne pouvoit être agréable à mon père après la perte de son maître, et sous une régente qui lui avoit ravi la charge de grand écuyer. Il songea donc bientôt à s'en retourner à Blaye, où il vivoit en grand seigneur, aimé et recherché de tout ce qu'il y avoit de plus distingué à Bordeaux et dans les provinces voisines. Il s'y retira donc bientôt après pour n'en revenir de longtemps. Tandis qu'il y étoit, les cartes se brouillèrent à diverses reprises, et enfin on vit M. le Prince armé contre la cour, et la guerre civile allumée. M. son père étoit mort, mais il avoit conservé les mêmes liaisons avec mon père, et Mme de Longueville aussi. De cette situation avec eux et tout opposée avec la cour, ils ne doutèrent pas d'avoir Blaye en leur disposition et par les mesures qui leur réussirent en Guyenne et dans les provinces voisines, disposant de Blaye, ils ne comptoient pas moins et avec raison que partager le royaume à la rivière de Loire.

Les armes levées, mon père sourd à leurs prières songea à se fortifier. Les messages et les lettres redoublèrent inutilement. Ni l'amitié, ni l'honneur de l'alliance si proche, ni le dépit amer contre la reine ne purent rien obtenir. A bout d'espérances, ils tentèrent les plus grandes avances du côté de l'Espagne. La grandesse et beaucoup d'établissements lui furent proposés directement de la part du roi d'Espagne, qui furent également rejetés. Enfin, un second message arriva de sa part à Blaye, muni de lettres de créance, comme la première fois, et d'une lettre de plus à mon père avec des propositions encore plus fortes. Dès que le porteur se fut découvert à mon père, il jugea que c'étoit trop, et sur-le-champ assembla son état-major et tous les officiers de sa garnison avec ce qui se trouva de ses amis du voisinage dans Blaye. Là, il leur présenta l'homme du roi d'Espagne, leur montra les lettres qu'il portoit, que mon père n'avoit point voulut décacheter, exposa sa mission en sa présence, puis lui dit que, sans le respect qu'il vouloit garder à une tête couronnée, frère de la reine mère, il le feroit jeter en ce moment même dans la Gironde avec un boulet aux pieds, mais qu'il eût à se retirer sur-le-champ avec ses lettres et ses propositions, qui ne tenteroient jamais un homme de bien, et qu'il retînt bien, pour en avertir où il appartenoit, que si on se jouoit encore à lui envoyer quelqu'un avec des commissions semblables il ne ménageroit plus rien et le feroit jeter dans la rivière. Aussi n'y renvoya-t-on plus.

Mais M. le Prince et tout son parti firent les hauts cris, et, ce qui est remarquable, jamais ni lui ni les siens ne l'ont pardonné à mon père, tant ils l'avoient belle s'ils eussent pu l'entraîner! Cependant mon père fit fondre force canons, pour remplacer celui que la cour lui demanda faute d'autre, mit cinq cents gentilshommes bien armés dans Blaye, habilla et paya la garnison, et fut dix-huit mois comme bloqué en cet état sans avoir jamais rien voulu prendre sur le pays. Aussi contracta-t-il de grandes dettes dont il a été incommodé toute sa vie, et dont je me sens encore; tandis que toutes celles que M. le Prince, M. de Bouillon et bien d'autres avoient faites contre le roi et l'État, ont été très-bien payées, et plus encore par le roi même, dans la suite des temps. Mais ce n'est pas tout : mon père qui avoit beaucoup d'amis dans le parlement et dans la ville de Bordeaux, étoit exactement averti, toutes les marées, de tout ce qu'il s'y passoit de plus secret et en faisoit part à la cour, et pendant ces malheureux temps il rendit les plus importants services.

La cour s'étoit avancée à l'entrée de la Guyenne, suivie d'une armée commandée par le comte d'Harcourt, si grandement payé d'avance pour la bien servir, et si capable par lui-même de le bien faire, mais il étoit de la maison de Lorraine et issu des Guise, et voici le contraste : il ne songea qu'à profiter de l'embarras de la cour et du désordre de l'État, pour se rendre maître de l'Alsace et de Brisach, et les joindre à la Lorraine. Sa partie faite il se dérobe de l'armée, perce le royaume nuit et jour et arrive aux portes de Brisach. Comme quoi il manqua de réussir se trouve dans tous les Mémoires de ces temps-là, et n'est pas matière aux miens. Je me contente de rapporter la belle gratitude du grand écuyer, fait tel aux dépens de mon père, à quoi il faut encore ajouter qu'il tira de ce crime le gouvernement d'Anjou, mis pour lui sur le pied des grands gouvernements, pour vouloir bien rentrer dans l'obéissance; et que la charge et le gouvernement, toujours sur ce grand pied ont passé l'un et l'autre à sa postérité. Voici et en même temps la contre-partie :

La reine et le cardinal Mazarin charmés de la fidélité et des importants services de mon père, jugèrent qu'il étoit à propos de le récompenser pour le bon exemple, ou peut-être de s'en assurer de plus en plus. Pour cela ils lui écrivirent l'un et l'autre en des termes si obligeants qu'ils faisoient sentir leur détresse, et lui dépêchèrent le marquis de Saint-Mégrin chargé de ces lettres et, de plus, d'une autre de créance sur ce dont il étoit chargé de leur part. Saint-Mégrin portoit à mon père le bâton de maréchal de France, à son choix, ou le rang de prince étranger sous le prétexte de la maison de Vermandois, du sang de Charlemagne, dont nous sortons au moins par une femme, sans contestation quelconque. Mon père refusa l'un et l'autre. Saint-Mégrin, qui étoit son ami, lui représenta que, le péril passé, il n'auroit rien, et qu'il y avoit de la folie à ne pas accepter une si belle offre, qui a été toute l'ambition des Bouillon. « Je m'y attends bien, répondit résolûment mon père, et je les connois trop pour en douter. Je compte aussi que bien des gens se moqueront de moi ; mais il ne sera pas dit qu'un rang de prince étranger, ni un bâton de maréchal de France terniront ma gloire et attaqueront mon honneur. Si j'accepte on ne doutera jamais qu'on ne m'ait retenu dans mon devoir par une grâce, et je n'y consentirai jamais. »

Trois jours entiers se passèrent en cette dispute, sans jamais pouvoir être ébranlé. Il répondit respectueusement à la reine, mais sèchement dans le sens qu'il avoit fait à Saint-Mégrin, et ajouta, pour qu'elle n'en prît rien pour elle, qu'il ne manqueroit jamais au fils ou à la veuve de son maître. Il en manda autant au cardinal Mazarin, mais avec hauteur. Cet Italien n'étoit pas fait pour admirer une action si grande. Dira-t-on de plus qu'elle étoit trop au-dessus de la portée de la reine ? Il arriva ce que Saint-Mégrin avoit prédit : le péril passé, on n'y songea plus, mais mon père aussi ne fit l'honneur à l'un ni à l'autre de les en faire souvenir. Il continua ses dépenses et ses services avec le même zèle jusqu'à la fin des troubles. Et voilà comment Louis XIII lui avoit bien prédit tout l'usage et le grand parti qui se pouvoit tirer de Blaye, lorsqu'il lui en donna le gouvernement.

Il faut maintenant dire qui étoit Saint-Mégrin. Il s'appeloit Esthuert, et par une héritière de Caussade il en joignoit le nom au sien. C'étoit un fort homme d'honneur quoique très-bien avec la reine mère. Il avoit eu les chevau-légers de la garde, et les avoit cédés à son fils, qui avoit aussi ceux de la reine mère. Ce fils fut un jeune favori du temps, avec du mérite, qui avoit fort servi pour son âge, et qui avoit commandé une armée en Catalogne : il fut tué au combat de la porte Saint-Antoine. La reine en fut fort affligée et le cardinal aussi; ils le firent enterrer dans l'abbaye de Saint-Denis. Sa veuve sans enfants a été depuis duchesse de Chaulnes, femme de l'ambassadeur et gouverneur de Bretagne; la sœur de ce jeune favori épousa M. du Broutay, du nom de Quelen, dont elle a eu postérité; elle se remaria à La Vauguyon, ambassadeur en Espagne et ailleurs, chevalier de l'ordre en 1688, dont il sera bientôt parlé, et n'en a point eu d'enfants. Il prit ce nom d'une terre de sa femme en l'épousant. Son nom étoit Betoulat, et il portoit celui de Fromenteau. Saint-Mégrin, père de cette femme et du jeune favori, qu'il survécut longtemps, étoit gendre du maréchal de Roquelaure, et grand sénéchal de Guyenne. Il fut chevalier de l'ordre en 1661, et mourut en 1675, à quatre-vingt-trois ans.

La majorité, le sacre, le mariage du roi, mon père les passa tous à Blaye, et en cette dernière occasion il reçut magnifiquement la cour. Longtemps après il revint vivre avec ses amis à Paris; il en avoit beaucoup, et des gens les plus considérables, fruits de sa modestie, de n'avoir jamais fait mal à personne, et du bien tant qu'il avoit pu pendant sa faveur. De son mariage il n'eut qu'une fille unique parfaitement belle et sage, qu'il maria au duc de Brissac, frère de la dernière maréchale de Villeroy. Ce fut elle qui, sans y penser, affubla MM. de Brissac de ce bonnet qu'ils ont mis, et, à leur exemple, que MM. de La Trémoille et de Luxembourg ont imité depuis, et avec autant de raison les uns que les autres. Ma sœur étoit à Brissac avec la maréchale de La Meilleraye, tante paternelle de son mari, extrêmement glorieuse et folle surtout de sa maison. Elle promenoit souvent Mme de Brissac dans une galerie où les trois maréchaux étoient peints avec le célèbre comte de Brissac, fils aîné du premier des trois, et autres ancêtres de parure, que la généalogie auroit peine à montrer. La maréchale admiroit ces grands hommes, les saluoit et leur faisoit faire des révérences par sa nièce. Elle qui étoit jeune et plaisante avec de l'esprit, se voulut divertir au milieu de l'ennui qu'elle éprouvoit à Brissac, et tout à coup se mit à dire à la maréchale : « Ma tante, voyez donc cette bonne tête ! il a l'air de ces anciens princes d'Italie, et je pense que si vous cherchiez bien, il se trouveroit qu'il l'a été. — Mais que vous avez d'esprit et de goût, ma nièce ! s'écria la maréchale ; je pense en vérité que vous avez raison. » Elle regarde ce vieux portrait, l'examine, ou en fait le semblant, et tout aussitôt déclare le bonhomme un ancien prince d'Italie, et se hâte d'aller apprendre cette découverte à son neveu qui n'en fit que rire. Peu de jours après elle trouva inutile d'être descendue d'un ancien prince d'Italie, si rien n'en rappeloit le souvenir. Elle imagine le bonnet des princes d'Allemagne avec quelque petite différence dérobée par la couronne qui l'enveloppe, envoie chercher furtivement un peintre à Angers et lui fait mettre ce bonnet aux armes de leurs carrosses. M. et Mme de Brissac l'apprirent bientôt. Ils en rirent de tout leur cœur. Mais le bonnet est demeuré et s'est appelé longtemps parmi eux *le bonnet de ma tante*.

Ce mariage ne fut jamais uni, le goût de M. de Brissac

étoit trop italien. La séparation se fit entre les mains de M. le Prince, homologuée au parlement; et M. le Prince demeura dépositaire de papiers trop importants sur ce fait au duc de Brissac, pour qu'il ne craignît pas infiniment qu'ils fussent remis au greffe du parlement, comme M. le Prince s'obligea de les y remettre au cas que M. de Brissac voulût contrevenir à aucune des conditions de la séparation.

Ma sœur mourut en février 1684, et me fit son légataire universel. Mme sa mère étoit morte comme elle de la petite vérole dès 1670 (et toutes deux à Paris), comme désignée dame d'honneur de la reine. Mme de Montausier, qui l'étoit, étoit lors tombée dans cette étrange maladie de corps et d'esprit qui faisoit attendre sa fin tous les jours, et qui dura pourtant plus qu'on ne pensoit, et au delà de la vie de la première femme de mon père.

Quelque affligé que mon père en fût, la considération de n'avoir point de garçon l'engagea, quoique vieux, à se remarier. Il chercha une personne dont la beauté lui plût, dont la vertu le pût rassurer, et dont l'âge fût le moins disproportionné au sien qu'il fût possible. Il ne trouva toutes ces choses si difficiles à rassembler que dans ma mère, qui étoit avec Mlle de Pompadour, depuis Mme de Saint-Luc, auprès de la duchesse d'Angoulême. Elles étoient lasses du couvent, et leurs mères n'aimoient point à les avoir auprès d'elles. Toutes deux étoient parentes de Mme d'Angoulême, fille de M. de La Guiche, chevalier de l'ordre et grand maître de l'artillerie, et veuve, qui les prit avec elle, et chez qui elles furent toutes deux mariées.

Ma mère étoit L'Aubépine, fille du marquis d'Hauterive, lieutenant général des armées du roi et des états généraux des Provinces-Unies, et colonel général des troupes françoises à leur service. La catastrophe du garde des sceaux de Châteauneuf, son frère aîné, mis au château d'Angoulême, lui avoit coûté l'ordre, auquel il étoit nommé pour la Pentecôte suivante de 1633, et le bâton de maréchal de France, qui lui étoit promis. M. de Charost devant qui le cardinal de Richelieu donna l'ordre d'arrêter les deux frères, qui avoit porté le mousquet en Hollande sous mon grand-père, comme presque toute la jeune noblesse de ces temps-là, et qui l'appeloit toujours son colonel, se déroba et vint l'avertir comme il jouoit avec les filles d'honneur de la reine. Mon grand-père ne fit aucun semblant de rien; mais un moment après, feignant un besoin pressant, il demanda permission de sortir pour un instant, alla prendre le meilleur cheval de son écurie, et se sauva en Hollande. Il étoit dans la plus intime confidence du prince d'Orange qui lui donna le gouvernement de Breda. Il avoit épousé l'héritière de Ruffec, de la branche aînée de la maison de Voluyre, dont la mère étoit sœur du père du premier duc de Mortemart; elle étoit fort riche. Mon grand-père passa une grande partie de sa vie en Hollande, et mourut à Paris en 1670.

Le second mariage de mon père se fit la même année en octobre. Il eut tout lieu d'être content de son choix; il trouva une femme toute pour lui, pleine de vertu, d'esprit et d'un grand sens, et qui ne songea qu'à lui plaire et à le conserver, à prendre soin de ses affaires et à m'élever de son mieux. Aussi ne la voulut-il que pour lui. Lorsqu'on mit des dames du palais auprès de la reine au lieu de ses filles d'honneur, Mme de Montespan qui aimoit ses parents (c'en étoit encore la mode) obtint une place pour ma mère, qui ne se doutoit de rien moins, et le lui manda. Le gentilhomme qui vint de sa part la trouva sortie, mais on lui dit que mon père ne l'étoit pas. Il demanda donc à le voir, et lui donna la lettre de Mme de Montespan pour ma mère. Mon père l'ouvrit et tout de suite prit une plume, remercia Mme de Montespan, et ajouta qu'à son âge il n'avoit pas pris une femme pour la cour, mais pour lui, et remit cette réponse au gentilhomme. Ma mère, de retour, apprit la chose par mon père. Elle y eut grand regret, mais il n'y parut jamais.

Avant de finir ce qui regarde mon père, je me souviens de deux aventures d'éclat que j'aurois dû placer plus haut et longtemps avant son second mariage. Un dévolu, sur un bénéfice, fut cause de la première qui fit un procès entre un parent de M. de Vardes et un de mon père. Chacun soutint son parent avec chaleur, et les choses allèrent si loin, que M. le Prince prit leurs paroles. Longtemps après et l'affaire assoupie, M. le Prince la leur rendit comme à des gens qui n'ont plus rien à démêler. Cette affaire leur étoit demeurée sur le cœur, et bien plus encore à Vardes qui, après avoir laisser écouler quelque temps, convint avec mon père de se battre à la porte Saint-Honoré, sur le midi, lieu alors fort désert, et que, pour que ce combat parût une rencontre et par l'heure et par tout le reste, le carrosse de M. de Vardes couperoit celui de mon père, et que les maîtres, prenant la querelle des cochers, mettroient pied à terre avec chacun un second et se battroient là tout de suite. C'étoit pendant la régence, et en des âges fort inégaux. Le matin, mon père alla voir M. le Prince et plusieurs des premiers magistrats de ses amis, et finit par le Palais-Royal faire sa cour à la reine. Il affecta d'en sortir avec le maréchal de Grammont, et d'aller avec lui faire des visites au Marais. Comme ils descendoient ensemble le degré, mon père feignit d'avoir oublié quelque chose en haut, s'excuse et remonte, puis redescend, trouve La Roque Saint-Chamarant, très-brave gentilhomme qui lui étoit fort attaché et qui commandoit son régiment de cavalerie, qui lui devoit servir de second, monte avec lui en carrosse, et s'en vont à la porte Saint-Honoré. Vardes, qui attendoit au coin d'une rue, joint le carrosse de mon père, le frôle, le coupe; coups de fouet de son cocher et riposte de celui de mon père; têtes aux portières; ils arrêtent, et pied à terre. Ils mettent l'épée à la main. Le bonheur en voulut à mon père; Vardes tomba et fut désarmé. Mon père lui voulut faire demander la vie; il ne le voulut pas. Mon père lui dit qu'au moins il le balafreroit; Vardes l'assura qu'il étoit trop généreux pour le faire, mais qu'il se confessoit vaincu. Alors mon père le releva et alla séparer les seconds. Le carrosse de mon père se trouvant par hasard le plus proche, Vardes parut pressé d'y monter. Mon père et La Roque Saint-Chamarant y montèrent avec lui, et le remenèrent chez lui. Il se trouva mal en chemin, et blessé au bras. Ils se séparèrent civilement en braves gens, et mon père s'en alla chez lui.

Mme de Châtillon, depuis de Meckelbourg[1], logeoit dans une des dernières maisons, près de la porte Saint-Honoré, qui, au bruit des carrosses et des cochers, mit la tête à la fenêtre et vit froidement tout le combat. Il ne tarda pas à faire grand bruit. La reine, Monsieur, M. le Prince et tout ce qu'il y avoit de plus distingué, envoyèrent chez mon père, qui, peu après, alla au Palais-Royal et trouva la reine au cercle : on peut croire qu'il y essuya bien des questions et que ses réponses étaient bien préparées. Pendant qu'il recevoit tous ces compliments, Vardes avoit été conduit à la Bastille, par ordre de la reine, et y fut dix ou douze jours. Mon père ne cessa de paroître à la cour et partout, et d'être bien reçu partout. Telle fut la fin de cette affaire qui ne passa jamais que pour ce qu'elle parut, et Vardes pour l'agresseur. Il eut un grand chagrin de son triste succès, et un dépit amer de la Bastille. Oncques depuis il n'a revu mon père qu'à la mort ; à la vérité sa disgrâce le tint bien des années en Languedoc. Son retour fut de peu d'années ; il mourut à Paris, en 1688, d'une fort longue maladie. Sur la fin, il envoya prier mon père de l'aller voir. Il se raccommoda parfaitement avec lui et le pria de revenir ; mon père y retourna souvent, et le vit toujours dans le peu qu'il vécut depuis.

L'autre aventure étoit pour finir comme celle-ci, mais elle

---

1. Elisabeth-Angélique de Montmorency-Bouteville, sœur du maréchal de Luxembourg, avait épousé en premières noces Gaspard de Coligny, duc de Châtillon, et en secondes noces Christian-Louis, duc de Mecklenbourg. On disait au xviie siècle *Meckelbourg*.

se termina plus doucement. Il parut des Mémoires de M. de
La Rochefoucauld ; mon père fut curieux d'y voir les affaires
de son temps. Il y trouva qu'il avoit promis à M. le Prince
de se déclarer pour lui, qu'il lui avoit manqué de parole,
et que le défaut d'avoir pu disposer de Blaye, comme M. le
Prince s'y attendoit, avoit fait un tort extrême à son parti.
L'attachement plus que très-grand de M. de La Rochefoucauld à Mme de Longueville n'est inconnu à personne. Cette
princesse, étant à Bordeaux, avoit fait tout ce qu'elle avoit
pu pour séduire mon père, par lettres; espérant mieux de
ses grâces et de son éloquence, elle avoit fait l'impossible
pour obtenir de lui une entrevue, et demeura piquée à
l'excès de n'avoir pu l'obtenir. M. de La Rochefoucauld,
ruiné, en disgrâce profonde (dont la faveur de son heureux
fils releva bien sa maison sans en avoir pu relever son
père), ne pouvoit oublier l'entière différence que Blaye, as-
surée ou contraire, avoit mise au succès du parti, et le ven-
gea autant qu'il put et Mme de Longueville, par ce narré.

Mon père sentit si vivement l'atrocité de la calomnie, qu'il
se jeta sur une plume et mit à la marge : *L'auteur en a
menti.* Non content de ce qu'il venoit de faire, il s'en alla
chez le libraire qu'il découvrit, parce que cet ouvrage ne se
débitoit pas publiquement dans cette première nouveauté.
Il voulut voir ses exemplaires, pria, promit, menaça et fit
si bien qu'il se les fit montrer. Il prit aussitôt une plume et
mit à tous la même note marginale. On peut juger de l'étonnement du libraire, et qu'il ne fut pas longtemps sans faire
avertir M. de La Rochefoucauld de ce qui venoit d'arriver à
ses exemplaires. On peut croire aussi que ce dernier en fut
outré. Cela fit grand bruit alors, et mon père en fit plus
que l'auteur ni ses amis : il avoit la vérité pour lui, et une
vérité qui n'étoit encore ni oubliée ni vieillie. Les amis s'in-
terposèrent; mon père vouloit une satisfaction publique. La
cour s'en mêla, et la faveur naissante du fils, avec les excuses et les compliments, firent recevoir pour telle celle

que mon père s'étoit donnée sur les exemplaires et par ses discours.

On prétendit que c'étoit une méprise mal fondée sur ce que Mme la Princesse, venue furtivement à Paris pour réclamer la protection du parlement sur la prison des princes ses enfants, avoit présenté sa requête elle-même à la porte de la grand'chambre, appuyée sur mon oncle qui, par la proximité, n'avoit pu lui refuser cet office; que cela avoit fait espérer qu'il suivroit le parti, ce qu'il ne fit toutefois jamais, et qu'ayant un grand crédit sur mon père, qui étoit à Blaye, il l'engageroit avec sa place dans les mêmes intérêts. Tous ces propos furent reçus pour ce qu'ils valoient, et les choses en demeurèrent là après cet éclat, mon père n'en pouvant espérer davantage; et de l'autre côté par la difficulté de soutenir un mensonge si fort avéré par tant de gens principaux et des premières têtes encore vivants et qui savoient la vérité, qui n'avoient jusque-là jamais été mise en doute. Mais il est vrai que jamais MM. de La Rochefoucauld ne l'ont pardonné à mon père, tant il est vrai qu'on oublie moins encore les injures qu'on fait que celles même qu'on reçoit.

Mon père passa le reste d'une longue et saine vie de corps et d'esprit, sans aucune faveur, mais avec une considération que le roi se tenoit comme obligé de lui devoir, et qui influoit sur les ministres, entre lesquels il étoit ami de M. Colbert : la vertu étoit encore comptée. Les seigneurs principaux, même fort au-dessus de son âge et les plus de la cour, le voyoient chez lui et mangeoient quelquefois, où je les ai vus. Il avoit beaucoup d'amis parmi les personnes de tous les états, et force connoissances qui le cultivoient, outre quelques amis intimes et particuliers. Il les vit tous jusque dans la dernière vieillesse, et avoit tous les jours bonne chère et bonne compagnie chez lui à dîner. Dans son gouvernement, il y étoit tellement le maître, que de Paris il y commandoit et disposoit de tout. Si quelque place vaquoit dans l'état-major, le roi lui envoyoit la liste des demandeurs; quelquefois il y choisissoit, d'autres fois il demandoit un homme qui ne s'y trouvoit pas. Rien ne lui étoit refusé, jusque-là qu'il faisoit ôter ceux dont il n'étoit pas content, comme je l'ai vu d'un major, puis d'un lieutenant de roi, et mettre en la place du dernier, à la prière d'un de ses amis intimes, un officier appelé Dastor, qui avoit quitté le service depuis près de vingt ans et étoit retiré dans sa province. Mon père étoit unique dans cette autorité, et le roi disoit, qu'après les services signalés qu'il lui avoit rendus, par ce gouvernement, dans les temps les plus fâcheux, il étoit juste qu'il y disposât de tout absolument.

Jamais il ne se consola de la mort de Louis XIII, jamais il n'en parla que les larmes aux yeux, jamais il ne le nomma que le roi son maître, jamais il ne manqua d'aller à Saint-Denis à son service, tous les ans, le 14 de mai, et d'en faire faire un solennel à Blaye, lorsqu'il s'y trouvoit dans ce temps-là. C'étoit la vénération, la reconnoissance, la tendresse même qui s'exprimoit par sa bouche toutes les fois qu'il parloit de lui; et il triomphoit quand il s'étendoit sur ses exploits personnels et sur ses vertus, et avant que de me présenter au roi il me mena un 14 de mai à Saint-Denis (je ne puis finir de parler de lui par des traits plus touchants ni plus illustres). Il étoit indigné d'être tout seul à Saint-Denis. Outre sa dignité, ses charges et ses biens qu'il devoit en entier à Louis XIII, n'ayant jamais rien eu de sa maison, c'étoit à ses bontés, à son amitié, au soin paternel de le former, à sa confiance intime et entière qu'il étoit le plus tendrement sensible, et c'est à cette privation, non au changement de fortune, qu'il ne se put jamais accoutumer.

CHAPITRE VI.

Départ subit du roi pour Versailles, et de Monseigneur avec le maréchal de Boufflers pour le Rhin. — Monsieur sur les côtes. — Tilly défait. — Huy rendu au maréchal de Villeroy. — Bataille de Neerwinden.

Après avoir rendu les derniers devoirs à mon père, je m'en allai à Mons joindre le Royal-Roussillon cavalerie, où j'étois capitaine. Montfort, gentilhomme du pays du Maine, en étoit mestre de camp, qui étoit un officier de distinction, et brigadier, et qui fut mis à la tête de tous les carabiniers de l'armée, dont on faisoit toujours une brigade à part avant qu'on en eût fait un corps pour M. du Maine. Puyrobert, gentilhomme d'Angoumois, voisin de Ruffec, en étoit lieutenant-colonel, et d'Achy, du nom de Courvoisin fort connu en Picardie, y étoit capitaine avec commandement de mestre de camp, après en avoir été lieutenant-colonel. On ne sauroit trois plus honnêtes gens ni plus différents qu'ils l'étoient. Le premier étoit le meilleur homme du monde, le troisième très-vif et très-pétulant ; le second d'excellente compagnie ; le premier et le dernier surtout avec de l'esprit. Le major étoit frère de Montfort, et d'ailleurs le régiment bien composé ; ils étoient lors, tant les royaux que plusieurs gris à douze compagnies de cinquante cavaliers, faisant quatre escadrons. On ne peut être mieux avec eux tous que j'y fus, et c'étoit à qui me préviendroit de plus d'honnêtetés et de déférence, à quoi je répondis de manière à me les faire continuer, de manière que d'Achy, qui commanda le régiment par l'absence de Montfort et qui étoit aux couteaux tirés avec Puyrobert et ne se vouloit trouver nulle part avec lui, s'y laissa apprivoiser chez moi, mais sans se parler l'un à l'autre. Notre brigade joignoit l'infanterie à la gauche de la première ligne, et fut composée de notre régiment, de celui du duc de La Feuillade et de celui de Quoadt qui, parce que Montfort étoit aux carabiniers, en fut le brigadier. L'armée se forma et j'allai faire ma cour aux généraux et aux princes.

Le roi partit le 18 mai avec les dames, fit avec elles huit ou dix jours de séjour au Quesnoy, les envoya ensuite à Namur, et s'alla mettre à la tête de l'armée de M. de Boufflers, le 2 juin, avec laquelle il prit, le 7 du même mois, le camp de Gembloux; en sorte qu'il n'y avoit pas demi-lieue de sa gauche à la droite de M. de Luxembourg, et qu'on alloit et venoit en sûreté de l'une à l'autre. Le prince d'Orange étoit campé à l'abbaye de Parc, de manière qu'il n'y pouvoit recevoir de subsistances, et qu'il n'en pouvoit sortir sans avoir les deux armées du roi sur les bras. Il s'y retrancha à la hâte et se repentit bien de s'y être laissé acculer si promptement. On a su depuis qu'il écrivit plusieurs fois au prince de Vaudemont, son ami intime, qu'il étoit perdu et qu'il n'y avoit que par un miracle qu'il en pût échapper. Son armée étoit inférieure à la moindre des deux du roi, qui l'une et l'autre étoient abondamment pourvues d'équipages, de vivres et d'artillerie, et qui, comme on peut croire, étoient maîtresses de la campagne.

Dans une position si parfaitement à souhait pour exécuter de grandes choses et pour avoir quatre grands mois à en pleinement profiter, le roi déclara le 8 juin à M. de Luxembourg qu'il s'en retournoit à Versailles, qu'il envoyoit Monseigneur en Allemagne avec un gros détachement et le maréchal de Boufflers. La surprise du maréchal de Luxembourg fut sans pareille. Il représenta au roi la facilité de forcer les retranchements du prince d'Orange, et de le battre entièrement avec une de ses deux armées, et de poursuivre la victoire avec l'autre avec tout l'avantage de la saison et de n'avoir plus d'armée vis-à-vis de soi. Il combattit par un avantage présent, si certain et si grand, l'avantage éloigné de forcer dans Heilbronn le prince Louis de Bade; et combien l'Allemagne seroit aisément en proie au maréchal de Lorges, si les Impériaux envoyoient de gros détachements en Flandre, qui n'y seroient pas même suffisants, et qui, n'y venant pas, laisseroient tous les Pays-Bas à la discrétion de ces deux armées. Mais la résolution étoit prise. Luxembourg, au désespoir de se voir échapper une si glorieuse et si facile campagne, se mit à deux genoux devant le roi et ne put rien obtenir. Mme de Maintenon avoit inutilement tâché d'empêcher le voyage du roi : elle en craignoit les absences; une si heureuse ouverture de campagne y auroit retenu le roi longtemps pour en cueillir par lui-même les lauriers; ses larmes à leur séparation, ses lettres après le départ furent plus puissantes et l'emportèrent sur les plus pressantes raisons d'État, de guerre et de gloire.

Le soir de cette funeste journée, M. de Luxembourg, outré de douleur, de retour chez lui, en fit confidence au maréchal de Villeroy, à M. le Duc et à M. le prince de Conti et à son fils, qui tous ne le pouvoient croire et s'exhalèrent en désespoir. Le lendemain 9 juin, qui que ce soit ne s'en doutoit encore. Le hasard fit que j'allai seul à l'ordre chez M. de Luxembourg, comme je faisois très-souvent, pour voir ce qui se passoit et ce qui se feroit le lendemain. Je fus très-surpris de n'y trouver pas une âme, et que tout étoit à l'armée du roi. Pensif et arrêté sur mon cheval, je ruminois sur un fait si singulier, et je délibérois entre m'en retourner ou pousser jusqu'à l'armée du roi, lorsque je vis venir de notre camp M. le prince de Conti seul aussi, suivi d'un seul page et d'un palefrenier avec un cheval de main. « Qu'est-ce que vous faites là? » me dit-il, en me joignant, et riant de ma surprise; il me dit qu'il s'en alloit prendre congé du roi et que je ferois bien d'aller avec lui en faire autant. « Que veut dire prendre congé ? » lui répondis-je. Lui tout de suite dit à son page et à son palefrenier de le suivre un peu de loin, et m'invita d'en dire autant au mien et à un laquais qui me suivoit. Alors il me conta la retraite du roi, mourant de rire, et malgré ma jeunesse la chamarra bien, parce qu'il ne se défioit pas de moi. J'écoutois de toutes mes oreilles, et mon étonnement inexprimable ne me laissoit de liberté que pour faire quelques questions. Devisant de la sorte, nous rencontrâmes toute la généralité qui revenoit. Nous les joignîmes, et tout aussitôt les deux maréchaux, M. le Duc, M. le prince de Conti, le prince de Tingry, Albergotti, Puységur s'écartèrent, mirent pied à terre et y furent une bonne demi-heure à causer, on peut ajouter à pester; après quoi ils remontèrent à cheval et chacun poursuivit son chemin. M. le duc de Chartres revint plus tard, et nous ne nous y amusâmes pas pour arriver encore à temps, moi toujours seul avec M. le prince de Conti, et ne cessant de nous entretenir d'un événement si étrange et si peu attendu.

Arrivés chez le roi, nous trouvâmes la surprise peinte sur tous les visages, et l'indignation sur plusieurs. On servit presque aussitôt après. M. le prince de Conti monta pour prendre congé, et comme le roi descendoit le degré qui tomboit dans la salle du souper, le duc de La Trémoille me dit de monter au-devant du roi pour prendre congé aussi. Je le fis au milieu du degré. Le roi s'arrêta à moi et me fit l'honneur de me souhaiter une heureuse campagne. Le roi à table, je rejoignis M. le prince de Conti et nous remontâmes à cheval. Il étoit extrêmement poli et avec discernement. Il me dit qu'il avoit une permission à me demander, qui ne seroit pas trop honnête : c'étoit de descendre chez M. le Prince à qui il vouloit dire adieu, et franchement un peu causer avec lui, et cependant de vouloir bien l'attendre. Il fut environ trois quarts d'heure avec lui. En revenant au camp, nous ne fîmes que parler de cette nouvelle qui n'avoit éclaté que ce jour-là même, et le roi et Monseigneur partirent le lendemain pour Namur, d'où Monseigneur s'en alla en Allemagne, et le roi, accompagné des dames, retourna à Versailles pour ne revenir plus sur la frontière.

L'effet de cette retraite fut incroyable jusque parmi les soldats et même parmi les peuples. Les officiers généraux ne s'en pouvoient taire entre eux, et les officiers particuliers en parloient tout haut avec une licence qui ne put être contenue. Les ennemis n'en purent ni n'en voulurent contenir leur surprise et leur joie. Tout ce qui revenoit des ennemis n'étoit guère plus scandaleux que ce qui se disoit dans les armées, dans les villes, à la cour même par des courtisans, ordinairement si aises de se retrouver à Versailles, mais qui se faisoient honneur d'en être honteux, et on sut que le prince d'Orange avoit mandé à Vaudemont qu'une main qui ne l'avoit jamais trompé lui mandoit la retraite du roi; mais que cela étoit si fort qu'il ne la pouvoit espérer; puis, par un second billet, que sa délivrance étoit certaine, que c'étoit un miracle qui ne se pouvoit imaginer, et qui étoit le salut de son armée et des Pays-Bas, et l'unique par qui il pût arriver. Parmi tous ces bruits le roi arriva avec les dames, le 25 juin, à Versailles.

M. de Luxembourg, allant, le 14 juillet, reconnoître un fourrage de l'abbaye d'Heylissem où il étoit campé, fut averti de la marche de Tilly avec un corps de cavalerie de six mille hommes pour se poster en lieu d'incommoder ses convois. Là-dessus notre général fit monter à cheval dans la nuit quarante-quatre escadrons de sa droite, qui en étoit la plus à portée, avec des dragons, et marcha à eux avec les princes. On ne put arriver sur eux que le matin, parce que, avertis par un moine d'Heylissem, ils avoient monté à cheval : on les trouva sur une hauteur avec des ravines devant eux. Marsin, le chevalier du Rosel, et Sanguinet, exempt des gardes du corps, les attaquèrent par trois endroits avec chacun un détachement; et Sanguinet, pour s'être trop pressé, fut culbuté et tué, et le duc de Montfort, qui étoit avec lui et le détachement des chevau-légers, fut très-dangereusement blessé de six coups de sabre, dont il fut et demeura balafré. Thianges, qui étoit accouru volontaire, y fut dangereusement blessé par les nôtres, qui, par son habit toujours bizarre, le prirent pour être des ennemis. Ils furent enfoncés et mis tellement en fuite, qu'on ne put presque faire de prisonniers.

Le maréchal de Villeroy alla ensuite prendre Huy avec un gros détachement de l'armée, que le reste couvrit avec M. de Luxembourg. Tout fut pris en trois jours; on n'y perdit qu'un sous-ingénieur et quelques soldats. J'en vis sortir une assez mauvaise garnison de diverses troupes; elle passa devant le maréchal de Villeroy, et fut fort inquiétée par nos officiers qui eurent, par la capitulation, la liberté de rechercher leurs déserteurs. Je visitai la place où on mit un commandant aux ordres de Guiscard, gouverneur de Namur. L'armée réunie fit ensuite quelques camps de passage, et prit enfin celui de Lexhy, à trois lieues de Liége. En arrivant, on commanda à l'ordre quantité de fascines par bataillon; ce qui fit croire qu'on alloit marcher aux lignes de Liége. Cette opinion dura tout le lendemain; mais le jour suivant, 28 juillet, il y eut, dans la fin de la nuit, ordre de les brûler et de se tenir prêts à marcher. L'armée, en effet, se mit en mouvement de grand matin pour grande chaleur, et vint passer le défilé de Warem, au débouché duquel elle fit halte.

Pendant ce temps-là je gagnai une grange voisine avec force officiers du Royal-Roussillon et quelques autres de la brigade, pour manger un morceau à l'abri du soleil. Comme nous finissions ce repas, arriva Boissieux, cornette de ma compagnie, qui revenoit de dehors avec Lefèvre, capitaine dans notre régiment, qui de gardeur de cochons étoit parvenu là à force de mérite et de grades, et qui ne savoit encore lire ni écrire, quoique vieux. C'étoit un des meilleurs partisans des troupes du roi, et qui ne sortoit jamais sans voir les ennemis, ou en rapporter des nouvelles sûres. Nous l'aimions, l'estimions et le considérions tous, et il l'étoit des généraux. Boissieux me dit tout joyeux que nous allions voir les ennemis; qu'ils avoient reconnu leur camp au deçà de la Gette, et qu'il se passeroit sûrement une grande action. Nous le laissâmes aux prises avec ce qu'il y avoit encore à manger, et sur ces nouvelles nous montâmes à cheval. Un moment après je rencontrai Marsin, maréchal de camp, qui nous les confirma. Je m'en allai au moulin de Warem, dans lequel nos principaux généraux étoient montés avec M. le Duc et le maréchal de Joyeuse, tandis que M. de Luxembourg s'étoit avancé avec M. de Chartres et M. le prince de Conti. J'y montai aussi, et après m'être informé des nouvelles, je m'en allai rejoindre le Royal-Roussillon.

Voici la relation que je fis le lendemain de cette bataille, que j'envoyai à ma mère et à quelques amis :

Lundi 27 juillet, le maréchal de Joyeuse fut détaché du camp de Lexhy, à trois lieues de Liége, avec Montchevreuil, lieutenant général, et Pracomtal, maréchal de camp, deux brigades d'infanterie et quelques régiments de cavalerie, pour aller à nos lignes joindre quelques troupes qu'y commandoit La Valette, et s'opposer aux ennemis qui avoient exigé des contributions du côté d'Arras et de Lille. Le mardi 28, l'armée décampa, marcha sur Warem, dont elle traversa la petite ville, et le détachement du maréchal de Joyeuse séparément d'elle, mais les deux maréchaux ensemble. La tête de l'armée arrivant à une demi-lieue au delà, il vint plusieurs avis que le prince d'Orange étoit campé avec son armée au deçà de la Gette, qui est une petite rivière guéable en fort peu d'endroits, et dont les bords sont fort hauts et escarpés, et que cette armée n'étoit qu'à demi-lieue de Lave ou Lo, petite ville qui a une forteresse peu considérable dans des marais au delà de la Gette, et fort différente de Loo, maison de plaisance du prince d'Orange, qui en est bien loin en Hollande.

Sur ces nouvelles, M. de Luxembourg s'avança avec le maréchal de Villeroy, M. le duc de Chartres, M. le prince de Conti et fort peu d'autres, et quelques troupes pour tâcher de se bien assurer de la vérité de ces rapports. Une heure et demie après il manda au maréchal de Joyeuse, qui étoit resté à la tête de l'armée avec M. le Duc, et qui, pour voir de plus loin, étoit monté dans le moulin à vent de Warem, de marcher à lui avec l'armée, et d'y faire rentrer le détachement destiné à nos lignes. M. le prince de Conti revint qui confirma les nouvelles qu'on avoit eues de la position des ennemis, et se chargea de l'infanterie dont quelques brigades achevoient encore de passer le défilé de Warem. L'armée marcha fort vite, faisant néanmoins de temps en temps quelques haltes pour attendre l'infanterie, et sur les huit heures du soir arriva à trois lieues au delà de Warem, dans une plaine où les troupes furent mises en bataille. Peu de temps après elle se remit en colonne, s'avança un quart de lieue plus près de l'ennemi, et passa ainsi le reste de la nuit en colonne, tandis que l'infanterie et l'artillerie achevèrent d'arriver : c'étoit une chose charmante que la joie des troupes après plus de huit lieues de marche, et leur ardeur d'aller aux ennemis, dans le camp desquels on entendit beaucoup de bruit et de mouvement toute la nuit, ce qui fit craindre qu'ils se retiroient.

Sur les quatre heures du matin leur canon commença à se faire entendre; nos batteries, disposées un peu trop loin à loin, ne purent être prêtes qu'une heure après, qu'on commença à se canonner vigoureusement; et alors on reconnut que l'affaire seroit difficile. Les ennemis occupoient toutes les hauteurs, un village à droite et un autre village à gauche, dans lesquels ils s'étoient bien retranchés. Ils avoient fait aussi un long retranchement avec beaucoup de petites redoutes sur la hauteur, d'un village à l'autre jusqu'auprès d'un grand ravin à la droite, de manière qu'il falloit aller à eux par entre les deux villages, d'où il les falloit chasser, et qui étoient trop proches pour laisser de quoi s'étendre, ce qui obligeoit nos troupes d'être sur plusieurs lignes et leur causoit le désavantage d'être débordées surtout sur notre gauche; et cependant les batteries qu'ils avoient disposées fort près à près sur le haut de leur retranchement, entre les deux villages, et beaucoup mieux disposées que les nôtres, fouettoient étrangement notre cavalerie, repliée très-confusément vis-à-vis, par la raison que je viens de dire.

M. le prince de Conti, le maréchal de Villeroy et beaucoup d'infanterie attaqua le village de notre droite, nommé Bas-Landen. Feuquières, lieutenant général, qui ne manquoit ni de capacité ni de courage, fut accusé de n'avoir voulu faire aucun mouvement. En même temps Montchevreuil, sous le maréchal de Joyeuse, qui tout à cheval arracha le premier cheval de frise, attaqua le village de notre gauche appelé Neerwinden, qui donna le nom à la bataille. Montchevreuil y fut tué, et fut remplacé par Rubentel, autre lieutenant général, et par le duc de Berwick, qui y fut pris. Ces deux attaques à la droite et à la gauche furent vivement repoussées, et sans le prince de Conti le désordre auroit été fort grand à celle de la droite. M. de Luxembourg, voyant l'infanterie presque rebutée, fit avancer toute la cavalerie au petit trot, comme pour forcer les retranchements du front ou d'entre les deux villages. L'infanterie ennemie qui les bordoit laissa approcher la cavalerie plus près que la portée du pistolet, et fit dessus une décharge si à propos, que les chevaux tournèrent bride et retournèrent plus vite qu'ils n'étoient venus. Ralliée à peine par ses officiers et les officiers généraux, elle fut ramenée avec la même furie, mais avec le même malheureux succès deux fois de suite. Ce n'étoit pas que M. de Luxembourg comptât de faire entrer la cavalerie dans ces retranchements qu'on pouvoit à peine escalader à pied ; mais il espéroit, par un mouvement général et audacieux de cette cavalerie, faire abandonner ces retranchements.

Voyant donc à ce coup sa cavalerie inutile et son infanterie repoussée deux fois : celle-ci des deux villages, et la cavalerie par trois fois des retranchements du front, et qui, durant plus de quatre heures, avoit essuyé un feu de canon terrible sans branler que pour resserrer les rangs à mesure que des files étoient emportées, il la porta un peu plus loin dans une espèce de petit fond, où le canon ne pouvoit les incommoder de volée, mais seulement de bonds, où elle demeura plus d'une grosse demi-heure. Alors les trois maréchaux, les trois princes, Albergotti et le duc de Montmorency, fils aîné de M. de Luxembourg, qu'on appeloit auparavant le prince de Tingry, se mirent ensemble dans ce même petit fond, peu éloigné de la cavalerie, presqu'à la tête du Royal-Roussillon. Le colloque fut vif à les voir et assez long, puis ils se séparèrent.

Alors on fit marcher les régiments des gardes françoises et suisses par derrière la cavalerie, M. le prince de Conti à leur tête, droit au village de Neerwinden, à notre gauche, qu'ils attaquèrent d'abordée avec furie. Dès qu'on vit qu'ils commençoient à emporter des jardinages et quelques maisons retranchées, on fit avancer la maison du roi, les carabiniers et toute la cavalerie. Chaque escadron défila par où il put, à travers les fossés relevés, les haies, les jardins, les houblonnières, les granges, les maisons dont on abattit ce que l'on put de murailles pour se faire des passages ; tandis que plus avant dans le village, l'infanterie, de part et d'autre, attaquoit et défendoit avec une vigueur extraordinaire. Cependant Harcourt, qui avoit un petit corps séparé que Guiscard avoit joint, étoit parti de six lieues de là, soit au bruit du canon, soit sur un ordre que M. de Luxembourg lui avoit envoyé, et commençoit à paroître dans la plaine tout à la gauche, à notre égard, de Neerwinden, mais encore fort dans l'éloignement. En même temps notre cavalerie commença à déboucher de ce village dans la plaine et à se remettre à mesure du désordre d'un si étrange défilé.

Tout cela ensemble ébranla les ennemis qui commencèrent à se retirer dans le retranchement du fond et à abandonner le village, le curé duquel eut tout ce grand et long spectacle du haut de son clocher où il s'étoit grimpé. Leur cavalerie, qui n'avoit point encore paru, sortit de derrière le retranchement du front et du village, s'avança en bon ordre dans la plaine où la nôtre débouchoit, et y fit d'abord plier des troupes d'élite, jusqu'alors invincibles, mais qui n'avoient pas eu le loisir de se former et de se bien mettre en bataille en sortant de ces fâcheux passages du village par où il avoit fallu défiler dans la plaine. Les gardes du prince d'Orange, ceux de M. de Vaudemont et deux régiments anglois en eurent l'honneur; mais ils ne purent entamer ni faire perdre un pouce de terrain aux chevau-légers de la garde, peut-être plus heureusement débouchés dans la plaine et mieux placés et formés que les autres troupes. Leur ralliement fait en moins de rien, elles firent bientôt merveille, tandis que le reste de la cavalerie débouchoit et se formoit à mesure qu'ils sortoient du village.

M. le duc de Chartres chargea plusieurs fois à la tête de ses braves escadrons de la maison du roi avec une présence d'esprit et une valeur dignes de sa naissance, et il y fut une fois mêlé et y pensa demeurer prisonnier. Le marquis d'Arcy, qui avoit été son gouverneur, fut toujours auprès de lui en cette action, avec le sang-froid d'un vieux capitaine et tout le courage de la jeunesse, comme il avoit fait à Steinkerque. M. le Duc, à qui principalement fut imputé le parti de cette dernière tentative des régiments des gardes françoises et suisses pour emporter le village de Neerwinden, fut toujours entre le feu des ennemis et le nôtre. Cependant toute notre cavalerie, passée et formée dans la plaine, alla jusqu'à cinq différentes fois à la charge; et à la fin, après une vigoureuse résistance de la cavalerie ennemie, la poussa jusqu'à la Gette, dans laquelle elle se précipita, et où un nombre infini fut noyé.

M. le prince de Conti, maître enfin de tout le village de Neerwinden, où il avoit reçu une contusion au côté et un coup de sabre sur la tête que le fer de son chapeau para, se mit à la tête de quelque cavalerie, la plus proche de la tête de ce village, avec laquelle il prit à revers en flanc le retranchement du front, aidé par l'infanterie qui avoit emporté enfin le village de Neerwinden, et acheva de faire prendre la fuite à ce qui étoit derrière ce long retranchement. Mais cette infanterie n'ayant pu les charger aussi vite, ni la cavalerie de notre gauche qui en étoit la plus éloignée, cette retraite des ennemis, quoique précipitée, ne laissa pas d'être belle. Un peu après quatre heures ou vers cinq heures après midi, tout fut achevé après douze heures d'action par un des plus ardents soleils de tout l'été.

J'interromprai ici pour un moment cette relation, pour dire un mot de moi-même. J'étois du troisième escadron du Royal-Roussillon, commandé par le premier capitaine du régiment, très-brave gentilhomme de Picardie, que nous aimions tous, qui s'appeloit Grandvilliers. Du Puy, autre capitaine, qui étoit à la droite de notre escadron, me pressa de prendre sa place par honneur, ce que je ne voulus pas faire. Il fut tué à une de nos cinq charges. J'avois deux gentilshommes : l'un avoit été mon gouverneur et étoit homme de mérite, l'autre écuyer de ma mère, cinq palefreniers avec des chevaux de main et un valet de chambre. Je fis trois charges sur un excellent courtaud bai brun, que je n'avois pas descendu depuis quatre heures du matin. Le sentant mollir, je me tournai pour en demander un autre. Alors je m'aperçus que ces gentilshommes n'y étoient plus. On cria à mes gens qui se trouvèrent assez près de l'escadron, et ce valet de chambre qui s'appeloit Bretonneau, que j'avois presque de mon enfance, me demanda brusquement s'il ne me donneroit pas un cheval aussi bien que ces deux messieurs qui avoient disparu il y avoit longtemps. Je montai un très-joli cheval gris, sur lequel je fis encore deux charges : j'en fus quitte en tout pour la croupière du courtaud coupée et un agrément d'or de mon habit bleu déchiré.

Mon ancien gouverneur m'avoit suivi, mais dès la première charge son cheval prit le mors aux dents, et l'ayant enfin rompu le portoit deux fois dans les ennemis si d'Achy ne l'eût arrêté l'une et un lieutenant l'autre. Le cheval fut blessé, et l'homme en prit un de cavalier. Il ne fut guère plus heureux après cette aventure. Il perdit sa perruque et son chapeau; quelqu'un lui en donna un grand d'Espagnol qui avoit un chardon, auquel il ne pensa pas, et qui le fit passer par les armes des nôtres. Enfin il gagna les équipages où il attendit le succès de la bataille et ce que je serois devenu. Pour l'autre qui avoit disparu tout d'abord et n'avoit point essuyé d'aventure, il se trouva lorsque, tout étant plus que fini, j'allois manger un morceau avec force officiers du régiment et de la brigade, et s'approchant de moi, se félicita hardiment de m'avoir changé de cheval bien à propos. Cette effronterie me surprit et m'indigna tellement que je ne lui répondis pas un mot et ne lui en parlai jamais depuis; mais voyant de quel bois ce brave se chauffoit, je m'en défis dès que je fus de retour de l'armée.

Mes gens, à la halte de la veille, avoient sagement sauvé un gigot de mouton et une bouteille de vin, sur la nouvelle d'une action prochaine. Je l'avois expédié le matin avec nos officiers qui, comme moi, n'avoient point eu à souper, et nous avions tous les dents bien longues lorsque nous aperçûmes, de loin, deux chevaux de bât couverts de jaune, qui rôdoient dans la plaine, avec deux ou trois hommes à cheval. Quelqu'un de nous se détacha après et vit mon maître d'hôtel qu'il ramena avec son convoi, qui nous fit à tous un plaisir extrême. Ce fut la première fois que d'Achy et Puyrobert s'embrassèrent de bon cœur et burent de même ensemble. Le dernier avoit montré une grande et judicieuse valeur. D'Achy en fut charmé, fit toutes les avances, et ils furent depuis toujours amis. Ils étoient les miens l'un et l'autre, et cette réconciliation sincère me fit un grand plaisir et à tous les officiers du régiment. Je venois d'écrire trois mots à ma mère, avec une écritoire et un morceau de papier que ce même valet de chambre avoit eu soin de mettre dans sa poche, et j'envoyai un laquais à ma mère tout à l'instant; mais mille embarras le retardèrent et laissèrent passer à la tendresse de ma mère vingt-quatre heures de fort mauvais temps.

Quand nous eûmes mangé, je pris quelques anciens officiers avec moi pour aller visiter tout le champ de bataille et surtout les retranchements des ennemis. Il est incroyable qu'en si peu d'heures qu'ils eurent à les faire, dont la nuit couvrit la plupart, ils aient pu leur donner l'étendue qu'ils avoient entre les deux villages (ce que nous appelions ceux du front), la hauteur de quatre pieds, des fossés larges et profonds, la régularité partout par les flancs qu'ils y pratiquèrent et les petites redoutes qu'ils y semèrent, avec des portes et des ouvertures couvertes de demi-lunes de même. Les deux villages, naturellement environnés de fortes haies et de fossés, suivant l'usage du pays, étoient encore mieux fortifiés que tout le reste. La quantité prodigieuse de corps dont les rues, surtout de celui de Neerwinden, étoient plutôt comblées que jonchées, montroit bien quelle résistance on y avoit rencontrée; aussi, la victoire si disputée coûta cher.

On y perdit Montchevreuil, lieutenant général, gouverneur d'Arras et lieutenant général d'Artois. Il étoit frère du chevalier de l'ordre, par conséquent fort bien avec le roi, dont il avoit le régiment d'infanterie. C'étoit un fort honnête homme et un bon officier général; Lignery, maréchal de camp et lieutenant des gardes du corps, qui les commandoit ; milord Lucan, capitaine des gardes du corps du roi d'Angleterre ; le duc d'Uzès, qui eut les deux jambes emportées, et le prince Paul de Lorraine, dernier fils de M. de Lislebonne, colonels ; le premier d'infanterie, l'autre de cavalerie ; cinq brigadiers de cavalerie : Saint-Simon, mon parent éloigné, de la branche de Monbleru ; Montfort, notre mestre de camp, à la tête des carabiniers; Quoadt, notre brigadier. Je le vis tuer d'un coup de canon devant nous dès le grand matin (le duc de La Feuillade devint par là commandant de notre brigade et s'en acquitta avec distinction ; il disparut un moment après et nous fûmes plus d'une demi-heure sans le revoir : c'est qu'il étoit allé faire sa toilette ; il revint poudré et paré d'un beau surtout rouge, fort brodé d'argent, et tout son ajustement et celui de son cheval étoient magnifiques); le comte de Montrevel, neveu du lieutenant général, et Boolen, qui avoit le Royal-Allemand ; Gournay, un des deux maréchaux de camp mis aux carabiniers ; Rebé, qui avoit Piémont, et brigadier ; Gassion, enseigne des gardes du corps et brigadier, et un grand nombre d'officiers particuliers. J'y perdis le marquis de Chanvalon, mon cousin germain, enseigne des gens d'armes de la garde, fils unique de la sœur de ma mère, qui ne s'en est jamais consolée.

Les blessés furent : M. le prince de Conti, très-légèrement ; le maréchal de Joyeuse et le duc de Montmorency de même ; le comte de Luxe, son frère, dangereusement ; le duc de La Rocheguyon, un pied fracassé ; le chevalier de Sillery, une jambe cassée, qui n'étoit là qu'à la suite de M. le prince de Conti, dont il étoit écuyer; Fonville et Saillant, capitaines aux gardes, dont deux autres furent tués ; M. de Bournonville, dans les gens d'armes de la garde, fort blessé ; M. de Villequier, fort légèrement.

Artagnan, major des gardes françoises et major général de l'armée, fort bien avec M. de Luxembourg et encore mieux avec le roi, lui porta la nouvelle et en eut le gouvernement d'Arras et la lieutenance générale d'Artois. Le comte de Nassau-Saarbrück eut le Royal-Allemand, qui vaut beaucoup; et le marquis d'Acier, devenu duc d'Uzès par la mort de son frère, eut ses gouvernements de Saintonge et d'Angoumois, d'Angoulême et de Saintes, et son régiment. Albergotti, favori de M. de Luxembourg, neveu de Magalotti, lieutenant général et gouverneur de Valenciennes, porta quelques jours après le détail. Il s'évanouit chez Mme de Maintenon, et tout à la mode qu'il fût se fit moquer de lui.

Les ennemis perdirent le prince de Barbançon, qui avoit défendu Namur; les comtes de Solars et d'Athlone, généraux d'infanterie, et plusieurs autres officiers généraux. Le duc d'Ormond, le fils du comte d'Athlone furent pris; Ruvigny l'a été et relâché dans l'instant; on n'a pas fait semblant de le savoir; et grand nombre d'officiers particuliers. On estime leur perte à plus de vingt mille hommes. On ne se trompera guère si on estime notre perte à près de la moitié. Nous avons pris tout leur canon, huit mortiers, beaucoup de charrettes d'artillerie et de caissons, et quantité d'étendards et de drapeaux et quelques paires de timbales. La victoire se peut dire complète.

Le prince d'Orange, étonné que le feu continuel et si bien servi de son canon n'ébranlât point notre cavalerie, qui l'essuya six heures durant sans branler et tout entière sur plusieurs lignes, vint aux batteries en colère, accusant le peu de justesse de ses pointeurs. Quand il eut vu l'effet, il tourna bride et s'écria : « Oh! l'insolente nation! » Il combattit presque jusqu'à la fin, et l'électeur de Bavière et lui se retirèrent par des ponts qu'ils avoient sur la Gette, quand ils virent qu'ils ne pouvoient plus raisonnablement rien espérer. L'armée du roi demeura longtemps comme elle se trouva, sur le terrain même où elle avoit combattu; et vers la nuit marcha au camp marqué tout proche, le quartier général au village de Landen ou Land fermé. Plusieurs brigades prises de la nuit couchèrent en colonne comme elles se trouvèrent, marchant au camp, où elles entrèrent au jour, et la nôtre fut de ce nombre.

CHAPITRE VII.

Monseigneur, mal conseillé, n'attaque point les retranchements d'Heilbronn, dont le maréchal de Lorges est outré. — Monseigneur de retour du Rhin et Monsieur des côtes. — Succès à la mer. — Siége et prise de Charleroy par le maréchal de Villeroy. — Prise de Roses par le maréchal de Noailles. — Bataille de la Marsaille en Piémont. — J'arrive à Paris et j'achète un régiment de cavalerie. — Daquin, premier médecin du roi, chassé, et Fagon en sa place. — Fortune et mort de La Vauguyon. — Survivance de Pontchartrain. — Saint-Malo bombardé sans dommage. — Mariage du maréchal de Boufflers. — Dangeau maître de l'ordre de Saint-Lazare. — Ordre de Saint-Louis.

J'allai de bonne heure au quartier général que je trouvai sortant du village. Je fis mon compliment à M. de Luxembourg : il étoit avec les princes, le maréchal de Villeroy et peu d'officiers généraux. Je les suivis à la visite d'une partie du champ de bataille, et même ils se promenèrent au delà de la Gette, où il se trouva quelques pontons. Je leur prêtai une lunette d'approche avec laquelle nous vîmes six ou sept escadrons des ennemis qui se retiroient fort vite encore, et passoient sous le canon de Lave ou Lo. Je causai fort avec M. le prince de Conti qui me montra sa contusion au côté, et qui ne me parut pas insensible à la gloire qu'il avoit acquise. Je fus ravi de celle de M. le duc de Chartres ; j'avois été comme élevé auprès de lui, et si l'inégalité permet ce terme, l'amitié s'étoit formée et liée entre lui et moi : c'étoit aussi celui que je voyois le plus souvent à l'armée. L'infection du champ de bataille l'en éloigna bientôt.

Les ennemis s'étoient retirés sous Bruxelles. M. de Luxembourg fut quelque temps à ne songer qu'au repos et à la subsistance de ses troupes. Ce beau laurier qu'il venoit de cueillir ne le mit pas à couvert du blâme. Il en essaya plus d'un : celui de la bataille même, et celui de n'en avoir pas profité. Pour la bataille, on lui reprochoit de l'avoir hasardée contre une armée si bien postée et si fortement retranchée, et avec la sienne quoique un peu supérieure, mais fatiguée et pour ainsi dire encore essoufflée de la longueur de la marche de la veille; on l'accusoit, et non sans raison, d'avoir été plus d'une fois au moment de la perdre, et de ne l'avoir gagnée qu'à force d'opiniâtreté, de sang et de valeur françoise. Sur le fruit de la victoire, on ne se contraignit pas de dire qu'il n'avoit pas voulu l'achever de peur de terminer trop tôt une guerre qui le rendoit grand et nécessaire. La première se détruisoit aisément : il avoit des ordres réitérés de donner bataille, et il ne pouvoit imaginer que les ennemis eussent pu en une nuit si courte fortifier leur poste déjà trop bon par une telle étendue de retranchements si forts et si réguliers, qu'il n'aperçut que lorsque le jour parut auquel la bataille fut livrée. Sur l'autre accusation, je n'en sais pas assez pour en parler. Il est vrai qu'entre quatre et cinq tout fut fini, et les ennemis partie en retraite, partie en fuite. La Gette par là étoit en notre disposition. Nous avions des pontons tout prêts. Au delà, le pays est ouvert, et il y avoit assez de jour en juillet pour les suivre de près; mais il est vrai que les troupes n'en pouvoient plus de la marche de la veille et de douze heures de combat, que les chevaux étoient à bout, ceux de trait surtout pour le canon et les vivres, et qu'on prétendit qu'on manquoit absolument de ce dernier côté pour aller en avant, et les charrettes composées étoient épuisées de munitions.

Cossé, prisonnier, fut renvoyé incontinent sur sa parole, et les ducs de Berwick et d'Ormond presque aussitôt échangés. On eut grand soin de nos blessés et le même des prisonniers qui l'étoient ; et de bien traiter ceux qui ne l'étoient pas et surtout de faire enlever du champ de bataille tout ce qui n'étoit pas mort et qu'on put emporter.

Le maréchal de Lorges passa le Rhin et prit la ville et le château d'Heidelberg, puis passa le Necker et prit Zuingenberg, où Vaubecourt eut un pied cassé et le prince d'Épinay a été dangereusement blessé. La jonction faite de Monseigneur, le maréchal de Lorges voulut attaquer Heilbronn : Monseigneur y trouva de la difficulté. Le maréchal s'y est opiniâtré, les a toutes levées et les troupes ne demandoient qu'à donner, lorsqu'un petit conseil particulier de Saint-Pouange et de M. le Premier[1] a tout arrêté. Le maréchal s'est mis en furie, mais Chamilly ayant été entraîné par les deux autres, et Monseigneur penchant fort de ce côté, il n'y a pas eu moyen de le résoudre, au grand regret des principaux généraux et de toutes les troupes. Le reste de la campagne se passa en subsistances abondantes, et Monseigneur revint de bonne heure avec ses trois conseillers pacifiques. Monsieur avec le maréchal d'Humières étoit revenu longtemps avant lui de Pontorson, où il s'étoit le plus fixé. Il avoit fait un tour en Bretagne, où le duc de Chaulnes l'avoit reçu et traité avec une magnificence royale. Monsieur eut des relais du roi à Dreux, et trouva Madame qui venoit d'avoir la petite vérole.

Tourville prit ou défit et dissipa presque toute la flotte marchande de Smyrne dont il battit le convoi, et fit encore plusieurs moindres expéditions, cette même campagne, qui coûtèrent fort cher aux Anglois et aux Hollandois. Rooke qui commandoit cette flotte eut près de cinquante vaisseaux brûlés ou coulés à fond, et vingt-sept pris, tous marchands et richement chargés : sur un seul de ceux qu'on prit la charge fut estimée cinq cent mille écus, et on croit la perte

---

1. On appelait *M. le Premier* le premier écuyer de la petite écurie du roi. C'était à cette époque Jacques-Louis de Beringhen.

des ennemis de plus de trente millions. On prit aussi deux gros vaisseaux de guerre et on en coula bas deux autres. Coetlogon brûla les vaisseaux anglois qui s'étoient retirés à Gibraltar.

Cependant les régiments vacants de Neerwinden furent donnés. Tous les capitaines du Royal-Roussillon avec Puyrobert, lieutenant-colonel à leur tête, m'étoient venus offrir d'écrire pour me demander, et le major, frère de notre maréchal de camp, s'y joignit; ils me citèrent deux exemples où cela avoit réussi. Ils me pressèrent, et quoique je me sentisse fort flatté et à la sortie d'une grande action, je persévérai à leur en témoigner ma reconnoissance sans accepter leur offre. Je regardai ce régiment comme la fortune du chevalier de Montfort dont le frère l'avoit acheté. J'en écrivis à M. de Beauvilliers, et je pressai infiniment M. le duc de Chartres, qui commandoit la cavalerie, de le demander pour lui, qui me le fit espérer sans s'y engager tout à fait, pour se débarrasser de pareilles prières pour les autres régiments. Morstein, qui étoit bien avec lui, me dit devant lui qu'il se doutoit bien qui auroit ce régiment, et fut honteux de ce que M. de Chartres lui répondit. Praslin le demanda et l'obtint par Barbezieux qui étoit son ami. J'avois su qu'il le demandoit, je le lui avois dit et en même temps mes désirs pour notre major. Le jour que M. de Chartres le vint faire recevoir, Praslin vint m'éveiller, dîna chez moi, s'y tint toute la journée, et y soupa. Lui et le chevalier de Montfort se firent merveilles. M. le comte de Toulouse eut son régiment. D'Achy qui n'en eut point en fut outré et ne voulut ni voir Praslin ni en entendre parler. Je fis l'impossible pour le ramener de cette folie; il la poussa jusqu'à ne vouloir manger ni chez moi ni à ma halte, qu'il ne fût bien assuré que ce dernier n'y seroit pas, quoiqu'il n'oubliât rien pour l'apprivoiser. Non-seulement j'eus tout lieu de me louer de ce nouveau mestre de camp, mais l'amitié et la confiance se mirent entre nous et n'ont fini qu'avec lui.

Après divers camps de repos, de subsistances, d'observations, l'armée s'approcha de Charleroy; le maréchal de Villeroy avec une partie de l'armée en fit le siége et ouvrit la tranchée du 15 au 16 septembre. M. de Luxembourg le couvrit avec l'autre partie de l'armée, de laquelle nous étions, mais assez près pour s'aller promener souvent au siége, et pour que les deux armées se communiquassent sans aucun besoin d'escorte. Le prince d'Orange ne songea pas à donner la moindre inquiétude. Le marquis d'Harcourt avec son corps un peu renforcé fut envoyé aux lignes que gardoit La Valette, vers où l'électeur de Bavière avoit marché avec un assez gros corps. Fort peu après, le prince d'Orange quitta l'armée, et s'en alla à Breda, puis chasser à Loo et de là à la Haye. Charleroy battit la chamade le dimanche matin 11 octobre. On y perdit fort peu de monde, et personne de distinction que le fils aîné de Broglio, qui étoit allé voir le marquis de Créqui à la tranchée. Castille, qui commandoit à Charleroy, s'est fort plaint de n'avoir point été secouru, contre la parole que le prince d'Orange et l'électeur de Bavière lui en avoient donnée. Il a obtenu la permission de passer par la France pour aller en Espagne, et ne veut plus servir sous eux. Boisselot, qui défendit si bravement Limerick en Irlande, eût le gouvernement de Charleroy sur-le-champ.

M. de Noailles prit Roses. Un gros détachement de son armée alla joindre le maréchal Catinat, et la gendarmerie y fut aussi de l'armée du Rhin. M. de Savoie faisoit mine d'assiéger Pignerol, et se contenta de le bombarder, Tessé dedans, de prendre et de faire sauter le fort de Sainte-Brigitte, après quoi il perdit une grande bataille le dimanche 4 octobre, près de l'abbaye de la Marsaglia. Clérembault en apporta la nouvelle. Le combat dura depuis neuf heures du matin jusqu'à quatre heures après midi. On prétend qu'ils y ont perdu dix-sept mille hommes, trente-six pièces de canon, leurs bagages, cinquante étendards ou drapeaux. Les deux armées se cherchoient mutuellement. Au moment que le combat commença, M. Catinat s'aperçut que le dessein de M. de Savoie étoit tout sur sa gauche. Il y porta la gendarmerie et encore d'autres troupes qui n'y étoient pas attendues, et qui non-seulement soutinrent tout l'effort que les ennemis espéroient imprévu, mais qui les renversèrent. Mais ce désordre se rétablit, et cette droite ennemie fit bien mieux que leur gauche, qui fut enfoncée : à la fin la victoire fut si complète, que la retraite des ennemis devint une fuite, et que M. de Savoie fut poursuivi jusqu'à la vue de Turin. M. Catinat avoit soixante-quinze escadrons et quarante-huit bataillons, et M. de Savoie quatre-vingts escadrons et quarante-cinq bataillons. Ceux des religionnaires françois ont combattu en désespérés et s'y sont presque tous fait tuer.

Caprara et Louvigny ne vouloient point que M. de Savoie donnât la bataille ; mais il s'y est opiniâtré, en fureur d'avoir vu brûler sa belle maison de la Vénerie par Buchevilliers deux jours auparavant. Le roi l'avoit très-expressément ordonné, en représailles des feux que M. de Savoie avoit faits en Dauphiné et tout nouvellement dans la vallée de Pragelus, sans même pardonner aux églises. Nous y avons perdu La Hoguette, lieutenant général et très-bon, force officiers de gendarmerie, entre autres le chevalier de Druy, major fort au goût du roi, et quelques brigadiers et colonels. Les ennemis conviennent de la perte de douze mille hommes, dont deux mille prisonniers. Ce qui est resté de troupes espagnoles se retira dans le duché de Milan.

Le roi envoya Chamlay concerter avec le maréchal Catinat : c'étoit son homme de confiance de tout temps pour toutes les affaires de la guerre, et celui de M. de Louvois ; il le méritoit par sa capacité et son secret ; bon citoyen, la modestie et la simplicité même, avec beaucoup d'honneur et de probité ; d'ailleurs homme de fort peu et qui ne s'en cachoit pas. En partant, le roi le fit grand-croix de Saint-Louis à la place de Montchevreuil, tué à Neerwinden. Le duc de Schomberg mourut de ses blessures; nous avons eu Varennes et Médavy, maréchaux de camp, fort blessés, et Ségur, capitaine de gendarmerie, une jambe emportée, plusieurs autres blessés. Nous eûmes huit ou neuf cents blessés et moins de deux mille morts. Nos Irlandois s'y distinguèrent. Le roi écrivit à MM. de Vendôme tous deux, et ne fit pas le même honneur à M. le Duc ni à M. le prince de Conti. Il est pourtant difficile que les uns aient mieux mérité à la Marsaille que les autres firent à Neerwinden. Cette différence ne les rapprocha pas et scandalisa fort tout le monde.

Charleroy rendu, après une fort belle défense, par une honorable capitulation, les trois princes s'en allèrent, et l'armée se mit dans les quartiers de fourrages en attendant ceux d'hiver. Dès qu'ils furent venus je ne songeai plus qu'à m'en aller, après avoir visité Tournay et sa belle citadelle. Je trouvai les chemins et les postes en grand désarroi, et entre autres aventures, je fus mené par un postillon sourd et muet qui m'embourba de nuit auprès du Quesnoy. Je passai à Noyon chez l'évêque, qui étoit un Clermont-Tonnerre, parent et ami de mon père, célèbre par sa vanité et les faits et dits qui en ont été les fruits. Toute sa maison étoit remplie de ses armes jusqu'aux plafonds et aux planchers; des manteaux de comte et pair dans tous les lambris, sans chapeau d'évêque; des clefs partout, qui sont ses armes, jusque sur le tabernacle de sa chapelle; ses armes sur sa cheminée, en tableau avec tout ce qui se peut imaginer d'ornements, tiare, armures, chapeaux, etc., et toutes les marques des offices de la couronne; dans sa galerie une carte que j'aurois prise pour un concile, sans deux religieuses aux deux bouts : c'étoient les premiers et les successeurs de sa maison; et deux autres grandes cartes généalogiques avec ce titre de *Descente de la très-auguste maison de Clermont-Tonnerre, des empereurs d'Orient*, et à l'autre, *des empereurs d'Occident*. Il me montra ces merveilles, que j'admirai à la hâte dans un autre sens que lui; et je gagnai

Paris à grand'peine. Je pensai même demeurer à Pont-Sainte-Maxence, où tous les chevaux étoient retenus pour M. de Luxembourg. Je dis au maître de la poste que j'en étois gouverneur, comme il étoit vrai, et que je l'allois faire mettre au cachot s'il ne me donnoit des chevaux. J'aurois été bien empêché comment m'y prendre, mais il fut assez simple pour en avoir peur et me donner des chevaux.

J'avois fait amitié à l'armée avec le chevalier du Rosel, mestre de camp, grand partisan, et très-bon officier et fort estimé. C'étoit d'ailleurs un gentilhomme fort homme d'honneur. Il avoit eu le régiment du prince Paul, tué à Neerwinden. Peu de jours avant de nous séparer, il me confia que le roi mettoit en un seul corps les cent compagnies de carabiniers qui étoient les grenadiers de la cavalerie, que ce corps se séparoit en cinq brigades avec chacune son mestre de camp et son état-major, et que le tout étoit donné à M. du Maine, qui avoit fait l'impossible, et le roi aussi, pour que le comte d'Auvergne lui vendît sa charge de colonel général de la cavalerie, à quoi rien ne l'avoit pu résoudre. Du Rosel ajouta qu'il savoit qu'il avoit une de ces brigades, dont notre d'Achy eut aussi une, et qu'il auroit son régiment à vendre, que je tâchasse de l'avoir, et que pour le droit d'avis il me demandoit vingt-six mille livres, au lieu du prix fixé de vingt-deux mille cinq cents livres. Je trouvai l'avis salutaire et j'en remerciai fort du Rosel. En arrivant à Paris, je trouvai la chose publique. J'écrivis à M. de Beauvilliers, et j'eus un régiment dans les premières vingt-quatre heures que je fus arrivé, dont je remerciai le roi en lui faisant ma révérence d'arrivée. Je tins parole à du Rosel et lui payai vingt-six mille livres sans que personne le sût, et nous avons été amis toute sa vie. C'étoit un des galants hommes que j'aie connus; il avoit un frère plus avancé que lui, qui valoit beaucoup aussi, quoique le cadet lui fût supérieur et reconnu pour tel.

Je trouvai un changement à la cour qui la surprit fort.

Daquin, premier médecin du roi, créature de Mme de Montespan, n'avoit rien perdu de son crédit par l'éloignement final de la maîtresse, mais il n'avoit jamais pu prendre avec Mme de Maintenon, à qui tout ce qui sentoit cet autre côté fut toujours plus que suspect. Daquin étoit grand courtisan, mais rêtre, avare, avide, et qui vouloit établir sa famille en toute façon. Son frère, médecin ordinaire, étoit moins que rien : et le fils du premier médecin, qu'il poussoit par le conseil et les intendances, valoit encore moins. Le roi peu à peu se lassoit de ses demandes et de ses importunités. Lorsque M. de Saint-Georges passa de Tours à Lyon, par la mort du frère du premier maréchal de Villeroy, commandant et lieutenant de roi de cette province et proprement le dernier seigneur de nos jours, Daquin avoit un fils abbé, de très-bonnes mœurs, de beaucoup d'esprit et de savoir, pour lequel il osa demander Tours de plein saut, et en presser le roi avec la dernière véhémence. Ce fut l'écueil où il se brisa ; Mme de Maintenon profita du dégoût où elle vit le roi d'un homme qui demandoit sans cesse, et qui avoit l'effronterie de vouloir faire son fils tout d'un coup archevêque *al despetto* de tous les abbés de la première qualité, et de tous les évêques du royaume ; et Tours en effet fut donné à l'abbé d'Hervault, qui avoit été longtemps auditeur de rote avec réputation, et qui y avoit bien fait. C'étoit un homme de condition, bien allié, et qui dans cet archevêché a grandement soutenu tout le bien qu'il y promettoit.

Mme de Maintenon, qui vouloit tenir le roi par toutes les avenues, et qui considéroit celle d'un premier médecin habile et homme d'esprit comme une des plus importantes, à mesure que le roi viendroit à vieillir et sa santé à s'affoiblir, sapoit depuis longtemps Daquin, et saisit ce moment de la prise si forte qu'il donna sur lui et de la colère du roi ; elle le résolut à le chasser, et en même temps à prendre Fagon en sa place. Ce fut un mardi, jour de la Toussaint, qui étoit le jour du travail chez elle de Pontchartrain, qui outre la marine avoit Paris, la cour et la maison du roi en son département. Il eut donc ordre d'aller le lendemain avant sept heures du matin chez Daquin lui dire de se retirer sur-le-champ à Paris; que le roi lui donnoit six mille livres de pension, et à son frère médecin ordinaire, trois mille livres pour se retirer aussi, et défense au premier médecin de voir le roi et de lui écrire. Jamais le roi n'avoit tant parlé à Daquin que la veille à son souper et à son coucher, et n'avoit paru le mieux traiter. Ce fut donc pour lui un coup de foudre qui l'écrasa sans ressource. La cour fut fort étonnée et ne tarda pas à s'apercevoir d'où cette foudre partoit, quand on vit, le jour des Morts, Fagon déclaré premier médecin par le roi même qui le lui dit à son lever, et qui apprit par là la chute de Daquin à tout le monde qui l'ignoroit encore, et qu'il n'y avoit pas deux heures que Daquin lui-même l'avoit apprise. Il n'étoit point malfaisant, et ne laissa pas à cause de cela d'être plaint et d'être même visité dans le court intervalle qu'il mit à s'en aller à Paris.

Fagon étoit un des beaux et des bons esprits de l'Europe, curieux de tout ce qui avoit trait à son métier, grand botaniste, bon chimiste, habile connoisseur en chirurgie, excellent médecin et grand praticien. Il savoit d'ailleurs beaucoup; point de meilleur physicien que lui; il entendoit même bien les différentes parties des mathématiques. Très-désintéressé, ami ardent, mais ennemi qui ne pardonnoit point, il aimoit la vertu, l'honneur, la valeur, la science, l'application, le mérite, et chercha toujours à l'appuyer sans autre cause ni liaison, et à tomber aussi rudement sur tout ce qui s'y opposoit, que si on lui eût été personnellement contraire. Dangereux aussi parce qu'il se prévenoit très-aisément en toutes choses, quoique fort éclairé, et qu'une fois prévenu, il ne revenoit presque jamais; mais s'il lui arrivoit de revenir, c'étoit de la meilleure foi du monde et faisoit tout pour réparer le mal que sa prévention avoit causé. Il étoit l'ennemi le plus implacable de ce

qu'il appeloit charlatans, c'est-à-dire des gens qui prétendoient avoir des secrets et donner des remèdes, et sa prévention l'emporta beaucoup trop loin de ce côté-là. Il aimoit
sa Faculté de Montpellier, et en tout la médecine, jusqu'au
culte. A son avis il n'étoit permis de guérir que par la voie
commune des médecins reçus dans les Facultés dont les lois
et l'ordre lui étoient sacrés; avec cela délié courtisan, et
connoissant parfaitement le roi, Mme de Maintenon, la cour
et le monde. Il avoit été le médecin des enfants du roi, depuis que Mme de Maintenon en avoit été gouvernante; c'est
là que leur liaison s'étoit formée. De cet emploi il passa aux
enfants de France, et ce fut d'où il fut tiré pour être premier
médecin. Sa faveur et sa considération, qui devinrent ex-
trêmes, ne le sortirent jamais de son état ni de ses mœurs,
toujours respectueux et toujours à sa place.

Un autre événement surprit moins qu'il ne fit admirer les
fortunes. Le dimanche 29 novembre, le roi sortant du salut
apprit, par le baron de Beauvais, que La Vauguyon s'étoit
tué le matin de deux coups de pistolet dans son lit, qu'il se
donna dans la gorge, après s'être défait de ses gens sous
prétexte de les envoyer à la messe. Il faut dire un mot de
ces deux hommes : La Vauguyon étoit un des plus petits et
des plus pauvres gentilshommes de France. Son nom étoit
Bétoulat, et il porta le nom de Fromenteau. C'étoit un
homme parfaitement bien fait, mais plus que brun et d'une
figure espagnole. Il avoit de la grâce, une voix charmante,
qu'il savoit très-bien accompagner du luth et de la guitare,
avec cela le langage des femmes, de l'esprit et insinuant.

Avec ces talents et d'autres plus cachés mais utiles à la
galanterie, il se fourra chez Mme de Beauvais, première
femme de chambre de la reine mère et dans sa plus intime
confidence, et à qui tout le monde faisoit d'autant plus la
cour qu'elle ne s'étoit pas mise moins bien avec le roi, dont
elle passoit pour avoir eu le pucelage. Je l'ai encore vue
vieille, chassieuse et borgnesse, à la toilette de Mme la dau-

phine de Bavière où toute la cour lui faisoit merveilles, parce que de temps en temps elle venoit à Versailles, où elle causoit toujours avec le roi en particulier, qui avoit conservé beaucoup de considération pour elle. Son fils, qui s'étoit fait appeler le baron de Beauvais, avoit la capitainerie des plaines d'autour de Paris. Il avoit été élevé, au subalterne près, avec le roi; il avoit été de ses ballets et de ses parties, et galant, hardi, bien fait, soutenu par sa mère et par un goût personnel du roi, il avoit tenu son coin, mêlé avec l'élite de la cour, et depuis traité du roi toute sa vie avec une distinction qui le faisoit craindre et rechercher. Il étoit fin courtisan et gâté, mais ami à rompre des glaces auprès du roi avec succès, et ennemi de même; d'ailleurs honnête homme et toutefois respectueux avec les seigneurs. Je l'ai vu encore donner les modes.

Fromenteau se fit entretenir par la Beauvais, et elle le présentoit à tout ce qui venoit chez elle, qui là et ailleurs, pour lui plaire, faisoit accueil au godelureau. Peu à peu elle le fit entrer chez la reine mère, puis chez le roi, et il devint courtisan par cette protection. De là il s'insinua chez les ministres. Il montra de la valeur volontaire à la guerre, et enfin il fut employé auprès de quelques princes d'Allemagne. Peu à peu il s'éleva jusqu'au caractère d'ambassadeur en Danemark, et il alla après ambassadeur en Espagne. Partout on en fut content, et le roi lui donna une des trois places de conseiller d'État d'épée, et, au scandale de sa cour, le fit chevalier de l'ordre en 1688. Vingt ans auparavant il avoit épousé la fille de Saint-Mégrin dont j'ai parlé ci-devant à propos du voyage qu'il fit à Blaye de la part de la cour, pendant les guerres de Bordeaux, auprès de mon père; ainsi je n'ai pas besoin de répéter qui elle étoit, sinon qu'elle étoit veuve avec un fils de M. du Broutay, du nom de Quelen, et que cette femme étoit la laideur même. Par ce mariage, Fromenteau s'étoit seigneurifié et avoit pris le nom de comte de La Vauguyon. Tant que les ambassades durèrent et que le fils de sa femme fut jeune, il eut de quoi vivre; mais quand la mère se vit obligée de compter avec son fils, ils se trouvèrent réduits fort à l'étroit. La Vauguyon, comblé d'honneurs bien au delà de ses espérances, représenta souvent au roi le misérable état de ses affaires, et n'en tiroit que de rares et très-médiocres gratifications.

La pauvreté peu à peu lui tourna la tête, mais on fut très-longtemps sans s'en apercevoir. Une des premières marques qu'il en donna fut chez Mme Pellot, veuve du premier président du parlement de Rouen, qui avoit tous les soirs un souper et un jeu uniquement pour ses amis en petit nombre. Elle ne voyoit que fort bonne compagnie, et La Vauguyon y étoit presque tous les soirs. Jouant au brelan, elle lui fit un renvi[1] qu'il ne tint pas. Elle l'en plaisanta, et lui dit qu'elle étoit bien aise de voir qu'il étoit un poltron. La Vauguyon ne répondit mot, mais, le jeu fini, il laissa sortir la compagnie et quand il se vit seul avec Mme Pellot, il ferma la porte au verrou, enfonça son chapeau dans sa tête, l'accula contre sa cheminée, et lui mettant la tête entre ses deux poings, lui dit qu'il ne savoit ce qui le tenoit qu'il ne la lui mît en compote, pour lui apprendre à l'appeler poltron. Voilà une femme bien effrayée, qui, entre ses deux poings, lui faisoit des révérences perpendiculaires et des compliments tant qu'elle pouvoit, et l'autre toujours en furie et en menaces. A la fin il la laissa plus morte que vive et s'en alla. C'étoit une très-bonne et très-honnête femme, qui défendit bien à ses gens de la laisser seule avec La Vauguyon, mais qui eut la générosité de lui en garder le secret jusqu'après sa mort, et de le recevoir chez elle à l'ordinaire, où il retourna comme si de rien n'eût été.

Longtemps après, rencontrant sur les deux heures après midi M. de Courtenay, dans ce passage obscur à Fontainebleau, qui, du salon d'en haut devant la tribune, conduit à

---

1. Terme de jeu. On appelait *renvi* ce que l'on ajoutait à la somme engagée.

une terrasse le long de la chapelle, lui fit mettre l'épée à la
main, quoi que l'autre lui pût dire sur le lieu où ils étoient
et sans avoir jamais eu occasion ni apparence de démêlé. Au
bruit des estocades, les passants dans ce grand salon accou-
rurent et les séparèrent, et appelèrent des Suisses de la
salle des gardes de l'ancien appartement de la reine mère,
où il y en avoit toujours quelques-uns et qui donnoit dans
le salon. La Vauguyon, dès lors chevalier de l'ordre, se dé-
barrassa d'eux et courut chez le roi, tourne la clef du cabinet, force l'huissier, entre, et se jette aux pieds du roi, en
lui disant qu'il venoit lui apporter sa tête. Le roi, qui sortoit
de table, chez qui personne n'entroit jamais que mandé, et
qui n'aimoit pas les surprises, lui demanda avec émotion à
qui il en avoit. La Vauguyon, toujours à genoux, lui dit
qu'il a tiré l'épée dans sa maison, insulté par M. de Courtenay, et que son honneur a été plus fort que son devoir. Le
roi eut grand'peine à s'en débarrasser, et dit qu'il verroit à
éclaircir cette affaire, et un moment après les envoya arrêter
tous deux par des exempts du grand prévôt, et mener dans
leurs chambres. Cependant on amena deux carrosses, qu'on
appeloit de la pompe, qui servoient à Bontems et à divers
usages pour le roi, qui étoient à lui, mais sans armes et
avoient leurs attelages. Les exempts qui les avoient arrêtés
les mirent chacun dans un de ces carrosses et l'un d'eux
avec chacun, et les conduisirent à Paris à la Bastille, où ils
demeurèrent sept ou huit mois, avec permission au bout du
premier mois d'y voir leurs amis, mais traités tous deux en
tout avec une égalité entière. On peut croire le fracas d'une
telle aventure : personne n'y comprenoit rien. Le prince de
Courtenay étoit un fort honnête homme, brave, mais doux,
et qui n'avoit de la vie eu querelle avec personne. Il protestoit qu'il n'en avoit aucune avec La Vauguyon, et qu'il l'avoit
attaqué et forcé de mettre l'épée à la main, pour n'en être
pas insulté ; d'autre part on ne se doutoit point encore de
l'égarement de La Vauguyon, il protestoit de même que

c'étoit l'autre qui l'avoit attaqué et insulté : on ne savoit donc qui croire, ni que penser. Chacun avoit ses amis, mais personne ne put goûter l'égalité si fort affectée en tous les traitements faits à l'un et à l'autre. Enfin, faute de meilleur éclaircissement et la faute suffisamment expiée, ils sortirent de prison, et peu après reparurent à la cour.

Quelque temps après, une nouvelle escapade mit les choses plus au net. Allant à Versailles, La Vauguyon rencontre un palefrenier de la livrée de M. le Prince, menant un cheval de main tout sellé, allant vers Sèvres et vers Paris. Il arrête, l'appelle, met pied à terre et demande à qui est le cheval. Le palefrenier répond qu'il est à M. le Prince. La Vauguyon lui dit que M. le Prince ne trouvera pas mauvais qu'il le monte, et saute au même temps dessus. Le palefrenier bien étourdi ne sait que faire à un homme à qui il voit un cordon bleu par-dessus son habit et sortant de son équipage, et le suit. La Vauguyon prend le petit galop jusqu'à la porte de la Conférence, gagne le rempart et va mettre pied à terre à la Bastille, donne pour boire au palefrenier et le congédie. Il monte chez le gouverneur à qui il dit qu'il a eu le malheur de déplaire au roi et qu'il le prie de lui donner une chambre. Le gouverneur bien surpris lui demande à son tour à voir l'ordre du roi, et sur ce qu'il n'en a point, plus étonné encore, résiste à toutes ses prières, et par capitulation le garde chez lui en attendant réponse de Pontchartrain, à qui il écrit par un exprès. Pontchartrain en rend compte au roi, qui ne sait ce que cela veut dire, et l'ordre vient au gouverneur de ne point recevoir La Vauguyon, duquel, malgré cela, il eut encore toutes les peines du monde à se défaire. Ce trait et cette aventure du cheval de M. le Prince firent grand bruit et éclaircirent fort celle de M. de Courtenay. Cependant, le roi fit dire à La Vauguyon qu'il pouvoit reparoître à la cour, et il continua d'y aller comme il faisoit auparavant, mais chacun l'évitoit et on avoit grand'peur de lui, quoique le roi par bonté affectât de le traiter bien.

On peut juger que ces dérangements publics n'étoient pas sans d'autres domestiques qui demeuroient cachés le plus qu'il étoit possible. Mais ils devinrent si fâcheux à sa pauvre femme, bien plus vieille que lui et fort retirée, qu'elle prit le parti de quitter Paris et de s'en aller dans ses terres. Elle n'y fut pas bien longtemps, et y mourut tout à la fin d'octobre, à la fin de cette année. Ce fut le dernier coup qui acheva de faire tourner la tête à son mari : avec sa femme il perdoit toute sa subsistance; nul bien de soi et très-peu du roi. Il ne la survécut que d'un mois. Il avoit soixante-quatre ans, près de vingt ans moins qu'elle, et n'eut jamais d'enfants. On sut que les deux dernières années de sa vie il portoit des pistolets dans sa voiture et en menaçoit souvent le cocher ou le postillon, en joue, allant et venant de Versailles. Ce qui est certain c'est que, sans le baron de Beauvais qui l'assistoit de sa bourse et prenoit fort soin de lui, il se seroit souvent trouvé aux dernières extrémités, surtout depuis le départ de sa femme. Beauvais en parloit souvent au roi, et il est inconcevable qu'ayant élevé cet homme au point qu'il avoit fait et lui ayant toujours témoigné une bonté particulière, il l'ait persévéramment laissé mourir de faim et devenir fou de misère.

L'année finit par la survivance de la charge de secrétaire d'État de M. de Pontchartrain, à M. de Maurepas, son fils, qui étoit conseiller aux requêtes du palais, et n'avoit pas vingt ans, borgne de la petite vérole. Il est seul, et a perdu un aîné dont le père et la mère ne se consolent point.

A propos de cette charge, les ennemis bombardèrent Saint-Malo presqu'en même temps, sans presque autres dommages que toutes les vitres de la ville cassées par le bruit terrible d'une espèce de machine infernale qui s'ouvrit et sauta avant d'être à portée. M. de Chaulnes et le duc de Coislin qui étoit allé présider aux états, y étoient accourus avec force officiers de marine et beaucoup de noblesse. Le maréchal de Boufflers épousa la fille du duc de Grammont, à Paris, et le roi donna à Dangeau la grande maîtrise de l'ordre de Notre-Dame du Mont-Carmel et de celui de Saint-Lazare unis, comme l'avoit Nerestang lorsqu'il la remit entre les mains du roi, qui en fit M. de Louvois son grand vicaire. L'hiver précédent le roi avoit institué l'ordre de Saint-Louis, et c'est ce qui donna lieu à donner à un particulier la grande maîtrise de Saint-Lazare. Ces deux ordres sont si connus que je ne m'arrêterai pas à les expliquer; je remarquerai seulement que le roi, qui, faute d'assez de récompenses effectives, étoit fort attentif à en faire de tout ce qui pouvoit amuser l'émulation, se montra fort jaloux de faire valoir ce nouvel ordre de Saint-Louis en toutes les manières qui lui furent possibles. Il déclara aussi chevalier du Saint-Esprit le marquis d'Arquien, aux instances les plus vives du roi et de la reine de Pologne, sa fille, auprès de laquelle il vivoit, et qui n'avoit jamais pu réussir à le faire faire duc.

L'année finit par l'arrivée de MM. de Vendôme de l'armée du maréchal Catinat. On remarqua d'autant mieux combien ils furent bien reçus, qu'on avoit été plus surpris de ce que M. le Duc, quoique gendre du roi, l'avoit été médiocrement, M. le prince de Conti très-froidement, et M. de Luxembourg, comme s'il n'avoit point fait parler de lui de toute la campagne dont le roi ne l'entretint, et encore peu, que plus de quinze jours après son arrivée.

CHAPITRE VIII.

1694. — Origine de mon intime amitié avec le duc de Beauvilliers jusqu'à sa mort. — Louville. — La Trappe et son réformateur, et mon intime liaison avec lui. — Son origine. — Procès de préséance

de M. de Luxembourg contre seize pairs de France ses anciens. —
Branche de la maison de Luxembourg établie en France. — M. de
Luxembourg, sa branche et sa fortune. — Ruses de M. de Luxem-
bourg. — Ducs à brevet.

Ma mère, qui avoit eu beaucoup d'inquiétude de moi pendant toute la campagne, désiroit fort que je n'en fisse pas
une seconde sans être marié. Il fut donc fort question de
cette grande affaire entre elle et moi. Quoique fort jeune, je
n'y avois pas de répugnance, mais je voulois me marier à
mon gré. Avec un établissement considérable, je me sentois
fort esseulé dans un pays où le crédit et la considération
faisoient plus que tout le reste. Fils d'un favori de Louis XIII,
et d'une mère qui n'avoit vécu que pour lui, qu'il avoit
épousée n'étant plus jeune elle-même, sans oncle ni tante,
ni cousins germains, ni parents proches, ni amis utiles de
mon père et de ma mère, si hors de tout par leur âge, je
me trouvois extrêmement seul. Les millions ne pouvoient
me tenter d'une mésalliance, ni la mode, ni mes besoins me
résoudre à m'y ployer.

Le duc de Beauvilliers s'étoit toujours souvenu que mon
père et le sien avoient été amis, et que lui-même avoit vécu
sur ce pied-là avec mon père, autant que la différence d'âge,
de lieux et de vie l'avoit pu permettre; et il m'avoit toujours
montré tant d'attention chez les princes dont il étoit gouverneur, et à qui je faisois ma cour, que ce fut à lui à qui je
m'adressai, à la mort de mon père et depuis, pour l'agrément
du régiment, comme je l'ai marqué. Sa vertu, sa douceur,
sa politesse, tout m'avoit épris de lui. Sa faveur alors étoit
au plus haut point. Il étoit ministre d'État depuis la mort de
M. de Louvois; il avoit succédé fort jeune au maréchal de
Villeroy dans la place de chef du conseil des finances, et il
avoit eu de son père la charge de premier gentilhomme de
la chambre; la réputation de la duchesse de Beauvilliers me
touchoit encore, et l'union intime dans laquelle ils avoient
toujours vécu. L'embarras étoit le bien : j'en avois grand

besoin pour nettoyer le mien, qui étoit fort en désordre, et M. de Beauvilliers avoit deux fils et huit filles. Malgré tout cela, mon goût l'emporta, et ma mère l'approuva.

Le parti pris, je crus qu'aller droit à mon but, sans détours et sans tiers, auroit plus de grâce; ma mère me remit un état bien vrai et bien exact de mon bien et de mes dettes, des charges et des procès que j'avois. Je le portai à Versailles, et je fis demander à M. de Beauvilliers un temps où je pusse lui parler secrètement, à loisir et tout à mon aise. Louville fut celui qui le lui demanda. C'étoit un gentilhomme de bon lieu, dont la mère l'étoit aussi, la famille de laquelle avoit toujours été fort attachée à mon père et qu'il avoit fort protégée dans sa faveur, et longtemps depuis par M. de Seignelay. Louville, élevé dans ce même attachement, avoit été pris, de capitaine au régiment du roi infanterie, pour être gentilhomme de la manche de M. le duc d'Anjou, par M. de Beauvilliers, à la recommandation de mon père, et M. de Beauvilliers, qui l'avoit fort goûté depuis, ne l'avoit connu, quoique son parent, que par mon père. Louville étoit d'ailleurs homme d'infiniment d'esprit, et qui, avec une imagination qui le rendoit toujours neuf et de la plus excellente compagnie, avoit toute la lumière et le sens des grandes affaires et des plus solides et des meilleurs conseils.

J'eus donc mon rendez-vous, à huit heures du soir, dans le cabinet de Mme de Beauvilliers, où le duc me vint trouver seul et sans elle. Là, je lui fis mon compliment, et sur ce qui m'amenoit, et sur ce que j'avois mieux aimé m'adresser directement à lui, que de lui faire parler comme on fait d'ordinaire dans ces sortes d'affaires; et qu'après lui avoir témoigné tout mon désir, je lui apportois un état le plus vrai, le plus exact de mon bien et de mes affaires, sur lequel je le suppliois de voir ce qu'il y pourroit ajouter pour rendre sa fille heureuse avec moi; que c'étoient là toutes les conditions que je voulois faire, sans vouloir ouïr parler d'aucune sorte de discussion sur pas une autre, ni sur le plus ou le moins ; et que toute la grâce que je lui demandois étoit de m'accorder sa fille et de faire faire le contrat de mariage tout comme il lui plairoit; que ma mère et moi signerions sans aucun examen.

Le duc eut sans cesse les yeux collés sur moi pendant que je lui parlai. Il me répondit en homme pénétré de reconnoissance, et de mon désir, et de ma franchise, et de ma confiance. Il m'expliqua l'état de sa famille, après m'avoir demandé un peu de temps pour en parler à Mme de Beauvilliers, et voir ensemble ce qu'ils pourroient faire. Il me dit donc que, de ses huit filles, l'aînée étoit entre quatorze et quinze ans; la seconde très-contrefaite et nullement mariable; la troisième entre douze et treize ans; toutes les autres, des enfants qu'il avoit à Montargis, aux Bénédictines, dont il avoit préféré la vertu et la piété qu'il y connoissoit, à des couvents plus voisins où il auroit eu le plaisir de les voir plus souvent. Il ajouta que son aînée vouloit être religieuse; que la dernière fois qu'il l'avoit été voir de Fontainebleau, il l'y avoit trouvée plus déterminée que jamais; que, pour le bien, il en avoit peu; qu'il ne savoit s'il me conviendroit, mais qu'il me protestoit qu'il n'y avoit point d'efforts qu'il ne fît pour moi de ce côté-là. Je lui répondis qu'il voyoit bien, à la proposition que je lui faisois, que ce n'étoit pas le bien qui m'amenoit à lui, ni même sa fille que je n'avois jamais vue, que c'étoit lui qui m'avoit charmé et que je voulois épouser avec Mme de Beauvilliers. « Mais, me dit-il, si elle veut absolument être religieuse ? — Alors, répliquai-je, je vous demande la troisième. » A cette proposition, il me fit deux objections : son âge et la justice de lui égaler l'aînée pour le bien, si le mariage de la troisième fait, cette aînée changeoit d'avis et ne vouloit plus être religieuse, et l'embarras où cela le jetteroit. A la première, je répondis par l'exemple domestique de sa belle-sœur, plus jeune encore lorsqu'elle avoit épousé le feu duc de Mortemart; à l'autre, qu'il me donnât la troisième, sur le pied que l'aînée se marieroit, quitte à me donner le reste de ce qu'il auroit destiné d'abord, le jour que l'aînée feroit profession, et que si elle changeoit d'avis, je me contenterois d'un mariage de cadette, et serois ravi que l'aînée trouvât encore mieux que moi.

Alors, le duc levant les yeux au ciel, et presque hors de lui, me protesta qu'il n'avoit jamais été combattu de la sorte; qu'il lui falloit ramasser toutes ses forces pour ne me la pas donner à l'instant. Il s'étendit sur mon procédé avec lui, et me conjura, que la chose réussît ou non, de le regarder désormais comme mon père, qu'il m'en serviroit en tout, et que l'obligation que j'acquérois sur lui étoit telle qu'il ne pouvoit moins m'offrir et me tenir que tout ce qui étoit en lui de services et de conseils. Il m'embrassa en effet comme son fils, et nous nous séparâmes de la sorte pour nous revoir à l'heure qu'il me diroit le lendemain au lever du roi. Il m'y dit à l'oreille, en passant, de me trouver ce même jour, à trois heures après midi, dans le cabinet de Mgr le duc de Bourgogne, qui devoit alors être au jeu de paume et son appartement désert. Mais il se trouve toujours des fâcheux. J'en trouvai deux, en chemin du rendez-vous, qui, étonnés de l'heure où ils me trouvoient dans ce chemin où ils ne me voyoient aucun but, m'importunèrent de leurs questions; je m'en débarrassai comme je pus, et j'arrivai enfin au cabinet du jeune prince, où je trouvai son gouverneur qui avoit mis un valet de chambre de confiance à la porte pour n'y laisser entrer que moi. Nous nous assîmes vis-à-vis l'un de l'autre, la table d'étude entre nous deux. Là, j'eus la réponse la plus tendre, mais négative, fondée sur la vocation de sa fille, sur son peu de bien pour l'égaler à la troisième, si, le mariage fait, elle se ravisoit; sur ce qu'il n'étoit point payé de ses états, et sur le désagrément que ce lui seroit d'être le premier des ministres qui n'eût pas le présent que le roi avoit toujours fait lors du mariage de leurs filles, et que l'état présent des affaires l'empêchoit d'espérer. Tout ce qui se peut de douleur, de regret, d'estime, de préférence, de tendre, me fut dit; je répondis de même, et nous nous séparâmes, en nous embrassant, sans pouvoir plus nous parler. Nous étions convenus d'un secret entier qui nous faisoit cacher nos conversations et les dépayser, de sorte que, ce jour-là, j'avois conté à M. de Beauvilliers, avant d'entrer en matière, les deux rencontres que j'avois faites; et sur ce qu'il me recommanda de plus en plus le secret, je donnai le change à Louville de ce second entretien, quoiqu'il sût le premier, et qu'il fût un des deux hommes que j'avois rencontrés.

Le lendemain matin, au lever du roi, M. de Beauvilliers me dit à l'oreille qu'il avoit fait réflexion que Louville étoit homme très-sûr et notre ami intime à tous deux, et que, si je voulois lui confier notre secret, il nous deviendroit un canal très-commode et très-caché. Cette proposition me rendit la joie par l'espérance, après avoir compté tout rompu. Je vis Louville dans la journée; je l'instruisis bien, et le priai de n'oublier rien pour servir utilement la passion que j'avois de ce mariage.

Il me procura une entrevue pour le lendemain dans ce petit salon du bout de la galerie qui touche à l'appartement de la reine et où personne ne passoit, parce que cet appartement étoit fermé depuis la mort de Mme la Dauphine. J'y trouvai M. de Beauvilliers à qui je dis, d'un air allumé de crainte et d'espérance, que la conversation de la veille m'avoit tellement affligé, que je l'avois abrégée dans le besoin que je me sentois d'aller passer les premiers élans de ma douleur dans la solitude, et il étoit vrai; mais que, puisqu'il me permettoit de traiter encore cette matière, je n'y voyois que deux principales difficultés, le bien et la vocation; que pour le bien, je lui demandois en grâce de prendre cet état du mien que je lui apportois encore, et de régler dessus tout ce qu'il voudroit. A l'égard du couvent, je me mis à lui faire une peinture vive de ce que l'on ne prend que trop souvent pour vocation, et qui n'est rien moins et très-souvent que préparation aux plus cuisants regrets d'avoir renoncé à ce qu'on ignore et qu'on se peint délicieux, pour se confiner dans une prison de corps et d'esprit qui désespère ; à quoi j'ajoutai celle du bien et des exemples de vertu que sa fille trouveroit dans sa maison.

Le duc me parut profondément touché du motif de mon éloquence. Il me dit qu'il en étoit pénétré jusqu'au fond de l'âme, qu'il me répétoit, et de tout son cœur, ce qu'il m'avoit déjà dit, qu'entre M. le comte de Toulouse et moi, s'il lui demandoit sa fille, il ne balanceroit pas à me préférer, et qu'il ne se consoleroit de sa vie de me perdre pour son gendre. Il prit l'état de mon bien pour examiner avec Mme de Beauvilliers tout ce qu'ils pourroient faire tant sur le bien que sur le couvent : « Mais si c'est sa vocation, ajouta-t-il, que voulez-vous que j'y fasse ? Il faut en tout suivre aveuglément la volonté de Dieu et sa loi, et il sera le protecteur de ma famille. Lui plaire et le servir fidèlement est la seule chose désirable et doit être l'unique fin de nos actions. » Après quelques autres discours nous nous séparâmes.

Ces paroles si pieuses, si détachées, si grandes, dans un homme si grandement occupé, augmentèrent mon respect et mon admiration, et en même temps mon désir, s'il étoit possible. Je contai tout cela à Louville, et le soir j'allai à la musique à l'appartement, où je me plaçai en sorte que j'y pus toujours voir M. de Beauvilliers, qui étoit derrière les princes. Au sortir de là je ne pus me contenir de lui dire à l'oreille que je ne me sentois point capable de vivre heureux avec une autre qu'avec sa fille, et, sans attendre de réponse, je m'écoulai. Louville avoit jugé à propos que je visse Mme de Beauvilliers, à cause de la confiance entière de M. de Beauvilliers en elle, et me dit de me trouver le lendemain chez elle, porte fermée, à huit heures du soir. J'y trouvai Louville avec elle ; là, après les remercîments, elle me dit sur le bien et sur le couvent à peu près les mêmes raisons,

mais je crus apercevoir fort clairement que le bien étoit un
obstacle aisé à ajuster, et qui n'arrêteroit pas; mais que la
pierre d'achoppement étoit la vocation. J'y répondis donc
comme j'avois fait là-dessus à M. de Beauvilliers. J'ajoutai
qu'elle se trouvoit entre deux vocations; qu'il n'étoit plus
question que d'examiner laquelle des deux étoit la plus raisonnable, la plus ferme, la plus dangereuse à ne pas suivre : l'une, d'être religieuse, l'autre, d'épouser sa fille; que
la sienne étoit sans connoissance de cause, la mienne, après
avoir parcouru toutes les filles de qualité; que la sienne étoit
sujette au changement, la mienne stable et fixée; qu'en for-
çant la sienne on ne gâtoit rien, puisqu'on la mettoit dans
l'état naturel et ordinaire, et dans le sein d'une famille où
elle trouveroit autant ou plus de vertu et de piété qu'à Montargis; que forcer la mienne m'exposoit à vivre malheureux
et mal avec la femme que j'épouserois et avec sa famille.

La duchesse fut surprise de la force de mon raisonnement
et de la prodigieuse ardeur de son alliance qui me le faisoit
faire. Elle me dit que si j'avois vu les lettres de sa fille à
M. l'abbé de Fénelon, je serois convaincu de la vérité de sa
vocation; qu'elle avoit fait ce qu'elle avoit pu pour porter sa
fille à venir passer sept ou huit mois auprès d'elle pour lui
faire voir la cour et le monde sans avoir pu y réussir à
moins d'une violence extrême; qu'au fond elle répondroit à
Dieu de la vocation de sa fille dont elle étoit chargée, et non
de la mienne; que j'étois un si bon casuiste, que je ne lais-
sois pas de l'embarrasser; qu'elle verroit encore avec M. de
Beauvilliers, parce qu'elle seroit inconsolable de me perdre,
et me répéta les mêmes choses tendres et flatteuses que son
mari m'avoit dites, et avec la même effusion de cœur. La
duchesse de Sully qui entra, je ne sais comment, quoique
la porte fût défendue, nous interrompit là, et je m'en allai
fort triste, parce que je sentis bien que des personnes si
pieuses et si désintéressées ne se mettroient jamais au-
dessus de la vocation de leur fille.

Deux jours après, au lever du roi, M. de Beauvilliers me dit de le suivre de loin jusque dans un passage obscur, entre la tribune et la galerie de l'aile neuve au bout de laquelle il logeoit, et ce passage étoit destiné à un grand salon pour la chapelle neuve que le roi vouloit bâtir. Là, M. de Beauvilliers me rendit l'état de mon bien, et me dit qu'il y avoit vu que j'étois grand seigneur en bien comme dans le reste, mais qu'aussi je ne pouvois différer à me marier; me renouvela ses regrets et me conjura de croire que Dieu seul qui vouloit sa fille pour son épouse avoit la préférence sur moi, et l'auroit sur le Dauphin même, s'il étoit possible qu'il la voulût épouser; que si, dans les suites, sa fille venoit à changer et que je fusse libre, j'aurois la préférence sur quiconque, et lui se trouveroit au comble de ses désirs; que, sans l'embarras de ses affaires, il me prêteroit ou me feroit prêter, sous sa caution, les quatre-vingt mille livres qui faisoient celui des miennes; qu'il étoit réduit à me conseiller de chercher à me marier, et à s'offrir d'en porter les paroles, et de faire son affaire propre désormais de toutes les miennes. Je m'affligeai, en lui répondant, que la nécessité de mes affaires ne me permît pas d'attendre à me marier jusqu'à sa dernière fille, qui toutes peut-être ne seroient pas religieuses : c'étoit en effet ma disposition. La fin de l'entretien ne fut que protestations les plus tendres d'un intérêt et d'une amitié intime et éternelle, et de me servir en tout et pour tout de son conseil et de son crédit en petites et en grandes choses, et de nous regarder désormais pour toujours l'un et l'autre comme un beau-père et un gendre dans la plus indissoluble union. Il s'ouvrit après à Louville, et dans son amertume il lui dit qu'il ne se consoloit que dans l'espérance que ses enfants et les miens se pourroient marier quelque jour, et il me fit prier d'aller passer quelques jours à Paris pour lui laisser chercher quelque trêve à sa douleur par mon absence. Nous en avions tous deux besoin.

Je me suis peut-être trop étendu en détails sur cette affaire, mais j'ai jugé à propos de le faire pour donner par là la clef de cette union et de cette confiance si intime, si entière, si continuelle et en toutes affaires si importantes de M. de Beauvilliers en moi et de ma liberté avec lui en toutes choses qui sans cela seroit tout à fait incompréhensible dans cette extrême différence d'âge, et du caractère secret, isolé, particulier et si mesuré ou plutôt resserré du duc de Beauvilliers et de cet attachement que j'ai eu toujours pour lui sans réserve ni comparaison.

Ce fut donc à chercher un autre mariage. Un hasard fit jeter des propos à ma mère de celui de la fille aînée du maréchal-duc de Lorges avec sa charge de capitaine des gardes du corps; mais la chose tomba bientôt pour lors, et j'allai chercher à me consoler à la Trappe de l'impossibilité de l'alliance du duc de Beauvilliers.

La Trappe est un lieu si célèbre et si connu et son réformateur si célèbre que je ne m'étendrai point ici en portraits ni en descriptions; je dirai seulement que cette abbaye est à cinq lieues de la Ferté-au-Vidame ou Arnault, qui est le véritable nom distinctif de cette Ferté parmi tant d'autres Ferté en France qui ont conservé le nom générique de ce qu'elles ont été, c'est-à-dire des forts ou des forteresses (*firmitas*). Louis XIII avoit voulu que mon père achetât cette terre depuis longtemps en décret après la mort de ce La Fin qui, après être entré dans la conspiration du duc de Biron, le trahit d'autant plus cruellement qu'il le tint toujours en telle opinion de sa fidélité qu'il fut cause de sa perte. La proximité de Saint-Germain et de Versailles, dont la Ferté n'est qu'à vingt lieues, fut cause de cette acquisition. C'étoit ma seule terre bâtie où mon père passoit les automnes. Il avoit fort connu M. de la Trappe dans le monde. Il y étoit son ami particulier, et cette liaison se resserra de plus en plus depuis sa retraite si voisine de chez mon père qui l'y alloit voir plusieurs jours tous les ans; il

m'y avoit mené. Quoique enfant, pour ainsi dire encore,
M. de la Trappe eut pour moi des charmes qui m'attachèrent à lui, et la sainteté du lieu m'enchanta. Je désirai toujours d'y retourner, et je me satisfis toutes les années et
souvent plusieurs fois, et souvent des huitaines de suite ; je
ne pouvois me lasser d'un spectacle si grand et si touchant,
ni d'admirer tout ce que je remarquois dans celui qui l'avoit
dressé pour la gloire de Dieu et pour sa propre sanctifica-
tion et celle de tant d'autres. Il vit avec bonté ces sentiments dans le fils de son ami ; il m'aima comme son propre enfant, et je le respectai avec la même tendresse que si
je l'eusse été. Telle fut cette liaison, singulière à mon âge,
qui m'initia dans la confiance d'un homme si grandement et
si saintement distingué ; qui me lui fit donner la mienne, et
dont je regretterai toujours de n'avoir pas mieux profité.

A mon retour de la Trappe où je n'allois que clandestinement pour dérober ces voyages aux discours du monde à
mon âge, je tombai dans une affaire qui fit grand bruit et
qui eut pour moi bien des suites.

M. de Luxembourg, fier de ses succès et de l'applaudissement du monde à ses victoires, se crut assez fort pour se
porter du dix-huitième rang d'ancienneté qu'il tenoit parmi
les pairs au second, et immédiatement après M. d'Uzès.
Ceux qu'il attaqua en préséance furent :

Henri de Lorraine, duc d'Elbœuf, gouverneur de Picardie et d'Artois ;
Charles de Rohan, duc de Montbazon, prince de Guéméné ;
Charles de Lévy, duc de Ventadour ;
Duc de Vendôme, gouverneur de Provence et chevalier de l'ordre ;
Charles duc de la Trémoille, premier gentilhomme de la chambre et chevalier de l'ordre ;
Maximilien de Béthune, duc de Sully, chevalier de l'ordre ;
Charles d'Albert, duc de Chevreuse, chevalier de l'ordre, capitaine des chevau-légers de la garde ;
Le fils mineur de la duchesse de Lesdiguières-Gondi ;
Henri de Cossé, duc de Brissac ;
Charles d'Albert, dit d'Ailly, chevalier de l'ordre, gouverneur de Bretagne, si connu par ses ambassades ;
Armand Jean de Vignerod, dit du Plessis, duc de Richelieu et de Fronsac, chevalier de l'ordre ;
Louis, duc de Saint-Simon ;
Fr. duc de La Rochefoucauld, chevalier de l'ordre, grand maître de la garde-robe, toujours si bien avec le roi, et grand veneur de France ;
Jacques-Nompar de Caumont, duc de La Force ;
Henri Grimaldi, duc de Valentinois, prince de Monaco, chevalier de l'ordre ;
Chabot, duc de Rohan ;
Et de La Tour, duc de Bouillon, grand chambellan de France et gouverneur d'Auvergne.

Avant d'entrer dans l'explication de la prétention de M. de Luxembourg, une courte généalogie y jettera de la lumière pour la suite :

FRANÇOIS DE LUXEMBOURG, fait duc V de Piney, 18 septembre 1577, et pair de France femelle [1], 29 décembre 1581, mort septembre 1613.

I. Diane de Lorraine-Aumale [2], 13 novembre 1576.

II. Marguerite de Lorraine-Vaudemont [3], 1599, morte sans enfants, 20 septembre 1625.

Henri, duc de Piney, mort dernier mâle de la maison de Luxembourg à 24 ans, 23 mai 1616.

Madeleine [4], fille unique de Guillaume, seigneur de Thoré, fils et frère des deux derniers connétables de Montmorency, 19 juin 1597.

Marguerite de Luxembourg épousa, le 28 avril 160., René Potier, depuis premier duc de Tresmes, mort 1er février 1670, à 91 ans, et elle le 9 août 1643.

Marguerite - Charlotte de Luxembourg, duchesse de Piney, morte à 72 ans, à Ligny, en novembre 1680.

I. Marie-Léon d'Albert [5], seigneur de Brantes, frère du connétable de Luynes, 6 juillet 1620, mort novembre 1630.

II. Marie - Charles-Henri de Clermont-Tonnerre [6], mort à Ligny, juillet 1674, à 67 ans.

Marie - Liesse de Luxembourg, mariée à Henry de Lévy, duc de Ventadour, sans enfants. Séparés de bon gré. Il se fit prêtre et mourut chanoine de Notre-Dame de Paris, octobre 1680, et elle se fit carmélite, septembre 1641, au monastère de Chambéry qu'elle fonda, et y mourut, janvier 1660.

Henri - Léon, duc de Piney, imbécile, diacre, enfermé à Saint-Lazare, à Paris, où il est mort sans avoir été marié, 19 février 1697, et toujours interdit par justice.

Marie - Charlotte, etc., religieuse professe 20 ans, et maîtresse des novices à l'Abbaye-aux-Bois, puis fut être restituée au siècle chanoinesse, dame du palais de la reine, assise, morte à Versailles, sous le nom de princesse de Tingry.

Madeleine - Charlotte, née 14 août 1635, mariée 17 mars 1661 à............ morte à Ligny, laissant nombreuse postérité.

FRANÇOIS - HENRY DE MONTMORENCY, comte de Bouteville, maréchal de France, fait duc et pair de Piney, par nouvelles lettres en se mariant, et joignant les noms et armes de Luxembourg aux siennes, si connu sous le nom de maréchal-duc de Luxembourg, mort à Versailles.

1. La *pairie femelle* était celle qui pouvait se transmettre aux femmes.
2. Première femme de François de Luxembourg.
3. Deuxième femme de François de Luxembourg.
4. Femme d'Henri, duc de Piney.
5. Premier mari de Marguerite-Charlotte de Luxembourg.
6. Deuxième mari de Marguerite-Charlotte de Luxembourg.

Éclaircissons maintenant les personnages de cette généalogie autant qu'il est nécessaire pour savoir en gros ce qu'ils ont été. Le trop fameux Louis de Luxembourg, si connu sous le nom de connétable de Saint-Paul, à qui Louis XI fit couper la tête en place de Grève à Paris, 19 décembre 1475, quoique actuellement remarié à une fille de Savoie, sœur de la reine sa femme, avoit eu trois fils de sa première femme J. de Bar : Pierre, l'aîné, épousa une autre sœur de la reine et de sa belle-mère, dont une fille unique porta un grand héritage à François de Bourbon, comte de Vendôme, dont elle eut le premier duc de Vendôme.

Antoine, le second, fit la branche de Brienne où on va revenir, et Charles, le troisième fils, fut évêque-duc de Laon.

Cet Antoine fut comte de Brienne, père de Charles, et celui-ci d'Antoine, qui de la seconde fille de René, bâtard de Savoie et frère bâtard de la mère de François I*er*, qui le fit grand maître de France et gouverneur de Provence, eut deux fils : Jean, comte de Brienne, et François qui fut fait duc de Pincy. La sœur aînée de leur mère avoit épousé le célèbre Anne de Montmorency, depuis connétable et duc et pair de France.

De Jean, comte de Brienne et d'une fille de Robert de La Marck IV, maréchal de France, duc de Bouillon, seigneur de Sedan, un fils et une fille : le fils fut Charles, comte de Brienne, qui, en 1583, épousa une sœur du fameux duc d'Épernon qui le fit faire duc à brevet[1] en 1587 ; il fut che-

---

1. Les *ducs à brevet* étaient ceux qui portaient le titre de duc en vertu d'un brevet royal ou acte privé du roi, qui n'était ni vérifié ni enregistré par les cours souveraines. Ce brevet ne pouvait être transmis à leurs fils qu'en vertu d'une autorisation spéciale du roi. Pour comprendre les détails que donne Saint-Simon dans les passages relatifs aux ducs, il est nécessaire de se rappeler qu'il y avait alors trois sortes de ducs : 1° les *ducs et pairs* dont la dignité était héréditaire; les femmes mêmes pouvaient la transmettre, lorsque les pairies étaient femelles; ils avaient droit de siéger et de voter au parlement, lorsque les rois y tenaient leurs lits de justice et toutes les fois qu'il s'agissait d'affaires d'État; 2° les *ducs vérifiés*, mais sans pairie, étaient ceux dont les terres avaient été érigées en duché et

valier du Saint-Esprit en 1597, le sixième après deux ducs et trois gentilshommes, et mourut sans enfants en novembre 1605; ainsi finit sa branche, et il étoit fils unique du frère aîné du premier duc de Piney.

Il faut remarquer que ce duc à brevet de Brienne avoit deux sœurs, toutes deux mariées deux fois : l'aînée à Louis de Plusquelec, comte de Kerman en Bretagne, puis à Just de Pontallier, baron de Pleurs; la cadette à Georges d'Amboise, seigneur d'Aubijoux et de Casaubon, puis à Bernard de Béon, seigneur du Massés, gouverneur de Saintonge et d'Angoumois; elle mourut avec postérité masculine à Bouteville, le 16 juin 1647, à quatre-vingts ans : il s'agira d'elle dans la suite du procès. Son dernier mariage, qui fut une étrange mésalliance, fut précédé de celle de la sœur de son père, mariée à Christophe Jouvenel, si plaisamment dit des Ursins, marquis de Traisnel et pourtant chevalier de l'ordre et gouverneur de Paris : nous l'allons voir suivie d'une autre qu'on a déjà vue dans la généalogie.

Notre premier duc de Piney est fort connu par ses deux ambassades à Rome, où il reçut tant de dégoûts : sa première femme étoit fille et sœur des ducs d'Aumale, et la seule dont il eut des enfants. Malgré l'énorme exemple de ses beaux-frères, il fut fidèle contre la Ligue. Sa seconde femme étoit sœur de la reine Louise veuve d'Henri III, et veuve du duc de Joyeuse, favori de ce prince. A tout prendre, ce premier duc de Piney étoit un assez pauvre homme à tout ce qu'on voit de lui; mais quel qu'il fût, on ne s'accoutume point en remontant à ces temps-là à ne lui voir qu'un fils et une fille (car l'autre fille qui étoit cadette fut

---

dont le titre, vérifié par les cours souveraines, était héréditaire de mâle en mâle par ordre de primogéniture. Ils avaient les mêmes droits honorifiques que les ducs et pairs; ils avaient les *honneurs du Louvre*, c'est-à-dire qu'ils pouvaient entrer en carrosse au Louvre et dans les autres palais royaux; leurs femmes avaient un tabouret chez la reine; mais les ducs vérifiés n'exerçaient aucun des droits politiques des ducs et pairs; 3° les *ducs à brevet*, dont il a été question au commencement de cette note.

religieuse et abbesse de Notre-Dame de Troyes, où elle mourut en 1602), on ne s'accoutume point, dis-je, à lui voir marier sa seule fille à René Potier, et une fille de cette naissance et qui, par la mort de son frère unique sans enfants, pouvoit apporter tous les biens de cette grande maison et la dignité de duc et pair, si rare encore, à son mari; et il faut noter que le premier duc de Piney fit ce mariage dans son château de Pongy, sa principale demeure, et où il mourut six ou sept ans après son fils unique, n'ayant que quatorze ans lors de ce mariage.

René Potier étoit alors uniquement bailli et gouverneur de Valois. Il ne fut chambellan du roi et gouverneur de Châlons que l'année d'après son mariage et même dix-huit mois, et trois ans après capitaine des gardes du corps qu'il acheta de M. de Praslin. Il poussa après sa fortune, à force d'années, jusqu'à devenir duc et pair à l'étrange fournée de 1663; et son fils, le gros duc de Gesvres, vendit sa charge de capitaine des gardes du corps à M. de Lauzun, et acheta celle de premier gentilhomme de la chambre qui a passé à sa postérité avec le gouvernement de Paris qu'il eut à la mort du duc de Créqui. René Potier dont il s'agit étoit fils et frère aîné de secrétaires d'État, qui, et longtemps depuis, n'avoient pas pris le vol où ils se sont su élever. Le secrétaire d'État étoit énormément riche; il avoit été secrétaire du roi, puis secrétaire du conseil, et avoit travaillé dans les bureaux du secrétaire d'État Villeroy. Il ne fut secrétaire d'État qu'en février 1589. Son père étoit conseiller au parlement, et son grand-père prévôt des marchands, dont le père étoit général des monnoies, au delà duquel on ne voit rien. Il ne faut donc pas croire que les mésalliances soient si nouvelles en France; mais à la vérité elles n'étoient pas communes alors.

Le second duc de Piney mourut si jeune qu'on ne sait quel il eût été. Le mariage de sa fille, et presque unique héritière, fut l'effet et l'effort de la faveur alors toute-puissante du connétable de Luynes. Le père étoit mort en 1616, et la mère en 1615 ; l'autre fille n'a point eu de postérité, et la singularité de l'issue de son mariage avec le duc de Ventadour les a suffisamment fait connoître l'un et l'autre.

Venons présentement à notre duchesse héritière de Piney. Elle perdit son mari au bout de dix années de mariage ; elle avoit été mariée à douze ans, et n'en avoit que vingt-deux lorsqu'elle devint veuve, puisqu'elle en avoit soixante-douze lorsqu'elle mourut en 1680. Il paroît qu'elle ne fit pas grand cas de son premier mari ni des deux enfants qu'elle en eut. Toute la faveur avoit disparu avec le connétable de Luynes. Louis XIII, né à Fontainebleau, 27 septembre 1601, tenu en esclavage par la reine sa mère et ses favoris jusqu'à savoir à peine lire et écrire, n'avoit que quinze ans et demi lorsque, n'ayant que le seul Luynes à qui pouvoir parler, il consentit à se livrer à lui pour se délivrer de prison et d'un joug énorme, en faisant arrêter le maréchal d'Ancre qu'il défendit à plusieurs reprises de tuer, et qu'à cet âge on lui fit croire qu'on n'avoit pu s'en dispenser. Ce même âge, joint à l'inexpérience et à l'ignorance totale où il avoit été tenu, l'abandonna à son libérateur qui en sut si rapidement et si prodigieusement profiter, et lorsqu'il mourut à la fin de 1621, Louis XIII, qui ne faisoit qu'avoir vingt ans, s'étoit déjà ouvert les yeux sur un si grand abus de sa faveur. Elle ne put donc plus rien, et il n'est pas étrange qu'en 1630, que la duchesse héritière de Piney devint veuve d'un frère de ce connétable, le duc de Chaulnes, son autre frère, qui étoit aussi maréchal de France, et qui ne laissoit pas de figurer à force de mérite et d'établissements, ne l'ait pu empêcher d'user de toute l'autorité de mère sur ses enfants et de toute la liberté de veuve en se remariant. Celui qu'elle épousa étoit par sa naissance un parti très-digne d'elle, mais d'ailleurs il étoit frère cadet du comte de Tonnerre, père de l'évêque-comte de Noyon dont j'ai parlé plus haut, et ce comte de Tonnerre, bien qu'aîné, fit une mésalliance qui marque qu'il avoit besoin de bien. L'amour apparemment fit faire ce second mariage, et comme il entraîna la chute du nom, du rang et des honneurs de duchesse, ce couple s'en alla vivre chez l'épouse dans sa magnifique terre de Ligny, où tous deux sont morts sans en être presque jamais sortis. Il étoit de l'intérêt du nouvel époux de se défaire du fils et de la fille du premier lit. Le fils en offrit les moyens de soi-même. Il étoit imbécile ; ils le firent interdire juridiquement et enfermer à Paris, à Saint-Lazare ; et de peur que quelqu'un ne le fît marier, ils le firent ordonner diacre, et c'est dans cet état et dans ce même lieu qu'il a passé sa longue vie, et qu'il est mort. La fille n'avoit guère le sens commun, mais n'étoit pas imbécile. On la fit religieuse à Paris, à l'Abbaye-aux-Bois. De fois à autre elle disoit que ç'avoit été malgré elle, mais elle y vécut vingt ans professe, et y fut plusieurs années maîtresse des novices ; ce qui ne marque pas qu'elle eût été forcée ; ou du moins il paroît par cet emploi qu'elle avoit consenti et pris goût à son état, puisqu'on la chargeoit d'y former des novices. Elle étoit encore dans cette fonction quand M. le Prince l'en tira comme on le dira bientôt.

M. de Luxembourg, qui combla sa fortune en épousant la fille unique du second lit, étoit fils unique de ce M. de Bouteville si connu par ses duels, et qui, retiré à Bruxelles pour avoir tué en duel le comte de Thorigny en 1627, hasarda de revenir à Paris se battre à la place Royale contre Bussy d'Amboise, qui étoit Clermont-Gallerande, qu'il tua. Bouteville avoit pour second son cousin de Rosmadec, baron des Chapelles, qui eut affaire au baron d'Harcourt, second de l'autre, qui fut le seul qui s'en tira et qui s'en alla en Italie, se jeta dans Casal, assiégé par les Espagnols, et y fut tué en novembre 1628. Il ne fut point marié, et il étoit frère puîné du grand-père du marquis de Beuvron père du maréchal-duc d'Harcourt. La mère de ces deux frères étoit fille du maréchal de Matignon ; il étoit cousin germain de ce comte de Thorigny, fils de la Longueville, que Bouteville avoit tué, petit-fils du même maréchal de Matignon, et premier mari sans enfants de la duchesse d'Angoulême La Guiche, fille du grand maître de l'artillerie. Ce comte de Thorigny étoit frère aîné de l'autre comte de Thorigny qui lui succéda, lequel fut père du dernier maréchal de Matignon et du comte de Matignon, dont le fils unique a été fait duc de Valentinois, en épousant la fille aînée du dernier prince de Monaco-Grimaldi. MM. de Bouteville et des Chapelles furent pris se sauvant en Flandre, et eurent la tête coupée en Grève, à Paris, par arrêt du parlement, 22 juin 1627. Ce M. de Bouteville avoit épousé en 1617 Élisabeth, fille de Jean Vienne, président en la chambre des comptes, et d'Élisabeth Dolu, et cette Mme de Bouteville a vu toute la fortune de son fils et les mariages de ses deux filles. Elle a passé sa longue vie toujours retirée à la campagne, et y est morte, en 1696, à quatre-vingt-neuf ans, et veuve depuis soixante-neuf ans. M. de Bouteville étoit de la maison de Montmorency, petit-fils d'un puîné du baron de Fosseux.

M. de Luxembourg naquit posthume six mois après la mort de son père; il étoit fils unique, cadet de deux sœurs : Mme de Valencey, l'aînée, morte en 1684, n'a fait aucune figure par elle ni par les siens; la cadette, belle, spirituelle et fort galante, peut-être encore plus intrigante, a toute sa vie fait beaucoup de bruit dans le monde dans ses trois états de fille, de duchesse de Châtillon, enfin de duchesse de Meckelbourg; [elle] contribua fort à la fortune de son frère avec qui elle fut toujours intimement unie, et mourut à Paris, vingt jours après lui, et de la même maladie, ayant un an plus que lui, et sans enfants.

Un grand nom, qui, dans les commencements de la vie du jeune Bouteville, brilloit encore de la mémoire de cette branche illustre des derniers connétables et de l'amour que la princesse douairière de Condé portoit à son nom, beaucoup de valeur, une ambition que rien ne contraignit, de l'esprit, mais un esprit d'intrigue, de débauche et du grand monde, lui fit surmonter le désagrément d'une figure d'abord fort rebutante; mais ce qui ne se peut comprendre de qui ne l'a point vu, une figure à laquelle on s'accoutumoit, et qui, malgré une bosse médiocre par devant, mais très-grosse et fort pointue par derrière, avec tout le reste de l'accompagnement ordinaire des bossus, avoit un feu, une noblesse et des grâces naturelles, et qui brilloient dans ses plus simples actions. Il s'attacha, dès en entrant dans le monde, à M. le Prince, et bientôt après, M. le Prince s'attacha à sa sœur. Le frère, aussi peu scrupuleux qu'elle, s'en fit un degré de fortune pour tous les deux. M. le Prince se hâta de procurer son mariage avec le fils du maréchal de Châtillon, jeune homme de grande espérance qui lui étoit fort attaché, avant que cet amour fût bien découvert, et lui procura un brevet de duc en 1646.

Le cardinal Mazarin avoit renouvelé cette sorte de dignité qui n'a que des honneurs sans rang et sans successions, connue sous François Ier et sous ses successeurs, mais depuis quelque temps tombée en désuétude, et qui parut propre au premier ministre à retenir et à récompenser des gens considérables ou qu'il vouloit s'attacher; c'est de ceux-là qu'il disoit, « qu'il en feroit tant qu'il seroit honteux de ne l'être pas, et honteux de l'être; » et à la fin il se le fit lui-même, pour donner plus de désir de ces brevets.

M. de Châtillon n'en jouit que trois ans, bon et paisible mari, et toutefois fort à la mode. M. le Prince dominoit la cour et le cardinal Mazarin qu'il s'étoit attaché par sa réputation et ses services; ce qui ne dura pas longtemps. Il assiégeoit Paris, pour la cour qui en étoit sortie, contre le parlement et les mécontents en 1649, lorsque le duc de Châtillon fut tué à l'attaque du pont de Charenton et enterré à Saint-Denis. L'amant et l'amante s'en consolèrent. La grandeur du service que M. le Prince avoit rendu au cardinal Mazarin en le ramenant triomphant dans Paris, pesa bientôt par trop à l'un par la fierté et les prétentions absolues de l'autre, d'où naquit la prison des princes, pendant laquelle la princesse douairière de Condé se retira à Châtillon-sur-Loire avec la fidèle amante de son fils, et y mourut. De la délivrance forcée des princes aux désordres, puis à la guerre civile qu'entreprit M. le Prince, il n'y eut presque pas d'intervalle. La bataille du faubourg Saint-Antoine la finit, et jeta M. le Prince entre les bras des Espagnols jusqu'à la paix des Pyrénées.

Bouteville le suivit partout. Sa valeur et ses mœurs, son activité, tout en lui étoit fait pour plaire au prince, et toutes sortes de liaisons fortifioient la leur. A ce retour en France, Mme de Châtillon reprit son empire. Son frère avoit trente-trois ans. Il avoit acquis de la réputation à la guerre; il étoit devenu officier général, et avoit auprès de M. le Prince le mérite d'avoir suivi sa fortune jusqu'au bout; [ce] qu'il partageoit avec fort peu de gens de sa volée. Ils cherchèrent donc une récompense qui fît honneur à M. le Prince, et une fortune à Bouteville, et ils dénichèrent ce mariage du second lit de l'héritière de Piney avec M. de Clermont. Elle étoit laide affreusement et de taille et de visage; c'étoit une grosse vilaine harengère dans son tonneau, mais elle étoit fort riche par le défaut des enfants du premier lit, dont l'état parut à M. le Prince un chausse-pied pour faire Bouteville duc et pair. Il crut d'abord se devoir assurer de la religieuse. Elle avoit souvent murmuré contre ses vœux. Il craignit qu'un grand mariage de sa sœur du second lit ne la portât à un éclat embarrassant. Il la fut trouver à sa grille, et moyennant une dispense du pape dont il se chargea pour la défroquer, et un tabouret de grâce ensuite, elle consentit à tout, demeura dans ses vœux et signa tout ce qu'on voulut. Rien ne convenoit mieux au projet que de la lier de nouveau à ses vœux, et ce tabouret de grâce devenoit un échelon pour la dignité en faveur du mariage de la sœur. Le pape accorda la dispense de bonne grâce, et la cour le tabouret de grâce, sous le prétexte qu'étant fille du premier lit, elle auroit succédé, au duché de Piney, à son frère sans alliance, si elle n'avoit pas été religieuse professe. On la fit dame du palais de la reine, sous le nom de princesse de Tingry, avec une petite marque à sa coiffure du chapitre de Poussay, dont elle se défit bientôt. A l'égard du frère, on joua la comédie de lever son interdiction, de le tirer de Saint-Lazare, et tout de suite de lui faire faire une donation à M. de Bouteville, par son contrat de mariage, de tous ses biens, et une cession de sa dignité, en considération des grandes sommes qu'il avoit reçues pour cela de M. de Bouteville, et qu'il lui avoit payées. Cette clause est fort importante au procès dont il s'agit. Aussitôt il assista au mariage de sa sœur, et dès qu'il fut célébré, on le fit interdire de nouveau, et on le remit à Saint-Lazare, dont il n'est pas sorti depuis.

Le mariage fait, 17 mars 1661, M. de Bouteville mit l'écu de Luxembourg sur le tout du sien, et signa Montmorency-Luxembourg, ce que tous ses enfants et les leurs ont toujours fait aussi. Incontinent après il entama le procès de sa prétention pour la dignité de duc et pair de Piney, et M. le Prince s'en servit pour lui obtenir des lettres nouvelles d'érection de Piney en sa faveur, dans lesquelles on fit adroitement couler la clause *en tant que besoin seroit,* pour lui laisser entière sa prétention de l'ancienneté de la première création de 1581. Avec ces lettres, il fut reçu duc et pair au parlement, 22 mai 1662, et y prit le dernier rang après tous les autres pairs.

Le reste de la vie de M. de Luxembourg est assez connu. Il se trouva enveloppé dans les affaires de la Voisin, cette devineresse, et pis encore, accusée de poison, qui, par arrêt du parlement, fut brûlée à la Grève [le 22 février 1680], et qui fit sortir la comtesse de Soissons du royaume pour la dernière fois, et la duchesse de Bouillon, sa sœur. On reproche à M. de Luxembourg d'avoir oublié en cette occasion une dignité qu'il avoit tant ambitionnée. Il répondit sur la sellette comme un particulier, et ne réclama aucun des priviléges de la pairie. Il fut longtemps à la Bastille, et y laissa de sa réputation.

On crut longtemps qu'il avoit perdu toute pensée de dispute avec les ducs ses anciens. Il y avoit encore alors des cérémonies où ils paroissoient, il s'en absentoit toujours ; et, à la vie, ou occupée de guerre ou libertine, qu'il mena jusqu'à la fin de sa vie, on n'y prenoit pas garde, lorsqu'à la promotion du Saint-Esprit de 1688 il demanda et obtint de recevoir l'ordre, sans conséquence, parmi les maréchaux de France, pour ne pas préjudicier à sa prétention de préséance. Ce fut, pour le dire en passant, la première fois que les maréchaux de France à recevoir dans l'ordre y précédèrent les gentilshommes de même promotion, et à cette démarche de M. de Luxembourg on vit qu'il n'avoit pas abandonné la pensée de sa prétention.

Une grande guerre qui s'ouvrit alors de la France contre toute l'Europe fit espérer à ce maréchal qu'on auroit besoin de lui, et qu'il y pourroit trouver de ces moments heureux d'acquérir de la gloire et, avec elle, le crédit d'emporter sa préséance. En effet, le maréchal d'Humières, créature de M. de Louvois, ayant mal réussi en Flandre dès la première campagne, M. de Luxembourg lui fut substitué par ce ministre tout-puissant, qui, pour son intérêt particulier, avoit engagé la guerre et qui vouloit y réussir, et qui fit céder à ce grand intérêt son peu d'affection pour ce nouveau général, qui ne compta ses campagnes que par des combats et souvent par des victoires. Ce fut donc après celles de Leuze, qui ne fut qu'un gros combat de cavalerie; de Fleurus, qui ne fut suivie d'aucun fruit; de Steinkerque, où l'armée françoise pensa être surprise et défaite, trompée par un espion du cabinet du général, découvert, et à qui, le poignard sous la gorge, on fit écrire ce qu'on voulut; et, enfin, après celle de Neerwinden, qui ne valut que Charleroy, que M. de

Luxembourg se crut assez fort pour entreprendre tout de bon ce procès de préséance. L'intrigue, l'adresse, et, quand il le falloit, la bassesse le servoit bien. L'éclat de ses campagnes et son état brillant de général de l'armée la plus proche et la plus nombreuse lui avoient acquis un grand crédit. La cour étoit presque devenue la sienne par tout ce qui s'y rassembloit autour de lui, et la ville, éblouie du tourbillon et de son accueil ouvert et populaire, lui étoit dévouée. Les personnages de tous états croyoient avoir à compter avec lui, surtout depuis la mort de Louvois, et la bruyante jeunesse le regardoit comme son père, et le protecteur de leur débauche et de leur conduite, dont la sienne à son âge ne s'éloignoit pas. Il avoit captivé les troupes et les officiers généraux. Il étoit ami intime de M. le Duc, et surtout de M. le prince de Conti, le Germanicus d'alors. Il s'étoit initié dans le plus particulier de Monseigneur, et, enfin, il venoit de faire le mariage de son fils aîné avec la fille aînée du duc de Chevreuse, qui, avec le duc de Beauvilliers, son beau-frère, et leurs épouses, avoient alors le premier crédit et toutes les plus intimes privances avec le roi et avec Mme de Maintenon.

Dans le parlement la brigue étoit faite. Harlay, premier président, menoit ce grand corps à baguette; il se l'étoit dévoué tellement qu'il crut qu'entreprendre et réussir ne seroit que même chose et que cette grande affaire lui coûteroit à peine le courant d'un hiver à emporter. Le crédit de ce nouveau mariage venoit de faire ériger, en faveur du nouvel époux, la terre de Beaufort en duché, vérifié sous le nom de Montmorency, et, à cette occasion, il ne manqua pas de persuader à tout le parlement que le roi étoit pour lui dans sa prétention contre ses anciens. Lorsque bientôt après il la recommença tout de bon, le premier président, extrêmement bien à la cour, l'aida puissamment à cette fourberie, de sorte que, lorsqu'on s'en fut aperçu, le plus grand remède y devint inutile. Ce fut une lettre au premier président, de la part du roi, écrite par Pontchartrain, contrôleur général des finances et secrétaire d'État, par laquelle il lui mandoit que le roi, surpris des bruits qui s'étoient répandus dans le parlement qu'il favorisoit la cause de M. de Luxembourg, vouloit que la compagnie sût, par lui, et s'assurât entièrement que Sa Majesté étoit parfaitement neutre et la demeureroit entre les parties dans tout le cours de l'affaire.

CHAPITRE IX.

Novion premier président. — Harlay premier président. — Harlay auteur de la légitimation des doubles adultérins sans nommer la mère ; source de sa faveur. — Causes de sa partialité pour M. de Luxembourg. — Situation des deux parties. — Ducs de Chevreuse et de Bouillon en prétentions et à part. — Talon président à mortier. — Labriffe procureur général. — Mesures de déférence de moi à M. de Luxembourg. — Sommaire de la question formant le procès. — Opposants à M. de Luxembourg. — Conduite inique en faveur de M. de Luxembourg. — Mes lettres d'État. — Cavoye. — Mes ménagements pour M. de Luxembourg mal reçus.

Lors du mariage de M. de Luxembourg, et qui l'entreprit pour se faire un chausse-pied à une érection nouvelle, M. le Prince avoit obtenu des lettres patentes de renvoi au parlement. M. Talon, lors avocat général d'une grande réputation, y parla avec grande éloquence et une grande capacité, et, après avoir traité la question à fond, avec toutes les raisons de part et d'autre, avoit conclu en plein contre M. de Luxembourg. Ce fut aussi où il arrêta son affaire, eut son érection nouvelle et attendit sa belle. Il crut l'avoir trouvée quelques années après : Novion, premier président, étoit

Potier comme le duc de Gesvres; l'intérêt de son cousin, qu'on a vu dans la généalogie ci-dessus, l'avoit mis dans celui de M. de Luxembourg ; ils crurent pouvoir profiter de l'état, prêt à être jugé, où le procès en étoit demeuré, et résolurent de l'étrangler à l'improviste, et peut-être en seroient-ils venus à bout sans le plus grand hasard du monde. A une audience ouvrante de sept heures du matin, destinée à rendre une sommaire justice au peuple, aux artisans et aux petites affaires qui n'ont qu'un mot, l'intendant de mon père et celui de M. La Rochefoucauld, qui se trouvèrent là sans penser à rien moins qu'à ce procès de préséance, en entendirent appeler la cause et tout aussitôt un avocat parler pour M. de Luxembourg. Ils s'écrièrent, s'opposèrent, représentèrent l'excès d'une telle surprise et en arrêtèrent si bien le coup que, manqué par là, et les mesures rompues par ce singulier contre-temps, M. de Luxembourg demeura court et laissa de nouveau dormir son affaire jusqu'au temps dont il s'agit ici.

Ce M. de Novion fut surpris en quantité d'iniquités criantes, et souvent à prononcer à l'audience, à l'étonnement des deux côtés. Chacun croyoit que l'autre avoit fait l'arrêt et ne le pouvoit comprendre, tant qu'à la fin ils se parlèrent au sortir de l'audience et découvrirent que ces arrêts étoient du seul premier président. Il en fit tant que le roi résolut enfin de le chasser. Novion tint ferme, en homme qui a toute honte bue et qui se prend à la forme, qui rendoit son expulsion difficile ; mais on le menaça enfin de tout ce qu'il méritoit ; on lui montra une charge de président à mortier pour son petit-fils, car son fils étoit mort de bonne heure, et il prit enfin son parti de se retirer. Harlay, procureur général, lui succéda, et Labriffe, simple maître des requêtes, mais d'une brillante réputation, passa à l'importante charge de procureur général.

Harlay étoit fils d'un autre procureur général du parlement et d'une Bellièvre, duquel le grand-père fut ce fameux

Achille d'Harlay, premier président du parlement après ce célèbre Christophe de Thou son beau-père, lequel étoit père de ce fameux historien. Issu de ces grands magistrats, Harlay en eut toute la gravité qu'il outra en cynique ; en affecta le désintéressement et la modestie, qu'il déshonora l'une par sa conduite, l'autre par un orgueil raffiné, mais extrême, et qui, malgré lui, sautoit aux yeux. Il se piqua surtout de probité et de justice, dont le masque tomba bientôt. Entre Pierre et Jacques il conservoit la plus exacte droiture ; mais, dès qu'il apercevoit un intérêt ou une faveur à ménager, tout aussitôt il étoit vendu. La suite de ces Mémoires en pourra fournir des exemples ; en attendant, ce procès-ci le manifesta à découvert.

Il étoit savant en droit public, il possédoit fort le fond des diverses jurisprudences, il égaloit les plus versés aux belles-lettres, il connoissoit bien l'histoire, et savoit surtout gouverner sa compagnie avec une autorité qui ne souffroit point de réplique, et que nul autre premier président n'atteignit jamais avant lui. Une austérité pharisaïque le rendoit redoutable par la licence qu'il donnoit à ses répréhensions publiques, et aux parties, et aux avocats, et aux magistrats, en sorte qu'il n'y avoit personne qui ne tremblât d'avoir affaire à lui. D'ailleurs, soutenu en tout par la cour, dont il étoit l'esclave, et le très-humble serviteur de ce qui y étoit en vraie faveur, fin courtisan, singulièrement rusé politique, tous ces talents, il les tournoit uniquement à son ambition de dominer et de parvenir, et de se faire une réputation de grand homme. D'ailleurs sans honneur effectif, sans mœurs dans le secret, sans probité qu'extérieure, sans humanité même, en un mot, un hypocrite parfait, sans foi, sans loi, sans Dieu et sans âme, cruel mari, père barbare, frère tyran, ami uniquement de soi-même, méchant par nature, se plaisant à insulter, à outrager, à accabler, et n'en ayant de sa vie perdu une occasion. On feroit un volume de ses traits, et tous d'autant plus perçants qu'il avoit infiniment d'esprit, l'esprit naturellement porté à cela et toujours maître de soi pour ne rien hasarder dont il pût avoir à se repentir.

Pour l'extérieur, un petit homme vigoureux et maigre, un visage en losange, un nez grand et aquilin, des yeux beaux, parlants, perçants, qui ne regardoient qu'à la dérobée, mais qui, fixés sur un client ou sur un magistrat, étoient pour le faire rentrer en terre; un habit peu ample, un rabat presque d'ecclésiastique et des manchettes plates comme eux, une perruque fort brune et fort mêlée de blanc, touffue, mais courte, avec une grande calotte par-dessus. Il se tenoit et marchoit un peu courbé, avec un faux air plus humble que modeste, et rasoit toujours les murailles pour se faire faire place avec plus de bruit, et n'avançoit qu'à force de révérences respectueuses et comme honteuses à droite et à gauche, à Versailles.

Il y tenoit au roi et à Mme de Maintenon par l'endroit sensible, et c'étoit lui qui, consulté sur la légitimation inouïe d'enfants sans nommer la mère, avoit donné la planche du chevalier de Longueville, qui fut mise en avant, sur le succès duquel ceux du roi passèrent. Il eut dès lors parole de l'office de chancelier de France, et toute la confiance du roi, de ses enfants et de leur toute-puissante gouvernante, qu'il sut bien se conserver et s'en ménager de continuelles privances.

Il étoit parent et ami du maréchal de Villeroy, qui s'étoit attaché à M. de Luxembourg, et ami intime du maréchal de Noailles. La jalousie des deux frères de Duras, capitaines des gardes, avoit uni les deux autres capitaines des gardes ensemble, tellement que Noailles, pour cette raison, et Villeroy, par son intérêt d'être lié à M. de Luxembourg, disposoient, en sa faveur, du premier président. M. de Chevreuse avoit toujours eu dans la tête l'ancien rang de Chevreuse, et c'étoit peut-être pour cela que M. de La Rochefoucauld s'étoit roidi, à leur commune promotion dans l'ordre en 1688, à ne vouloir lui céder, comme duc de Luynes, qu'après sa réception au parlement en cette qualité, pour avoir un titre public qui n'avoit cédé qu'à l'ancienneté de Luynes, et ne s'étoit pas voulu contenter de la simple cession du duc de Luynes, parce que cet acte particulier de famille pouvoit aisément ne se pas représenter dans la suite. Cette idée, que M. de Chevreuse avoit lors et qu'il a toujours sourdement conservée, jointe au mariage de sa fille aînée avec le fils aîné de M. de Luxembourg, l'égara de son intérêt de duc de Luynes commun avec le nôtre, et l'unit à celui de M. de Luxembourg, et, avec lui, M. de Beauvilliers, qui tous deux n'étoient qu'un même cœur et un même esprit. Diroit-on, de personnages d'une vertu si pure et toujours si soutenue, que l'humanité, qui se fourre partout, avoit mis, entre eux et M. de La Rochefoucauld, une petite séparation qui ne contribua pas à leur faire trouver bonne la cause qu'il soutenoit? Ce dernier, au plus haut point de faveur, mais destitué de confiance et naturellement jaloux de tout, ne pouvoit souffrir que l'une et l'autre, de la part du roi, fussent réunies dans les deux beaux-frères. Leur vie, leur caractère, leurs occupations, leurs liaisons et les siennes, tout étoit entièrement ou opposé, ou pour le moins très-différent.

Entre ces deux sortes de faveurs, le premier président ne balança pas à trouver celle des beaux-frères préférable. Il y joignit celles de Noailles et de Villeroy, qui étoient grandes aussi, et tout l'éclat dont brilloit M. de Luxembourg. De tous ceux qu'il attaquoit, aucun n'étoit en faveur que le seul duc de La Rochefoucauld; les mieux avec le roi, ce n'étoit que distinction à quelques-uns, et considération pour la plupart; ainsi, le choix du premier président ne fut pas difficile.

Talon, devenu président à mortier, flatté de voir M. de Luxembourg réclamer les parents de sa mère, oublia qu'il avoit été avocat général; il ne craignit point le blâme d'être contraire à soi-même, et après avoir parlé autrefois avec tant de force dans la même affaire contre M. de Luxembourg, comme avocat général, on le vit devenir le sien, et travailler à ses factums. Il fouilla les bibliothèques, rassembla les matériaux, présida tout ce qui se fit, écrivit pour M. de Luxembourg, à visage découvert, et rien ne s'y fit que par lui.

Le célèbre Racine, si connu par ses pièces de théâtre, et par la commission où il étoit employé lors pour écrire l'histoire du roi, prêta sa belle plume pour polir les factums de M. de Luxembourg, et en réparer la sécheresse de la matière par un style agréable et orné, pour les faire lire avec plaisir et avec partialité aux femmes et aux courtisans. Il avoit été attaché à M. de Seignelay, étoit ami intime de Cavoye, et tous deux l'avoient été de M. de Luxembourg, et Cavoye l'étoit encore. En un mot, les dames, les jeunes gens, tout le bel air de la cour et de la ville étoit pour lui, et personne parmi nous à pouvoir contre-balancer ce grand air du monde, ni même y faire aucun partage. Que si on ajoute le soin de longue main pris de captiver les principaux du parlement, et toute la grand'chambre par parents, amis, maîtresses, confesseurs, valets, promesses, services, il se trouvera qu'avec un premier président tel que Harlay à la tête de ce parti, nous avions affaire à incomparablement plus forts que nous.

Un inconvénient encore, qui n'étoit pas médiocre, fut la lutte d'une communauté de gens en même intérêt contre un seul qui conduisoit le sien avec indépendance et qui n'avoit besoin d'aucun concert. Le nôtre subsista pourtant fort au-dessus de ce qui se pouvoit attendre d'une si grande diversité d'esprits et d'humeurs, dans une parité de dignité et d'intérêt. M. de Bouillon, avec la chimère de l'ancien rang d'ancienneté d'Albret et de Château-Thierry, imita le duc de Chevreuse, et dès le premier commencement de l'affaire. Mais celui-ci se contenta de n'y prendre aucune part. Telle étoit notre situation, lorsque M. de Luxembourg l'entama.

Le premier pas fut de faire donner des conclusions au

procureur général. Labriffe, maître des requêtes, si brillant, se trouvoit accablé du poids de cette grande charge, et n'y fut pas longtemps sans perdre la réputation qui l'y avoit placé. Accoutumé à être l'aigle du conseil, Harlay en prit jalousie, et prit à tâche de le contrecarrer; l'autre, plein de ce qui l'avoit si rapidement porté, voulut lutter d'égal, et ne tarda pas à s'en repentir. Il tomba dans mille panneaux que l'autre lui tendoit tous les jours, et dont il le relevoit avec un air de supériorité qui désarçonna l'autre. Il sentit son foible à l'égard du premier président en tout genre ; il se lassa des camouflets que l'autre ne lui épargnoit point, et peu à peu il devint soumis et rampant. C'étoit sa situation lorsqu'il fut question de ses conclusions. Tout abattu qu'il étoit, il ne manquoit point d'esprit; mais la crainte et la défiance avoient pris le dessus. Il sentit où penchoit le premier président, et il n'osa le choquer, de sorte que M. de Luxembourg eut ses conclusions comme et quand il les voulut. Nos productions n'étoient pas faites, rien n'étoit donc en état, et Labriffe avoit promis aux ducs de La Trémoille et de La Rochefoucauld de les attendre, comme il étoit de règle et de droit, lorsque M. de Luxembourg, qui les regardoit comme un premier coup de partie, se vanta de les avoir favorables et en effet les fit voir.

C'étoit un autre pas de clerc puisqu'elles devoient être remises au greffe cachetées, et que personne ne devoit savoir quoi que ce soit de ce qu'elles contenoient. M. de Chaulnes voulut au moins s'en venger. Dès que notre premier factum fut imprimé, il le porta à Labriffe et lui dit que c'étoit sans intérêt, puisque tout le monde savoit ses conclusions données, et en faveur de M. de Luxembourg; mais que notre procès ne pouvant être que curieux en soi et célèbre au parlement, il avoit voulu lui apporter notre premier mémoire tout mouillé encore de l'impression, dans la lecture duquel il croyoit qu'il ne seroit pas fâché de se délasser en ses heures perdues, et dans lequel il apprendroit des faits, et beaucoup de choses très-importantes pour l'intelligence et la décision de l'affaire, très-nettement exposés, et dont aucun n'avoit encore paru. La gravité et la réputation de M. de Chaulnes ajouta beaucoup au poids de cette raillerie, qui embarrassa extrêmement le procureur général ; il voulut se jeter dans les excuses ; mais M. de Chaulnes, qui sourioit de le voir balbutiant, l'assura que ce n'étoit pas à lui qu'il les falloit faire, mais à MM. de La Trémoille et de La Rochefoucauld qui, à ce qu'il s'étoit laissé dire, n'étoient pas tout à fait tant ses serviteurs que lui.

J'ai mis le procureur général et ses conclusions ainsi données en écolier, à la suite de ce que j'ai cru devoir faire connoître du premier président, de M. Talon, et de tout ce qui se rallioit pour M. de Luxembourg, afin de montrer une fois pour toutes à qui nous eûmes affaire, et l'inégalité de la partie en même temps. Avant d'aller plus loin, il faut dire comment j'y entrai et comment je m'en démêlai.

On peut juger qu'à mon âge, et fils d'un père de la cour du feu roi, et d'une mère qui n'avoit connu que les devoirs domestiques, et sans aucuns proches, je n'étois en aucun commerce avec pas un de ceux que M. de Luxembourg attaquoit. Eux qui se vouloient réunir le plus en nombre qu'ils pourroient, comptant peu sur de certains ducs, et désertés par MM. de Chevreuse et de Bouillon, n'en voulurent négliger aucun, parce que chacun a ses amis et sa bourse, pour les frais qui se faisoient en commun. M. de La Trémoille m'aborda donc chez le roi et me dit que lui et plusieurs autres qu'il me nomma étoient attaqués par M. de Luxembourg en préséance, par la reprise d'un ancien procès, où mon père avoit été partie avec eux, qu'ils espéroient que je ne les abandonnerois pas dans cette affaire, quoique M. de Luxembourg fût mon général ; qu'ils l'avoient chargé de m'en parler, et ajouta du sien les compliments convenables. C'étoit dans tous les premiers commencements de cette reprise, et assez peu depuis mon retour de l'armée. J'ignorois donc parfaitement l'affaire, mais mon parti fut bientôt pris. Je remerciai M. de La Trémoille, tant pour lui que pour ces messieurs, de ce qu'ils avoient pensé à moi, et je lui dis que je ne craindrois jamais de m'égarer en si bonne compagnie, en suivant l'exemple de mon père, et que je le priois d'être persuadé et de les assurer que rien ne me sépareroit d'eux. M. de La Trémoille me parut fort content, et dans la journée M. de La Rochefoucauld me chercha et plusieurs des autres, et m'en firent mille compliments.

Enrôlé de la sorte, je crus devoir toutes sortes de ménagements à un homme tel qu'étoit lors M. de Luxembourg, sous qui j'avois fait la campagne, qui m'avoit bien traité, quoique sans être connu de lui que par ce que j'étois, et sous qui je pouvois servir souvent. J'allai donc le lendemain chez lui, où il n'étoit pas, et je le fus trouver chez le duc de Montmorency; le marquis d'Harcourt et Albergotti étoient avec eux. Je fis là mon compliment à M. de Luxembourg, et lui demandai la permission de ne me pas séparer de ceux des ducs sur lesquels il demandoit la préséance; que, de toute autre affaire, je l'en laisserois absolument le maître; que sur celle-là même si je n'avois voulu faire aucun pas sans savoir s'il le trouveroit bon, et j'ajoutai tout ce que l'âge et l'état exigeoient d'un jeune homme. Cela fut reçu avec toute la politesse et la galanterie imaginables; la compagnie y applaudit, et M. de Luxembourg m'assura que je ne pouvois moins faire que suivre l'exemple de mon père, et qu'il ne m'en marqueroit pas moins, etc., en toutes occasions. Ce devoir rempli, je ne songeai plus qu'à bien soutenir l'affaire commune conjointement avec les autres, sans rien faire qui pût raisonnablement déplaire à M. de Luxembourg. Maintenant voici le sommaire du procès, car d'entrer dans le détail des lois, des exemples, des défenses de part et d'autre, ce seroit la matière de volumes entiers, et il s'en trouve plusieurs faits de part et d'autre qui en instruiront suffisamment et à fond les curieux.

M. de Luxembourg prétendoit que l'effet des érections femelles alloit à l'infini; que Mme de Tingry, quoique dans le monde demeurant sous ses vœux, et son frère ayant cédé sa dignité et ses biens à sa sœur du second lit, par son contrat de mariage, lui diacre et par conséquent hors d'état de se pouvoir marier, cette fille du second lit qu'il avoit épousée passoit aux droits des enfants du premier lit qui se trouvoient épuisés, et de plein droit le faisoit duc et pair de la date de la première érection; que la clause *en tant que besoin seroit*, apposée aux lettres nouvelles qu'il avoit obtenues aussitôt après son mariage, annuloit toute la force que cette nouvelle érection pouvoit donner contre lui, et que ce qui achevoit de l'anéantir étoit ce qu'il avoit plu au roi de déclarer par ses lettres patentes en 1676, qu'il n'a point entendu ériger de nouveau Piney en duché-pairie en 1661, mais bien le renouveler en faveur de M. de Luxembourg, d'où il concluoit qu'il étoit par là manifeste que son ancienneté remontoit à la première érection de 1581.

Les opposants prétendoient au contraire qu'aucune érection femelle n'étoit infinie; que son effet étoit borné à la première fille qui le recueilloit, et que si elles avoient quelquefois passé à une seconde fille, c'avoit été tout, jamais au delà, et encore par grâce et à la faveur de nouvelles lettres en continuation de pairie, avec rang du jour de ces nouvelles lettres; qu'ainsi l'ancienne érection de Piney étoit éteinte dans le sang du premier mari de la duchesse héritière. Ce qui étoit si vrai qu'elle avoit perdu son rang et ses honneurs de duchesse en se remariant, bien loin qu'elle les eût communiqués à son second mari, tant la dignité demeuroit fixée et immuable dans son fils du premier lit; que, pour la démission qu'il en avoit faite ainsi que de ses biens à sa sœur du second lit par son contrat de mariage, cette démission avoit deux vices qui la rendoient absurde et nulle, et un troisième qui la faisoit impossible : le premier, son état d'interdit devant et après, qui, n'ayant été levé que pour le moment nécessaire de cette démission, n'étoit qu'une dérision de la justice qui ne pouvoit avoir d'effet ni être reçue sérieusement ; 2° que les grandes sommes données à cet interdit par le futur époux de sa sœur du second lit, motivées dans son contrat de mariage, comme cause de cette démission, l'annuloient par cela même, puisqu'on ne peut devenir duc et pair que par deux voies, érection en sa faveur, ou succession, et que l'acquéreur en est formellement exclu ; 3° que la volonté de l'interdit, quand bien même il ne l'eût jamais été, et qu'il n'eût rien reçu pour sa démission, étoit entièrement insuffisante pour faire un duc et pair en se démettant, puisqu'une démission ne pouvoit opérer cet effet que par deux choses réunies, un sujet naturellement héritier de la dignité à qui la démission ne fait qu'en avancer la succession, et la permission du roi de la faire, qui toutes deux manquoient totalement en celle-ci. Que la clause *en tant que besoin seroit*, glissée dans les nouvelles lettres d'érection de 1661, accordées à M. de Luxembourg, ne lui donnoit aucun droit ; ce qui étoit évident, puisqu'il avoit obtenu ces nouvelles lettres et pris le dernier rang en conséquence, sans quoi il n'eût point été duc et pair, et que de plus cette clause, n'ayant point été communiquée, n'avoit pu être contredite, ni faire aucun effet entre les parties. Enfin, sur les lettres de 1676, par lesquelles le roi déclaroit n'avoir point fait d'érection nouvelle en 1661, mais renouvelé l'érection de Piney en faveur de M. de Luxembourg, deux réponses : la première que c'étoit pour la première fois qu'on en entendoit parler (et en effet M. de La Rochefoucauld en ayant témoigné au roi sa surprise, il lui répondit qu'il ne se souvenoit pas d'avoir jamais donné ces lettres, à quoi M. de La Rochefoucauld, en colère, répliqua que c'étoient là des tours de passe-passe de M. de Louvois, qui en ce temps-là étoit fort ami de M. de Luxembourg) ; que ces lettres, qui n'étoient point enregistrées, étoient surannées, et partant de nul effet ; que d'ailleurs n'ayant jamais été connues jusqu'alors, elles ne pouvoient passer pour contradictoires et pour juger, sans entendre les parties, un procès pendant entre elles, et un procès de telle qualité et entre de telles parties sous la cheminée, et demeurer incognito vingt ans ainsi dans la poche de M. de Luxembourg. Deuxièmement enfin, qu'à toute rigueur l'expression de renouveler n'emportoit point le rang d'ancienne érection, puisqu'en effet un ancien duché-pairie, autrefois érigé pour une maison, et depuis érigé pour une autre, n'étoit à l'égard de cette terre qu'un véritable renouvellement. Telles furent les raisons fondamentales de part et d'autre sur lesquelles on comprend que les avocats trouvèrent de quoi exercer leur éloquence d'une part, leurs subtilités de l'autre; mais ce qui vient d'être exposé suffit pour expliquer toute la matière en gros sur laquelle roula tout ce procès.

Disons un mot des opposants, desquels il faut ôter MM. de Chevreuse et de Bouillon, par les raisons qui en ont été rapportées. M. d'Elbœuf ne fit que nombre et ne se mêla jamais de rien, sinon de demeurer uni aux autres. M. de Ventadour parut quelquefois aux assemblées, fit à peu près ce qu'on désira de lui, mais au payement près, il ne menoit pas une vie à le mettre en œuvre. M. de Vendôme se présenta et fit bien, mais à sa manière et ne pouvant se contraindre à rien. M. de Lesdiguières étoit un enfant, et sa mère une espèce de fée, sur qui son cousin de Villeroy avoit tout crédit; ainsi ce fut beaucoup pour elle que de laisser le nom de son fils, dont elle étoit tutrice, parmi ceux des opposants. M. de Brissac obscur, ruiné et d'une vie étrange, ne sortoit plus de son château de Brissac, et ne fit que laisser son nom parmi les autres. M. de Sully peu assidûment, mais fermement. MM. de Chaulnes, de Richelieu, de La Rochefoucauld et de La Trémoille, étoient ceux sur qui tout portoit, auquel le bonhomme M. de La Force se joignit dignement tant qu'il put, et M. de Rohan aussi; mais M. de Richelieu et lui étoient gens à boutade qui ne donnèrent pas peu d'affaires aux autres. M. de Monaco y étoit ardent, sauf ses parties et sa bourse, encore payoit-il bien en rognonnant; mais c'étoit des farces pour tirer le contingent du duc de Rohan.

Les intendants de MM. de La Trémoille et de La Rochefoucauld, nommés Magneux et Aubry, gens d'honneur, capables, laborieux, et infiniment touchés de cette affaire, en étoient les principaux directeurs, et Riparfonds, avocat célèbre consultant, étoit le chef de nos avocats et de notre conseil, chez qui se tenoient toutes nos assemblées toujours une après-dînée de chaque semaine et quelquefois plus souvent, où M. de La Rochefoucauld ne manquoit jamais quoiqu'il ne couchât presque jamais à Paris, et qui y rendit par son exemple les autres très-assidus et fort ponctuels à l'heure; les plus ardents et les plus continuellement à tout étoient MM. de La Trémoille, de Chaulnes, La Rochefoucauld et La Force, M. de Monaco autant qu'il étoit en lui, et plus qu'aucuns MM. de Richelieu et de Rohan, mais comme il a été dit, pleins de boutades et de fantaisies.

Je me rendis assidu aux assemblées, je m'instruisis et de l'affaire en soi, et de ce qui se passoit par rapport à elle; ce que je hasardai de dire dans les assemblées n'y déplut point. Riparfonds et les deux intendants conducteurs me prirent en amitié; je plus aux ducs. M. de La Rochefoucauld, tout farouche qu'il étoit, et par son nom et le mien peu disposé pour moi, s'apprivoisa tout à fait avec moi; l'intimité de M. de Chaulnes avec mon père se renouvela avec moi, ainsi que l'amitié qu'il avoit eue avec le bonhomme La Force; je fis une amitié intime avec M. de La Trémoille, et je n'oserois dire que j'acquis une sorte d'autorité sur M. de Richelieu, qui avoit été aussi fort ami de mon père, et sur le duc de Rohan, qui fut plus d'une fois salutaire et à la cause que nous soutenions et à eux-mêmes. Chacun opinoit là en son rang; on ne s'interrompoit point, on n'y perdoit pas un instant en compliments ni en nouvelles, et personne ne s'impatientoit de la longueur des séances, qui étoient souvent fort prolongées, pas même M. de La Rochefoucauld qui retournoit toujours au coucher du roi, à Versailles, et chacun se piqua d'exactitude et d'assiduité.

Le procès commencé tout de bon, nous fîmes nos sollicitations ensemble, couplés deux dans un carrosse, et nous ne fûmes pas longtemps sans nous apercevoir de la mauvaise volonté du premier président qui, dans une affaire qui, par sa nature et le droit, ne pouvoit être jugée que par l'assemblée de toutes les chambres, et les pairs, non parties, ajournés, se hâta de nommer de petits commissaires pour être examinée chez lui et s'en rendre plus aisément le maître ; ce qui étoit contre toutes les règles dans une affaire de cette qualité. Catinat, frère du maréchal, Bochard de Saron, Maunourry et Portail rapporteur, furent les quatre petits commissaires. Harlay fit bientôt pis : Bochard s'étant récusé comme parent de la duchesse de Brissac-Verthamont, Joly de Fleury lui fut substitué. Or Joly étoit beau-frère du président Talon, qui s'étoit récusé comme parent de M. de Luxembourg et s'étoit, comme on l'a dit, mis ouvertement à la tête de son conseil ; et, outre que ces deux hommes étoient si proches, ils étoient de plus amis intimes. Les choses ainsi bien arrangées par le premier président, il voulut étrangler le jugement et passa sur toutes sortes de formes pour exécuter promptement ce dessein.

Tandis qu'on lui laissoit faire ce qu'on ne pouvoit empêcher, nous fûmes avertis d'un nouveau factum de M. de Luxembourg, dont on avoit tiré très-secrètement peu d'exemplaires ; qu'il en avoit fait aussitôt après rompre les planches, et qu'il se distribuoit sous le manteau aux petits commissaires et à peu de conseillers sur lesquels il comptoit le plus. Ce factum contre toutes règles ne nous fut point signifié et par ce défaut ne pouvoit servir de pièce au procès ; mais l'intérêt de nous le cacher étoit capital de peur d'une réponse, et le conseil de M. de Luxembourg comptoit persuader ses juges par ces nouvelles raisons, quoique non produites. Maunourry, l'un des petits commissaires, eut horreur d'une supercherie qui n'alloit à rien moins qu'à nous faire perdre notre procès. Il prêta ce factum si secret à Magneux, intendant du duc de La Trémoille, qui le fit copier en une nuit, et qui le lendemain, qui étoit un mardi, fit assembler chez Riparfonds extraordinairement. Là, ce factum fut lu. On y trouva quantité de faits faux, plusieurs tronqués et un éblouissant tissu de sophismes. La science de Talon et l'élégance et les grâces de Racine y étoient toutes déployées. On jugea qu'il étoit capital d'y répondre; et, comme nous devions être jugés le vendredi suivant, il fut arrêté de nous assembler le lendemain mercredi matin chez Riparfonds, et de partir de là tous ensemble pour aller demander au premier président délai jusqu'au lundi, lui représenter l'importance dont il nous étoit de répondre à la découverte que nous avions faite, et que, du mercredi où nous étions au lundi suivant, ce n'étoit pas trop pour répondre, imprimer, et distribuer notre mémoire ; et pour faciliter cette justice, il fut résolu de donner notre parole de ne rien faire qui pût retarder le jugement au delà du lundi.

Le lendemain matin donc, nous nous trouvâmes chez Riparfonds, rue de la Harpe : MM. de Guéméné ou Montbazon, La Trémoille, Chaulnes, Richelieu, La Rochefoucauld, La Force, Monaco, Rohan et moi, d'où nous allâmes tous et avec tous nos carrosses chez le premier président à l'heure de l'audience, qu'il donnoit toujours chez lui en revenant du palais. Nous entrâmes dans sa cour, le portier dit qu'il y étoit et ouvrit la porte. Ce fracas de carrosses fit apparemment regarder des fenêtres ce que c'étoit, et comme nous nous attendions les uns les autres à être tous entrés pour descendre de nos carrosses et monter ensemble le degré, arriva un valet de chambre du premier président, aussi composé que son maître, qui nous vint dire qu'il n'étoit pas chez lui et à qui nous ne pûmes jamais faire dire où il étoit ni à quelle heure de la journée il seroit visible. Nous n'eûmes d'autre parti à prendre que de retourner chez notre avocat et délibérer là de ce qui étoit à faire. Chacun y exhala sa bile sur le parti pris de nous étrangler, et sur l'espèce d'injure, d'une part, et de déni de justice, de l'autre, de nous avoir renvoyés, comme le premier président, constamment chez lui, venoit de faire.

Dans cette situation on résolut de rompre ouvertement avec un homme qui ne gardoit aucune mesure, et de ne rougir de rien pour traîner en longueur, tant qu'il nous seroit possible, un procès où la partie étoit manifestement faite et sûre de nous le faire perdre, et faite, par ce que nous voyions, tout ouvertement. Pour l'exécuter il fut proposé de former une demande au conseil, par M. de Richelieu qui avoit toutes ses causes commises au grand conseil, pour y faire renvoyer celle-ci ; ce qui formeroit un procès de règlement de juges, au moyen duquel nous aurions le temps de respirer et de trouver d'autres chicanes. Je dis *chicanes*, car ce procès ne pouvoit, de nature et de droit, sortir du parlement, ni être valablement jugé ailleurs. On applaudit à l'expédient ; mais, dès qu'on se mit à en examiner la mécanique, il se trouva que le temps étoit trop court, jusqu'au surlendemain que nous devions être jugés, pour qu'aucune requête de M. de Richelieu, tendante à cet expédient, pût être introduite.

L'embarras devint grand, et notre affaire se regardoit comme déplorée, lorsqu'un des gens d'affaires, élevant la voix, demanda si personne de nous n'avoit de lettres d'État[1], chacun se regarda et pas un d'eux n'en avoit. Celui qui en avoit fait la demande dit que c'étoit pourtant le seul moyen de sauver l'affaire ; il en expliqua la mécanique, et nous fit

---

1. Les *lettres d'État* étaient accordées aux ambassadeurs, aux officiers de guerre et à tous ceux qui étaient obligés de s'absenter pour un service public. Elles suspendaient pour six mois toutes les poursuites dirigées contre eux. Ce délai expiré, elles pouvaient être reprises.

voir que quand elles seroient cassées au premier conseil de
dépêches, comme on devoit bien s'y attendre, la requête de
M. de Richelieu se trouveroit cependant introduite, et l'instance liée au conseil en règlement de juges. Sur cette
explication je souris, et je dis que s'il ne tenoit qu'à cela,
l'affaire étoit sauvée, que j'avois des lettres d'État et que je
les donnerois, à condition que je pourrois compter qu'elles
ne seroient cassées qu'au seul regard de M. de Luxembourg.
Là-dessus acclamations de ducs, d'avocats, de gens d'affaires, compliments, embrassades, louanges, remercîments
comme des gens morts qu'on ressuscite, et MM. de La Trémoille et de La Rochefoucauld se firent fort devant tous que
mes lettres d'État ne seroient cassées qu'au seul regard de
M. de Luxembourg. Aucune dette criarde n'avoit fait quoi
que ce soit à la mort de mon père. Pussort, fameux conseiller d'État, d'Orieu et quelques autres magistrats très-
riches, nos créanciers, avoient voulu mettre le feu à mes
affaires, qui m'avoient fait prendre des lettres d'État pour
me donner le temps de les arranger. J'avois été fort irrité
contre leurs procédés, mais je fus si aise de me trouver par
cela même celui qui sauvoit notre préséance, que je pense
que je les leur pardonnai.

La chose pressoit; je dis que ma mère avoit ces lettres
d'État et que je m'en allois les chercher. J'éveillai ma mère
à qui je dis assez brusquement le fait. Elle, tout endormie,
ne laissa pas de vouloir me faire des remontrances sur ma
situation et celle de M. de Luxembourg. Je l'interrompis et
lui dis que c'étoit chose d'honneur, indispensable, promise, attendue sur-le-champ, et, sans attendre de réplique,
pris la clef du cabinet, et puis les lettres d'État, et cours
encore. Ces messieurs de l'assemblée eurent tant de peur
que ma mère n'y voulût pas consentir, que je ne fus pas
parti qu'ils envoyèrent après moi MM. de La Trémoille et de
Richelieu pour m'aider à exorciser ma mère. Je tenois déjà
mes lettres d'État, comme on nous les annonça. Je les allai

trouver avec les excuses de ma mère qui n'étoit pas encore visible. Un contre-temps qui nous arrêta un moment donna courage à ma mère de se raviser. Comme nous étions sur le degré, elle me manda que, réflexion faite, elle ne pouvoit consentir que je donnasse mes lettres d'État contre un homme tel qu'étoit lors M. de Luxembourg. J'envoyai promener le messager, et je me hâtai de monter en carrosse avec les deux ducs qui ne se trouvèrent pas moins soulagés que moi de me voir mes lettres d'État à la main.

Ce contre-temps, le dirai-je à cause de sa singularité ? M. de Richelieu avoit pris un lavement le matin, et sans le rendre vint de la place Royale chez Riparfonds, de là chez le premier président avec nous, et avec nous revint chez Riparfonds, y demeura avec nous à toutes les discussions, enfin vint chez moi. Il est vrai qu'en y arrivant il demanda ma garde-robe, et y monta en grande hâte ; il y laissa une opération telle que le bassin ne la put contenir, et ce fut ce temps-là qui donna à ma mère celui de faire ses réflexions, et de m'envoyer redemander mes lettres d'État. S'exposer à toutes ces courses et garder un lavement un si long temps, il faut avoir vu cette confiance et ce succès pour le croire.

En retournant chez Riparfonds, nous trouvâmes le duc de Rohan en chemin, que ces messieurs, de plus en plus inquiets, envoyoient à notre secours. Je lui montrai mon papier à la main, et il rebroussa après nous. Je ne puis dire avec quelle satisfaction je rentrai à l'assemblée, ni avec combien de louanges et de caresses j'y fus reçu. La pique étoit grande, et n'avoit pas moins gagné tout notre conseil que nous-mêmes. Ce fut donc à qui de tous, ducs et conseil, me recevroit avec plus d'applaudissements et de joie, et à mon âge j'en fus fort flatté. Il fut conclu que le lendemain jeudi, veille du jour que nous devions être jugés, mon intendant et mon procureur iroient à dix heures du soir signifier mes lettres d'État au procureur de M. de Luxembourg et au suisse de son hôtel, et que le même jour je m'en irois au village de Longnes, à huit lieues de Paris, où étoit ma compagnie, pour colorer au moins ces lettres d'État de quelque prétexte. Le soir je m'avisai que j'avois oublié un grand bal que Monsieur donnoit à Monseigneur au Palais-Royal, le lendemain au soir jeudi, qui se devoit ouvrir par un branle, où je devois mener la fille de la duchesse de La Ferté qui ne me le pardonneroit point si j'y manquois, et qui étoit une égueulée sans aucun ménagement. J'allai conter cet embarras au duc de La Trémoille, qui se chargea de faire trouver bon aux autres que je ne m'attirasse pas cette colère, de manière que j'étois au bal tandis qu'on signifioit mes lettres d'État.

Le vendredi matin je fus à l'assemblée où tous m'approuvèrent, excepté M. de La Rochefoucauld, qui gronda et que j'apaisai par mon départ, et qui se chargea de le dire au roi et sa cause.

En partant je crus devoir tout faire pour me conserver dans les mesures où je m'étois mis avec M. de Luxembourg. J'écrivis donc dans cet esprit une lettre ostensible à Cavoye, où je mis tout ce qui convenoit à la différence d'âge et d'emplois, sur la peine que j'avois de la nécessité où je m'étois trouvé sur cette signification de lettres d'État. Cavoye étoit le seul des amis les plus particuliers de M. de Luxembourg, qui eût été fort de la connoissance de mon père. Sans esprit, mais avec une belle figure, un grand usage du monde, et mis à la cour par une maîtresse intrigante de mère qui y avoit dans son médiocre état beaucoup d'amis, il s'en étoit fait de considérables, mis très-bien auprès du roi et sur un pied de considération à se faire compter fort au-dessus de son état de gentilhomme trèssimple, et de grand maréchal des logis de la maison du roi. Il est aisé de comprendre avec combien de dépit M. de Luxembourg vit tous ses projets déconcertés par ces lettres d'État. Il courut au roi en faire ses plaintes, et n'épargna aucun de nous dans celles qu'il fit au public. Les lettres d'État furent cassées au premier conseil des dépêches, comme nous nous y étions bien attendus; mais, comme ces messieurs me l'avoient promis, elles ne le furent qu'à l'égard de cette seule affaire. M. de Luxembourg en triompha, et compta qu'avec ce vernis de plus, son procès alloit finir tout court à son avantage. Il employa tout le lendemain de ce succès à le remettre sur le bureau au même point d'où il avoit été suspendu; il remua tous ses amis et vit tous ses juges. En effet, aussi bien secondé qu'il l'étoit parmi eux, tout fut en état de le juger le lendemain, lorsque, rentrant chez lui bien tard et bien las de tant de courses, il y trouva la signification de M. de Richelieu entre les mains de son suisse, que son intendant à peine osa lui dire avoir aussi été faite à son procureur.

Ce coup porté, les opposants m'envoyèrent mon congé à Longnes où mon exil n'avoit duré que six jours. Je trouvai tout en feu : M. de Luxembourg avoit perdu toute mesure, et les ducs qu'il attaquoit n'en gardoient plus avec lui. La cour et la ville se partialisèrent, et d'amis en amis personne ne demeura neutre ni prenant médiocrement parti. J'eus à essuyer force questions sur mes lettres d'État. J'avois pour moi raison, justice, nécessité et un parti ferme et bien organisé, et des ducs mieux avec le roi que n'y étoit M. de Luxembourg. J'avois de plus eu soin de mettre pour moi les procédés. Je les répandis, et comme je sus que M. de Luxembourg et les siens s'étoient licenciés sur moi comme sur la partie la plus foible, et de qui le coup qui les déconcertoit étoit parti, je ne me contraignis avec aucun d'eux.

Cavoye tout en arrivant me dit qu'il avoit montré mon billet à M. de Luxembourg, qu'il vouloit bien pardonner à ma jeunesse une chicane inouïe entre des gens comme nous, et qui en effet étoit un procédé fort étrange. Une réponse si fière à mes honnêtetés si attentives me piqua. Je répondis à Cavoye que je m'étonnois fort d'une réponse si peu méritée, et que je n'avois pas encore appris qu'entre gens comme nous, il ne fût pas permis d'employer une juste défense contre une attaque dont les moyens l'étoient si peu ; que, content pour moi-même d'avoir donné à tout ce qu'étoit M. de Luxembourg tout ce que mon âge lui devoit, je ne songerois plus qu'à donner aussi à ma préséance et à mon union à mes confrères tout ce que je leur devois, sans m'arrêter plus à des ménagements si mal reçus. J'ajoutai qu'il le pouvoit dire à M. de Luxembourg, et je quittai Cavoye sans lui laisser le loisir de la repartie.

Le roi soupoit alors, et je fis en sorte de m'approcher de sa chaise et de conter cette courte conversation et ce qui y avoit donné lieu à Livry, parce qu'il étoit tout auprès du roi ; ce que je ne fis que pour en être entendu d'un bout à l'autre, comme je le fus en effet ; et de là je la répandis dans le monde. Les ducs opposants, et principalement MM. de La Trémoille, de Chaulnes et de La Rochefoucauld, me remercièrent de m'être expliqué de la sorte, et je dois à tous, et à ces trois encore plus, cette justice, qu'ils me soutinrent en tout et partout et firent leur affaire de la mienne avec une hauteur et un feu qui fit taire beaucoup de gens, et qui par M. de La Rochefoucauld surtout me servit fort bien auprès du roi. Au bout de quelques jours je m'aperçus que M. de Luxembourg, lorsque je le rencontrois, ne me rendoit pas même le salut. Je le fis remarquer, et je cessai aussi de le saluer, en quoi, à son âge et en ses places, il perdit plus que moi, et fournit par là aux salles et aux galeries de Versailles un spectacle assez ridicule.

CHAPITRE X.

Éclat entre MM. de Richelieu et de Luxembourg, dont tout l'avantage demeure au premier. — M. de Bouillon moqué par le premier président Harlay, et son repentir. — Sa chimère d'ancienneté et celle de M. de Chevreuse. — Tentative échouée de la chimère d'Épernon. — Prétention de la première ancienneté des Vendôme désistée en même temps que formée. — D'où naît le rang intermédiaire des bâtards. — Ruse, adresse, intérêt, succès du premier président Harlay et sa maligne formation de ce rang intermédiaire. — Déclaration du roi pour le rang intermédiaire. — Harlay obtient parole du roi d'être chancelier. — Princes du sang priés de la bouche du roi de se trouver à l'enregistrement et à l'exécution de sa déclaration, et les pairs, de sa part, par une lettre à chacun de l'archevêque-duc de Reims. — M. le Duc et M. le prince de Conti mènent M. du Maine chez MM. du parlement. — M. de Vendôme mené chez tous les pairs et chez MM. du parlement par M. du Maine, et reçu comme lui au parlement sans presque aucun pair. — MM. du Maine et de Toulouse visités comme les princes du sang par les ambassadeurs.

L'affaire en règlement de juges se poussa vivement au conseil. Chacun de nous, excepté M. de Lesdiguières et moi à cause de notre minorité, y forma une demande à part pour allonger, chose dont nous ne nous cachions plus. Force factums de part et d'autre, et force sollicitations comme nous avions fait au parlement. M. de Vendôme et moi fûmes chargés d'aller ensemble parler au chancelier Boucherat, et nous y fûmes à la chancellerie à Versailles de chez Livry où M. de Vendôme m'avait donné rendez-vous. Argouges, Bignon, Ribeyre et Harlay, gendre du chancelier, tous conseillers d'État, furent nos commissaires, et Creil de Choisy, maître des requêtes, rapporteur. Quantité de conseillers d'État se récusèrent; Bignon aussi, comme parent de la duchesse de Rohan. Nous regrettâmes sa vertu et sa capacité; on ne le remplaça point. Argouges s'étoit ouvert à M. de La Rochefoucauld d'être pour nous, et manqua de parole, ce que le duc lui reprocha cruellement. Ribeyre, gendre du premier président de Novion, grand ennemi des pairs, et aussi fort maltraité par eux, fut soupçonné d'avoir épousé les haines de son beau-père, quoique homme d'honneur et de probité. Harlay fut entraîné par sa famille et par le bel air, auquel il n'étoit pas insensible. Cette même raison donna à M. de Luxembourg le gros des maîtres des requêtes, petits-maîtres de robe, et fort peu instruits du droit public et de ces grandes questions, de manière que nous fûmes renvoyés au parlement; mais notre vue n'en fut pas moins remplie. Nous voulions gagner temps, et par ce moyen notre procès se trouva hors d'état d'être jugé de cette année.

Cependant les procédures s'étoient peu à peu tournées en procédés : il y avoit toujours eu quelques propos aigres-doux à l'entrée du conseil entre quelques-uns de nous et M. de Luxembourg; et comme c'est une suite presque immanquable dans ces sortes de procès de rang, l'aigreur et la pique s'y étoient mises. Je ne fus pas le seul à qui plus particulièrement qu'aux autres M. de Luxembourg fit sentir la sienne, qui pour le dire en passant ne saluoit presque plus M. de La Rochefoucauld et plus du tout MM. de La Trémoille et de Richelieu.

Il étoit plus personnellement outré contre ce dernier d'avoir vu toutes ses mesures rompues par le règlement de juges entrepris au conseil sous son nom; aussi n'épargna-t-il ni sa personne, ni sa conduite, ni le ministère du cardinal de Richelieu dans un de ses factums. M. de Richelieu, très-vivement offensé, fit sur-le-champ une réponse, et tout de suite imprimer et distribuer, par laquelle il attaqua la fidélité dont M. de Luxembourg avoit vanté sa maison, par les complots du dernier duc de Montmorency pris en bataille dans son gouvernement contre le feu roi à Castelnaudary, et pour cela exécuté à Toulouse en 1632 ; et la personne de M. de Luxembourg, par sa conduite sous M. le Prince, par sa prison pour les poisons et les diableries, par la sellette sur laquelle il avoit été interrogé et avoit répondu, et par la lâcheté qui l'avoit empêché en cette occasion de réclamer les droits de sa dignité et demander à être jugé en forme de pairie. Outre ces faits, fortement articulés, le sel le plus âcre y étoit répandu partout.

M. de Richelieu ne s'en tint pas là : il rencontra M. de Luxembourg dans la salle des gardes à Versailles. Il fut droit à lui. Il lui dit qu'il étoit fort surpris de son procédé à son égard, mais qu'il n'étoit point ladre (ce furent ses termes) ; que dans peu il en verroit paroître une réponse aussi vive que son factum la méritoit ; qu'au reste, il vouloit bien qu'il sût qu'il ne le craignoit ni à pied ni à cheval, ni lui ni sa séquelle, ni à la cour ni à la ville, ni même à l'armée quand bien même il iroit, ni en pas un lieu du monde. Tout cela fut dit avec tant d'impétuosité, et il lui tourna le dos après avec tant de brusquerie, que M. de Luxembourg n'eut pas l'instant de lui répondre un mot, et, quoique fort accompagné à son ordinaire et au milieu des grandeurs de sa charge, il demeura confondu. L'effet répondit à la menace. Le lendemain le factum fut signifié et débité partout.

Des pièces aussi fortes, et une telle sortie faite à un capitaine des gardes du corps au milieu de sa salle, firent le bruit qu'on peut imaginer. Tous les ducs opposants et tout ce qu'ils eurent d'amis très-disposés à soutenir pleinement le duc de Richelieu, tout ce que la charge et le commandement des armées donnoit de partisans en même dessein pour lui, étoit un mouvement fort nouveau qui pouvoit avoir de grandes suites. M. de Luxembourg sentit à travers sa colère qu'il s'étoit attiré ce fracas par les injures de son factum ; il comprit que solliciter pour lui, ou prendre un parti éclatant contre dix-sept pairs de France, seroit chose fort différente, et la dernière une partie difficile à lier; que les princes du sang, ses amis intimes, se garderoient bien de s'y laisser aller; que le roi, qui au fond ne l'aimoit pas, seroit tenu de près par le gros de ses parties, et en particulier par le duc de La Rochefoucauld; et que Mme de Maintenon, amie intime, de tous les temps, du duc de Richelieu, et toujours depuis dans la liaison la plus étroite avec lui, qui seul de la cour la voyoit à toutes heures, feroit son affaire propre de la sienne. Le héros en pâlit, et eut recours à ses amis pour le tirer de ce fâcheux pas. Il s'adressa à M. le Prince et aux ducs de Chevreuse et de Beauvilliers, à quelques autres encore de moindre étoffe qu'il crut le pouvoir servir. Il fit offrir par les trois premiers à M. de Richelieu une excuse verbale avec la suppression entière de son factum à condition de celle de la réponse.

M. de Richelieu, prié de se trouver chez M. le Prince avec les ducs de Chevreuse et de Beauvilliers, y fut prêché plus d'une fois sans se vouloir rendre, tandis que sa réponse couroit de plus en plus, et qu'il la faisoit distribuer à pleines mains, et à la fin se rendit. Là fut réglé comme la chose devoit se passer. M. de Luxembourg, à jour et heure marquée, rencontra M. de Richelieu chez le roi dans un de ces temps de la journée où il y a le plus de monde. Il s'approcha de lui et lui dit ces propres termes : « Qu'il étoit très-fâché de l'impertinence du factum publié contre lui, qu'il lui en faisoit ses excuses, qu'il le supplioit d'être persuadé qu'il l'avoit toujours fort estimé et honoré et le faisoit encore, ainsi que la mémoire de M. le cardinal de Richelieu; qu'au reste il n'avoit point du tout vu cette pièce, qu'il châtieroit ses gens d'affaires auxquels il avoit toujours soigneusement défendu toute sorte d'invectives, qu'enfin il avoit donné ordre très-précis pour la faire entièrement supprimer. » M. de Richelieu, vif et bouillant, le laissa dire et lui répondit après quelques honnêtetés entre ses dents, qu'il finit par une assurance mieux prononcée qu'il feroit aussi supprimer sa réponse. Elles le furent en effet de part et d'autre, mais après que M. de Richelieu nous en eut donné à nous tous, et à notre conseil, à ses amis à pleines mains, et surtout aux bibliothèques.

En même temps, l'honnêteté et la bienséance furent un peu rétablies entre M. de Luxembourg et nous. Je fus surpris d'en recevoir le premier des demi-révérences ; j'y répondis par d'entières qui l'engagèrent à me saluer désormais à l'ordinaire, mais sans nous parler ni nous approcher, comme cela n'arrivoit que très-rarement et à fort peu d'entre nous.

M. de Bouillon, anciennement en cause avec nous, s'en étoit désisté, comme je l'ai dit, dès le commencement de ce renouvellement ; et, sans nous en dire un mot à pas un, l'avoit fait signifier à quelques-uns de nous, entre autres à M. de La Rochefoucauld et à moi. Son prétexte étoit misérable, parce qu'il n'avoit rien de commun avec M. de Luxembourg. Celui-ci prétendoit à titre de son mariage, l'autre par celui de son échange de Sédan avec le roi. Il fut mal payé de cette désertion en plus d'une manière. Il en parla au premier président qui, n'ayant pas les mêmes raisons à son égard qu'à celui de M. de Luxembourg, lui répondit, avec un sourire moqueur et une gravité insultante, que les duchés d'Albret et de Château-Thierry ne sont point femelles dans leur première érection ; qu'elle avoit été faite pour Henri III et pour Henri IV, avant qu'ils parvinssent à la couronne ; que, pour obtenir l'ancienneté de ces érections, il falloit qu'il prouvât sa descendance masculine de ces princes ; qu'il souhaitoit pour l'amour de lui qu'il le pût faire, et le laissa fort étourdi et fort honteux d'une réponse si péremptoire et telle. M. de Luxembourg, de son côté, n'oublia aucune raison dans un de ses factums, pour mettre au grand jour la chimère de la prétention de M. de Bouillon et pour la mettre en poudre ; de sorte que nous aurions été pleinement vengés, et par nos parties mêmes, si le crédit et la considération que nous pouvions espérer de son union avec nous avoit pu nous laisser quelque chose à regretter.

Honteux enfin d'être si mal reconnu de ceux à qui il avoit voulu plaire, et embarrassé à l'excès des plaisanteries fines de M. de Chaulnes, et des railleries piquantes de MM. de La Trémoille et de La Rochefoucauld, il fit des excuses au dernier; se rejeta sur ses gens d'affaires et avoua son tort et son repentir.

Pour M. de Chevreuse, qui se couvrit du prétexte du mariage de sa fille, comme je l'ai dit plus haut, et qui cachoit sous cette apparence sa prétention de l'ancienne érection de Chevreuse, il ne fut point du tout ménagé par son oncle de Chaulnes, qui le mettoit à bout par ses railleries qui ne finissoient point, et auxquelles il se lâchoit avec moins de ménagements qu'il n'auroit fait avec un étranger. Nous perdîmes à celui-là beaucoup, et par sa considération, et par son esprit et sa capacité, et par un grand nombre de mémoires sur toutes ces matières de pairies, faits ou recueillis par le duc de Luynes, son père, qui y était fort savant, et qu'il ne voulut jamais nous communiquer.

Ce procès donna occasion à une autre tentative. Le célèbre duc d'Épernon avoit été fait duc et pair, 27 novembre 1581, un mois avant la première érection de Piney, dont M. de Luxembourg prétendoit l'ancienneté sur nous. Son fils aîné, mort à Casal, 11 février 1639, à quarante-huit ans, n'eut point d'enfants; le cardinal de La Valette, son frère, mourut à Rivoli, près de Turin, 28 septembre, même année 1639, à quarante-sept ans; général de l'armée françoise, tous deux avant leur fameux père, mort, retiré à Loches, 1641, à quatre-vingt-huit ans; le duc d'Épernon, son second fils, qui lui succéda, mourut à Paris, 25 juillet 1661, à soixante et onze ans. Il avoit perdu le duc de Candale, son fils unique, sans alliance, à Lyon, 28 janvier 1658, à trente ans, et ne laissa qu'une seule fille qui voulut absolument quitter un si puissant établissement et se faire carmélite à Paris, au couvent du faubourg Saint-Jacques, où elle est morte, 22 août 1701, à soixante-dix-sept ans et cinquante-trois de profession; que la reine faisoit toujours asseoir et par ordre du roi quand elle alloit aux carmélites, comme duchesse d'Épernon, malgré toute l'humilité de cette sainte et spirituelle religieuse. Ainsi, le duché-pairie d'Épernon étoit éteint depuis 1661. Le premier et fameux duc d'Épernon avoit un frère aîné tué, sans enfants, devant Roquebrune de Provence qu'il assiégeoit, 11 février 1592, général de l'armée du roi, à quarante ans, homme de la meilleure réputation et de la plus grande espérance. Ils avoient trois sœurs, dont les deux cadettes moururent mariées, l'une au frère du duc de Joyeuse, qui de douleur de sa mort se fit capucin, et c'est ce célèbre capucin de Joyeuse dont la fille unique épousa le duc de Montpensier, qui ne laissa qu'une fille unique, que le feu roi fit épouser à Gaston, son frère, qui n'en eut qu'une fille unique, Mlle de Montpensier, morte fille en 1693, dont j'ai ci-devant parlé. L'héritière de Joyeuse, fille du capucin et de la sœur du premier duc d'Épernon, et veuve du dernier Montpensier, se remaria au duc de Guise, fils de celui qui fut tué aux derniers états de Blois, dont plusieurs fils morts sans alliance : le duc de Guise, dit de Naples, de l'expédition qu'il y tenta, mort sans enfants; le duc de Joyeuse, père du dernier duc de Guise, qui eut l'honneur d'épouser Mlle d'Alençon, dernière fille de Gaston, en 1667, et qui mourut à Paris, en 1671, à vingt et un ans, ne laissant qu'un fils unique, mort en 1675, avant cinq ans; Mlle de Guise qui avoit fait ce grand mariage de son neveu et qui a vécu fille avec tant de splendeur et est morte à Paris, la dernière de la branche de Guise, 3 mars 1688, à soixante-dix-sept ans, et l'abbesse de Montmartre. De cette sœur de M. d'Épernon aucun descendant n'en a réclamé la pairie. L'autre sœur cadette épousa le comte de Brienne, depuis duc à brevet, fils du frère aîné du premier duc de Luxembourg-Piney, et elle mourut sans enfants, et son mari le dernier de sa branche. Ainsi, nulle prétention.

Leur sœur aînée avoit épousé, 21 avril 1582, Jacques

Goth, marquis de Rouillac, grand sénéchal de Guyenne; leur fils, Louis Goth, marquis de Rouillac, hérita de la terre d'Épernon. Il mourut en 1662, et laissa un fils né en 1631, qui porta le nom de marquis de Rouillac, mais qui fut plus connu sous le nom de faux duc d'Épernon, parce qu'il en prit le titre après la mort de son père, qu'il se faisoit donner par ses amis et par ses valets. C'étoit un homme violent, extraordinaire, grand plaideur, et qui eut des aventures de procès fort désagréables. Il se piqua d'une grande connoissance de l'histoire, et fit imprimer un ouvrage de la véritable origine de la dernière race de nos rois qui trouva des critiques et des savants qui le réfutèrent. Il n'eut jamais aucun honneur, ni ne put obtenir permission de porter ses prétentions en jugement. Il ne laissa qu'une seule fille et point de fils, et fut le dernier de sa branche. Cette fille se trouva avoir infiniment d'esprit, de savoir et de vertu; elle se fit beaucoup d'amis et d'amies, et entre autres Mademoiselle, fille de Gaston, qui obtint du roi de fermer les yeux à ce qu'elle se fît appeler Madame, comme duchesse d'Épernon, sans pourtant en avoir, ni rang, ni honneur, ni permission de faire juger sa prétention.

Ce procès de M. de Luxembourg la réveilla. Le cardinal d'Estrées étoit fort bien auprès du roi, et toute sa maison étoit en splendeur. Elle s'adressa à lui et au maréchal d'Estrées, son frère, pour obtenir la permission du roi de faire juger sa prétention en épousant le comte d'Estrées, vice-amiral, en survivance du maréchal son père. Le roi y entra, et aussitôt MM. d'Estrées se mirent en grand mouvement; ils sentirent bien que la sœur d'un homme fait duc et pair, et non appelée par ses lettres d'érection au défaut de sa postérité, n'a nul droit d'y rien prétendre, mais ils espérèrent de nous épouvanter par leur bruit et leur crédit, et en même temps de nous séparer et de nous séduire. Ils briguèrent donc ceux qu'ils purent, et nous firent proposer de se départir de l'ancienneté et de prendre la queue, mais secrètement à chacun sa part, pour, à cette condition, obtenir un acquiescement de ceux qui s'en trouveroient éblouis. Malheureusement pour MM. d'Estrées le procès de M. de Luxembourg avoit uni ceux qu'il attaquoit, et les rassembloit en ce temps-là chez Riparfonds, leur avocat, toutes les semaines, une fois de règle, et très-souvent davantage. Là, chacun rapporta ce qui lui avoit été proposé par MM. d'Estrées sous le spécieux prétexte d'accélérer leur mariage, et d'éviter les piques et les brouilleries qui naissent si aisément de ces sortes d'affaires, mais sans toutefois aucune inquiétude du succès. On y trouva : 1° un défaut de droit radical tel que je le viens d'expliquer; 2° la proposition de céder l'ancienneté illusoire comme ne dépendant point d'un duc d'Épernon par héritage, puisqu'il ne le pouvoit être qu'au titre, et par conséquent de la date de son érection, et que de plus, quand il la pourroit céder, ses enfants seroient toujours en état de la reprendre. Il fut donc résolu de se moquer de ses manéges, et de répondre sur le même ton que les services et le crédit de MM. d'Estrées devoient plutôt leur procurer une érection nouvelle en faveur de M. le comte d'Estrées, qu'un procès dont nous soutiendrions unanimement le poids sans aucune crainte de l'issue. MM. d'Estrées, voyant ainsi la ruse et la menace inutiles, sentirent bien qu'ils ne réussiroient pas : le mariage fut rompu, et il ne fut plus question de cette prétention.

Toutes ces affaires différentes ne furent rien en comparaison d'une autre qu'elles firent naître, et dont l'entreprise donna lieu à la plus grande plaie que la pairie pût recevoir, et qui en devint la lèpre et le chancre. L'abbé de Chaulieu, qui gouvernoit les affaires de M. de Vendôme, imagina de lui faire prétendre l'ancienneté de la première érection de Vendôme en faveur du père du roi de Navarre, père d'Henri IV, et d'attaquer les ducs d'Uzès, d'Elbœuf, Ventadour, Montbazon ou Guéméné, et La Trémoille ses anciens. Feu M. d'Elbœuf, père de celui-ci, s'étoit toujours montré fort uni aux pairs, et fort jaloux des droits et du rang de la pairie en ce qui ne touchoit point les princes étrangers. M. de Chaulnes avoit attaqué M. d'Elbœuf par de fines railleries sur son indolence contre M. de Luxembourg, et il étoit venu à bout de l'exciter à imiter son père jusqu'à lui faire des remercîments de lui avoir ouvert les yeux, et il en étoit là, lorsque M. de Vendôme, persuadé par l'abbé de Chaulieu, obtint la permission du roi d'attaquer ses anciens, et leur donna la première assignation. Comme cela ne fut point poussé, je n'entrerai pas dans le prétendu droit de l'un ni dans celui des autres. L'affaire se commença à l'ordinaire fort civilement de part et d'autre, mais à peine y eut-il quelques procédures commencées que l'humeur s'y mit.

Dans ces circonstances, il arriva ce qui n'arrivoit presque jamais, et que depuis ne vit-on peut-être plus, que des gens sans charge suivissent le roi s'allant promener de Versailles à Marly. Le roi alloit toujours seul dans une calèche. Ce jour-là le second carrosse fut du capitaine des gardes et de M. de La Rochefoucauld, et avec eux, de M. le Grand, qui ne suivoit guère, et par extraordinaire des ducs d'Elbœuf et de Vendôme. Ces deux derniers parlèrent bientôt de leur procès avec civilités réciproques ; mais sur les significations réciproques, ils s'aigrirent, se picotèrent, et enfin se querellèrent. M. d'Elbœuf dit à M. de Vendôme qu'il n'étoit de naissance ni de dignité à ne rien céder et qu'il le précéderoit partout comme avoient fait ses pères. M. de Vendôme lui répondit avec feu qu'il ne pouvoit pas avoir encore oublié que son père n'avoit pas pris l'ordre parce qu'il l'y auroit précédé. L'autre à lui répliquer avec encore plus de chaleur qu'une fois n'étoit pas coutume, et que lui-même se pouvoit souvenir de l'aventure de son grand-père aux obsèques d'Henri IV qui, aux termes de la déclaration d'Henri IV d'un mois auparavant et non enregistrée, voulut prendre le premier rang et qui fut pris lui-même par le bras par le duc de Guise qui lui dit que ce qui pouvoit être hier n'étoit plus bon aujourd'hui, en le mettant derrière lui ; et lui fit prendre le rang de son ancienneté de pairie, dont ils n'étoient pas sortis depuis. M. de Vendôme auroit bien pu répliquer sur la promotion de l'ordre de Louis XIII ; mais M. de La Rochefoucauld et M. le Grand mirent le holà, les firent taire, et finirent cette dispute si vive et si haute le plus doucement qu'ils purent, comme ils arrivoient à Marly. La promenade et le retour se passèrent sans plus parler du procès et civilement entre eux ; mais dès que M. de Vendôme fut revenu à Versailles, il alla conter à M. du Maine ce qui lui étoit arrivé. Celui-ci, qui peu à peu par un usage dont le roi soutenoit l'usurpation, avoit pris toutes les manières des princes du sang et en recevoit à peu près tous les honneurs, sentit le peu d'assurance de son état. Il dit à M. de Vendôme de parler au roi de ce qui lui venoit d'arriver, et de le laisser faire. En effet, dès le même soir, immédiatement avant le coucher du roi, M. du Maine lui fit sentir le besoin qu'il avoit de titres enregistrés qui constatassent son rang, et le roi, qui n'y avoit pas songé, résolut de n'y perdre pas un moment.

Le lendemain, il ordonna à M. de Vendôme de se désister juridiquement de sa prétention du rang de la première érection de Vendôme, et il manda pour le jour suivant le premier président, le procureur général et le doyen du parlement, et dès ce même jour qui suivit cet ordre, la signification du désistement fut faite, qui surprit infiniment. Ce ne fut pas pour longtemps. Le roi ordonna à ces messieurs de dresser une déclaration en faveur de ses fils naturels, revêtus de pairie, pour précéder au parlement et partout tous autres pairs plus anciens qu'eux, de l'étendre beaucoup plus que celle d'Henri IV ; et de les mettre au niveau des princes du sang. Harlay, qui avoit cent mille écus de brevet de retenue[1] sur sa charge de premier président,

---

1. On appelait ainsi un brevet par lequel le roi donnait une certaine somme sur le prix d'une charge, d'un gouvernement, etc., à la femme

venoit d'en obtenir cinquante mille d'augmentation. Il étoit trop bon courtisan pour ne pas saisir une si sensible occasion de plaire, et trop habile pour n'en pas tirer tous ses avantages, et pour soi, et pour les usurpations de sa compagnie sur les pairs, en leur donnant les bâtards pour protecteurs par leur intérêt. Il pria donc le roi de trouver bon qu'il pensât quelques jours à une solide exécution de ses ordres, et qu'il pût en conférer avec celui principalement qu'ils regardoient. C'est ce qu'il avoit grand intérêt de lui faire goûter, et par lui au roi, l'adroit parti qu'il se proposoit d'en tirer pour les usurpations du parlement et de s'en faire à soi-même un protecteur, à tirer sur le temps pour le conduire à son but personnel.

Il fit donc entendre à M. du Maine qu'il ne feroit jamais rien de solide qu'en mettant les princes du sang hors d'intérêt et en leur en donnant un de soutenir ce qui seroit fait en sa faveur; que pour cela il falloit toujours laisser une différence entière entre les distinctions que le parlement faisoit aux princes du sang et celles qu'on lui accorderoit au-dessus des pairs, et former ainsi un rang intermédiaire qui ne blessât point les princes du sang, et qui au contraire les engageât à les maintenir dans tous les temps, par l'intérêt de se conserver un entre-deux entre eux et les pairs; que pour cela il falloit lui donner la préséance sur tous les pairs, et les forcer à se trouver à l'enregistrement de la déclaration projetée et à sa réception en conséquence qui se devoit faire tout de suite, lui donner le bonnet comme aux princes du sang qui depuis longtemps ne l'est plus aux pairs, mais lui faire prêter le même serment des pairs sans aucune différence de la forme et du cérémonial, pour en laisser une entière à l'avantage des princes du sang qui n'en prêtent point, et pareillement le faire entrer et sortir

---

aux héritiers ou aux créanciers du titulaire. C'était une véritable pension de retraite que le roi assurait aux principaux fonctionnaires et à leur famille et qui devait être payée par leur successeur.

de séance tout comme les pairs, au lieu que les princes du sang traversent le parquet, l'appeler par son nom comme les autres pairs en lui demandant son avis, mais avec le bonnet à la main un peu moins baissé que pour les princes du sang qui ne sont que regardés sans être nommés, enfin le faire recevoir et conduire au carrosse par un seul huissier à chaque fois qu'il viendra au parlement, à la différence des princes du sang qui le sont par deux, et des pairs, dont aucun n'est reçu par un huissier au carrosse que le jour de sa réception, et qui sortant de séance deux à deux sont conduits par un huissier jusqu'à la sortie de la grande salle seulement.

M. du Maine fut extrêmement satisfait de tant de distinctions au-dessus des pairs et d'être si rapproché de celles des princes du sang, sans courir le risque de les blesser, et fut surtout fort touché de l'adresse avec laquelle ce rang intermédiaire étoit imaginé par le premier président pour lui assurer en tout temps la protection de tous ces avantages, par celui qu'on y faisoit trouver aux princes du sang pour eux-mêmes. M. du Maine content, le roi le fut aussi. Il ne fut donc plus question que de dresser la déclaration que le premier président avoit déjà minutée et qu'il ne fit qu'envoyer au net pour être scellée.

Ce fut alors qu'il sut se servir de M. du Maine pour faire proposer au roi sa récompense. Il avoit déjà eu quelque sorte de parole ambiguë, mais qui n'étoit pourtant qu'une espérance, d'être fait chancelier, lorsque le roi, voulant légitimer les enfants qu'il avoit de Mme de Montespan, sans nommer la mère, dont il n'y avoit point d'exemple, Harlay consulté, lors procureur général, suggéra l'expédient d'embarquer le parlement par celle du chevalier de Longueville qui réussit si bien. En cette occasion-ci, il se fit donner formellement parole par le roi qu'il succéderoit à Boucherat, chose qui le flatta d'autant plus que ce chancelier étoit alors fort vieux et ne pouvoit le faire attendre longtemps.

Pour l'exécution de la déclaration, le roi en parla aux princes du sang qui ne crurent avoir que des remercîments à faire : le roi les pria de se trouver au parlement, et M. le Duc et M. le prince de Conti de lui faire le plaisir de conduire M. du Maine en ses sollicitations. On peut juger s'ils le refusèrent. De là le roi fit appeler l'archevêque de Reims : il lui fit part de ce qu'il avoit résolu ; lui dit qu'il croyoit que les pairs seroient plus convenablement invités par lui-même à cette cérémonie que par M. du Maine; qu'ainsi M. du Maine n'iroit pas chez eux, mais qu'il prioit l'archevêque de se trouver au parlement, et lui ordonnoit d'écrire de sa part une lettre d'invitation à chaque pair. Un fils de M. Le Tellier étoit fait pour tenir tout à honneur venant du roi ; il lui répondit dans cet esprit courtisan, et de là s'en fut chez M. du Maine : ce fut le seul de tous les pairs qui commit cette bassesse, pas un ne dit un mot au roi ni à M. du Maine, pas un ne fut chez ce dernier ni devant ni après la cérémonie.

Voici la lettre circulaire de l'archevêque aux pairs :

« Monsieur,

« Le roi m'a ordonné de vous avertir que M. le duc du Maine sera reçu au parlement le 8 de ce mois de mai, en qualité de comte-pair d'Eu, et qu'il prendra sa place au-dessous de MM. les princes du sang, et au-dessus de MM. les pairs. Sa Majesté vous prie de vous y trouver, et m'a chargé de vous assurer que cela lui fera plaisir et qu'elle vous en saura bon gré.

« Je suis, etc. »

Les présidents à mortier, et les présidents et doyens des conseillers de chaque chambre furent avertis de se trouver chez eux le 5 mai, et à peu près de l'heure, pour recevoir la sollicitation de M. du Maine. Ce jour-là arrivé de Versailles à l'hôtel de Condé, il y monta dans le carrosse de M. le Duc avec M. le prince de Conti, tous deux au derrière et lui au devant avec M. le comte de Toulouse qui étoit compris dans la même déclaration comme duc de Damville, mais qui ne fut pas reçu en même temps. Ce carrosse étoit fort chargé de pages et environné de laquais à pied. Suivoient les carrosses de M. le Duc et de M. le prince de Conti, de M. du Maine et de M. le comte de Toulouse, dans lesquels étoient les principaux de leur maison, avec force livrée, chacun un seul carrosse, excepté M. le duc qui, outre celui dans lequel il étoit, en avoit un autre rempli des principaux de chez lui. Ils firent ainsi leurs sollicitations deux jours de suite, et allèrent de même au parlement, le jour de l'enregistrement des lettres patentes de la réception de M. du Maine, mais sans M. le comte de Toulouse. Elle se fit suivant ce qui a été dit plus haut de la déclaration, et, au sortir de la cérémonie, ils furent dîner avec les pairs chez le premier président.

Aucun des pairs n'osa manquer à s'y trouver de ceux qui étoient à Paris. Le bonhomme La Force s'enfuit à sa maison de la Boulaie, proche d'Évreux, et le duc de Rohan écrivit au roi que sa prétention, de la première érection de Rohan, pour son grand-père maternel, l'empêchoit d'obéir, en cette occasion, à ses ordres. L'excuse étoit mal trouvée; c'étoit pour la première fois qu'il manifestoit cette bizarre prétention; il n'en a jamais parlé depuis, et il étoit un des plus ardents opposants avec nous à celle de M. de Luxembourg. MM. d'Elbeuf et de Vendôme n'étoient pas reçus, ni moi non plus, Dieu merci. M. de Chevreuse fut celui à qui le roi fit son remercîment pour tous les pairs, de s'être trouvés à la cérémonie pour lesquels il lui fit force belles promesses générales, monnoie dont aucun ne se paya ni n'espéra rien de mieux avec trop de raison.

M. de Vendôme fut tôt après reçu avec les mêmes distinctions que l'avoit été M. du Maine, qui le mena sans cortége faire ses sollicitations à tout le parlement, mais sans avertir. Ils furent chez tous les pairs; le roi ne leur fit rien dire;

trois ou quatre misérables seulement se trouvèrent à cette réception. Un moment avant celle de M. du Maine, il y eut une petite vivacité de M. de La Trémoille, qui, impatienté de l'applaudissement que M. de Reims donnoit à cette étrange nouveauté, lui dit qu'il ne doutoit pas de son approbation, parce qu'il ne se soucioit guère du rang des archevêques de Reims, mais que pour lui, il pensoit tout autrement, et qu'il étoit fort sensible à celui des ducs de La Trémoille. L'archevêque demeura muet, et le roi n'en fit pas semblant à M. de La Trémoille, et ne l'en traita pas moins bien.

Peu de jours après cette réception, l'ambassadeur de Venise, avec la république duquel cela avoit été négocié, fit, à Versailles, sa visite à MM. du Maine et de Toulouse, conduit par l'introducteur des ambassadeurs en cérémonie, et en usa, pour le premier exemple, comme avec les princes du sang. Cette parité, que le roi avoit fort à cœur, fut exprès différée après la réception de M. du Maine au parlement, pour ne pas donner trop d'éveil auparavant aux princes du sang, à qui cette visite ne pouvoit pas être agréable. Cet exemple eut peine à être suivi par les autres ambassadeurs ; mais, avec le temps et des négociations, il le fut à la fin, excepté des nonces.

CHAPITRE XI.

Situation des opposants avec le premier président Harlay. — Duc de Chaulnes. — Il négocie l'assemblée de toutes les chambres avec le premier président Harlay, qui lui en donne sa parole et qui lui en manque. — Rupture entière des opposants avec le premier président Harlay. — Harlay, premier président, récusé par les opposants. — Mort du dernier des Longueville. — Prince et princesse de Turenne. — Mariage du prince de Rohan. — Mme Cornuel. — Mariage du duc de Montfort, du duc de Villeroy, de La Châtre. — Distribution des armées. — Beuvron et Matignon refusent le *monseigneur* au maréchal de Choiseul, et le lui écrivent par ordre du roi. — Le roi me change de Flandre en Allemagne. — M. de Créqui chassé hors du royaume, et pourquoi. — Mme du Roure exilée en Normandie. — Monseigneur préfère la Flandre au Rhin. — La Feuillée lui est donné pour son mentor. — Je vais à l'armée d'Allemagne. — Belle marche du maréchal de Lorges devant le prince Louis de Bade.

Le procès avec M. de Luxembourg, renvoyé au parlement, y recommença avec la même vigueur, la même partialité, la même injustice. Comme nous nous vîmes exclus d'en sortir, nous ne songeâmes plus qu'à chercher les moyens d'obtenir l'assemblée de toutes les chambres, selon la forme de pairie, l'usage et le droit en pareils procès. Pour y parvenir, il n'y avoit que deux voies, la procédure ou la négociation. La dernière étoit bien la plus sûre si elle réussissoit; mais la difficulté étoit la situation où nous nous trouvions avec le premier président qui pouvoit seul assembler les chambres à sa volonté, mais avec qui nous ne gardions plus de mesures. Fort peu de nous le saluoient lorsqu'ils le rencontroient, pas un n'alloit chez lui, quoique nous sollicitassions tous nos autres juges, et tous parloient de lui sans ménagement. Il le sentoit d'autant plus vivement que c'étoit l'homme du monde le plus glorieux, le plus craint, le plus ménagé, et qui n'avoit jamais été mené de la sorte; et, ce qui le touchoit le plus, c'étoient les plaintes prouvées que nous faisions de sa probité et de son injustice, parce qu'il se piquoit là-dessus de la plus austère vertu, dont nous faisions tomber le masque.

Personne ne se vouloit donc charger d'une négociation aussi difficile avec lui, lorsque M. de Chaulnes, qui s'étoit acquis une grande réputation et une grande considération par les siennes au dehors, voulut bien hasarder celle-ci.

C'étoit sous la corpulence, l'épaisseur, la pesanteur, la physionomie d'un bœuf, l'esprit le plus délié, le plus délicat, le plus souple, le plus adroit à prendre et à pousser ses avantages, avec tout l'agrément et la finesse possible, jointe à une grande capacité et à une continuelle expérience de toutes sortes d'affaires, et la réputation de la plus exacte probité, décorée à l'extérieur d'une libéralité et d'une magnificence également splendide, placée et bien entendue, et de beaucoup de dignité avec beaucoup de politesse. Il eut du premier président l'heure qu'il désira.

Il ouvrit son discours par les raisons que nous avions de nous plaindre de son procédé, et lui fit sentir après avec délicatesse qu'il n'y a point de places où on ne soit exposé à des ennemis; que tout le monde étoit convaincu de sa partialité pour M. de Luxembourg; que seize pairs de France, et dont plusieurs fort bien auprès du roi ou grandement établis, n'étoient pas toujours impuissants à beaucoup nuire; que le seul moyen d'effacer sa partialité de l'idée publique, et de regagner les pairs qu'il s'étoit si grandement aliénés, étoit l'assemblée de toutes les chambres pour les juger, et de lui en donner sa parole positive; qu'il vouloit bien lui avouer que nous l'avions prié de lui faire cette proposition, bien moins par aucune espérance de succès, que pour n'avoir rien à reprocher à leur conduite à son égard, pénétrer définitivement où nous en étions avec lui, et éclater ensuite avec plus de raisons et moins de mesures.

Le poids avec lequel ce discours fut prononcé étourdit le premier président qui se mit sur une défense de sa conduite avec nous, confuse et embarrassée. M. de Chaulnes vit qu'il ne tendoit qu'à échapper, le remit sur l'assemblée des chambres, et le pressa vivement. Serré de si près, il se retrancha sur la difficulté de la faire, et diminua tant qu'il put son autorité à cet égard. M. de Chaulnes n'avoit garde de s'y laisser tromper : il se servit habilement de sa foiblesse pour les personnes de crédit à la cour et de sa propre vanité ; il lui représenta qu'inutilement il voudroit lui persuader qu'il n'étoit pas maître d'assembler les chambres toutes les fois qu'il le vouloit ; qu'on savoit bien que c'est honnêteté à lui et non pas un devoir d'en prendre avis de la grand'chambre, et qu'on ne savoit pas moins qu'il étoit tellement le maître de ses délibérations que, quand même celles de la grand'chambre y seroient nécessaires, ce n'étoit pas une difficulté qu'il pût objecter, ni qui pût être reçue, dès que son intention seroit véritable de nous accorder l'assemblée de toutes les chambres.

Ces raisons ne donnèrent pas, à la vérité, de meilleurs sentiments au premier président, mais bien un vif repentir de ne s'être pas assez ménagé avec nous, et un regret cuisant sur l'intérêt de sa réputation, qui lui arrachèrent enfin la parole positive qu'il donna à M. de Chaulnes, pour nous, qu'il assembleroit toutes les chambres pour la continuation et le jugement de notre procès, après un long raisonnement pour mieux faire valoir cet effort.

Le lendemain M. de Chaulnes rendit compte à notre assemblée du succès inespéré de sa négociation, et il reçut de nous tous les remercîments si dignement mérités. Nous publiâmes ensuite cet engagement si solennellement pris par le premier président avec tout ce que nous y pûmes ajouter pour compenser nos plaintes, et pour l'engager de plus en plus. Mais notre politique et notre confiance en la parole du premier président furent bientôt confondues. Il ne put tenir contre ses intimes liaisons prises avec M. de Luxembourg ; il lui fit l'aveu de la parole qu'il avoit donnée, et ne put résister à s'engager à lui de ne la pas tenir.

L'intérêt de M. de Luxembourg étoit grand d'empêcher l'assemblée des chambres. Il auroit fallu y revoir sommairement tout le procès pour l'instruction de tant de nouveaux juges. Leur nombre étoit difficile à corrompre, et l'autorité du premier président, en laquelle étoient remises toutes les espérances de M. de Luxembourg, étoit entière sur la grand'chambre, et foible sur toutes les chambres assemblées. La frayeur que M. de Luxembourg en avoit conçue le trahit par la joie qu'il ne put dissimuler de l'avoir rompue. Il nous en revint des soupçons. M. de Chaulnes résolut de s'en éclaircir, et prit prétexte d'une autre affaire pour voir le premier président. Il le trouva embarrassé avec lui, et bientôt ce magistrat lui en avoua la cause par un discours confus qui tendoit à éluder sa parole. M. de Chaulnes le pressa avec surprise, et lui dit : qu'il ne pouvoit croire ce qu'il entendoit, et qu'il le prioit de se souvenir qu'en grande connoissance de cause il lui avoit donné sa parole nette, précise, positive, d'assembler toutes les chambres pour la continuation et le jugement de notre procès. Le premier président, avec un air respectueux et ce masque de sévérité qu'il ne quittoit jamais, avoua qu'en effet il la lui avoit donnée, forcé par son éloquence et par son autorité ; mais qu'il se repentoit de s'être engagé trop légèrement ; qu'il étoit nécessité par de sérieuses réflexions de lui déclarer qu'il se trouveroit dans l'impossibilité de l'effectuer, et tombant tout court en des respects et des compliments sans fin, se mit à reconduire M. de Chaulnes, qui n'avoit point du tout envie de s'en aller, mais comme il faisoit toujours à ceux dont il se vouloit défaire. M. de Chaulnes, indigné de se voir si étrangement éconduit, le quitta en lui protestant qu'il avoit sa parole, qu'il ne vouloit ni ne pouvoit la lui rendre, qu'au reste il pouvoit en manquer et à lui et avec lui, à tout ce qu'il y avoit de plus distingué dans le royaume, et en user tout comme bon lui sembleroit.

Le duc vint nous en rendre compte dans une assemblée extraordinaire ; il y fut résolu non-seulement de ne plus garder aucune mesure avec un homme aussi perfide, mais de chercher encore tous les moyens possibles de le récuser, et après, tous ceux d'obtenir par la procédure l'assemblée de toutes les chambres, surtout de ne rien oublier pour tirer le procès en longueur, suivant nos précédentes résolutions. On peut juger du bruit, des plaintes et des discours qui, de notre part, suivit ce manquement de parole, contre un homme sur lequel aucune considération ne pouvoit plus nous retenir, et contre lequel nous ne pouvions plus employer d'autres armes. Aussi en fut-il d'autant plus outré, qu'il voyoit sa réputation s'en aller en pièces, et qu'il n'avoit quoi que ce soit à opposer aux faits que nous publiions, et qu'il étoit bien loin d'être accoutumé à un éclat si soutenu, et qui ne ménageoit pas plus les termes que les choses.

Pour en venir à sa récusation, voici ce dont on s'avisa : ce fut de mettre en procès le duc de Rohan avec l'avocat général, fils unique du premier président, parce que la maxime reçue est que, *qui est en procès avec le fils, ne peut être jugé par le père.* Cet avocat général avoit épousé une riche héritière de Bretagne, dont deux belles terres relevoient du duc de Rohan. Il fut donc prié d'en vouloir bien faire demander le dénombrement, et d'ordonner à ses baillis de former un procès bon ou mauvais à l'avocat général, pourvu que c'en fût un, et il le promit de bonne grâce; mais, comme ses réflexions sont plus lentes que ses décisions, je pense qu'il se repentit bientôt de l'engagement qu'il avoit pris; on s'en douta bientôt et on le pressa d'engager quelques procédures dont il ne se put défendre. Le premier président en fut bientôt averti, et sentit aussitôt ce que cela vouloit dire. Sa passion de demeurer notre juge l'emportant sur son orgueil, il n'est soumission qu'il ne fit, et ne fit faire à Paris et en Bretagne à M. de Rohan, et telles qui ne s'exigent pas même des moindres vassaux.

Ce procédé flatta le duc de Rohan déjà bien ébranlé par son irrésolution naturelle: il voulut donc obliger le premier président en un point si sensible, et pour y parvenir, nous déclara à une assemblée qu'il s'en alloit à Moret faire pêcher un grand étang qui demandoit sa présence. Je sentis et ne pus souffrir cette défection. Je m'écriai que c'étoit nous abandonner dans la plus importante crise, où sa présence seule étoit plus nécessaire que celle de tous les autres ensemble; qu'il étoit inconcevable que la pêche d'un étang l'attirât à deux lieues de Fontainebleau dans des moments si pressants où ses gens d'affaires, ou tout au plus la duchesse sa femme suffiroient de reste, et qu'à l'heure que je parlois, on en pêchoit quatre beaux à la Ferté-Vidame, à vingt-quatre lieues de Paris, où ma mère ni moi n'avions jamais imaginé d'aller pour aucune pêche. M. de Chaulnes, M. de La Rochefoucauld, tout ce qui étoit à l'assemblée, ducs et conseils, lui firent les prières et les remontrances les plus pressantes : mais le parti étoit pris; il nous amusa seulement de la promesse de revenir dès que quelques choses presseroient et qu'on le manderoit. Le cas arriva en moins de huit jours, où, sans le retour de M. de Rohan, toutes ses procédures contre l'avocat général tomboient. Un laquais de M. de La Trémoille lui fut dépêché toute la nuit, avec une lettre de son maître, tant pour lui que comme chargé de tous, et une de Riparfonds, qui lui expliquoit la nécessité pressante et indispensable du retour. Le courrier le fit éveiller : il lut les deux lettres, puis dit au laquais de faire ses excuses, mais que les affaires qu'il avoit à Moret ne lui permettoient pas de les quitter, et sans autre réponse, fit tirer son rideau, et se tourna de l'autre côté. A l'arrivée du courrier, Riparfonds fit une seconde lettre à M. de Rohan de la dernière force pour l'engager à revenir; elle fut signée de dix ou douze ducs qui se trouvèrent à l'assemblée et portée tout de suite par un autre courrier.

Je m'étois donné une violente entorse qui m'avoit empêché de me trouver aux deux assemblées d'où on avoit dépêché ces deux courriers, mais j'étois instruit de ce qui s'y étoit passé. Je n'avois donc point signé la lettre commune, ni écrit en particulier. Ma surprise fut donc grande de voir arriver ce second courrier chez moi avec une lettre de M. de Rohan, par laquelle il expliquoit ses prétendues raisons de demeurer à Moret, et me prioit de faire ses excuses. J'envoyai aussitôt cette lettre à l'assemblée qui se tenoit pour attendre la réponse. A sa lecture l'indignation fut grande ; on ne put plus douter de la défection préméditée, et on admira avec raison qu'un homme d'esprit comme M. de Rohan nous sacrifiât, et son honneur même, à une réconciliation personnelle dont il se flattoit par là avec le premier président, duquel l'orgueil ne lui pardonneroit jamais les bassesses qu'il lui avoit fallu faire pour se délivrer de ce procès.

Le coup manqué de la sorte, nous nous tournâmes à d'autres moyens. Ce fut d'allonger par celui des ducs d'Uzès et de Lesdiguières. Ce dernier étoit un enfant sous la tutelle de sa mère, espèce de fée, demeurant presque toujours seule dans un palais enchanté, et sur qui presque personne n'avoit aucun crédit. M. de Chaulnes qui la voyoit quelquefois s'offrit de lui parler, et il en obtint la reprise de son fils avec nous, au lieu du feu duc son père, qui n'avoit pas encore été faite. De M. d'Uzès je m'en chargeai, et il voulut bien se joindre à nous sous prétexte que si ces anciennes pairies renaissoient ainsi de leurs cendres, il s'en trouveroit d'antérieures à son érection, qu'il avoit intérêt d'empêcher d'avance de pouvoir se mettre en prétention.

Cependant nous cherchions avec soin les moyens de récuser le premier président, lorsque son dépit nous les fournit lui-même. Nous vivions avec lui en attendant comme s'il l'étoit déjà. Magneux et Aubry, intendants de MM. de La Trémoille et de La Rochefoucauld, également habiles et attachés à leurs maîtres, et vifs sur notre affaire, étoient par là devenus odieux au premier président; il n'avoit pu s'en cacher, nous le savions, et par cela même jamais il n'entendoit parler de nous que par eux. Ce mépris que nous affections et que nous publiions même le désoloit tellement, qu'un jour qu'ils étoient allés lui parler, il leur dit qu'il ne pouvoit pas douter que nous ne cherchassions toutes sortes de moyens pour le récuser, que la chose n'étoit pourtant pas difficile, puisque nous n'avions qu'à mettre le duc de Gesvres en cause, duquel il avoit l'honneur d'être parent. Il fut servi avec promptitude : M. de Gesvres reçut le surlendemain une assignation de notre part. La raison s'en voit ci-dessus dans la généalogie : il étoit fils de la fille et sœur des deux ducs de Piney-Luxembourg. Je ne comprends pas comment aucun de nous ni de notre conseil ne trouva pas ce moyen. Le premier président ne tarda pas à se repentir de nous en avoir avisés, mais il demeura récusé.

L'affaire en resta là pour cette année. La belle saison rappela M. de Luxembourg et ses trois fils en Flandre; pas un de ses gens d'affaires, ni de ses protecteurs, ne voulurent s'en charger en son absence, non plus que l'abbé de Luxembourg son fils. La mort du duc de Sully qui arriva pendant la campagne fit un délai naturel de quatre mois, et la maladie de Portail, notre rapporteur, dura jusqu'à la fin de l'année, et gagna la mort de M. de Luxembourg, que je rapporterai en son temps.

Cet hiver finit enfin la fameuse maison de Longueville, si connue par sa fortune inouïe et si prodigieusement soutenue jusqu'à son extinction. M. de Longueville, qui parut tant de divers côtés pendant les troubles de la minorité de Louis XIV, n'avoit laissé que la duchesse de Nemours de son premier mariage avec la sœur de la princesse de Carignan et du dernier comte de Soissons, prince du sang, tué à la bataille de Sedan, le dernier de cette branche. De son second mariage avec la fameuse duchesse de Longueville, sœur de M. le Prince, le héros, et de M. le prince de Conti, il n'avoit eu que deux fils : le cadet, d'une grande espérance, tué au passage du Rhin, sans alliance; l'autre, d'un esprit foible, qu'on envoya à Rome, que les jésuites empaumèrent et que le pape fit prêtre. Revenu en France il devint de plus en plus égaré, en sorte qu'il fut renfermé dans l'abbaye de Saint-Georges près de Rouen pour le reste de sa vie, où il n'étoit vu de personne, et M. le Prince prit l'administration de ses biens. Il mourut les premiers jours de février, et il se trouva un testament de lui fait à Lyon, allant à Rome, par lequel il donne tout son bien à son frère, tué depuis au passage du Rhin, et à son défaut et de sa postérité, à Mme sa mère, et après elle à MM. les princes de Conti l'un après l'autre. L'aîné de ces princes étoit mort il y avoit déjà longtemps, en sorte que celui-ci devint le seul appelé à ce grand héritage, que Mme de Nemours résolut bien de lui contester.

M. de Soubise fit presque en même temps le mariage de l'héritière de Ventadour avec son fils aîné. Elle étoit veuve du prince de Turenne, fils aîné de M. de Bouillon, et son survivancier, tué à Steinkerque et mort le lendemain, de ses blessures, écrivant à sa maîtresse. Il avoit montré par plusieurs pointes qu'il n'étoit pas indigne arrière-petit-fils du maréchal de Bouillon, pour ne parler de rien de plus récent; et le cardinal de Bouillon en eut une telle douleur qu'il força le P. Gaillard, jésuite, fort attaché à eux tous, d'en faire l'oraison funèbre. Il n'en avoit point eu d'enfants dans un assez court mariage; mais elle y avoit eu le temps de se faire connoître par tant de galanterie publique qu'aucune femme ne la voyoit, et que les chansons qui avoient mouché[1] s'étoient chantées en Flandre, dans l'armée où le prince de Rohan ne l'avoit pas épargnée, et souvent et publiquement chantée. Elle avoit voulu épouser le chevalier de Bouillon qu'elle trouvoit fort à son gré, et lui le désiroit fort pour les grands biens qu'elle avoit déjà et d'autres im-

---

1. Le mot *moucher* se trouve plusieurs fois dans Saint-Simon avec le sens particulier de *voler en bourdonnant comme une mouche*.

menses qui la regardoient. M. et Mme de Ventadour ne vouloient pas ouïr parler d'un cadet fort peu accommodé. M. et Mme de Bouillon ne s'y opposoient pas moins, parce qu'ils désiroient la remarier au duc d'Albret, devenu leur aîné, duquel elle ne vouloit en aucune sorte, tellement que, par concert de famille, le roi fut supplié d'envoyer le chevalier de Bouillon refroidir ses amours à Turenne, où ils le tinrent jusqu'à ce qu'il n'en fût plus question; mais elle aussi tint bon à refuser l'aîné. M. de Soubise regarda ce grand mariage comme la plus solide base de sa branche. Il avoit de bonnes raisons pour n'être pas difficile au choix: la beauté de sa femme l'avoit fait prince et gouverneur de province, avec espérance de plus encore. La richesse d'une belle-fille, de quelque réputation qu'elle fût, lui parut mériter le mépris du qu'en-dira-t-on. En deux mots, le mariage se fit.

Il y avoit une vieille bourgeoise au Marais chez qui son esprit et la mode avoient toujours attiré la meilleure compagnie de la cour et de la ville; elle s'appeloit Mme Cornuel, et M. de Soubise étoit de ses amis. Il alla donc lui apprendre le mariage qu'il venoit de conclure, tout engoué de la naissance et des grands biens qui s'y trouvoient joints. « Ho ! monsieur, lui répondit la bonne femme qui se mouroit, et qui mourut deux jours après, que voilà un grand et bon mariage pour dans soixante ou quatre-vingts ans d'ici ! »

Le duc de Montfort, fils aîné du duc de Chevreuse, épousa en même temps la fille unique de Dangeau, chevalier de l'ordre et de sa première femme, fille de Morin dit le Juif, sœur de la maréchale d'Estrées. Elle passe pour très-riche, mais aussi pour ne pas retenir ses vents, dont on fit force plaisanteries.

Le duc de Villeroy en même temps épousa la seconde fille de Mme de Louvois, fort riche et charmante, sœur de M. de Barbezieux, et sœur aussi fort cadette de la duchesse de

La Rocheguyon. L'archevêque de Reims, son oncle, aussi humble sur sa naissance, comme tous les Tellier, que les Colbert sont extravagants sur la leur, et par cela même assez dangereux sur celles des autres : « Ma nièce, lui dit-il, vous allez être duchesse comme votre sœur, mais n'allez pas croire que vous soyez pareilles. Car je vous avertis que votre mari ne seroit pas bon pour être page de votre beau-frère. » On peut juger combien cette franchise qui ne fut pas tue obligea son bon ami pourtant, le maréchal de Villeroy. Enfin le marquis de La Châtre épousa la fille unique du premier mariage du marquis de Lavardin, chevalier de l'ordre, avec une sœur du duc de Chevreuse.

Il y eut cet hiver force bals et plusieurs beaux au Palais-Royal, au premier desquels j'eus l'honneur de mener au branle Mme la princesse de Conti, douairière, fille du roi, et le mardi gras, grande mascarade à Versailles dans le grand appartement où le roi amena le roi et la reine d'Angleterre, après leur avoir donné à souper. Les dames y étoient partagées en quatre quadrilles, conduites par Mme la duchesse de Chartres, Mademoiselle, Mme la Duchesse et Mme la princesse de Conti, douairière. Malgré la mascarade on commença par le branle, et j'y menai la fille unique du duc de La Trémoille qui étoit parfaitement bien faite, et qui dansoit des mieux. Elle étoit en moresse de la première quadrille qui l'emporta par la magnificence, et la dernière par la galanterie des habits.

Les armées furent distribuées à l'ordinaire, la grande de Flandre à M. de Luxembourg, une moindre au maréchal de Boufflers, et le marquis d'Harcourt son camp volant, celle d'Allemagne au maréchal de Lorges, celle de Piémont au maréchal Catinat, et le duc de Noailles chez lui en Roussillon. Le maréchal de Villeroy doubla sous M. de Luxembourg, et le maréchal de Joyeuse sous M. de Lorges. Le maréchal de Choiseul alla en Normandie avec un commandement fort étendu.

MM. de Beuvron et de Montignon, chevaliers de l'ordre et lieutenants généraux de la province, firent difficulté de lui écrire monseigneur; ils reçurent ordre du roi de le faire, et il fallut obéir. Monseigneur fut, après ces destinations, déclaré commander les armées en Flandre et tous les princes avec lui.

Le régiment que j'avois acheté se trouvoit en quartier dans la généralité de Paris, par conséquent destiné pour la Flandre, où je n'avois pas envie d'aller après tout ce qui s'étoit passé avec M. de Luxembourg. Par le conseil de M. de Beauvilliers, j'écrivis au roi mes raisons fort abrégées, et lui présentai ma lettre comme il entroit de son lever dans son cabinet le matin qu'il s'en alloit à Chantilly et à Compiègne faire des revues, et revenir incontinent après. Je le suivis à la messe, et de là à son carrosse pour partir. Il mit le pied dans la portière, puis le retira, et se tournant à moi : « Monsieur, me dit-il, j'ai lu votre lettre, je m'en souviendrai. » En effet, j'appris peu de temps après qu'on m'avoit changé avec le régiment du chevalier de Sully qui étoit à Toul, et qui alloit en Flandre en ma place, et moi en Allemagne en la sienne. J'eus d'autant plus de joie d'échapper ainsi à M. de Luxembourg, et par une attention particulière du roi, pleine de bonté, que je sus que M. de Luxembourg en eut un dépit véritable.

Il y avoit quelques années que Monseigneur avoit été fort amoureux d'une fille du duc de La Force, que, dans la dispersion de sa famille pour la religion, on avoit mise fille d'honneur de Mme la Dauphine pour la première fille de duc qui eût jamais pris ces sortes de places, et le roi en avoit chargé la duchesse d'Arpajon, dame d'honneur, qui la logea et nourrit dans son appartement de Versailles lorsque la chambre des filles fut cassée. On l'avoit depuis mariée au fils du comte de Roure avec la survivance de sa charge de lieutenant général de Languedoc, et quelque argent que le roi donna pour s'en défaire honorablement, après quoi elle avoit reçu défense de venir à la cour par M. de Seignelay. Monseigneur le souffrit respectueusement et se servit du marquis de Créqui pour continuer secrètement cette intrigue; mais il arriva que le marquis et Mme du Roure se trouvèrent au gré l'un de l'autre. Monseigneur le sut; ils se brouillèrent avec éclat; les présents furent rendus de part et d'autre, chose rare pour un dauphin, et le marquis de Créqui fut chassé hors du royaume où il passa quelque temps.

Cet hiver-ci le feu mal éteint se ralluma; Mme du Roure ne put voir Monseigneur à Versailles si secrètement que le roi n'en fût averti. Il en parla à Monseigneur et il n'y gagna rien. Ce prince ne fit point ses pâques, dont le roi fut fort fâché, tellement qu'il chassa la dame en Normandie dans les terres de son père jusqu'à nouvel ordre. Monseigneur n'y sut faire autre chose que lui envoyer mille louis par Joyeu, son premier valet de chambre, et faire après ses dévotions. Le roi avoit envie qu'il allât en Allemagne, mais il préféra la Flandre par une intrigue qui se développa pendant la campagne, et le roi y consentit. Il choisit le bonhomme La Feuillée, lieutenant général très-distingué, de près de quatre-vingts ans, pour être son conseil à l'armée, et ne rien faire sans son avis. Cela ne devoit pas être bien agréable à M. de Luxembourg; mais le roi vouloit un mentor particulier à son fils. Il se souvint peut-être de ce qui s'étoit passé l'année précédente à Heilbronn, et il lui en voulut donner un dont il n'eût pas les mêmes inconvénients à craindre.

La Feuillée eut la distinction de ne prendre point jour à l'armée et d'y être pourtant reconnu et traité comme lieutenant général, toujours logé de préférence chez Monseigneur ou le plus près de lui, avec défense expresse du roi de faire les marches autrement qu'en carrosse, et de monter à cheval qu'auprès de Monseigneur devant les ennemis. C'étoit un très-honnête gentilhomme, doux, sage, valeureux, ex-

cellent officier général et qui méritoit toute cette confiance.
M. de Chaulnes alla en son gouvernement de Bretagne; le
duc d'Aumont, bien qu'en année de premier gentilhomme de
la chambre, à Boulogne; le maréchal d'Estrées, au pays
d'Aunis, Saintonge et Poitou; et le maréchal de Tourville
commanda l'armée navale, le comte d'Estrées une moindre
et à ses ordres en cas de jonction dont Tourville demeura le
maître.

J'allai voir à Soissons mon régiment assemblé. Je l'avois
dit au roi qui me parla longtemps dans son cabinet et me
recommanda la sévérité, ce qui fut cause que j'en eus dans
cette revue plus que je n'aurois fait sans cela. J'avois été
voir les maréchaux de Lorges et de Joyeuse qui étoient revenus chez moi. J'étois bien avec le second; la probité de
l'autre me plaisoit, de sorte que je me trouvai aussi content
d'aller en cette armée que je me serois trouvé affligé de servir en Flandre. Je partis enfin pour Strasbourg où je fus
surpris de la magnificence de cette ville et du nombre, de la
grandeur et de la beauté de ses fortifications.

J'eus le plaisir d'y revoir un de mes anciens amis : c'étoit
le P. Wolf que j'envoyai d'avance quêter en cinq ou six
maisons de jésuites là autour, et qu'on trouva à Haguenau,
où il étoit recteur. Il avoit été compagnon du P. Adelman,
confesseur de Mme la Dauphine, et comme dès ma jeunesse
je savois et parlois parfaitement l'allemand, on prenoit soin
de me procurer des connoissances allemandes, et ces deux-
là m'avoient fort plu. A la mort de Mme la Dauphine on les
envoya en Alsace; mais on leur défendit d'aller plus loin.
Le P. Adelman ne se put tenir d'aller revoir sa patrie. Cela
fut trouvé si mauvais, que, pour conserver sa pension du
roi, il fut obligé de s'en aller à Nîmes, et de se confiner en
Languedoc, où il mourut. Le P. Wolf, plus sage, s'étoit
tenu en Alsace, et y demeura toujours.

Nous fîmes quelques repas à la mode du pays dans la
belle maison de M. Rosen, avec qui j'avois fait amitié la

campagne précédente en Flandre, où il servoit de lieutenant général et étoit mestre de camp général de la cavalerie, et qui, très-obligeamment, me la prêta depuis tous les ans. Je m'arrêtai six jours à Strasbourg, où je fus conseillé de prendre le Rhin jusqu'à Philippsbourg. Je pris pour moi et le peu de gens que je menois, deux redelins attachés ensemble, qui sont de très-petits bateaux longs et étroits, fort légers, et d'autres pour ce qui me suivoit. Je couchai au fort Louis, où j'arrivai de bonne heure, et que j'eus le loisir de visiter en arrivant. Rouville, qui en étoit gouverneur, m'y reçut avec beaucoup de politesse et bonne chère ; et le lendemain j'allai coucher à Philippsbourg, où Desbordes, gouverneur, me logea et me fit bonne chère et force civilités aussi. Là je trouvai grande compagnie de gens qui alloient joindre l'armée, entre autres le prince palatin de Birkenfeld, capitaine de cavalerie dans Bissy, extrêmement de mes amis.

Le lendemain nous partîmes pour aller joindre la cavalerie campée à Obersheim, sous Mélac, lieutenant général ; l'infanterie étoit sous Landau avec les maréchaux et tous les officiers généraux. Dès que je fus arrivé, j'allai chez Mélac qui me vint voir le lendemain. Je reçus la visite de tout ce qu'il y avoit de brigadiers et de mestres de camp, et d'une infinité d'autres officiers, et je leur fis aussi la mienne, c'est-à-dire aux premiers. Ce camp, si voisin du Rhin, ressembloit par sa tranquillité à un camp de paix, mais bientôt toute notre cavalerie alla passer le Rhin sur le pont de Philippsbourg, et joindre de l'autre côté l'infanterie qui y étoit déjà avec tous les généraux, et ce fut là que j'allai pour la première fois d'abord chez les deux maréchaux de France. J'allai aussi voir Villars, lieutenant général et commissaire général de la cavalerie, qui la commandoit, et à mon loisir les principaux officiers généraux.

Je me trouvai avec Sonastre dans la brigade d'Harlus qui formoit la gauche de la seconde ligne. C'étoient deux trèshonnêtes gens et fort sociables. Sonastre étoit gendre de Montbron, chevalier de l'ordre, et seul lieutenant général de Flandre qui avoit été fort à la mode, et qui se tenoit presque toujours dans son gouvernement de Cambrai. Harlus étoit un vieil officier de distinction, gaillard et pourtant sachant fort vivre : il avoit une charge d'écuyer du roi, et il étoit frère aîné de Vertilly, major de la gendarmerie, aussi fort galant homme.

La veille de la Saint-Jean, dînant chez moi avec les marquis de Grignan, d'Arpajon et de Lautrec, et plusieurs autres officiers, nous apprîmes que les ennemis paroissoient sur les hauteurs en assez grand nombre : nous étions campés le cul dans le Necker, à la petite portée du canon d'Heidelberg, et nous en apprîmes la confirmation au quartier général, où nous courûmes. On donna divers ordres, et sur le minuit l'armée se mit en marche.

Barbezières étoit devant avec un assez gros détachement pour les reconnoître au plus près qu'il pourroit, mais avec défense de rien engager. Les petits détachements qu'il poussa devant lui s'approchèrent si près des ennemis, qu'ils furent obligés de se reployer sur Barbezières qui les blâma de s'être indiscrètement avancés. Au jour qui commençoit à se faire grand, il se reconnut fort inférieur à eux qui venoient à lui, et il envoya demander du secours au maréchal de Lorges. Ce général, qui ne vouloit rien entamer sans savoir bien ce qu'il faisoit, fut fort fâché de cet engagement, envoya soutenir Barbezières, et lui manda de se retirer. Ce secours trouva les pistolets en l'air, mais les ennemis qui n'étoient là qu'en détachement, et qui crurent notre armée tout proche, ne suivirent plus Barbezières que mollement, qui fit sa retraite aisément.

Cependant l'armée continua sa marche en forme de croissant, en faisant de longues haltes. Elle arriva vers une heure après midi fort près du village de Roth, et fort proche aussi des ennemis qui occupoient les hauteurs de Weisloch fort entrecoupées de haies et de vignes, dont le revers nous étoit inconnu. Le village de Weisloch étoit sur la crête, un peu en penchant et vers notre droite, et au bas de ces hauteurs il y avoit un ruisseau dont les bords étoient assez mauvais. Il vint un faux avis, et qui nous fit faire halte en colonnes, que les bagages, qui marchoient en assez mauvais ordre, étoient abandonnés et au pillage. Le maréchal de Joyeuse y poussa à toute bride, mais il apprit en chemin que ce n'étoit qu'une fausse alarme, et revint promptement sur ses pas.

Les ennemis avoient de petits postes sur ce ruisseau que j'ai dit, surtout un pour en garder un pont de pierre. Le comte d'Averne, brigadier de dragons, eut ordre de l'attaquer, et il l'emporta; mais il y fut tué après les avoir chassés de là et poursuivis fort loin. C'étoit un Sicilien de condition que le malheur, plus que le choix, avoit jeté dans la révolte de sa patrie et que M. de La Feuillade ramena avec quelques autres, lorsqu'il retira les troupes françoises de Sicile. Il fut fort regretté pour son mérite et sa valeur, et surtout de M. le maréchal de Lorges, à qui il s'étoit fort attaché et à M. de La Rochefoucauld.

Le marquis du Châtelet passa le ruisseau avec la brigade de Mérinville, qu'il commandoit en son absence, et chassa les ennemis des hauteurs, aidé de quelques compagnies de gendarmerie. Il n'y eut que les troupes qui formoient les deux ailes de la droite, par où on avoit marché, qui eurent part à ce petit combat dont le reste étoit trop éloigné. Le maréchal de Lorges, qui voyoit tout près des coteaux fourrés dont il ne connoissoit ni les revers ni ce qui y pouvoit être de troupes, fit retirer les siennes, garda le ruisseau et se campa dans la plaine, son quartier général à Roth. Il y demeura huit jours avec beaucoup de précaution, jusqu'à ce que les magasins de farine à Philippsbourg se trouvant épuisés et les fourrages mangés dans tout ce petit pays, il ramena son armée en deçà du Rhin.

Il fit la plus belle marche du monde. Il décampa de Roth,

à onze heures du matin, à grand bruit de guerre, sur neuf colonnes qui firent la caracole en partant, en présence des ennemis qui occupoient l'autre côté du ruisseau, et campoient sur le revers des hauteurs qui étoient derrière, où le petit combat s'étoit donné. Toutes ces colonnes passèrent un bois avec tant de justesse que dans la plaine de Schweitzingen, où elles se mirent en bataille aussitôt, chaque brigade s'y trouva dans son ordre et dans sa place. On défila ensuite avec grand ordre et promptitude, sur un pont et par un gué d'un gros ruisseau, les troupes en bataille, jusqu'à ce que ce fût à chacune à passer. Le maréchal de Joyeuse se tint au pont pour maintenir l'ordre et diligenter tout, et le maréchal de Lorges à son arrière-garde. Tout fut passé en deux heures, parce que les vivres, l'artillerie et les gros et menus bagages avoient pris les devants. On crut quelque temps que cette marche seroit inquiétée, mais on sut après que le prince Louis de Bade, qui commandoit l'armée impériale, ne l'avoit osé, et avoit dit tout haut aux siens que cette marche étoit trop bien ordonnée pour qu'il la pût attaquer avec succès.

Nous campâmes aux Capucins de Philippsbourg, où en allant toute l'armée s'étoit jointe, et comme tous les équipages étoient à Obersheim, avec la réserve et Romainville, qui la commandoit, un des plus anciens et des plus dignes brigadiers de cavalerie, chacun se fourra comme il put dans Philippsbourg, où le gouverneur me fit donner la chambre du major, et où La Châtre, qui en eut le vent, me fit demander de s'y venir réfugier avec moi. Le lendemain, le major nous donna à déjeuner; et, tandis que l'armée défiloit sur le pont du Rhin, j'allai faire ma cour aux deux maréchaux, et de là je la fus joindre à Obersheim, où elle campa.

Nous passâmes à Spire, dont je ne pus m'empêcher de déplorer la désolation. C'étoit une des plus belles et des plus florissantes villes de l'empire; elle en conservoit les archives; elle étoit le siége de la chambre impériale, et les diètes de l'empire s'y sont souvent assemblées. Tout y étoit renversé par le feu que M. de Louvois y avoit fait mettre, ainsi qu'à tout le Palatinat, au commencement de la guerre; et ce qu'il y avoit d'habitants, en très-petit nombre, étoient huttés sous ces ruines ou demeurant dans les caves. La cathédrale avoit été plus épargnée ainsi que ses deux belles tours et la maison des jésuites, mais pas une autre. Chamilly, premier lieutenant général de l'armée et gouverneur de Strasbourg, demeura à Obersheim avec Vaubecourt, maréchal de camp, et toute l'infanterie : les maréchaux, tous les officiers généraux, toute la cavalerie et la seule brigade de Picardie, allèrent à Osthoven et Westhoven, et, huit jours après, à Guinsheim, le cul dans le Vieux-Rhin. Ce fut là où se firent les réjouissances des succès de Catalogne.

CHAPITRE XII.

Bataille du Ter en Catalogne. — Palamos, Girone, Castel-Follit pris. — M. de Noailles fait vice-roi de Catalogne. — Bombardement aux côtes. — Dieppe brûlée. — Belle et diligente marche de Monseigneur et de M. de Luxembourg du camp de Vignamont. — Préférence de l'avis de l'intendant à celui du général, qui coûte une irruption des ennemis en Alsace. — Les ennemis retirés au delà du Rhin. — Procédé entre les maréchaux de Lorges et de Joyeuse raccommodé par les marquis d'Huxelles et de Vaubecourt. — Maréchal d'Humières, sa fortune et sa famille. — Sa mort. — Maréchal de Boufflers gouverneur de Flandre et Lille. — Maréchal de Lorges gouverneur de Lorraine. — M. du Maine grand maître de l'artillerie. — Duc de Vendôme général des galères.

M. de Noailles fit passer le Ter à son armée, le 28 mai, devant le marquis de Villena, ou duc d'Escalene, car c'est le même, vice-roi de Catalogne, et le défit ; quinze cents prisonniers, tout le canon et le bagage, et les ennemis en fuite et poursuivis. Ils y ont perdu cinq cents hommes, M. de Noailles trois cents. Le vieux Chazeron, chevalier de l'ordre et premier lieutenant général de cette armée, eut tout l'honneur du passage et du combat. M. de Noailles ne passa le Ter que pendant la déroute des ennemis ; au moins c'est ce qui se débita et qui a été cru. Nous y avons eu peu d'officiers principaux blessés, et gagné force drapeaux. Le commandant de la cavalerie espagnole, un sergent-major et quelques colonels ont été pris. Le marquis de Noailles, frère du maréchal, qui a apporté cette nouvelle, en fut brigadier avec huit mille livres de gratification, outre sa course. Palamos fut emporté, le 7 juin, l'épée à la main : on leur y a tué trois cents hommes, et pris six cents. La citadelle se rendit peu après, c'est-à-dire le 10, la garnison de quinze cents hommes prisonnière de guerre. La place est considérable par son port et par elle-même. Cela fit chanter des *Te Deum* et valut une lettre, de la main du roi, à la vieille duchesse de Noailles. C'étoit une sainte fort aimable, qui avoit été longtemps dame d'atours de la reine mère, et bien avec elle et avec le roi ; toujours vertueuse à la cour et depuis longtemps retirée à Châlons-sur-Marne, dans une grande solitude, et se confessant tous les soirs à l'évêque son fils.

M. de Noailles suivit sa pointe, et prit Girone en six jours de tranchée ouverte. La place capitula, le 29 juin, et la garnison de trois mille hommes ne servira point jusqu'au 1ᵉʳ novembre. Une si riante campagne valut au duc de Noailles des patentes de vice-roi de Catalogne, dont il prit possession dans la cathédrale de Girone, et n'y oublia rien de toutes les cérémonies et les distinctions qui pouvoient le flatter.

Il prit encore par la témérité d'un seul homme, le château de Castel-Follit, sur un pain de sucre de roche, fort haut, qui commande toute la plaine. Il prit envie à un soldat déterminé d'aller voir si le premier retranchement étoit gardé par beaucoup de monde ; il le trouva abandonné et y entra l'épée à la main, faisant de grands cris pour être suivi. Il le fut de cinq ou six autres qui entrèrent avec lui dans le second. Il étoit, l'on dit, plein de monde, mais qui s'épouvanta tellement de se voir attaqué dans un poste cru inaccessible, qu'ils crurent, aux cris, avoir un assaut à soutenir ; et, s'enfuyant, donnèrent une si chaude alarme au château et furent si vivement poursuivis par ce petit nombre, qui cependant s'étoit fort accru, qu'ils entrèrent tous pêle-mêle et que la place fut emportée avec beaucoup de carnage. Hostalric tomba aussi entre les mains de M. de Noailles et termina cette heureuse campagne.

L'amiral Russel avoit mouillé avec force vaisseaux à Barcelone, où le marquis de Villena s'étoit retiré avec le débris de son armée, et nos forces navales n'étoient pas bastantes [1] contre celles de Russel. Celles des ennemis avoient visité nos côtes tout l'été, bombardé ce qu'elles avoient pu, et brûlé presque toute la ville de Dieppe. Le chevalier de Lorraine, qui étoit à Forges, y courut avec quelques preneurs d'eaux et y aida de son mieux le maréchal de Choiseul et M. de Beuvron. Le roi écrivit au chevalier de Lorraine, pour le remercier du zèle qu'il avoit témoigné.

Il ne se passa rien en Italie, et tout s'y termina au blocus de Casal. MM. de Vendôme passèrent presque toute la campagne en Provence, où le maréchal Catinat les avoit détachés avec quelques troupes.

En Flandre on ne fit que s'observer et subsister. Il s'en passa une grande partie au camp de Vignamont, où à la fin les fourrages devinrent éloignés et difficiles. Le prince d'Orange fut obligé d'en aller chercher le premier, et prit son temps de décamper le 17, que presque toute l'armée de

---

1. Suffisantes.

Monseigneur étoit au fourrage. Néanmoins, le soir même, la gauche marcha avec les maréchaux de Villeroy et de Boufflers, lequel avoit joint depuis deux jours, et le lendemain 18, Monseigneur et M. de Luxembourg suivirent avec le reste de l'armée. Les ennemis avoient deux marches d'avance, et Monseigneur la Sambre et force ruisseaux et défilés à passer, et avoit à gagner le camp d'Espierres avant qu'ils s'en fussent saisis. Son armée marcha en plusieurs corps séparés. L'infanterie fut soulagée par un grand nombre de chariots qu'on fit trouver, et la Sambre convoya l'artillerie et les vivres tant qu'on s'en put aider. La marche se fit avec un grand ordre et une telle diligence, le maréchal de Villeroy toujours en avant, que Monseigneur prit le camp d'Espierres, le 25, en même temps que la tête des ennemis paroissoit de l'autre côté. On se canonna le reste du jour, le ruisseau d'Espierres entre-deux, et les ennemis, sur le soir, se retirèrent. Cette importante marche fut très-belle et fort admirée. Le reste de cette campagne ne fut plus que subsistances. Les princes s'en allèrent d'assez bonne heure à Fontainebleau, et M. de Luxembourg, après leur départ, courut en vain en personne avec quelques troupes pour enlever le quartier du comte d'Athlone, qu'il trouva décampé sur l'avis qu'il avoit eu.

Notre campagne d'Allemagne s'acheva fort tranquillement. Nous demeurâmes quarante jours à Gaw-Boecklheim dans le plus beau et le meilleur camp du monde, et par un temps charmant, quoique tournant un peu sur le froid : ce commencement de froid m'y attira une dispute pour une maison avec d'Esclainvilliers, mestre de camp de cavalerie; cela alla pourtant jusqu'à M. le maréchal de Lorges, qui sur-le-champ m'envoya dire par Permillac, maréchal des logis de la cavalerie, que la maison étoit à moi, et qui le signifia à d'Esclainvilliers. Peut-être lui en dit-il davantage, car d'Esclainvilliers vint dès le soir à moi qui causois sur le pas de ma porte avec le prince de Talmont et cinq ou six autres brigadiers ou mestres de camp, et me fit force excuses. Il revint encore chez moi deux jours après ; je le fus voir ensuite, puis lui donnai à dîner avec d'autres, comme j'avois toujours du monde à manger, généraux, mestres de camp et autres officiers. C'étoit un brave homme, épais, mais bon homme et galant homme, et qui savoit fort bien mener une troupe de cavalerie.

Après un si long séjour dans un camp abondant, il fallut aller ailleurs ; le maréchal de Lorges voulut laisser un gros corps d'infanterie en Alsace pour empêcher les ennemis d'y entrer par un pont de bateaux diligemment jeté, quand il s'en seroit éloigné pour ses subsistances, et ne se rendit point aux représentations de La Grange, intendant de l'armée, qui l'étoit aussi d'Alsace. Celui-ci en écrivit à la cour, manda que, si cette infanterie demeuroit en Alsace, elle mettroit la province hors d'état de payer cent mille écus prêts à toucher, que c'étoient des inquiétudes et des précautions inutiles, et qu'il répondoit sur sa tête que les ennemis ne passeroient pas le Rhin, et n'étoient pas même en état d'y songer. Barbezieux, qui avec tous ses grands airs sentoit plus l'intendant que le général d'armée, et plus enclin aussi à croire l'un que l'autre, mit le roi de son côté, tellement que le maréchal reçut un ordre positif tel que La Grange l'avoit proposé. A cela le maréchal de Lorges ne put qu'obéir ; et, ne trouvant plus de subsistances plus proches que les bords de la Nave, il se mit, avec la première ligne, tout contre Creutznach, et envoya Tallard avec la seconde au delà de cette petite rivière, guéable partout, dans le Hondsrück où nous eûmes des fourrages et des vivres en abondance.

A peine la goûtions-nous, que Tallard reçut ordre de partir aussitôt avec toutes ses troupes pour aller rejoindre le maréchal de Lorges ; c'est que le prince Louis de Bade avoit calculé sur notre éloignement qu'il auroit le loisir de faire une rafle en Alsace avant que nous pussions être rejoints, et de se retirer avant que nous pussions aller à lui. Il avoit donc jeté un pont de bateaux sur le Rhin à Hagenbach, à la faveur d'une grande île dans laquelle il avoit mis de l'artillerie, et de là s'étoit espacé en Alsace par corps séparés. Au premier avis le maréchal de Lorges s'étoit porté avec quelque cavalerie jusqu'à Landau, où le maréchal de Joyeuse lui mena ses troupes, et nous partîmes le lendemain de l'arrivée de l'ordre pour passer la Nave et camper le lendemain à Flonheim. Tallard y eut avis que le prince de Hesse se préparoit, avec vingt mille hommes, à l'attaquer le lendemain dans sa marche; mais ce que nous appréhendions, c'étoit de trouver le défilé de Durckheim occupé, où il étoit aisé d'empêcher le passage et de tenir ainsi les deux lignes de notre armée séparées et par conséquent fort embarrassées, et de désoler l'Alsace, tandis que la première ligne seule ne le pourroit empêcher, et que la seconde demeureroit inutile.

Dans cet embarras, il se trouva une cousine de l'homme chez qui j'étois logé, qui arrivoit de Mayence, d'où elle étoit partie la veille, et je le sus de mes gens qui le découvrirent. Elle ne parloit qu'allemand; je la menai à Tallard qui me pria de lui servir d'interprète. Nous sûmes d'elle que les portes de Mayence étoient fermées, qu'on n'y laissoit entrer personne de ce côté-ci; qu'on l'en avoit fait sortir; qu'elle avoit vu quantité de tentes au delà de Mayence, et que des hussards lui avoient dit que c'étoit le prince de Hesse qui alloit joindre le prince Louis. Cela ne nous instruisit guère. Tallard, n'ayant aucun avis des partis qu'il avoit, en envoya encore deux dehors. Nous avions bien fait quatorze lieues de France et n'étions arrivés qu'à huit heures du soir, de sorte qu'il fallut bien donner la nuit au repos, et nous avions encore huit lieues jusqu'aux défilés de Durckheim. Nous marchâmes le lendemain dans la disposition de trouver les ennemis, dont il ne parut nul vestige; et on sut, après, que ce camp sous Mayence étoit de huit mille hommes, plus envieux de butin que de combat. Romainville, avec sa réserve, avoit pris en partant d'Arienthal dans le Hondsrück où nous étions, un autre chemin par les montagnes avec les bagages, de sorte que nous marchions légèrement. Nous traversâmes les défilés de Durckheim sans aucun obstacle, et nous campâmes encore à quatre lieues au delà, à deux lieues près de la première ligne avec laquelle le maréchal de Joyeuse nous attendoit. Tallard poussa jusqu'à lui pour recevoir ses ordres, qui furent de marcher le lendemain sur Landau. En chemin nous joignîmes la première ligne, et ce fut une grande joie pour toutes les deux que cette réunion.

J'allai tout de suite à Landau voir M. le maréchal de Lorges qui avoit attendu son armée avec impatience. Je le trouvai dans le jardin de Mélac, gouverneur de la place et un des lieutenants généraux de l'armée, avec presque tous les officiers généraux, et La Grange, fort embarrassé de sa contenance et la tête fort basse. Nous y apprîmes que les ennemis, répandus en plusieurs corps, avoient enlevé un grand butin et quantité d'otages, et qu'ils se retranchoient fort dans l'île et dans les bois d'Hagenbach; mais le nombre de ce qui avoit passé le Rhin on ne le sut jamais. Ce n'étoit pas faute de soins; Mélac avoit battu un gros parti des ennemis, où Girardin avoit été légèrement blessé au ventre. C'étoit un très-bon officier, brigadier de cavalerie et fils de Vaillac, chevalier de l'ordre en 1661, qui étoit à Monsieur, et gens de fort bonne maison. Il avoit servi de lieutenant général en Irlande, et y avoit commandé l'armée après la mort de Saint-Ruth qui y fut tué; mais il avoit déplu à M. de Louvois qui l'avoit donné au roi pour un ivrogne; il en étoit bien quelque chose, et il en étoit demeuré là.

Le lendemain, après une longue marche, on prit un camp fort étendu, d'où le marquis d'Alègre, maréchal de camp de jour, prit en arrivant les gardes et les dragons de Bretoncelles pour aller voir ce qui étoit dans la plaine au delà. Il poussa jusqu'au bois, où il força un grand retranchement d'où il chassa le général Soyer. On se reposa le lendemain ; le jour suivant, les deux maréchaux se mirent en campagne, M. de Lorges pour aller chasser les ennemis de Weissembourg qu'il en trouva délogés, M. de Joyeuse pour aller dans les bois, où il trouva un grand retranchement qu'il n'avoit pas assez de troupes pour forcer. Le lendemain on se reposa encore. Le surlendemain on laissa tout plié dans le camp, et on marcha aux ennemis en colonne renversée. On n'avoit pas fait beaucoup de chemin à travers de grands abatis d'arbres, qu'on sut que les ennemis avoient repassé le Rhin, et rompu et retiré leur pont, de sorte que l'armée s'en retourna au camp aussi triste qu'elle en étoit partie gaillarde. Trois jours après, les ordres arrivèrent en ce même camp pour la séparation des troupes. Ils portoient que Tallard iroit aux Deux-Ponts, le maréchal de Joyeuse dans le Hondsrück, et le maréchal de Lorges où il le jugeroit à propos, avec une destination de troupes et d'officiers généraux pour chacun des trois.

Le maréchal de Joyeuse sut d'abord la sienne et n'en dit mot, soit oubli ou autre raison ; le maréchal de Lorges ne lui en parla point, mais le jour de la séparation, il lui écrivit le matin par un page qu'il le prioit de partir dans deux heures. Joyeuse, piqué, répondit verbalement qu'il n'étoit préparé à rien, et qu'il ne pouvoit partir, puis s'alla promener. Le maréchal de Lorges, inquiet de cette réponse, s'en alloit chez lui, lorsqu'il le rencontra se promenant, et qui ne détourna point son cheval pour aller à lui. L'autre le joignit. L'abord fut très-froid, les propos furent de même : excuses de l'un, plaintes de l'autre, et fermeté à ne point partir. Ils se quittèrent de la sorte. Le maréchal de Lorges, inquiet de plus en plus, avoit des ordres précis, et la matinée s'avançoit. Il eut recours à la négociation, et il en chargea le marquis d'Huxelles, chevalier de l'ordre et lieutenant général, et Vaubecourt, maréchal de camp. Ils allèrent trouver le maréchal de Joyeuse, qu'ils persuadèrent de venir au moins chez l'autre maréchal, et qu'ils y amenèrent. Ils y entendirent la messe, puis s'enfermèrent. Au bout d'une heure ils sortirent, et les ordres furent donnés pour le départ du maréchal de Joyeuse et de ses troupes dont j'étois, et les deux maréchaux allèrent dîner ensemble chez le marquis d'Huxelles au quartier du maréchal de Joyeuse qui étoit le chemin du départ, qui ne se put faire qu'après midi.

J'étois fort bien avec le maréchal de Joyeuse, qui me fit loger après le dernier maréchal de camp et devant Harlus, mon brigadier, qui, comme l'ancien des brigadiers de notre petite armée, y commandoit la cavalerie. Il n'en fut point fâché; mais les autres brigadiers ne le trouvèrent pas trop bon, et moins qu'eux le prince palatin de Birkenfeld, fort de mes amis et qui ne m'en dit rien. Il étoit capitaine dans Bissy, deuxième brigadier de ce corps. Notre brigade échut à Naurum, sur le bord de la Nave, fort près d'Eberbourg, noyé dans le fourrage. J'y demeurai jusqu'au 16 octobre, que le maréchal de Joycuse me donna congé de fort bonne grâce, et je m'en allai à Paris par Metz, où je vis M. de Sève, qui y étoit premier président du parlement. C'étoit un des plus intègres et des plus éclairés magistrats, qui avoit été fort des amis de mon père.

Avant de rentrer dans Paris, il faut réparer un oubli. Lorsque nous étions au camp de Gaw-Boecklheim, La Bretesche fut chargé d'aller reconnoître quelque chose vers Rhinfels. C'étoit un gentilhomme qui avoit perdu une jambe à la guerre, qui avoit été partisan distingué, qui avoit acquis une capacité plus étendue, très-galant homme d'ailleurs, et en qui le maréchal de Lorges se fioit fort. Il étoit un des lieutenants généraux de son armée, et, nonobstant ce grade, il ne voulut prendre avec lui que deux cents hommes de pied et cent cinquante dragons. Arrivé à la nuit après une grande traite à un village à quatre lieues de Rhinfels, il s'y arrêta, posta son infanterie, tint quelques

dragons à cheval dehors, et le reste attacha ses chevaux à
une haie devant la grange où La Bretesche se mit à manger
un morceau avec les officiers. Comme ils étoient à table,
la lune qui étoit belle s'obscurcit tout d'un coup, et voilà
un orage affreux d'éclairs, de tonnerre et de pluie. Aussitôt La Bretesche, craignant quelque surprise par ce mauvais temps, fait monter les dragons à cheval, y monte lui-même, et dans cet instant entend une grosse décharge qui
justifie sa précaution : il donne ses ordres à celui qui commandoit les dragons, et s'en va à son infanterie et la dispose. Il revient tout de suite à ses dragons, n'y en trouve
plus que deux ou trois avec un seul capitaine et nuls
autres. Au désespoir de cet abandon, il retourne à son infanterie, charge les ennemis, profite de l'obscurité et du
désordre où il les met, les pousse et les chasse du village,
quoique trois fois plus forts que lui, et est légèrement
blessé au bras et à la cuisse, et parce que le jour alloit
poindre, se retire en bon ordre à Eberbourg. En chemin il
rencontra une des troupes de dragons qui l'avoient abandonné. Le capitaine qui la menoit eut l'impudence de lui
demander s'il vouloit qu'il l'escortât, et s'attira la réponse
qu'il méritoit, sur quoi les dragons se mirent à faire des
excuses à La Bretesche, et à rejeter cette infamie sur leurs
officiers qui les avoient emmenés malgré eux. De notre camp
à Eberbourg, il n'y avoit que trois lieues. La Bretesche, qui
étoit fort aimé et estimé, fut fort visité de toute l'armée;
j'y fus des premiers. Il en fut quitte pour y demeurer dix
ou douze jours. Il eut la générosité de demander grâce
pour ces dragons, et le maréchal de Lorges, naturellement
bon et doux, la facilité de la lui accorder. Il ne faut pas
ôter à Marsal, capitaine des guides, l'honneur qui lui est
dû : il avoit suivi La Bretesche, ne le quitta jamais d'un pas
et fît très-bien son devoir. Il eut depuis une commission
de capitaine d'infanterie, et il entendoit fort bien son
métier. Il avoit commencé, disoit-on, par être maître de la

poste d'Hombourg d'où La Bretesche étoit gouverneur et d'où il l'avoit tiré.

Ce fut dans le loisir de ce long camp de Gaw-Boecklheim que je commençai ces Mémoires par le plaisir que je pris à la lecture de ceux du maréchal de Bassompierre qui m'invita à écrire aussi ce que je verrois arriver de mon temps.

Nous trouvâmes à notre retour le maréchal d'Humières mort. C'étoit un homme qui avoit tous les talents de la cour et du grand monde et toutes les manières d'un fort grand seigneur, avec cela homme d'honneur quoique fort liant avec les ministres et très-bon courtisan. Ami particulier de M. de Louvois qui contribua extrêmement à sa fortune, qui ne le fit pas attendre; il étoit brave, et se montra meilleur en second qu'en premier; il étoit magnifique en tout, bien avec le roi qui le distinguoit fort et étoit familier avec lui. On peut dire que sa présence ornoit la cour et tous les lieux où il se trouvoit. Il avoit toujours sa maison pleine de tout ce qu'il y avoit de plus grand et de meilleur. Les princes du sang n'en bougeoient, et il ne se contraignoit en rien pour eux ni pour personne; mais avec un air de liberté, de politesse, de discernement qui lui étoit naturel, et qui séparoit toute idée d'orgueil d'avec la dignité et la liberté d'un homme qui ne veut ni se contraindre ni contraindre les autres. Il avoit les plus plaisantes colères du monde, surtout en jouant, et avec cela le meilleur homme du monde, et que tout le monde aimoit.

Il avoit le gouvernement général de Flandre et de Lille, où il tenoit comme une cour, et avoit fait un beau lieu de Mouchy à deux lieues de Compiègne dont il étoit capitaine. Le roi l'avoit souvent aidé à accommoder Mouchy, et y avoit été plusieurs fois. M. de Louvois, qui à la mort du duc du Lude voulut rogner l'office de grand maître de l'artillerie en faveur de sa charge de secrétaire d'État, fit faire le maréchal d'Humières grand maître en son absence, comme il revenoit d'Angleterre complimenter, de la part du roi, le roi Jacques II sur son avénement à la couronne. Ce ministre contribua beaucoup à le faire faire duc vérifié, et à lui faire accorder la grâce très-singulière de faire appeler dans ses lettres celui qui avec l'agrément du roi épouseroit sa dernière fille, belle comme le jour, et qu'il aimoit passionnément. Il avoit perdu son fils unique sans alliance au siége de Luxembourg. Il avoit marié sa fille aînée au prince d'Isenghien en obtenant un tabouret de grâce, et la seconde à Vassé, vidame du Mans, qui s'étoit remariée à Surville, cadet d'Hautefort, dont elle avoit été longtemps sans voir son père.

Le maréchal mourut assez brusquement à Versailles. Il regretta amèrement de n'avoir jamais pensé à son salut ni à sa santé; il pouvoit ajouter à ses affaires, et mourut pourtant fort chrétiennement, et fut généralement regretté. On put remarquer qu'il fut assisté à la mort par trois antagonistes, M. de Meaux et l'abbé de Fénelon qui écrivirent bientôt après l'un contre l'autre, et le P. Caffaro, théatin, son confesseur, qui, s'étant avisé d'écrire un livre en faveur de la comédie pour la prouver innocente et permise, fut puissamment réfuté par M. de Meaux.

Le maréchal de Boufflers eut le gouvernement de Lille et de la Flandre, en se démettant de celui de Lorraine qui fut donné au maréchal de Lorges, lequel sentit vivement cette préférence de son cadet, qui valant beaucoup ne le valoit pourtant pas. M. du Maine eut l'artillerie en quittant les galères, qui furent données à M. de Vendôme en son absence. Ainsi les bâtards durent être assez contents de cette année.

Le roi donna une pension de vingt mille livres à la maréchale d'Humières, qui sans cela auroit été réduite à fort peu, et ce fut le premier exemple d'une si forte pension à une femme. Elle étoit La Châtre, avoit été fort belle et riche, car elle étoit unique, et avoit été dame du palais de la reine. C'étoit une précieuse qui importunoit quelquefois le maré-

chal et toute sa bonne compagnie, et qui, avec un livre de
compte qu'elle avoit toujours devant elle, croyoit tout faire
et ne fit rien que se ruiner. Elle se retira dans une maison borgne au dehors des carmélites du faubourg Saint-Jacques, s'y fit dévote en titre d'office, et se mêla après de
tout ce dont elle n'avoit que faire, et peu d'accord avec ses
enfants.

CHAPITRE XIII.

Tracasseries de Monsieur et des princesses. — Aventure de Mme la
princesse de Conti, fille du roi, qui chasse de chez elle Mlle Choin.
— Disgrâce, exil, etc., de Clermont. — Cabale en désarroi. —
Mlle Choin et Monseigneur. — M. de Noyon, de l'Académie françoise, étrangement moqué par l'abbé de Caumartin, qui en est
perdu. — Grande action de M. de Noyon sur l'abbé de Caumartin.
— Dauphiné d'Auvergne et comté d'Auvergne terres tout ordinaires. — Folie du cardinal de Bouillon. — Changements chez
Monsieur.

Il étoit arrivé pendant la campagne quelques aventures
aux princesses. C'étoit le nom distinctif par lequel on entendoit seulement les trois filles du roi. Monsieur avoit voulu
avec raison que la duchesse de Chartres appelât toujours les
deux autres ma sœur; et que celles-ci ne l'appelassent jamais que Madame. Cela étoit juste, et le roi le leur avoit
ordonné, dont elles furent fort piquées. La princesse de
Conti pourtant s'y soumit de bonne grâce; mais Mme la
Duchesse, comme sœur d'un même amour, se mit à appeler
Mme de Chartres mignonne; or rien n'étoit moins mignon
que son visage, que sa taille, que toute sa personne. Elle
n'osa le trouver mauvais; mais quand, à la fin, Monsieur
le sut, il en sentit le ridicule, et l'échappatoire de l'appeler

Madame, et il éclata. Le roi défendit très-sévèrement à
Mme la Duchesse cette familiarité qui en fut encore plus
piquée, mais elle fit en sorte qu'il n'y parût pas.

A un voyage de Trianon, ces princesses qui y couchoient,
et qui étoient jeunes, se mirent à se promener ensemble
les nuits, et à se divertir la nuit à quelques pétarades. Soit
malice des deux aînées, soit imprudence, elles en tirèrent
une nuit sous les fenêtres de Monsieur qui l'éveillèrent, et qui
le trouva fort mauvais ; il en porta ses plaintes au roi qui lui
fit force excuses, gronda fort les princesses, et eut grand'-
peine à l'apaiser. Sa colère fut surtout domestique : Mme la
duchesse de Chartres s'en sentit longtemps, et je ne sais si
les deux autres en furent fort fâchées. On accusa même
Mme la Duchesse de quelques chansons sur Mme de Chartres. Enfin tout fut replâtré, et Monsieur pardonna tout à
fait à Mme de Chartres par une visite qu'il reçut à Saint-
Cloud de Mme de Montespan qu'il avoit toujours fort aimée,
qui raccommoda aussi ses deux filles, et qui avoit conservé
de l'autorité sur elles, et en recevoit de grands devoirs.

Mme la princesse de Conti eut une autre aventure qui fit
grand bruit et qui eut de grandes suites. La comtesse de
Bury avoit été mise auprès d'elle pour être sa dame d'honneur à son mariage. C'étoit une femme d'une grande vertu,
d'une grande douceur et d'une grande politesse, avec de
l'esprit et de la conduite ; elle étoit d'Aiguebonne et veuve
sans enfants, en 1666, d'un cadet de Rostaing, frère de la
vieille Lavardin, mère du chevalier de l'ordre, ambassadeur à Rome. Mme de Bury avoit fait venir de Dauphiné
Mlle Choin, sa nièce, qu'elle avoit mise fille d'honneur de
Mme la princesse de Conti. C'étoit une grosse fille écrasée,
brune, laide, camarde, avec de l'esprit et un esprit d'intrigue et de manége. Elle voyoit sans cesse Monseigneur qui
ne bougeoit de chez Mme la princesse de Conti. Elle l'a-
musa, et sans qu'on s'en aperçût se mit intimement dans sa
confiance. Mme de Lislebonne et ses deux filles, qui ne sor-

toient pas non plus de chez la princesse de Conti, et qui
étoient parvenues à l'intimité de Monseigneur, s'aperçurent
les premières de la confiance entière que la Choin avoit
acquise, et devinrent ses meilleures amies. M. de Luxembourg qui avoit le nez bon l'écuma. Le roi ne l'aimoit point
et ne se servoit de lui que par nécessité; il le sentoit, et
s'étoit entièrement tourné vers Monseigneur. M. le prince
de Conti l'y avoit mis fort bien, et le duc de Montmorency
son fils. Outre l'amitié, ce prince ménageoit fort ce maréchal pour en être instruit et vanté, dans l'espérance d'arriver au commandement des armées; et la débauche avoit
achevé de les unir étroitement. La jalousie de M. de Vendôme, en tout genre contre le prince de Conti, n'osant s'en
prendre ouvertement à lui, l'avoit brouillé avec M. de
Luxembourg, et fait choisir l'armée de Catinat, où il n'a-
voit rien au-dessus de lui; et M. du Maine, par la jalousie
des préférences, n'étoit pas mieux avec le général. Tout
cela l'attachoit de plus en plus au prince de Conti, et le
tournoit vers Monseigneur avec plus d'application, et c'est
ce qui fit que Monseigneur avoit préféré la Flandre à l'Allemagne, où le roi le vouloit envoyer, qui commençoit à
sentir quelque chose des intrigues de M. de Luxembourg
auprès de Monseigneur.

Ce prince avoit pris du goût pour Clermont, de la branche
de Chattes, enseigne des gens d'armes de la garde. C'étoit un
grand homme, parfaitement bien fait, qui n'avoit rien que
beaucoup d'honneur, de valeur, avec un esprit assez propre
à l'intrigue, et qui s'attacha à M. de Luxembourg à titre de
parenté. Celui-ci se fit honneur de le ramasser, et bientôt il
le trouva propre à ses desseins : il s'étoit introduit chez
Mme la princesse de Conti; il en avoit fait l'amoureux; elle
la devint bientôt de lui; avec ses appuis il devint bientôt un
favori de Monseigneur, et déjà initié avec M. de Luxembourg, il entra dans toutes les vues que M. le prince de
Conti et lui s'étoient proposées, de se rendre les maîtres de

l'esprit de Monseigneur et de le gouverner, pour disposer de l'État quand il en seroit devenu le maître.

Dans cet esprit ils avisèrent Clermont de s'attacher à la Choin, d'en devenir l'amant, et de paroître vouloir l'épouser. Ils lui confièrent ce qu'ils avoient découvert de Monseigneur à son égard, et que ce chemin étoit sûrement pour lui celui de la fortune. Clermont, qui n'avoit rien, les crut bien aisément : il fit son personnage, et ne trouva point la Choin cruelle; l'amour qu'il feignoit, mais qu'il lui avoit donné, y mit la confiance; elle ne se cacha plus à lui de celle de Monseigneur, ni bientôt Monseigneur ne lui fit plus mystère de son amitié pour la Choin; et bientôt après la princesse de Conti fut leur dupe. Là-dessus on partit pour l'armée, où Clermont eut toutes les distinctions que M. de Luxembourg lui put donner.

Le roi, inquiet de ce qu'il entrevoyoit de cabale auprès de son fils, les laissa tous partir, et n'oublia pas d'user du secret de la poste; les courriers lui en déroboient souvent le fruit, mais à la fin l'indiscrétion de ne pas tout réserver aux courriers trahit l'intrigue. Le roi eut de leurs lettres; il y vit le dessein de Clermont et de la Choin de s'épouser, leur amour, leur projet de gouverner Monseigneur et présentement et après lui; combien M. de Luxembourg étoit l'âme de toute cette affaire, et les merveilles pour soi qu'il s'en proposoit. L'excès du mépris de la Choin et de Clermont pour la princesse de Conti, de qui Clermont lui sacrifia les lettres que le roi eut pour ce même paquet intercepté à la poste, après beaucoup d'autres dont il faisoit rendre les lettres après en avoir pris les extraits, et avec ce paquet une lettre de Clermont accompagnant le service, où la princesse de Conti étoit traitée sans ménagement, où Monseigneur n'étoit marqué que sous le nom de leur gros ami, et où tout le cœur sembloit se répandre. Alors le roi crut en avoir assez, et une après-dînée de mauvais temps qu'il ne sortit point, il manda à la princesse de Conti de lui venir parler dans son cabinet. Il en avoit aussi des lettres à Clermont et des lettres de Clermont à elle où leur amour étoit fort exprimé, et dont la Choin et lui se moquoient ensemble.

La princesse de Conti qui comme ses sœurs n'alloit jamais chez le roi qu'entre son souper et son coucher, hors des étiquettes de sermon ou des chasses, se trouva bien étonnée du message. Elle s'en alla chez le roi fort en peine de ce qu'il lui vouloit, car il étoit redouté de son intime famille, plus s'il se peut encore que de ses autres sujets. Sa dame d'honneur demeura dans un premier cabinet, et le roi l'emmena plus loin; là, d'un ton sévère, il lui dit qu'il savoit tout, et qu'il n'étoit pas question de lui dissimuler sa foiblesse pour Clermont, et tout de suite ajouta qu'il avoit leurs lettres, et les lui tira de sa poche en lui disant : « Connoissez-vous cette écriture? » qui étoit la sienne, puis celle de Clermont. A ce début la pauvre princesse se trouva mal, la pitié en prit au roi qui la remit comme il put, et qui lui donna les lettres sur lesquelles il la chapitra, mais assez humainement; après il lui dit que ce n'étoit pas tout, et qu'il en avoit d'autres à lui montrer par lesquelles elle verroit combien elle avoit mal placé ses affections, et à quelle rivale elle étoit sacrifiée. Ce nouveau coup de foudre, peut-être plus accablant que le premier, renversa de nouveau la princesse. Le roi la remit encore, mais ce fut pour en tirer un cruel châtiment : il voulut qu'elle lût en sa présence ses lettres sacrifiées et celles de Clermont et de la Choin. Voilà où elle pensa mourir, et elle se jeta aux pieds du roi baignée de ses larmes, et ne pouvant presque articuler; ce ne fut que sanglots, pardons, désespoirs, rages, et à implorer justice et vengeance ; elle fut bientôt faite. La Choin fut chassée le lendemain, et M. de Luxembourg eut ordre en même temps d'envoyer Clermont dans la place la plus voisine qui étoit Tournai, avec celui de se défaire de sa charge, et de se retirer après en Dauphiné pour ne pas sortir de la province. En même temps le roi manda à Monseigneur ce qui s'étoit passé entre lui et sa fille, et par là le mit hors de mesure d'oser protéger les deux infortunés. On peut juger de la part que le prince de Conti, mais surtout M. de Luxembourg et son fils, prirent à cette découverte, et combien la frayeur saisit les deux derniers.

Cependant comme l'amitié de Monseigneur pour la Choin avoit été découverte par ces mêmes lettres, la princesse de Conti n'osa ne pas garder quelques mesures. Elle envoya Mlle Choin dans un de ses carrosses à l'abbaye de Port-Royal à Paris, et lui donna une pension et des voitures pour emporter ses meubles. La comtesse de Bury, qui ne s'étoit doutée de rien sur sa nièce, fut inconsolable et voulut se retirer bientôt après.

Mme de Lislebonne et ses filles se hâtèrent d'aller voir la Choin, mais avec un extrême secret. C'étoit le moyen sûr de tenir immédiatement à Monseigneur; mais elles ne vouloient pas se hasarder du côté du roi ni de la princesse de Conti qu'elles avoient toutes sortes de raisons de ménager avec la plus grande délicatesse. Elles étoient princesses, mais le plus souvent sans habits et sans pain, à la lettre, par le désordre de M. de Lislebonne. M. de Louvois leur en avoit donné souvent. Mme la princesse de Conti les avoit attirées à la cour, les y nourrissoit, leur faisoit des présents continuels, leur y procuroit toutes sortes d'agréments, et c'étoit à elle qu'elles avoient l'obligation d'avoir été connues de Monseigneur, puis admises dans sa familiarité, enfin dans son amitié la plus déclarée et la plus distinguée. Les chansons achevèrent de célébrer cette étrange aventure de la princesse et de sa confidente.

M. de Noyon en avoit fourni une autre à notre retour, qui lui fut d'autant plus sensible, qu'elle divertit fort tout le monde à ses dépens. On a vu, dès l'entrée de ces Mémoires, quel étoit ce prélat. Le roi s'amusoit de sa vanité qui lui faisoit prendre tout pour distinction, et les effets de cette vanité feroient un livre. Il vaqua une place à l'Académie françoise, et le roi voulut qu'il en fût. Il ordonna même à Dangeau qui en étoit, de s'en expliquer de sa part aux académiciens. Cela n'étoit jamais arrivé, et M. de Noyon, qui se piquoit de savoir, en fut comblé, et ne vit pas que le roi se vouloit divertir. On peut croire que le prélat eut toutes les voix sans en avoir brigué aucune, et le roi témoigna à M. le Prince et à tout ce qu'il y avoit de distingué à la cour qu'il seroit bien aise qu'ils se trouvassent à sa réception. Ainsi M. de Noyon fut le premier du choix du roi dans l'Académie, sans que lui-même y eût auparavant pensé, et le premier encore à la réception duquel le roi eût pris le soin de convier.

L'abbé de Caumartin se trouvoit alors directeur de l'Académie, et par conséquent à répondre au discours qu'y feroit le prélat. Il en connoissoit la vanité et le style tout particulier à lui; il avoit beaucoup d'esprit et de savoir. Il étoit jeune et frère de différent lit de Caumartin, intendant des finances, fort à la mode en ce temps-là, et qui les faisoit presque toutes sous Pontchartrain, contrôleur général, son parent proche et son ami intime. Cette liaison rendoit l'abbé plus hardi, et, se comptant sûr d'être approuvé du monde et soutenu du ministre, il se proposa de divertir le public aux dépens de l'évêque qu'il avoit à recevoir. Il composa donc un discours confus et imité au possible du style de M. de Noyon, qui ne fut qu'un tissu des louanges les plus outrées et de comparaisons emphatiques dont le pompeux galimatias fut une satire continuelle de la vanité du prélat, qui le tournoit pleinement en ridicule.

Cependant, après avoir relu son ouvrage, il en eut peur, tant il le trouva au delà de toute mesure; pour se rassurer, il le porta à M. de Noyon comme un écolier à son maître, et comme un jeune homme à un grand prélat qui ne vouloit rien omettre des louanges qui lui étoient dues, ni rien dire aussi qui ne fût de son goût, et qui ne méritât son approbation. Ce respect si attentif combla l'évêque; il lut et relut le discours, il en fut charmé, mais il ne laissa pas d'y faire quelques corrections pour le style et d'y ajouter quelques traits de sa propre louange. L'abbé revit son ouvrage de retour entre ses mains avec grand plaisir; mais quand il y trouva les additions de la main de M. de Noyon et ses ratures, il fut comblé à son tour du succès du piége qu'il lui avoit tendu, et d'avoir en main un témoignage de son approbation qui le mettoit à couvert de toute plainte.

Le jour venu de la réception, le lieu fut plus que rempli de tout ce que la cour et la ville avoient de plus distingué. On s'y portoit dans le désir d'en faire sa cour au roi, et dans l'espérance de s'y divertir. M. de Noyon parut avec une nombreuse suite, saluant et remarquant l'illustre et nombreuse compagnie avec une satisfaction qu'il ne dissimula pas, et prononça sa harangue avec sa confiance ordinaire, dont la confusion et le langage remplirent l'attente de l'auditoire. L'abbé de Caumartin répondit d'un air modeste, d'un ton mesuré, et, par de légères inflexions de voix aux endroits les plus ridicules ou les plus marqués au coin du prélat, auroit réveillé l'attention de tout ce qui l'écoutoit, si la malignité publique avoit pu être un moment distraite. Celle de l'abbé, toute brillante d'esprit et d'art, surpassa tout ce qu'on en auroit pu attendre si on avoit prévu la hardiesse de son dessein, dont la surprise ajouta infiniment au plaisir qu'on y prit. L'applaudissement fut donc extrême et général, et chacun, comme de concert, enivroit M. de Noyon de plus en plus, en lui faisant accroire que son discours méritoit tout par lui-même, et que celui de l'abbé n'étoit goûté que parce qu'il avoit su le louer dignement. Le prélat s'en retourna charmé de l'abbé et du public, et ne conçut jamais la moindre défiance.

On peut juger du bruit que fit cette action, et quel put être le personnage de M. de Noyon se louant dans les maisons et par les compagnies et de ce qu'il avoit dit et de ce qui lui avoit été répondu, et du nombre et de l'espèce des auditeurs, et de leur admiration unanime, et des bontés du roi à cette occasion. M. de Paris, chez lequel il voulut aller triompher, ne l'aimoit point. Il y avoit longtemps qu'il avoit sur le cœur une humiliation qu'il en avoit essuyée; il n'étoit point encore duc, et la cour étoit à Saint-Germain, où il n'y avoit point de petites cours comme à Versailles. M. de Noyon, y entrant dans son carrosse, rencontra M. de Paris à pied; il s'écrie, M. de Paris va à lui, et croit qu'il va mettre pied à terre; point du tout; il le prend de son carrosse par la main, et le conduit ainsi en laisse jusqu'aux degrés, toujours parlant et complimentant l'archevêque qui rageoit de tout son cœur. M. de Noyon, toujours sur le même ton, monta avec lui et fit si peu semblant de soupçonner d'avoir rien fait de mal à propos, que M. de Paris n'osa en faire une affaire; mais il ne le sentit pas moins. Cet archevêque, à force d'être bien avec le roi, de présider aux assemblées du clergé avec toute l'autorité et les grâces qu'on lui a connues, et d'avoir part à la distribution des bénéfices qu'il perdit enfin, s'étoit mis peu à peu au-dessus de faire aucune visite aux prélats, même les plus distingués, quoique tous allassent souvent chez lui. M. de Noyon s'en piqua et lui en parla fort intelligiblement. C'étoient toujours des excuses. Voyant enfin que ces excuses dureroient toujours, il en parla si bien au roi, qu'il l'engagea à ordonner à M. de Paris de l'aller voir. Ce dernier en fut d'autant plus mortifié qu'il n'osa plus y manquer aux occasions et aux arrivées, et que cette exception l'embarrassa avec d'autres prélats considérables.

On peut donc imaginer quelle farce ce fut pour M. de Paris que cette réception d'Académie; mais qu'il n'en pourroit être pleinement satisfait tant que M. de Noyon continueroit de s'en applaudir; aussi ne manqua-t-il pas l'occasion de sa visite pour lui ouvrir les yeux et lui faire entendre, comme son serviteur et son confrère, ce qu'il n'osoit lui dire entièrement. Il tourna longtemps sans pouvoir être entendu par un homme si rempli de soi-même, et si loin d'imaginer qu'il fût possible de s'en moquer ; à la fin pourtant il se fit écouter, et pour l'honneur de l'épiscopat insulté, disoit-il, par un jeune homme, il le pria de n'en pas augmenter la victoire par une plus longue duperie, et de consulter ses vrais amis. M. de Noyon jargonna longtemps avant de se rendre, mais à la fin il ne put se défendre des soupçons, et de remercier l'archevêque avec qui il convint d'en parler au P. de La Chaise qui étoit de ses amis. Il y courut en effet au sortir de l'archevêché. Il dit au P. de La Chaise l'inquiétude qu'il venoit de prendre, et le pria tant de lui parler de bonne foi, que le confesseur, qui de soi étoit bon, et qui balançoit entre laisser M. de Noyon dans cet extrême ridicule, et faire une affaire à l'abbé de Caumartin, ne put enfin se résoudre à tromper un homme qui se fioit à lui, et lui confirma, le plus doucement qu'il put, la vérité que l'archevêque de Paris lui avoit le premier apprise. L'excès de la colère et du dépit succéda à l'excès du ravissement. Dans cet état il retourna chez lui, et alla le lendemain à Versailles, où il fit au roi les plaintes les plus amères de l'abbé de Caumartin, dont il étoit devenu le jouet, et la risée de tout le monde.

Le roi, qui avoit bien voulu se divertir un peu, mais qui vouloit toujours partout un certain ordre et une certaine bienséance, avoit déjà su ce qui s'étoit passé, et l'avoit trouvé fort mauvais. Ces plaintes l'irritèrent d'autant plus qu'il se sentit la cause innocente d'une scène si ridicule et si publique, et que, quoiqu'il aimât à s'amuser des folies de M. de Noyon, il ne laissoit pas d'avoir pour lui de la bonté et de la considération. Il envoya chercher Pontchartrain, et lui commanda de laver rudement la tête à son parent, et de lui expédier une lettre de cachet pour aller se mûrir la cervelle, et apprendre à rire et à parler dans son abbaye de Busay en Bretagne. Pontchartrain n'osa presque répliquer : il exécuta bien la première partie de son ordre, pour l'autre il la suspendit au lendemain, demanda grâce, fit valoir la jeunesse de l'abbé, la tentation de profiter du ridicule du prélat, et surtout la réponse corrigée et augmentée de la main de M. de Noyon, qui, puisqu'il l'avoit examinée de la sorte, n'avoit qu'à se prendre à lui-même de n'y avoir pas aperçu ce que tout le monde avoit cru y voir. Cette dernière raison, habilement maniée par un ministre agréable et de beaucoup d'esprit, fit tomber la lettre de cachet, mais non pas l'indignation. Pontchartrain pour cette fois n'en demandoit pas davantage. Il fit valoir le regret et la douleur de l'abbé, et sa disposition d'aller demander pardon à M. de Noyon, et lui témoigner qu'il n'avoit jamais eu l'intention de lui manquer de respect et de lui déplaire. En effet, il lui fit demander la permission d'aller lui faire cette soumission ; mais l'évêque outré ne la voulut point recevoir, et après avoir éclaté sans mesure contre les Caumartin, s'en alla passer sa honte dans son diocèse, où il demeura longtemps.

Il faut dire tout de suite que, peu après son retour à Paris, il tomba si malade qu'il reçut ses sacrements. Avant de les recevoir, il envoya chercher l'abbé de Caumartin, lui pardonna, l'embrassa, tira de son doigt un beau diamant qu'il le pria de garder et de porter pour l'amour de lui, et quand il fut guéri il fit auprès du roi tout ce qu'il put pour le raccommoder; il y a travaillé toute sa vie avec chaleur et persévérance, et n'a rien oublié pour le faire évêque, mais ce trait l'avoit radicalement perdu dans l'esprit du roi, et M. de Noyon n'en eut que le bien devant Dieu par cette grande action, et l'honneur devant le monde.

L'orgueil du cardinal de Bouillon donna vers ce même temps une autre sorte de scène. Pour l'entendre il faut dire qu'il y a dans la province d'Auvergne deux terres particulières dont l'une s'appelle le comté d'Auvergne, l'autre le dauphiné d'Auvergne. Le comté a une étendue ordinaire et des mouvances ordinaires d'une terre ordinaire sans droits singuliers, et sans rien de distingué de toutes les autres. Comment elle a retenu ce nom et le dauphiné le sien, mèneroit à une dissertation trop longue. Le dauphiné est encore plus petit en étendue que le comté, et bien qu'érigé en princerie, n'a ni rang ni distinction par-dessus les autres terres, ni droits particuliers, et n'a jamais donné aucune prétention à ceux qui l'ont possédé. Mais la distinction du nom de prince-dauphin avoit plu à la branche de Montpensier qui possédoit cette terre dont quelques-uns ont porté ce titre du vivant de leur père avant de devenir ducs de Montpensier. Le comté d'Auvergne tel qu'il vient d'être dépeint étoit entré et sorti de la maison de La Tour par des mariages et des successions. Ce nom étoit friand pour des gens qui minutoient de changer leur nom de La Tour en celui d'Auvergne, et ils firent si bien auprès du roi lors et depuis l'échange de Sedan, que cette terre est rentrée chez eux, et c'est de là que le frère du duc et du cardinal de Bouillon porte le nom de comte d'Auvergne.

Le dauphiné d'Auvergne étoit échu à Monsieur par la succession de Mademoiselle, et aussitôt le cardinal avoit conçu une envie démesurée de l'avoir. Il en parla à Bechameil qui étoit surintendant de Monsieur, au chevalier de Lorraine, et fit sa cour à tous ceux qui pouvoient avoir part à déterminer Monsieur à le lui vendre. A la fin et à force de donner gros, le marché fut conclu, et Monsieur en parla au roi, qui s'étoit chargé de son agrément comme d'une bagatelle; mais il fut surpris de trouver le roi sur la négative. Monsieur insista et ne pouvoit la comprendre : « Je parie, mon frère, lui dit le roi, que c'est une nouvelle extravagance du cardinal de Bouillon qui veut faire appeler un de ses neveux prince-dauphin; dégagez-vous de ce marché. » Monsieur, qui avoit promis et qui trouvoit le marché bon, insista; mais le roi tint bon, et dit à Monsieur qu'il n'avoit qu'à faire mander au cardinal qu'il ne le vouloit pas.

Cette réponse lui fut écrite par le chevalier de Lorraine de la part de Monsieur, et le pénétra de dépit. Ce nom singulier et propre à éblouir les sots dont le nombre est toujours le plus grand, et un nom que des princes du sang avoient porté, avoit comblé son orgueil de joie; le refus le combla de douleur. N'osant se prendre au roi, il répondit au chevalier de Lorraine un fatras de sottises qu'il couronna par ajouter qu'il étoit d'autant plus affligé de ce que Monsieur lui manquoit de parole, que cela l'empêcheroit d'être désormais autant son serviteur qu'il l'avoit été par le passé. Monsieur eut plus envie de rire de cette espèce de déclaration de guerre que de s'en offenser. Le roi d'abord la prit plus sérieusement, mais touché par les prières de M. de Bouillon, et plus encore par la grandeur du châtiment d'une pareille insolence si elle étoit prise comme elle le méritoit, il prit le parti de l'ignorer, et le cardinal de Bouillon en fut quitte pour la honte et pour s'aller cacher une quinzaine dans sa belle maison de Saint-Martin de Pontoise, que par un échange il avoit depuis peu trouvé moyen de séculariser, et de faire de ce prieuré un bien héréditaire et patrimonial.

Le marquis d'Arcy étoit mort à Maubeuge, à l'ouverture de la campagne : de gouverneur de M. le duc de Chartres il étoit devenu premier gentilhomme de sa chambre et le directeur discret de sa conduite. Ce prince, qui eut le bon esprit de sentir tout ce qu'il valoit, l'a regretté toute sa vie et l'a témoigné, par tous les effets qu'il a pu, à sa famille, et jusqu'à ses domestiques. Il étoit chevalier de l'ordre de 1688, conseiller d'État d'épée, et avoit été ambassadeur en Savoie. C'étoit un homme d'une vertu et d'une capacité peu communes, sans nulle pédanterie et fort rompu au grand monde, et un très-vaillant homme sans nulle ostentation. Un roi à élever et à instruire eût été dignement et utilement remis entre ses mains. Il n'étoit point marié ni riche, et n'avoit guère que soixante ans; homme bien fait et de fort bonne mine. Au retour de l'armée on fut surpris de celui que le roi mit auprès de son neveu pour le remplacer. Ce fut Cayeu, brigadier de cavalerie, brave et très-honnête gentilhomme, qui buvoit bien et ne savoit rien au delà. M. de Chartres fut fort aise d'avoir affaire à un tel inspecteur dont il se moqua, et le fit tomber dans tous les panneaux qu'il lui tendit.

Il y avoit eu aussi pendant la campagne quelques changements chez Monsieur. Il permit à Châtillon, son ancien favori, de vendre à son frère aîné la moitié de sa charge de premier gentilhomme de sa chambre. Châtillon avoit épousé par amour Mlle de Pienne; c'étoit, sans contredit, le plus beau couple de la cour, et le mieux fait, et du plus grand air. Ils se brouillèrent et se séparèrent à ne se jamais revoir. Elle étoit dame d'atours de Madame, et sœur de la marquise de Villequier, aussi mariée par amour. M. d'Aumont avoit été des années sans y vouloir consentir. Enfin, Mme de Maintenon s'en mêla, parce que la mère de cette belle étoit parente et de même nom que l'évêque de Chartres, directeur de Saint-Cyr et de Mme de Maintenon, laquelle enfin en étoit venue à bout. Le comte de Tonnerre, neveu de M. de Noyon, dont je viens de parler, vendit aussi l'autre charge de premier gentilhomme de la chambre de Monsieur, qu'il avoit depuis longtemps, à Sassenage qui quitta le service. Tonnerre avoit beaucoup d'esprit, mais c'étoit tout; il en partoit souvent des traits extrêmement plaisants et salés, mais qui lui attiroient des aventures qu'il ne soutenoit pas, et qui ne purent le corriger de ne se rien refuser, et il étoit parvenu enfin à cet état, qu'il eût été honteux d'avoir une querelle avec lui; aussi ne se contraignoit-on point sur ce qu'on vouloit lui répondre ou lui dire. Il étoit depuis longtemps fort mal dans sa petite cour par ses bons mots. Il lui avoit échappé de dire qu'il ne savoit ce qu'il faisoit de demeurer en cette boutique; que Monsieur étoit la plus sotte femme du monde, et Madame le plus sot homme qu'il eût jamais vu. L'un et l'autre le surent, et en furent très-offensés. Il n'en fut pourtant autre chose ; mais le mélange des brocards sur chacun et du mépris extrême qu'il avoit acquis, le chassèrent à la fin pour mener une vie fort pitoyable.

CHAPITRE XIV.

Directeurs et inspecteurs en titre. — Horrible trahison qui conserve Barcelone à l'Espagne pour perdre M. de Noailles. — Établissement de la capitulation. — Comte de Toulouse reçu au parlement et installé à la table de marbre par Harlay, premier président. — Procès de M. le prince de Conti contre Mme de Nemours pour les biens de Longueville. — Un bâtard obscur du dernier comte de Soissons, prince du sang, comblé de biens par Mme de Nemours. — Il prend le nom de prince de Neuchâtel, et épouse la fille de M. de Luxembourg.

Lors même de ce retour des armées, le roi créa huit directeurs généraux de ses troupes et deux inspecteurs sous chaque directeur. M. de Louvois, pour en être plus maître et anéantir l'autorité des colonels, avoit imaginé d'envoyer des officiers de son choix, sous le nom de celui du roi, voir les troupes par frontière et par district, et de leur donner tout crédit et toute confiance. Le roi, content que c'étoit la meilleure chose du monde pour son service, et encore piqué de n'avoir jamais pu tirer la charge de colonel général de la cavalerie des mains du comte d'Auvergne pour M. du Maine, voulut ajouter à ce que M. de Louvois avoit inventé, et s'en servir à des récompenses. Il donna douze mille livres d'appointements aux directeurs et une autorité fort étendue sur tout le détail des troupes de leur dépendance. Chacun d'eux devoit faire deux revues par an, en sortant de campagne et à la fin de l'hiver, et entre ces deux revues les inspecteurs devoient en faire plusieurs. Ils eurent six mille livres, devoient rendre compte de tout à leur directeur, et celui-ci au secrétaire d'État de la guerre, et quelquefois au roi, chaque département de directeur séparé en deux pour les deux inspecteurs, desquels tous la moitié étoit fixée à l'infanterie et l'autre moitié à la cavalerie ; outre un pouvoir étendu en toute espèce de détails de troupes ; les directeurs les pouvoient voir en campagne, mettre aux arrêts, interdire même les brigadiers de cavalerie et d'infanterie ; et les inspecteurs, qui furent tous pris d'entre les brigadiers, eurent un logement au quartier général, et dispense de leur service de brigadiers pendant la campagne. Telle fut la fondation de ces emplois qui blessa extrêmement les officiers généraux de la cavalerie et des dragons.

Le comte d'Auvergne, nourri de couleuvres sur sa charge depuis longtemps, avala encore celle-ci en silence. Rosen, étranger et soldat de fortune jusqu'à avoir tiré un billet pour maraude, quoique de bonne noblesse de Poméranie, devenu lieutenant général et mestre de camp général de la cavalerie, étoit un matois rusé qui n'avoit garde de se blesser, et qui loua au contraire cet établissement. Villars, lieutenant général et commissaire général de la cavalerie, ébloui de sa fortune et de celle de son père, se fit moquer des deux autres à qui il proposa de s'opposer à une nouveauté si préjudiciable à leurs charges, et encore plus du roi à qui il osa en parler. Huxelles pour l'infanterie et du Bourg pour la cavalerie eurent la direction du Rhin ; ils se retrouveront ailleurs : le premier lieutenant général et chevalier de l'ordre, l'autre maréchal de camp. Chamarande et Vaudray, deux hommes distingués par leur valeur, par leur application et par leur mérite : Vaudray étoit d'une naissance fort distinguée, du comté de Bourgogne, singulièrement bien fait, mais cadet et pauvre. De chanoine de

Besançon, il prit un mousquet, devint capitaine de grenadiers et reçut trente-deux blessures, dont plusieurs presque mortelles, à l'attaque de la contrescarpe de Coni sans vouloir quitter prise, et y fut laissé pour mort. Cette action le fit connoître, et lui valut peu après le régiment de la Sarre. Chamarande avoit été premier valet de chambre du roi en survivance de son père qui l'avoit achetée de Beringhen, et en avoit conservé toutes les entrées. Le père étoit de ces sages que tout le monde révéroit pour sa probité à toute épreuve et pour sa modestie. Il avoit vendu sa charge, et le roi, qui l'aimoit et le considéroit fort au-dessus de son état, l'avoit fait premier maître d'hôtel de Mme la Dauphine lors du mariage de Monseigneur. Il fit cette charge au gré de toute la cour et eut toujours la meilleure compagnie à sa table. Son fils eut encore sa survivance. Ayant perdu sa charge avec sa maîtresse, il demeura à la cour et y eut toujours chez lui la plus illustre compagnie, quoiqu'il n'eût plus de table, qu'il fût perclus de goutte, et qu'on ne vît jamais de vivres chez lui. Le roi envoyoit quelquefois savoir de ses nouvelles, car il ne pouvoit plus marcher, et lui faire des amitiés ; et je me souviens qu'il étoit en telle estime que, lorsque mon père me présenta au roi et ensuite à ce qu'il y avoit de plus principal à la cour, il me mena voir Chamarande. Son fils étoit fort joliment fait, discret, sage, respectueux, et fort au gré des dames du meilleur air. Il eut par degrés le régiment de la reine, et se distingua fort à la guerre. M. le Duc, M. le prince de Conti, M. de La Rocheguyon et de Liancourt, MM. de Luxembourg père et fils, et quantité d'autres des plus distingués l'aimoient fort, et vivoient avec lui en confiance et en société. Monseigneur le traitoit fort bien et avec distinction, quoique la difficulté de manger avec lui l'empêchât d'être de ses parties et de ses voyages. Mais le rare avec cela est qu'ayant épousé Mlle d'Anglure, fille du comte de Bourlaymont, unique et riche, et femme d'un vrai mérite, sa naissance aidée de ce mérite et de l'amitié du roi pour le bonhomme Chamarande la fit entrer enfin dans les carrosses de Mme la Dauphine.

Romainville et Montgomery furent les deux inspecteurs pour la cavalerie. De Romainville, j'en ai déjà parlé, vieil officier extrêmement aimé et estimé, et qui méritoit de l'être. Le nom de l'autre annonce sa haute naissance ; mais sa pauvreté profonde l'avoit réduit aux plus étranges extrémités en ses premières années, d'autant plus cruelles à supporter qu'il sentoit le poids de son nom, et étoit pétri d'honneur et de vertus. Parvenu à grand'peine à une compagnie de cavalerie, il se distingua tellement en un petit combat contre le général Massiette qui étoit dehors avec un fort gros parti, que Massiette qui l'avoit pris le renvoya sur sa parole comblé d'éloges. Le roi qui commandoit son armée le loua extrêmement, lui donna une épée et un des plus beaux chevaux de ceux qu'il montoit, et lui fit l'honneur de le faire manger avec lui, qu'aucun capitaine de cavalerie n'avoit eu avant lui. Un mois après il vaqua un régiment de cavalerie qu'il eut avec grande distinction, et servit depuis avec application et soutint la réputation qu'il avoit acquise. Il auroit été plus aimé si la capacité lui avoit permis d'être moins inquiet, et si l'humeur n'avoit pas été un nuage qu'on ne se soucie pas toujours de percer pour trouver la vertu qu'il cache. Les maréchaux de Duras et de Lorges, ses parents, le protégeoient fort, et encore plus M. de La Feuillade, tant qu'il vécut, attaché au char de Mme de Quintin, chez qui Montgomery logeoit à Paris, tous deux enfants des deux frères. Il s'étoit de nouveau signalé à la bataille de Staffarde où il eut une main estropiée. Il ne laissa pas d'avoir la double douleur de voir du Bourg, son cadet, maréchal de camp et directeur, et lui d'être brigadier et inspecteur sous lui. On cria fort et de la préférence et de cette espèce d'affectation, et Mongomery, bien qu'outré, n'osa refuser, et se conduisit avec beaucoup de sagesse.

Besons qui n'étoit que brigadier de cavalerie, et Artagnan, major du régiment des gardes françoises, eurent les
deux directions de Flandre. Je parlerai d'eux ailleurs. Coi-
gny, beau-frère de MM. de Matignon, et le vieux Genlis
[furent] directeurs en Catalogne, avec Nanclas et le marquis
du Cambout sous eux; et en Italie Larré et Saint-Sylvestre,
et Villepion-Chartaigne et le comte de Chamilly sous eux.

Avant de quitter la guerre de cette année, il la faut finir
par un étrange incident. M. de Noailles et M. de Barbezieux
étoient fort mal ensemble : tous deux bien avec le roi, tous
deux hauts, tous deux gâtés. M. de Noailles avoit soutenu et
obtenu quantité de choses dans son gouvernement de Roussillon, qui l'y rendoient fort maître et fort indépendant du
secrétaire d'État de la guerre. Mme de Maintenon, ennemie
de M. de Louvois, l'y avoit aidé, et le fils encore moins
autorisé que le père n'avoit pu y rien changer. Il n'aimoit
point M. de Luxembourg, très-lié à M. de Noailles, et de tout
cela naissoit un groupe de chaque côté qui se regardoit fort
de travers.

Les succès de M. de Noailles, cette année en Catalogne,
avoient outré Barbezieux. Il en craignoit de nouveaux
comme des avant-coureurs de sa perte, par le crédit augmenté de ses ennemis. Tout ce qui avoit été exécuté en
Catalogne aplanissoit les voies du siége de Barcelone, et cette
conquête mettoit le sceau à celle de toute cette principauté,
et mettoit le roi en état d'attaquer avec succès à la fin de
l'hiver le cœur de l'Espagne. Il avoit toujours eu ce but, et
M. de Noailles qui savoit par le roi même l'affection qu'il
avoit à ce projet, et qui en vit enfin les moyens si avancés,
n'en souhaitoit pas moins l'exécution, et avec d'autant plus
d'ardeur, qu'elle assureroit solidement la vice-royauté qu'il
avoit obtenue, augmenteroit son éclat et sa faveur, et le
rendoit nécessairement le général de l'armée qui attaqueroit
l'année suivante l'Espagne, par les endroits les plus sensibles et les plus aisés à pénétrer, et à la forcer à demander

la paix dont il auroit toute la gloire. Il pressa donc le roi de donner ses ordres à temps pour le mettre en état d'entreprendre ce siége avec sûreté, et M. de Barbezieux qu'il mettoit au désespoir n'osoit manquer à ce qui lui étoit prescrit, et qui étoit éclairé par le double intérêt de M. de Noailles de ne manquer de rien à temps, et de ne le pas ménager s'il n'avoit toutes choses à point.

Une flotte de cinquante-deux vaisseaux partit le 3 octobre de Toulon, chargée de cinq mille deux cents hommes de troupes prises en Provence de celles de M. de Vendôme ; et rien ne manquoit plus que de mettre la main à l'œuvre, lorsque M. de Noailles voulut rendre au roi un compte particulier de tout et recevoir directement ses ordres, et le tout à l'insu de M. de Barbezieux. Pour une commission si importante pour lui, il choisit Genlis qui, étant sans bien et sans fortune, s'étoit donné à lui, et qu'il ne faut pas confondre avec le vieux Genlis dont j'ai parlé plus haut et à qui il ne cédoit point. Ce Genlis gagna l'amitié de M. de Noailles jusqu'à faire la jalousie de toute sa petite armée. M. de Noailles lui procura un régiment et le poussa fort brusquement à la brigade, puis à être fait maréchal de camp. Il avoit de l'esprit et du manége, et n'avoit d'autre connoissance ni d'autre protection que celle dont il avoit tout reçu. M. de Noailles crut donc ne pouvoir mieux faire que de le charger d'une simple lettre de créance pour le roi, et de le lui annoncer comme une lettre vivante qui répondroit à tout sur-le-champ, et qui sans l'importuner d'une longue dépêche lui en diroit plus en une demi-heure qu'il ne pourroit lui en écrire en plusieurs jours. Les paroles volent, l'écriture demeure ; un courrier peut être volé, peut tomber malade et envoyer ses dépêches ; cet expédient obvioit à tous ces inconvénients et laissoit M. de Barbezieux dans l'ignorance et dans l'angoisse de tout ce qui se passeroit ainsi par Genlis.

Barbezieux qui avoit d'autant plus d'espions, et de meilleurs en Catalogne, que c'étoit pour lui l'endroit le plus dangereux, fut averti de l'envoi de Genlis et du jour de son départ, et sut de plus qu'il devoit arriver droit au roi, et que surtout il avoit défense de le voir en tout. Là-dessus il prit un parti hardi, il fit attendre Genlis aux approches de Paris, et se le fit amener chez lui à Versailles sans le perdre un moment de vue. Quand il le tint, il le cajola tant et sut si bien lui faire sentir la différence pour sa fortune de l'amitié de M. de Noailles, quelque accrédité qu'il fût, d'avec celle du secrétaire d'État de la guerre et de sa sorte et de son âge, qu'il le gagna au point de l'embarquer dans la plus noire perfidie, de ne voir le roi qu'en sa présence et de lui dire tout le contraire de sa commission. Barbezieux lui prescrivit donc tout ce qu'il voulut après avoir tiré de lui tout ce dont il étoit chargé, et en fut pleinement obéi. Par ce moyen le projet du siége de Barcelone fut entièrement rompu sur le point de son exécution, et avec toutes les plus raisonnables apparences d'un succès certain, et sans crainte d'aucuns secours, dans l'état des forces de l'Espagne sur cette frontière comme abandonnée depuis leur défaite; et M. de Noailles demeuré chargé auprès du roi de toute l'iniquité et du manquement d'une telle entreprise, par cette précaution-là même qu'il avoit prise de ne donner qu'une simple lettre de créance, en sorte que tout ce que dit Genlis, directement opposé à ce dont il étoit chargé, n'eut point de contradicteur, et passa en entier pour être de M. de Noailles et pour son propre fait. On peut croire que Barbezieux ne perdit pas de temps à expédier les ordres nécessaires pour dissiper promptement tous les préparatifs, et de procurer à la flotte ceux de regagner Toulon. On peut juger aussi quel coup de foudre ce fut pour M. de Noailles, mais l'artifice avoit si bien pris qu'il ne put jamais s'en laver auprès du roi; on en verra les suites qui servirent de base à la grandeur de M. de Vendôme.

Vers ce temps-ci la capitation[1] fut établie. L'invention et la

---

1. La capitation était un impôt personnel, payé par tête (*caput*), comme l'indique le mot *capitation*, sans distinction de rang ni de condition. Les

proposition fut de Basville, fameux intendant de Languedoc. Un secours si aisé à imposer d'une manière arbitraire, à augmenter de même, et de perception si facile, étoit bien tentant pour un contrôleur général embarrassé à fournir à tout. Pontchartrain néanmoins y résista longtemps et de toutes ses forces, et ses raisons étoient les mêmes que je viens de rapporter. Il en prévoyoit les terribles conséquences, et que cet impôt étoit de nature à ne jamais cesser. A la fin, à force de cris et de besoins, les brigues lui forcèrent la main.

Le 27 novembre, M. le comte de Toulouse qui avoit acheté le duché-pairie de Damville, et en avoit obtenu une érection nouvelle en sa faveur, fut reçu en cette qualité au parlement, comme l'avoit été M. du Maine et après lui M. de Vendôme. La planche faite par M. du Maine comme il a été dit, le roi avoit cessé de faire inviter les pairs par M. de Reims, pour M. de Vendôme qui les visita, ce qui n'avoit pas été hasardé la première fois. M. le comte de Toulouse les visita, comme avoit fait M. de Vendôme, et MM. du parlement. Peu de pairs osèrent ne s'y pas trouver. Il fut peu de jours après installé, comme amiral de France, à la table de marbre[1] par le premier président. M. de Vendôme, grand-père de celui-ci, y avoit été installé en la même qualité par un conseiller.

M. de Luxembourg fit en arrivant un étrange mariage pour sa fille. On a vu ci-dessus la mort du dernier de tous les Longueville, et son testament en faveur de M. le prince de Conti, son cousin germain. Mme de Nemours étoit sa

---

pauvres, les ordres mendiants et ceux dont la contribution personnelle n'atteignait pas quarante sous, en furent seuls exempts. Tous les autres Français furent divisés en vingt-deux classes et soumis à une taxe proportionnée à leur fortune. Ce projet ne fut qu'imparfaitement exécuté : le clergé se racheta de la capitation par un don gratuit ; la noblesse eut des receveurs spéciaux ; les parlements et autres tribunaux obtinrent de faire eux-mêmes la répartition de leur capitation ; enfin les provinces, qui avaient conservé leurs assemblées et qu'on appelait pays d'états, parvinrent à se racheter de la capitation en payant une certaine somme pour toute la province.

1. Voy., sur la *table de marbre*, les notes à la fin du volume.

sœur du premier lit, fille de la sœur de la princesse de Carignan et du dernier prince du sang de la branche de Soissons, tué en 1641 à la bataille de Sedan, sans avoir été marié. Mme de Nemours étoit veuve sans enfants du dernier des ducs de Nemours de la maison de Savoie. C'étoit une femme fort haute, extraordinaire, de beaucoup d'esprit, qui se tenoit fort chez elle à l'hôtel de Soissons, où elle ne voyoit pas trop bonne compagnie. Riche infiniment et vivant très-magnifiquement, avec une figure tout à fait singulière et son habit de même, quoique sentant fort sa grande dame. Elle avoit hérité de la haine de la branche de sa mère contre celle de Condé ; elle s'étoit fort accrue par l'administration des grands biens de M. de Longueville, qu'après la mort de sa mère, sœur de M. le Prince, le même M. le Prince avoit emportée sur elle, et M. le Prince son fils après lui. Le testament fait en faveur de M. le prince de Conti ne la diminua pas. Il s'en trouva un postérieur fait en faveur de Mme de Nemours ; elle prétendit le faire valoir et anéantir le premier. M. le prince de Conti soutint le sien et disputa l'autre comme fait depuis la démence : cela forma un grand procès.

Dans la colère où il mit Mme de Nemours et dans le mépris où elle avoit toujours vécu pour ses héritiers, elle déterra un vieux bâtard obscur du dernier comte de Soissons, frère de sa mère qui avoit l'abbaye de la Coûture du Mans, dont il vivoit dans les cavernes. Il n'avoit pas le sens commun, n'avoit jamais servi, ni fréquenté en toute sa vie un homme qu'on pût nommer. Elle le fit venir, loger chez elle, et lui donna tout ce qu'elle pouvoit donner et en la meilleure forme, et ce qu'elle pouvoit donner étoit immense. Dès lors elle le fit appeler le prince de Neuchâtel, et chercha à l'appuyer d'un grand mariage. Mlle de Luxembourg n'étoit rien moins que belle, que jeune, que spirituelle ; elle ne vouloit point être religieuse et on ne lui vouloit rien donner. La duchesse de Meckelbourg dénicha ce nouveau parti. Son orgueil ne rougit point d'y penser, ni celui de M. de Luxembourg son frère, à qui elle en écrivit; mais il palpita assez pour oser se proposer un rang en considération de ce mariage, sous prétexte de la souveraineté de Neuchâtel donnée à ce bâtard qui en portoit déjà le nom. M. de Luxembourg, qui, en partant, avoit obtenu une grande grâce qui étoit encore secrète et dont je parlerai bientôt, n'osa proposer celle-ci, et en laissa la conduite à l'adresse de sa sœur; et, pour éviter tout embarras entre le demander et ne le demander point, il ne parla point au roi de ce mariage par aucune de ses lettres. Il avoit déjà transpiré avec l'idée du rang, lorsque Mme de Meckelbourg alla demander au roi la permission d'entendre à ce mariage. Au premier mot qu'elle en dit, le roi l'interrompit et lui dit que M. de Luxembourg ne lui en avoit rien mandé; qu'il n'empêcheroit point qu'elle ne fît là-dessus ce que son frère et elle jugeroient à propos, mais qu'au moins il comptoit bien qu'ils n'imagineroient pas de lui demander un rang pour le chevalier de Soissons sous aucun prétexte, à qui il n'en accorderoit jamais, et barra ainsi cette belle chimère. Le mariage ne s'en fit pas moins, et il fut célébré au plus petit bruit à l'hôtel de Soissons, dès que M. de Luxembourg fut arrivé. Mme de Nemours logea les mariés et les combla d'argent, de présents et de revenus, en attendant sa succession, et se prit de la plus parfaite affection pour le mari et pour la femme qui se renfermèrent auprès d'elle, et ne virent d'autre monde que le sien.

CHAPITRE XV.

1695. — Mort de M. de Luxembourg. — Maréchal de Villeroy capitaine des gardes et général de l'armée de Flandre. — Opposition à la réception au parlement du duc de Montmorency, qui prend le nom de duc de Luxembourg. — Qualité de premier baron de France, fausse et insidieuse, que les opposants ont fait rayer au maréchal-duc de Luxembourg. — M. d'Elbœuf. — Roquelaure insulté par MM. de Vendôme. — Mort de la princesse d'Orange, dont le roi défend le deuil aux parents. — Catastrophe de Kœnigsmarck et de la duchesse d'Hanovre. — Échange forcé des gouvernements de Guyenne et de Bretagne. — M. d'Elbœuf à l'adoration de la croix après MM. de Vendôme. — Origine de mon amitié particulière avec la duchesse de Bracciano, depuis dite princesse des Ursins. — Phélypeaux fils et survivancier de Pontchartrain. — Origine de ma liaison avec lui. — Maréchal et maréchale de Lorges. — Famille du maréchal de Lorges. — Mon mariage. — Trahison inutile de Phélypeaux. — Mariage de ma belle-sœur avec le duc de Lauzun. — Mort de la marquise de Saint-Simon et de sa nièce la duchesse d'Uzès, de La Fontaine, de Mignard, de Barbançon. — Échange de Meudon et de Choisy avec un grand retour.

M. de Luxembourg ne survécut pas longtemps à ce beau mariage. A soixante-sept ans, il s'en croyoit vingt-cinq, et vivoit comme un homme qui n'en a pas davantage. Au défaut de bonnes fortunes dont son âge et sa figure l'excluoient, il suppléoit par de l'argent ; et l'intimité de son fils et de lui, de M. le prince de Conti et d'Albergotti, portoit presque toute sur des mœurs communes et des parties secrètes qu'ils faisoient ensemble avec des filles. Tout le faix des marches, des ordres, des subsistances portoit, toutes les campagnes, sur Puységur, qui même dégrossissoit les projets. Rien de plus juste que le coup d'œil de M. de Luxembourg, rien de plus brillant, de plus avisé, de plus prévoyant que lui devant les ennemis, ou un jour de bataille, avec une audace, une flatterie, et en même temps un sang-froid qui lui laissoit tout voir et tout prévoir au milieu du plus grand feu et du danger du succès le plus imminent ; et c'étoit là où il étoit grand. Pour le reste, la paresse même. Peu de promenades sans grande nécessité, du jeu, de la conversation avec ses familiers, et tous les soirs un souper avec un très-petit nombre, presque toujours le même, et si on étoit voisin de quelque ville, on avoit soin que le sexe y fût agréablement mêlé. Alors il étoit inaccessible à tout, et s'il arrivoit quelque chose de pressé, c'étoit à Puységur à y donner ordre. Telle étoit à l'armée la vie de ce grand général, et telle encore à Paris, où la cour et le grand monde occupoient ses journées, et les soirs ses plaisirs. A la fin l'âge, le tempérament, la conformation le trahirent. Il tomba malade à Versailles d'une péripulmonie dont Fagon eut tout d'abord très-mauvaise opinion : sa porte fut assiégée de tout ce qu'il y avoit de plus grand ; les princes du sang n'en bougeoient, et Monsieur y alla plusieurs fois. Condamné par Fagon, Caretti, Italien à secrets qui avoient souvent réussi, l'entreprit et le soulagea, mais ce fut l'espérance de quelques moments. Le roi y envoya quelquefois par honneur plus que par sentiment. J'ai déjà fait remarquer qu'il ne l'aimoit point, mais le brillant de ses campagnes et la difficulté de le remplacer faisoient toute l'inquiétude. Devenu plus mal, le P. Bourdaloue, ce fameux jésuite que ses admirables sermons doivent immortaliser, s'empara tout à fait de lui. Il fut question de le raccommoder avec M. de Vendôme, que la jalousie de son amitié et de ses préférences pour M. le prince de Conti avoit fait éclater en rupture, et se réfugier à l'armée d'Italie, comme je l'ai déjà dit. Roquelaure, l'ami de tous et le confident de personne, les amena l'un après l'autre au lit de M. de Luxembourg où tout se passa de bonne grâce et en peu de paroles. Il reçut ses sacrements, témoigna de la religion et de la fermeté. Il mourut le matin du 4 janvier 1695, cinquième jour de sa maladie, et fut regretté de beaucoup de gens, quoique, comme particulier, estimé de personne, et aimé de fort peu.

Pendant sa maladie il fit faire un dernier effort auprès du roi par le duc de Chevreuse pour obtenir sa charge pour son fils, gendre de ce duc. Il en fut refusé, et le roi lui fit dire qu'il devoit se souvenir qu'il ne lui avoit donné le gouvernement de Normandie en survivance pour son fils, qu'à condition qu'il ne lui parleroit jamais de la charge. Tous ses enfants et Mme de Meckelbourg, sa sœur, ne le quittèrent que lorsqu'on les mit hors de sa chambre comme il alloit passer, où ils laissèrent éclater leur douleur. Le P. Bourdaloue les reprit de ce qu'ils s'affligeoient de ce qu'un homme payoit le tribut à la nature; il ajouta qu'il mouroit en chrétien et en grand homme, et que peut-être aucun d'eux n'auroit le bonheur de mourir de la sorte. Pour en grands hommes, aucun d'eux n'y étoit tourné; en chrétiens, ce sera leur affaire : mais la prophétie ne tarda pas à s'accomplir en la personne de la duchesse de Meckelbourg. Elle mourut dans le même mois de janvier et de la même maladie peu de jours après lui, sans aucun secours spirituel, ni presque de corporels, laissant tout ce qu'elle avoit au comte de Luxembourg, second fils de son frère.

M. de Luxembourg ne vit à la mort pas un des ducs qu'il avoit attaqués, pas un aussi ne s'empressa pour lui. Je n'y allai ni n'y envoyai pas une seule fois, quoique je fusse à Versailles, et il faut avouer que je sentis ma délivrance d'un tel ennemi. On eut la malignité de me vouloir faire parler sur cette mort. Je me contentai de répondre que je respectois trop le discernement du roi dans ses choix pour le remplacer, et avois trop bonne opinion de ses généraux et de ses troupes, pour m'affliger pour l'État d'une perte dont en mon particulier j'avois tant de raisons de me consoler. Avec cette réponse je vis tarir les questions.

Le maréchal de Villeroy eut la charge de capitaine des gardes du corps, en payant cinq cent mille livres de brevet de retenue dont il eut un pareil, et lui succéda au commandement de l'armée de Flandre. Tout le monde s'attendoit à cette disposition : Villeroy, élevé avec le roi, avoit toujours été fort bien avec lui, et dans la confiance domestique et de maîtresses la plus intime, fils de son gouverneur, et tous deux bas et fins courtisans toute leur vie. Quelques nuages étrangers avoient quelquefois éloigné celui-ci ; mais le goût du roi, ramené par l'art des souplesses et des bassesses, l'avoit toujours rétabli en sa première faveur.

Disons tout de suite ce qui se passa entre le duc de Montmorency et nous dans le cours de cet hiver, qui prit le nom du duc de Luxembourg à la mort de son père. Nos assemblées se continuèrent. MM. d'Elbœuf, Montbazon, La Trémoille, Sully qui avoit repris le procès depuis la mort de son père, Chaulnes, La Rochefoucauld, Richelieu, Monaco, Rohan et moi signâmes deux oppositions à ce que nul hoir mâle, sorti du feu maréchal de Luxembourg, ne fût reçu au parlement en qualité de pair de France pour les raisons que nous réservions à dire en temps et lieux, dont l'une fut signifiée à Dongois qui faisoit la charge de greffier en chef du parlement, l'autre à la personne du procureur général, et nous résolûmes en même temps de faire rayer au fils la qualité qu'il prenoit de premier baron de France, comme nous y avions obligé le père. Ce jeu de mots leur a fort servi à abuser le monde et à se faire passer pour premiers barons du royaume, et se préparer, par là des chimères, tandis que la terre de Montmorency, mouvante de l'abbaye de Saint-Denis, est peut-être première baronnie de ce district étroit connu sous le nom de l'Ile-de-France, comme on dit de cette même abbaye Saint-Denis en France.

Ensuite nous remîmes sur le tapis notre résolution précédente de mettre en cause le duc de Gesvres pour récuser par ce moyen le premier président. Ce magistrat, depuis la mort de M. de Luxembourg, prenoit toutes sortes de formes pour éviter cet affront. Il employa des présidents à mortier, amis de quelques-uns de nous, et d'autres personnes de leur confiance, qui, sous prétexte d'amitié et d'intérêt à ce qui les touchoit, leur exagérèrent la peine et la douleur du premier président de s'être brouillé avec nous; qu'il sentoit amèrement ses torts à notre égard, et combien la mort de celui dont il espéroit un grand appui le laissoit exposé à notre haine ; qu'ils étoient sûrs qu'il donneroit toutes choses pour se rapprocher de nous, et qu'ils ne doutoient point que sa profonde capacité ne lui fournît des moyens depuis cette mort d'être autant pour nous qu'il nous avoit été contraire. Ils ajoutèrent même qu'ils lui en avoient ouï échapper des demi-mots bien significatifs, et qui les assuroient que le cœur s'expliquoit par sa bouche. MM. de Chaulnes, de La Rochefoucauld et de La Force s'infatuèrent de ce piége, et opinèrent fortement à y donner. MM. de La Trémoille, de Rohan et moi ne prîmes point un si dangereux change. Nous remîmes aux yeux de ces messieurs toutes les injustices et quelque chose de pis, que nous avions essuyées du premier président ; son refus d'audience qui nous força aux lettres d'État ; son manque de parole et sans détour au duc de Chaulnes sur l'assemblée de toutes les chambres ; le danger de se fier à un homme si autorisé au parlement, et d'autant plus offensé contre nous, que nous avions publié ses iniquités et ses perfidies sans plus garder de mesure avec lui. Nous remontrâmes combien il étoit apparent que ces attaques nous étoient faites sous sa direction par l'ardeur de venger son orgueil blessé ; et quelles seroient notre honte et notre imprudence d'être ses dupes en nous remettant volontairement en ses filets. Nous n'étions que nous six ce jour à l'assemblée, et trois contre trois ne purent se persuader l'un l'autre. Elle se rompit donc, sans rien conclure, un peu tumultuairement ; et M. de La Trémoille déclara en sortant qu'il protestoit et protesteroit contre l'opinion des autres trois ; et que pour éviter des querelles inutiles et personnelles, il cesseroit de se trouver aux assemblées. Ce commencement de scission nous fit prendre le parti, au duc de Rohan et à moi, de tenter de convertir M. de La Rochefoucauld, et cette pensée nous réussit deux jours après fort heureusement en une heure de temps que nous fûmes enfermés tous trois ensemble dans sa chambre à Versailles. Nous remîmes donc cette affaire sur le tapis avec plus de confiance à la première assemblée, où M. de La Trémoille ne parut point. M. de Chaulnes fut étonné et fort fâché de se voir abandonné de M. de La Rochefoucauld revenu à notre avis. Il avoit de l'amitié pour moi ; son chagrin tomba sur le duc de Rohan, qui, vif, aigre et peu considéré, mit le bonhomme Chaulnes, toujours si mesuré, en telle colère, que de part et d'autre les grosses paroles commençoient à échapper entre les dents. Cela nous hâta, de peur de pis, de rompre brusquement l'assemblée, où il ne fut encore rien conclu.

M. de La Rochefoucauld et moi raisonnâmes le lendemain ensemble, et sentîmes que le plus grand mal qui nous pût arriver seroit la désunion, et nous conclûmes qu'avant tout, il falloit se hâter de raccommoder ces deux ducs et les disposer à opiner plus paisiblement, et mettant tout autre intérêt à part et toute fantaisie personnelle, n'aller qu'au but et au bien de notre affaire commune. Après un assez long entretien tête à tête, M. de La Rochefoucauld s'en chargea ; il n'y perdit pas un moment, et heureusement il y réussit avant la première assemblée. Celle-ci fut tranquille, et M. de La Trémoille y revint. Il fut proposé de négocier avec le premier président et de le faire sonder ; mais ce hameçon fut modestement mais très-fermement rejeté, et enfin la récusation du premier président résolue. On accorda seulement, à la considération que nous avions tous pour M. de Chaulnes, qu'on ne feroit point assigner M. de Gesvres tant que rien ne péricliteroit, et qu'on attendroit à le faire autant qu'on le pourroit sans hasarder ce qui venoit d'être résolu. Ensuite on proposa de prendre une requête civile au nom des ducs de Lesdiguières, de Brissac et de Rohan, dont pour abréger je n'expliquerai ni les raisons ni la procédure ; mais M. de Rohan refusa d'y consentir jusqu'à ce que préalablement le duc de Gesvres eût été mis en cause, et ne se contenta d'aucunes raisons ni d'aucunes paroles qu'on lui voulut donner. Son consentement enfin ne s'arracha qu'après tant d'allées et venues que le projet de la requête civile vint à M. de Luxembourg qui prit aussitôt ses mesures avec le vieux chancelier Boucherat, gouverné par Mme d'Harlay sa fille, qui ménageoit fort le premier président, cousin de son mari, qui fit en sorte qu'aucun des maîtres des requêtes ne scellât rien là-dessus du petit sceau sans grande connoissance de cause, c'est-à-dire sans que M. de Luxembourg fût averti à temps de s'y opposer. Il est difficile de comprendre comment une aussi bonne tête que M. de Chaulnes, et un homme aussi digne que lui, se montra si difficile à la récusation du premier président après qu'il lui avoit si indignement manqué de parole, et avec la connoissance qu'il avoit de ses souplesses et tous les tours et détours de perfidie dont il avoit usé jusqu'à découvert avec nous; et d'autre part, il ne fut pas moins étrange que M. de Rohan se montrât si roide pour la récusation, après la mollesse et la variation, pour ne pas dire pis, avec laquelle il avoit fait avorter entre ses mains, après l'avoir entreprise, et avec certitude de succès, comme je l'ai raconté plus haut. Toutes ces longueurs coulèrent le temps jusqu'à l'ouverture de la campagne. M. de Luxembourg, maréchal de camp, servant dans l'armée de Flandre, s'y rendit, et notre procès demeura accroché jusqu'à l'hiver suivant. Il avoit perdu sa femme, et perdit tôt après le seul enfant qu'il en avoit eu, sans que son union intime avec M. et Mme de Chevreuse en ait été en rien diminuée.

Il y avoit eu, sur les fins de l'été et dans les commencements de l'hiver, des tentatives de négociations de paix, je ne sais sur quoi fondées. Crécy alla en Suisse comme en pays neutre et mitoyen entre l'empereur et M. de Savoie, et pas fort éloigné de Venise qui se mêloit de bons offices. Il étoit frère du P. Verjus, jésuite, ami particulier du P. de La Chaise, et il avoit été résident en plusieurs cours d'Allemagne dont il connoissoit parfaitement le droit public, les diverses cours des princes et leurs intérêts : c'étoit un homme sage, mesuré, et qui, sous un extérieur et des manières peu agréables, et qui sentoient bien plus l'étranger, le nouveau débarqué que le François à force d'avoir séjourné dehors, et un langage de même, cachoit une adresse et une finesse peu communes, une prompte connoissance, par le discernement, des gens avec qui il avoit à traiter et de leur but; et qui à force de n'entendre que ce qu'il vouloit bien entendre, de patience et de suite infatigable, et de fécondité à présenter sous toutes sortes de faces différentes les mêmes choses qui avoient été rebutées, arrivoit souvent à son but.

L'abbé Morel alla vers Aix-la-Chapelle pour négocier dans l'empire. C'était une excellente tête, pleine de sens et de jugement, produite par Saint-Pouange, dont il étoit ami de table et de plaisir, et que M. de Louvois et le roi ensuite qui s'en étoit bien trouvé, avoit employé en plusieurs voyages secrets. Il avoit un frère conseiller au parlement et chanoine de Notre-Dame, qui ne lui ressembloit que pour aimer encore mieux le vin que lui et ne le porter pas si bien, et qu'il fit enfin aumônier du roi.

Harlay, conseiller d'État et gendre du chancelier, homme d'esprit, mais c'étoit à peu près tout, étoit allé à Maestricht sonder les Hollandois; mais ces démarches ne firent qu'enorgueillir les ennemis et les éloigner de la paix à proportion qu'ils nous la jugeoient plus nécessaire, et qu'ils y voyoient un empressement et des recherches si opposés à l'orgueil avec lequel on s'étoit piqué de terminer toutes les guerres précédentes. Ce fut tout le fruit que ces messieurs rapportèrent dans les premiers mois de cet hiver. Ils eurent même l'impudence de faire sentir à M. d'Harlay, dont la maigreur et la pâleur étoient extraordinaires, qu'ils le prenoient pour un échantillon de la réduction où se trouvoit la France. Lui, sans se fâcher, répondit plaisamment que, s'ils vouloient lui donner le temps de faire venir sa femme, ils pourroient en concevoir une autre opinion de l'état du royaume. En effet, elle étoit extrêmement grosse et étoit très-haute en couleur.

Il fut assez brutalement congédié, et se hâta de regagner notre frontière.

Les hivers ne se passent guère sans aventures et sans tracasseries. M. d'Elbœuf trouva plaisant de faire l'amoureux de la duchesse de Villeroy, toute nouvelle mariée, et qui n'y donnoit aucun lieu. Il lui en coûta quelque séjour à Paris pour laisser passer cette fantaisie, qui alloit plus à insulter MM. de Villeroy qu'à toute autre chose. Ce n'étoit pas que M. d'Elbœuf eût aucun lieu de se plaindre d'eux, mais c'étoit un homme dont l'esprit audacieux se plaisoit à des scènes éclatantes, et que sa figure, sa naissance et les bontés du roi avoient solidement gâté.

Roquelaure, duc à brevet et plaisant de profession, essuya une triste aventure. Il avoit été toute sa vie extrêmement du grand monde, et ami intime de M. de Vendôme. Comme il vouloit tenir à tout, il s'étoit fourré parmi les amis de M. de Luxembourg, de la brillante situation duquel il espéroit tirer parti, et de ce qu'il entrevoyoit dans la cour de Monseigneur, que ce général, intimement uni avec le prince de Conti, méditoit de gouverner et d'avoir une part principale à tout lorsque le roi n'y seroit plus. La difficulté pour Roquelaure étoit de demeurer bien avec des gens si opposés, qui devint bien plus fâcheuse lors de la rupture ouverte de MM. de Vendôme avec M. de Luxembourg dont j'ai parlé plus haut, et de ses causes. Elle fut si entière qu'il fallut opter, et Roquelaure, qui ne lisoit pas dans l'avenir, ne balança pas à quitter son ancien ami de tous les temps pour ceux qu'il venoit de se faire et dont il espéroit beaucoup. M. de Vendôme en fut piqué au vif, mais il n'étoit pas temps de le montrer. L'éloignement de l'Italie, où il s'étoit réfugié de Flandre, faisoit qu'il ne passoit que peu de temps à la cour, et y vivoit assez à l'ordinaire avec Roquelaure lorsqu'ils se trouvoient en même lieu. C'est ce qui fit qu'à la mort de M. de Luxembourg, ce fut lui qui mena MM. de Vendôme comme j'ai dit ci-dessus; mais cela même avoit renouvelé leur dépit de sa défection de leur amitié, tellement que le vide que laissoit M. de Luxembourg et l'audace de la nouvelle grandeur et de leur liaison avec M. du Maine qui les y avoit fait monter, rompit les bornes où jusqu'alors il s'étoit contenu avec Roquelaure.

A peu de jours de là, celui-ci entra chez M. le Grand, un soir, qui tenoit, soir et matin, une grande table à la cour, et un grand jeu toute la journée, où la foule de la cour entroit et sortoit comme d'une église, et où celle des joueurs à tous jeux, mais surtout au lansquenet, ne manquoit jamais. M. de Vendôme, qui étoit un des coupeurs, eut dispute avec un autre sur un mécompte de sept pistoles. Il étoit beau joueur, mais disputeur et opiniâtre au jeu comme partout ailleurs. Les autres coupeurs le condamnèrent; il paya, quitta, et vint grommelant contre ce jugement à la cheminée, où il trouva Roquelaure debout qui s'y chauffoit. Celui-ci, avec la familiarité qu'il usurpoit toujours et cet air de plaisanterie qu'il mêloit à tout, dit à l'autre qu'il avoit tort et qu'il avoit été bien jugé. Vendôme, piqué de la chose, le fut encore plus de cette indiscrétion, lui répondit en colère et jurant « qu'il étoit un f.... décideur, et qu'il se mêloit toujours de ce qu'il n'avoit que faire. » Roquelaure, étonné de la sortie, fila doux, et lui dit qu'il ne croyoit pas le fâcher ; mais Vendôme, s'emportant de plus en plus, lui répliqua des duretés avec une hauteur qui ne se pouvoit souffrir que par un valet, et dont le ton de voix ne fut pas ménagé. Roquelaure outré, mais beaucoup trop embarrassé, se contenta de lui répondre que s'ils étoient ailleurs, il ne lui parleroit pas de la sorte. Vendôme, se rapprochant plus près et le menaçant, répliqua en jurant, « qu'il le connoissoit bien, et que là ni ailleurs il ne seroit pas plus méchant. » Là-dessus le grand prieur qui étoit assez loin s'approcha d'eux et prit Roquelaure par le bout de sa cravate, et lui dit des choses aussi fâcheuses que celles qu'il venoit d'essuyer de son frère, et sans altérer un flegme fort à contre-temps. Aussitôt voilà toute la chambre en émoi. Mme d'Armagnac et le maréchal de Villeroy coururent à la cheminée. Elle se hâta d'emmener MM. de Vendôme; et le maréchal de Villeroy, Roquelaure, qui n'eut ni le courage de tirer raison d'un tel affront, ni le supplément de prendre prétexte du lieu pour en porter sa plainte au roi. Le pis fut que dès le lendemain d'une scène si publique, il se laissa raccommoder, et en particulier, avec MM. de Vendôme, par Mme d'Armagnac dans son cabinet. Pour y mettre le comble, la duchesse de Roquelaure alla partout disant qu'elle étoit bien fâchée de ce qui étoit arrivé, mais que voilà aussi ce que c'étoit que de s'attaquer à son mari : ce ne pouvoit être bêtise, et l'ignorance auroit été bien forte; on ne comprend pas ce qu'elle put espérer d'un si ridicule propos. Quelque effronté que fût Roquelaure, il parut les premiers jours déconcerté, et bientôt après il se remit à ses bouffonneries ordinaires et se trouva partout impudemment avec MM. de Vendôme à Marly, à Choisy, et partout où cela se rencontroit, et n'évitoit pas même de leur parler quand cela se présentoit, à l'étonnement de tout le monde.

Un soir longtemps après, qu'il fit chez le roi plus de bruit et d'éclats de rire qu'à l'ordinaire et qu'on le remarquoit, je répondis froidement que la cause de tant de gaieté n'étoit pas difficile à deviner, puisque ce même soir MM. de Vendôme prenoient congé du roi pour retourner en Provence. Ce propos fut relevé, et je n'en fus point fâché, parce que je croyois n'avoir pas lieu d'aimer Roquelaure.

Deux événements étrangers se suivirent fort près à près. Le premier, la mort de la princesse d'Orange, à la fin de janvier, dans Londres; la cour n'en eut aucune part, et le roi d'Angleterre pria le roi qu'on n'en prît point le deuil, qui fut même défendu à MM. de Bouillon, de Duras et à tous ceux qui étoient parents du prince d'Orange. On obéit et on se tut; mais on trouva cette sorte de vengeance petite. On eut des espérances de changements en Angleterre, mais elles s'évanouirent incontinent, et le prince d'Orange y parut plus accrédité, plus autorisé et plus affermi que jamais. Cette princesse, qui avoit toujours été fort attachée à son mari, n'avoit pas paru moins ardente que lui pour son usurpation, ni moins flattée de se voir sur le trône de son pays aux dépens de son père et de ses autres enfants. Elle fut fort regrettée, et le prince d'Orange qui l'aimoit et la considéroit avec une confiance entière, et même avec un respect fort marqué, en fut quelques jours malade de douleur.

L'autre événement fut étrange. Le duc d'Hanovre qui briguoit un neuvième électorat en sa faveur, et qui, par la révolution d'Angleterre, étoit appelé à cette couronne après le prince et la princesse d'Orange, et après la princesse de Danemark, comme le plus proche de ligne protestante, étoit fils aîné de la duchesse Sophie, laquelle étoit fille de l'électeur palatin, qui se fit couronner roi de Bohême et qui en perdit sa dignité et ses États, et d'une fille de Jacques Ier, roi d'Écosse puis d'Angleterre, fils de la fameuse Marie Stuart, et père de Charles Ier, qui eurent la tête coupée, et [aïeul] du roi Jacques II, détrôné par le prince d'Orange[1]. Ce duc d'Hanovre avoit épousé sa cousine germaine, de même maison, fille du duc de Zell. Elle étoit belle ; il vécut bien avec elle pendant quelque temps. Le comte de Kœnigsmark, jeune et fort bien fait, vint à sa cour et lui donna de l'ombrage. Il devint jaloux ; il les épia et se crut pleinement assuré de ce

---

1. Cette phrase a besoin d'être éclaircie par un tableau généalogique.

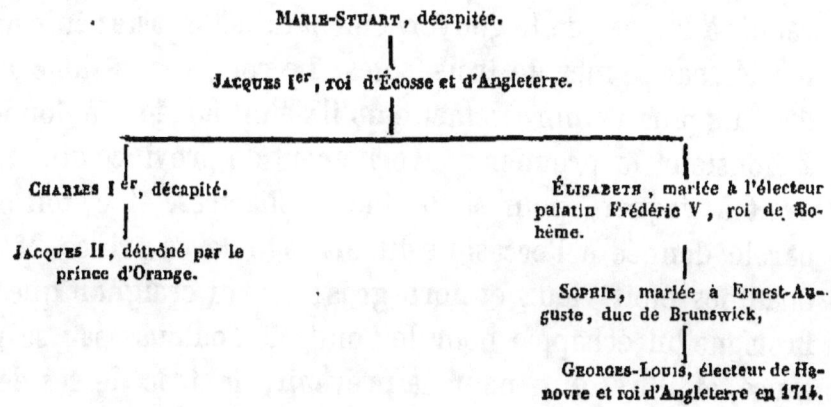

qu'il eût voulu ignorer toute sa vie ; mais ce ne fut qu'après longtemps. La fureur le saisit : il fit arrêter le comte et tout de suite jeter dans un four chaud. Aussitôt après il renvoya sa femme à son père, qui la mit en un de ses châteaux, gardée étroitement par des gens du duc d'Hanovre. Il fit assembler le consistoire pour rompre son mariage. Il y fut décidé fort singulièrement qu'il l'étoit à son égard, et qu'il pouvoit épouser une autre femme ; mais qu'il subsistoit à l'égard de la duchesse d'Hanovre ; qu'elle ne pouvoit se remarier, et que les enfants qu'elle avoit eus pendant son mariage étoient légitimes. Le duc d'Hanovre ne demeura pas persuadé de ce dernier article.

Le roi, tout occupé de la grandeur solide de ses enfants naturels, venoit de donner au comte de Toulouse toutes les distinctions, l'autorité et les avantages dont son office d'amiral pouvoit être susceptible entre ses mains. Il lui avoit donné depuis longtemps le gouvernement de Guyenne, à la mort du duc de Roquelaure, père de celui-ci ; et pendant sa jeunesse, le maréchal de Lorges en avoit eu le commandement et tous les appointements, qui n'avoient cessé que lorsque, par la cascade que fit la mort du maréchal d'Humières, il eut le gouvernement de Lorraine, comme je l'ai dit. M. de Chaulnes avoit depuis très-longtemps le gouvernement de Bretagne, et il y étoit adoré. A ce gouvernement l'amirauté de la province étoit unie, qui valoit extrêmement. Rien ne convenoit mieux à un amiral de France que de la réunir à lui, et que le gouvernement de cette vaste péninsule, bordée par la mer de trois côtés. Le roi y pensa donc avec d'autant plus d'empressement, qu'il s'étoit engagé [à donner] à Monsieur le premier gouvernement de province qui viendroit à vaquer, pour M. le duc de Chartres, et c'étoit une parole donnée à l'occasion du mariage de ce prince. M. de Chaulnes étoit vieux et fort gros ; le roi craignoit que la Bretagne lui échappât pour le Comte de Toulouse par sa vacance, et il résolut, pour la prévenir, le troc de ces deux gouvernements. Pour l'adoucir au duc de Chaulnes qui y perdoit tout, et pour tirer le duc de Chevreuse qu'il aimoit de l'état fâcheux où il avoit mis ses affaires, à force de s'y croire habile et de vastes projets qui l'avoient ruiné, le roi voulut lui donner en même temps la survivance de la Guyenne, comme au neveu, à l'ami et à l'héritier du duc de Chaulnes et de son même nom, à qui il avoit substitué tous ses biens par son contrat de mariage, c'est-à-dire au second fils qui en naîtroit, en cas que lui-même mourût sans enfants; et il n'en a jamais eu.

Le roi fit entrer un matin le duc de Chaulnes dans son cabinet, lui dora la pilule au mieux qu'il put, et toutefois conclut en maître. M. de Chaulnes, surpris et outré au dernier point, n'eut pas la force de rien répondre. Il dit qu'il n'avoit qu'à obéir, et sortit incontinent du cabinet du roi les larmes aux yeux. Il s'en alla tout de suite à Paris, et il éclata contre le duc de Chevreuse, qu'il ne douta point avoir eu toute la part et peut-être fourni au roi une invention à lui si utile. La vérité étoit pourtant que le duc ni la duchesse de Chevreuse n'en avoient rien su qu'en même temps que M. de Chaulnes.

Celui-ci ne voulut pas voir son neveu ni sa nièce, et Mme de Chaulnes, si accoutumée à être la reine de la Bretagne, et qui y étoit aussi passionnément aimée, s'emporta plus encore que son mari. Ni l'un ni l'autre ne cachèrent leur douleur, tellement que je dis au duc de Chaulnes que je ne lui ferois aucun compliment, mais que je les porterois tous à M. de Chevreuse. Il m'embrassa et me témoigna me savoir gré de sentir ainsi pour lui. On fut longtemps à les apaiser l'un et l'autre. A la fin, M. de Beauvilliers et d'autres amis communs obtinrent de M. et de Mme de Chaulnes de vouloir bien recevoir M. et Mme de Chevreuse. La visite se fit et fut très-sèchement reçue. Jamais on ne put ôter de leur esprit que M. de Chevreuse n'eût rien contribué à cet échange forcé, et jamais ni lui ni Mme de Chevreuse ne purent fondre à leur égard les glaces de M. et de Mme de Chaulnes.

Les Bretons furent au désespoir. Tous le montrèrent par leurs lettres, leurs larmes et leurs discours : tout ce qu'il y en avoit à Paris ne bougea de l'hôtel de Chaulnes, avec plus d'assiduité encore qu'à l'ordinaire, et M. et Mme de Chaulnes, touchés de cet amour si général et si constant, étoient de plus en plus profondément affligés. Ils ne s'en consolèrent ni l'un ni l'autre et ne le portèrent pas loin. Le roi envoya chez lui à Versailles les trois enfants de France, et sur cet exemple personne ne se dispensa de le visiter. Il reçut ses compliments avec une triste politesse. Il ne permit pas au courtisan de cacher l'homme pénétré de douleur, et il s'enfuit à Paris le soir même.

Cela s'étoit déclaré à l'issue du lever du roi. Monsieur, qui s'éveilloit beaucoup plus tard, l'apprit en tirant son rideau, et en fut extrêmement piqué. M. le comte de Toulouse vint peu après le lui dire lui-même. Il l'interrompit et devant beaucoup de monde qui étoit à son lever. « Le roi, lui dit-il, vous a fait là un beau présent. Il témoigne combien il vous aime; mais je ne sais s'il s'accorde bien avec la bonne politique. » Monsieur alla ce même jour chez le roi à son ordinaire, qui étoit entre le conseil et le petit couvert, seul dans son cabinet. Là il ne put contenir ses reproches de le tromper par un troc forcé qui prévenoit une vacance prochaine, et la disposition du gouvernement de Bretagne pour M. le duc de Chartres. Le roi dont en effet ç'avoit été le motif se laissa gronder, content d'avoir rempli ses vues. Il essuya la mauvaise humeur de Monsieur tant qu'il voulut; il savoit bien le motif de l'apaiser. Le chevalier de Lorraine fit sa charge accoutumée ; et quelque argent pour jouer et pour embellir Saint-Cloud effaça bientôt le chagrin du gouvernement de Bretagne.

M. d'Elbœuf, voyant ce grand vol des bâtards, fit un tour de courtisan le vendredi saint de cette année. Les Lorrains ni aucun de ceux qui ont rang de prince étranger ne se trouvoient jamais à l'adoration de la croix ni à la cène, à cause de la dispute de préséance avec les ducs, qui étoient aussi exclus de la cène, mais non de l'adoration de la croix. L'un et l'autre avoient été rendus à MM. de Vendôme, depuis la préséance au parlement sur tous les pairs; ils s'y trouvèrent donc cette année, et le duc d'Elbœuf aussi, qui comme duc et pair y pouvoit être. Comme le grand prieur en revenoit, le roi ne vit personne qui y allât. Il attendit un moment, puis, se tournant, il vit le duc de Beauvilliers, et lui dit : « Allez donc, monsieur. — Sire, répondit le duc, voilà M. le duc d'Elbœuf qui est mon ancien. » Et aussitôt M. d'Elbœuf, comme revenant d'une profonde rêverie, se mit en mouvement et y alla. Le grand écuyer et le chevalier de Lorraine lui en dirent fortement leur avis; il leur donna pour excuse qu'il n'y avoit pas pensé, mais le roi lui en sut très-bon gré.

Tout cet hiver ma mère n'étoit occupée qu'à me trouver une bon mariage, bien fâchée de ne l'avoir pu dès le précédent. J'étois fils unique et j'avois une dignité et des établissements qui faisoient aussi qu'on pensoit fort à moi. Il fut question de Mlle d'Armagnac et de Mlle de La Trémoille, mais fort en l'air, et de plusieurs autres. La duchesse de Bracciano vivoit depuis longtemps à Paris, loin de son mari et de Rome. Elle logeoit tout auprès de nous; elle étoit amie de ma mère qu'elle voyoit souvent. Son esprit, ses grâces, ses manières m'avoient enchanté : elle me recevoit avec bonté, et je ne bougeois de chez elle. Elle avoit auprès d'elle Mlle de Cosnac sa parente, et Mlle de Royan, fille de sa sœur, et de la maison de La Trémoille comme elle, toutes deux héritières et sans père ni mère. Mme de Bracciano mouroit d'envie de me donner Mlle de Royan. Elle me parloit souvent d'établissements, elle en parloit aussi à ma mère pour voir si on ne lui jetteroit point quelque propos qu'elle pût ramasser : c'eût été un noble et riche mariage, mais j'étois seul, et je voulois un beau-père et une famille dont je pusse m'appuyer.

Phélypeaux, fils unique de Pontchartrain, avoit la survivance de sa charge de secrétaire d'État. La petite vérole l'avoit éborgné, mais la fortune l'avoit aveuglé. Une héritière de la maison de La Trémoille ne lui avoit point paru au-dessus de ce qu'il pouvoit prétendre, il y tournoit autour du pot, et son père ménageoit extrêmement la tante dans cette même vue, qui, en habile femme, profitoit de ces ménagements en se moquant, à part elle, de leur cause. Le père avoit toujours été ami du mien, et avoit fort désiré que je le fusse de son fils qui en fit toutes les avances; et nous vivions dans une grande liaison. Il ne craignoit guère que moi pour la préférence de Mlle de Royan, et il essayoit à découvrir mes pensées sur elle, en me parlant de divers partis. Je ne me défiois point de sa curiosité, et moins encore de ses vues, mais je me contentai de lui répondre vaguement.

Cependant mon mariage s'approchoit. Dès l'année précédente il avoit été question de la fille aînée du maréchal de Lorges pour moi. Il s'étoit rompu presque aussitôt que traité, et de part et d'autre le désir étoit grand de renouer cette affaire. Le maréchal, qui n'avoit rien et dont la première récompense fut le bâton de maréchal de France, avoit épousé incontinent après la fille de Frémont, garde du trésor royal, et qui sous M. Colbert avoit gagné de grands biens, et avoit été le financier le plus habile et le plus consulté. Aussitôt après ce mariage le maréchal eut la compagnie des gardes du corps, que la mort du maréchal de Rochefort laissa vacante. Il avoit toujours servi avec grande réputation d'honneur, de valeur et de capacité, et commandé les armées avec tout le succès que la haine héréditaire de M. de Louvois pour M. de Turenne et pour tous les siens avoit pu se voir forcer à laisser prendre au neveu favori et à l'élève de ce grand capitaine. La probité, la droiture, la franchise du maréchal de Lorges me plaisoient infiniment; je les avois vues d'un peu plus près pendant la campagne que j'avois faite dans son armée. L'estime et l'amour que lui portoit toute cette armée; sa considération à la cour; la magnificence avec laquelle il vivoit partout; sa naissance fort distinguée; ses grandes alliances et proches qui contre-balançoient celle qu'il s'étoit vu obligé de faire le premier de sa race; un frère aîné très-considéré aussi; la singularité unique des mêmes dignités, de la même charge, des mêmes établissements dans tous les deux; surtout, l'union intime des deux frères et de toute cette grande et nombreuse famille; et plus que tout encore la bonté et la vérité du maréchal de Lorges si rares à trouver et si effectives en lui, m'avoient donné un désir extrême de ce mariage, où je croyois avoir trouvé tout ce qui me manquoit pour me soutenir, acheminer, et pour vivre agréablement au milieu de tant de proches illustres, et dans une maison aimable.

Je trouvois encore dans la vertu sans reproche de la maréchale et dans le talent qu'elle avoit eu enfin de rapprocher M. de Louvois de son mari, et de le faire duc pour prix de cette réconciliation, tout ce que je me pouvois proposer pour la conduite d'une jeune femme que je voulois qui fût à la cour, et où sa mère étoit considérée et applaudie, par la manière polie, sage et noble avec laquelle elle savoit tenir une maison ouverte à la meilleure compagnie sans aucun mélange, en se conduisant avec tant de modestie, sans toutefois rien perdre de ce qui étoit de son mari, qu'elle avoit fait oublier ce qu'elle étoit née et à la famille du maréchal, et à la cour, et au monde où elle s'étoit acquis une estime parfaite et une considération personnelle. Elle ne vivoit d'ailleurs que pour son mari et pour les siens, qui avoit en elle une confiance entière, et vivoit avec elle et tous ses parents avec une amitié et une considération qui lui faisoient honneur. Ils n'avoient qu'un fils unique qu'ils aimoient éperdument et qui n'avoit que douze ans, et cinq filles. Les deux aînées qui avoient passé leur première vie aux Bénédictines de Conflans, dont la sœur de Mme Frémont étoit prieure, étoient depuis deux ou trois ans élevées chez Mme Frémont, mère de la maréchale de Lorges, dont les maisons étoient contiguës et communiquées. L'aînée avoit dix-sept ans, l'autre quinze; leur grand'mère ne les perdoit jamais de vue : c'étoit une femme de grand sens, d'une vertu parfaite, qui avoit été fort belle et en avoit des restes, d'une grande piété, pleine de bonnes œuvres et d'une application singulière à l'éducation de ses deux petites filles. Son mari, depuis longtemps accablé de paralysie et d'autres maux, conservoit toute sa tête et son bon esprit, et gouvernoit toutes ses affaires. Le maréchal vivoit avec eux avec toutes sortes d'amitiés et de devoirs; eux aussi le respectoient et l'aimoient tendrement.

Leur préférence secrète à tous trois étoit pour Mlle de Lorges; celle de la maréchale étoit pour Mlle de Quintin, qui étoit la cadette; et il n'avoit pas tenu à ses désirs, à ses soins, et à quelque chose de plus que l'aînée n'eût pris le parti du couvent pour mieux marier sa favorite. Celle-ci étoit une brune avec de beaux yeux; l'autre blonde avec un teint et une taille parfaite, un visage fort aimable, l'air extrêmement noble et modeste, et je ne sais quoi de majestueux par un air de vertu et de douceur naturelle; ce fut aussi celle que j'aimai le mieux, dès que je les vis l'une et l'autre, sans aucune comparaison, et avec qui j'espérai le bonheur de ma vie, qui depuis l'a fait uniquement et tout entier. Comme elle est devenue ma femme, je m'abstiendrai ici d'en dire davantage, sinon qu'elle a tenu infiniment au delà de ce qu'on m'en avoit promis, par tout ce qui m'étoit revenu d'elle et de tout ce que j'en avois moi-même espéré.

Nous étions, ma mère et moi, informés de tous ces détails par une Mme Damon, femme du frère de Mme Frémont, qui étoit fort bien faite, fort bien avec eux et qui étoit plus du monde que ces sortes de femmes-là n'ont accoutumé d'être. Elle étoit amie de ma mère, et je l'aimois fort aussi ; elle l'avoit été de mon père, et toute sa vie elle avoit imaginé et désiré ce mariage, et en avoit parlé une fois à Mlle de Lorges. Ce fut elle aussi qui le traita, et qui avec adresse, mais avec probité, en vint à bout, à travers les difficultés qui traversent toujours ces affaires si principales de la vie. M. de Lamoignon, ami intime du maréchal, et Riparfonds sous lui, cet avocat dont j'ai parlé et qui nous servit si bien contre M. de Luxembourg, furent ceux dont ils se servirent, et qui tous deux n'avoient aucune envie de réussir. Lamoignon vouloit M. de Luxembourg, veuf de la fille du duc de Chevreuse, sans enfants, qui le désiroit passionnément, et Riparfonds me vouloit pour Mlle de La Trémoille ; ce que nous découvrîmes après. Érard, notre avocat, et M. Bignon, conseiller d'État, étoient notre conseil. Ce dernier avoit été assez ami de mon père pour, sans aucune parenté, avoir bien voulu être mon tuteur, lorsqu'en 1684 j'avois été légataire universel de Mme la duchesse de Brissac, morte sans enfants, et fille unique du premier lit de mon père. Il avoit été avocat général avec une grande réputation de capacité et d'intégrité, et il l'avoit soutenue tout entière au conseil. Pontchartrain, contrôleur général et secrétaire d'État, dont il avoit épousé la sœur, l'aimoit et le considéroit extrêmement, et regarda et traita toujours ses enfants comme s'ils eussent été les siens. Enfin toutes les difficultés s'aplanirent, moyennant quatre cent mille livres comptant, sans renoncer à rien, et des nourritures indéfinies à la cour et à l'armée.

Les choses à ce point, mais encore secrètes, je crus en pouvoir avancer la confidence de quelques jours à l'apparente amitié et à la curiosité de Phélypeaux, d'autant plus même qu'il étoit neveu de Bignon. A peine eut-il mon secret qu'il courut à Paris le dire à la duchesse de Bracciano. J'allai la voir aussi en arrivant à Paris, et je fus surpris qu'elle me tourna de toutes les façons pour me faire avouer que je me mariois. La plaisanterie me secourut un temps, mais à la fin elle me nomma à qui, et me montra qu'elle étoit bien instruite. Alors la trahison me sauta aux yeux, mais je demeurois ferme dans les termes où je m'étois mis, sans nier ni avouer rien, et me rabattant à dire qu'elle me marioit si bien que je ne pouvois que désirer que la chose fût véritable. Elle me prit en particulier à deux ou trois reprises, espérant de réussir mieux ainsi, qu'elle n'avoit fait par les reproches qu'elle et ses deux nièces m'avoient faits de mon peu de confiance; et je vis que son dessein alloit à essayer de rompre l'affaire par un aveu qui en auroit éventé le secret, auquel le maréchal étoit fort attaché, ou, par une négative formelle, se fonder un sujet de plainte véritable de ce mensonge. Toutefois elle n'eut pas contentement, et ne put jamais tirer de moi ni l'un ni l'autre. Je sortis d'un entretien si pénible outré contre Phélypeaux. Un éclaircissement ou plutôt un reproche de sa trahison m'auroit mené trop loin avec un homme de sa profession et de son état. Je pris donc le parti du silence et de ne lui en faire aucun semblant, mais de vivre désormais avec la réserve que mérite la trahison. Mme de Bracciano me l'avoua dans les suites, et j'eus le plaisir qu'elle-même me conta sa folle espérance, et s'en moqua bien avec moi.

Mon mariage convenu et réglé, le maréchal de Lorges en parla au roi, pour lui et pour moi, pour ne rien éventer. Le roi eut la bonté de lui répondre qu'il ne pouvoit mieux faire, et de lui parler de moi fort obligeamment : il me le conta dans la suite avec plaisir. Je lui avois plu pendant la campagne que j'avois faite dans son armée, ou, dans la pensée de renouer avec moi, il m'avoit secrètement suivi de l'œil, et dès lors avoit résolu de me préférer à M. de Luxembourg, au duc de Montfort, fils du duc de Chevreuse, et à bien d'autres. M. de Beauvilliers, sans qui je ne faisois rien, me porta tant qu'il put à la préférence de ce mariage sans aucun égard pour les vues de son neveu, nonobstant la liaison plus qu'intime qui étoit entre le duc de Chevreuse et lui, et les deux sœurs leurs femmes.

Le jeudi donc avant les Rameaux, nous signâmes les articles à l'hôtel de Lorges, nous portâmes le contrat de mariage au roi, etc., deux jours après, et j'allois tous les soirs à l'hôtel de Lorges, lorsque tout d'un coup le mariage se rompit entièrement sur quelque chose de mal expliqué que chacun se roidit à interpréter à sa manière. Heureusement, comme on en étoit là butté de part et d'autre, d'Auneuil, maître des requêtes, seul frère de la maréchale de Lorges, arriva de la campagne, où il étoit allé faire un tour, et leva la difficulté à ses dépens. C'est un honneur que je lui dois rendre et dont la reconnoissance m'est toujours profondément demeurée. C'est ainsi que Dieu fait réussir ce qui lui plaît par les moyens les moins attendus. Cette aventure ne transpira presque point, et le mariage s'accomplit à l'hôtel de Lorges, le 8 avril, que j'ai toujours regardé avec grande raison comme le plus heureux jour de ma vie. Ma mère m'y traita comme la meilleure mère du monde. Nous nous rendîmes à l'hôtel de Lorges le jeudi avant la Quasimodo, sur les sept heures du soir. Le contrat fut signé. On servit un grand repas à la famille la plus étroite de part et d'autre, et à minuit le curé de Saint-Roch dit la messe et nous maria dans la chapelle de la maison. La veille, ma mère avoit envoyé pour quarante mille livres de pierreries à Mlle de Lorges, et moi, six cents louis dans une corbeille remplie de toutes les galanteries qu'on donne en ces occasions.

Nous couchâmes dans le grand appartement de l'hôtel de Lorges. Le lendemain M. d'Auneuil, qui logeoit vis-à-vis, nous donna un grand dîner, après lequel la mariée reçut sur son lit toute la France à l'hôtel de Lorges, où les devoirs de la vie civile et la curiosité attirèrent la foule, et la première qui vint fut la duchesse de Bracciano avec ses deux nièces; ma mère étoit encore dans son second deuil et son appartement noir et gris, ce qui nous fit préférer l'hôtel de

Lorges pour y recevoir le monde. Le lendemain de ces visites, auxquelles on ne donna qu'un jour, nous allâmes à Versailles. Le soir le roi voulut bien voir la nouvelle mariée chez Mme de Maintenon où ma mère et la sienne la lui présentèrent. En y allant, le roi m'en parla en badinant, et il eut la bonté de les recevoir avec beaucoup de distinction et de louanges. De là elles furent au souper, où la nouvelle duchesse prit son tabouret. En arrivant à la table le roi lui dit : « Madame, s'il vous plaît de vous asseoir. » La serviette du roi déployée, il vit toutes les duchesses et princesses encore debout, il se souleva sur sa chaise et dit à Mme de Saint-Simon : « Madame, je vous ai déjà priée de vous asseoir; » et toutes celles qui le devoient être s'assirent, et Mme de Saint-Simon entre ma mère et la sienne qui étoit après elle. Le lendemain elle reçut toute la cour sur son lit dans l'appartement de la duchesse d'Arpajon. comme plus commode parce qu'il étoit de plein-pied; M. le maréchal de Lorges et moi ne nous y trouvâmes que pour les visites de la maison royale. Le jour suivant elles allèrent à Saint-Germain, puis à Paris, où je donnai le soir un grand repas chez moi à toute la noce, et le lendemain un souper particulier à ce qui restoit d'anciens amis de mon père, à qui j'avois eu soin d'apprendre mon mariage avant qu'il fût public, et lesquels j'ai tous cultivés avec grand soin jusqu'à leur mort.

Mlle de Quintin ne tarda pas longtemps à avoir son tour. M. de Lauzun la vit sur le lit de sa sœur avec plusieurs autres filles à marier; elle avoit quinze ans et lui plus de soixante-trois ans. C'étoit une étrange disproportion d'âge; mais sa vie jusqu'alors avoit été un roman, il ne le croyoit pas achevé, et il avoit encore l'ambition et les espérances d'un jeune homme. Depuis son retour à la cour et son rétablissement dans les distinctions qu'il y avoit eues; depuis même que le roi et la reine d'Angleterre, qui le lui avoient valu, lui avoient encore procuré la dignité de duc vérifié, il n'étoit rien qu'il n'eût tenté par leurs affaires pour se remettre en quelque confiance avec le roi, sans avoir pu y réussir. Il se flatta qu'en épousant une fille d'un général d'armée il pourroit faire en sorte de se mettre entre le roi et lui, et par les affaires du Rhin s'initier de nouveau, et se rouvrir un chemin à succéder à son beau-père dans la charge de capitaine des gardes qu'il ne se consoloit point d'avoir perdue.

Plein de ces pensées, il fit parler à Mme la maréchale de Lorges, qui le connoissoit trop de réputation et qui aimoit trop sa fille pour entendre à un mariage qui ne pouvoit la rendre heureuse. M. de Lauzun redoubla ses empressements, proposa d'épouser sans dot, fit parler sur ce pied-là à Mme Frémont et à MM. de Lorges et de Duras, chez lequel l'affaire fut écoutée, concertée et résolue par cette grande raison de sans dot, au grand déplaisir de la mère; qui à la fin se rendit, par la difficulté de faire sa fille duchesse comme l'aînée à qui elle vouloit l'égaler. Phélypeaux, qui se croyoit à portée de tout, la vouloit aussi pour rien à cause des alliances et des entours, et la peur qu'en eut Mlle de Quintin la fit consentir avec joie à épouser le duc de Lauzun qui avoit un nom, un rang et des trésors. La distance des âges et l'inexpérience du sien lui firent regarder ce mariage comme la contrainte de deux ou trois ans, tout au plus, pour être après libre, riche et grande dame, sans quoi elle n'y eût jamais consenti, à ce qu'elle a bien des fois avoué depuis.

Cette affaire fut conduite et conclue dans le plus grand secret. Lorsque M. le maréchal de Lorges en parla au roi : « Vous êtes hardi, lui dit-il, de mettre Lauzun dans votre famille; je souhaite que vous ne vous en repentiez pas. De vos affaires vous en êtes le maître; mais pour des miennes, je ne vous permets de faire ce mariage qu'à condition que vous ne lui en direz jamais le moindre mot. »

Le jour qu'il fut rendu public, M. le maréchal de Lorges

m'envoya chercher de fort bonne heure, me le dit et m'expliqua ses raisons : la principale étoit qu'il ne donnoit rien, et que M. de Lauzun se contentoit de quatre cent mille livres, à la mort de M. Frémont, si autant s'y trouvoit outre le partage de ses enfants, et faisoit après lui des avantages prodigieux à sa femme. Nous portâmes le contrat à signer au roi, qui plaisanta M. de Lauzun et se mit fort à rire, et M. de Lauzun lui répondit qu'il étoit trop heureux de se marier, puisque c'étoit la première fois, depuis son retour, qu'il l'avoit vu rire avec lui. On pressa la noce tout de suite, en sorte que personne ne put avoir d'habits. Le présent de M. de Lauzun fut d'étoffes, de pierreries et de galanteries, mais point d'argent. Il n'y eut que sept ou huit personnes en tout au mariage, qui se fit à l'hôtel de Lorges à minuit. M. de Lauzun voulut se déshabiller seul avec ses valets de chambre, et il n'entra dans celle de sa femme qu'après que tout le monde en fut sorti, elle couchée et ses rideaux fermés, et lui assuré de ne trouver personne sur son passage.

Il fit le lendemain trophée de ses prouesses. Sa femme vit le monde sur son lit à l'hôtel de Lorges où elle et son mari devoient loger, et le jour suivant nous allâmes à Versailles, où la nouvelle mariée fut présentée par Mme sa mère chez Mme de Maintenon, et de là prit son tabouret au souper. Le lendemain elle vit toute la cour sur son lit, et tout s'y passa comme à mon mariage. Celui du duc de Lauzun ne trouva que des censeurs. On ne comprenoit ni le beau-père ni le gendre; les raisons de celui-ci ne se pouvoient imaginer; celle de sans dot n'étoit reçue de personne; et il n'y avoit celui qui ne prévît une prochaine rupture de l'humeur si connue de M. de Lauzun. En revenant à Paris, nous trouvâmes au Cours presque toutes les filles de qualité à marier, et cette vue consola un peu Mme la maréchale de Lorges, ayant ses filles dans son carrosse qu'elle venoit d'établir en si peu de temps toutes deux.

Peu de jours après, le roi, se promenant dans ses jardins à Versailles, dans son fauteuil à roues, me demanda fort attentivement l'état et l'âge de la famille de M. le maréchal de Lorges, et avec un détail qui me surprit, l'occupation de ses enfants, la figure des filles, si elles étoient aimées, et si aucune ne penchoit à être religieuse. Il se mit ensuite à plaisanter avec moi sur le mariage de M. de Lauzun, puis sur le mien; il me dit, malgré cette gravité qui ne le quittoit jamais, qu'il avoit su du maréchal que je m'en étois bien acquitté, mais qu'il croyoit que la maréchale en savoit encore mieux des nouvelles.

A peine mon mariage étoit-il célébré que la marquise de Saint-Simon mourut à quatre-vingt-onze ans à Paris. Elle étoit tante paternelle du duc d'Uzès, veuve en premières noces de M. de Portes, chevalier de l'ordre, tué devant Privas, frère de la connétable de Montmorency, mère de Mme la princesse de Condé et du dernier duc de Montmorency, décapité à Toulouse. Elle en avoit eu la première femme de mon père et Mlle de Portes. Elle étoit veuve du frère aîné de mon père dont elle avoit eu les biens, et nous en avoit laissé les dettes, sans en avoir eu d'enfants. C'étoit une femme d'esprit, altière et méchante, qui n'avoit jamais pu pardonner à mon père de s'être remarié, et qui l'avoit, tant qu'elle avoit pu, séparé de son frère. Ce fut ainsi un deuil sans douleur. La duchesse d'Uzès, veuve du fils de son frère et fille unique du feu duc de Montausier, mourut en même temps.

La perte de deux hommes illustres fit plus de bruit que celle de ces deux grandes dames : [de] La Fontaine si connu par ses fables et ses contes, et toutefois si pesant en conversation, et de Mignard si illustre par son pinceau. Il avoit une fille unique parfaitement belle. C'étoit sur elle qu'il travailloit le plus volontiers, et elle est répétée en plusieurs de ces magnifiques tableaux historiques qui ornent la grande galerie de Versailles et ses deux salons, et qui n'ont pas eu peu de part à irriter toute l'Europe contre le roi, et à la liguer plus encore contre sa personne que contre son royaume.

Barbançon, premier maître d'hôtel de Monsieur, mourut aussi, si goûté du monde par le sel de ses chansons, et l'agrément et le naturel de son esprit.

Le roi, accoutumé à dominer dans sa famille autant pour le moins que sur ses courtisans et sur son peuple, et qui la vouloit toujours rassemblée sous ses yeux, n'avoit pas vu avec plaisir le don de Choisy à Monseigneur, et les voyages fréquents qu'il y faisoit avec le petit nombre de ceux qu'il nommoit à chacun pour l'y suivre. Cela faisoit une séparation de la cour, qui, à l'âge de son fils, ne se pouvoit éviter, dès que le présent de cette maison l'avoit fait naître, mais il voulut au moins le rapprocher de lui. Meudon, bien plus vaste et extrêmement superbe par les millions que M. de Louvois y avoit enfouis, lui parut propre pour cela. Il en proposa donc l'échange à Barbezieux, pour sa mère, qui l'avoit pris dans les biens pour cinq cent mille livres, et le chargea de lui en offrir quatre cent mille livres de plus avec Choisy en retour. Mme de Louvois, pour qui Meudon étoit trop grand et trop difficile à remplir, fut ravie de recevoir neuf cent mille livres avec une maison plus à sa portée et d'ailleurs fort agréable; et le même jour que le roi témoigna désirer cet échange, il fut conclu. Le roi ne l'avoit pas fait sans avoir parlé à Monseigneur, pour qui ses moindres apparences de désir étoient des ordres. Mme de Louvois passa depuis les étés en bonne compagnie à Choisy, et Monseigneur n'en voltigea que de plus en plus de Versailles à Meudon, où, à l'imitation du roi, il fit beaucoup de choses dans la maison et dans les jardins, et combla les merveilles que les cardinaux de Meudon et de Lorraine et MM. Servien et de Louvois y avoient successivement ajoutées.

CHAPITRE XVI.

Distribution des armées. — Profonde adresse de M. de Noailles, qui le remet mieux que jamais avec le roi, en portant M. de Vendôme à la tête des armées. — Maladie du maréchal de Lorges, delà le Rhin. — Attachement de son armée pour lui. — Maréchal et maréchale de Lorges à Landau, et le maréchal de Joyeuse fort près des ennemis. — Situation des armées. — Maréchal de Joyeuse repasse le Rhin. — Traité de Casal. — Bombardement aux côtes. — Succès à la mer. — Siége de Namur par le prince d'Orange. — Le maréchal de Boufflers s'y jette. — Vaudemont et son armée échappée au plus grand danger. — Maréchal de Villeroy habile et heureux courtisan. — Lavienne premier valet de chambre. — Sa fortune. — Le roi, outré d'ailleurs, rompt sa canne, à Marly, sur un bas valet du serdeau. — Reddition de la ville de Namur. — Deinse et Dixmude pris. — Bruxelles fort bombardé. — Reddition du château de Namur. — Guiscard chevalier de l'ordre. — Maréchal de Boufflers duc vérifié. — Maréchal de Lorges, de retour à son armée, tombe en apoplexie.

Les armées et les corps séparés eurent les mêmes généraux que l'année précédente, excepté que le maréchal de Villeroy succéda au maréchal de Luxembourg, et eut M. le duc de Chartres pour général de la cavalerie, les deux princes du sang et M. du Maine pour lieutenants généraux parmi les autres, et le comte de Toulouse servant à la tête de son régiment.

M. de Noailles, brouillé avec le roi, jusqu'à être presque perdu par l'artifice de Barbezieux que j'ai raconté plus haut, sur le projet manqué du siége de Barcelone, n'avoit pu se faire écouter de tout l'hiver sur la noirceur qui l'avoit accablé. Il comprit le danger d'une situation si forcée à la tête d'une armée, si même il la pouvoit obtenir, et jugea sagement que, parvenu au bâton de maréchal de France, il n'y avoit de bon parti pour lui que de se raccommoder solidement avec le roi par un sacrifice qui lui seroit agréable, et de demeurer à la cour avec une faveur renouvelée, et à l'abri d'un ennemi avec qui il n'auroit plus à compter. Trop rusé courtisan, quoique d'ailleurs fort lourd, pour ne pas sentir l'essor du goût du roi pour les bâtards par tout ce qu'il venoit de faire pour eux, et son peu d'inclination à rien faire pour M. le Duc et M. le prince de Conti, il avisa à se rétablir pleinement dans les bonnes grâces du roi, en flattant son goût pour les uns, et lui ouvrant une porte qui le tireroit d'embarras avec les autres.

Pour cela, il fit confidence de son projet, sous le dernier secret, à M. de Vendôme, non pour se servir de lui, mais pour qu'il lui en sût tout le gré, et par lui M. du Maine; puis il témoigna au roi qu'ayant été assez malheureux de lui déplaire à la tête d'une armée, qui avoit réussi partout, et dont le fruit des succès lui avoit été enlevé malgré lui, sans qu'il eût pu se justifier sur une chose si certaine, il ne pouvoit se résoudre ni à se voir ôter cette même armée ni à la commander : que le premier seroit un châtiment qui le déshonoreroit, que l'autre l'exposeroit sans cesse aux noirceurs de Barbezieux; qu'il aimoit mieux y succomber de bonne grâce, mais en secret, et en faire au roi un sacrifice; que pour cela, il avoit imaginé de se rendre à l'ordinaire en Catalogne, d'y tomber malade en arrivant, de continuer à l'être de plus en plus, d'envoyer un courrier pour demander son retour; qu'en même temps, il ne voyoit personne à portée de ces frontières plus propre à commander l'armée de Catalogne que M. de Vendôme, qui avoit déjà un corps séparé vers Nice, aux ordres du maréchal Catinat; et que si cet arrangement convenoit au roi, il pourroit, pour ne perdre point de temps à laisser son armée sans général, emporter des patentes de général de son armée pour M. de Vendôme, et les lui envoyer par un autre courrier en même temps qu'il demanderoit son retour.

Il est impossible d'exprimer le soulagement et la satisfaction avec laquelle cette proposition fut reçue. La jalousie étoit extrême entre le prince de Conti et M. de Vendôme. Le roi, par politique et plus encore par aversion depuis le voyage de Hongrie, ne vouloit point mettre M. le prince de Conti à la tête de ses armées ni aucun autre prince du sang; cela même le retenoit de faire faire ce grand pas à M. de Vendôme. Son goût pour sa naissance l'en pressoit, et plus encore d'en faire en ce genre le chausse-pied de M. du Maine; mais le comment, il n'avoit encore pu le trouver sans mettre les princes du sang au désespoir, relever le mérite, à lui, déjà si importun, du prince de Conti, l'amour des armées, de la ville et jusque de la cour, malgré lui, et exciter un cri public d'autant plus fâcheux qu'il seroit plus juste. M. de Noailles l'affranchissoit de tous ces inconvénients : c'étoit un général arrivé à son armée, mais hors d'état de la commander; nécessité donc de lui en substituer un autre sans délai, et pour cela de le prendre au plus près qu'il étoit possible. M. de Vendôme, une fois général d'armée, ne pouvoit plus servir en autre qualité; c'étoit donc une affaire finie, et finie par un hasard dont les princes du sang pouvoient être fâchés, mais non offensés; et ce chausse-pied de M. du Maine une fois établi, c'étoit toujours la moitié de la chose exécutée.

De ce moment, M. de Noailles rentra plus que jamais dans les bonnes grâces du roi. Ce prince fit la confidence à M. de Vendôme, qui obtint en même temps pour le grand prieur, son frère, le commandement de ce corps séparé vers Nice. Le secret demeura impénétrable entre le roi et les ducs de Vendôme et de Noailles, sans que le grand prieur même en sût un mot, ni que Barbezieux en eût le moindre vent. Chacun partit pour sa destination à l'ordinaire, et tout s'exécuta pour la Catalogne comme je viens de l'expliquer. Mais l'exécution même trahit tout le secret. On fut surpris d'apprendre M. de Noailles, à peine arrivé à Perpignan, demander à revenir, et beaucoup plus, qu'il avoit envoyé en même temps, et sans attendre aucune réponse, chercher M. de Vendôme à Nice pour lui remettre le commandement de son armée ; et ce qui acheva de lever toutes les voiles, c'est qu'on sut incontinent après qu'il lui avoit remis des lettres patentes de général de l'armée, qu'il n'avoit pu recevoir d'ici, et que peu après il avoit pris le chemin du retour.

Les princes du sang sentirent le coup dans toute sa force ; mais les apparences avoient été gardées, en sorte qu'ils furent réduits au silence. M. de Noailles arriva et fut reçu comme son adresse le méritoit. Il fit l'estropié de rhumatisme, et le joua longtemps, mais il lui échappoit quelquefois de l'oublier et de faire un peu rire la compagnie. Il se fixa pour toujours à la cour, où il fut en pleine faveur, et y gagna beaucoup plus qu'il n'eût pu espérer de la guerre, au grand dépit de Barbezieux qui eut à compter avec M. de Vendôme, lequel, secouru de M. du Maine, ne le laissa pas broncher à son égard.

Tout le monde partit pour les armées. Celle du Rhin ne tarda pas à le passer ; mais à peine étions-nous sur le prince Louis de Bade et en état d'entreprendre, que M. le maréchal de Lorges tomba extrêmement malade, le lundi 20 juin, au camp d'Unter-Neishem, sa droite appuyée à Borhsall et les ennemis retranchés à Eppingen. On manquoit de fourrages, parce que ce n'étoit pas un lieu à demeurer et qu'il n'y en avoit guère dans le voisinage. L'armée, qui toujours en est si avide, pensa moins à elle qu'à son général. Tous les majors de brigade eurent ordre de demander instamment qu'on ne décampât point, et jamais armée ne montra tant d'intérêt à la vie de son chef, ni d'amour pour sa personne. Il fut à la dernière extrémité, tellement que les médecins qu'on avoit fait venir de Strasbourg désespérant entièrement de lui, je pris sur moi de lui faire prendre des gouttes d'Angleterre ; on lui en donna cent trente en trois prises : celles qu'on mit dans des bouillons n'eurent aucun effet ; les autres dans du vin d'Espagne réussirent. Il est surprenant qu'un remède aussi spiritueux et qui n'a rien de purgatif ait mis ceux qui avoient été donnés en si grand mouvement, et qui depuis plus de vingt-quatre heures qu'on les donnoit, n'avoient eu aucun effet. L'opération fut douce mais prodigieuse, par bas; la connoissance revint et peu à peu le pourpre parut partout. Cette éruption fut son salut, mais non la fin de la maladie.

Cependant l'armée souffroit beaucoup; le maréchal de Joyeuse qui en avoit pris le commandement nous exposa son état, à moi et aux neveux de M. le maréchal de Lorges. Il nous dit que quoi qu'il pût arriver, il ne prendroit aucun parti que de notre consentement, et en usa en homme de sa naissance avec toutes sortes de soins et d'égards. L'armée, informée qu'il s'agissoit de prendre un parti, déclara par la bouche de tous ses officiers, qui nuit et jour assiégeoient la maison du malade, qu'il n'y avoit point d'extrémité qu'elle ne préférât au moindre danger de son chef, et ne voulut jamais qu'on fît le moindre mouvement.

Le prince Louis de Bade offrit par des trompettes toutes sortes de secours, de médecins et de remèdes, et sa parole de toute la sûreté et de tous les soulagements de vivres et de fourrages pour le général, pour ce qui demeureroit auprès de lui, et pour l'escorte qui lui seroit laissée si l'armée s'éloignoit de lui, avec l'entière sûreté pour la rejoindre ou aller partout où il voudroit, avec tous ses accompagnements, sitôt qu'il le voudroit. Il fut remercié comme il le méritoit de ces offres si honnêtes, dont on ne voulut point profiter.

Peu à peu la santé se fit entièrement espérer, et l'armée d'elle-même en fit éclater sa joie par des feux de joie à la tête de tous les camps, des tables qui y furent établies, et des salves qu'on ne put jamais empêcher. On ne vit jamais un témoignage d'amour si universel ni si flatteur. Cependant Mme la maréchale de Lorges étoit arrivée à Strasbourg, puis à Landau, dans une chaise de M. de Barbezieux, et des gens à lui outre les siens pour la conduire plus diligemment, et Lacour, capitaine des gardes de M. le maréchal de Lorges, qui avoit été dépêché sur son extrémité. Le roi l'avoit entretenu près d'une heure à Marly, sur l'état de son général et de l'armée, avoit lui-même consulté Fagon son premier médecin, et avoit paru extrêmement sensible à ce grand accident. Toute la cour en fut infiniment touchée. Il n'y étoit pas moins aimé et honoré que dans les troupes. Enfin, dès qu'il fut possible de transporter M. le maréchal de Lorges à Philippsbourg, Mme la maréchale de Lorges y vint de Landau l'attendre : on peut juger de la joie avec laquelle ils se revirent. J'avois été au-devant d'elle jusqu'à Landau. Toute la fleur de l'armée avoit accompagné son général à Philippsbourg, et la plupart des officiers généraux. Le lendemain M. le maréchal de Lorges, entre deux draps en carrosse, et Mme la maréchale en chaise, s'en alla à Landau suivi de tout ce qui étoit venu de plus distingué à Philippsbourg. Il s'établit au gouvernement chez Mélac qui lui étoit fort attaché, et moi chez Verpel, ingénieur, dans une très-jolie maison tout proche.

Dès le lendemain nous repartîmes tous et allâmes rejoindre l'armée. Nous couchâmes à Philippsbourg, où Desbordes, gouverneur, nous dit avoir défense du maréchal de Joyeuse de laisser passer personne pour son nouveau camp, tellement qu'il nous fallut longer le Rhin en deçà, et le passer en bateau au village de Ketsch, où on dressoit un pont. Comme l'escorte et la compagnie étoient nombreuses, le passage fut fort long ; nous prîmes les devants pour la plupart, et allâmes à trois lieues de là, où nous trouvâmes l'armée, sa droite à Roth et sa gauche à Waldsdorff, où étoit le quartier général ; nous y apprîmes que le maréchal de Joyeuse avoit perdu une belle occasion de battre les ennemis en venant en ce camp, qui s'étoient présentés avec peu de précaution sur les hauteurs de Malsch. Comme je n'y étois pas je n'en dirai pas davantage. Le lendemain de notre arrivée, une partie de l'armée monta à cheval; on se mit sous les armes sur les sept heures du matin pour une légère alarme. Le général Schwartz, avec dix-huit mille hommes de contingent de Hesse, de Munster et de Lunebourg, parut sur les hauteurs de Weisloch, et s'y allongea comme pour joindre l'armée du prince Louis de Bade. On reconnut bientôt qu'il prenoit un camp séparé ; d'un lieu un peu éminent à notre gauche on découvrit très-distinctement les trois armées.

De notre gauche à la droite de Schwartz, il n'y avoit guère que demi-lieue, et un petit quart de lieue de notre droite à la gauche du prince Louis, qui étoit à Kisloch. Tout étoit séparé par des défilés qu'on jugeoit inaccessibles, mais on ne laissoit pas de monter toutes les nuits un bivouac à chaque aile, avec un lieutenant général à l'un et un maréchal de camp à l'autre. Celui de la gauche étoit aux trouées et au moulin du ruisseau de Weisloch, tout proche du pont où le pauvre d'Averne avoit été tué la dernière campagne. Mon tour de le monter n'arriva qu'une fois ; ce fut sous Vaubecourt, pour maréchal de camp, et Harlus dans la brigade duquel j'étois encore. Schwartz avoit un assez gros poste au Neu-Weisloch et nous au château du Vieux, qu'Argenteuil lieutenant-colonel d'Harlus, qui étoit un officier de distinction, alla relever avec beaucoup d'adresse. Sur les trois heures du matin nous entendîmes cinq ou six fortes grosses décharges sur la droite : Vaubecourt y voulut courir de sa personne, et Harlus en ce moment-là n'étoit pas avec nous. Je représentai à Vaubecourt que ce ne pouvoit être qu'un poste attaqué ou une escarmouche de notre bivouac de la droite; qu'au premier cas tout seroit décidé et fini avant qu'il y pût être, qu'au second c'étoit un engagement de combat qui ne s'exécuteroit point sans un concert du prince Louis et de Schwartz, lequel attaqueroit bientôt le nôtre, qui étant là poste du maréchal de camp, il seroit fâché de ne s'y être pas

trouvé. Il me crut et envoya au maréchal de Joyeuse, qui
lui manda que les ennemis avoient voulu surprendre un
poste que nous tenions dans l'église de Lehn, à cinq cents
pas derrière notre droite au delà d'un ruisseau; qu'ils en
avoient été repoussés avec beaucoup de perte, et qu'il ne
nous en avoit coûté que quelques soldats, avec le capitaine,
qui étoit un fort bon officier et qui fut regretté.

Cependant nous manquions tout à fait de fourrage le nez
dans les bois, fort engouffrés entre ces deux camps et accu-
lés au Rhin, tandis que les ennemis avoient abondance de
tout, et se faisoient apporter de loin tout ce qu'ils vouloient :
c'étoit à qui décamperoit le dernier. Toute communication
nous étoit coupée avec Philippsbourg, et tout moyen d'y aller
repasser le Rhin sous la protection de la place. Le prince
Louis avoit occupé le défilé des Capucins. Lui et Schwartz
étoient postés à nos deux flancs, et étoient ensemble beaucoup plus nombreux que nous, et leur situation rendoit fort
délicat de défiler devant eux dans la plaine d'Hockenun. Le
plus fâcheux inconvénient étoit l'humeur du maréchal de
Joyeuse qui ne se communiquoit à personne, et à qui il
échappoit des brusqueries si fréquentes et si fortes même
aux officiers généraux les plus principaux, que personne
n'osoit lui parler, et que chacun l'évitoit et le laissoit faire.
Enfin l'excès du besoin lui fit prendre son parti. Il le com-
muniqua d'abord au comte du Bourg, maréchal de camp,
puis à Tallard, lieutenant général, enfin à Barbezières, un
de nos meilleurs maréchaux de camp, qu'il chargea d'aller
reconnoître ce qu'il vouloit savoir, et de l'exécution s'il la
trouvoit possible. Barbezières prit ce qu'il voulut d'infanterie et de cavalerie, et en chemin on lui fit trouver beaucoup d'outils. Je fus de ce détachement.

Barbezières en marchant m'apprit le dessein. Il alloit
visiter les ruines de Manheim, que M. de Louvois avoit fait
brûler en 1688, avec tout le Palatinat; et il alloit voir si
dans leurs derrières on pouvoit faire un pont de bateaux

pour le passage de l'armée. En passant le ruisseau de Schweitzingen, il y laissa le bonhomme Charmazel, lieutenant-colonel de Picardie et un des meilleurs et des plus estimés brigadiers d'infanterie, avec beaucoup d'infanterie, avec ordre d'y faire une centaine de ponts. Arrivé aux ruines de Manheim, il fit demeurer toutes les troupes dans la plaine qui est au devant, prit avec lui cent maîtres et ceux qu'il avoit menés pour travailler, et alla tout reconnoître. Il me permit de le suivre. Nous fîmes le tour de tout ce qui étoit la ville et le château de Manheim; nous coulâmes ensuite derrière ces ruines le long du Rhin pour en reconnoître les bords ; et après qu'il eut tout fort exactement examiné, il jugea que le pont y seroit construit avec facilité au moyen que je vais expliquer.

On pouvoit mettre l'entrée du pont en sûreté avec peu de travail dans ces ruines et peu d'infanterie à le garder. Il se trouvoit en cet endroit du Rhin une petite île d'abord et une plus grande ensuite, ce qui donnoit la commodité de trois ponts, et celle de rompre le premier quand tout auroit passé dans la première île, et le second de même si le passage se trouvoit inquiété ou pressé.

Tout ainsi bien reconnu, nous retournâmes à Charmazel sur le ruisseau de Schweitzingen, où nous mangeâmes une halte que j'avois, après avoir été douze heures à cheval. Charmazel demeura avec toute notre infanterie pour la garde des ponts qu'il faisoit, et nous nous retirâmes à l'armée. En approchant du camp nous trouvâmes tous les vivandiers de l'armée qui s'en alloient passer le Rhin sur le pont de bateaux que nous avions à Ketsch, d'où nous comprîmes qu'elle marcheroit le lendemain. Du Héron, colonel des dragons, étoit à une demi-lieue au delà de ce pont avec tous les gros bagages, il y avoit quelques jours, et nous trouvâmes en arrivant l'ordre donné pour que les menus bagages prissent à minuit le chemin du même pont et le passer.

L'armée partit en effet le lendemain 20 juillet, et marcha sur quatre colonnes par les bois, jusque dans la plaine de Hockenun, les deux lignes rompues par leurs centres qui eurent l'avant-garde, et les droites et les gauches l'arrière-garde. Mélac, lieutenant général de jour, fit l'arrière-garde de tout à la gauche avec un gros détachement, et le maréchal de Joyeuse, avec un autre, se chargea de l'arrière-garde de tout à la droite, le tout sans aucun bruit de trompettes, de timbales ni de tambours. La Bretesche, lieutenant général, menoit notre colonne. Il entendit quelques bruits de guerre malgré les défenses. Nous étions vus et entendus des troupes de Schwartz postées sur des hauteurs, qui fit ce qu'il put pour nous attirer vers lui. Comme on ne gagnoit rien à cette sourdine imparfaite, La Bretesche permit tout le bruit de guerre. Le prince Louis ne montra aucune troupe au maréchal de Joyeuse, et nous arrivâmes tous à la plaine d'Hockenun, sans avoir été suivis de personne.

Le débouché se fit dans une telle confusion que personne ne se trouva à sa place, ni à la tête ou à la suite des troupes avec lesquelles on devoit être. A ce désordre il s'en joignit d'autres; la cavalerie étoit parmi le bois, l'infanterie dans la plaine, nul intervalle entre les lignes ni entre les bataillons et les escadrons, tout en foule et pêle-mêle et sans aucun espace à se pouvoir remuer. Une situation si propre à faire battre toute l'armée par une poignée de gens qui l'auroit suivie, ou qui s'en seroit aperçue à temps, dura plus de quatre heures qu'on mit à se débrouiller et à se débarrasser les uns des autres, sans qu'il fût possible aux officiers généraux de replacer les troupes dans leur ordre.

On attendit là que les menus bagages eussent passé le Rhin à Ketsch, et que notre pont de bateaux y fût rompu et amené et redressé à Manheim.

Deux raisons avoient empêché de faire traverser l'armée à Ketsch : la difficulté d'y faire d'assez grands et bons retranchements pour bien assurer le passage de l'arrière-garde, et la hauteur des bords du Rhin, très-supérieure à l'autre côté, qui auroit donné aux batteries que les ennemis auroient pu établir la facilité de rompre le pont sous l'armée à demi passée, de fouetter l'autre rivage, et d'y démonter les batteries que nous y aurions faites.

Après quatre heures de halte assez inutile pour remettre quelque ordre dans l'armée, elle continua sa marche sur les quatre mêmes colonnes autant qu'elle le put, jusqu'aux ponts que Charmazel avoit faits sur le ruisseau de Schweitzingen, et bientôt après on entendit sept ou huit coups de canon; des brigades entières firent volte-face et coururent, sans aucun commandement, vers ce bruit pendant un bon quart d'heure, que les officiers généraux arrêtèrent tout, et les firent remarcher d'où elles étoient parties. C'étoit Schwartz, qui, sorti des bois avec très-peu de monde et quelques petites pièces de campagne, étoit venu enfin voir s'il ne pourroit point profiter de notre désordre, et, suivant ce qu'il trouveroit, se faire soutenir de tout son corps; mais il s'en étoit avisé trop tard. Le maréchal de Joyeuse débanda sur lui Gobert, excellent brigadier de dragons, avec son régiment et quelques troupes détachées, qui rechassèrent fort brusquement ce peu de monde dans les bois. Si le maréchal eût fait soutenir Gobert, comme il en fut fort pressé, il auroit eu bon marché de cette poignée de gens trop éloignée de leur gros et leur eût pris leurs pièces de campagne; mais il aima mieux allonger sa marche sans s'amuser à ce petit succès, dans l'incertitude de ce qui pouvoit être dans les bois, où on sut depuis qu'il n'y avoit personne, par Derrondes, major de Gobert, officier très-distingué qui fut pris, et comblé de civilités par le prince Louis, qui blâma fort cette équipée que Schwartz avoit hasardée de lui-même.

On continua donc la marche par une telle chaleur, que plusieurs soldats moururent de soif et de lassitude. Le tonnerre tomba en plusieurs endroits et même sur l'artillerie où heureusement il ne causa aucun accident. Les bois et les défilés qu'on rencontra de nouveau la retardèrent tellement et avec tant de confusion, que les premières troupes n'arrivèrent qu'à une heure de nuit, et les dernières fort avant dans la matinée du lendemain. On campa dans la plaine qui règne le long du Necker, depuis vis-à-vis d'Heidelberg, jusqu'à son embouchure, le cul à Manheim, et la gauche appuyée au bord du Necker au village de Seckenheim, en attendant la queue de l'armée, encore fort éloignée à cause des défilés.

La Bretesche, lieutenant général, et moi crûmes que le quartier général étoit en ce village, et comme la brigade d'Harlus dont j'étois y touchoit, j'y allai avec lui : il n'y avoit personne ; nous ne laissâmes pas d'entrer dans une assez grande maison, de faire jeter force paille fraîche dans une grande chambre en bas, et d'y faire décharger ce que malgré les défenses j'avois à manger. Plusieurs officiers étoient avec nous. Comme nous tâchions à nous refaire des fatigues de la journée, nous entendîmes grand bruit et bientôt un vacarme épouvantable : c'étoit un débandement de l'armée qui, à travers la nuit cherchant de l'eau, avoit trouvé ce village, qui par le bout opposé à celui où nous étions touchoit au Necker, et qui après s'être désaltéré se mit à piller, violer, massacrer et faire toutes les horreurs que la licence la plus effrénée inspire, couverte par une nuit fort noire. Incontinent le désordre vint jusqu'à nous, et nous eûmes peine à nous défendre dans notre maison. Il faut pourtant dire qu'au milieu de cette fureur, la livrée de M. le maréchal de Lorges, dont quelques-uns avoient suivi mes gens parce que le gros de ses équipages étoit demeuré à l'armée, fut respectée de ces furieux, et mit à couvert les maisons auprès desquelles elle fut reconnue, tandis qu'en même temps un garde du maréchal de Joyeuse, et bien reconnu pour tel avec ses marques et en sauvegarde, fut battu, dépouillé et chassé. La Bretesche se sut bon gré de ne m'avoir pas cru, qui lui avois conseillé de défaire sa jambe de bois pour se reposer plus à son aise ; il m'a souvent dit qu'il n'avoit jamais rien vu de semblable quoiqu'il se fût plusieurs fois trouvé à des pillages et à des sacs. Nous achevâmes de passer la nuit du mieux que nous pûmes en ce malheureux endroit, qui ne fut abandonné que longtemps après qu'il n'y eut plus rien à y trouver. Dès qu'il fit grand jour La Bretesche et moi allâmes au camp.

Nous trouvâmes l'armée qui commençoit à s'ébranler. Elle avoit passé la nuit comme elle avoit pu, sans ordre, les troupes arrivant toujours, et les dernières ne faisant que de joindre. On alla camper sur sept ou huit lignes à une grande demi-lieue, la droite et le quartier général au village de Neckerau, la gauche au Necker, le centre et le cul aux ruines de Manheim ; on avoit réparé comme on avoit pu avec des palissades celles de la citadelle, et on y travailloit encore. On y jeta six brigades d'infanterie avec Chamilly pour lieutenant général de l'armée, et Vaubecourt, maréchal de camp. L'embouchure du Necker dans le Rhin étoit tout à fait près de notre gauche. On demeura là deux jours, et tous sans exception réduits à la paille et à la gamelle des cavaliers, jusqu'à ce que le pont de bateaux fut achevé où Barbezières l'avoit marqué, et cependant on dressa une batterie de canons dans la première île. Enfin le 24, toute l'armée repassa le Rhin sans que les ennemis eussent seulement fait mine de nous suivre, en sorte que tout se passa avec la plus grande tranquillité. Nous n'ouïmes plus parler d'eux de toute la campagne ; et le lendemain de ce passage le maréchal de Joyeuse me permit d'aller à Landau, où je demeurai avec M. et Mme la maréchale de Lorges, jusqu'à ce que ce général s'alla remettre à la tête de l'armée.

M. de Vendôme promit de grandes choses, prit Hostalric,

battit quelques miquelets, se présenta pour secourir Palamos que les ennemis assiégeoient, se retira aussitôt sans rien entreprendre, et ce qu'il n'avoit pu, l'arrivée de la flotte du roi sur ces côtes l'opéra, et Palamos par cela seul fut délivré du siége.

L'Italie ne fournit rien non plus que le siége de Casal, qui fut long ; à la fin, Crenan, lieutenant général, qui en étoit gouverneur, capitula par ordre du roi. Le traité fut : que la place et le château seroient démolis, qu'il y demeureroit avec sa garnison jusqu'à la démolition entièrement achevée, qu'il seroit après conduit à Pignerol avec toutes ses troupes, et leurs armes et bagages, qu'il emmèneroit avec lui toute l'artillerie de la place et du château qui se trouveroit marquée aux armes de France, et que Casal seroit remise au duc de Mantoue comme à son seigneur naturel.

Les flottes ennemies bombardèrent nos côtes de Bretagne et de Normandie. Saint-Malo s'en ressentit peu, Dieppe beaucoup davantage. Nos armateurs et nos escadres leur prirent force vaisseaux marchands, en battirent les convois et valurent force millions à notre commerce, au roi et à M. le comte de Toulouse.

Il se passa en Flandre des choses plus intéressantes. Ce fut d'abord un beau jeu d'échecs, et plusieurs marches du prince d'Orange et des corps détachés de son armée sous l'électeur de Bavière et sous le comte d'Athlone, le maréchal de Villeroy avec la grande armée. Le maréchal de Boufflers avec la moindre, le marquis d'Harcourt avec son corps vers la Meuse, et le vieux Montal vers la mer, régloient leurs mouvements sur ceux qu'ils voyoient faire ou qu'ils croyoient deviner. Montal, toujours le même, malgré son grand âge et la douleur du bâton, sauva la Kenoque et eut divers avantages l'épée à la main, en prit d'autres par sa capacité et sa prudence, et eut enfin Dixmude et Deinse avec les garnisons prisonnières de guerre.

Après diverses montres de différents côtés et avoir menacé plusieurs de nos places, le prince d'Orange, qui avoit bien pris toutes ses mesures pour couvrir son vrai dessein et n'y manquer de rien, tourna tout à coup sur Namur, et l'investit les premiers jours de juillet. L'électeur de Bavière, demeuré au gros de l'armée, l'y fut promptement joindre avec un grand détachement, et laissa le reste sous M. de Vaudemont. Le maréchal de Boufflers s'en étoit toujours douté. Il avoit toujours eu soin que la place fût abondamment fournie ; il avoit sans cesse averti Guiscard, lieutenant général, qui en étoit gouverneur et qui étoit dedans avec Leaumont qui y commandoit sous lui ; et ce maréchal cependant s'étoit mis à portée, et il se jeta dans Namur par la porte du Condros, le 2 juillet, la seule qui étoit encore libre et qui dès le soir du même jour ne la fut plus. Il mena avec lui Mesgrigny, gouverneur de la citadelle de Tournai, maréchal de camp et ingénieur de grande réputation, d'autres ingénieurs et sept régiments de dragons. Il y en avoit un huitième déjà dans la place et vingt et un bataillons, qui tous ensemble firent plus de quinze mille hommes effectifs. Harcourt et Bartillat avoient accompagné le maréchal, et ramenèrent la cavalerie qu'il avoit avec lui et les chevaux de six des sept régiments de dragons entrés avec lui ; le comte d'Horn, colonel de cavalerie, et plusieurs autres l'y suivirent volontaires.

Cette grande entreprise parut d'abord téméraire à notre cour, d'où on m'écrivit qu'on s'en réjouissoit comme d'une expédition qui ruineroit leurs troupes et ne réussiroit pas. J'en eus une autre opinion, et je me persuadai qu'un homme de la profondeur du prince d'Orange ne se commettroit pas à un siége si important sans savoir bien comment en sortir, autant que toute prudence humaine en peut être capable.

Le comte d'Albert, frère du duc de Chevreuse d'un autre lit, étoit demeuré à Paris avec congé du roi pour des affaires. Les dragons-Dauphins, dont il étoit colonel, étoient dans Namur ; il y courut, se déguisa à Dinant en batelier, traversa le camp des assiégeants et entra dans Namur en passant la Meuse à la nage.

Cependant le maréchal de Villeroy serroit M. de Vaudemont le plus près qu'il pouvoit, et celui-ci, de beaucoup plus foible, mettoit toute son industrie à esquiver. L'un et l'autre sentoient que tout étoit entre leurs mains : Vaudemont, que de son salut dépendoit le succès du siége de Namur, et Villeroy, qu'à sa victoire étoit attaché le sort des Pays-Bas et très-vraisemblablement une paix glorieuse et toutes les suites personnelles d'un pareil événement. Il prit donc si bien [ses] mesures qu'il se saisit de trois châteaux occupés sur la Mundel par cinq cents hommes des ennemis, et qu'il s'approcha tellement de M. de Vaudemont, le 13 au soir, qu'il étoit impossible qu'il lui échappât le 14, et le manda ainsi au roi par un courrier. Le 14 dès le petit jour tout fut prêt. M. le Duc commandoit la droite, M. du Maine la gauche. M. le prince de Conti toute l'infanterie, M. le duc de Chartres la cavalerie : c'étoit à la gauche à commencer, parce qu'elle étoit la plus proche. Vaudemont, pris à découvert, n'avoit osé entreprendre de se retirer la nuit devant des ennemis si proches, si supérieurs en nombre et en bonté de troupes, toutes les meilleures étant au siége ; et un ennemi dont rien ne le séparoit. Il n'osa encore l'attendre sans être couvert de quoi que ce soit, et il n'eut de parti à prendre que de marcher au jour avec toutes les précautions d'un général qui compte bien qu'il sera attaqué dans sa marche, mais qui a un grand intérêt à s'allonger toujours pour se tirer d'une situation fâcheuse, et gagner comme il pourra un pays plus couvert et coupé, à trois bonnes lieues d'où il se trouvoit.

Le maréchal de Villeroy manda dès qu'il fut jour à M. du Maine d'attaquer et d'engager l'action, comptant de le soutenir avec toute son armée, et qui pour arriver à temps avoit besoin que les ennemis fussent retardés, puis empêchés de marcher par l'engagement dans lequel notre gauche les auroit mis. Impatient de ne point entendre l'effet de cet ordre, il dépêche de nouveau M. du Maine, et redouble cinq ou six fois. M. du Maine voulut d'abord reconnoître, puis se confesser, après mettre son aile en ordre qui y étoit depuis longtemps et qui petilloit d'entrer en action. Pendant tous ces délais, Vaudemont marchoit le plus diligemment que la précaution le lui pouvoit permettre. Les officiers généraux de notre gauche se récrioient. Montrevel, lieutenant général le plus ancien d'eux, ne pouvant plus souffrir ce qu'il voyoit, pressa M. du Maine, lui remontra l'instance des ordres réitérés qu'il recevoit du maréchal de Villeroy, la victoire facile et sûre, l'importance pour sa gloire, pour le succès de Namur, pour le grand fruit qui s'en devoit attendre de l'effroi et de la nudité des Pays-Bas après la déroute de la seule armée qui les pouvoit défendre. Il se jeta à ses mains, il ne put retenir ses larmes, rien ne fut refusé ni réfuté, mais tout fut inutile. M. du Maine balbutioit, et fit si bien que l'occasion échappa, et que M. de Vaudemont en fut quitte pour le plus grand péril qu'une armée pût courir d'être entièrement défaite, si son ennemi qui la voyoit et la comptoit homme par homme eût fait le moindre mouvement pour l'attaquer.

Toute notre armée étoit au désespoir, et personne ne se contraignoit de dire ce que l'ardeur, la colère et l'évidence suggéroient. Jusqu'aux soldats et aux cavaliers montroient leur rage sans se méprendre; en un mot, officiers et soldats, tous furent plus outrés que surpris. Tout ce que put faire le maréchal de Villeroy fut de débander trois régiments de dragons, menés par Artagnan, maréchal de camp, sur leur arrière-garde, qui prirent quelques drapeaux et mirent quelque désordre dans les troupes qui faisoient l'arrière-garde de tout.

Le maréchal de Villeroy, plus outré que personne, étoit trop bon courtisan pour s'excuser sur autrui. Content du témoignage de toute son armée et de ce que toute son armée n'avoit que trop vu et senti, et des clameurs dont elle ne s'étoit pas tenue, il dépêcha un de ses gentilshommes au roi, à qui il manda que la diligence dont Vaudemont avoit usé dans sa retraite l'avoit sauvé de ses espérances qu'il avoit crues certaines, et sans entrer en aucun détail se livra à tout ce qu'il pourroit lui en arriver. Le roi, qui depuis vingt-quatre heures les comptoit toutes dans l'attente de la nouvelle si décisive d'une victoire, fut bien surpris quand il ne vit que ce gentilhomme au lieu d'un homme distingué, et bien touché quand il apprit la tranquillité de cette journée. La cour en suspens, qui pour son fils, qui pour son mari, qui pour son frère, demeura dans l'étonnement, et les amis du maréchal de Villeroy dans le dernier embarras. Un compte si général et si court rendu d'un événement si considérable et si imminent réduit à rien, tint le roi en inquiétude; il se contint en attendant un éclaircissement du temps. Il avoit soin de se faire lire toutes les gazettes de Hollande. Dans la première qui parut, il lut une grosse action à la gauche, des louanges excessives de la valeur de M. du Maine; que ses blessures avoient arrêté le succès et sauvé M. de Vaudemont et que M. du Maine avoit été emporté sur un brancard. Cette raillerie fabuleuse piqua le roi, mais il le fut bien davantage de la gazette suivante qui se rétracta du combat qu'elle avoit raconté, et ajouta que M. du Maine n'avoit pas même été blessé. Tout cela, joint au silence qui avoit régné depuis cette journée, et au compte si succinct que le maréchal de Villeroy lui en avoit rendu et sans chercher aucune excuse, donna au roi des soupçons qui l'agitèrent.

Lavienne, baigneur à Paris fort à la mode, étoit devenu le sien du temps de ses amours. Il lui avait plu par ses drogues qui l'avoient mis en état plus d'une fois de se satisfaire davantage, et ce chemin l'avoit conduit à devenir un des quatre premiers valets de chambre. C'étoit un fort honnête homme, mais rustre, brutal et franc; et cette franchise, dans un homme d'ailleurs vrai, avoit accoutumé le roi à lui demander ce qu'il n'espéroit pas pouvoir tirer d'ailleurs quand c'étoient des choses qui ne passoient point sa portée. Tout cela conduisit jusqu'à un voyage à Marly, et ce fut là où il questionna Lavienne. Celui-ci montra son embarras, parce que, dans la surprise, il n'eut pas la présence d'esprit de le cacher. Cet embarras redoubla la curiosité du roi et enfin ses commandements. Lavienne n'osa pousser plus loin la résistance; il apprit au roi ce qu'il eût voulu pouvoir ignorer toute la vie, et qui le mit au désespoir. Il n'avoit eu tant d'embarras, tant d'envie, tant de joie de mettre M. de Vendôme à la tête d'une armée que pour y porter M. du Maine, toute son application étoit d'en abréger les moyens en se débarrassant des princes du sang par leur concurrence entre eux. Le comte de Toulouse étant amiral avoit sa destination toute faite. C'étoit donc pour M. du Maine qu'étoient tous ses soins. En ce moment il les vit échoués, et la douleur lui en fut insupportable. Il sentit pour ce cher fils tout le poids du spectacle de son armée, et des railleries que les gazettes lui apprenoient qu'en faisoient les étrangers, et son dépit en fut inconcevable.

Ce prince, si égal à l'extérieur et si maître de ses moindres mouvements dans les événements les plus sensibles, succomba sous cette unique occasion. Sortant de table à Marly avec toutes les dames et en présence de tous les courtisans, il aperçut un valet du serdeau[1] qui en desservant le fruit mit un biscuit dans sa poche. Dans l'instant il oublie toute sa dignité, et sa canne à la main qu'on venoit de lui rendre avec son chapeau, court sur ce valet qui ne s'attendoit à rien moins, ni pas un de ceux qu'il sépara sur son passage, le frappe, l'injurie et lui casse sa canne sur le corps : à la vérité, elle étoit de roseau et ne résista guère.

---

1. Lieu ou office de la maison du roi où l'on portait ce que l'on desservait de sa table.

De là, le tronçon à la main et de l'air d'un homme qui ne se possédoit plus, et continuant à injurier ce valet qui étoit déjà bien loin, il traversa ce petit salon et un antichambre, et entra chez Mme de Maintenon, où il fut près d'une heure, comme il faisoit souvent à Marly après dîner. Sortant de là pour repasser chez lui, il trouva le P. de La Chaise. Dès qu'il l'aperçut parmi les courtisans : « Mon père, lui dit-il fort haut, j'ai bien battu un coquin et lui ai cassé ma canne sur le dos ; mais je ne crois pas avoir offensé Dieu. » Et tout de suite lui raconta le prétendu crime. Tout ce qui étoit là trembloit encore de ce qu'il avoit vu ou entendu des spectateurs. La frayeur redoubla à cette reprise : les plus familiers bourdonnèrent contre ce valet ; et le pauvre père fit semblant d'approuver entre ses dents pour ne pas irriter davantage, et devant tout le monde. On peut juger si ce fut la nouvelle, et la terreur qu'elle imprima, parce que personne n'en put alors deviner la cause, et que chacun comprenoit aisément que celle qui avoit paru ne pouvoit être la véritable. Enfin tout vient à se découvrir, et peu à peu et d'un ami à l'autre, on apprit enfin que Lavienne, forcé par le roi, avoit été cause d'une aventure si singulière et si indécente.

Pour n'en pas faire à deux fois, ajoutons ici le mot de M. d'Elbœuf. Tout courtisan qu'il étoit, le vol que les bâtards avoient pris lui tenoit fort au cœur, et le repentir peut-être de son adoration de la croix après MM. de Vendôme. Comme la campagne étoit à son déclin et les princes sur leur départ, il pria M. du Maine, et devant tout le monde, de lui dire où il comptoit de servir la campagne suivante, parce que, où que ce fût, il y vouloit servir aussi. Et après s'être fait presser pour savoir pourquoi, il répondit que « c'est qu'avec lui on étoit assuré de sa vie. » Ce trait accablant et sans détour fit un grand bruit. M. du Maine baissa les yeux et n'osa répondre une parole ; sans doute qu'il la lui garda bonne ; mais M. d'Elbœuf fort bien avec le roi et par lui et par les siens, étoit d'ailleurs en situation de ne s'en soucier guère.

Plus le roi fut outré de cette aventure qui, influa tant sur ses affaires, mais que le personnel lui rendit infiniment plus sensible, plus il sut de gré au maréchal de Villeroy, et plus encore Mme de Maintenon augmenta d'amitié pour lui. Sa faveur devint plus éclatante, la jalousie de tout ce qui étoit le mieux traité du roi, et la crainte même des ministres.

Le fruit amer de cet événement en Flandre fut la prise de la ville de Namur qui capitula le 4 août, après [plusieurs] jours de tranchée ouverte.

Le prince d'Orange, pour éviter les difficultés de ce que le roi ne le reconnoissoit point, ne parut en rien, ni par conséquent le maréchal de Boufflers ; et tout se passa sous leur direction et à peu près comme ce dernier le demanda, entre l'électeur de Bavière et Guiscard, qui signèrent. Maulevrier, fils aîné du lieutenant général, mort chevalier de l'ordre, Vieuxbourg, gendre d'Harlay conseiller d'État qui l'étoit de Boucherat chancelier de France, et Morstein, tous trois colonels d'infanterie, et de grande espérance, y furent tués. Ce dernier étoit fils du grand trésorier de Pologne qui avoit autrefois été ambassadeur ici. Il s'étoit fort enrichi et avoit excité l'envie de ses compatriotes. La peur qu'il eût d'être poussé le fit retirer en France avec sa femme, ce fils unique et quantité de richesses. Elles séduisirent le duc de Chevreuse qui n'avoit rien à donner à ses filles ; il en donna une au jeune Morstein, dont le monde fut assez surpris. Par l'événement il avoit bien fait : ce jeune homme, s'il eût vécu, eût été un grand sujet en tous genres. Je le regrettai fort et Maulevrier, qui étoient fort de mes amis. Nous n'avons guère perdu que douze cents hommes ; tout ce qui étoit sain se retira au château.

Montal cependant avoit pris Dixmude et Deinse, et, par ordre du roi, on avoit retenu les garnisons : c'est-à-dire que, s'étant rendues prisonnières de guerre, on n'avoit pas voulu les échanger. Le maréchal de Villeroy bombarda aussi Bruxelles qui fut fort maltraité, en représailles de nos côtes ; ensuite il eut ordre de tenter tout pour le secours de Namur ; mais l'occasion, qui est chauve, ne revint plus. Il trouva les ennemis si bien retranchés sur la Mehaigne, qu'il ne put les attaquer. Il la longea, et, chemin faisant, il la fit passer aux brigades de cavalerie de Praslin et de Sousternon qu'il lâcha sur une quarantaine d'escadrons des ennemis dont ces brigades se trouvèrent le plus à portée, et qui les poussèrent fort vivement : Praslin s'y distingua fort, et Villequier y eut une main estropiée ; cette blessure lui fit moins d'honneur sur les lieux qu'à la cour, mais tout cela ne fut qu'une échauffourée. Le secours demeura impossible. L'armée s'éloigna ; et le château, après avoir pensé être emporté aux deux derniers assauts, capitula pour sortir le 5 septembre, n'y ayant pas trois mille hommes en santé de toute la garnison.

La capitulation fut honorable, traitée et signée comme celle de la ville. La difficulté fut pour la sortie du maréchal de Boufflers : il en faisoit une grande, avec raison, de saluer l'électeur de Bavière de l'épée, et n'en auroit pu faire au prince d'Orange s'il avoit été reconnu. Enfin il fallut s'y résoudre, parce que ce dernier voulut au moins rendre le salut équivoque. Pour cela, l'électeur se tint toujours à son côté, et n'ôtoit son chapeau qu'après que le prince d'Orange avoit ôté le sien, qui, par cette affectation, marquoit qu'il recevoit le salut, et que l'électeur ne se découvroit ensuite que parce que lui-même étoit découvert. Cela se passa donc de la sorte à l'égard du maréchal, puis de Guiscard, sans mettre pied à terre, et de tout ce qui les suivit. Les compliments se passèrent entre l'électeur et eux ; et le prince d'Orange ne s'y mêla point, parce qu'il n'auroit point eu de *Sire* ni de *Majesté*; mais l'électeur lui rapportoit tout, ne lui parloit jamais que le chapeau à la main ; le prince d'Orange se contentoit de se découvrir quelquefois seulement et peu, pour lui parler ou pour lui répondre, et le plus souvent sans se découvrir.

Un quart d'heure après que le maréchal de Boufflers eut passé devant eux et qu'il suivoit son chemin entretenu par des officiers ennemis des plus principaux, il fut arrêté par Overkerke et L'Estang, lieutenants des gardes du prince d'Orange. Overkerke étoit un bâtard de Nassau, général en chef des troupes de Hollande, grand écuyer du prince d'Orange, et de tous temps dans sa confiance la plus intime : L'Estang y étoit aussi. Le maréchal fut fort surpris et se récria que c'étoit violer la capitulation ; mais, pour tout ce qu'il put dire et ce qu'il se trouva des nôtres auprès de lui, ils n'étoient pas les plus forts, et il fallut monter dans un carrosse qu'on tenoit là tout prêt. Du reste cette violence se passa avec toute la politesse, les égards et le respect que les ennemis y purent mettre. Portland, favori dès sa jeunesse du prince d'Orange, sous le nom de Bentinck, et Hollandois, et qu'il avoit fait comte en Angleterre et chevalier de la Jarretière, avec Dyckweldt, frère d'Overkerke et général, vinrent trouver le maréchal dans la ville de Namur où il fut conduit, et lui expliquèrent qu'il étoit arrêté en représailles des garnisons de Deinse et de Dixmude, prisonnières de guerre, que le roi n'avoit pas voulu laisser racheter. Guiscard cependant étoit retourné à l'électeur de Bavière qui lui dit être très-fâché de cet arrêt, qu'il n'avoit su que le matin et auquel il ne pouvoit rien ; et Guiscard, dépêché par le maréchal, vint tout de suite rendre compte au roi de cet événement et de tout le siége, qui fut très-étonné et piqué de ce procédé. Le maréchal de Boufflers eut toute sa maison avec lui, la garde et tous les honneurs partout de général d'armée, et la liberté de se promener partout. Il auroit bien pu faire rendre les garnisons de Deinse et de Dixmude pour se tirer de prison, mais il eut la sagesse de n'user point de ce pouvoir, et d'attendre ce qu'il plairoit au roi. L'électeur lui fit faire force compliments et excuses de ne l'aller pas voir, sur ce qu'il craignoit que cette visite déplût au prince d'Orange.

Guiscard en arrivant fut déclaré chevalier de l'ordre, pour la première fête. Mesgriny, qui avoit été mandé pour rendre compte du siége avant qu'on sût l'arrivée de Guiscard, eut six mille livres de pension et un cordon rouge; et le roi manda par un courrier au maréchal de Boufflers qu'il le faisoit duc vérifié au parlement. Ce courrier le trouva à Huy, gardé par L'Estang, mais avec toute sorte de liberté et tous les honneurs qu'il auroit sur notre propre frontière. Il lui envoya deux jours après pouvoir de rendre les garnisons de Deinse et de Dixmude qui le trouva à Maestricht. Il envoya à milord Portland et l'affaire ne traîna pas. Le maréchal de Boufflers partit dès que tout fut convenu, et fut reçu à Fontainebleau avec des applaudissements extraordinaires. Il fit faire Mesgrigny lieutenant général, et avancer en grade tout ce qui étoit avec lui dans Namur, ce qui lui fit beaucoup d'honneur. M. le duc de Chartres étoit revenu aussitôt après la capitulation. Le prince d'Orange, peu de jours après, s'en alla à Breda, laissant l'armée à l'électeur de Bavière; et en même temps M. le Duc, M. le prince de Conti, M. du Maine et M. le comte de Toulouse revinrent à la cour. Le prince d'Orange, quelque mesuré qu'il fût, ne put s'empêcher d'insulter à notre perte lorsqu'il apprit toutes les récompenses données au maréchal de Boufflers, à Guiscard et à tout ce qui avoit défendu Namur; il dit que sa condition étoit bien malheureuse d'avoir toujours à envier le sort du roi, qui récompensoit plus libéralement la perte d'une place, que lui ne pouvoit faire tant d'amis et de dignes personnages qui lui en avoient fait la conquête. Les armées ne firent plus que subsister et se séparèrent à la fin d'octobre, et tous les généraux d'armée revinrent à la cour.

J'ai laissé le maréchal de Joyeuse séparé par le Rhin du prince Louis de Bade, et M. et Mme la maréchale de Lorges à Landau, où après que nous eûmes repassé je les vins trouver. Pendant plus de six semaines que nous y demeurâmes, toute l'armée, qui n'étoit pas loin, les vint voir. La santé rétablie, M. le maréchal de Lorges eut impatience de retourner à la tête de son armée ; et Mme la maréchale s'en alla à Paris. Il est impossible de décrire la joie et les acclamations de toute l'armée à ce retour de son général ; tout ce qui la put quitter vint deux lieues à sa rencontre. Les décharges d'artillerie et de mousqueterie furent générales et réitérées malgré toutes ses défenses. Toute la nuit le camp fut en feu et en bonne chère, et des tables et des feux de joie devant tous les corps. Le maréchal de Joyeuse ne s'étoit pas fait aimer. Il étoit de plus accusé d'avoir beaucoup pris, et d'avoir réduit la cavalerie et les équipages à une maigreur extrême, faute de fourrages dans un pays qui en regorgeoit ; et ce passage de lui à un général qui se faisoit adorer par ses manières et par son désintéressement causa cet incroyable transport de joie qui fut universel.

Peu après ce retour, l'armée fut partagée pour la commodité des subsistances. Les maréchaux demeurèrent vers l'Alsace avec une partie, et Tallard mena l'autre vers la Nave et le Hondsrück, où j'allai avec mon régiment. Je n'y demeurai pas longtemps que j'appris que le maréchal de Lorges étoit tombé en apoplexie, et sur-le-champ je partis pour l'aller trouver avec le comte de Roucy et le chevalier de Roye, ses neveux, et une escorte que Tallard nous donna. Le mal eût été léger si on y eût pourvu à temps, mais il lui est ordinaire de ne se laisser pas sentir ; et il n'y eut pas moyen de persuader le malade de se conduire et de faire ce qu'il auroit fallu ; tellement que le mal augmenta au point qu'il en fallut venir aux remèdes les plus violents qui, avec un grand péril, réussirent. Cependant arrivèrent les quartiers de fourrages, et en même temps Mme la maréchale de Lorges à Strasbourg qui n'avoit eu guère le temps de se reposer à Paris. Nous fûmes tous l'y voir et y demeurer jusqu'à son départ avec M. le maréchal pour Vichy. En même temps arrivèrent les quartiers d'hiver, et je m'en allai à Paris.

CHAPITRE XVII.

Brias archevêque de Cambrai. — Sa mort. — Abbé de Fénelon. — Mme Guyon. — Fénelon précepteur des enfants de France. — Fénelon archevêque de Cambrai. — Boucherat, chancelier, ferme sa porte aux carrosses mêmes des évêques. — Harlay archevêque de Paris. — Dégoûts de ses dernières années. — Sa mort. — Sa dépouille. — Coislin, évêque d'Orléans, nommé au cardinalat. — Noailles, évêque-comte de Châlons, archevêque de Paris, et son frère évêque-comte de Châlons. — Régularisation de la Trappe. — Évêque-duc de Langres. — Gordes. — Sa mort. — Abbé de Tonnerre évêque-duc de Langres. — Sa modestie. — M. le maréchal de Lorges ne sert plus. — Forte picoterie des princesses.

Avant de parler de ce qui se passa depuis mon retour de l'armée, il faut dire ce qui se passa à la cour pendant la campagne. M. de Brias, archevêque de Cambrai, étoit mort, et le roi avoit donné ce grand morceau à l'abbé de Fénelon, précepteur des enfants de France. Brias étoit archevêque lorsque le roi prit Cambrai. C'étoit un bon gentilhomme flamand, qui fit très-bien pour l'Espagne pendant le siége, et aussi bien pour la France aussitôt après. Il le promit au roi avec une franchise qui lui plut, et qui toujours depuis fut si bien soutenue de l'effet, qu'il s'acquit une considération très-marquée de la part du roi et de ses ministres, qui tous le regrettèrent et son diocèse infiniment. Il n'en sortoit presque jamais, le visitoit en vrai pasteur, et en faisoit toutes les fonctions avec assiduité. Grand aumônier, libéral aux troupes, et prêt à servir tout le monde, il avoit une grande, bonne et fort longue table tous les jours, il l'aimoit fort et en faisoit grand usage et en bonne compagnie, et à la flamande, mais sans excès, et s'en levoit souvent pour le moindre du peuple qui l'envoyoit chercher pour se confesser à lui, ou pour recevoir sa bénédiction et mourir entre ses bras, dont il s'acquittoit en vrai apôtre.

Fénelon étoit un homme de qualité qui n'avoit rien, et qui, se sentant beaucoup d'esprit, et de cette sorte d'esprit insinuant et enchanteur, avec beaucoup de talents, de grâces et du savoir, avoit aussi beaucoup d'ambition. Il avoit frappé longtemps à toutes les portes sans se les pouvoir faire ouvrir. Piqué contre les jésuites, où il s'étoit adressé d'abord comme aux maîtres des grâces de son état, et rebuté de ne pouvoir prendre avec eux, il se tourna aux jansénistes pour se dépiquer, par l'esprit et par la réputation qu'il se flattoit de tirer d'eux, des dons de la fortune qui l'avoit méprisé. Il fut un temps assez considérable à s'initier, et parvint après à être des repas particuliers, que quelques importants d'entre eux faisoient alors une ou deux fois la semaine chez la duchesse de Brancas. Je ne sais s'il leur parut trop fin, ou s'il espéra mieux ailleurs qu'avec gens avec qui il n'y avoit rien à partager que des plaies, mais peu à peu sa liaison avec eux se refroidit, et à force de tourner autour de Saint-Sulpice, il parvint à y en former une dont il espéra mieux. Cette société de prêtres commençoit à percer, et d'un séminaire d'une paroisse de Paris à s'étendre. L'ignorance, la petitesse des pratiques, le défaut de toutes protections, et le manque de sujets de quelque distinction en aucun genre, leur inspira une obéissance aveugle pour Rome et pour toutes ses maximes, un grand éloignement de tout ce qui passoit pour jansénisme, et une dépendance des évêques qui les fit successivement désirer dans beaucoup de diocèses. Ils parurent un milieu très-utile aux prélats qui craignoient également la cour sur les soupçons de doctrine, et la dépendance des jésuites qui les mettoient sous leur joug dès qu'ils s'étoient insinués chez eux, ou les perdoient sans ressource, de manière que ces sulpiciens s'étendirent fort promptement. Personne parmi eux qui pût entrer en comparaison sur rien avec l'abbé de Fénelon; de sorte qu'il trouva là de quoi primer à l'aise et se faire des protecteurs qui eussent intérêt à l'avancer pour en être protégés à leur tour. Sa piété qui se faisoit toute à tous, et sa doctrine qu'il forma sur la leur en abjurant tout bas tout ce qu'il avoit pu contracter d'impur parmi ceux qu'il abandonnoit, les charmes, les grâces, la douceur, l'insinuation de son esprit le rendirent un ami cher à cette congrégation nouvelle, et lui y trouva ce qu'il cherchoit depuis longtemps, des gens à qui se rallier, et qui pussent et voulussent le porter. En attendant les occasions, il les cultivoit avec grand soin sans toutefois être tenté de quelque chose d'aussi étroit pour ses vues que de se mettre parmi eux, et cherchoit toujours à faire des connoissances et des amis. C'étoit un esprit coquet qui, depuis les personnes les plus puissantes jusqu'à l'ouvrier et au laquais, cherchoit à être goûté et vouloit plaire, et ses talents en ce genre secondoient parfaitement ses désirs.

Dans ces temps-là, obscur encore, il entendit parler de Mme Guyon, qui a fait depuis tant de bruit dans le monde qu'elle y est trop connue pour que je m'arrête sur elle en particulier. Il la vit, leur esprit se plut l'un à l'autre, leur sublime s'amalgama. Je ne sais s'ils s'entendirent bien clairement dans ce système et cette langue nouvelle qu'on vit éclore d'eux dans les suites, mais ils se le persuadèrent, et la liaison se forma entre eux. Quoique plus connue que lui alors, elle ne l'étoit pas néanmoins encore beaucoup, et leur union ne fut point aperçue, parce que personne ne prenoit garde à eux, et Saint-Sulpice même l'ignora.

Le duc de Beauvilliers devint gouverneur des enfants de France, sans y avoir pensé, comme malgré lui. Il avoit été fait chef du conseil royal des finances, à la mort du maréchal de Villeroy, par l'estime et la confiance du roi. Elle fut telle qu'excepté Moreau que, de premier valet de garderobe, il fit premier valet de chambre de Mgr le duc de Bourgogne, il laissa au duc de Beauvilliers la disposition entière des précepteurs, sous-gouverneurs et de tous les autres domestiques de ce jeune prince, quelque résistance qu'il y fît. En peine de choisir un précepteur, il s'adressa à Saint-Sulpice où il se confessoit depuis longtemps et qu'il aimoit et protégeoit fort. Il avoit déjà ouï parler de l'abbé de Fénelon avec éloge ; ils lui vantèrent sa piété, son esprit, son savoir, ses talents, enfin ils le lui proposèrent; il le vit, il en fut charmé, il le fit précepteur. Il le fut à peine qu'il comprit de quelle importance il étoit pour sa fortune de gagner entièrement celui qui venoit de le mettre en chemin de la faire et le duc de Chevreuse, son beau-frère, avec qui il n'étoit qu'un, et qui tous deux étoient au plus haut point de la confiance du roi et de Mme de Maintenon. Ce fut là son premier soin, auquel il réussit tellement au delà de ses espérances qu'il devint très-promptement le maître de leur cœur et de leur esprit et le directeur de leurs âmes. Mme de Maintenon dînoit de règle une et quelquefois deux fois la semaine à l'hôtel de Beauvilliers et de Chevreuse, en cinquième entre les deux sœurs et les deux maris, avec la clochette sur la table, pour n'avoir point de valets autour d'eux et causer sans contrainte. C'étoit un sanctuaire qui tenoit toute la cour à leurs pieds, et auquel Fénelon fut enfin admis. Il eut auprès de Mme de Maintenon presque autant de succès qu'il en avoit eu auprès des deux ducs. Sa spiritualité l'enchanta; la cour s'aperçut bientôt des pas de géant de l'heureux abbé, et s'empressa autour de lui. Mais le désir d'être libre et tout entier à ce qu'il s'étoit proposé, et la crainte encore de déplaire aux ducs et à Mme de Maintenon, dont le goût alloit à une vie particulière et fort séparée, lui fit faire bouclier de modestie et de ses fonctions de précepteur, et le rendit encore plus cher aux seules personnes qu'il avoit captivées, et qu'il avoit tant d'intérêt de retenir dans cet attachement.

Parmi ces soins, il n'oublioit pas sa bonne amie

Mme Guyon; il l'avoit déjà vantée aux deux ducs et enfin à Mme de Maintenon. Il la leur avoit même produite, mais comme avec peine et pour des moments, comme une femme tout en Dieu, et que l'humilité et l'amour de la contemplation et de la solitude retenoient dans les bornes les plus étroites, et qui craignoit surtout d'être connue. Son esprit plut extrêmement à Mme de Maintenon; ses réserves, mêlées de flatteries fines, la gagnèrent. Elle voulut l'entendre sur des matières de piété, on eut peine à l'y résoudre. Elle sembla se rendre aux charmes et à la vertu de Mme de Maintenon, et des filets si bien préparés la prirent. Telle étoit la situation de Fénelon, lorsqu'il devint archevêque de Cambrai et qu'il acheva de se faire admirer par n'avoir pas fait un pas vers ce grand bénéfice; et qu'il rendit en même temps une belle abbaye qu'il avoit eue lorsqu'il fut précepteur, et qui, jusqu'à Cambrai, fut sa seule possession. Il n'avoit eu garde de chercher à se procurer Cambrai; la moindre étincelle d'ambition auroit détruit tout son édifice, et de plus ce n'étoit pas Cambrai qu'il souhaitoit.

Peu à peu il s'étoit approprié quelques brebis distinguées du petit troupeau que Mme Guyon s'étoit fait, et qu'il ne conduisoit pourtant que sous la direction de cette prophétesse. La duchesse de Mortemart, sœur des duchesses de Chevreuse et de Beauvilliers, Mme de Morstein, fille de la première, mais surtout la duchesse de Béthune, étoient les principales. Elles vivoient à Paris, et ne venoient guère à Versailles qu'en cachette et pour des instants, lorsque, pendant les voyages de Marly, où Mgr le duc de Bourgogne n'alloit point encore, ni par conséquent son gouverneur, Mme de Guyon faisoit des échappées de Paris chez ce dernier et y faisoit des instructions à ces dames. La comtesse de Guiche, fille aînée de M. de Noailles, qui passoit sa vie à la cour, se déroboit tant qu'elle pouvoit pour profiter de cette manne. L'Échelle et Dupuy, gentilshommes de la manche de Mgr le duc de Bourgogne, y étoient aussi admis, et tout cela se passoit avec un secret et un mystère qui donnoient un nouveau sel à ces faveurs.

Cambrai fut un coup de foudre pour tout ce petit troupeau. Ils voyoient l'archevêque de Paris menacer ruine; c'étoit Paris qu'ils vouloient tous, et non Cambrai, qu'ils considérèrent avec mépris comme un diocèse de campagne dont la résidence, qui ne se pourroit éviter de temps en temps, les priveroit de leur pasteur. Paris l'auroit mis à la tête du clergé, et dans une place de confiance immédiate et durable qui auroit fait compter tout le monde avec lui, et qui l'eût porté dans une situation à tout oser avec succès pour Mme Guyon et sa doctrine qui se tenoit encore dans le secret entre eux. Leur douleur fut donc profonde de ce que le reste du monde prit pour une fortune éclatante, et la comtesse de Guiche en fut outrée jusqu'à n'en pouvoir cacher ses larmes. Le nouveau prélat n'avoit pas négligé les prélats qui faisoient le plus de figure, qui de leur côté regardèrent comme une distinction d'être approchés de lui. Saint-Cyr, ce lieu si précieux et si peu accessible, fut le lieu destiné à son sacre, et M. de Meaux, le dictateur alors de l'épiscopat et de la doctrine, fut celui qui le sacra. Les enfants de France en furent spectateurs, Mme de Maintenon y assista avec sa petite et étroite cour intérieure, personne d'invité, et portes fermées à l'empressement de faire sa cour.

Il y avoit eu cet été une assemblée du clergé, et c'étoit la grande, comme il y en a une grande et petite de cinq ans en cinq ans, c'est-à-dire de quatre ou de deux députés par province. Le chancelier Boucherat, dès qu'il fut dans cette grande place, ferma sa porte aux carrosses des magistrats, puis des gens de condition sans titre, enfin des prélats. Jamais chancelier n'avoit imaginé cette distinction, et la nouveauté sembla d'autant plus étrange, que les princes du sang n'ont jamais fermé la porte de la cour à aucun carrosse. On cria, on se moqua, mais chacun eut affaire au chancelier, et comme en ce temps-ci rien ne décide plus que les besoins, on subit : cela forma l'exemple, et il ne s'en parla plus. A la fin de cette assemblée qui se tenoit à Saint-Germain, elle fit une députation au chancelier pour mettre la dernière main aux affaires, et l'archevêque de Bourges, fils du duc de Gesvres, étoit à la tête. Quand leurs carrosses se présentèrent à la chancellerie à Versailles, la porte ne s'ouvrit point ; on parlementa, les députés prétendirent que le chancelier étoit convenu de les laisser entrer, non à la vérité comme évêques, mais comme députés du premier ordre du royaume. Lui maintint qu'ils avoient mal entendu. Conclusion, qu'ils n'entrèrent point, mais aussi qu'ils ne le voulurent pas voir chez lui, et que par accommodement tout se finit entre eux dans la pièce du château où le chancelier tient le conseil des parties [1].

Harlay, archevêque de Paris, avoit présidé à cette assemblée, et lui qui avoit toujours régné sur le clergé par la faveur déclarée et la confiance du roi qu'il avoit possédée toute sa vie, y avoit essuyé toutes sortes de dégoûts. L'exclusion que peu à peu le P. de La Chaise étoit parvenu à lui donner de toute concurrence en la distribution des bénéfices l'avoit déjà éloigné du roi ; et Mme de Maintenon, à qui il avoit déplu d'une manière implacable en s'opposant à la déclaration du mariage dont il avoit été l'un des trois témoins, l'avoit coulé à fond. Le mérite qu'il s'étoit acquis de tout le royaume, et qui l'avoit de plus en plus ancré dans la faveur du roi, dans l'assemblée fameuse de 1682, lui fut tourné à poison quand d'autres maximes prévalurent. Son profond savoir, l'éloquence et la facilité de ses sermons, l'excellent choix des sujets et l'habile conduite de son diocèse, jusqu'à sa capacité dans les affaires et l'autorité qu'il y avoit acquise dans le clergé, tout cela fut mis en opposition de sa conduite particulière, de ses mœurs galantes, de ses manières de courtisan du grand air. Quoique toutes ces

---

1. Voy. notes à la fin du volume.

choses eussent été inséparables de lui depuis son épiscopat et ne lui eussent jamais nui, elles devinrent des crimes entre les mains de Mme de Maintenon, quand sa haine depuis quelques années lui eut persuadé de le perdre, et elle ne cessa de lui procurer des déplaisirs. Cet esprit étendu, juste, solide, et toutefois fleuri, qui pour la partie du gouvernement en faisoit un grand évêque, et pour celle du monde un grand seigneur fort aimable et un courtisan parfait quoique fort noblement, ne put s'accoutumer à cette décadence et au discrédit qui l'accompagna. Le clergé, qui s'en aperçut et à qui l'envie n'est pas étrangère, se plut à se venger de la domination quoique douce et polie qu'il en avoit éprouvée, et lui résista pour le plaisir de l'oser et de le pouvoir. Le monde, qui n'eut plus besoin de lui pour des évêchés et des abbayes, l'abandonna. Toutes les grâces de son corps et de son esprit, qui étoient infinies et qui lui étoient parfaitement naturelles, se flétrirent. Il ne se trouva de ressource qu'à se renfermer avec sa bonne amie la duchesse de Lesdiguières qu'il voyoit tous les jours de sa vie, ou chez elle ou à Conflans, dont il avoit fait un jardin délicieux, et qu'il tenoit si propre, qu'à mesure qu'ils s'y promenoient tous deux, des jardiniers les suivoient à distance pour effacer leurs pas avec des râteaux.

Les vapeurs gagnèrent l'archevêque; elles s'augmentèrent bientôt, et se tournèrent en légères attaques d'épilepsie. Il le sentit et défendit si étroitement à ses domestiques d'en parler et d'aller chercher du secours quand ils le verraient en cet état, qu'il ne fut que trop bien obéi. Il passa ainsi ses deux ou trois dernières années. Les chagrins de cette dernière assemblée l'achevèrent. Elle finit avec le mois de juillet; aussitôt après il s'alla reposer à Conflans. La duchesse de Lesdiguières n'y couchoit jamais, mais elle y alloit toutes les après-dînées, et toujours tous deux tout seuls. Le 6 août il passa la matinée à son ordinaire jusqu'au dîner. Son maître d'hôtel vint l'avertir qu'il étoit servi. Il le trouva dans son cabinet,

assis sur un canapé et renversé; il étoit mort. Le P. Gaillard
fit son oraison funèbre à Notre-Dame ; la matière étoit plus
que délicate, et la fin terrible. Le célèbre jésuite prit son
parti; il loua tout ce qui méritoit de l'être, puis tourna court
sur la morale. Il fit un chef-d'œuvre d'éloquence et de piété.

Le roi se trouva fort soulagé, Mme de Maintenon encore
davantage. M. de Reims eut sa place de proviseur de Sor-
bonne, M. de Meaux celle de supérieur de la maison de
Navarre, et M. de Noyon son cordon bleu. Sa nomination au
cardinalat et son archevêché demandent un peu plus de discussion. M. d'Orléans l'eut, et d'autant plus agréablement
que, ni lui ni pas un des siens, n'avoient eu le temps d'y
penser. M. de Paris étoit mort à Conflans au milieu du samedi 6 août; le roi ne le sut que le soir. Le lundi matin
8 août, le roi, étant entré dans son cabinet pour donner
l'ordre de sa journée à l'ordinaire, alla droit à l'évêque
d'Orléans, qui se rangea même, croyant que le roi vouloit
passer outre ; mais le roi le prit par le bras sans lui dire un
mot, et le mena en laisse à l'autre bout du cabinet aux cardinaux de Bouillon et de Furstemberg qui causoient ensemble, et tout de suite leur dit : « Messieurs, je crois que
vous me remercierez de vous donner un confrère comme
M. d'Orléans, à qui je donne ma nomination au cardinalat. »
A ce mot, l'évêque qui ne s'attendoit à rien moins, et qui ne
savoit ce que le roi vouloit faire de le mener ainsi, se jeta à
ses pieds et lui embrassa les genoux. Grands applaudissements des deux cardinaux, puis de tout ce qui se trouva
dans le cabinet, ensuite de toute la cour et du public entier
où ce prélat étoit dans une vénération singulière.

C'étoit un homme de moyenne taille, gros, court, entassé,
le visage rouge et démêlé, un nez fort aquilin, de beaux
yeux avec un air de candeur, de bénignité, de vertu qui
captivoit en le voyant, et qui touchoit bien davantage en le
connoissant. Il étoit frère du duc de Coislin, fils de la fille
aînée du chancelier Séguier, qui, d'un second lit avec M. de

Laval, avoit eu la maréchale de Rochefort. Le frère du chancelier étoit évêque de Meaux et premier aumônier de Louis XIII, puis de Louis XIV, dont il avoit eu la survivance pour son petit-neveu tout jeune, de manière qu'il avoit passé sa vie à la cour. Mais sa jeunesse y avoit été si pure qu'elle étoit non-seulement demeurée sans soupçon, mais que jeunes et vieux n'osoient dire devant lui une parole trop libre, et cependant le recherchoient tous, en sorte qu'il a toujours vécu dans la meilleure compagnie de la cour. Il étoit riche en abbayes et en prieurés, dont il faisoit de grandes aumônes et dont il vivoit. De son évêché qu'il eut fort jeune, il n'en toucha jamais rien, et en mit le revenu en entier tous les ans en bonnes œuvres. Il y passoit au moins six mois de l'année, le visitoit soigneusement et faisoit toutes les fonctions épiscopales avec un grand soin, et un grand discernement à choisir d'excellents sujets pour le gouvernement et pour l'instruction de son diocèse. Son équipage, ses meubles, sa table sentoient la frugalité et la modestie épiscopales, et, quoiqu'il eût toujours grande compagnie à dîner et à souper et de la plus distinguée, elle étoit servie de bons vivres, mais sans profusion et sans rien de recherché. Le roi le traita toujours avec une amitié, une distinction, une considération fort marquées, mais il avoit souvent des disputes et quelquefois fortes sur son départ et son retour d'Orléans. Il louoit son assiduité en son diocèse, mais il étoit peiné quand il le quittoit et encore quand il demeuroit trop longtemps de suite à Orléans. La modestie et la simplicité avec laquelle M. d'Orléans soutint sa nomination, et l'uniformité de sa vie, de sa conduite et de tout ce qu'il faisoit auparavant, qu'il continua également depuis, augmentèrent fort encore l'estime universelle.

L'archevêché de Paris ne fut guère plus long à être déterminé, et devint le fruit du sage sacrifice du duc de Noailles du commandement de son armée à M. de Vendôme, et le sceau de son parfait retour dans la faveur. Son frère avoit été sacré évêque de Cahors, en 1680, et avoit passé six mois après à Châlons-sur-Marne. Cette translation lui donna du scrupule ; il la refusa et ne s'y soumit que par un ordre exprès d'Innocent XI. Il y porta son innocence baptismale, et y garda une résidence exacte, uniquement appliqué aux visites, au gouvernement de son diocèse et à toutes sortes de bonnes œuvres. Sa mère, qui avoit passé sa vie à la cour, dame d'atours de la reine mère, s'étoit retirée auprès de lui depuis bien des années ; elle y étoit sous sa conduite et se confessoit à lui tous les soirs, uniquement occupée de son salut dans la plus parfaite solitude. Ce fut sur ce prélat que le choix du roi tomba pour Paris. Il le craignit de loin et se hâta de joindre son approbation à celle de tant d'autres évêques au livre des *Réflexions morales* du P. Quesnel, pour s'en donner l'exclusion certaine par les jésuites. Mais il arriva, peut-être pour la première fois, que le P. de La Chaise ne fut point consulté ; Mme de Maintenon osa, peut-être aussi pour la première fois, en faire son affaire. Elle montra au roi des lettres pressantes de MM. Thiberge et Brisacier, supérieurs des Missions étrangères, que, pour contrecarrer les jésuites dont le crédit la gênoit, elle avoit mis à la mode auprès du roi. Il lui importoit que l'archevêque de Paris ne fût point à eux pour qu'il fût à elle ; M. de Noailles lui étoit un bon garant : en un mot elle l'emporta, et M. de Châlons fut nommé à son insu et à l'insu du P. de La Chaise. Le camouflet étoit violent, aussi les jésuites ne l'ont-ils jamais pardonné à ce prélat. Il étoit pourtant si éloigné d'y avoir part que malgré les mesures qu'il avoit prises pour s'en éloigner, lorsqu'il se vit nommé il ne put se résoudre à accepter, et qu'il ne baissa la tête sous ce qu'il jugeoit être un joug trop pesant, qu'à force d'ordres réitérés auxquels enfin il ne put résister. Il avoit été quinze ans à Châlons et il avoit la domerie[1] d'Aubrac, abbaye sous un

---

1. Le mot *domerie*, dérivé du latin *dominus*, était employé pour dési-

titre particulier, mais qui n'est qu'un simple nom dont il se démit en arrivant à Paris. Le roi si content du duc de Noailles, et Mme de Maintenon tout à lui, voulurent que la grâce fût entière : la domerie fut donnée à l'abbé de Noailles et l'évêché de Châlons en même temps. C'étoit le plus jeune des frères de M. de Noailles et de M. de Châlons qui avoit au moins quinze ou dix-huit ans moins qu'eux.

Peu après mon retour, j'allai me réjouir avec M. de la Trappe de la solidité que le roi venoit de donner à son ouvrage. C'étoit une abbaye commendataire de onze mille ou douze mille livres de rente tout au plus en tout, et la moindre de celles dont il s'étoit [démis] en se retirant, sans penser encore à s'y faire moine, et beaucoup moins à y rétablir la vie ancienne de saint Bernard dans toute son austérité. Un commendataire qui lui auroit succédé n'auroit pas laissé de quoi vivre à ce grand nombre de pénitents qu'il y avoit rassemblés, et la régularité en auroit été fort hasardée. Il le représenta donc au roi par une lettre, et son désir de se voir un successeur régulier. Le roi non-seulement le lui accorda, mais lui permit de le choisir, et lui promit qu'il n'y auroit point de commendataire tant que la régularité subsisteroit telle qu'il l'avoit établie; et le pape y voulut bien entrer pour que cette grâce ne pût préjudicier à la nomination d'un commendataire, quand il plairoit au roi, même après trois ou un plus grand nombre de réguliers, parce que sans cette précaution trois abbés réguliers de suite remettent de droit l'abbaye en règle. M. de la Trappe nomma le prieur de sa maison qui étoit un des plus savants et des plus capables, mais qui ne vécut pas longtemps. Il se démit et parut encore plus grand en cet état qu'il n'avoit fait dans la réforme et le gouvernement de cet admirable monastère. Avant de quitter les saints, la mort de M. Nicole, qui arriva à Paris vers la

gner la dignité abbatiale dans certains monastères. L'abbaye d'Aubrac, dont il est ici question, dépendait du diocèse de Rodez.

fin de cette année, mérite de n'être pas oubliée. Cet homme illustre est si connu par toute la suite de sa vie, par ses talents et sa piété sage et éminente que je ne m'y arrêterai pas ; il a laissé des ouvrages d'une instruction infinie, et qui développent le cœur humain avec une lumière qui apprend aux hommes à se connoître, et toute tournée à l'édification et à la parfaite conviction.

M. de Langres mourut presque en même temps. Il étoit Simiane, fils et frère de MM. de Gordes, tous deux chevaliers de l'ordre et premiers capitaines des gardes du corps. Le dernier vendit sa charge à M. de Chandenier, et fut depuis chevalier d'honneur de la reine. Le père, mort en 1642, faisoit souvent arrêter le carrosse de Louis XIII ; il lui disoit : « Sire, vous ne voulez pas qu'on crève, faites donc arrêter, s'il vous plaît ; » et il descendoit pour pisser. Le roi rioit et le considéroit. Mon père qui l'a vu arriver cent fois me l'a conté. L'autre mourut en 1680 ; c'est le père de Mme de Rhodes. M. de Langres fut donc élevé à la cour, et de très-bonne heure premier aumônier de la reine. C'étoit un vrai gentilhomme et le meilleur homme du monde, que tout le monde aimoit, répandu dans le plus grand monde et avec le plus distingué. On l'appeloit volontiers le bon Langres. Il n'avoit rien de mauvais, même pour les mœurs, mais il n'étoit pas fait pour être évêque ; il jouoit à toutes sortes de jeux et le plus gros jeu du monde. M. de Vendôme, M. le Grand, et quelques autres de cette volée, lui attrapèrent gros deux ou trois fois au billard. Il ne dit mot, et s'en alla à Langres où il se mit à étudier les adresses du billard, et s'enfermoit bien pour cela, de peur qu'on le sût. De retour à Paris, voilà ces messieurs à le presser de jouer au billard, et lui à s'en défendre comme un homme déjà battu, et qui, depuis six mois de séjour à Langres, n'a vu que des chanoines et des curés. Quand il se fut bien fait importuner il céda enfin. Il joua d'abord médiocrement, puis mieux, et fit grossir la partie; enfin il les gagna tous de suite, puis se moqua d'eux après avoir regagné beaucoup plus qu'il n'avoit perdu. Il avoit un grand désir de l'ordre, et de toutes façons étoit fait pour l'avoir, et mourut fort vieux sans y être parvenu.

Langres fut donné à l'abbé de Tonnerre, fils du frère aîné de M. de Noyon. Il étoit aumônier du roi, et servoit auprès de Monseigneur, qui, le lendemain au soir, s'en alla à Meudon, où les courtisans qu'il menoit avoient l'honneur de manger tous, et toujours avec lui. Quand son souper fut servi, et que l'abbé de Tonnerre eut dit le *Benedicite*, il lui dit de se mettre à table. L'abbé répondit modestement qu'il avoit soupé, car l'aumonier mangeoit devant à la table du maître d'hôtel. « Et pourquoi, monsieur l'abbé ? lui dit Monseigneur. Vous êtes nommé à Langres, et dès là vous savez bien que vous devez manger avec moi. Au moins, ajouta-t-il, n'y manquez plus de tout le voyage. » L'abbé de Tonnerre, après l'avoir remercié, lui dit qu'il n'ignoroit pas cet honneur et cette distinction des évêques-pairs, mais qu'il n'y avoit bontés ni amitiés qu'il ne reçût tous les jours de M. d'Orléans, qui, ne pouvant avoir cet honneur étant évêque et premier aumônier, il seroit trop peiné de lui donner ce dégoût, lui n'étant encore que nommé et ayant demandé de continuer à servir dans sa charge d'aumônier jusqu'à l'arrivée de ses bulles. Il fut extrêmement loué de cette modestie et de cette considération pour M. d'Orléans, et Monseigneur lui dit qu'il ne vouloit pas le contraindre, mais qu'il seroit le maître de se mettre à table avec lui toutes les fois qu'il le voudroit.

M. et Mme la maréchale de Lorges arrivèrent de Vichy, et se pressèrent trop d'aller à Versailles, où ils furent reçus du roi avec les plus grandes marques d'amitié et de distinction. Mais M. le maréchal parut encore en plus mauvais état à la cour qu'il n'avoit fait à Paris, et, presque aussitôt qu'il eut pris le bâton, il fut obligé de l'envoyer au maréchal de Villeroy. Le roi comprit qu'après deux aussi fortes maladies et si près à près, il ne seroit plus en état de servir, et ne voulut pas s'exposer, au milieu d'une campagne, aux inconvénients qui pouvoient naître de la santé du général. Il eut peine à en parler lui-même au maréchal, et chargea M. de La Rochefoucauld, son ami le plus intime de tous les temps, de le lui faire entendre, et de tâcher surtout qu'il ne s'opiniâtrât point là-dessus à vouloir lui parler ni lui écrire. M. de La Rochefoucauld vint donc dîner chez lui à Paris, et après le dîner le prit en particulier avec la maréchale. Ce compliment leur parut amer. M. le maréchal de Lorges se croyoit en état de commander l'armée; il voulut une audience du roi, et il l'eut. Tout s'y passa avec toutes sortes d'égards et d'amitiés du roi, mais il ne put changer de pensée, et M. de Lorges s'y soumit de bonne grâce, quoique très-peiné de devenir inutile, surtout par rapport à moi et à ses neveux. Nous en fûmes aussi fort affligés, par la différence infinie que cela faisoit pour nous à l'armée et à la considération même partout ailleurs.

Peu de jours après nous fûmes d'un voyage de Marly, qui fut pour moi le premier, où il arriva une singulière scène. Le roi et Monseigneur y tenoient chacun une table à même heure et en même pièce, soir et matin; les dames s'y partageoient sans affectation, sinon que Mme la princesse de Conti étoit toujours à celle de Monseigneur, et ses deux autres sœurs toujours à celle du roi. Il y avoit dans un coin de la même pièce cinq ou six couverts où, sans affectation aussi, se mettoient tantôt les unes, tantôt les autres, mais qui n'étoient tenus par personne. Celle du roi étoit plus proche du grand salon, l'autre plus voisine des fenêtres et de la porte par où, en sortant de dîner, le roi alloit chez Mme de Maintenon, qui alors dînait souvent à la table du roi, se mettoit vis-à-vis de lui (les tables étoient rondes), ne mangeoit jamais qu'à celle-là, et soupoit toujours seule chez elle. Pour expliquer le fait il falloit mettre ce tableau au net.

Les princesses n'étoient que très-légèrement raccommodées, comme on l'a vu plus haut, et Mme la princesse de Conti intérieurement de fort mauvaise humeur du goût de Monseigneur pour la Choin, qu'elle ne pouvoit ignorer et dont elle n'osoit donner aucun signe. A un dîner pendant lequel Monseigneur étoit à la chasse, et où sa table étoit tenue par Mme la princesse de Conti, le roi s'amusa à badiner avec Mme la Duchesse, et sortit de cette gravité qu'il ne quittoit jamais, pour, à la surprise de la compagnie, jouer avec elle aux olives. Cela fit boire quelques coups à Mme la Duchesse; le roi fit semblant d'en boire un ou deux, et cet amusement dura jusqu'aux fruits et à la sortie de table. Le roi, passant devant Mme la princesse de Conti pour aller chez Mme de Maintenon, choqué peut-être du sérieux qu'il lui remarqua, lui dit assez sèchement que sa gravité ne s'accommodoit pas de leur ivrognerie. La princesse piquée laissa passer le roi, puis se tournant à Mme de Châtillon, dans ce moment de chaos où chacun se lavoit la bouche, lui dit qu'elle aimoit mieux être grave que sac à vin (entendant quelques repas un peu allongés que ses sœurs avoient faits depuis peu ensemble). Ce mot fut entendu de Mme la duchesse de Chartres qui répondit assez haut, de sa voix lente et tremblante, qu'elle aimoit mieux être sac à vin que sac à guenilles : par où elle entendoit Clermont et des officiers des gardes du corps qui avoient été, les uns chassés, les autres éloignés à cause d'elle. Ce mot fut si cruel qu'il ne reçut point de repartie, et qu'il courut sur-le-champ par Marly, et de là par Paris et partout. Mme la Duchesse qui, avec bien de la grâce et de l'esprit, a l'art des chansons salées, en fit d'étranges sur ce même ton. Mme la princesse de Conti au désespoir, et qui n'avoit pas les mêmes armes, ne sut que devenir. Monsieur, le roi des tracasseries, entra dans celle-ci qu'il trouva de part et d'autre trop forte. Monseigneur s'en mêla aussi ; il leur donna un dîner à Meudon où Mme la princesse de Conti alla seule et y arriva la première; les deux autres y furent menées par Monsieur. Elles se parlèrent peu, tout fut aride, et elles revinrent de tout point comme elles étoient allées.

La fin de cette année fut orageuse à Marly. Mme la duchesse de Chartres et Mme la Duchesse, plus ralliées par l'aversion de Mme la princesse de Conti, se mirent au voyage suivant à un repas rompu, après le coucher du roi, dans la chambre de Mme de Chartres au château; Monseigneur joua tard dans le salon. En se retirant chez lui il monta chez ces princesses et les trouva qui fumoient avec des pipes qu'elles avoient envoyé chercher au corps de garde suisse. Monseigneur, qui en vit les suites si cette odeur gagnoit, leur fit quitter cet exercice; mais la fumée les avoit trahies. Le roi leur fit le lendemain une rude correction, dont Mme la princesse de Conti triompha. Cependant ces brouilleries se multiplièrent, et le roi qui avoit espéré qu'elles finiroient d'elles-mêmes, s'en ennuya; et un soir à Versailles qu'elles étoient dans son cabinet après son souper, il leur en parla très-fortement, et conclut par les assurer que s'il en entendoit parler davantage, elles avoient chacune des maisons de campagne où il les enverroit pour longtemps et où il les trouveroit fort bien. La menace eut son effet, et le calme et la bienséance revinrent et suppléèrent à l'amitié.

CHAPITRE XVIII.

1696. — Banc au lieu de ployant aux cardinaux, aux cérémonies de l'ordre, à la réception de MM. de Noyon et de Guiscard. — Duc Lanti nommé à l'ordre; son extraction. — Prince de Conti gagne son procès contre la duchesse de Nemours. — Mariages de Barbezieux avec Mlle d'Alègre; de M. de Luxembourg avec Mlle de Clérembault; de Mme de Seignelay avec M. de Marsan; du duc de Lesdiguières avec Mlle de Duras; du duc d'Uzès avec Mlle de Monaco. — Rang nouveau de prince étranger de M. de Monaco. — Mariages du duc d'Albret et de Mlle de La Trémouille; de Villacerf avec Mlle de Brinon; de Lassay et d'une bâtarde de M. le Prince; de Feuquières avec la Mignard; de Bouzols avec Mlle de Croissy. — Comte de Luxe, fait duc vérifié de Châtillon-sur-Loing, épouse Mlle de Royan. — Le prince d'Isenghien obtient un tabouret de grâce pour toujours. — Sourde lutte de l'archevêque de Cambrai et de l'évêque de Chartres. — Mme Guyon chassée de Saint-Cyr, puis à la Bastille.

L'année 1696 commença par un petit dégoût à des gens qui n'y étoient pas accoutumés. Le roi donna l'ordre à M. de Noyon et à Guiscard, et à la cérémonie, les cardinaux d'Estrées et de Furstemberg n'eurent qu'un banc comme tous les autres chevaliers. Peu à peu cette dignité, habile en usurpation, et heureuse à les tourner en droit, avoit trouvé moyen d'avoir chacun un siége ployant à leur place auprès de la crédence de l'autel, comme Monseigneur et Monsieur et la maison royale en ont auprès du roi, qui à la fin le trouva mauvais et le leur ôta. Ils l'avalèrent sans oser dire mot.

Au chapitre qui précéda cette cérémonie le roi nomma à l'ordre le duc Lanti, dont la sœur étoit femme de la duchesse de Bracciano, qui l'y servit fort par elle et par ses amis; il étoit à Rome et l'y reçut au grand contentement du cardinal d'Estrées, ami intime de la duchesse de Bracciano, et qui y avoit le plus travaillé. Ces Lanti ne sont rien du tout, ils ont pris le nom della Rovere, parce qu'ils en ont eu une mère, et ces Rovere eux-mêmes étoient de la lie du peuple avant leur pontificat. François della Rovere qui fut pape en 1481[1] et qui le fut quatorze ans sous le nom de Sixte IV, étoit fils d'un pêcheur des environs de Savone, et ce furieux Jules II, pape en 1503 et qui le fut dix

---

1. Sixte IV fut pape de 1471 à 1484.

ans, étoit fils de son frère. Ils n'oublièrent rien pour élever leur famille par argent, par alliances, par troubles et par toutes sortes de voies. Le duché d'Urbin et d'autres grands fiefs y entrèrent, qui pour la plupart sont retournés aux papes. Ces la Rovere ont eu trois ducs d'Urbin.

M. le prince de Conti gagna tout d'une voix son procès contre Mme de Nemours à l'audience de la grand'chambre, c'est-à-dire la permission de prouver que M. de Longueville étoit en état de tester lorsqu'il fit son testament en sa faveur, à quoi lui servit beaucoup son ordination postérieure à l'ordre de prêtrise par les mains du pape, et ce jugement préliminaire emportoit le fond, supposé les preuves. J'étois dans la lanterne avec M. le prince de Conti, M. le Duc et M. de La Rocheguyon, assis sur le banc et devant nous le peu des premiers officiers de ces princes qui y purent tenir. Toute la France en hommes remplissoit la grand'chambre. Le plaidoyer, déjà commencé en une autre audience, remplit celle-ci. Il fut très-éloquent, et tout de suite suivi d'un jugement. Jamais on n'ouït de tels cris de joie, ni tant d'applaudissements; la grande salle étoit pleine de monde qui retentissoit; à peine pûmes-nous passer. M. le prince de Conti se contint fort, mais il parut fort sensible et à la chose et à la part générale qu'on prenoit pour lui. On ne laissa pas dans le monde d'appeler un peu de ce jugement, sans se soucier pourtant de Mme de Nemours, à qui le choix de son héritier ne laissa pas de faire grand tort. La colère qu'elle conçut de cette décision est inconcevable, et tout ce qu'elle dit de plaisant et de salé contre sa partie e contre ses juges. Ce ne fut encore que le commencement de leurs combats.

Cet hiver fut fertile en mariages, Barbezieux les commença, il épousa la fille aînée de d'Alègre, qui fit à cette occasion une fête aussi somptueuse que pour l'alliance d'un prince du sang. Il étoit maréchal de camp, il en espéroit sa fortune, il eut tout le temps de s'en repentir.

Celui de M. de Luxembourg fut fort avancé avec Mme de Seignelay. C'étoit une grande femme, très-bien faite, avec une grande mine et de grands restes de beauté. Sa hauteur excessive avoit été soutenue par celle de son mari, par son opulence, sa magnificence, son autorité dans le conseil et dans sa place, dont il avoit bizarrement tenté de se faire un degré à devenir maréchal de France ; mais devenue veuve elle brûloit d'un rang et d'un autre nom quoiqu'elle eût plusieurs enfants. Le rare fut que M. de Chevreuse, qui avoit marié sa fille à M. de Luxembourg qui en étoit veuf sans enfants, et Cavoye, le plus grand favori de M. de Seignelay, furent les entremetteurs de l'affaire, que M. de Luxembourg rompit fort malhonnêtement parce qu'il la voulut rompre, les habits achetés et tous les compliments reçus. Il eut lieu de s'en repentir. Tous deux ne tardèrent pas à trouver ailleurs. M. de Luxembourg épousa Mlle de Clérembault, riche et unique héritière fort jolie, mais dont la naissance étoit légère ; son nom étoit Gillier. Elle étoit fille de Clérembault, qui, étant dans les basses charges chez Monsieur, donna dans l'œil de la comtesse du Plessis, dame d'honneur de Madame, en survivance de la maréchale du Plessis, sa belle-mère, et veuve du comte du Plessis, premier gentilhomme de la chambre de Monsieur, en survivance du maréchal du Plessis, son père, qui avoit été gouverneur de Monsieur. Le comte du Plessis fut tué devant Arnheim en Hollande en 1672, à trente-huit ans, trois ans avant la mort de son père, et laissa un fils unique qui devint duc et pair par la mort du maréchal son grand-père, et qui fut tué sans alliance devant Luxembourg, en 1684, ce qui fit duc et pair le chevalier du Plessis, son oncle, qui prit le nom de duc de Choiseul. Nous avons vu plus haut l'étrange raison qui l'empêcha d'être maréchal de France. La comtesse du Plessis s'appeloit Le Loup, et étoit fille de Bellenave, et riche. Amoureuse de Clérembault, elle l'épousa, et, pour l'approcher un peu d'elle, eut le crédit de le faire premier écuyer de Madame. L'un et l'autre la quittèrent, et vécurent dans une grande avarice et fort dans le néant. Ils voulurent garder leur fille, et M. de Luxembourg se mit chez eux.

Mme de Seignelay, outrée de ce qui venoit de lui arriver, trouva un mari qui lui donnoit un rang et de meilleure maison que M. de Luxembourg. Aussi, ne le manqua-t-elle pas; et les Matignon ses oncles se cotisèrent pour brusquer cette affaire. Ce fut avec M. de Marsan, frère de M. le Grand. Cavoye, si intime de feu M. de Seignelay et de feu M. de Luxembourg, piqué du procédé avec Mme de Seignelay, en fit la noce chez lui à Paris où il y eut fort peu de monde.

M. de Duras fit un grand mariage pour sa seconde fille. L'aînée avoit épousé, il y avoit quelques années, le duc de La Meilleraye, fils unique du duc de Mazarin, mais qui n'avoit que des richesses avec sa dignité. Il trouva pour l'autre, avec les grands biens, tout ce qu'il pouvoit désirer d'ailleurs : ce fut le jeune duc de Lesdiguières, ardemment désiré des plus grands partis, parce qu'il étoit lui-même le plus grand parti de France. Sa mère, héritière des Gondi, étoit une fée solitaire qui ne laissoit entrer presque personne dans son palais enchanté, et que la maréchale de Duras sut pourtant pénétrer. Tout convenu dans un grand secret avec elle, qui étoit aussi la tutrice, il fut question des parents; le maréchal de Villeroy et M. le Grand, qui étoient les plus proches du côté paternel, et la maréchale de Villeroy du maternel, firent grand bruit. Le maréchal et le père du jeune duc étoient enfants du frère et de la sœur, et la duchesse de Lesdiguières et la maréchale étoient filles aussi du frère et de la sœur. Mme d'Armagnac étoit sœur du maréchal; lui et M. le Grand étoient intimes. Il ménageoit depuis longtemps Mme de Lesdiguières qui se servoit de son crédit à son gré. Plusieurs partis avoient manqué à Mlle d'Armagnac; ils vouloient celui-ci, bien que plus jeune qu'elle, et c'est ce qui les mit en si grand émoi. Pendant ce vacarme, tout fut signé, et par M. de La Trémoille, tuteur paternel, gendre du feu duc de Créqui, ami des maréchaux de Duras et de Lorges, et fils de leur cousin germain. Cela fit taire tout à coup les autres, et le mariage se fit à petit bruit à l'hôtel de Duras, parce que Mme de Lesdiguières ne voulut point de monde, encore moins les parents de mauvaise humeur. Il n'en coûta que cent mille écus de dot à M. de Duras, encore en retint-il onze mille livres de rente pour loger et nourrir sa fille et son gendre. Il avoit marié l'aînée à aussi bon marché. La mariée étoit grande, bien faite, belle, avec le plus grand air du monde, et d'ailleurs très-aimable, et l'âge convenoit entièrement.

Il s'en fit un autre d'âges bien disproportionnés, du duc d'Uzès, qui avoit dix-huit ans, et de la fille unique du prince de Monaco, sœur du duc de Valentinois, gendre de M. le Grand : elle avoit trente-quatre ou trente-cinq ans, et les paroissoit. Elle étoit riche; sa mère étoit sœur du duc de Grammont. Il étoit lors dans les horreurs de la taille. M. de Valentinois n'avoit ni feu ni lieu que chez son beau-père, et il n'avoit pas lieu d'être bien avec sa femme ni avec les siens; M. de Monaco étoit à Monaco. La noce se fit donc chez la duchesse du Lude, veuve en premières noces de ce galant comte de Guiche, frère aîné du duc de Grammont, et elle étoit toujours demeurée fort unie avec eux tous. Mlle de Monaco avoit le tabouret, parce qu'au mariage de M. de Valentinois, en 1688, M. le Grand avoit obtenu le rang de prince étranger pour M. de Monaco et pour ses enfants, à quoi ils n'avoient jamais osé songer jusque-là. La mère de M. de Monaco vint à Paris pour le faire tenir sur les fonts de baptême par le roi et par la reine sa mère. Son mari étoit mort sans que son père, qui vivoit encore, se fût démis. Elle s'appeloit la princesse de Mourgues. C'étoit M. d'Angoulême qui, étant dans son gouvernement de Provence, avoit fait avec ce même beau-père le traité de se donner à la France. Ce fut donc à la duchesse d'Angoulême, sa veuve, qu'elle s'adressa pour la présenter et la mener à la cour. Elle y fut debout, sans prétention ni équivoque; et, après un court séjour, elle s'en retourna avec son fils, comblée des bontés du roi et de la reine. Mme d'Angoulême, chez qui ma mère a logé longtemps fille et y a été mariée, le lui a conté cent fois ; et c'est le père de ce prince de Monaco du traité, qui le premier s'est fait appeler et intituler prince de Monaco ; le père de celui-là et tous ses devanciers ne se sont jamais dits ni fait appeler que seigneurs de Monaco. C'est, au demeurant, la souveraineté d'une roche, du milieu de laquelle on peut pour ainsi dire cracher hors de ses étroites limites.

Le duc d'Albret, fils aîné de M. de Bouillon, épousa la fille du duc de La Trémoille ; il y eut d'autres mariages plus tard dont il vaut autant finir la matière tout de suite. Mme la maréchale de Lorges maria une cousine germaine, qu'elle avoit auprès d'elle, au marquis de Saint-Herem, du nom de Montmorin, qui étoit fort de mes amis. Il avoit la survivance du gouvernement de Fontainebleau de son père, que le roi prit en 1688 pour un homme de peu, quoique de très-bonne et ancienne maison et très-bien alliée, dont les pères avoient eu le gouvernement d'Auvergne, et qui ne le fit point chevalier de l'ordre. M. de La Rochefoucauld, ami du bonhomme Saint-Herem, le détrompa ; mais il n'étoit plus temps.

Villacerf épousa Mlle de Brinon, sans bien ; elle étoit Saint-Nectaire et lui Colbert ; les noms ne se ressembloient pas. Son père et Saint-Pouange, son frère, étoient fils d'une sœur du chancelier Le Tellier. Saint-Pouange faisoit tout sous M. de Louvois, et après sous Barbezieux. Ils avoient répudié les Colbert pour les Tellier, dont ils avoient pris les livrées et suivi la fortune ; tous deux étoient bien avec le roi, surtout Villacerf, avec confiance de longue main.

C'étoit aussi un très-bon homme et fort homme d'honneur. Il eut les bâtiments à la mort de Louvois, et fut aussi un temps premier maître d'hôtel de la reine. Son fils aîné avoit été tué à la tête d'un régiment qu'on avoit fait royal pour lui ; celui-ci avoit servi à la mer quelque temps.

Lassay épousa à l'hôtel de Condé la bâtarde de M. le Prince et de Mlle de Montalais qu'il avoit fait légitimer[1]. Elle étoit fort jolie et avoit beaucoup d'esprit. Il en eut du bien et la lieutenance générale de Bresse. Il étoit fils de Montalaire, grand menteur de son métier, et d'une Vipart, très-petite demoiselle de Normandie. Ce nom de Madaillan est étrangement connu par la vie de M. d'Épernon, et n'a pas brillé depuis. Lassay avoit déjà été marié deux fois. D'une Sibour, qu'il perdit tout au commencement de 1675, il eut une fille unique qui n'eut point d'enfants du marquis de Coligny, dernier de cette grande et illustre maison. Il devint après amoureux de la fille d'un apothicaire qui s'appeloit Pajot, si belle, si modeste, si sage, si spirituelle, que Charles IV, duc de Lorraine, éperdu d'elle, la voulut épouser malgré elle, et n'en fut empêché que parce que le roi la fit enlever. Lassay, qui n'étoit pas de si bonne maison, l'épousa, et en eut un fils unique ; puis la perdit, et en pensa perdre l'esprit. Il se crut dévot, se fit une retraite charmante joignant les Incurables, et y mena quelques années une vie fort édifiante. A la fin il s'en ennuya ; il s'aperçut qu'il n'étoit qu'affligé, et que la dévotion passoit avec la douleur. Il avoit beaucoup d'esprit, mais c'étoit tout. Il chercha à rentrer dans le monde, et bientôt il se trouva tout au milieu. Il s'attacha à M. le Duc et à MM. les princes de Conti, avec qui il fit le voyage de Hongrie. Il n'avoit

---

1. Julie de Bourbon, fille naturelle d'Henri-Jules de Bourbon, prince de Condé, et de Françoise de Montalais, épousa, le 5 mars 1696, François de Lesparre de Madaillan, marquis de Lassay. Saint-Simon appelle d'abord le père de Lassay *Montalaire*, et à la ligne suivante *Madaillan*. Nous avons reproduit exactement le manuscrit ; mais le nom de Madaillan est le seul exact.

jamais servi et avoit été quelque temps à faire l'important en basse Normandie ; il plut à M. le Duc par lui être commode à ses plaisirs ; et il espéra de ce troisième mariage s'initier à la cour sous sa protection et celle de Mme la Duchesse ; il n'y fut jamais que des faubourgs. Il en eut une fille unique.

Un mariage d'amour fort étrange suivit celui-ci, d'un frère de Feuquières, qui n'avoit jamais fait grand'chose, avec la fille du célèbre Mignard, le premier peintre de son temps, qui étoit mort, et dont j'ai parlé ci-devant; elle étoit encore si belle, que Bloin, premier valet de chambre du roi, l'entretenoit depuis longtemps au vu et au su de tout le monde, et fut cause que le roi en signa le contrat de mariage.

Enfin Bouzols, gentilhomme d'Auvergne, tout simple et peu connu, sinon pour avoir acheté le régiment Royal-Piémont, épousa la fille aînée de Croissy, déjà fort montée en graine et très-laide. Ce n'étoit pas faute d'ambition d'être duchesse comme ses cousines, mais à force d'attendre et d'espérer, il fallut faire une fin et se contenter du possible, fort éloigné du titre. Elle avoit infiniment d'esprit, de grâces, et d'amusement dans l'esprit, et passoit sa vie avec Mme la Duchesse; elle ne faisoit pas moins de chansons bien assenées qu'elle, mais elle et son cher ami Lassay ne furent pas à l'épreuve des siennes, et si parlantes et si plaisantes qu'on s'en souvient toujours.

Le roi fit presque en même temps deux grâces. Il avoit fait passer la Normandie du maréchal de Luxembourg à son fils aîné, à condition qu'il ne lui parlât jamais pour lui de sa charge de capitaine des gardes du corps. Le père, hardi de ses lauriers, et qui, avec raison, ne se croyoit pas inférieur en naissance aux Bouillon, aux Rohan, aux Monaco, auxquels tous le roi avoit donné des rangs de princes étrangers, s'étoit mis à le prétendre et à l'en presser; et comme il fait toujours bon se mettre en prétention, comme disoit M. Le Tellier, le roi s'en crut quitte à bon marché de promettre à M. de Luxembourg de faire son second fils duc, lorsqu'il trouveroit quelque mariage. M. de Luxembourg mourut avant que le comte de Luxe fût marié; la famille crut ne devoir pas laisser refroidir trop longtemps la promesse. Le maréchal ne fut pas plutôt mort, que le roi s'en repentit; néanmoins il ne put reculer, mais il le fit de mauvaise grâce. Il fit donc expédier une érection sur Châtillon-sur-Loing, que le comte de Luxe avoit eu du legs universel de sa tante Mme de Meckelbourg, pour être vérifiée au parlement sans pairie lorsqu'il se marieroit, et n'en pas jouir auparavant. Il épousa enfin Mlle de Royan, celle-là même que la duchesse de Bracciano, sa tante, avoit eu tant d'envie de me donner, et à laquelle Phélypeaux avoit osé prétendre. Ce nouveau duc ne put jamais plaire au roi depuis qu'il le fut, et en essuya tous les dégoûts qu'il lui put donner toute sa vie, pour se dépiquer de l'avoir fait duc malgré lui.

L'autre grâce fut fort extraordinaire, et j'avoue franchement que je ne sais d'où elle vint. Le roi, qui aimoit le feu maréchal d'Humières, avoit fait le mariage de sa fille aînée, en lui accordant un tabouret de grâce, en épousant le prince d'Isenghien; ce qui a le même effet que ce qu'on connoît sous le nom d'un brevet de duc. Il étoit mort et avoit laissé deux fils; le roi, sans aucune occasion, ni de mariage, non-seulement accorda la même grâce à l'aîné, mais, ce qui étoit sans exemple, il l'accorda de mâle en mâle à sa postérité : c'est-à-dire que, sans aucun renouvellement, le fils aîné y succéderoit à son père, n'ayant toutefois que des honneurs sans aucun rang, comme les ducs à brevet.

Le nouvel archevêque de Cambrai s'applaudissoit cependant de ses succès auprès de Mme de Maintenon; les espérances qu'il en concevoit, avec de si bons appuis, étoient grandes, mais il crut ne les pouvoir conduire avec sûreté jusqu'où il se les proposoit, qu'en achevant de se rendre maître de son esprit sans partage. Godet, évêque de Chartres, tenoit à elle par les liens les plus intimes ; il étoit diocésain de Saint-Cyr : il en étoit le directeur unique ; il étoit de plus celui de Mme de Maintenon : ses mœurs, sa doctrine, sa piété, ses devoirs épiscopaux, tout étoit irrépréhensible. Il ne faisoit à Paris que des voyages courts et rares, logé au séminaire de Saint-Sulpice, se montroit encore plus rarement à la cour et toujours comme un éclair, et voyoit Mme de Maintenon longtemps et souvent à Saint-Cyr, et faisoit d'ailleurs par lettres tout ce qu'il vouloit. C'étoit donc là un étrange rival à abattre ; mais quelque ancré qu'il fût, son extérieur de cuistre le rassura. Il le crut tel à sa longue figure malpropre, décharnée, toute sulpicienne ; un air cru simple, aspect niais et sans liaisons qu'avec de plats prêtres, en un mot il le prit pour un homme sans monde, sans talents, de peu d'esprit et court de savoir, que le hasard de Saint-Cyr, établi dans son diocèse, avoit porté où il étoit, noyé dans ses fonctions, et sans autre appui, ni autre connoissance : dans cette idée, il ne douta pas de lui faire bientôt perdre terre par la nouvelle spiritualité de Mme Guyon, déjà si goûtée de Mme de Maintenon ; il n'ignoroit pas qu'elle n'étoit pas insensible aux nouveautés de toute espèce, et il se flatta de culbuter par là M. de Chartres, dont Mme de Maintenon sentiroit et mépriseroit l'ignorance pour ne plus rien voir que par lui.

Pour arriver à ce but, il travailla à persuader Mme de Maintenon de faire entrer Mme Guyon à Saint-Cyr, où elle auroit le temps de la voir et de l'approfondir tout autrement que dans de courtes et rares après-dînées, à l'hôtel de Chevreuse ou de Beauvilliers. Il y réussit. Mme Guyon alla à Saint-Cyr deux ou trois fois. Ensuite Mme de Maintenon, qui la goûtoit de plus en plus, l'y fit coucher, et de l'un à l'autre, mais près à près, les séjours s'y allongèrent, et par son aveu elle s'y chercha des personnes propres à devenir ses disciples, et elle s'en fit. Bientôt il s'éleva dans Saint-Cyr un petit troupeau tout à part, dont les maximes et même le langage de spiritualité parurent fort étrangers à tout le reste de la maison, et bientôt fort étranges à M. de Chartres. Ce prélat n'étoit rien moins que ce que M. de Cambrai s'en étoit figuré. Il étoit fort savant et surtout profond théologien ; il y joignoit beaucoup d'esprit ; il y avoit de la douceur, de la fermeté, même des grâces ; et ce qui étoit le plus surprenant dans un homme qui avoit été élevé et n'étoit jamais sorti de la profondeur de son métier, il étoit tel pour la cour et pour le monde que les plus fins courtisans auroient eu peine à le suivre et auroient eu à profiter de ses leçons. Mais c'étoit en lui un talent enfoui pour les autres, parce qu'il ne s'en servoit jamais sans de vrais besoins. Son désintéressement, sa piété, sa rare probité les retranchoient presque tous, et Mme de Maintenon, au point où il étoit avec elle, suppléoit à tout.

Dès qu'il eut le vent de cette doctrine étrangère, il fit en sorte d'y faire admettre deux dames de Saint-Cyr sur l'esprit et le discernement desquelles il pouvoit compter, et qui pourroient faire impression sur Mme de Maintenon. Il les choisit surtout parfaitement à lui et les instruisit bien. Ces nouvelles prosélytes parurent d'abord ravies et peu à peu enchantées. Elles s'attachèrent plus que pas une à leur nouvelle directrice, qui, sentant leur esprit et leur réputation dans la maison, s'applaudit d'une conquête qui lui aplaniroit celle qu'elle se proposoit. Elle s'attacha donc aussi à gagner entièrement ces filles ; elle en fit ses plus chères disciples ; elle s'ouvrit à elles comme aux plus capables de profiter de sa doctrine et de la faire goûter dans la maison. Elle et M. de Cambrai, qu'elle instruisoit de tous ses progrès, triomphoient, et le petit troupeau exultoit. M. de Chartres, par le consentement duquel Mme Guyon étoit entrée à Saint-Cyr et y étoit devenue maîtresse extérieure, la laissa faire. Il la suivoit de l'œil ; ses fidèles lui rendoient un compte exact de tout ce qu'elles apprenoient en dogmes et en pratique. Il se mit bien au fait de tout, il l'examina avec exactitude, et quand il crut qu'il étoit temps, il éclata.

Mme de Maintenon fut étrangement surprise de tout ce qu'il lui apprit de sa nouvelle école, et plus encore de ce qu'il lui en prouva par la bouche de ses deux affidées, et par ce qu'elles en avoient mis par écrit. Mme de Maintenon interrogea d'autres écolières ; elle vit par leurs réponses que, plus ou moins instruites et plus ou moins admises dans la confiance de leur nouvelle maîtresse, tout alloit au même but, et que ce but et le chemin étoient fort extraordinaires. La voilà bien en peine, puis en grand scrupule; elle se résolut à parler à M. de Cambrai ; celui-ci, qui ne soupçonnoit pas qu'elle fût si instruite, s'embarrassa et augmenta les soupçons. Tout à coup Mme Guyon fut chassée de Saint-Cyr, et on ne s'y appliqua plus qu'à effacer jusqu'aux moindres traces de ce qu'elle y avoit enseigné. On y eut beaucoup de peine; elle en avoit charmé plusieurs qui s'étoient véritablement attachées à elle et à sa doctrine, et M. de Chartres en profita pour faire sentir tout le danger de ce poison et pour rendre M. de Cambrai fort suspect. Un tel revers et si peu attendu l'étourdit, mais il ne l'abattit pas. Il paya d'esprit, d'autorités mystiques, de fermeté sur ses étriers. Ses amis principaux le soutinrent.

M. de Chartres, content de s'être solidement raffermi dans l'esprit et la confiance de Mme de Maintenon, ne voulut pas pousser si fort de suite un homme si soutenu ; mais sa pénitente, piquée d'avoir été conduite sur le bord du précipice, se refroidit de plus en plus pour M. de Cambrai, et s'irrita de plus en plus contre Mme Guyon. On sut qu'elle continuoit à voir sourdement du monde à Paris; on le lui défendit sous de si grandes peines qu'elle se cacha davantage, mais sans pouvoir se passer de dogmatiser bien en cachette, ni son petit troupeau de se rassembler par parties autour d'elle en différents lieux. Cette conduite, qui fut éclairée, lui fit donner ordre de sortir de Paris. Elle obéit, mais incontinent elle se vint cacher dans une petite maison obscure du faubourg Saint-Antoine. L'extrême attention avec laquelle elle étoit suivie fit que ne la dépistant de nulle part, on ne douta pas qu'elle ne fût rentrée dans Paris, et à force de recherches on la soupçonna où elle étoit, sur le rapport qu'on eut des voisins des mystères sans lesquels cette porte ne s'ouvroit point. On voulut être éclairci ; une servante qui portoit le pain et les herbes fut suivie de si près et si adroitement qu'on entra avec elle. Mme Guyon fut trouvée et conduite sur-le-champ à la Bastille avec ordre de l'y bien traiter, mais avec les plus rigoureuses défenses de la laisser voir, écrire, ni recevoir de nouvelles de personne. Ce fut un coup de foudre pour M. de Cambrai et pour ses amis, et pour le petit troupeau qui ne s'en réunit que davantage. Les suites dépasseroient l'année. Il vaut mieux en demeurer où nous en sommes pour celle-ci et remettre aux événements de la suivante tout ce qui les amena.

CHAPITRE XIX.

Cavoye et sa fortune. — Projet avorté sur l'Angleterre. — Le roi d'Angleterre à Calais. — Mort de Mme de Guise ; du marquis de Blanchefort ; de M. de Saint-Géran. — Mme de Saint-Géran. — Mort de Mme de Miramion. — Mme de Nesmond ; son orgueil. — Mort de Mme de Sévigné. — Éclat de l'évêque d'Orléans contre le duc de La Rochefoucauld, sur une place derrière le roi donnée au dernier. — Mort de La Bruyère ; de Daquin, ci-devant premier médecin ; de la reine mère d'Espagne.

Il y a dans les cours des personnages singuliers, qui sans esprit, sans naissance distinguée, et sans entours ni services, percent dans la familiarité de ce qui y est le plus brillant, et font enfin, on ne sait pourquoi, compter le monde avec eux. Tel y fut Cavoye toute sa vie, très-petit gentilhomme tout au plus, dont le nom étoit Oger. Il étoit grand maréchal des logis de la maison du roi ; et le roman qui lui valut cette charge mérite de n'être pas oublié, après avoir dit ce qui le regarde en ce temps-ci. J'ai parlé de lui plus d'une fois, et fait mention de son amitié intime avec M. de Seignelay chez qui la fleur de la cour étoit trayée. Cette grande liaison, qui devoit lui aider à tout par le crédit où étoit ce ministre, causa pourtant le ver rongeur de sa vie. Avec sa charge, ses amis considérables à la cour qui l'y faisoient figurer, et les bontés du roi toujours distinguées, il se flatta d'être chevalier de l'ordre en la promotion de 1688. Le roi la fit avec M. de Louvois qui étoit chancelier de l'ordre. Ce ministre qui minutoit une grande guerre qu'il avoit déjà fait déclarer, et qu'il rendit plus générale que le roi ne s'y attendoit, ne songea qu'à profiter de l'occasion de se faire des créatures. Il la rendit donc toute militaire pour la première qui ait jamais été faite de la sorte, et eut grande attention d'en exclure tous ceux qu'il n'aimoit pas tant qu'il put. L'amitié de Seignelay, son ennemi, pour Cavoye l'avoit mis dans ce nombre : il ne fut point de la promotion, et il en pensa mourir de douleur. Le roi, à qui il parla et fit parler par Seignelay et par d'autres amis, lui adoucit sa peine par des propos de bonté et d'espérance pour une autre occasion. Il se fit depuis diverses petites promotions et toujours Cavoye laissé, parce qu'en effet ces promotions avoient des causes particulières pour chacun de ceux qui en furent. A la fin, Cavoye, lassé et outré, écrivit au roi une rapsodie sur sa santé et ses affaires, et demanda la permission de se défaire de sa charge. Le roi ne lui dit ni ne lui fit rien dire là-dessus, et cependant Cavoye prenoit publiquement tous ses arrangements pour se retirer de la cour dont je pense qu'il se fût cruellement repenti. Dix ou douze jours après avoir remis sa lettre au roi, vint un voyage de Marly; et Cavoye, sans demander, y fut à l'ordinaire. Deux jours après, le roi, entrant dans son cabinet, l'appela, lui dit avec bonté qu'il y avoit trop longtemps qu'ils étoient ensemble pour se séparer, qu'il ne vouloit point qu'il le quittât, et qu'il auroit soin de ses affaires. Il y ajouta des espérances sur l'ordre. Cavoye prétendit en avoir eu parole, et le voilà enrôlé à la cour plus que jamais.

Sa mère étoit une femme de beaucoup d'esprit, venue je ne sais par quel hasard de sa province, ni par quel autre connue de la reine mère, dans des temps où elle avoit besoin de toute sorte de gens. Elle lui plut, elle la distingua en bonté sans la sortir de son petit état. Mme de Cavoye en profita pour mettre son fils à la cour et se faire à tous deux des amis. Cavoye étoit un des hommes de France le mieux faits et de la meilleure mine, et qui se mettoit le mieux. Il en profita auprès des dames. C'étoit un temps où on se battoit fort malgré les édits : Cavoye, brave et adroit, s'y acquit tant de réputation, que le nom de brave Cavoye lui en demeura. Mlle de Coetlogon, une des filles de la reine Marie-Thérèse, s'éprit de Cavoye, et s'en éprit jusqu'à la folie. Elle étoit laide, sage, naïve, aimée et très-bonne créature. Personne ne s'avisa de trouver son amour étrange ; et, ce qui est un prodige, tout le monde en eut pitié. Elle en faisoit toutes les avances. Cavoye était cruel et quelquefois brutal; il en étoit importuné à mourir. Tant fut procédé, que le roi et même la reine le lui reprochèrent, et qu'ils exigèrent de lui qu'il seroit plus humain. Il fallut aller à l'armée, où pourtant il ne passa pas les petits emplois. Voilà Coetlogon aux larmes, aux cris, et qui quitte toutes parures tout du long de la campagne, et qui ne les reprend qu'au retour de Cavoye. Jamais on ne fit qu'en rire. Vint l'hiver un combat où Cavoye servit de second et fut mis à la Bastille : autres douleurs, chacun alla lui faire compliment. Elle quitta toute parure, et se vêtit le plus mal qu'elle put. Elle parla au roi pour Cavoye, et n'en pouvant obtenir la délivrance, elle le querella jusqu'aux injures. Le roi rioit de tout son cœur; elle en fut si outrée, qu'elle lui présenta ses ongles, auxquels le roi comprit qu'il étoit plus sage de ne se pas exposer. Il dînoit et soupoit tous les jours en public avec la reine. Au dîner, la duchesse de Richelieu et les filles de la reine servoient. Tant que Cavoye fut à la Bastille, jamais Coetlogon ne voulut servir quoi que ce fût au roi, ou elle l'évitoit, ou elle le refusoit tout net, et disoit qu'il ne méritoit pas qu'elle le servît; la jaunisse la prit, les vapeurs, les désespoirs; enfin tant fut procédé, que le roi et la reine exigèrent bien sérieusement de la duchesse de Richelieu de mener Coetlogon voir Cavoye à la Bastille, et cela fut répété deux ou trois fois. Il sortit enfin, et Coetlogon, ravie, se para tout de nouveau, mais ce fut avec peine qu'elle consentit à se raccommoder avec le roi. La pitié et la mort de M. de Froulay, grand maréchal des logis, vinrent à son secours. Le roi envoya querir Cavoye qu'il avoit déjà tenté inutilement sur ce mariage. A cette fois il lui dit qu'il le vouloit; qu'à cette condition il prendroit soin de sa fortune, et que, pour lui tenir lieu de dot avec une fille qui n'avoit rien, il lui feroit présent de la charge de grand maréchal des logis de sa maison. Cavoye renifla encore, mais il y fallut passer. Il a depuis bien vécu avec elle, et elle toujours dans la même adoration jusqu'à aujourd'hui, et c'est quelquefois une farce de voir les caresses qu'elle lui fait devant le monde, et la gravité importunée avec laquelle il les reçoit. Des autres histoires de Cavoye il y auroit un petit livre à faire : il suffit ici d'avoir rapporté cette histoire pour sa singularité qui est sûrement sans exemple, car jamais la vertu de Mme de Cavoye, ni devant ni depuis son mariage, n'a reçu le plus léger soupçon. Son mari, lié toute sa vie avec le plus brillant de la cour, s'étoit érigé chez lui une espèce de tribunal auquel il ne falloit pas déplaire, compté et ménagé jusque des ministres, mais d'ailleurs bon homme, et un fort honnête homme, à qui on se pouvoit fier de tout.

Le duc de Berwick, bâtard du roi d'Angleterre, parti sous prétexte d'aller faire la revue des troupes que Jacques II avoit en France, alla secrètement en Angleterre où il fut découvert, et au moment d'être arrêté et peut-être pis. Le but de ce voyage étoit de voir par lui-même ce qu'il y avoit de réel dans un parti formé pour le rétablissement du roi Jacques, qui le sollicitoit puissamment de passer en Angleterre avec des troupes. Le retour de Berwick donna de telles espérances, que le roi d'Angleterre s'en alla le lendemain à Calais où, à tous hasards, dès les premières notions on s'étoit préparé à tout ce qui lui était nécessaire. Les troupes destinées au trajet et qu'on tenoit à portée y marchèrent en même temps, et une escadre s'y rendit pour le transport. Le marquis d'Harcourt commanda tout sous lui avec Pracomtal, maréchal de camp, et le duc d'Humières, Biron et Mornay pour brigadiers. Ces messieurs s'y morfondirent tout le reste de l'hiver et tout le printemps, longtemps contrariés des vents, puis bloqués par les vaisseaux anglois qui empêchèrent qu'on ne pût entrer ni sortir. Tout échoua de la sorte comme il arriva toujours aux projets de ce malheureux prince qui revint enfin à Saint-Germain, et les troupes retournèrent se rafraîchir, puis joindre les armées de Flandre.

Mme de Guise mourut en ce temps-ci. Bossue et contrefaite à l'excès, elle avoit mieux aimé épouser le dernier duc de Guise, en mai 1667, que de ne se point marier. Monsieur, son père, frère de Louis XIII, étoit mort en 1660. Madame, sa mère, qui étoit sœur de Charles IV, duc de Lorraine, et que Monsieur avoit clandestinement épousée à Nancy en 1632, dont Louis XIII voulut si longtemps faire casser le mariage, et qui ne put venir en France qu'après sa mort, étoit morte en 1662. Mme de Savoie, sœur du même lit, et cadette de Mme de Guise, étoit morte sans enfants en 1664, et son autre sœur du même lit et l'aînée étoit revenue dans un couvent de France, sans aucune considération, après avoir quitté ses enfants et son mari, le grand-duc de Toscane, qui ne put jamais l'apprivoiser. Mlle d'Alençon, c'est ainsi qu'on appeloit Mme de Guise avant son mariage, avoit plus de vingt ans, étant née 26 septembre 1646. Elle étoit fort maltraitée par Mademoiselle, sa sœur, unique du premier lit, puissamment riche, et qui n'avoit jamais pu digérer le second mariage de Monsieur, son père, ni souffrir sa seconde femme, ni ses filles. Dans cet état d'abandon, comptée pour rien par le roi et par Monsieur, ses seuls parents paternels, car la branche de Condé étoit déjà fort éloignée, elle se laissa gouverner par Mlle de Guise, qui tenoit par ses biens et son rang un grand état dans le monde, et qui s'étoit soumis toute la maison de Lorraine. C'étoit de plus une personne de beaucoup d'esprit et de desseins, et fort digne des Guises ses pères. Elle avoit perdu tous ses frères, desquels tous il ne restoit d'enfants que le seul duc de Guise né en août 1650. Il y avoit un grand inconvénient; sa mère étoit à peu près folle dès lors, et ne tarda pas à le devenir tout à fait. Elle étoit fille unique et héritière du dernier duc d'Angoulême, fils du bâtard de Charles IX, et d'une La Guiche, de laquelle j'ai déjà parlé, chez qui ma mère fut mariée.

Mlle de Guise, malgré ce grand contredit, entreprit cette grande affaire, et elle en vint à bout. Tous les respects dus à une petite-fille de France furent conservés. M. de Guise n'eut qu'un ployant devant Mme sa femme. Tous les jours à dîner il lui donnoit la serviette, et quand elle étoit dans son fauteuil, et qu'elle avoit déployé sa serviette, M. de Guise debout, elle ordonnoit qu'on lui apportât un couvert qui étoit toujours prêt au buffet. Ce couvert se mettoit en retour au bout de la table, puis elle disoit à M. de Guise de s'y mettre, et il s'y mettoit. Tout le reste étoit observé avec la même exactitude, et cela se recommençoit tous les jours sans que le rang de la femme baissât en rien, ni que, par ce grand mariage, celui de M. de Guise en ait augmenté de quoi que ce soit. Il mourut de la petite vérole à Paris, en juillet 1671, et ne laissa qu'un seul fils qui ne vécut pas cinq ans, et qui mourut à Paris en août 1675. Mme de Guise en fut affligée jusqu'à en avoir oublié son *Pater*.

Elle fut toujours mal avec Mademoiselle, quoiqu'elles logeassent toutes deux au Luxembourg, qu'elles partageoient par moitié. C'étoit une princesse très-pieuse et tout occupée de la prière et de bonnes œuvres; elle passoit six mois d'hiver à la cour, fort bien traitée du roi, et soupant tous les soirs au grand couvert, mais passant les Marlys à Paris. Les autres six mois elle les passoit à Alençon, où elle régentoit l'intendant comme un petit compagnon, et l'évêque de Séez, son diocésain, à peu près de même, qu'elle tenoit debout des heures entières, elle dans son fauteuil, sans jamais l'avoir laissé asseoir même derrière elle en un coin. Elle étoit fort sur son rang, mais du reste, savoit fort ce qu'elle devoit, le rendoit, et étoit extrêmement bonne. En allant et revenant d'Alençon, elle passoit toujours quelques jours à la Trappe et coupoit son séjour d'Alençon par y faire un petit voyage exprès. Elle y logeoit au dehors dans une maison que M. de la Trappe avoit bâtie pour les abbés commendataires, afin qu'ils ne troublassent point la régularité de la maison. Il étoit le directeur de Mme de Guise, et on a, entre ses ouvrages, quelques-uns qu'il a faits pour elle. Il venoit de perdre l'abbé qu'il avoit choisi et qui étoit à souhait. Il n'avoit pas cinquante ans et il étoit d'une bonne santé. Une fièvre maligne l'emporta. Mme de Guise contribua à faire agréer au roi celui que M. de la Trappe désira mettre en sa place.

Ce fut la dernière bonne œuvre de cette princesse. Elle tomba incontinent après malade, d'un mal assez semblable à celui dont M. de Luxembourg étoit mort, et qui l'em-

porta de même le 17 mars. Elle avoit reçu ses sacrements,
et elle mourut avec une piété semblable à sa vie. Le roi
l'aimoit et l'alla voir deux fois, la dernière le matin du jour
qu'elle mourut, et le soir il alla coucher et passer quelques jours à Marly pour laisser faire les cérémonies. Mais
elle les avoit toutes défendues, et voulut être enterrée non à
Saint-Denis suivant sa naissance, mais aux Carmélites du
faubourg Saint-Jacques, et en tout comme une simple
religieuse : elle fut obéie. On ne sut qu'à sa mort qu'elle
portoit un cancer depuis longtemps, qui paroissoit prêt
à s'ouvrir. Dieu lui en épargna les douleurs. Elle avoit fait
et jeûné tous les carêmes, et toute sa vie n'en étoit pas
moins pénitente. Le roi donna mille écus de pension à
Mme de Vibraye sa dame d'honneur, et cinq cents écus à
chacune de ses filles d'honneur. La duchesse de Joyeuse, sa
belle-mère, ne la survécut pas de deux mois, dans l'abbaye
d'Essey, où elle faisoit prendre soin d'elle, depuis la mort de
Mme d'Angoulême.

Le marquis de Blanchefort, second fils du feu maréchal
de Créqui, beau, bien fait, galant, avancé et fort appliqué à la guerre, mourut en même temps à Tournai, sans
alliance, et M. de Saint-Géran tomba mort dans Saint-Paul
à Paris. On dit qu'il venoit de faire ses dévotions. C'est ce
comte de Saint-Géran si connu par ce procès célèbre sur
son état, qui est entre les mains de tout le monde. Il portoit une calotte d'une furieuse blessure, qu'il avoit reçue
devant Besançon, du crâne, du frère aîné de Beringhen,
premier écuyer, à qui un coup de canon emporta la tête.
M. de Saint-Géran étoit gros, court et entassé, avec de gros
yeux et de gros traits qui ne promettoient rien moins que
l'esprit qu'il avoit. Il avoit été auprès de quelques princes d'Allemagne lieutenant général, chevalier de l'ordre
en 1688, fort pauvre, presque toujours à la cour, mais peu
de la cour quoique dans les meilleures compagnies. Sa
femme, charmante d'esprit et de corps, l'avoit été pour

d'autres que pour lui; leur union étoit moindre que médiocre. M. de Seignelay entre autres l'avoit fort aimée. Elle avoit toujours été recherchée dans ce qui l'étoit le plus à la cour, et dame du palais de la reine, recherchée elle-même dans tout ce qu'elle avoit et mangeoit avec un goût exquis et la délicatesse et la propreté la plus poussée. Elle étoit fille du frère cadet de M. de Blainville, premier gentilhomme de la chambre de Louis XIII, à la mort duquel sans enfants mon père eut sa charge. Sa viduité ne l'affligea pas; elle ne sortoit point de la cour et n'avoit pas d'autre demeure. C'étoit en tout une femme d'excellente compagnie et extrêmement aimable, et qui fourmilloit d'amis et d'amies.

On perdit en même temps Mme de Miramion à soixante-six ans, dans le mois de mars, et ce fut une véritable [perte]. Elle s'appeloit Bonneau et son père le sieur de Rubelle, de fort riches bourgeois de Paris. Elle avoit épousé un autre [bourgeois] d'Orléans fort riche aussi, dont le père avoit obtenu des lettres patentes pour changer son sale et ridicule nom de Beauvit en celui de Beauharnois. Elle fut mariée et veuve la même année, en 1645, et demeura grosse d'une fille qu'elle maria à M. de Nesmond, qu'elle vit longtemps président à mortier à Paris, et qui n'eut point d'enfants. Mme de Miramion veuve, jeune, belle et riche, fut extrêmement recherchée de se marier sans y vouloir entendre. Bussy-Rabutin, si connu par son *Histoire amoureuse des Gaules* et par la profonde disgrâce qu'elle lui attira, et encore plus par la vanité de son esprit et la bassesse de son cœur quoique très-brave à la guerre, la vouloit épouser absolument, et, protégé par M. le Prince qui n'eut pas, dans les suites, lieu de se louer de lui, l'enleva et la conduisit dans un château. Tout en y arrivant elle prononça devant ce qu'il s'y trouva de gens un vœu de chasteté, puis dit à Bussy que c'étoit à lui à voir ce qu'il vouloit faire. Il se trouva étrangement déconcerté de cette action si forte et si publique, et ne songea plus qu'à mettre sa proie en liberté et à tâcher d'accommoder son affaire. De ce moment Mme de Miramion se consacra entièrement à la piété et à toutes sortes de bonnes œuvres. C'étoit une femme d'un grand sens et d'une grande douceur, qui de sa tête et de sa bourse eut part à plusieurs établissements très-utiles dans Paris; et elle donna la perfection à celui de la communauté de Sainte-Geneviève, sur le quai de la Tournelle, où elle se retira, et qu'elle conduisit avec grande édification, et qui est si utile à l'éducation de tant de jeunes filles et à la retraite de tant d'autres filles et veuves. Le roi eut toujours une grande considération pour elle, dont son humilité ne se servoit qu'avec grande réserve et pour le bien des autres, ainsi que de celle que lui témoignèrent toute sa vie les ministres, les supérieurs ecclésiastiques et les magistrats publics. Sa fille, dont la maison étoit contiguë à la sienne, se fit un titre d'en prendre soin après sa mort, et devenue veuve se fit dévote en titre d'office et d'orgueil, sans quitter le monde qu'autant qu'il fallut pour se relever sans s'ennuyer. Elle s'étoit ménagé les accès de sa mère de son vivant, et les sut bien cultiver après, surtout Mme de Maintenon dont elle se vantoit modestement. Ce fut la première femme de son état qui ait fait écrire sur sa porte *hôtel de Nesmond*. On en rit, on s'en scandalisa, mais l'écriteau demeura et est devenu l'exemple et le père de ceux qui de toute espèce ont peu à peu inondé Paris. C'étoit une créature suffisante, aigre, altière, en un mot une franche dévote, et dont le maintien la découvroit pleinement.

Mme de Sévigné, si aimable et de si excellente compagnie, mourut quelque temps après à Grignan chez sa fille, qui étoit son idole et qui le méritoit médiocrement. J'étois fort des amis du jeune marquis de Grignan, son petit-fils. Cette femme, par son aisance, ses grâces naturelles, la douceur de son esprit, en donnoit par sa conversation à qui n'en avoit pas, extrêmement bonne d'ailleurs, et savoit extrêmement de toutes choses sans vouloir jamais paroître savoir rien.

Le P. Séraphin, capucin, prêcha cette année le carême à la cour. Ses sermons, dont il répétoit souvent deux fois de suite les mêmes phrases, et qui étoient fort à la capucine, plurent fort au roi, et il devint à la mode de s'y empresser et de l'admirer; et c'est de lui, pour le dire en passant, qu'est venu ce mot si répété depuis, *sans Dieu point de cervelle*. Il ne laissa pas d'être hardi devant un prince qui croyoit donner les talents avec les emplois. Le maréchal de Villeroy étoit à ce sermon; chacun comme entraîné le regarda. Le roi fit des reproches à M. de Vendôme, puis à M. de La Rochefoucauld de ce qu'il n'alloit jamais au sermon, pas même à ceux du P. Séraphin. M. de Vendôme lui répondit librement qu'il ne pouvoit aller entendre un homme qui disoit tout ce qu'il lui plaisoit sans que personne eût la liberté de lui répondre, et fit rire le roi par cette saillie.

M. de La Rochefoucauld le prit sur un autre ton, en courtisan avisé. Il lui dit qu'il ne pouvoit s'accommoder d'aller, comme les derniers de la cour, demander une place à l'officier qui les distribuoit, s'y prendre de bonne heure pour en avoir une bonne, et attendre et se mettre où il plaisoit à cet officier de le placer. Là-dessus et tout de suite, le roi lui donna pour sa charge une quatrième place derrière lui, auprès du grand chambellan, en sorte que partout il est ainsi placé : le capitaine des gardes derrière le roi, qui a le grand chambellan à sa droite, et le premier gentilhomme de la chambre à sa gauche, et jamais que ces trois-là jusqu'à cette quatrième que M. de La Rochefoucauld sut tirer sur le temps pour sa charge qui n'en avoit point, qui est nouvelle et que le roi fit pour Guitri, tué au passage du Rhin, auquel M. de La Rochefoucauld succéda. M. d'Orléans, premier aumônier, qui a sa place au prie-Dieu, mais point ailleurs, s'étoit peu à peu accoutumé à se mettre auprès du grand chambellan, et, comme il étoit fort aimé et honoré, on l'avoit laissé faire sans lui dire mot. C'étoit celle que le roi donna à M. de La Rochefoucauld. M. d'Orléans, qui à force de s'y mettre la vouloit croire sienne, fit les hauts cris comme si elle l'eût été, et n'osant se prendre au roi, qui venoit de le nommer si gracieusement au cardinalat, se brouilla ouvertement avec M. de La Rochefoucauld, jusqu'alors et de tout temps son ami particulier. Les envieux de sa faveur, qui ne manquent point dans les cours, firent grand bruit, M. le Grand surtout et ses frères. Ils étoient eux et le duc de Coislin, et M. d'Orléans, et le chevalier de Coislin, enfants du frère et de la sœur; ils avoient toujours vécu sur ce pied-là avec eux, et s'étoient surtout piqués d'une grande amitié pour M. d'Orléans. M. le Grand étoit l'émule de la faveur de M. de La Rochefoucauld, et fort jaloux l'un de l'autre. N'osant aller au roi, ils excitèrent Monsieur dont le chevalier de Lorraine disposoit; bref toute la cour se partialisa, et M. d'Orléans l'emporta par le nombre et par la considération des personnes qui se déclarèrent pour lui. Le roi tâcha inutilement de lui faire entendre raison. M. de La Rochefoucauld, vraiment affligé de perdre son amitié, fit fort au delà de ce dont il étoit ordinairement capable; des amis communs s'entremirent, M. d'Orléans fut inflexible, et quand il vit que tout cet éclat n'aboutissoit qu'à du bruit, il s'en alla bouder dans son diocèse.

Le public perdit bientôt après un homme illustre par son esprit, par son style et par la connoissance des hommes, je veux dire La Bruyère, qui mourut d'apoplexie, à Versailles, après avoir surpassé Théophraste en travaillant d'après lui, et avoir peint les hommes de notre temps dans ses *Nouveaux Caractères* d'une manière inimitable. C'étoit d'ailleurs un fort honnête homme, de très-bonne compagnie, simple, sans rien de pédant et fort désintéressé; je l'avois assez connu pour le regretter, et les ouvrages que son âge et sa santé pouvoient faire espérer de lui.

Daquin, ci-devant premier médecin du roi, ne put survivre longtemps à sa disgrâce; il alla chercher à prolonger ses jours à Vichy, et y mourut en arrivant, et avec lui sa famille qui retomba dans le néant.

L'Espagne perdit la reine mère, d'un cancer; c'étoit une méchante et malhabile femme, toujours gouvernée par quelqu'un, qui remplit de troubles la minorité du roi son fils. Don Juan d'Autriche lui arracha le fameux Vasconcellos, puis le jésuite Nitard son confesseur, qu'elle consola par l'ambassade d'Espagne à Rome, n'étant que simple jésuite, et le fit cardinal après, mais sans avoir pu le rapprocher d'elle. Elle régna avec plus de tranquillité sous le nom de son fils, devenu majeur, et rendit fort malheureuse la fille de Monsieur que ce prince avoit épousée. A la fin son mauvais gouvernement et plus encore son humeur altière, qui lui avoit aliéné toute la cour, refroidit le roi pour elle, sur qui elle l'exerçoit avec peu de ménagement, et elle alla passer ses dernières années dans un palais particulier dans Madrid, peu comptée et peu considérée. Elle haïssoit extrêmement la France et les François. Elle étoit sœur de l'empereur et seconde femme de Philippe IV, qui de sa première femme, fille d'Henri IV, avoit eu notre reine Marie-Thérèse, en sorte que le roi en drapa pour un an sans regret.

CHAPITRE XX.

Reprise du procès de M. de Luxembourg. — Récusation du premier président Harlay. — Option hardie de M. de Luxembourg. — Renvoi au parlement de la cause par la bouche du roi. — Pairs postérieurs en cause. — Partialité de Maisons contre nous. — Insolence de l'avocat de M. de Luxembourg, sans suite. — Misère des ducs opposants. — D'Aguesseau, avocat général, conclut pour nous. — M. de Luxembourg appointé sur sa prétention, et sans qu'il en eût fait demande; mis en attendant au rang de 1662. — Pitoyable conduite des ducs opposants. — Projet d'écrit que je fis pour le

[1696] REPRISE DU PROCÈS DE PRÉSÉANCE. 325

roi inutilement. — Prévarication solennelle du premier président Harlay. — Honte des juges de leur jugement. — Réception de M. de Luxembourg au parlement.

Maintenant il est temps de reprendre la suite du procès de M. de Luxembourg dont je n'ai pas voulu interrompre [mon récit]. Le départ pour les armées avoit interrompu le cours de cette affaire que M. de Luxembourg avoit reprise à la mort du maréchal son père. Nous avions fait notre opposition à sa réception au parlement; nous avions résolu de mettre en cause le duc de Gesvres pour entraîner par là la récusation du premier président, dont les ruses, les détours et les manéges, dans la soif de demeurer notre juge, avoient causé une division entre nous, dont le danger avoit été promptement arrêté par notre réunion pour la récusation, avec ce ménagement, pour ceux qui l'avoient combattue, de n'y venir point tant que rien ne péricliteroit. C'est ce qui se trouve expliqué page 183, où on voit aussi qu'il fut résolu de commencer par une requête civile de MM. de Lesdiguières, de Brissac et de Rohan. Ce fut aussi par où nous voulûmes recommencer cette année. La requête civile toute scellée et toute prête étoit entre les mains du procureur du duc de Rohan, tandis que, dès notre première assemblée, les agitations se renouveloient parmi nous, sur la récusation actuelle du premier président, par toutes les bassesses et les artifices qu'il prodiguoit de nouveau pour se conserver le plaisir de demeurer notre juge et parer la honte de la récusation. Nous sûmes de ce procureur du duc de Rohan qu'il avoit défense expresse de lui, qui étoit lors en Bretagne, de laisser faire aucun usage de la requête civile que préalablement le duc de Gesvres ne fût en cause. Cette déclaration finit toutes les diversités d'avis. Le duc de Gesvres fut assigné et mis en cause sans donner le moindre signe de vie au premier président, non plus que lors de sa récusation que nous fîmes tout de suite. La rage qu'il en conçut ne se peut exprimer, et, quelque grand comédien qu'il fût, il ne la put cacher. Toute son application depuis ne fut plus que de faire tout ce qu'il pourroit contre nous ; le reste de masque tomba, et la difformité du juge parut dans l'homme à découvert.

Aussitôt après, nous fîmes signifier à M. de Luxembourg qu'il eût à opter, des lettres d'érection de Piney de 1581 ou de celles de 1662. En abandonnant les premières, le procès tomboit ; en répudiant les dernières, il renonçoit à l'état certain de duc et pair après nous, pour s'attacher à l'espérance de nous précéder, et courir le risque, s'il perdoit, de n'être plus que duc vérifié de l'érection qui avoit été faite en sa faveur de la terre de Beaufort sous le nom de Montmorency, lorsqu'il épousa la fille du duc de Chevreuse. Le parti étoit bien délicat ; aussi en fut-il effrayé ; mais, après avoir bien consulté, il ne put se résoudre d'abandonner ses prétentions, et choisit d'en courir tout le danger. Il compta sur son crédit et sur la compassion des juges dans une si grande extrémité, et il espéra contre toute raison et prudence. M. de Gesvres, mis en cause, exclut tous les présidents à mortier, excepté Maisons seul, et des trois avocats généraux, ne nous laissa que d'Aguesseau, qui étoit alors l'aigle du parlement.

Cette reprise pouvoit demander des lettres patentes de renvoi au parlement pour lui donner pouvoir de juger, les pairs, non parties, convoqués, et par l'option forcée de M. de Luxembourg, par laquelle en perdant son procès, il tomboit entièrement de la dignité de pair de France ; mais comme il étoit pourtant vrai que cette option n'étoit qu'une suite en conséquence de la reprise du même procès, le roi aima mieux y suppléer de bouche. Il manda donc le président de Maisons et les gens du roi, et leur dit qu'encore que notre affaire ne fût pas naturellement de la compétence du parlement, il vouloit que pour cette fois il la jugeât selon les lois et définitivement, sans tirer à conséquence pour de pareilles matières ; parce qu'il ne se vouloit point mêler de celle-ci, ni la retenir à son conseil. Ce fut le 27 mars, et le dernier du même mois. Le premier président, le président de Maisons et plusieurs conseillers de la grand'chambre vinrent faire leur remercîment au roi de l'honneur qu'il lui plaisoit faire au parlement de lui renvoyer notre affaire, et de ce qu'il avoit fait la grâce de dire là-dessus au président de Maisons et aux gens du roi.

Il ne fut plus question que de se bien défendre de part et d'autre. Nous persuadâmes à quelques ducs, postérieurs aux lettres d'érection nouvelle de Piney en 1662, de se joindre à nous par la juste crainte que d'autres prétentions d'ancienneté les vinssent troubler si celle-ci réussissoit, et les ducs d'Estrées, La Meilleraye, Villeroy, Aumont, La Ferté et Charost entrèrent avec nous en cause. Harreau plaida pour eux, Fretteau pour nous, Magneux pour M. de Richelieu à cause de ses pairies femelles, en expliquer les différences et les écoulements; Chardon fut chargé de la réplique, et Dumont plaida pour M. de Luxembourg. Nous nous mîmes à solliciter tous ensemble, et à les instruire, et nous nous rendîmes assidus aux audiences qui étoient tous les mardis et samedis matin aux bas siéges. M. de La Trémoille, en année de premier gentilhomme de la chambre, et M. de La Rochefoucauld, dont la charge est un service continuel, s'y rendirent au moins une fois la semaine, très-ordinairement toutes les deux fois; je n'en manquai aucune, et presque tous s'y rendirent aussi assidus. Notre nombre nous détourna d'y mener nos amis, et M. de Luxembourg n'y fut accompagné que de MM. de Saillant et de Clérembault, son beau-père, dont le maintien, le vêtement et la perruque, fort semblable à celle des quais [1] et qui lui en avoit mérité le surnom, paroissoit un vieux valet que l'attachement conduit à la suite de son maître. Ses écus nous firent plus de mal que son crédit; il ne les épargna pas à une dame Bailly que le

---

1. Le mot est ainsi écrit dans le manuscrit, sans doute pour *laquais*. On avait dit d'abord *naquets*, de l'allemand *knecht* (serviteur), et probablement par abréviation *quets* ou *quais*.

président de Maisons entretenoit depuis longues années, qui logeoit avec lui, et pour qui il avoit chassé sa femme, sœur de Fieubet, conseiller d'État fort distingué, et qui étoit elle-même une femme d'esprit et de mérite. Il avoit eu depuis peu la survivance de sa charge pour son fils par le crédit du premier président; aussi ne fit-il aucun pas dans notre affaire que par ses ordres, et se fit un fidèle canal de sa partialité. D'Aguesseau s'instruisit avec grande application, et en montra une extrême à écouter les avocats en toutes les audiences.

Nous nous mettions dans la lanterne du côté de la cheminée, qui étoit celui de nos avocats, et sur le banc des gens du roi avec eux; et M. de Luxembourg, avec sa petite suite et son avocat, auprès de la lanterne du côté de la buvette, avantage de droit qui ne nous fut pas disputé. La réception du duc de Villeroy, qui se fit un des jours ne nos audiences, y amena les princes du sang et légitimés et beaucoup d'autres pairs. M. le prince de Conti, M. de Reims, M. de Vendôme et plusieurs autres y demeurèrent, et furent si satisfaits d'avoir ouï plaider Harreau, qu'ils ne doutèrent pas que nous ne gagnassions notre cause.

Nos avocats ayant fini, ce fut à Dumont à parler. Il tint trois audiences en beaucoup de fatras, et, faute de raisons, battit fort la campagne; à la quatrième, il se licencia fort sur nos avocats; la cinquième fut fertile en subtilités, où hors d'espérance de rien emporter par raisons, il hasarda tout pour réussir par une impression de crainte qui persuadât à des gens éloignés du monde et de la cour que le roi étoit intéressé dans l'affaire pour M. de Luxembourg, comme le premier président avoit tâché sans cesse de le leur persuader. Ce Dumont étoit un homme fort audacieux, et qui en fit là ses preuves. Il assimila tant qu'il put le droit infini des pairies femelles, qu'il s'efforçoit d'établir, au nouveau rang des bâtards, et nous appliqua en propres termes ce passage de l'Écriture: *Populus hic labiis me honorat, cor autem eorum longe est a me;* tandis que nous contestions si vivement le rang à sa partie, sans cesser de faire assidûment notre cour au roi. Les ducs de Montbazon (Guéméné), La Trémoille, Sully, Lesdiguières, Chaulnes et La Force étoient sur le banc des gens du roi, et moi, assis dans la lanterne entre les ducs de La Rochefoucauld et d'Estrées. Je m'élançai dehors criant à l'imposture et justice de ce coquin. M. de La Rochefoucauld me retint à mi-corps et me fit taire. Je m'enfonçai de dépit plus encore contre lui que contre l'avocat. Mon mouvement avoit excité une rumeur, et il n'y avoit qu'à interpeller M. de Luxembourg s'il avouoit son avocat ou non, et sur le champ on auroit eu justice du parlement contre l'avocat, ou dans la journée, du roi de M. de Luxembourg ; mais nous n'étions plus pour la demander, et moins encore pour nous la faire ; on laissa achever Dumont, et le président de Maisons fit une légère excuse.

L'après-dînée nous nous assemblâmes : M. de Guéméné y rêva à la suisse à son ordinaire ; M. de La Trémoille parut plus fâché que le matin ; M. de Lesdiguières tout neuf encore écoutoit fort étonné ; M. de Chaulnes raisonnoit en ambassadeur, avec le froid et l'accablement d'un courage étouffé par la douleur de son échange dont il ne put jamais revenir ; M. de La Rochefoucauld petilloit de colère et d'impatience, et au fond ne savoit que proposer ni que conclure ; le duc d'Estrées grommeloit en grimaçant sans qu'il en sortît rien ; et le duc de Béthune bavardoit des misères. Après une longue pétaudière, il fut résolu que le roi seroit informé de cette insolence par MM. de La Trémoille et de La Rochefoucauld, chez lequel nous nous assemblerions avec chacun un projet de réponse pour en pouvoir choisir. Ces messieurs s'en acquittèrent auprès du roi mieux qu'il n'y avoit eu lieu de l'espérer. Le roi témoigna sa surprise que Maisons n'eût pas imposé silence, et ajouta, sur ce beau passage de l'Écriture, qu'il étoit à présumer que ceux qui accusoient les autres de manquements à son égard en étoient plus coupables, et que pour nous, nous pouvions être pleinement en repos sur ce qu'il en pensoit; que M. de Luxembourg ne lui avoit point parlé, qu'il verroit ce qu'il lui diroit, mais qu'il ne nous disoit rien sur notre réponse, sinon qu'il vouloit n'en rien savoir qu'après qu'elle seroit faite. Nous portâmes donc chacun la nôtre chez M. de La Rochefoucauld, où je crus voir des pensionnaires qui ont composé pour les places. Il s'en fit une assez mauvaise compilation. M. de Chaulnes se chargea d'aller travailler avec Chardon pour la réplique, et de lui porter notre réponse; il l'affoiblit encore, et elle ne valut pas la peine d'être prononcée, au moins c'est ce qu'il me parut quand Chardon la débita.

Tout fini de part et d'autre, ce fut à d'Aguesseau à parler : il s'en acquitta avec une si exacte fidélité à mettre dans le plus grand jour jusqu'aux moindres raisons alléguées de part et d'autre, et tant de justesse à les balancer toutes, et à laisser une incertitude entière sur son avis, que le barreau et les parties mêmes auroient donné les mains à en passer par son avis. Il se reposa le lendemain; et le vendredi, 13 avril, il reparut pour achever. Il tint encore l'auditoire assez longtemps en suspens, puis commença à se montrer; ce fut avec une érudition, une force, une précision et une éloquence incomparables, et conclut entièrement pour nous. Il se déroba aussitôt aux acclamations publiques, et nous fûmes priés de sortir pour laisser opiner les juges avec liberté. C'est ce qu'ils appellent délibérer sur le registre. Tout le monde sortit donc en même temps, et ils demeurèrent seuls dans la grand'chambre. Mme de La Trémoille, qui étoit dans une lanterne haute, nous vint trouver. Le délibéré ne fut pas long, mais notre impatience nous fit entrer dans le parquet des huissiers, d'où, un moment après, nous vîmes sortir de la grand'chambre qui étoit fermée, et où il ne devoit y avoir que les juges, Poupart, secrétaire du premier président. Bientôt après on nous fit entrer pour entendre la prononciation de l'arrêt qui donna gain de cause à M. de Luxembourg sur l'érection de 1662 et l'appointa sur celle de 1581[1], tellement qu'il se trouva par là au même état qu'étoit son père. Nous eûmes peine à entendre un arrêt si injuste et si nouveau, et qui statuoit ce qui ne pendoit point en question.

Quelque outré que je fusse, je proposai là même de nous aller assembler, mais je parlois à des gens à qui le dépit avoit bouché les oreilles. Rentré chez moi, ce même dépit qui me faisoit tout une autre impression, m'en fit sortir pour aller tâcher de persuader M. de La Rochefoucauld de porter ses plaintes au roi, mais je ne trouvai qu'un homme furieux, incapable de rien entendre ni de rien faire, et qui s'exhaloit inutilement. Je revins donc chez moi plus piqué contre les nôtres que contre nos juges. Je n'y fus pas longtemps que la duchesse de La Trémoille me manda d'aller chez Riparfonds. Je fus surpris d'y trouver M. de La Rochefoucauld avec elle qui l'exhortoit avec force comme j'avois fait le matin. Je me joignis à elle, mais nous y perdîmes notre temps. Il ne répondit qu'en furie, et au fond qu'en mollesse, et las enfin d'être serré de si près, il nous laissa. Mme de La Trémoille, outrée, ne se contraignit pas sur son chapitre, et puis nous nous séparâmes. Rentrant chez moi, il me vint dans la pensée de faire un mémoire pour le roi. Comme il explique bien l'arrêt et nos sujets de plaintes, je l'insérerai ici.

« Sire,

« L'arrêt qui a été rendu ce matin sur notre affaire porte des caractères si singuliers, que nous croyons pouvoir oser supplier la bonté et la patience de Votre Majesté de trouver bon que nous ayons l'honneur de lui en rendre compte. Nous commencerons par nous dépouiller des premiers mou-

---

1. On appointait un procès lorsqu'on renvoyait les parties à une décision qui devait être prise ultérieurement sur le vu des pièces, parce que la question ne paraissait pas suffisamment éclaircie. C'était quelquefois un moyen d'ajourner indéfiniment la solution d'un procès.

vements qui peuvent échapper à ceux qui sont vivement persuadés d'un tort considérable qui leur a été fait, et nous demanderons à Votre Majesté la grâce de lire cet écrit, non comme une plainte, mais comme un soulagement que nous nous donnons en l'instruisant de ce qui nous touche si sensiblement, moins encore comme une censure aigre contre des personnes dont nous ne croyons pas nous devoir louer, mais comme un récit exactement conforme à la vérité la plus scrupuleuse.

« Ce matin, Sire, les juges sont entrés un peu avant neuf heures, apparemment instruits des désirs qu'il y a si longtemps que M. le premier président ne se donne pas même la peine de cacher contre nos intérêts, et ce magistrat, seul dès cinq heures et demie dans la grand'chambre, a eu tout le loisir de leur en rafraîchir la mémoire les ayant tous attendus et vus entrer un à un.

« M. l'avocat général d'Aguesseau a continué, avec une force et une éloquence que tous les auditeurs en nombre prodigieux ont unanimement admirées, le beau plaidoyer qu'il avoit commencé avant-hier; il avoit ce jour-là rapporté avec une mémoire et une exactitude infinie toutes les raisons de part et d'autre, et avoit si bien réussi à les mettre dans un jour égal, qu'on ne put pénétrer du tout ce qu'il pensoit. Aujourd'hui, Sire, il s'est expliqué, et pour nous; il a si fortement combattu, et, nous osons vous l'avancer avec la voix du public, terrassé les raisons de notre partie par les nôtres, par notre droit, par le droit commun, par le droit public, que chacun nous a donné gain de cause. Il a fait plus, Sire, il a été tellement convaincu que Votre Majesté y étoit intéressée, qu'il a non-seulement conclu, mais requis et demandé en termes exprès et formels, que M. de Luxembourg ne fût point reçu, et, comme par commisération pour son état et pour son nom, qu'il fût sursis au jugement de sa réception jusqu'à ce que Votre Majesté se fût expliquée plus clairement sur ses intentions et ses ordres sur la diversité qui semble se trouver dans les lettres d'érection de Piney de 1662, et la déclaration de 1676, émanées de Votre Majesté, et, quant à l'ancienne érection de Piney de 1581, il a conclu à son extinction à cause des monstrueuses conséquences du contraire, également préjudiciables à Votre Majesté et à l'État, qu'il a parfaitement déduites.

« Il a été ordonné un délibéré sur le registre sur-le-champ, c'est-à-dire que tout le monde s'est retiré pour laisser la liberté aux juges d'opiner tout haut et plus à leur aise. Durant ce délibéré, où il ne se doit trouver personne que les juges, M. l'avocat général Harlay et Poupart, secrétaire de M. le premier président, sont demeurés dans la grand'chambre. Au bout d'une grosse heure les parties ont été rappelées pour entendre leur arrêt que voici.

« Nous l'avouerons, Sire, ç'a été pour nous un coup de foudre, et nous ne croyions pas le parlement assez hardi pour faire tant de choses à la fois sans exemple : accorder à M. de Luxembourg ce qu'il ne demandoit pas, puisque, par l'option qu'il a faite, il a renoncé à l'érection de 1662, dont il lui donne la dignité et le rang ; et pour prononcer la réception d'un pair de France, non-seulement contre les conclusions formelles de l'homme de Votre Majesté, et de l'organe de ses volontés, surtout en telles matières, mais encore contre sa réquisition expresse, et sans user du tempérament qu'il a dit *ne proposer à la cour que par une espèce de commisération pour l'état violent mais juste de M. de Luxembourg*, où il s'est mis par l'option qu'il a faite.

« Oserions-nous, Sire, prendre la liberté de demander en grâce à Votre Majesté de se faire rendre compte du plaidoyer de M. d'Aguesseau, et oserions-nous l'assurer qu'il mérite cet honneur ? Mais, Sire, oserions-nous davantage, et notre confiance aux bontés et en l'équité de Votre Majesté nous en donneroit-elle assez pour lui demander comme la plus grande grâce de se faire rapporter l'affaire pour la juger de nouveau, si le plaidoyer de votre avocat général et les deux nullités expliquées de l'arrêt vous paroissent mériter une révision? Oui, Sire, nous l'espérons de votre justice accoutumée et de votre bonté, et à qui est-ce enfin à décider des dignités et de leur effet, sinon à celui qui en est le seul maître, dispensateur et arbitre suprême, et à la source incorruptible de la justice? Nous demandons cette grâce à Votre Majesté avec toute la soumission et toute l'instance dont nous sommes capables, et aucun de nous ne la désire avec une ardeur moins vive que la restitution de ses biens et de son honneur, également contents et soumis au succès, tel qu'il puisse être, pourvu que sa décision sorte de la bouche de l'oracle de la justice. »

Dès que j'eus achevé ce projet de mémoire, j'allais le porter au duc de La Trémoille à qui j'avois mandé de ne s'en aller pas à Marly que je ne l'eusse vu. Mme de La Trémoille et la duchesse de Créqui sa mère, qui en entendirent la lecture avec lui, auroient bien voulu qu'il l'eût porté au roi. Il en avoit aussi grande envie, mais la scène de M. de La Rochefoucauld et sa foiblesse les en détourna. Je ne trouvai pas mieux mon compte avec le duc de Chaulnes, à qui je le portai. De là je m'en revins chez moi plus fâché, s'il se pouvoit encore, que je n'en étois sorti. Il étoit pourtant vrai que le roi trouva le jugement contre toutes les formes et très-extraordinaire, et qu'il s'attendoit aux plaintes qui lui en seroient portées. Il s'en expliqua même à son dîner d'une manière peu avantageuse au parlement, et toute sa promenade le soir dans ses jardins se passa à ouïr M. de Chevreuse qui revenoit de Paris, et à lui faire des questions peu obligeantes pour les juges. Mais l'obstination de M. de La Rochefoucauld, qui tourna en dépit contre soi-même, rendit tout inutile, et me combla de déplaisir que j'allai chercher à émousser à la Trappe, pour y profiter du temps de la semaine sainte. En revenant, j'appris que le roi, à son retour à Versailles, avoit fort parlé de ce jugement au premier président ; que ce magistrat l'avoit fort blâmé, et dit au roi que notre cause étoit indubitable pour nous, et qu'il l'avoit toujours et dans tous les temps estimée telle. C'étoit se jeter à lui-même la dernière pierre. Pensant ainsi, quel juge, après tout ce qu'il fit contre nous jusqu'à nous forcer à le récuser, et après en faire plus ouvertement contre nous sa propre chose ! S'il ne le pensoit pas, quel juge encore et quel prévaricateur de répondre au roi avec cette flatterie sur ce qu'il voyoit quel étoit son sentiment !

Les juges eux-mêmes, honteux de leur jugement, s'excusèrent sur la compassion de l'état de M. de Luxembourg, tombé de toute pairie sans cet expédient, et sur l'impossibilité qu'il gagnât jamais la préséance de l'ancienne érection de 1581 dont ils lui avoient laissé la chimère, c'est-à-dire qu'après s'être déshonorés par le jugement, ils montrèrent par là la honte qu'ils en ressentoient. M. de Luxembourg fut reçu au parlement au rang de 1662, le vendredi 4 mai suivant ; le duc de La Ferté et deux autres de la queue seulement s'y trouvèrent. Il vint chez nous tous, mais aucun ne voulut d'aucun commerce ni avec lui ni avec ses juges. Nous portâmes tous nos remercîments à l'avocat général d'Aguesseau, qui pour la première fois de sa vie fut tondu, et dans la seule cause qu'il eût peut-être plaidée, où cela étoit de droit impossible par son seul caractère d'avocat général.

CHAPITRE XXI.

Destination des armées. — Maréchal de Choiseul sur le Rhin. — M. de Lauzun se brouille et se sépare de M. et Mme la maréchale de Lorges. — Le duc de La Feuillade vole son oncle en passant à Metz. — Prévenances du maréchal de Choiseul en l'armée duquel j'arrive. — Mort de Montal ; du marquis de Noailles ; de

Varillas; du Plessis; du roi de Pologne Jean Sobieski. — Cavalerie battue par M. de Vendôme. — Négociation. — Armée de Savoie. — Tessé. — Conditions de la paix de Savoie. — Succès à la mer.

La destination des armées étoit réglée comme l'année précédente, excepté que le maréchal de Choiseul eut l'armée du Rhin à la place de M. le maréchal de Lorges, le maréchal de Joyeuse alla en la sienne sur les côtes; les princes du sang furent de l'armée du maréchal de Villeroy, où M. de Chartres commanda la cavalerie, et les bâtards en celle de M. de Boufflers, pour les séparer et mettre M. du Maine moins au grand jour. Le roi, avant de déclarer le maréchal de Choiseul, le prit en particulier dans son cabinet, et se fit expliquer par lui, pendant un assez longtemps, les objets qu'il voyoit de ses fenêtres. Il s'assura par ce moyen de sa vue qui étoit fort basse de près, mais qui distinguoit bien de loin. Nous demeurâmes persuadés que le roi se sentit plus à son aise de ce changement.

M. le maréchal de Lorges qui vouloit faire, qui en sentoit les moyens, et qui voyoit de plus, comme tout le monde, que les succès de Flandre n'amèneroient point la paix dans un pays tout hérissé de places, à moins de conjectures uniques, comme avoient été celles de Parc, lorsque le roi revint, et la dernière qui sauva M. de Vaudemont, ne cessoit tous les hivers de proposer le siége de Mayence et d'emporter les lignes d'Heilbronn, et d'en presser le roi à temps d'y donner les ordres nécessaires à une heureuse et sûre exécution, et le roi, demeuré persuadé qu'il ne falloit rien faire d'important en Allemagne et mesurer tous ses efforts ailleurs, éconduisoit tous les ans le maréchal de Lorges avec ennui, parce que les répliques lui manquoient hors celles de sa voyonté. M. de Louvois, qui avoit procuré cette guerre, et qui ne la vouloit finir de longtemps, avoit, par cette raison-là même que je viens de dire, persuadé au roi l'avis où il étoit demeuré, et que sa pique personnelle contre le prince d'Orange lui faisoit goûter, lequel commandoit toutes les années l'armée de Flandre, et sa colère aussi contre les Hollandois. Les sources de toutes ces choses feroient ici une trop longue parenthèse ; peut-être se placeront-elles d'elles-mêmes plus naturellement ailleurs.

Ce changement de situation de M. le maréchal de Lorges en apporta bientôt un autre dans sa famille. M. de Lauzun, qui n'avoit si opiniâtrément voulu épouser sa seconde fille que par l'espérance de rentrer dans quelque chose avec le roi, à l'occasion d'un beau-père général d'armée, ne lui pardonnoit pas d'avoir résisté à tous ses contours, et de ne l'avoir mis à portée de rien. Il ignoroit les précautions et les défenses expresses du roi là-dessus, lors de son mariage ; et quand il les auroit sues, il n'auroit pas trouvé moins mauvais que le maréchal ne les eût pas su vaincre. C'étoit d'ailleurs un homme peu suivi et peu d'accord avec soi-même, et dont l'humeur et les fantaisies lui avoient plus d'une fois coûté la plus haute et la plus solide fortune. Dépité donc de n'avoir eu part à rien, et hors d'espérance d'y revenir par un beau-père qui ne commandoit plus d'armée, il ne compta plus assez sur sa charge pour se contraindre plus longtemps. Ce n'étoit pas un homme à durer longtemps au pot et au logis d'autrui, et la jalousie, qui toute sa vie avoit été sa passion dominante, ne se pouvoit accommoder d'une maison soir et matin ouverte à Paris et à la cour, et qui fourmilloit à toute heure de ce qu'il y avoit de plus brillant en l'une et en l'autre, sans que la cessation du commandement eût rien diminué de cette nombreuse et continuelle compagnie.

Il avoit surtout en butte les neveux qui étoient sur le pied d'enfants de la maison, et il étoit extrêmement choqué de leur âge et de leur figure avec une femme de l'âge et de la figure de la sienne : elle ne sortoit pourtant jamais des côtés de sa mère ; et ni le monde ni lui-même n'avoient pu trouver rien à reprendre en elle ; mais il trouvoit le danger conti-

nuel, et comme les vues d'ambition ne le retenoient plus,
il ne résista plus à ses fantaisies. Plaintes vagues, caprices,
scènes pour rien, lettres ou d'avis ou de menaces, humeurs
continuelles. Enfin il prit son temps que M. le maréchal de
Lorges avoit le bâton à Marly pour M. le maréchal de Duras,
il sortit le matin de l'hôtel de Lorges, manda à sa femme de
le venir trouver dans la maison qu'il avoit gardée, joignant
l'Assomption, rue Saint-Honoré, et qu'elle auroit un carrosse, sur les six heures, pour y aller désormais demeurer
avec lui. Quoique tout eût dû préparer à cette dernière scène,
ce furent des cris et des larmes de la mère et de la fille qui
crioient fort inutilement : il fallut obéir. Elle fut reçue chez
M. de Lauzun par les duchesses de Foix et du Lude, parentes
et amies de M. de Lauzun, qui lui donna toute une maison
nouvelle, renvoya le soir même tous ses domestiques, et lui
présenta deux filles dont il connoissoit la vertu, et qu'il
avoit connues à Mme de Guise, pour ne la jamais perdre de
vue. Il lui défendit tout commerce avec père et mère et tous
ses parents, excepté Mme de Saint-Simon, avec qui même il
fut rare dans les premiers temps, et l'amusa de ce qu'il put
de compagnies qui ne lui étoient point suspectes. Après les
premiers jours d'affliction et d'étonnement, l'âge et la gaieté
naturelle prirent le dessus et servirent bien dans les suites à
supporter des caprices continuels et peu éloignés de la folie.
M. le maréchal de Lorges prit mieux patience que Mme sa
femme; c'étoit son cœur qui lui étoit arraché, une fille
pour qui elle n'avoit pu cacher ses continuelles préférences.
Le roi fut instruit de cet éclat assez modérément par M. le
maréchal de Lorges, beaucoup plus fortement appuyé par
M. de Duras; mais le roi, qui n'avoit jamais approuvé ce
mariage, non plus que le public, et qui n'entroit jamais
dans les affaires de famille, ne voulut point se mêler de
celle-ci. Le monde tomba fort sur M. de Lauzun, et plaignit
fort sa femme et le père et la mère; mais personne n'en fut
surpris.

Chacun partit pour se rendre aux différentes armées. Le duc de La Feuillade passa par Metz pour aller à celle d'Allemagne, et s'y arrêta chez l'évêque, frère de feu son père, qui étoit tombé en enfance et qui étoit fort riche. Il jugea à propos de se nantir, et demanda la clef de son cabinet et de ses coffres, et, sur le refus que les domestiques lui en firent, il les enfonça bravement, et prit trente mille écus en or, beaucoup de pierreries, et laissa l'argent blanc. Le roi d'ailleurs de longue main fort mal content des débauches et de la négligence de La Feuillade dans le service, s'expliqua fort durement et fort publiquement de cet étrange avancement d'hoirie, et fut si près de le casser, que Pontchartrain eut toutes les peines du monde à l'empêcher. Ce n'est pas que La Feuillade ne vécût très-mal avec Châteauneuf, secrétaire d'État et avec sa fille qu'il avoit épousée dès 1692; mais un coup de cet éclat leur parut à tous mériter tous les efforts de leur crédit pour le parer.

J'avois vu le maréchal de Choiseul avant partir, chez lui et chez moi, et j'en avois reçu toutes sortes d'offres et de civilités. Il étoit assez de la connoissance de mon père, et comme il étoit plein d'honneur et de sentiments, il se piqua de faire merveilles à tout ce qui dans son armée tenoit à M. le maréchal de Lorges. Je trouvai à Philippsbourg Villiers, mestre de camp de cavalerie, qui y étoit venu avec un assez gros détachement, et qui s'en retournoit le lendemain à l'armée, laquelle venoit, d'entrée de campagne, de passer le Rhin. En traversant les bois de Bruchsall, nous trouvâmes les débris de l'escorte qui avoit conduit Montgon la veille, et qui avoit été bien battue, assez de gens tués et pris; et Montgon gagna le camp seul et de vitesse comme il put. J'avois fait tout ce que j'avois pu pour le joindre en arrivant un jour plus tôt à Philippsbourg, et je ne me repentis pas de n'avoir pu y réussir. J'allai mettre pied à terre chez le maréchal de Choiseul. Il me pressa extrêmement de loger au quartier général, mais je le suppliai de me permettre de camper à la queue de mon régiment, et je l'obtins avec peine. Il demanda au marquis d'Huxelles comment M. le maréchal de Lorges en usoit avec moi et avec ses neveux, pour que nous ne nous aperçussions de la différence que le moins qu'il lui seroit possible, et en effet, il ne se lassa point de nous prévenir en tout, tant que la campagne dura, et de nous combler d'attentions et de toutes les distinctions qu'il put. De juin, qui commençoit, jusqu'en septembre, le maréchal et le prince Louis de Bade la plupart du temps dans ses lignes d'Eppingen, ne firent que s'observer et subsister, après quoi nous repassâmes le Rhin à Philippsbourg, où l'arrière-garde fut tâtée plutôt qu'inquiétée sans le plus léger inconvénient. La campagne mérita depuis plus d'attention. Je me servirai de ce loisir jusqu'en septembre, pour faire des courses ailleurs.

La Flandre ne fournit rien du tout cette année; il ne fut question de part et d'autre que de subsistances et que de s'épier. Le prince d'Orange laissa de fort bonne heure l'armée à l'électeur de Bavière, avec lequel il ne se passa rien non plus. Pendant la campagne, le bonhomme du Montal mourut à Dunkerque. Il avoit un corps séparé vers la mer. C'étoit un très-galant homme, et qui se montra tel jusqu'au bout, à plus de quatre-vingts ans. Il vaqua par sa mort le gouvernement de Mont-Royal et un collier de l'ordre, et le public et les troupes qui lui rendirent justice trouvèrent honteux qu'il n'eût pas été fait maréchal de France. J'ai parlé de lui lorsqu'on les fit. Le marquis de Noailles, qui servoit en Flandre, y mourut de la petite vérole, et ne laissa que deux filles. Le duc son frère eut pour un de ses fils enfant la lieutenance générale d'Auvergne, qu'il avoit.

Il ne faut pas omettre la mort de deux hommes célèbres en genre fort différent, qui arriva en ce même temps : de Varillas, si connu par les histoires qu'il a écrites ou traduites, et du Plessis, écuyer de la grande écurie, et le premier homme de cheval de son siècle, quoique déjà fort vieux.

Une autre mort fit plus de bruit dans le monde, et y eut de grandes suites. C'est celle du fameux roi de Pologne Jean Sobieski, qui arriva subitement. Ce grand homme est si connu que je ne m'y étendrai pas.

En Catalogne, M. de Vendôme battit la cavalerie d'Espagne; elle étoit de quatre mille hommes, à la tête desquels étoit le prince de Darmstadt. Ils en ont eu le quart tué ou pris, et le comte de Tilly, commissaire général, neveu de Serelves, est des derniers; et il n'en a coûté qu'une centaine de carabiniers et autant de dragons. Longueval, lieutenant général, fut reconnoître, après l'action, leur infanterie qui étoit dans un camp retranché, et fut emporté d'un coup de canon.

L'Italie fut plus fertile. Le roi, résolu de ne rien oublier pour donner la paix à son royaume, qui en avoit un grand besoin, jugea bien qu'il n'y parviendroit qu'en détachant quelqu'un des alliés contre lui, dont l'exemple affoibliroit les autres, et lui donneroit plus de moyens de leur résister et de les amener à son but, et il pensa au duc de Savoie comme à celui dont les difficiles accès lui causoient plus de peine et de dépenses, et qui d'ailleurs se trouvoit fort molesté par les hauteurs de l'empereur, et très-mal content de l'Espagne, qui lui tenoient tous très-peu de tout ce qu'ils lui avoient promis et de ce qu'ils lui promettoient sans cesse. Le roi donc, pour parvenir à réussir dans son dessein, donna au maréchal Catinat une armée formidable et en même temps des instructions secrètes fort amples, avec des pleins pouvoirs pour négocier et, s'il se pouvoit, conclure avec M. de Savoie.

Catinat passa les monts de bonne heure, et, gardant une exacte discipline, menaçoit de dévaster tout, et de couper sans miséricorde tous les mûriers de la plaine, qui faisoient le plus riche commerce du pays, par l'abondance des soies, et dont la perte l'eût ruiné pour un siècle, avant de pouvoir être remis. M. de Savoie avoit vu brûler ses plus belles maisons de campagne les années précédentes, et les lieux de plaisance qu'il avoit le plus ornés : il avoit éprouvé ce que peut une armée supérieure que rien n'arrête : il vouloit la paix, et Catinat crut voir distinctement que c'étoit tout de bon. Le maréchal avoit contribué à se faire associer le comte de Tessé pour la négociation : il falloit un homme intelligent et de poids, qui, s'il étoit nécessaire, pût parler et répondre, ce que le maréchal n'étoit pas en situation de faire à la tête d'une armée qui avoit les yeux sur lui, et dont il n'y avoit pas moyen qu'il disparût un moment. C'est ce que put Tessé en faisant le malade, comme il en usa plusieurs fois, et tant, qu'enfin les temps où on ne le voyoit point joints à l'inaction des troupes, on s'en aperçut dans l'armée, où il étoit le plus ancien des lieutenants généraux et chevalier de l'ordre en 1688.

C'étoit un homme fort bien et fort noblement fait, d'un visage agréable, doux, poli, obligeant, d'un esprit raconteur et quelquefois point mal, au-dessous du médiocre, si on en excepte le génie courtisan et tous les replis qui servent à la fortune, pour laquelle il sacrifia tout. Il s'étoit fait un protecteur déclaré de M. de Louvois par ses bassesses, son dévouement et son attention à lui rendre compte de tout, ce qui ne servit pas à sa réputation, mais à un avancement rapide, et à en donner bonne opinion au roi. Son nom est Froulay; il étoit Manceau, et ne démentoit en rien sa patrie. D'une charge caponne de général des carabins qui n'existoient plus, il s'en fit une réelle de mestre de camp général des dragons, qui le porta à celle de leur colonel général, quand M. de Boufflers la quitta pour le régiment des gardes; et on regarda avec raison comme une signalée faveur, qu'à son âge et n'étant que maréchal de camp, il fût fait chevalier de l'ordre. Il sut se maintenir avec Barbezieux comme il avoit été auprès de son père, et tant qu'il pouvoit, dans son éloignement de la cour, il ne négligea de cultiver aucun homme dont il pût espérer près ou loin. Il avoit aussi le riche gouvernement d'Ypres, et quantité de subsistances ; son bien d'ailleurs étoit fort court, et sa femme, qu'il tint toujours au Maine, ne lui servit de rien, n'étant pas propre à en sortir. Il étoit cousin germain de M. de Lavardin, chevalier de l'ordre en même promotion pendant son ambassade de Rome, par sa mère, petite-fille du maréchal de Lavardin. Sa femme s'appeloit Auber, fille d'un baron d'Aunay du même pays du Maine. Par sa mère Beaumanoir, il devint héritier de beaucoup de choses de cette illustre maison.

Pendant la négociation, Catinat se préparoit au siége de Turin, et M. de Savoie qui voyoit ses États dans ce danger, et qui d'ailleurs s'y sentoit moins le maître que ses propres alliés, convint enfin de la plus avantageuse paix pour lui, et que le roi trouva telle aussi pour soi-même par le démembrement qu'elle mit parmi ses alliés. Les principaux articles furent : le mariage de Mgr le duc de Bourgogne avec sa fille aînée, dès qu'elle auroit douze ans, et en attendant envoyée à la cour de France ; que le comté de Nice seroit sa dot, qui lui demeureroit et lui seroit livré jusqu'à la célébration du mariage ; la restitution de tout ce qui lui avoit été pris, et même de Pignerol rasé et deux ducs et pairs en otage à sa cour jusqu'à leur accomplissement ; enfin une grande somme d'argent en dédommagement de ses pertes, et d'autres moindres articles, entre lesquels il obtint pour ses ambassadeurs en France le traitement entier de ceux des rois, dont jusqu'alors ils n'avoient qu'une partie, et les offices du roi à Rome pour leur faire obtenir la salle royale qui est la même chose ; toutes les autres cours lui avoient déjà accordé les mêmes honneurs. Il voulut aussi être un des médiateurs de la paix générale lorsqu'elle se traiteroit. Le roi l'accorda, mais l'empereur n'y voulut jamais consentir quand il fut question de la faire.

Tout cela signé avec le dernier secret, il songea à se délivrer de ses alliés qui l'obsédoient, qui le soupçonnoient, qui étoient plus forts que lui, et qui, selon toute apparence, alloient devenir ses ennemis. Pour y parvenir, il fit semblant de prêter l'oreille aux nouvelles propositions qu'ils lui firent, et au renouement de celles de mariage de sa fille aînée avec le roi des Romains, dont le refus qu'en avoit fait l'empereur l'avoit sensiblement piqué; en même temps il proposa une revue des troupes étrangères, à distance éloignée de Turin, où il mit ses troupes dans les postes qu'elles occupoient. Il avoit eu, sous d'autres prétextes, la même précaution pour Coni et pour ses autres places, et quand il fallut aller à la revue, il demeura à Turin et s'en excusa. Après ces précautions, il se déclara. Il leur manda qu'il étoit contraint d'accepter la neutralité d'Italie que le roi lui faisoit offrir, et qu'il les prioit aussi de l'accepter de même. Le marquis de Leganez, le prince Eugène et milord Galloway avoient ordre de lui obéir, et n'osèrent se porter à une violence ouverte, ils se continrent et attendirent de nouveaux ordres. En même temps M. de Savoie masqua sa paix d'une trêve de trente jours avec le maréchal Catinat, à qui il envoya le comte Jana, chevalier de l'Annonciade, et le marquis d'Aix, pour otages, et reçut en même temps le comte de Tessé et Bouzols en la même qualité. Ces choses se passèrent les premiers jours de juillet, et ensuite la trêve fut prolongée.

Cependant le célèbre Jean Bart brûla cinquante-cinq vaisseaux marchands aux Hollandois, parce qu'il ne put les amener, après avoir battu leur convoi, et leur coûta une perte de six ou sept millions. Notre île de Ré fut un peu bombardée; ils allèrent après devant Belle-Ile, et se retirèrent sans rien faire.

CHAPITRE XXII.

Filles d'honneur de la princesse de Conti mangent avec le roi. — Elle conserve sa signature, que les deux autres filles du roi changent — Mort de Croissy, ministre et secrétaire des affaires étrangères. — Torcy épouse la fille de Pomponne, et fait sous lui la charge de son père. — Mort de Mme de Bouteville; du marquis de Chandenier; sa disgrâce. — Fortune de M. de Noailles. — Anthrax du roi au cou. — Ducs de Foix et de Choiseul otages à Turin. — Maison de la future duchesse de Bourgogne. — Duchesse du Lude dame d'honneur. — Comtesse de Mailly dame d'atours. — La comtesse de Blansac chassée. — Duchesse d'Arpajon. — Comtesse de Roucy, sa fille. — M. de Rochefort menin de Monseigneur. — Dangeau chevalier d'honneur. — Mme de Dangeau dame du palais. — Mme de Roucy dame du palais. — Comte de Roucy. — Mme de Nogaret dame du palais. — D'O, et Mme d'O dame du palais. — Différence des principaux domestiques des petits-fils de France et de ceux des princes du sang. — Avantages nouveaux de ceux des bâtards sur ceux des princes du sang. — Marquise du Châtelet dame du palais. — Mme de Montgon dame du palais. — Mme d'Hudicourt.

Les princesses firent deux nouveautés : le roi à Trianon mangeoit avec les dames, et donnoit assez souvent aux princesses l'agrément d'en nommer deux chacune; il leur avoit donné l'étrange distinction de faire manger leurs dames d'honneur; ce qui continua toujours d'être refusé à celles des princesses du sang, c'est-à-dire de Mme la Princesse, et de Mme la princesse de Conti, sa fille. A Trianon, Mme la princesse de Conti, fille du roi, lui fit trouver bon qu'elle nommât ses deux filles d'honneur pour manger, et elles furent admises : elle étoit la seule qui en eût. L'autre nouveauté fut dans leurs signatures. Toutes trois ajoutoient à leur nom *légitimée de France*. Mme la duchesse de Chartres et Mme la Duchesse supprimèrent cette addition, et par là signèrent en plein comme les princesses du sang légitimes. Cet appât ne tenta point Mme la princesse de Conti. Elle ne perdoit point d'occasion de faire sentir aux deux autres princesses qu'elle avoit une mère connue et nommée, et qu'elles n'en avoient point ; elle crut que cette addition la distinguoit en cela d'autant plus que les deux autres la supprimoient, et elle voulut la conserver.

M. de Croissy, ministre et secrétaire d'État des affaires étrangères, et frère de feu M. Colbert, mourut à Versailles le 28 juillet. C'étoit un homme d'un esprit sage, mais médiocre, qu'il réparoit par beaucoup d'application et de sens, et qu'il gâtoit par l'humeur et la brutalité naturelles de sa famille. Il avoit été longtemps président à mortier, dont il avoit peu exercé la charge, et avoit été ambassadeur à la paix d'Aix-la-Chapelle et en Angleterre. Enfin, il eut la place de M. de Pomponne à sa disgrâce, et la survivance de cette place pour M. de Torcy, son fils, qui avoit celle de président à mortier.

Lorsque le roi, enfin indigné de l'abus continuel que le premier président de Novion faisoit de sa place et de la justice, voulut absolument qu'il se retirât, et fit vendre à son petit-fils de Novion la charge de président à mortier de MM. de Croissy et Torcy, M. de Pomponne, qui avoit également porté sa faveur et sa disgrâce, et à qui on n'avoit pu ôter l'estime du roi, en avoit été mandé à Pomponne, le jour même de la mort de M. de Louvois, et rentra au conseil en qualité de ministre d'État sans charge, et eut la piété et la modestie de voir M. de Croissy sans rancune et sans éloignement. Les histoires de tout cela, qui sont très-curieuses, ne sont pas matière de ces Mémoires. Ce peu suffit pour entendre ce qui va suivre.

Le roi, qui s'étoit rattaché à M. de Pomponne, et qui à la retraite de M. Pelletier, ministre d'État, lui donna la commission de la surintendance, et par conséquent le secret de la poste, avoit imaginé le mariage de sa fille avec Torcy, pour réunir ces deux familles, et pour donner un bon maître à ce jeune survivancier des affaires étrangères, dans la décadence de santé où Croissy, perdu de goutte, étoit tombé, et qui étoit encore plus nécessaire si Croissy venoit à manquer. Dès qu'il fut mort, le roi s'en expliqua à Pomponne et à Torcy d'une manière à trancher toute espèce de difficultés possibles, et il régla que ce mariage se feroit sans délai; que Torcy conserveroit la charge de son père; qu'il ne seroit point encore ministre, mais que, sous l'inspection et la direction de Pomponne, il feroit toutes les dépêches; que Pomponne les rapporteroit au conseil, et diroit après à Torcy les réponses qui y auroient été résolues pour les dresser en conséquence; que les ambassadeurs iroient désormais chez Pomponne qui leur donneroit audience en présence de Torcy; qu'enfin celui-ci auroit la charge de grand trésorier de l'ordre, que son père avoit eue à la mort de M. de Seignelay; et à Versailles, le beau-père et le gendre partagèrent le logement de la charge de secrétaire d'État des affaires étrangères, pour être ensemble et travailler en commun plus facilement. De part et d'autre beaucoup de vertu dans les mariés, mais peu de bien, auquel le roi pourvut peu à peu par ses grâces, et d'abord par de gros brevets de retenue. Le mariage se fit à Paris le 13 août suivant chez M. de Pomponne, et ils vécurent tous dans une grande et estimable union.

En même temps moururent deux personnes fort âgées et depuis bien longtemps hors du monde : Mme de Bouteville, mère du maréchal de Luxembourg, à quatre-vingt-onze ans, qui avoit passé toute sa vie retirée à la campagne, d'où elle avoit vu de loin la brillante fortune de son fils et des siens, avec qui elle n'avoit jamais eu grand commerce, et le marquis de Chandenier, aîné de la maison de Rochechouart, si célèbre par sa disgrâce et par la magnanimité dont il la soutint plus de quarante ans jusqu'à sa mort. Il étoit premier capitaine des gardes du corps et singulièrement considéré pour sa valeur, son esprit et son extrême probité. Il perdit sa charge avec les autres capitaines des gardes du corps, à l'affaire des Feuillants en [1648], qui n'est pas du sujet de ces Mémoires et qui se trouve dans tous ceux de ces temps-là, et il fut le seul des quatre à qui elle ne fut point rendue, quoiqu'il ne se fût distingué en rien d'avec eux. Un homme haut, plein d'honneur, d'esprit et de courage, et d'une grande naissance avec cela, étoit un homme importun au cardinal Mazarin, quoiqu'il ne l'eût jamais trouvé en la moindre faute ni ardent à demander. Le cardinal tint à grand honneur de faire son capitaine des gardes premier capitaine des gardes du corps, et il ne manqua pas cette occasion d'y placer un domestique aussi affidé que lui étoit M. de Noailles. M. de Chandenier refusa sa démission; le cardinal fit consigner le prix qu'il avoit réglé de la charge chez un notaire, puis prêter serment à Noailles. qui, sans démission de Chandenier, fut pleinement pourvu et en fonction. Chandenier étoit pauvre : on espéra que la nécessité vaincroit l'opiniâtreté. Elle lassa enfin la cour, qui envoya Chandenier prisonnier au château de Loches, au pain du roi comme un criminel, et arrêta tout son petit revenu pour le forcer à recevoir l'argent de M. de Nouailles et par conséquent à lui donner sa démission. Elle se trompa ; M. de Chandenier vécut du pain du roi et de ce que, à tour de rôle, les bourgeois de Loches lui envoyoient à dîner et à souper dans une petite écuelle qui faisoit le tour de la ville. Jamais il ne se plaignit, jamais il ne demanda ni son bien ni sa liberté; près de deux ans se passèrent ainsi. A la fin, la cour honteuse d'une violence tellement sans exemple et si peu méritée, plus encore d'être vaincue par ce courage qui ne se pouvoit dompter, relâcha ses revenus et changea sa prison en exil, où il a été bien des années, et toujours sans daigner rien demander. Il en arriva comme de sa prison, la honte fit révoquer l'exil.

Il revint à Paris, où il ne voulut voir que peu d'amis. Il l'étoit fort de mon père, qui m'a mené le voir et qui lui donnoit assez souvent à dîner. Il le menoit même quelquefois à la Ferté, et ce fut lui qui fit percer une étoile régulière à mon père qui vouloit bâtir, et qui en tira son bois, et c'est une grande beauté fort près de la maison, au lieu que mon père ne songeoit qu'à abattre, sans considérer où ni comment. Depuis sa mort, j'ai vu plusieurs fois M. de Chandenier avec un vrai respect à Sainte-Geneviève, dans la plus simple mais la plus jolie retraite qu'il s'y étoit faite et où il mourut. C'étoit un homme de beaucoup de goût et d'excellente compagnie, et qui avoit beaucoup vu et lu ; il fut longtemps avant sa mort dans une grande piété. On s'en servit dans la dernière année de sa vie pour lui faire un juste scrupule sur ses créanciers qu'il ne tenoit qu'à lui de payer de l'argent de M. de Noailles en donnant sa démission, et quand on l'eut enfin vaincu sur cet article avec une extrême peine, les mêmes gens de bien entreprirent de lui faire voir M. de Noailles qui avoit sa charge après son père. L'effort de la religion le soumit encore à recevoir cette visite qui de sa part se passa froidement, mais honnêtement ; il avoit perdu sa femme et son fils depuis un grand nombre d'années, qui étoit un jeune homme, à ce que j'ai ouï dire, d'une grande espérance.

Le roi eut un anthrax au cou qui ne parut d'abord qu'un clou et qui bientôt après donna beaucoup d'inquiétudes. Il eut la fièvre et il fallut en venir à plusieurs incisions par reprises. Il affecta de se laisser voir tous les jours et de travailler dans son lit presqu'à son ordinaire. Toute l'Europe ne laissa pas d'être fort attentive à un mal qui ne fut pas sans danger : il dépêcha un courrier au duc de La Rochefoucauld en Angoumois, où il étoit allé passer un mois dans sa belle maison de Verteuil, et lui manda sa maladie et son désir de le revoir, avec beaucoup d'amitié. Il partit aussitôt, et sa faveur parut plus que jamais. Comme il ne se passoit rien en Flandre, et qu'il n'y avoit plus lieu de s'y attendre à rien, le roi manda aux maréchaux de Villeroy et de Boufflers de renvoyer les princes dès que le prince d'Orange auroit quitté l'armée, ce qui arriva peu de jours après.

Ce fut pendant le cours de cette maladie que la paix de Savoie devint publique et que le roi régla tout ce qui regardoit la princesse de Savoie et les deux otages jusqu'aux restitutions accomplies. M. de Savoie, qui n'ignoroit rien jusque des moindres choses des principales cours de l'Europe, compta que les ducs de Foix et de Choiseul ne l'embarrasseroient pas. Le premier n'avoit jamais songé qu'à son plaisir et à se divertir en bonne compagnie ; l'autre étoit accablé sous le poids de sa pauvreté et de sa mauvaise fortune, tous deux d'un esprit au-dessous du médiocre, et parfaitement ignorants de ce qui leur étoit dû, très-aisés à mener, à contenter, à amuser, tous deux sans rien qui tînt à la cour et sans considération particulière, tous deux enfin de la plus haute naissance et tous deux chevaliers de l'ordre. C'étoit précisément tout l'assemblage que M. de Savoie cherchoit. Il voyoit qu'on vouloit ici lui plaire dans cette crise d'alliance ; il fit proposer au roi ces deux ducs, et le roi les nomma et leur donna à chacun douze mille livres pour leur équipage et mille écus par mois. Le comte de Brionne, chevalier de l'ordre et grand écuyer, en survivance de son père, fut nommé pour aller de la part du roi recevoir la princesse au Pont-de-Beauvoisin, et Desgranges, un des premiers commis de Pontchartrain et maître des cérémonies, pour y aller aussi, et faire là sa charge et pendant le voyage de la princesse.

Sa maison fut plus longtemps à être déterminée. La cour étoit depuis longtemps sans reine et sans Dauphine. Toutes les dames d'une certaine portée d'état ou de faveur s'empressèrent et briguèrent, et beaucoup aux dépens les unes des autres; les lettres anonymes mouchèrent[1], les délations, les faux rapports. Tout se passa uniquement là-dessus entre le roi et Mme de Maintenon qui ne bougeoit du chevet de son lit pendant toute sa maladie, excepté lorsqu'il se laissoit voir et qui y étoit la plupart du temps seule. Elle avoit résolu d'être la véritable gouvernante de la princesse, de l'élever à son gré et à son point, de se l'attacher en même temps assez pour en pouvoir amuser le roi, sans crainte, qu'après le temps de poupée passé, elle lui pût devenir dangereuse. Elle songeoit encore à tenir par elle Mgr le duc de Bourgogne un jour, et cette pensée l'occupoit d'autant plus que nous verrons bientôt que ses liaisons étoient déjà bien refroidies avec les ducs et duchesses de Chevreuse et de Beauvilliers, auxquelles pour cette raison l'exclusion fut donnée de la place de dame d'honneur que l'une ou l'autre auroient si dignement et si utilement remplie, Mme de Maintenon chercha donc, pour environner la princesse, des personnes ou entièrement et sûrement à elle, ou dont l'esprit fût assez court pour n'avoir rien à appréhender; ainsi le dimanche, 2 septembre, la maison fut nommée et déclarée :

Dangeau, chevalier d'honneur;
La duchesse du Lude, dame d'honneur;
La comtesse de Mailly, dame d'atours;
Tessé, premier écuyer.

DAMES DU PALAIS EN CET ORDRE :

Mme de Dangeau;
La comtesse de Roucy;
Mme de Nogaret;
Mme d'O;
La marquise du Châtelet;

---

1. On a déjà vu ce mot plus haut (p. 185) pris ici dans le même sens.

Mme de Montgon;

Et pour première femme de chambre, Mme Camoin;

Peu après, le P. Lecomte, jésuite, pour confesseur, et dans la suite,

L'évêque de Meaux, premier aumônier ci-devant de Mme la Dauphine, et auparavant précepteur de Monseigneur;

Et Villacerf acheta du roi la charge de premier maître d'hôtel.

Il faut voir maintenant ce qu'on sut des raisons de chacun de ces choix et de celui de Mme de Castries pour dame d'atours de Mme la duchesse de Chartres, au lieu de la comtesse de Mailly, qui se trouvera en son temps.

Pour celui du comte de Tessé, les raisons en sont visibles et j'ai suffisamment parlé de sa personne.

J'en dis autant de celui de la comtesse de Mailly;

Et pour le P. Lecomte, ce fut une affaire intérieure de jésuites, dont le P. de La Chaise fut le maître.

La duchesse du Lude étoit sœur du duc de Sully, qui fut chevalier de l'ordre en 1688, fille de la duchesse de Verneuil et petite-fille du chancelier Séguier. Elle avoit épousé en premières noces ce galant comte de Guiche, fils aîné du maréchal de Grammont qui a fait en son temps tant de bruit dans le monde, et qui fit fort peu de cas d'elle et n'en eut point d'enfants. Elle étoit encore fort belle et toujours sage, sans aucun esprit que celui que donne l'usage du grand monde et le désir de plaire à tout le monde, d'avoir des amis, des places, de la considération, et avoir été dame du palais de la reine : elle eut de tout cela, parce que c'étoit la meilleure femme du monde, riche, et qui, dans tous les temps de sa vie, tint une bonne table et une bonne maison partout, et basse et rampante sous la moindre faveur, et faveurs de toutes les sortes. Elle se remaria au duc du Lude par inclination réciproque, qui étoit grand maître de l'artillerie, extrêmement bien avec le roi, et d'ailleurs fort à la mode et qui tenoit un grand état. Ils vécurent très-bien ensemble, et elle le perdit sans en avoir eu d'enfants. Elle demeura toujours attachée à la cour, où sa bonne maison, sa politesse et sa bonté lui acquirent beaucoup d'amis, et où, sans aucun besoin, elle faisoit par nature sa cour aux ministres, et tout ce qui étoit en crédit, jusqu'aux valets. Le roi n'avoit aucun goût pour elle, ni Mme de Maintenon ; elle n'étoit presque jamais des Marlys et ne participoit à aucune des distinctions que le roi donnoit souvent à un petit nombre de dames. Telle étoit sa situation à la cour lorsqu'il fut question d'une dame d'honneur, sur qui roulât toute la confiance de l'éducation et de la conduite de la princesse que Mme de Maintenon avoit résolu de tenir immédiatement sous sa main pour en faire l'amusement intérieur du roi.

Le samedi matin, veille de la déclaration de la maison, le roi, qui gardoit le lit pour son anthrax, causoit, entre midi et une heure, avec Monsieur qui étoit seul avec lui. Monsieur, toujours curieux, tâchoit de faire parler le roi sur le choix d'une dame d'honneur que tout le monde voyoit qui ne pouvoit plus être différé ; et comme ils en parloient, Monsieur vit à travers la chambre, par la fenêtre, la duchesse du Lude dans sa chaise avec sa livrée qui traversoit le bas de la grande cour, qui revenoit de la messe : « En voilà une qui passe, dit-il au roi, qui en a bonne envie, et qui n'en donne pas sa part, » et lui nomme la duchesse du Lude. « Bon, dit le roi, voilà le meilleur choix du monde pour apprendre à la princesse à bien mettre du rouge et des mouches, » et ajouta des propos d'aigreur et d'éloignement. C'est qu'il étoit alors plus dévot qu'il ne l'a été depuis, et que ces choses le choquoient davantage. Monsieur, qui ne se soucioit point de la duchesse du Lude, et qui n'en avoit parlé que par ce hasard et par curiosité, laissa dire le roi et s'en alla dîner, bien persuadé que la duchesse du Lude étoit hors de toute portée, et n'en dit mot. Le lendemain presque à pareille heure, Monsieur étoit seul dans son cabinet; il vit entrer l'huissier qui étoit en dehors, et qui lui dit que la duchesse du Lude étoit nommée. Monsieur se mit à rire, et répondit qu'il lui en contoit de belles; l'autre insista, croyant que Monsieur se moquoit de lui, sortit et ferma la porte. Peu de moments après entre M. de Châtillon, le chevalier de l'ordre, avec la même nouvelle, et Monsieur encore à s'en moquer. Châtillon lui demande pourquoi il n'en veut rien croire, en louant le choix et protestant qu'il n'y a rien de si vrai. Comme ils en étoient sur cette dispute, vinrent d'autres gens qui le confirmèrent, de façon qu'il n'y eut pas moyen d'en douter. Alors Monsieur parut dans une telle surprise, qu'elle étonna la compagnie qui le pressa d'en dire la raison. Le secret n'étoit pas le fort de Monsieur; il leur conta ce que le roi lui avoit dit vingt-quatre heures auparavant, et à son tour les combla de surprise. L'aventure se sut et donna tant de curiosité, qu'on apprit enfin la cause d'un changement si subit.

La duchesse du Lude n'ignoroit pas qu'outre le nombre des prétendantes, il y en avoit une entre autres sur qui elle ne pouvoit espérer la préférence; elle eut recours à un souterrain. Mme de Maintenon avoit conservé auprès d'elle une vieille servante qui, du temps de sa misère et qu'elle étoit veuve de Scarron, à la charité de sa paroisse de Saint-Eustache, étoit son unique domestique; et cette servante, qu'elle appeloit encore Nanon comme autrefois, étoit pour les autres Mlle Babbien, et fort considérée par l'amitié et la confiance de Mme de Maintenon pour elle. Nanon se rendoit aussi rare que sa maîtresse, se coiffoit et s'habilloit comme elle, imitoit son précieux, son langage, sa dévotion, ses manières. C'étoit une demi-fée à qui les princesses se trouvoient heureuses quand elles avoient occasion de parler et de l'embrasser, toutes filles du roi qu'elles fussent, et à qui les ministres qui travailloient chez Mme de Maintenon faisoient la révérence bien bas. Tout inaccessible qu'elle fût, il

lui restoit pourtant quelques anciennes amies de l'ancien
temps, avec qui elle s'humanisoit, quoique rarement; et
heureusement pour la duchesse du Lude, elle avoit une
vieille mie qui l'avoit élevée, qu'elle avoit toujours gardée
et qui l'aimoit passionnément, qui étoit de l'ancienne connoissance de Nanon, et qu'elle voyoit quelquefois en privance. La duchesse du Lude la lui détacha, et finalement
vingt mille écus comptant firent son affaire, le soir même
du samedi que le roi avoit parlé à Monsieur le matin avec
tant d'éloignement pour elle; et voilà les cours! Une Nanon
qui en vend les plus importants et les plus brillants emplois,
et une femme riche, duchesse, de grande naissance par soi
et par ses maris, sans enfants, sans liens, sans affaires,
libre, indépendante, a la folie d'acheter chèrement sa ser-
vitude! Sa joie fut extrême, mais elle sut la contenir, et sa
façon de vivre et le nombre d'amis et de connoissances particulières qu'elle avoit su toute sa vie se faire et s'entretenir
à la ville et à la cour entraînèrent le gros du monde à l'applaudissement de ce choix.

La duchesse d'Arpajon et la maréchale de Rochefort furent
outrées; celle-ci fit les hauts cris, et se plaignit sans nul
ménagement qu'on manquoit à la parole qu'on lui avoit
donnée, sur laquelle seule elle avoit consenti à être dame
d'honneur de Mme la duchesse de Chartres. Elle confondoit
adroitement les deux places de dame d'honneur et de dame
d'atours pour se relever et crier plus fort. C'étoit la dernière
qu'elle avoit chez Mme la Dauphine, et qui lui avoit été
promise. Mme de Maintenon, qui la méprisoit, en fut
piquée, parce qu'elle l'avoit fait donner à Mme de Mailly.
Elle prit le tour d'accuser la maréchale d'être elle-même
cause de ce dégoût qu'on ne lui vouloit pas donner, par
avoir tellement soutenu sa fille, que par considération pour
elle on ne l'avoit pas chassée. La maréchale en fut la dupe,
et bien qu'en conservant tout son dépit et que la place fût
donnée, elle abandonna sa fille, de rage, qui fut renvoyée à

Paris avec défense de paroître à la cour. Cette fille étoit mère de Nangis en premières noces, qui avoit plus que mal vécu avec ce premier mari, et qui ruina son fils sans paroître, qui étoit très-riche, qui devint grosse de Blansac qu'on fit revenir de l'armée pour l'épouser, et elle accoucha de Mme de Tonnerre la nuit même qu'elle fut mariée.

On ne pouvoit avoir plus d'esprit, plus d'intrigue, plus de douceur, d'insinuation, de tour et de grâce dans l'esprit, une plaisanterie plus fine et plus salée, ni être plus maîtresse de son langage pour le mesurer à ceux avec qui elle étoit. C'étoit en même temps de tous les esprits le plus méchant, le plus noir, le plus dangereux, le plus artificieux, d'une fausseté parfaite, à qui les histoires entières couloient de source avec un air de vérité, de simplicité qui étoit prêt à persuader ceux même qui savoient, à n'en pouvoir douter, qu'il n'y avoit pas un mot de vrai ; avec tout cela une sirène enchanteresse dont on ne se pouvoit défendre qu'en la fuyant, quoiqu'on la connût parfaitement. Sa conversation étoit charmante, et personne n'assenoit si plaisamment ni si cruellement les ridicules, même où il n'y en avoit point, et comme n'y touchant pas ; au demeurant plus que très-galante tant que sa figure lui avoit fait trouver avec qui, fort commode ensuite, et depuis se ruina pour les plus bas valets. Malgré de tels vices, et dont la plupart étoient si destructifs de la société, c'étoit la fleur des pois à la cour et à la ville ; sa chambre ne désemplissoit pas de ce qui y étoit de plus brillant et de la meilleure compagnie ou par crainte ou par enchantement, et avoit en outre des amis et des amies considérables ; elle étoit fort recherchée des trois filles du roi. C'étoit à qui l'auroit, mais la convenance de sa mère l'avoit attachée à Mme la duchesse de Chartres plus qu'aux autres. Elle la gouvernoit absolument. Les jalousies et les tracasseries qui en naquirent l'éloignèrent de Monsieur et de M. le duc de Chartres jusqu'à l'aversion : elle en fut chassée. A force de temps, de pleurs et de souplesses de

Mme la duchesse de Chartres, elle fut rappelée. Elle retourna à Marly; elle fut admise à quelques parties particulières avec le roi. Elle le divertit avec tant d'esprit qu'il ne parla d'autre chose à Mme de Maintenon; elle en eut peur, et ne chercha plus qu'à l'éloigner du roi (elle le fit avec soin et adresse), puis à la chasser de nouveau pour plus grande sûreté, et elle saisit l'occasion d'en venir à bout. On se moqua bien de la mère, d'y avoir consenti si inutilement pour la place qu'elle ne pouvoit plus avoir, et par une sotte et folle colère d'honneur et de duperie; mais la fille demeura à Paris pour longtemps.

La duchesse d'Arpajon, mariée belle et jeune à un vieillard qui ne sortoit plus de Rouergue et de son château de Sévérac, s'étoit vue noyée d'affaires et de procès, depuis qu'elle fut veuve, au parlement de Toulouse, pour ses reprises et pour sa fille unique, dont des incidents importants l'amenèrent à Paris pour y plaider au conseil. C'étoit une personne d'une grande vertu, d'une excellente conduite, qui avoit grande mine et des restes de beauté. On ne l'avoit presque jamais vue à la cour ni à Paris, et on l'y appeloit la duchesse des bruyères. Elle ne l'étoit qu'à brevet. Mme de Richelieu mourut fort tôt après son arrivée, et la surprise fut extrême de voir la duchesse d'Arpajon tout à coup nommée dame d'honneur de Mme la Dauphine en sa place. Elle-même le fut plus que personne; jamais elle n'y avoit pensé, ni M. de Beuvron son frère; ce fut pourtant lui qui la fit sans le savoir. Il avoit autrefois été plus que bien avec Mme Scarron; celle-ci n'oublia point ses anciens amis de ce genre, elle compta sur l'attachement de sa sœur par lui, par reconnoissance et par se trouver parfaitement isolée au milieu de la cour. On ne pouvoit avoir moins d'esprit, mais ce qu'elle en avoit étoit fort sage, et elle avoit beaucoup de sens, de conduite et de dignité; et il est impossible de faire mieux sa charge qu'elle la fit, avec plus de considération et plus au gré de tout le monde. Elle espéra donc être choisie;

elle le demanda ; le monde le crut et le souhaita, mais les vingt mille écus que Mme Barbisi, la vieille mie de la duchesse du Lude, fit accepter à la vieille servante de Mme de Maintenon, décidèrent contre Mme d'Arpajon. Le roi voulut la consoler, et Mme de Maintenon aussi, et firent la comtesse de Roucy, sa fille, dame du palais. La mère ne prit point le change, elle demeura outrée ; le transport de joie de sa fille l'affligea encore plus, et leur séparation entière qu'elle envisageoit, l'accabla ; elle aimoit fort sa fille, que cette place attachoit en un lieu où la mère ne pouvoit plus paroître que fort rarement avec bienséance, et elle se voyoit tombée en solitude. Elle ne la put porter : peu de mois après elle eut une apoplexie dont elle mourut quelque temps après.

Cette consolation prétendue donnée à Mme d'Arpajon, et cette différence des deux belles-sœurs, la comtesse de Roucy, faite dame du palais, et Mme de Blansac, chassée, combla la douleur de la maréchale de Rochefort. Elle étoit cousine germaine de la duchesse du Lude, filles des deux sœurs, et vivoit fort avec elle, autre crève-cœur. A peine la voulut-elle voir, et ne reçut qu'avec aigreur toutes ses avances. Enfin, après avoir longtemps gémi, elle fut apaisée par une place nouvelle de menin de Monseigneur donnée au marquis de Rochefort son fils, sans qu'elle l'eût demandée.

Dangeau étoit un gentilhomme de Beauce, tout uni, et huguenot dans sa première jeunesse ; toute sa famille l'étoit qui ne tenoit à personne. Il ne manquoit pas d'un certain esprit, surtout de celui du monde, et de conduite. Il avoit beaucoup d'honneur et de probité. Le jeu, par lequel il se fourra à la cour, qui étoit alors toute d'amour et de fêtes, incontinent après la mort de la reine mère, le mit dans les meilleures compagnies. Il y gagna tout son bien ; il eut le bonheur de n'être jamais soupçonné ; il prêta obligeamment ; il se fit des amis, et la sûreté de son commerce lui en acquit d'utiles et de véritables. Il fit sa cour aux maîtresses du roi; le jeu le mit de leurs parties avec lui; elles le traitèrent avec familiarité, et lui procurèrent celle du roi. Il faisoit des vers, étoit bien fait, de bonne mine et galant; le voilà de tout à la cour, mais toujours subalterne. Jouant un jour avec le roi et Mme de Montespan dans les commencements des grandes augmentations de Versailles, le roi, qui avoit été importuné d'un logement pour lui et qui avoit bien d'autres gens qui en demandoient, se mit à le plaisanter sur sa facilité à faire des vers, qui, à la vérité, étoient rarement bons, et tout d'un coup lui proposa des rimes fort sauvages, et lui promit un logement s'il les remplissoit sur-le-champ. Dangeau accepta, n'y pensa qu'un moment, les remplit toutes, et eut ainsi un logement.

De là il acheta une charge de lecteur du roi qui n'avoit point de fonctions, mais qui donnoit les entrées du petit coucher, etc. Son assiduité lui mérita le régiment du roi infanterie, qu'il ne garda pas longtemps, puis fut envoyé en Angleterre où il demeura peu, et à son retour acheta le gouvernement de Touraine. Son bonheur voulut que M. de Richelieu fît de si grosses pertes au jeu qu'il en vendit sa charge de chevalier d'honneur de Mme la Dauphine, au mariage de laquelle il l'avoit eue pour rien, et que son ancienne amie, Mme de Maintenon, lui fit permettre de la vendre tant qu'il pourroit et à qui il voudroit. Dangeau ne manqua pas une si bonne affaire; il en donna cinq cent mille livres, et se revêtit d'une charge qui faisoit de lui une espèce de seigneur, et qui lui assura l'ordre, qu'il eut bientôt après en 1688. Il perdit sa charge à la mort de Mme la Dauphine, mais il avoit eu une place de menin de Monseigneur, et tenoit ainsi partout.

Mme la Dauphine avoit une fille d'honneur d'un chapitre d'Allemagne, jolie comme le jour, et faite comme une nymphe, avec toutes les grâces de l'esprit et du corps. L'esprit étoit fort médiocre, mais fort juste, sage et sensée, et avec cela une vertu sans soupçon. Elle étoit fille d'un comte de

Lovestein et d'une sœur du cardinal de Furstemberg qui a tant fait de bruit dans le monde, et qui étoit dans la plus haute considération à la cour. Ces Lovestein étoient de la maison palatine, mais d'une branche mésalliée par un mariage qu'ils appellent de la main gauche, mais qui n'en est pas moins légitime. L'inégalité de la mère fait que ce qui en sort n'hérite point, mais a un gros partage, et tombe du rang de prince à celui de comte. Le cardinal de Furstemberg, qui aimoit fort cette nièce, cherchoit à la marier. Elle plaisoit fort au roi et à Mme de Maintenon qui se prenoient fort aux figures. Elle n'avoit rien vaillant, comme toutes les Allemandes. Dangeau, veuf depuis longtemps d'une sœur de la maréchale d'Estrées, fille de Morin le Juif, et qui n'en avoit qu'une fille dont le grand bien qu'on lui croyoit l'avoit mariée au duc de Montfort, se présenta pour une si grande alliance pour lui, et aussi agréable. Mlle de Lovestein, avec la hauteur de son pays, vit le tuf à travers tous les ornements qui le couvroient, et dit qu'elle n'en vouloit point. Le roi s'en mêla, Mme de Maintenon, Mme la Dauphine; le cardinal son oncle le voulut et la fit consentir. Le maréchal et la maréchale de Villeroy en firent la noce, et Dangeau se crut électeur palatin.

C'étoit le meilleur homme du monde, mais à qui la tête avoit tourné d'être seigneur ; cela l'avoit chamarré de ridicules, et Mme de Montespan avoit fort plaisamment, mais très-véritablement dit de lui : qu'on ne pouvoit s'empêcher de l'aimer ni de s'en moquer. Ce fut bien pis après sa charge et ce mariage. Sa fadeur naturelle, entée sur la bassesse du courtisan et recrépie de l'orgueil du seigneur postiche, fit un composé que combla la grande maîtrise de l'ordre de Saint-Lazare que le roi lui donna comme l'avoit Nerestang, mais dont il tira tout le parti qu'il put, et se fit le singe du roi, dans les promotions qu'il fit de cet ordre où toute la cour accouroit pour rire avec scandale, tandis qu'il s'en croyoit admiré. Il fut de l'Académie françoise et conseiller d'État d'épée, et sa femme, la première des dames du palais, comme femme du chevalier d'honneur, et n'y en ayant point de titrées. Mme de Maintenon l'avoit goûtée; sa naissance, sa vertu, sa figure, un mariage du goût du roi et peu du sien, dans lequel elle vécut comme un ange, la considération de son oncle et de la charge de son mari, tout cela la porta, et ce choix fut approuvé de tout le monde.

La comtesse de Roucy, j'en ai rapporté la raison en parlant de la duchesse d'Arpajon sa mère. C'étoit une personne extrêmement laide, qui avoit de l'esprit, fort glorieuse, pleine d'ambition, folle des moindres distinctions, engouée à l'excès de la cour, basse à proportion de la faveur et des besoins, qui cherchoit à faire des affaires à toutes mains, aigre à l'oreille jusqu'aux injures et fréquemment en querelle avec quelqu'un, toujours occupée de ses affaires que son opiniâtreté, son humeur et sa malhabileté perdoient, et qui vivoit noyée de biens, d'affaires et de créanciers, envieuse, haineuse, par conséquent peu aimée, et qui, pour couronner tout cela, ne manquoit point de grand'-messes à la paroisse et rarement à communier tous les huit jours. Son mari n'avoit qu'une belle mais forte figure; glorieux et bas plus qu'elle, panier percé qui jouoit tout et perdoit tout, toujours en course et à la chasse, dont la sottise lui avoit tourné à mérite, parce qu'il ne faisoit jalousie à personne, et dont la familiarité avec les valets le faisoit aimer. Il avoit aussi les dames pour lui, parce qu'il étoit leur fait, et avec toute sa bêtise un entregent de cour que l'usage du grand monde lui avoit donné. Il étoit de tout avec Monseigneur, et le roi le traitoit bien à cause de M. de La Rochefoucauld et des maréchaux de Duras et de Lorges, frères de sa mère, qui tous trois avoient fait de lui et de ses frères comme de leurs enfants, depuis que la révocation de l'édit de Nantes avoit fait sortir du royaume le comte et la comtesse de Roye ses père et mère. Son grand mérite étoit ses inepties qu'on répétoit et qui néanmoins se trouvoient quelquefois exprimer quelque chose.

Mme de Nogaret, veuve d'un Cauvisson à qui le roi l'avoit mariée lorsqu'il cassa la chambre des filles de Mme la Dauphine dont elle étoit, avec sa sœur Mme d'Urfé, dame d'honneur de Mme la princesse de Conti fille du roi, avoit perdu son mari tué à Fleurus, qui n'étoit connu que sous le nom de *son impertinence.* Il avoit assez mal vécu avec elle et l'avoit laissée pauvre et sans enfants. Elle étoit sœur de Biron, et la maréchale de Villeroy et elle étoient enfants du frère et de la sœur, et en grande liaison. C'étoit une femme de beaucoup d'esprit, de finesse et de délicatesse, sous un air simple et naturel, de la meilleure compagnie du monde, et qui, n'aimant rien, ne laissoit pas d'avoir des amis. Elle n'avoit ni feu, ni lieu, ni autre être que la cour, et presque point de subsistance. Laide, grosse, avec une physionomie qui réparoit tout, d'anciennes raisons de commodité l'avoient fort bien mise avec Monseigneur qui aimoit sa sœur et elle particulièrement; et tout cela ensemble la fit dame du palais. Elle n'étoit point méchante, et avoit tout ce qu'il falloit pour l'être et pour se faire fort craindre. Mais, avec un très-bon esprit, elle aima mieux se faire aimer.

Mme d'O étoit une autre espèce. Guilleragues, son père, n'étoit rien qu'un Gascon, gourmand, plaisant, de beaucoup d'esprit, d'excellente compagnie, qui avoit des amis, et qui vivoit à leurs dépens parce qu'il avoit tout fricassé, et encore étoit-ce à qui l'auroit. Il avoit été ami intime de Mme Scarron, qui ne l'oublia pas dans sa fortune et qui lui procura l'ambassade de Constantinople pour se remplumer; mais il y trouva, comme ailleurs, moyen de tout manger. Il y mourut et ne laissa que cette fille unique qui avoit de la beauté. Villers, lieutenant de vaisseau et fort bien fait, fut de ceux qui portèrent le successeur à Constantinople, et qui en ramenèrent la veuve et la fille du prédécesseur. Avant partir de Turquie et chemin faisant, Villers fit l'amour à

Mlle de Guilleragues et lui plut, et tant fut procédé, que sans biens de part ni d'autre, la mère consentit à leur mariage. Les vaisseaux relâchèrent quelques jours sur les bords de l'Asie Mineure, vers les ruines de Troie. Le lieu étoit trop romanesque pour y résister; ils mirent pied à terre et s'épousèrent. Arrivés avec les vaisseaux en Provence, Mme de Guilleragues amena sa fille et son gendre à Paris et à Versailles et les présenta à Mme de Maintenon. Ses aventures lui donnèrent compassion des leurs.

Villers se prétendit bientôt de la maison d'O et en prit le nom et les armes. Rien n'étoit si intrigant que le mari et la femme, ni rien aussi de plus gueux. Ils firent si bien auprès de Mme de Maintenon, que M. d'O fut mis auprès de M. le comte de Toulouse avec le titre de gouverneur et d'administrateur de sa maison. Cela lui donna un être, une grosse subsistance, un rapport continuel avec le roi, et des privances et des entrées à toutes heures, qui n'avoient aucun usage par devant, c'est-à-dire comme celles des premiers gentilshommes de la chambre, mais qui étoient bien plus grandes et plus libres, pouvant entrer par les derrières dans les cabinets du roi presqu'à toutes heures, ce que n'avoient pas les premiers gentilshommes de la chambre, ni pas une autre sorte d'entrée, outre qu'il suivoit son pupille chez le roi et y demeuroit avec lui à toutes sortes d'heures et de temps, tant qu'il y étoit. Sa femme fut logée avec lui dans l'appartement de M. le comte de Toulouse, qui lui entretint soir et matin une table fort considérable. Ils n'avoient pas négligé Mme de Montespan, et l'eurent favorable pour cette place et tant qu'elle demeura à la cour. Ils la cultivèrent toujours depuis, parce que M. le comte de Toulouse l'aimoit fort.

D'O peu à peu avoit changé de forme, et lui et sa femme tendoient à leur fortune par des voies entièrement opposées, mais entre eux parfaitement de concert. Le mari étoit un grand homme, froid, sans autre esprit que du manége, et d'imposer aux sots par un silence dédaigneux, une mine et une contenance grave et austère, tout le maintien important, dévot de profession ouverte, assidu aux offices de la chapelle, où dans d'autres temps on le voyoit encore en prières, et de commerce qu'avec des gens en faveur ou en place dont il espéroit tirer parti, et qui, de leur côté, le ménageoient à cause de ses accès. Il sut peu à peu gagner l'amitié de son pupille, pour demeurer dans sa confiance quand il n'auroit plus la ressource de son titre et de ses fonctions auprès de lui. Sa femme lui aida fort en cela, et ils y réussirent si bien que, leur temps fini par l'âge de M. le comte de Toulouse, ils demeurèrent tous deux chez lui comme ils y avoient été, avec toute sa confiance et l'autorité entière sur toute administration chez lui. Mme d'O vivoit d'une autre sorte. Elle avoit beaucoup d'esprit, plaisante, complaisante, toute à tous et amusante; son esprit étoit tout tourné au romanesque et à la galanterie, tant pour elle que pour autrui. Sa table rassembloit du monde chez elle, et cette humeur y étoit commode à beaucoup de gens, mais avec choix et dont elle pouvoit faire usage pour sa fortune et dans les premiers temps où M. le comte de Toulouse commença à être hors de page et à se sentir, elle lui plut fort par ses facilités. Elle devint ainsi amie intime de vieilles et de jeunes par des intrigues et par des vues de différentes espèces, et comme elle faisoit mieux ses affaires de chez elle que de dehors, elle sortoit peu, et toujours avec des vues. Cet alliage de dévotion et de retraite d'une part, de tout l'opposé de l'autre, mais avec jugement et prudence, étoit quelque chose de fort étrange dans ce couple si uni et si concerté. Mme d'O se donnoit pour aimer le monde, le plaisir, la bonne chère; et pour le mari on l'auroit si bien pris pour un pharisien, il en avoit tant l'air, l'austérité, les manières, que j'étois toujours tenté de lui couper son habit en franges par derrière; bref, tous ces manéges firent Mme d'O dame du palais. Si son mari, qui étoit demeuré avec le titre de gentilhomme de la chambre de M. le comte de Toulouse et toutes ses entrées par derrière, l'eût été d'un prince du sang, c'eût été une exclusion sûre ; mais le roi avoit donné à ses enfants naturels cet avantage sur eux, de faire manger, entrer dans les carrosses, aller à Marly, et sans demander, leurs principaux domestiques, sans que M. le Duc, quoique gendre du roi, eût pu y atteindre pour les siens.

Il arriva, depuis son mariage, que Monseigneur revenant de courre le loup, qui l'avoit mené fort loin, manqua son carrosse et s'en revenoit avec Sainte-Maure et d'Urfé. En chemin il trouva un carrosse de M. le Duc, dans lequel étoient Saintrailles qui étoit à lui, et le chevalier de Sillery qui étoit à M. le prince de Conti, et frère de Puysieux qui fut depuis chevalier de l'ordre. Ils s'étoient mis dans ce carrosse qu'ils avoient rencontré, et y attendoient si M. le Duc ou M. le prince de Conti ne viendroit point. Monseigneur monta dans ce carrosse pour achever la retraite, qui étoit encore longue jusqu'à Versailles, y fit monter avec lui Sainte-Maure et d'Urfé, laissa Saintrailles et Sillery à terre, quoiqu'il y eût place de reste encore pour eux, et ne leur offrit point de monter. Cela ne laissa pas de faire quelque peine à Monseigneur, par bonté ; et le soir, pour sonder ce que le roi penseroit, il lui conta son aventure et ajouta qu'il n'avoit osé faire monter ces messieurs avec lui. « Je le crois bien, lui répondit le roi en prenant un ton élevé, un carrosse où vous êtes devient le vôtre, et ce n'est pas à des domestiques de prince du sang à y entrer. » Mme de Langeron en a été un exemple singulier. Elle fut d'abord à Mme la Princesse, et tant qu'elle y fut, elle n'entra point dans les carrosses, ni ne mangea à table. Elle passa à Mme de Guise, petite-fille de France, et, de ce moment, elle mangea avec le roi, Mme la Dauphine et Madame, car la reine étoit morte avec qui elle auroit mangé aussi, et entra dans les carrosses sans aucune difficulté. La même Mme de

Langeron quitta Mme de Guise et rentra à Mme la Princesse, et dès lors il ne fut plus question pour elle de plus entrer dans les carrosses ni de manger. Cette exclusion dura le reste de sa longue vie, et elle est morte chez Mme la Princesse.

La marquise du Châtelet étoit fille du feu maréchal de Bellefonds, et, comme Mme de Nogaret, avoit été fille de Mme la Dauphine. Elle avoit épousé le marquis du Châtelet, c'est-à-dire un seigneur de la première qualité, de l'ancienne chevalerie de Lorraine. Cette maison prétend être de la maison de Lorraine, et l'antiquité de l'une et de l'autre ôte les preuves du pour et du contre. Elle y a eu toujours les emplois les plus distingués et porte les armes pleines de Lorraine, avec trois fleurs de lis d'argent sur la bande, au lieu des trois alérions de Lorraine, et, depuis quelque temps, ont pris le manteau ducal, de ces manteaux qui ne donnent rien, et que M. le prince de Conti appeloit plaisamment des robes de chambre. De rang ni d'honneur ils n'en ont jamais eu ni prétendu. M. du Châtelet étoit un homme de fort peu d'esprit et difficile, mais plein d'honneur, de bonté, de valeur, avec très-peu de bien et de santé, et fort bon officier et distingué. Sa femme étoit la vertu même et la piété même, dans tous les temps de sa vie, bonne, douce, gaie, sans jamais ni contraindre ni trouver à redire à rien, aimée et désirée partout. Elle vivoit retirée avec son mari et sa mère à Vincennes, dont le petit Bellefonds son neveu étoit gouverneur. Ils venoient peu à la cour, n'avoient pas de quoi être à Paris, et cependant M. du Châtelet vivoit fort noblement à l'armée. Ils ne pensoient à rien moins. Le roi avoit toujours aimé le maréchal de Bellefonds et l'avoit pourtant laissé à peu près mourir de faim. Sa considération, quoique mort, la vertu et la douceur de sa fille la firent dame du palais dans Vincennes, où elle n'y avoit seulement pas songé, et ce choix fut fort applaudi.

Mme de Montgon n'y pensoit pas davantage, et se trouvoit

alors chez son mari en Auvergne, et lui à l'armée ; mais elle avoit une mère qui y songeoit pour elle, et qui ne bougeoit de la cour et d'avec Mme de Maintenon : c'étoit Mme d'Heudicourt, qu'il faut reprendre de plus loin. Le maréchal d'Albret, des bâtards de cette grande maison dès lors éteinte, avoit une grand'mère Pons, mère de son père, fille du chevalier du Saint-Esprit de la première promotion, sœur de la fameuse Mme de Guiercheville, dame d'honneur de Marie de Médicis qui introduisit la première le cardinal de Richelieu auprès d'elle, et qui fut mère en secondes noces du duc de Liancourt. Le maréchal d'Albret, qui eut son bâton pour avoir conduit M. le Prince, M. le prince de Conti et M. de Longueville à Vincennes avec les chevau-légers, fut toute sa vie dans une grande considération, et tenoit un grand état partout. Il étoit chevalier de l'ordre et gouverneur de Guyenne. Il avoit chez lui, à Paris, la meilleure compagnie, et Mlles de Pons n'en bougeoient, qui n'avoient rien, et qu'il regardoit comme ses nièces. Il fit épouser l'aînée à son frère, qui n'eut point d'enfants, et est morte en 1614[1] ; elle s'appeloit Mme de Miossens et faisoit peur par la longueur de sa personne. La cadette, belle comme le jour, plaisoit extrêmement au maréchal et à bien d'autres.

Mme Scarron, belle, jeune, galante, veuve et dans la misère, fut introduite par ses amis à l'hôtel d'Albret, où elle plut infiniment au maréchal et à tous ses commensaux par ses grâces, son esprit, ses manières douces et respectueuses, et son attention à plaire à tout le monde et surtout à faire sa cour à tout ce qui tenait au maréchal ; ce fut là où elle fut connue de la duchesse de Richelieu, veuve en premières noces du frère aîné du maréchal d'Albret, qui de plus avoient marié ensemble leur fils et leur fille unique ; et la

---

1. La date de 1614 est dans le manuscrit, mais il faut lire 1714. En effet, Élisabeth de Pons, veuve du comte de Miossens (François-Amanieu), mourut le 23 février 1714.

duchesse, quoique remariée, étoit demeurée dans la plus intime liaison avec le maréchal. Lui et Mme de Montespan étoient enfants du frère et de la sœur. M. et Mme de Montespan ne bougeoient de chez lui, et ce fut où elle connut Mme Scarron et qu'elle prit amitié pour elle. Devenue maîtresse du roi, le maréchal n'eut garde de se brouiller avec elle pour son cousin : en bon courtisan il prit son parti et devint son meilleur ami et son conseil. C'est ce qui fit la fortune de Mme Scarron, qui fut mise gouvernante des enfants qu'elle eut du roi, dès leur naissance. Le maréchal, qui ne savoit que faire de Mlle de Pons, trouva un Sublet, de la même famille du secrétaire d'État des Noyers, qui avoit du bien et qui, ébloui de la beauté et de la grande naissance de cette fille, l'épousa pour l'alliance et la protection du maréchal d'Albret, qui, pour lui donner un état, lui obtint, en considération de ce mariage, l'agrément de la charge de grand louvetier dont le marquis de Saint-Herem se défaisoit pour acheter le gouvernement de Fontainebleau. Ce nouveau grand louvetier s'appeloit M. d'Heudicourt et eut une fille à peu près de l'âge de M. du Maine, quelques années de plus. Mme Scarron fit trouver bon à Mme de Montespan qu'elle prît cette enfant pour faire jouer les siens, et l'éleva avec eux dans les ténèbres et le secret qui les couvroient alors. Quand ils parurent chez Mme de Montespan, la petite Heudicourt étoit toujours à leur suite, et après qu'ils furent manifestés à la cour, elle y demeura de même. Mme Scarron, devenue Mme de Maintenon, n'oublia jamais le berceau de sa fortune et ses anciens amis de l'hôtel d'Albret.

C'est ce qui fit si longtemps après Mme de Richelieu dame d'honneur de la reine, puis, par confiance, de Mme la Dauphine, à son mariage; M. de Richelieu, chevalier d'honneur pour rien, et ce qui fit toute la fortune de Dangeau par la permission qu'eut le duc de vendre sa charge à qui et si cher qu'il voudroit. Par même cause, Mme de Maintenon aima et protégea toujours ouvertement Mme d'Heudicourt et sa fille qu'elle avoit élevée et qu'elle aima particulièrement. Elle entra dans son mariage avec Montgon que cette faveur lui fit faire. C'étoit un très-médiocre gentilhomme d'Auvergne, du nom de Cordebœuf, dont l'esprit réparoit tant qu'il pouvoit la valeur, et qui toutefois s'étoit attaché au service. Il étoit à l'armée du Rhin brigadier de cavalerie et inspecteur, et sa femme dans ses terres en Auvergne lorsqu'elle fut nommée dame du palais, au scandale extrême de toute la cour. C'étoit une femme laide, qui brilloit d'esprit, de grâce, de gentillesse; plaisante et amusante au possible, méchante à l'avenant, et qui, sur l'exemple de sa mère, divertit Mme de Maintenon et le roi dans les suites, aux dépens de chacun, avec beaucoup de sel et d'enjouement. Toute cette petite troupe partit au-devant de la princesse. Mme de Mailly étoit grosse et ne fut point du voyage. Mme du Châtelet s'en dispensa pour donner à la maréchale de Bellefonds tout ce temps-là encore à demeurer auprès d'elle. On ne le trouva pas trop bon, et, au lieu de la troisième place qui lui étoit destinée avec grande raison, elle n'eut que la cinquième. L'éloignement de Mme de Montgon en Auvergne ne lui permit pas d'être du voyage. Laissons-les aller et publier la paix à Paris et à Turin, où le maréchal Catinat fut reçu avec de grands honneurs, et y donna chez lui à dîner à M. de Savoie, et retournons sur le Rhin.

CHAPITRE XXIII.

Projet des Impériaux sur le Rhin. — Maréchal de Choiseul dans le Spirebach. — Raisons de ce camp. — Dispositions du maréchal de Choiseul. — Mouvements et dispositions du prince Louis de Bade. — Retraite des Impériaux. — Précautions du maréchal de

Choiseul à la cour, qui met en quartiers de fourrages et me donne congé. — Mort de M. Frémont, beau-père de M. le maréchal de Lorges. — Naissance de ma fille.

Après une longue oisiveté en ces armées et en Flandre, les vingt mille hommes de Hesse et d'autres contingents furent renvoyés au prince Louis de Bade, qui, avec ce qu'il avoit d'ailleurs, se trouva le double plus fort que le maréchal de Choiseul, et en état et en volonté d'entreprendre le siége de Philippsbourg, dont tous les amas étoient depuis l'hiver dans Mayence, et toutes les précautions prises depuis pour que rien n'y pût manquer. L'empereur pressoit l'exécution de ce dessein avec toute l'ardeur que lui inspiroit son dépit de la paix de Savoie, et son extrême désir de reculer la générale, à laquelle celle-là commençoit à donner un grand branle. Sur les avis que le maréchal de Choiseul en donna à la cour, il en reçut deux lettres fort singulières et en même temps contradictoires. Par la première, Barbezieux lui faisoit écrire par le roi de jeter huit de ses meilleurs bataillons dans Philippsbourg et quatre dans Landeau, et de se retirer après en pays de sûreté contre l'invasion du prince Louis. Il faut remarquer que le maréchal n'avoit dans son armée que douze bons bataillons et que tout le reste de son infanterie étoit de nouvelles levées, ou des bataillons de salade ramassés des garnisons. En suivant cet ordre il n'avoit plus à compter sur ce qui lui seroit resté d'infanterie, et en abandonnant ces places au renfort qu'il y auroit jeté, l'exemple récent de Namur devoit persuader qu'elles n'en seroient pas moins perdues. Par l'autre lettre en réponse au maréchal, le roi lui marquoit qu'il n'étoit pas persuadé que le prince Louis pensât à passer le Rhin à Mayence, mais que, s'il songeoit à l'entreprendre, il se persuadoit que la maréchal l'empêcheroit bien d'y déboucher, c'est-à-dire empêcher un ennemi de passer sur un pont à lui, dans une place à lui, et de déboucher sur une contrescarpe à lui, dans une plaine.

Le maréchal haussa les épaules, et proposa au moins d'envoyer le marquis d'Harcourt le renforcer, qui demeuroit oisif où il étoit dans la situation présente. Harcourt, accoutumé à commander en chef, ami de Barbezieux et grand maître en souterrains à la cour, ne vouloit point tâter de cette jonction. Il proposa à la cour et au maréchal des partis téméraires, bien sûr qu'ils ne les adopteroient pas, et que l'honneur de les avoir imaginés lui en [reviendroit]. Le maréchal, aux ordres duquel il n'étoit point comme de ceux qui étoient en Flandre, ne pouvoit se soumettre à lui en donner; et Harcourt, qui le sentoit, et qui le savoit mal de tout temps avec son ami Barbezieux, alloit à son fait de ne point joindre et se moquoit de lui. Cette conduite ouvrit les yeux au maréchal sur ses artifices; il ne compta plus que sur soi-même, et résolut de laisser dire Harcourt et ordonner à la cour, [et] de ne suivre, à tous risques pour lui même, que le parti unique par lequel il crut sauver Philippsbourg et Landau. Il se retira donc sur son infanterie que, pour la commodité des fourrages, il avoit laissée derrière, entra dans le Spirebach, et fit une des plus belles choses qu'on eût vues depuis bien longtemps à la guerre.

Le prince Louis passa le Rhin avec sa cavalerie à Mayence, après avoir conféré avec le landgrave de Hesse, qui vint passer la Nave auprès de Mayence, qui vint après le long des montagnes et se saisit sans peine, chemin faisant, de Neu-Linange, de Kirken et d'autres postes que nous y avions, tandis que le prince Louis vint à Oppenheim, où son infanterie, son artillerie et ses bagages le joignirent par un pont de bateaux; il en fit descendre un à Worms, tant pour tirer ce qu'ils voudroient de l'autre côté du Rhin, que pour communiquer avec le baron de Thungen, commandant de Mayence, qui avoit environ quinze mille hommes aux vallées de Ketsch et vers Fribourg, avec des bateaux pour nous donner par nos derrières l'inquiétude du siége de cette place, ou d'un passage du Rhin. La cour alors avoit changé d'avis, et auroit voulu que le maréchal de Choiseul eût combattu le prince Louis aux plaines d'Alney. Il étoit plus fort que nous du double; et s'il avoit battu notre armée, il eût aisément pris Landau, fort méchante place alors, et eût été le maître d'emporter le fort qui couvroit le bout d'en deçà du pont de Philippsbourg, de brûler ce pont, de ravager l'Alsace, de s'établir pour l'hiver à Spire, d'empêcher M. d'Harcourt de déboucher les montagnes, puis de faire tout à son aise le siége de Philippsbourg.

Ces mêmes raisons détournèrent le maréchal de croire ceux qui lui proposoient de se mettre à Durckheim : cette petite ville ruinée et non tenable étoit bien au pied des montagnes, mais entre elles et l'endroit où les montagnes s'escarpent et se couvrent, il y avoit un grand espace de terrain à passer plusieurs colonnes de front; d'ailleurs, le marais qui auroit couvert l'armée étoit en figure de T dont la queue la séparoit. Il auroit donc fallu force ponts de communication sur cette queue, et on laisse à penser de quelles ressources sont de telles communications à une armée attaquée par le double d'elle. Le marquis d'Huxelles proposa de se mettre le cul au Rhin et le nez à la montagne. Ce parti conservoit Spire et nous en appuyoit, mais il abandonnoit Neustadt, le livroit au prince Louis pour un entrepôt très-commode pour ses vivres, et un passage assuré derrière Landau pour passer en Alsace et la ruiner, sans crainte que nous osassions nous déplacer; il nous ôtoit en même temps en fort peu de jours toute subsistance, parce que nous ne pouvions tirer de fourrages que de l'Alsace, et bientôt les vivres, que Thungen ne nous auroit pas même laissé descendre aisément par le Rhin. D'autres proposèrent la position contraire, le cul à Landau et la tête au Rhin. Celui-là tenoit Landau et Neustadt, mais il laissoit tout le chemin de l'Alsace libre aux ennemis, l'important poste de Spire, d'où, une fois établis, ils pouvoient brûler le pont de Philippsbourg, s'en épargner la circonvallation de ce côté-ci, et en faire le siége de l'autre côté tout à leur aise. D'ailleurs bien établis à Spire, ils mettoient l'Alsace en contribution, minoient Landau et renvoyoient nos armées s'assembler bien loin. Se mettre derrière la petite rivière de Landau, laissoit tout en proie Neustadt, Spire, le pont de Philippsbourg, le passage en Alsace, Landau même. Tous ces partis, quelque mauvais qu'ils fussent, avoient leurs partisans considérables.

Le maréchal de Choiseul, bien résolu de n'aller qu'au meilleur, dans une conjoncture si importante, laissa écrire la cour et discourir qui voulut, et prit de soi tout seul l'unique parti qui sauvoit tous ces inconvénients. Il les avoit de longue main pourpensés, et s'y étoit préparé, autant qu'il l'avoit pu, dans la prévoyance de ce que les ennemis pourroient entreprendre. C'étoit de barrer la plaine derrière le Spirebach, de la montagne au Rhin, et de mettre par là Neustadt, Spire, Landau, Philippsbourg et l'Alsace à couvert. Lorsqu'il s'étoit avancé avec sa cavalerie, pour la commodité des fourrages, dans les plaines de Mayence, tandis qu'il n'étoit encore question de rien, et qu'il avoit laissé son infanterie en arrière, il avoit chargé le marquis d'Huxelles avec sa seconde ligne d'infanterie d'accommoder le Spirebach, et, quand il s'y vint mettre, il trouva cette besogne achevée et parfaitement bien faite, avec des redoutes d'espace en espace et tous les bords retranchés. Il avoit cependant obtenu la jonction du marquis d'Harcourt qui se fit fort attendre, et qui manda à la cour qu'il avoit joint deux jours plus tôt qu'il n'avoit fait. Comme il arrivoit par la montagne, il fut chargé de Neustadt et de tous ces postes-là. De la montagne aux bois il y avoit une bonne demi-lieue. Cet espace étoit fermé par les deux branches du Spirebach réduites en une par une retenue de distance en distance au dedans et au-dessus de Neustadt, qui formoit une inondation et un marais qui ne se pouvoient passer.

Là se trouvoit une commanderie ruinée, qui fut très-bien

accommodée, où on jeta quatre bataillons avec Condrieu, très-bon brigadier d'infanterie. De lui jusqu'au bois, des demi-lunes bien ajustées, toutes flanquées de deux pièces de canon de chaque côté, avec chacune un bataillon derrière pour s'y jeter à propos, et un espace entre chacune pour y recevoir un escadron; avec cela, Neustadt remparé et fortifié au mieux avec de l'artillerie, et Saint-Frémont, maréchal de camp, pour y commander sous Harcourt, et la plaine de Musbach, par où seulement les ennemis pouvoient venir, entièrement découverte et de toutes parts fouettée des batteries disposées pour cela. Le petit château de Hart, à mi-côte de la montagne, fut occupé et bien retranché, bien muni avec ce qu'il put tenir de monde choisi. C'étoit un petit castel blanc qui se voyoit de partout, un peu à côté et plus avancé au delà de Neustadt. Les bois devinrent bientôt un fonds de marais artificiel, par les retenues d'espace en espace du Spirebach qui y couloit. On y fit de grands abatis d'arbres, et tout du long semés de petits postes pour avertir seulement. En un endroit plus clair et au bord d'une petite plaine où il y avoit en deçà du ruisseau un moulin appelé Freymülh, dont on se servit avantageusement pour s'aider de l'eau à retenir et à inonder, on fit camper quatre bataillons appuyés de la cavalerie de notre droite, parce que la ligne s'étendoit jusque-là, et le quartier du marquis de Renti, lieutenant général fort bon et beau-frère du maréchal, n'en étoit pas éloigné. On mit un peu plus loin au village ruiné de Spirebach la brigade de cavalerie de Bissy avec de l'infanterie divisée par pelotons jusqu'à Spire où finissoient les bois. A Spire force de canons et beaucoup d'infanterie dans les retranchements, avec, pour cavalerie, la brigade du colonel général; le marquis d'Huxelles et le duc de La Ferté, lieutenants généraux, y commandoient, et sous eux Hautefort et Lalande, maréchaux de camp. De Spire au Rhin il n'y avoit pas l'espace pour un escadron. Le maréchal de Choiseul prit son quartier général au village de

Lackheim, vis-à-vis du commencement des bois, vers le centre de la cavalerie. Notre gauche de cavalerie joignoit la droite de celle du marquis d'Harcourt, mais un peu plus reculée; et lui se mit dans un petit village tout à fait dans la montagne, près de Neustadt, en deçà.

Les choses disposées de la sorte, on continua à perfectionner les retranchements partout où on crut qu'il en étoit besoin; et on attendit avec une tranquillité très-vigilante ce que les ennemis pourroient ou voudroient entreprendre. On montoit tous les soirs un gros bivouac à la tête des camps, avec le maréchal de camp de jour à la droite et le brigadier de piquet à la gauche. Le mestre de camp de piquet se promenoit toute la nuit d'un bout à l'autre pour voir si tout étoit bien en état. J'étois encore cette campagne de la brigade qui formoit la seconde ligne de la gauche avec le bonhomme Lugny pour brigadier, très-galant homme, de qui je reçus mille honnêtetés, mais qui n'avoit ni l'esprit ni le monde qu'avoit Harlus, qui servoit, cette année, sur les côtes, avec le maréchal de Joyeuse. Le chevalier de Conflans étoit l'autre mestre de camp avec nous. C'étoit un très-bon officier, gaillard et de bonne compagnie, plaisant en liberté, avec de l'esprit, qui savoit fort vivre et dont je m'accommodai fort. Il étoit cadet du marquis de Conflans, mestre de camp général en Catalogne pour le roi d'Espagne, qui lui avoit donné la Toison d'or, et qui le fit, l'année suivante, vice-roi de Navarre et grand d'Espagne de la troisième classe, dont la grandesse périt avec eux comme nos ducs à brevet. Ils étoient ou petits-fils ou fort proches, et de même nom, de ce baron de Batteville ou Vatteville, qui, étant ambassadeur d'Espagne en Angleterre, fit cette insulte pour la préséance au maréchal d'Estrades, ambassadeur de France, qui fit tant de fracas et qui fut suivie de la déclaration solennelle que l'ambassadeur d'Espagne en France eut ordre de faire au roi, de ne plus prétendre en nul lieu de compétence avec lui.

Le prince Louis, supérieur au maréchal de Choiseul et au marquis d'Harcourt joints, de plus de vingt-deux mille hommes, campa deux jours après notre arrivée à une demi-lieue de nous derrière le village de Musbach, à la vue de nos montagnes, et se mit à ouvrir des chemins dans les leurs. On les vit se donner de grands mouvements pendant plusieurs jours sans qu'on en pût deviner la cause, lorsque après avoir longé notre front bien des fois, et s'en être approchés tant qu'ils purent pour reconnoître, et avoir cherché inutilement par où pouvoir attaquer, on s'aperçut qu'ils avoient établi des batteries sur des montagnes qui sembloient inaccessibles, d'où ils firent grand bruit de canon. C'étoient trois batteries de gros canon à diverses hauteurs, dont une sur la crête tout au haut, et on distinguoit très-clairement les tentes de trois bataillons qui campoient auprès. Ils occupèrent diverses maisons éparses le long de la montagne, auprès de ce petit château de Hart, le canonnèrent, et firent remuer quelque cavalerie du marquis d'Harcourt incommodée de cette artillerie. Ce petit castel les mit en colère, dont ils ne touchoient que le haut des toits. Ils baissèrent donc une batterie avec laquelle ils y firent une grande brèche; ils y donnèrent quelques assauts sans succès, jusqu'à ce que le brave officier qui y commandoit, se voyant ouvert de toutes parts et sans nulle espérance de pouvoir être secouru, prit le temps d'un assaut plus grand que les précédents pour faire retirer sa garnison par un trou qu'il avoit pratiqué, et sortit le dernier de sa place qu'il avoit bravement défendue six jours durant à la vue des deux armées, et se retira avec ses gens à Neustadt, avec une jambe qu'il se cassa en sortant. Il fut loué et caressé de toute l'armée; le maréchal lui donna le peu qu'il avoit d'argent, et lui procura une gratification. Il avoit laissé une traînée de poudre où il mit le feu, qui fut fatale aux premiers qui se jetèrent dans leur conquête. Cet exploit achevé, les Impériaux changèrent et augmentèrent leurs batteries et en battirent la porte de

Neustadt de notre côté par-dessus la ville, ce qui n'eut d'autre effet que de faire hâter le pas à ceux qui entroient ou sortoient.

Au bout d'un mois ils s'aperçurent si bien de l'inutilité de leur canonnade et de l'impossibilité d'attaquer nos retranchements avec le moindre succès, qu'ils se tournèrent à d'autres moyens pour nous obliger à les abandonner; ils envoyèrent donc faire des courses sur la Sarre jusque vers Metz, et ils ordonnèrent à Thungen de ne rien oublier pour passer diligemment en Alsace. Sur les avis qu'on en eut, Gobert, excellent brigadier de dragons, fut envoyé avec un gros détachement sur la Sarre, et le marquis d'Huxelles sur le haut Rhin joindre Puysieux avec un régiment de cavalerie, des dragons et de l'infanterie, et Chamilly fut mis à Spire à la place d'Huxelles. Puysieux, lieutenant général et gouverneur d'Huningue, n'avoit presque point d'autres troupes pour la garde du haut Rhin que des compagnies franches du Rhin, un ramas de garnisons et des paysans. Thungen, outre ses ordres, mouroit d'envie de passer et de faire du pis qu'il pourroit, de dépit d'avoir été enlevé tout au commencement de la campagne par un parti d'infanterie qui s'étoit glissé tout contre Mayence, d'où il l'avoit mené à Philippsbourg. Il avoit fallu payer pour en sortir libre, et cela joint à l'affront l'avoit mis fort en colère; mais il fut observé de si près qu'il ne put jamais tenter le passage. Sur la Sarre, Gobert ne leur donna pas loisir de courir ni de piller, tellement que les Impériaux, sentant enfin qu'une plus longue opiniâtreté ne feroit qu'augmenter leur honte, résolurent de se retirer. Je m'aperçus étant de piquet, et me promenant la nuit le long de nos bivouacs, d'une diminution dans leurs feux ordinaires, qui avec les nôtres faisoient dans ces montagnes et au bas un effet singulier et tout à fait beau, et le matin nous n'entendîmes point leur canon. Dès qu'il fit un peu clair, j'allai vers nos demi-lunes trouver le maréchal de Choiseul qui s'y promenoit déjà, et nous vîmes qu'ils n'avoient plus ni canon, ni camp, ni personne sur leurs montagnes. Un gros brouillard, qui nous en ôta incontinent la vue, tomba sur les neuf ou dix heures du matin, et nous laissa apercevoir à découvert leur retraite. Ils marchoient en bataille derrière la plaine de Musbach, où ils avoient laissé divers petits pelotons de cavalerie épars, pour nous observer et escarmoucher s'ils étoient suivis. Harcourt vint trouver le maréchal à une batterie élevée où nous étions, et chacun fut fort aise d'être délivré d'un ennemi si peu à craindre dans le poste où nous étions, mais d'ailleurs si importun par la vigilance que demandoit un si proche voisinage. Saint-Frémont qui se trouvoit de jour, étoit sorti avec quelques gardes ordinaires à la tête du village de Weintzingen sous Neustadt; il eut envie de se faire valoir à bon marché, et envoya à plusieurs reprises demander quelques troupes au maréchal pour pousser ce qui étoit dans la plaine, dont à la fin ce dernier s'impatienta.

Comme son projet avoit été d'arrêter les ennemis et non d'aller à eux pour les combattre, mais de rompre tous leurs desseins en barrant de la montagne au Rhin, nos inondations étoient faites en sorte qu'il n'y avoit que deux ouvertures par lesquelles on ne pouvoit sortir qu'un à un. La raison du maréchal fut donc que s'il n'y avoit dans la plaine que ces petits pelotons que nous voyions, ce n'étoit pas la peine d'aller à eux pour leur faire doubler le pas; que si, au contraire, il y avoit des troupes derrière les haies et ce qui bornoit notre vue, il ne falloit pas exposer Saint-Frémont à être battu sous nos yeux sans pouvoir être secouru et faire ainsi, sans raison, une mauvaise affaire et honteuse, d'une bonne, puisque les ennemis se retiroient sans avoir pu exécuter quoi que ce soit. Saint-Frémont, qui avoit aussi ses souterrains et qui étoit ami du marquis d'Harcourt, ne laissa pas d'être accusé d'avoir écrit: qu'il n'avoit tenu qu'au maréchal de Choiseul de battre l'arrière-garde des ennemis, sans qu'il eût pu le lui persuader. Les ennemis avoient retiré leurs postes le long du ruisseau et des inondations qui n'étoient qu'à une portée de carabine des nôtres, toute la nuit précédente en grand silence, et y avoient laissé leurs feux tant qu'ils avoient pu durer, et en même temps retiré tout ce qu'ils avoient de canons en batteries; et l'artillerie qui n'y étoit pas et leurs bagages, [ils] les avoient fait passer à Worms avec quelque peu de troupes sur leur pont de bateaux qu'ils défirent aussitôt après. Leur armée marcha fort vite à Mayence où elle repassa le Rhin, dédaigna de prendre Eberbourg et Kirn, deux bons châteaux qu'il ne tenoit qu'à eux de prendre, et se mit aussitôt après en quartiers de fourrage, non sans force querelles entre les généraux, enragés d'avoir tant éclaté en menaces et en grands projets et de n'avoir pu rien exécuter. Cela fut uniquement dû à la capacité et à la fermeté tout ensemble du maréchal de Choiseul, qui laissa tonner la cour, crier ses premiers officiers généraux, intriguer M. d'Harcourt, sans s'ébranler en aucune sorte.

Le lendemain de cette retraite, nous fûmes voir leurs camps et leurs travaux, et nous admirâmes les peines qu'ils eurent sans doute à guinder leur canon si haut, et le reste de leurs ouvrages qui nous parurent prodigieux. Les fourrages leur manquoient, ils tiroient de fort loin leurs vivres, tout enfin les avoit obligés à la retraite. Le maréchal avoit gardé toutes les lettres du marquis d'Harcourt et la copie de ses réponses. Il avoit mis un petit commentaire concis et fort, en marge, vis-à-vis des endroits qui le demandoient et avoit envoyé tout cela au roi dans un grand cahier.

N'y ayant plus rien à faire et les troupes allant dans leurs quartiers de fourrage, je voulus m'en aller à Paris. Le mois d'octobre étoit fort avancé, Mme de Saint-Simon avoit perdu M. Frémont, père de Mme la maréchale de Lorges, et elle étoit en même temps heureusement accouchée de ma fille le 8 septembre. Le maréchal me le permit; il m'avoit traité avec tant de politesse et d'attention que je m'attachai à lui, et qu'il me donna enfin sa confiance, dont à mon âge je me sentis fort honoré. Je savois tout ce qui s'étoit passé entre le marquis d'Harcourt et lui, et il m'avoit montré ce cahier qu'il avoit envoyé au roi. Il me pria de conter tous ces détails au duc de Beauvilliers en arrivant, et de l'engager à le servir, ce que j'exécutai tout à fait à la satisfaction du maréchal.

CHAPITRE XXIV.

Noire invention à mon retour. M. de la Trappe peint de mémoire. — M. de Savoie avec l'armée du roi assiége Valence. — Il lève le siége par la neutralité d'Italie. — Tout accompli avec lui, et son ministre mené pour le premier des ministres étrangers à Marly. — La princesse, au Pont-de-Beauvoisin, a le rang de duchesse de Bourgogne. — Prétention étrange du comte de Brionne à l'égard de M. de Savoie. — Le roi à Montargis au-devant de la princesse. — Arrivée à Fontainebleau ; présentation. — Retour à Versailles. — Des présentations. — Grâces de la princesse, qui charment le roi et Mme de Maintenon. — Mlles de Soissons ont défense de voir la princesse.

En arrivant à Paris, je trouvai la cour à Fontainebleau. Comme j'étois arrivé un peu devant les autres, je ne voulus pas que le roi le sût sans me voir, et me crût de retour en cachette. Je voulois de plus voir M. de Beauvilliers, sur le maréchal de Choiseul. Je me hâtai donc d'aller à Fontainebleau où je fus très-bien reçu, et le roi, à son ordinaire de mes retours, me parla avec bonté, en me disant toutefois que j'étois revenu un peu tôt, mais ajoutant qu'il n'y avoit point de mal.

J'avois un voyage en tête à brusquer, dont je parlerai tout à l'heure, qui me pressoit de m'en retourner à Paris après mes premiers devoirs rendus, lorsqu'au sortir du lever du roi, comptant monter en chaise tout de suite, Louville me mena dans la salle de la comédie, ouverte alors et où il n'y avoit jamais personne les matins, qui étoit au bout de la salle des gardes. Là il m'avertit qu'il s'étoit répandu que lorsqu'en faisant ma révérence au roi, il m'avoit dit qu'il se réjouissoit de me voir de retour en bonne santé, quoique un peu tôt, je lui avois répondu que j'avois mieux aimé le venir voir tout en arrivant comme ma seule maîtresse, que de demeurer quelques jours relaissé à Paris, comme faisoient les jeunes gens avec les leurs. A ce récit le feu me monta au visage. Je rentrai chez le roi, où il y avoit encore beaucoup de monde, devant qui je m'exhalai sur ce qui me venoit d'être rapporté, et j'ajoutai que je donnerois volontiers bien de l'argent pour savoir qui avoit inventé et semé cette noire friponnerie, afin, quel qu'il fût, de lui en donner le démenti et force coups de bâton au bout, pour lui apprendre à calomnier d'honnêtes gens, à lui et aux faquins ses semblables. Je demeurai tout le jour à Fontainebleau cherchant le monde pour répéter ces propos, et que, si un grand coquin demeuroit assez caché pour échapper au châtiment, j'espérois du moins qu'il en apprendroit la menace, et qu'il l'entendroit peut-être lui-même assez pour en faire son profit, et laisser les gens d'honneur en repos.

Ma colère et mes discours firent la nouvelle. M. le maréchal de Lorges, qui avoit le bâton, et m'avoit coupé la parole sur mon arrivée un peu tôt, en sorte que je n'y pus rien du tout répondre au roi, quand je l'aurois voulu, bien loin d'ailleurs d'une si indigne flatterie, et beaucoup de vieux seigneurs avec lui, me blâmèrent d'avoir parlé si haut, en tels termes, dans la maison du roi et jusque dans son appartement. Je les laissai dire parce qu'ils ne m'apprenoient rien que je n'eusse bien prévu ; mais de deux maux j'avois choisi le moindre, qui étoit une réprimande du roi, ou peut-être quelques jours de Bastille, et j'avois évité le

plus grand, qui étoit de laisser croire la chose vraie à mon
âge, et encore peu connu de la plupart du monde, et me
laisser passer pour un infâme délateur de toute la jeunesse,
pour faire bassement et misérablement ma cour. Le roi n'en
sut rien, ou voulut bien l'ignorer, le bruit que je fis étouffa
sa cause et me fit honneur; et je m'en allai faire mon petit
voyage, dont je parlerai ici tout de suite.

Il y avoit longtemps que l'attachement que j'avois pour
M. de la Trappe, et mon admiration pour lui me faisoient
désirer extrêmement de pouvoir conserver sa ressemblance
après lui, comme ses ouvrages en perpétueroient l'esprit et
les merveilles. Son humilité sincère ne permettoit pas qu'on
pût lui demander la complaisance de se laisser peindre. On
en avoit attrapé quelque chose au chœur, qui produisit
quelques médailles assez ressemblantes, mais cela ne me
contentoit pas. D'ailleurs, devenu extrêmement infirme, il
ne sortoit presque plus de l'infirmerie, et ne se trouvoit plus
en lieu où on le pût attraper. Rigault étoit alors le premier
peintre de l'Europe pour la ressemblance des hommes et
pour une peinture forte et durable; mais il falloit persuader
à un homme aussi surchargé d'ouvrages de quitter Paris
pour quelques jours, et voir encore avec lui si sa tête seroit
assez forte pour rendre une ressemblance de mémoire. Cette
dernière proposition, qui l'effraya d'abord, fut peut-être le
véhicule de lui faire accepter l'autre. Un homme qui excelle
sur tous ceux de son art est touché d'y exceller d'une
manière unique; il en voulut bien faire l'essai, et donner
pour cela le temps nécessaire. L'argent, peut-être, lui plut
aussi. Je me cachois fort, à mon âge, de mes voyages de
la Trappe; je voulois donc entièrement cacher aussi le
voyage de Rigault, et je mis pour condition de ma part qu'il
ne travailleroit que pour moi, qu'il me garderoit un secret
entier, et que, s'il en faisoit une copie pour lui, comme il
le vouloit absolument, il la garderoit dans une obscurité
entière, jusqu'à ce qu'avec les années, je lui permisse de la

laisser voir. Du mien, il voulut mille écus comptant à son retour, être défrayé de tout, aller en poste en chaise en un jour, et revenir de même. Je ne disputai rien et le pris au mot de tout. C'étoit au printemps, et je convins avec lui que ce seroit à mon retour de l'armée, et qu'il quitteroit tout pour cela. En même temps je m'étois arrangé avec le nouvel abbé, M. Maisne, secrétaire de M. de la Trappe, et retiré là depuis bien des années, et M. de Saint-Louis, ancien brigadier de cavalerie, fort estimé du roi, retiré là aussi depuis longtemps, desquels j'aurai ailleurs occasion de parler, et qui ne désiroient pas moins que moi ce portrait de M. de la Trappe.

Revenant donc de Fontainebleau, je ne couchai qu'une nuit à Paris, où en arrivant j'avois pris mes mesures avec Rigault, qui partit le lendemain de moi. J'avertis en arrivant mes complices, et je dis à M. de la Trappe qu'un officier de ma connoissance avoit une telle passion de le voir, que je le suppliois d'y vouloir bien consentir (car il ne voyoit plus presque personne); j'ajoutai que, sur l'espérance que je lui en avois donnée, il alloit arriver, qu'il étoit fort bègue, et ne l'importuneroit pas de discours, mais qu'il comptoit s'en dédommager par ses regards. M. de la Trappe sourit avec bonté, trouva cet officier curieux de bien peu de chose, et me promit de le voir. Rigault arrivé, le nouvel abbé, M. Maisne et moi le menâmes dès le matin dans une espèce de cabinet qui servoit le jour à l'abbé pour travailler, et où j'avois accoutumé de voir M. de la Trappe, qui y venoit de son infirmerie. Ce cabinet étoit éclairé des deux côtés, et n'avoit que des murailles blanches, avec quelques estampes de dévotion, et des siéges de paille, avec le bureau sur lequel M. de la Trappe avoit écrit tous ses ouvrages, et qui n'étoit encore changé en rien. Rigault trouva le lieu à souhait pour la lumière; le père abbé se mit au lieu où M. de la Trappe avoit accoutumé de s'asseoir avec moi à un coin du cabinet, et heureusement Rigault le trouva tout propre à le bien regarder à son point. De là, nous le conduisîmes en un autre endroit où nous étions bien sûrs qu'il ne seroit vu ni interrompu de personne. Rigault le trouva fort à propos pour le jour et la lumière, et il y porta aussitôt tout ce qu'il lui falloit pour l'exécution.

L'après-dînée, je présentai mon officier à M. de la Trappe ; il s'assit avec nous dans la situation qu'il avoit remarquée le matin, et demeura environ trois quarts d'heure avec nous. Sa difficulté de parler lui fut une excuse de n'entrer guère dans la conversation, d'où il s'en alla jeter sur sa toile toute préparée les images et les idées dont il s'étoit bien rempli. M. de la Trappe, avec qui je demeurai encore longtemps, et que j'avois moins entretenu que songé à l'amuser, ne s'aperçut de rien, et plaignit seulement l'embarras de la langue de cet officier. Le lendemain, la même chose fut répétée. M. de la Trappe trouva d'abord qu'un homme qu'il ne connoissoit point, et qui pouvoit si difficilement mettre dans la conversation, l'avoit suffisamment vu, et ce ne fut que par complaisance qu'il ne voulut pas me refuser de le laisser venir. J'espérois qu'il n'en faudroit pas davantage, et ce que je vis du portrait me le confirma, tant il me parut bien pris et ressemblant ; mais Rigault voulut absolument encore une séance pour le perfectionner à son gré : il fallut donc l'obtenir de M. de la Trappe, qui s'en montra fatigué, et qui me refusa d'abord, mais je fis tant, que j'arrachai plutôt que je n'obtins de lui cette troisième visite. Il me dit que, pour voir un homme qui ne méritoit et qui ne désiroit que d'être caché, et qui ne voyoit plus personne, tant de visites étoient du temps perdu et ridicules ; que pour cette fois il cédoit à mon importunité, et à la fantaisie que je protégeois d'un homme qu'il ne pouvoit comprendre, et qui ne se connoissoient ni n'avoient rien à se dire ; mais que c'étoit au moins à condition que ce seroit la dernière fois et que je ne lui en parlerois plus. Je dis à Rigault de faire en sorte de n'avoir plus à y revenir, parce qu'il n'y avoit plus moyen de l'espérer. Il m'assura qu'en une demi-heure il auroit tout ce qu'il s'étoit proposé, et qu'il n'auroit pas besoin de le voir davantage. En effet, il me tint parole, et ne fut pas la demi-heure entière.

Quand il fut sorti, M. de la Trappe me témoigna sa surprise d'avoir été tant et si longtemps regardé, et par une espèce de muet. Je lui dis que c'étoit l'homme du monde le plus curieux, et qui avoit toujours eu le plus grand désir de le voir, qu'il en avoit été si aise qu'il m'avoit avoué qu'il n'avoit pu ôter les yeux de dessus lui, et que de plus, étant aussi bègue qu'il l'étoit, la conversation où il ne pouvoit entrer de suite ne l'ayant point détourné, il n'avoit songé qu'à se satisfaire en le regardant tout à son aise. Je changeai de discours le plus promptement que je pus, et sous prétexte de le mettre sur des choses qui ne s'étoient pu dire devant Rigault, je cherchai à le détourner des réflexions sur des regards qui, n'étant que pour ce que je les donnai, étoient en effet si peu ordinaires, que je mourois toujours de peur que leur raison véritable ne lui vînt dans l'esprit, ou qu'au moins il n'en eût des soupçons qui eussent rendu notre dessein ou inutile ou fort embarrassant à achever. Le bonheur fut tel qu'il ne s'en douta jamais.

Rigault travailla le reste du jour et le lendemain encore sans plus voir M. de la Trappe, duquel il avoit pris congé, en se retirant d'auprès de lui la troisième fois, et fit un chef-d'œuvre aussi parfait qu'il eût pu réussir en le peignant à découvert sur lui-même. La ressemblance dans la dernière exactitude, la douceur, la sérénité, la majesté de son visage, le feu noble, vif, perçant de ses yeux si difficile à rendre, la finesse et tout l'esprit et le grand qu'exprimoit sa physionomie, cette candeur, cette sagesse, paix intérieure d'un homme qui possède son âme, tout étoit rendu, jusqu'aux grâces qui n'avoient point quitté ce visage exténué par la pénitence, l'âge et les souffrances. Le matin je lui fis prendre en crayon le père abbé assis au bureau de M. de la

Trappe pour l'attitude, les habits et le bureau même tel qu'il étoit, et il partit le lendemain avec la précieuse tête qu'il avoit si bien attrapée et si parfaitement rendue, pour l'adapter à Paris sur une toile en grand, et y joindre le corps, le bureau et tout le reste. Il fut touché jusqu'aux larmes du grand spectacle du chœur et de la communion générale de la grand'messe le jour de la Toussaint, et il ne put refuser au père abbé une copie en grand pareille à mon original. Il fut transporté de contentement d'avoir si parfaitement réussi d'une manière si nouvelle et sans exemple, et dès qu'il fut à Paris, il se mit à la copie pour lui et à celle pour la Trappe, travaillant par intervalles aux habits et au reste de ce qui devoit être dans mon original. Cela fut long, et il m'a avoué que de l'effort qu'il s'étoit fait à la Trappe, et de la répétition des mêmes images qu'il se rappeloit pour mieux exécuter les copies, il en avoit pensé perdre la tête, et s'étoit trouvé depuis dans l'impuissance pendant plusieurs mois de travailler du tout à ses portraits. La vanité l'empêcha de me tenir parole malgré les mille écus que je lui fis porter le lendemain de son arrivée à Paris. Il ne put se tenir avec le temps, c'est-à-dire trois mois après, de montrer son chef-d'œuvre avant de me le rendre, et par là de rendre mon secret public. Après la vanité vint le profit qui acheva de le séduire, et par la suite, il a gagné plus de vingt-cinq mille livres en copies, de son propre aveu, et c'est ce qui fit la publicité. Comme je vis que c'en étoit fait, je lui en commandai moi-même après lui avoir reproché son infidélité, et j'en donnai quantité.

Je fus très-fâché du bruit que cela fit dans le monde, mais je me consolai par m'être conservé pour toujours une ressemblance si chère et si illustre, et avoir fait passer à la postérité le portrait d'un homme si grand, si accompli et si célèbre. Je n'osai jamais lui avouer mon larcin; mais, en partant de la Trappe, je lui en laissai tout le récit dans une lettre par laquelle je lui en demandois pardon. Il en fut peiné à l'excès, touché et affligé; toutefois il ne put me garder de colère. Il me récrivit que je n'ignorois pas qu'un empereur romain disoit : qu'il aimoit la trahison, mais qu'il n'aimoit pas les traîtres; que pour lui il pensoit tout autrement, qu'il aimoit le traître, mais qu'il ne pouvoit que haïr sa trahison. Je fis présent à la Trappe de la copie en grand, d'une en petit, et de deux en petit, c'est-à-dire en buste, à M. de Saint-Louis et à M. Maisne, que j'envoyai tout à la fois. M. de la Trappe avoit depuis quelques années la main droite ouverte, et ne s'en pouvoit servir. Dès que j'eus mon original où il est peint, la plume à la main, assis à son bureau, je fis écrire cette circonstance derrière la toile, pour qu'à l'avenir elle ne fît point erreur, et surtout la manière dont il fut peint de mémoire, pour qu'il ne fût pas soupçonné de la complaisance de s'y être prêté. J'arrivai à Paris la veille que le roi devoit arriver de Montargis à Fontainebleau avec la princesse, et je m'y trouvai à la descente de son carrosse. J'avois espéré de cacher ainsi parfaitement mon petit voyage.

Avant de parler de la princesse de Savoie, il faut dire un mot de ce qui se passoit en Italie. M. de Savoie, tout à fait déclaré et enhardi en même temps par une manière de défaite assez considérable des Impériaux en Hongrie par le Grand Seigneur en personne, parla plus haut sur la neutralité. Leganez, gouverneur du Milanois, se laissoit entendre qu'il avoit les pleins pouvoirs d'Espagne; Mansfeld, commissaire général de l'empereur en Italie, s'y opposoit toujours de sa part. On comprit ce manége, et pour le mettre au net, M. de Savoie s'alla mettre le 15 septembre à la tête de l'armée du maréchal Catinat, pour entrer dans le Milanois, et fit le siége de Valence. Sur quoi les alliés, qui n'avoient rien voulu conclure avec le marquis de Saint-Thomas que M. de Savoie leur avoit envoyé à Milan, lui déclarèrent la guerre dans toutes les formes; et, pour la faire compter comme bien certaine, envoyèrent en même temps le cartel pour l'échange des prisonniers qui se feroient de part et d'autre. Ce n'étoit qu'une dernière tentative. Ils se rendirent bientôt traitables, et dans le 10 octobre la neutralité d'Italie fut signée de part et d'autre, telle que M. de Savoie l'avoit proposée, qui en même temps leva le siége de Valence; et le maréchal Catinat ne songea plus qu'à faire repasser les monts à son armée. Les restitutions stipulées avec M. de Savoie lui furent faites; les ducs de Foix et de Choiseul eurent liberté de revenir, et Gouvon, envoyé extraordinaire de M. de Savoie, vint en remercier le roi, et, en attendant un ambassadeur, se trouver à l'arrivée de la princesse. C'étoit un homme habile, de beaucoup d'esprit et de politesse, fort fait aux cours, et qui plut extrêmement à tout le monde. Le roi prit du goût [pour lui] et le distingua jusqu'à le mener à Marly, familiarité que jusqu'à lui aucun ministre étranger n'avoit obtenue, et qui ne fut communiquée à aucun.

La maison de la princesse s'étoit arrêtée près de trois semaines à Lyon, en attendant qu'elle fût à portée du Pont-de-Beauvoisin, où elle la fut recevoir. Elle y arriva de bonne heure, le mardi 16 octobre, accompagnée de la princesse de La Cisterne et de Mme de Noyers. Le marquis de Dronero étoit chargé de toute la conduite, auquel, ainsi qu'aux officiers et aux femmes de sa suite, il fut distribué beaucoup de beaux présents de la part du roi. Elle se reposa dans une maison qui lui avoit été préparée du côté de Savoie et s'y para. Elle vint ensuite au pont, qui tout entier est de France, à l'entrée duquel elle fut reçue par sa nouvelle maison et conduite au logis du côté de France qui lui avoit été préparé. Elle y coucha, et le surlendemain elle se sépara de toute sa maison italienne sans verser une larme, et ne fut suivie d'aucun que d'une seule femme de chambre et d'un médecin qui ne devoit pas demeurer en France, et qui en effet furent bientôt renvoyés.

Avant de passer outre, il ne faut pas oublier deux choses qui arrivèrent en ce lieu, dont l'une fut cause du séjour que la princesse y fit. Le comte de Brionne, chargé au nom du roi de recevoir la princesse du marquis de Dronero qui la livroit au nom de M. de Savoie, prétendit être traité d'Altesse dans l'instrument de la remise où le duc de Savoie étoit traité d'Altesse royale; et il s'y opiniâtra si bien, quoi qu'on pût lui dire des deux côtés, que le marquis de Dronero, pour ne point arrêter plus longtemps la princesse, ôta l'Altesse des deux côtés en évitant de faire mention expresse de M. le duc de Savoie. Ce prince fut extrêmement offensé quand il apprit la difficulté du comte de Brionne, et le roi le trouva aussi fort mauvais, mais la chose étoit faite et terminée, et il ne s'en parla plus.

L'autre chose qui y arriva fut par un courrier du roi par lequel il arriva un ordre de traiter la princesse en tout comme fille de France, et comme ayant déjà épousé Mgr le duc de Bourgogne. L'embarras de son rang avec tout le monde engagea Monsieur à en prier le roi, les princes et princesses du sang à le désirer, et le roi à le faire. Ce courrier arriva sur le point de l'arrivée de la princesse, de manière qu'elle ne baisa que la duchesse du Lude et le comte de Brionne, et qu'il n'y eut que la duchesse du Lude assise devant elle. Par toutes les villes où elle passa, elle fut reçue comme duchesse de Bourgogne, et aux jours de séjour aux grandes villes, elle dîna en public servie par la duchesse du Lude; excepté les repas de séjour, ses dames mangèrent toujours avec elle. Elle marcha à petites journées.

Le dimanche 4 novembre, le roi, Monseigneur et Monsieur allèrent séparément à Montargis au-devant de la princesse, qui y arriva à six heures du soir, et fut reçue par le roi à la portière de son carrosse. Il la mena dans l'appartement qui lui étoit destiné dans la même maison de la ville où le roi étoit logé, puis lui présenta Monseigneur, Monsieur et M. le duc de Chartres. Tout ce qui fut rapporté des gentillesses et des flatteries pleines d'esprit, et du peu d'embarras, et avec cela de l'air mesuré et des manières respectueuses de la princesse, surprit infiniment tout le monde et charma le roi dès l'abord. Il la loua sans cesse et la caressa continuellement. Il se hâta d'envoyer un courrier à Mme de Maintenon[1], pour lui mander sa joie et les louanges de la princesse. Il soupa ensuite avec les dames du voyage, et fit mettre la princesse entre lui et Monseigneur.

Le lendemain le roi l'alla prendre, la mena à la messe, et dîna ensuite comme il avoit soupé la veille, et aussitôt après montèrent en carrosse, le roi et Monsieur au derrière, Monseigneur et la princesse au devant, de son côté à la portière la duchesse du Lude. Mgr le duc de Bourgogne les rencontra à Nemours, le roi le fit monter à l'autre portière, et sur les cinq heures du soir arrivèrent à Fontainebleau, dans la cour du Cheval-Blanc. Toute la cour étoit sur le fer à cheval, qui faisoit un très-beau spectacle avec la foule qui étoit en bas. Le roi menoit la princesse qui sembloit sortir de sa poche, et la conduisit fort lentement à la tribune un moment, puis au grand appartement de la reine mère qui lui étoit destiné, où Madame avec toutes les dames de la cour l'attendoient. Le roi lui nomma les premiers d'entre les princes et princesses du sang, puis dit à Monsieur de lui nommer tout le monde, et de prendre garde à lui faire saluer toutes les personnes qui le devoient faire, et qu'il alloit se reposer. Monseigneur s'en alla aussi, l'un chez Mme de Maintenon, l'autre chez Mme la princesse de Conti, qui ne s'habilloit pas encore, d'une loupe qu'elle s'étoit fait ôter de dessus un œil et qu'elle en avoit pensé perdre. Monsieur demeura donc à côté de la princesse tous deux debout, lui nommant tout ce qui, hommes et dames, lui venoient baiser le bas de la robe, et lui disoit de baiser les personnes qu'elle devoit, c'est-à-dire princes et princesses du sang, ducs et duchesses et autres tabourets, les maréchaux de France et leurs femmes. Cela dura deux bonnes heures,

---

1. Voy., à la fin du volume, la lettre que Louis XIV écrivit de Montargis à Mme de Maintenon.

puis la princesse soupa seule dans son appartement, où Mme de Maintenon et Mme la princesse de Conti ensuite, la virent en particulier. Le lendemain elle fut voir Monsieur et Madame chez eux, et Monseigneur chez Mme la princesse de Conti, et reçut force bijoux et pierrerie ; et le roi envoya toutes les pierreries de la couronne à Mme de Mailly pour en parer la princesse tant qu'elle voudroit.

Le roi régla qu'on la nommeroit tout court *la princesse*, qu'elle mangeroit seule, servie par la duchesse du Lude, qu'elle ne verroit que ses dames et celles à qui le roi en donneroit expressément la permission, qu'elle ne tiendroit point encore de cour, que Mgr le duc de Bourgogne n'iroit chez elle qu'une fois tous les quinze jours, et MM. ses frères une fois le mois. Toute la cour retourna le 8 novembre à Versailles, où la princesse eut l'appartement de la reine, et de Mme la Dauphine ensuite, et où, en arrivant, tout ce qui étoit demeuré à Paris de considérable se trouva et lui fut présenté tout de suite comme à Fontainebleau. Le roi et Mme de Maintenon firent leur poupée de la princesse, dont l'esprit flatteur, insinuant, attentif leur plut infiniment, et qui peu à peu usurpa avec eux une liberté que n'avoit jamais osé tenter pas un des enfants du roi, et qui les charma. Il parut que M. de Savoie étoit bien informé à fond de notre cour, et qu'il avoit bien instruit sa fille ; mais ce qui fut vraiment étonnant, c'est combien elle en sut profiter, et avec quelle grâce elle sut tout faire. Rien n'est pareil aux cajoleries dont elle sut bientôt ensorceler Mme de Maintenon, qu'elle n'appela jamais que *ma tante*, et avec qui elle en usa avec plus de dépendance et de respect qu'elle n'eût pu faire pour une mère et pour une reine, et avec cela une familiarité et une liberté apparentes qui la ravissoient et le roi avec elle.

Mlles de Soissons, qui tenoient dans Paris une conduite fort étrange et qui ne venoient point à la cour, eurent défense de voir la princesse. Elles étoient sœurs du comte de

Soissons et du prince Eugène de Savoie : celui-ci au service de l'empereur et parvenu aux premiers grades militaires, l'autre sorti de France depuis un an ou deux, où il avoit toujours demeuré, et rôdant l'Europe sans obtenir d'emploi nulle part.

CHAPITRE XXV.

Plénipotentiaires nommés pour la paix. — Harlay conseiller d'État. — Courtin conseiller d'État. — Courtin, Harlay et le duc de Chaulnes. — Callières. — Candidats pour la Pologne. — Prince de Conti. — Princes Constantin et Alexandre Sobieski, bien qu'incognito, baisent la princesse. — Vaine entreprise de Mme de Béthune de baiser la princesse. — Mariage de Coetquen avec une fille du duc de Noailles. — Mort de l'abbé Pelletier, conseiller d'État; du duc de Roannais. — Mme de Saint-Géran exilée. — Disgrâce de Rubantel. — Mme de Castries dame d'atours de Mme la duchesse de Chartres. — Mme de Jussac auprès de Mme la duchesse de Chartres.

Le roi, qui tenoit depuis quelque temps Callières secrètement en Hollande, l'y fit paroître comme son envoyé public après la neutralité d'Italie, et ne différa guère à nommer ses plénipotentiaires en Hollande, pour travailler à la paix, Courtin et Harlay, conseillers d'État, ce dernier gendre du conseiller, et Crécy en troisième. J'ai déjà fait connoître ce dernier. Harlay avoit déjà été inutilement sur les frontières de Hollande. C'étoit un homme d'esprit et fort du monde, qui avoit été longtemps intendant en Bourgogne et qui aimoit le faste. Le jugement ne répondoit pas à l'esprit, et il étoit glorieux comme tous les Harlay, mais il ne tenoit pas tant de leurs humeurs et de leurs esprices. En général son ambition le rendoit poli et cherchant à plaire et à se faire aimer. Il demeura, tôt après et avant même de partir, premier plénipotentiaire, parce que Courtin qui perdoit les yeux s'excusa. C'étoit un très-petit homme, bellot, d'une figure assez ridicule, mais plein d'esprit, de sens, de jugement, de maturité et de grâces, qui avoit vieilli dans les négociations, longtemps ambassadeur en Angleterre, et qui avoit plu et réussi partout. Il avoit été ami intime de M. de Louvois. Le roi lui parloit toutes les fois qu'il le voyoit, et le menoit même quelquefois à Marly, et c'étoit le seul homme de robe qui eût cette privance, et la distinction encore de paroître devant le roi et partout sans manteau comme les ministres. Pelletier de Sousy, frère du ministre, l'usurpa à son exemple depuis que le roi lui eut donné les fortifications, à la mort de M. de Louvois, qui le faisoient aller à Marly, mais seulement coucher deux nuits pour ses jours d'y travailler avec le roi.

Pour mieux faire connoître ces deux hommes qui ont tant influé au dehors, surtout Courtin, aux principales affaires, j'en veux rapporter deux aventures de leur vie. Tous deux étoient amis de M. de Chaulnes. Courtin étant intendant en Picardie, M. de Chaulnes lui recommanda fort ses belles terres de Chaulnes, Magny et Picquigny, qui sont d'une grande étendue, et Courtin ne put lui refuser le soulagement qu'il demandoit. La tournée faite, M. de Chaulnes fut fort content, et il espéra que cela continueroit de même; mais Courtin, venu à l'examen de ses impositions, trouva qu'il avoit fort surchargé d'autres élections de ce qu'il avoit ôté aux terres de M. de Chaulnes. Cela alloit loin, le scrupule lui en prit; il n'en fit pas à deux fois, il rendit du sien ce qu'il crut avoir imposé de trop à chaque paroisse par le soulagement qu'il avoit fait à celles de M. de Chaulnes, et quitta l'intendance sans que le roi l'y pût retenir. Le roi avoit tant de confiance en lui pour les affaires de la paix, qu'il le pressa de demeurer plénipotentiaire en consentant que Mme de Varangeville sa fille en eût le secret et écrivît tout sous lui, mais il ne put se résoudre au voyage ni au travail. Avec ses yeux sa santé diminuoit. Il avoit été fort galant et avoit passé toute sa vie dans les affaires et dans le plus grand monde, où il étoit fort goûté, et il voulut absolument mettre un intervalle entre la vie et la mort; aussi ne parut-il guère depuis et demeura fort retiré chez lui.

M. d'Harlay, avec une figure de squelette et de spectre, étoit galant aussi. Le chancelier Boucherat, son beau-père, étoit ami intime de M. de Chaulnes, et M. de Chaulnes, au temps de cette aventure, étoit aux couteaux tirés avec M. de Pontchartrain, premier président du parlement de Rennes : tous deux en Bretagne, et tous deux remuant l'un contre l'autre tout ce qu'ils pouvoient à la cour, à qui auroit le dessus dans leurs prétentions. Pontchartrain étoit aussi fort galant, et il avoit à Paris un commerce de lettres avec une femme avec qui il étoit fort bien, et qui avoit la confiance de tous ses ressorts contre M. de Chaulnes. Le diable fit qu'Harlay devint amoureux de cette même femme, et qu'elle crut tout accommoder, en ne se rendant pas cruelle au nouvel amant pour mieux servir l'autre. Le chancelier étoit instruit de tout par M. de Chaulnes, il étoit déclaré pour lui contre Pontchartrain. Tout ce qui se tramoit pour l'un contre l'autre se passoit sous les yeux de Boucherat, et fort souvent par son ministère. Il aimoit passionnément Mme d'Harlay, sa fille, et ne cachoit rien à Harlay qui logeoit avec lui. L'amour corrompit ce dernier jusqu'à livrer son ami à sa maîtresse, et à lui rendre compte de tout ce qui se passoit de plus secret contre Pontchartrain.

Ce manége eut à peine duré deux ou trois mois, qu'il se présenta une question fort importante pour les deux ennemis, sur laquelle tous les ressorts furent mis en mouvement de part et d'autre. Au plus fort de ces intrigues, Harlay vint de Versailles descendre chez sa dame qui trouva son récit si important, qu'elle exigea de lui de mettre par écrit toute sa découverte, tandis qu'elle écriroit à part à Pont-

chartrain pour ne lui pas envoyer un volume sous la même
enveloppe. Harlay etoit las, il fallut obéir et écrire chez
cette femme : l'écriture fut longue et détaillée. Le cabasset
s'échauffa, sa tête se remplit du nom de M. de Chaulnes,
tellement et si bien qu'il cachette sa lettre, met le dessus
à M. de Chaulnes au lieu de M. de Pontchartrain, et comme
il étoit jour de poste et que l'heure pressoit, s'en va et la
donne à un laquais pour la mettre à la poste, et se couche
très-fatigué. On peut juger de la surprise de M. de Chaulnes
qui connoissoit parfaitement l'écriture de M. d'Harlay, sur
l'amitié intime et le secours duquel il comptoit en toute
confiance et personnellement et par rapport au chancelier,
quand il se vit trahi de la sorte, et la douleur de Pontchartrain de ne point recevoir les avis importants d'Harlay,
annoncés par la lettre de son amie. Ils ne surent ce que la
lettre étoit devenue, mais Harlay se souvint de sa méprise,
fut outré, mais n'osa en avertir.

Le voilà dans une peine étrange de la juste colère de
M. de Chaulnes, et de l'usage qu'il feroit de sa trahison.
Il se voyoit perdu auprès de son beau-père, et pour le
monde dans un prédicament à le noyer, et en même temps
bien ridicule à son âge. Son parti fut le silence et d'attendre
la bombe. M. de Chaulnes, de son côté, sut profiter d'une
si lourde méprise, et ne sut pas moins n'en faire aucun
semblant. Harlay aux écoutes trembloit à chaque ordinaire
de Bretagne, et respiroit jusqu'au suivant; mais il transit
lorsqu'il sut M. de Chaulnes en chemin de Paris.

Il avoit accoutumé, les premiers jours de ses retours à
Paris, de donner à dîner au chancelier et à sa famille avec
quelques amis les plus particuliers. Jusque-là Harlay avoit
caracolé pour éviter partout M. de Chaulnes et pour l'aller
chercher chez lui, lorsqu'il s'étoit bien assuré de ne le
trouver pas. Mais le cœur lui battoit du dîner, s'il en seroit
prié à l'ordinaire, s'il iroit étant prié, et s'il y alloit, ce qu'il
y deviendroit, et quelle scène il y pourroit essuyer devant

son beau-père. Il y fut prié, et il y alla comme un homme qu'on mène à la potence. M. de Chaulnes avoit malicieusement fait tomber ce dîner à un jour d'ordinaire de Bretagne. La compagnie arrive, est reçue avec l'amitié ordinaire, mais pas un mot à M. d'Harlay. Vers le moment de servir, M. de Chaulnes regarde sa pendule, se tourne au chancelier, lui dit qu'on va dîner, qu'il est jour d'ordinaire de Bretagne, que toutes ses lettres sont faites, mais qu'il lui demande la permission de passer un demi-quart d'heure dans son cabinet, parce que sa coutume est toujours de les voir lui-même fermer, et regardant Harlay entre deux yeux, et mettre le dessus à ses lettres pour éviter les méprises qui arrivent quelquefois, et qui peuvent être fâcheuses, et tout de suite en souriant et toujours regardant Harlay, va dans son cabinet. Harlay, à ce qu'il a dit depuis à Valincourt qui me l'a conté, pensa évanouir, et se trouva effectivement assez mal pour le craindre; il le cacha pourtant, à quoi sa naturelle pâleur de mort le servit bien. Le maître d'hôtel vint avertir M. de Chaulnes, qui rioit dans son cabinet et s'épanouissoit de sa vengeance, sortit, fit passer le chancelier et les dames, prit Harlay par la main, et souriant toujours : « Allons, monsieur, et buvons ensemble : voilà comme je sais me venger. » A ces mots l'autre pensa fondre; il ne put répondre une parole; il dîna mal, trouva qu'on dînoit longtemps, et disparut dès qu'il le put sans trop d'affectation. Jamais il n'en a été question depuis de la part de M. de Chaulnes, et Harlay ne sachant plus que devenir avec un homme si offensé et si trahi, et en même temps si sage, si modéré, si maître de soi-même, il en pensa mourir de honte et de douleur. De ces deux plénipotentiaires il y a loin en soi, et avec le même duc de Chaulnes.

Callières fut enfin déclaré le troisième. C'étoit un Normand attaché en sa jeunesse à MM. de Matignon, pour qui il conserva toute sa vie beaucoup de respect et de mesure. Son père avoit été à eux. Il avoit beaucoup de lettres, beau-

coup d'esprit d'affaires et de ressources, et fort sobre et
laborieux, extrêmement sûr et honnête homme. Je ne sais
qui le produisit pour aller secrètement en Pologne, lorsqu'il
y fut question de l'élection du comte de Saint-Paul. Il s'y
conduisit fort bien, et y lia une grande amitié avec Morstein,
grand trésorier de Pologne, qui étoit fort françois, et avoit
fort travaillé pour l'élection du comte de Saint-Paul, qui ne
manqua que par la mort de ce candidat, tué au passage du
Rhin. Callières, qui se trouvoit bien de Morstein, demeura
avec lui, et comme ce sénateur étoit tout françois, son
témoignage fit employer Callières, tout porté sur les lieux,
en plusieurs négociations obscures dans le Nord, et même
en Hollande. On fut content du compte qu'il en vint rendre
plusieurs fois, et il s'acquit plusieurs amis partout où il
avoit été. Morstein, s'étant brouillé en Pologne jusqu'à
craindre pour sa liberté et pour sa vie, avoit, dans l'ap-
préhension de l'orage naissant, fait passer de gros fonds en
France, et les y suivit avec Callières quand il crut qu'il
en étoit temps. Il s'établit à Paris en homme fort riche, et
logea son ami avec lui. Il n'avoit qu'un fils, dont j'ai parlé
sur le siège de Namur, où il fut tué. Le père avoit acquis de
grandes terres, entre autres celles de la maison de Vitry, et
cherchoit à appuyer son fils d'une grande alliance. M. de
Chevreuse, plus touché de la grande raison de sans dot,
dans le mauvais état de ses affaires, que du désagrément de
prendre un proscrit de Pologne tombé ici des nues pour
gendre, en écouta volontiers la proposition. Callières en
fut le négociateur pour Morstein, et comme celui-ci étoit
détaché de toute autre chose que de l'alliance, l'affaire fut
bientôt conclue, et Callières s'acquit les bonnes grâces de
M. de Chevreuse. La mort du fils, puis du père, suivirent
d'assez près le mariage. Callières se livra à la protection
de M. de Chevreuse, à qui il plut par ses lettres et par son
esprit d'affaires et de raisonnement, et par le soin qu'il prit
des affaires des deux filles que son gendre avoit laissées.

C'étoit la vie et l'occupation de Callières, lorsque le hasard lui fit rencontrer dans les rues de Paris un marchand hollandois fort de ses amis et fort accrédité dans son pays, venu à Paris pour des affaires de prises et de négoces; ils renouvelèrent connoissance et amitié, parlèrent de la guerre et de la paix, et raisonnèrent tant ensemble, que le marchand lui avoua de bonne foi le besoin et le désir qu'avoit sa république de la paix. Ils approfondirent si bien que Callières crut en devoir rendre compte à M. de Chevreuse. Il n'étoit qu'un avec le duc de Beauvilliers, son beau-frère, qui étoit dans le conseil; il lui mena Callières; son récit fut goûté. Ces messieurs le firent voir à Croissy, oncle de leurs femmes, et à Pomponne, leur ami, qui étoit aussi ministre, et de toutes ses conversations : Callières fut envoyé secrètement en Hollande. Il revint quelques mois après, et fut encore renvoyé, et de ce dernier voyage il conduisit les affaires au point que les principales difficultés se trouvèrent levées au commencement de l'hiver, et qu'il eut ordre de paroître publiquement comme envoyé du roi en Hollande. On a vu que Courtin s'excusa d'être plénipotentiaire pour la paix, et que son collègue Harlay l'étant devenu, Crécy le fut nommé; on l'y vouloit pour sa capacité et son expérience, porté par le P. de La Chaise et les jésuites. L'exemple d'un homme de si peu fit mettre Callières en troisième, qui avoit seul conduit l'affaire au point où elle étoit, et qui étoit instruit de tout à fond.

C'étoit un grand homme maigre, avec un grand nez, la tête en arrière, distrait, civil, respectueux, qui, à force d'avoir vécu parmi les étrangers, en avoit pris toutes les manières, et avoit acquis un extérieur désagréable, auquel les dames et les gens du bel air ne purent s'accoutumer, mais qui disparoissoit dès qu'on l'entretenoit de choses et non de bagatelles. C'étoit en tout un très-bon homme, extrêmement sage et sensé, qui aimoit l'État et qui étoit fort instruit, fort modeste, parfaitement désintéressé, et qui ne craignoit de déplaire au roi ni aux ministres pour dire la vérité, et ce qu'il pensoit et pourquoi jusqu'au bout, et qui les faisoit très-souvent revenir à son avis.

Le roi traitoit une autre affaire pour laquelle il avoit hâté le retour des princes de l'armée, pour qu'il ne parût auquel d'eux il avoit à parler. L'abbé de Polignac, ambassadeur en Pologne, crut y voir jour à l'élection en faveur de M. le prince de Conti. Il le manda, et le roi, qui ne demandoit pas mieux que de se défaire d'un prince de ce mérite si universellement connu, et qu'il n'avoit jamais pu aimer, tourna toutes ces pensées à le porter sur ce trône. Les candidats qui s'y présentoient étoient les électeurs de Bavière, Saxe et palatin, le duc de Lorraine; et bien que les Polonois se déclarassent contre tout Piaste [1], les fils du feu roi y auroient eu grande part, tant par une coutume assez ordinaire que par le mérite d'un aussi grand homme que l'étoit J. Sobieski, si l'avarice extraordinaire de la reine, qui avoit tout vendu et rançonné, et la hauteur de ses manières n'eût rendu ses enfants odieux à cause d'elle, et si elle eût été plus d'accord avec eux. Jacques, l'aîné, étoit fort mal avec elle, mais il étoit né avant l'élection de son père, ce qui le défavorisoit fort; il étoit d'ailleurs peu aimé, et son mariage avec une palatine, sœur de l'impératrice, le rendoit suspect. L'empereur le portoit, sa mère le traversoit; elle vouloit un de ses deux cadets; mais ses trésors lui étoient plus chers encore. Bavière étoit son gendre, avoit pour lui la mémoire du feu roi et d'être homme de guerre. Saxe avoit aussi cette dernière qualité et son voisinage, qui avoit fait connoître la douceur de ses mœurs et sa libéralité. Le duc de Lorraine étoit fils d'une sœur de l'empereur, qui avoit été reine de Pologne, et d'un des plus grands capitaines de son siècle, plus effectivement porté par l'empereur que Jacques Sobieski. Enfin le prince Louis de Bade se mit

---

1. On appelait ainsi les rois de Pologne qui étaient eux-mêmes Polonais, comme Jean Sobieski.

aussi sur les rangs comme un capitaine expérimenté, peut-être plus pour l'honneur d'y prétendre que par aucune espérance d'y réussir.

La naissance du prince de Conti, si supérieure à celle de ces candidats, ses qualités aimables et militaires, qui s'étoient fait connoître en Hongrie, et qu'il avoit si bien soutenues depuis, la qualité de neveu et d'élève de ce fameux prince de Condé, et celle d'héritier et de cousin germain du comte de Saint-Paul, qui étoit encore regretté en Pologne, et dont il avoit réuni tous les suffrages lorsqu'il mourut, firent tout espérer à l'abbé de Polignac, qui voyoit pour soi le chapeau de cardinal pour récompense, dont les Polonois sont peu amoureux, et que leurs rois donnent fort ordinairement à des étrangers, de la façon desquels nous en avions en France. Le roi voulut donc voir ce que le prince de Conti pourroit faire: il l'entretint plusieurs fois en particulier, ce qui ne lui arrivoit guère. Il vendit pour six cent mille livres de terres à des gens d'affaires, avec la faculté de les pouvoir reprendre dans trois ans pour le même prix ; cette somme fut envoyée en Pologne, et le roi promit de la rendre si l'élection ne réussissoit pas.

Pendant un temps si critique pour les candidats, les princes Alex. et Const. Sobieski voyageoient et vinrent jusqu'à Paris pour y recevoir l'ordre, qu'ils portoient dès avant la mort du roi leur père, qui l'avoit instamment demandé pour eux. Pour sonder les traitements qu'ils désiroient, ils demeurèrent incognito, et néanmoins le roi leur donna comme aux gens titrés la distinction de baiser la princesse et Madame. Mme de Béthune, sœur de la reine leur mère, arrivoit aussi de Pologne, où son mari avoit été longtemps ambassadeur, et étoit mort en la même qualité en Suède. Elle avoit été dame d'atours de la reine en survivance de sa belle-mère, sœur du duc de Saint-Aignan. C'étoit une femme d'esprit, hardie, entreprenante, qui, à l'abri de ses neveux Sobieski, se mit dans la tête de faire accroire que, parce qu'elle avoit été dame d'atours de la reine, elle devoit baiser les filles de France. Madame en fut la dupe et la baisa. Avec cet exemple, par lequel elle avoit commencé, elle crut être admise au même honneur par la princesse. Mais la duchesse du Lude, à la cour de tout temps, et qui savoit et avoit vu le contraire, n'osa le prendre sur elle. Le roi, informé de la prétention, la trouva impertinente et fausse, et fort mauvais que Madame s'y fût laissé tromper. Mme de Béthune, qui savoit fort bien que sa prétention étoit une entreprise, la laissa promptement tomber, et fut présentée à la princesse sans la baiser.

Coetquen en arrivant épousa la seconde fille du duc de Noailles : il n'avoit point de père, étoit riche et fils de Mme de Coetquen, célèbre par la passion de M. de Turenne, et le secret de Gand qui lui échappa ; elle étoit sœur du duc de Rohan, de Mme de Soubise, dont la beauté a fait une si éclatante fortune, et de la princesse d'Espinoy, tous enfants de l'héritière de Rohan qui épousa le Chabot. Ainsi le père et les filles devinrent célèbres par le bonheur de l'amour. Coetquen n'en tint rien : il épousa, pour le crédit des Noailles, la plus laide et la plus dégoûtante créature qu'on sût voir, et il prétendit plaisamment qu'on lui avoit fait voir la troisième qui étoit jolie, puis qu'on l'avoit trompé et donné l'autre. Le mariage aussi fut peu heureux.

L'année finit par deux morts et deux disgrâces : l'abbé Pelletier, conseiller d'État, habile, mais fort rustre, qui mourut d'apoplexie presqu'en sortant de dîner chez son frère, le ministre d'État, et le duc de Roannais. Il avoit perdu son père avant son grand-père, auquel il avoit succédé au gouvernement de Poitou et à sa dignité en 1642. Faute de pairs, rares alors et dispersés dans leurs gouvernements dans ces temps de troubles, il eut l'honneur de représenter le comte de Flandre au sacre du roi n'ayant pas trente ans. C'étoit un homme de beaucoup d'esprit et de savoir, qui tourna de fort bonne heure à la retraite et à

une grande dévotion qui l'éloigna absolument du mariage.
M. de La Feuillade en profita dans sa faveur. Il traita avec
lui, lui donna gros du duché de Roannais, épousa sa sœur
en avril 1667, et sur sa démission, en conservant le rang et
les honneurs, obtint pour soi une érection nouvelle, vérifiée
au parlement en août la même année. Bientôt après, M. de
Roannais ne parut plus, prit une manière d'habit d'ecclésiastique sans être jamais entré dans les ordres, et vécut dans
une grande piété et dans une profonde retraite, et mourut
de même fort âgé à Saint-Just, près Méry-sur-Seine.

Rubantel et Mme de Saint-Géran furent les deux disgraciés : j'ai assez parlé de celle-ci pour n'avoir rien à
y ajouter. Elle étoit fort bien avec les princesses, et man-
geuse, aimant la bonne chère, et bonne en privé comme
Mme de Chartres et Mme la Duchesse. Cette dernière avoit
une petite maison dans le parc de Versailles, auprès de la
porte de Sartori qu'elle appeloit le Désert, que le roi lui
avoit donnée pour l'amuser et qu'elle avoit assez joliment
ajustée pour s'y aller promener et faire des collations. Les
repas se fortifièrent, devinrent plus gais, et à la fin mirent
M. le Duc de mauvaise humeur, et M. le Prince en impatience. Ils se fâchèrent inutilement, et à la fin ils portèrent
leurs plaintes au roi, qui gronda Mme la duchesse et lui
défendit d'allonger ces sortes de repas, et surtout d'y mener
certaine compagnie. Si Mme de Saint-Géran ne fut pas du
nombre des interdites, elle le dut à sa première année de
deuil, pendant laquelle le roi ne crut pas qu'elle pût être
de ces parties, mais il s'expliqua assez sur elle pour que
Mme la duchesse ne pût pas douter qu'elle n'étoit pas
approuvée pour en être. Quelques mois se passèrent avec
plus de ménagement, et Mme la duchesse compta que tout
étoit oublié. Sur ce pied-là elle pressa Mme de Saint-Géran
de venir souper avec elle de bonne heure au Désert, pour
être au cabinet au sortir du souper du roi à l'ordinaire.
Mme de Saint-Géran craignit, se défendit ; mais, comme

elle aimoit à se divertir et qu'elle ne laissoit pas d'être imprudente, elle espéra qu'on ne sauroit pas qu'elle y auroit été, que sa première année de deuil détourneroit même le soupçon, et que Mme la duchesse paroissant le soir au cabinet, il n'y auroit rien à reprendre. Elle se laissa donc aller; et, comme elle étoit de fort bonne compagnie, elle mit si bien tout en gaieté, que l'heure de retourner à temps pour le cabinet étoit insensiblement passée, le repas et ses suites gagnèrent fort avant dans la nuit. Voilà M. le Duc et M. le Prince aux champs, et le roi en colère, qui voulut savoir qui étoit du souper. Mme de Saint-Géran fut nommée; sa première année de deuil aggrava le crime; tout tomba sur elle : elle fut exilée à vingt lieues de la cour, sans fixer le lieu, et Mme la Duchesse bien grondée. En femme d'esprit, Mme de Saint-Géran choisit Rouen, et dans Rouen le couvent de Bellefonds dont une de ses parentes étoit abbesse. Elle dit qu'ayant eu le malheur de déplaire au roi, il n'y avoit pour elle qu'un couvent; et cela fut fort approuvé.

Rubantel étoit un homme de peu, qui, à force d'acheter et de longueur de temps, étoit devenu lieutenant-colonel du régiment des gardes et ancien lieutenant général. Il l'étoit fort bon, fort entendu pour l'infanterie, fort brave homme, fort honnête homme et fort estimé, une grande valeur et un grand désintéressement, et vivant fort noblement à l'armée où il étoit employé tous les ans comme lieutenant général. Avec ces qualités, il étoit épineux, volontiers chagrin et supportoit impatiemment des vétilles et des détails du maréchal de Boufflers, dans le régiment des gardes. Le maréchal eut beau faire pour lui adoucir l'humeur, plus Rubantel en recevoit d'avances, plus il se croyoit compté, et plus il étoit difficile, tant qu'à la fin la froideur succéda, et bientôt la brouillerie et les plaintes. Rubantel, quoique difficile à vivre, étoit aimé, parce qu'il avoit toujours de l'argent et qu'il le prêtoit fort librement et obligeamment :

cela lui avoit attaché beaucoup de gens dans le régiment des gardes, outre ce qui se trouve toujours dans un grand corps de frondeurs et de mécontents qui se rallioient à lui. A la fin, le maréchal de Boufflers, fatigué de tout cela, proposa au roi de tirer honnêtement Rubantel du régiment des gardes, avec lequel il n'y avoit plus moyen pour lui de demeurer. Le roi, qui de longue main connoissoit l'humeur de Rubantel, qui aimoit le maréchal et qui étoit jaloux de la subordination, fit dire par Barbezieux à Rubantel qu'il lui permettoit de vendre sa compagnie, lui continuoit sa pension de quatre mille livres et qu'il lui donnoit le gouvernement du fort de Barreaux, qu'il ne lui auroit pas donné sans l'instante prière de M. de Boufflers, par le mécontentement qu'il avoit de sa conduite avec ce maréchal son colonel; et d'Avejan, premier capitaine aux gardes, fut lieutenant-colonel. C'étoit à Versailles que Rubantel reçut ce discours. Il en fut si outré qu'il ne voulut d'aucune grâce, s'en alla à Paris sans voir le roi, et ne l'a jamais revu ni songé à servir depuis.

Au retour de l'armée, nous trouvâmes Mme de Castries établie à la cour dame d'atours de Mme la duchesse de Chartres, au lieu de Mme de Mailly. Par la bâtardise de cette princesse, Mme de Castries étoit sa cousine germaine, enfants du frère et de la sœur. L'état triste où se trouva le cardinal Bonzi, après un fort brillant, avoit fait son mariage. Il se trouvera peut-être ailleurs occasion de parler de lui, sans faire ici une trop longue parenthèse. Il suffit de dire qu'après s'être fort distingué en diverses ambassades et avoir eu, du consentement du roi, la nomination de Pologne, passé par les siéges de Béziers, Toulouse et Narbonne, il avoit été longtemps roi de Languedoc par l'autorité de sa place, son crédit à la cour et l'amour de la province. Bâville, qui y étoit intendant, second fils du premier président Lamoignon, y voulut régner, et en sut venir à bout. L'abaissement du cardinal lui fut insupportable; il tâcha de se relever, tous ses efforts furent inutiles. Sa sœur unique, qu'il aimoit tendrement, avoit épousé M. de Castries du nom de La Croix, qui étoit riche pour une fille qui n'avoit rien. Il étoit veuf, sans enfants, de la mère de M. de La Feuillade et de M. de Metz. La faveur de son beau-frère lui procura le gouvernement de Montpellier, ensuite une des trois lieutenances générales de Languedoc, enfin l'ordre du Saint-Esprit, en 1661, et il fut un de ceux que le duc d'Arpajon reçut à Pézenas, avec M. le prince de Conti, par commission du roi. Il mourut en 1674, à soixante-trois ans, et laissa des filles et deux fils dont l'aîné se distingua extrêmement à la guerre par sa capacité et par des actions brillantes de valeur. C'étoit d'ailleurs un homme pétri d'honneur et de vertu, doux, sage, poli, fort aimé et de bonne compagnie. Il lutta longtemps contre sa mauvaise santé et un asthme qu'il eut dès sa première jeunesse, mais qui fut à la fin le plus fort, et le força, près d'être maréchal de camp, à quitter un métier auquel il étoit propre, qu'il aimoit avec passion et qui l'auroit apparemment mené loin.

M. du Maine étoit gouverneur de Languedoc; le cardinal Bonzi, à bout de douleur et de ressources, en chercha dans cet appui, et c'est ce qui fit le mariage de son neveu. M. du Maine s'en chargea, le régla et le conclut. Cela n'étoit pas difficile : Mlle de Vivonne n'avoit rien que sa naissance, et le cardinal et sa sœur ne cherchoient qu'une grande alliance et un soutien domestique contre Bâville. Mme de Montespan fit la noce en mai 1693, chez elle, à Saint-Joseph, et se chargea de loger et nourrir les mariés. M. du Maine promit merveilles, et, à son ordinaire, ne tint rien. Il ménageoit son crédit pour soi tout seul, et se seroit bien gardé de choquer le dégoût du roi pour la conduite du cardinal Bonzi ni ses ministres, et le goût qu'ils lui avoient donné pour Bâville; mais à l'égard de la place de dame d'atours de Mme la duchesse de Chartres peu courue, et par des gens dont M. du Maine n'avoit aucune raison de s'embarrasser, il ne put refuser à Mme de Montespan, quelque peu cordialement qu'ils fussent ensemble, à Mme la duchesse de Chartres avec qui il vivoit alors intimement, et à sa propre pudeur pour des gens dont il avoit fait le mariage, et qui n'avoient trouvé en lui rien moins que ce qui l'avoit fait faire, de s'intéresser pour eux en chose si fort de leur convenance et qui ne lui coûtoit rien. Il obtint donc cette place du roi et de Mme de Maintenon, sans laquelle ces sortes d'emplois ne s'accordoient point, et se donna le mérite de le mander en Languedoc où étoient M. et Mme de Castries et le cardinal Bonzi, avant qu'ils pussent savoir que ce poste étoit à remplir. Ils demeurèrent encore quelque temps chez eux à achever leurs affaires, et puis vinrent s'établir pour toujours à la cour.

Mme de Castries étoit un quart de femme, une espèce de biscuit manqué, extrêmement petite, mais bien prise, et auroit passé dans un médiocre anneau ; ni derrière, ni gorge, ni menton, fort laide, l'air toujours en peine et étonné, avec cela une physionomie qui éclatoit d'esprit et qui tenoit encore plus parole. Elle savoit tout : histoire, philosophie, mathématiques, langues savantes, et jamais il ne paroissoit qu'elle sût mieux que parler françois, mais son parler avoit une justesse, une énergie, une éloquence, une grâce jusque dans les choses les plus communes, avec ce tour unique qui n'est propre qu'aux Mortemart. Aimable, amusante, gaie, sérieuse, toute à tous ; charmante quand elle vouloit plaire, plaisante naturellement avec la dernière finesse sans la vouloir être, et assenant aussi les ridicules à ne les jamais oublier, glorieuse, choquée de mille choses avec un ton plaintif qui emportoit la pièce, cruellement méchante quand il lui plaisoit, et fort bonne amie, polie, gracieuse, obligeante en général, sans aucune galanterie, mais délicate sur l'esprit et amoureuse de l'esprit où elle le trouvoit à son gré ; avec cela un talent de raconter qui charmoit, et, quand elle vouloit faire un roman sur-le-champ, une source de production, de variété et d'agrément qui étonnoit. Avec sa gloire, elle se croyoit bien mariée par l'amitié qu'elle eut pour son mari. Elle l'étendit sur tout ce qui lui appartenoit, et elle étoit aussi glorieuse pour lui que pour elle ; elle en recevoit le réciproque et toutes sortes d'égards et de respects.

On ajouta bientôt après une nouvelle personne à la suite, mais intérieure, de Mme la duchesse de Chartres ; mais sans aller à Marly, ni paroître avec elle en public hors de son appartement, sinon en des voyages ou en des choses familières. Ce fut Mme de Jussac, qui avoit été sa gouvernante, et qui sut allier la plus constante confiance de Mme de Montespan avec l'estime de Mme de Maintenon. Elle s'appeloit Saint-Just, et avoit été longtemps auprès de la première femme de mon père, qui, par confiance, la donna à ma sœur, quand elle épousa le duc de Brissac. Les brouilleries domestiques, qui ne tardèrent pas, l'en détachèrent. Elle entra chez Mme de Montespan, qui, après, la mit auprès de Mlle de Blois, dont elle fut gouvernante jusqu'à son mariage avec M. le duc de Chartres. Son mari fut tué, écuyer de M. le duc du Maine, à la bataille de Fleurus, en 1690. C'étoit une grande femme, de bonne mine, et qui avoit été fort agréable, et toujours parfaitement vertueuse. Elle étoit douce, modeste, bonne, mais sage et avisée ; qui connoissoit fort le monde et les gens ; vraie et droite, polie, respectueuse, toujours en sa place ; et qui, avec la confiance et l'amitié intime de Mme la duchesse de Chartres et de Mme de Montespan, et depuis, avec assez de confiance de Mme de Maintenon, ne voyoit rien à l'aveugle, discernoit tout, et sut toujours se bien démêler, sans flatterie et sans fausseté, et sans rien perdre avec elles. Elle sut aussi s'attirer une vraie considération et des amis distingués à la cour, quand elle y fut mise, et toujours sans sortir de son état, ni oublier avec nous ce qu'elle y avoit été. Il est très-singulier qu'avec très-peu de bien, elle maria ses deux filles à deux frères,

MM. d'Armentières et de Conflans qui n'avoient rien, et que ce soient ces deux mariages qui les aient remis au monde, et le chevalier de Conflans, leur troisième frère, et qui les aient tirés de la poussière où l'indigence faisoit languir cette ancienne maison depuis si longtemps.

CHAPITRE XXVI.

1697. — Mort de Bignon, conseiller d'État, et de son frère, premier président du grand conseil, dont Vertamont, son gendre, a la place. — Caumartin, conseiller d'État, gagne sa prétention de sa date d'intendant des finances sur les conseillers d'État postérieurs. — La Reynie, conseiller d'État et lieutenant de police, quitte cette dernière place à d'Argenson. — Mort de Pussort, doyen du conseil et conseiller au conseil royal des finances. — Cette dernière place donnée à Pomereu, au refus de Courtin, doyen du conseil. — Combat à Paris du bailli d'Auvergne et du chevalier de Caylus; Mlle de Soissons exilée. — Ruvigny et ses fils. — Harlay, premier président, s'approprie un dépôt à lui confié par son ami Ruvigny, fait son fils conseiller d'État et obtient vingt mille livres de pension. — Duchesse de Valentinois brouillée et retournée avec son mari. — Son horrible calomnie. — Mme de L'Aigle, dame d'honneur de Mme la Duchesse. — Briord ambassadeur à Turin, quoiqu'à M. le Prince. — Mariage du fils de Pontchartrain avec une sœur du comte de Roucy, après que le roi lui eut défendu celui de Mlle de Malause. — Élévation des ministres. — Malause. — Roucy-Roye-La Rochefoucauld. — Aventure qui fait passer le comte et la comtesse de Roye de Danemark en Angleterre. — Mariage du comte d'Egmont avec M. le de Cosnac, à qui le roi donne un tabouret de grâce.

Je perdis, au commencement de cette année 1697, M. Bignon, conseiller d'État, si ami de mon père qu'il voulut bien être mon tuteur, quoique sans aucune parenté, lorsqu'à la mort de Mme la duchesse de Brissac, en 1684,

elle me fit son légataire universel. C'étoit un magistrat de
l'ancienne roche, pour le savoir, l'intégrité, la vertu, la
modestie; digne du nom qu'il portoit, si connu dans la robe
et dans la république des lettres; et qui, comme ses pères,
avoit été avocat général avec grande réputation. Il étoit veuf
de la sœur unique de Pontchartrain, qu'il avoit toujours
extrêmement aimée, et qui fit de ses enfants comme des
siens. Bignon n'étoit point riche, et avoit, à quatre-vingts
ans, la tête aussi bonne qu'à quarante. Je le regrettai beaucoup, et je ne faisois rien dans mes affaires qu'avec son
conseil. Son frère, qui étoit premier président du grand
conseil, et pour qui on avoit formé cette charge, le suivit
huit jours après. Celui-là étoit riche par un mariage; il
n'avoit qu'une fille, mariée à Vertamont, maître des requêtes, fils du premier lit de la maréchale d'Estrades, qui
eut sa charge.

La place de l'autre, [au] conseil des parties, fut donnée à
Caumartin, proche parent et ami particulier de Pontchartrain,
qui s'en servit très-principalement dans l'administration
des finances, dont il étoit l'un des intendants. C'étoit un
grand homme, beau et très-bien fait, fort capable dans son
métier de robe et de finance, qui savoit tout, en histoire, en
généalogies, en anecdotes de cour, avec une mémoire qui
n'oublioit rien de ce qu'il avoit vu ou lu, jusqu'à en citer
les pages sur-le-champ, dans la conversation. Il étoit fort
du grand monde, avec beaucoup d'esprit, et il étoit obligeant, et au fond honnête homme. Mais sa figure, la confiance de Pontchartrain et la cour, l'avoient gâté. Il étoit
glorieux, quoique respectueux, avoit tous les grands airs
qui le faisoient moquer et haïr encore de ceux qui ne le
connoissoient pas; en un mot, il portoit sous son manteau
toute la fatuité que le maréchal de Villeroy étaloit sous son
baudrier. C'est le premier homme de robe qui ait hasardé
le velours et la soie : on s'en moqua extrêmement, et [il] ne
fut imité de personne.

Il prétendit une séance qui forma un procès que je rapporterai tout de suite. Les intendants des finances, qui ne sont pas conseillers d'État, entrent en manteau court au conseil des parties, et y ont séance du jour de leurs provisions d'intendances des finances, et la conservent au-dessus des conseillers d'État, qui ne le deviennent que depuis que les intendants des finances ont acheté leurs charges. Sur ce fondement, Caumartin, devenu conseiller d'État, prétendit précéder ceux-là, parce qu'il les avoit toujours précédés. Eux prétendoient que les intendants des finances, qui n'étoient point conseillers d'État, n'étoient point du conseil, quoique avec séance et voix; et en donnoient pour preuves qu'ils n'y étoient ni comme maîtres des requêtes, ni comme conseillers d'État, dont ils ne portoient pas ni l'une ni l'autre robe, et concluoient que leur séance et voix n'étant que d'honneur, pour décorer leurs charges, et ne les incorporant point dans le conseil, ils en devoient prendre la queue, quand, à proprement parler, ils venoient à y entrer comme membres, et à être faits conseillers d'État, dont alors seulement ils revêtoient la robe et quittoient le manteau. La chose portoit directement sur Phélypeaux, frère de Pontchartrain, qui se trouvoit le premier et le plus ancien des conseillers d'État faits depuis que Caumartin étoit intendant des finances. Pontchartrain l'aimoit beaucoup, et ils vivoient parfaitement en frères, et y ont toujours vécu. Toutefois la cause financière de Caumartin l'emporta dans l'esprit de Pontchartrin, qui lui fit gagner son procès devant le roi, où l'affaire fut rapportée, qui fit un règlement pour l'avenir. Les conseillers d'État en furent fort fâchés, et Phélypeaux en dit son avis à son frère, mais sans qu'ils s'en soient refroidis.

La Reynie, conseiller d'État si connu pour avoir tiré, le premier, la charge de lieutenant de police de Paris de son bas état naturel, pour en faire une sorte de ministère, et fort important par la confiance directe du roi, les relations continuelles avec la cour, et le nombre des choses dont il se mêle, et où il peut servir ou nuire infiniment aux gens les plus considérables, et en mille manières, obtint enfin, à quatre-vingts ans, la permission de quitter un si pénible emploi qu'il avoit le premier ennobli par l'équité, la modestie et le désintéressement avec lequel il l'avoit rempli sans se relâcher de la plus grande exactitude, ni faire de mal que le moins et le plus rarement qu'il lui étoit possible : aussi étoit-ce un homme d'une grande vertu et d'une grande capacité, qui, dans une place qu'il avoit pour ainsi dire créée, devoit s'attirer la haine publique, [et] s'acquit pourtant l'estime universelle. D'Argenson, maître des requêtes, fut mis en sa place. C'est un personnage dont j'aurai lieu de parler ailleurs.

Pussort, conseiller d'État et doyen du conseil, mourut bientôt après; il étoit aussi l'un des deux conseillers au conseil royal des finances, et avoit quatre-vingt-sept ou quatre-vingt-huit ans. M. Colbert l'avoit fait ce qu'il étoit; son mérite l'avoit bien soutenu. Il étoit frère de la mère de M. Colbert, et fut toute sa vie le dictateur, et, pour ainsi dire, l'arbitre et le maître de toute cette famille si unie. Il n'avoit jamais été marié, étoit fort riche et fort avare, chagrin, difficile, glorieux, avec une mine de chat fâché qui annonçoit tout ce qu'il étoit, et dont l'austérité faisoit peur et souvent beaucoup de mal, avec une malignité qui lui étoit naturelle. Parmi tout cela, beaucoup de probité, une grande capacité, beaucoup de lumières, extrêmement laborieux, et toujours à la tête de toutes les grandes commissions du conseil et de toutes les affaires importantes du dedans du royaume. C'étoit un grand homme sec, d'aucune société, de dure et de difficile accès, un fagot d'épines, sans amusement et sans délassement aucun, qui vouloit être maître partout, et qui l'étoit parce qu'il se faisoit craindre, qui étoit dangereux et insolent, et qui fut fort peu regretté. Courtin devint, par cette mort, doyen du conseil, et le roi lui voulut donner la place du conseil des finances; mais les mêmes raisons et le même esprit de retraite qui lui avoient fait refuser de traiter la paix, le firent remercier de cette place, que Pomereu eut à son refus. C'étoit un conseiller d'État fort distingué en capacité, en lumière et en esprit, vif, actif, très-intègre et laborieux, mais brusque, plus que vif, capricieux, et que sa femme et ses domestiques ne laissoient pas toujours voir, même à ses amis les plus intimes; il en avoit et savoit les mériter; il l'étoit fort de mon père, et fut toujours des miens. C'est le premier intendant qui ait été en Bretagne avec cette qualité et ce pouvoir.

Le fils aîné du comte d'Auvergne acheva de se déshonorer de tous points par un combat qu'il fit contre le chevalier de Caylus, au sortir duquel il courut, éperdu, par les rues, l'épée à la main dont il s'étoit très-misérablement servi. La querelle étoit venue pour du cabaret et des gueuses. Caylus, qui étoit fort jeune et qui s'étoit bien battu, se sauva hors du royaume; et le comte d'Auvergne profita de cette triste occasion pour que son fils n'y rentrât plus. C'étoit, de tous points, un misérable, fort déshonoré, qui, à force d'aventures honteuses, fut obligé de se laisser déshériter et de prendre la croix de Malte. Il fut pendu en effigie à la Grève, de cette dernière-ci, avec un grand regret de sa famille, non pas du jugement, mais de sa forme, parce que le parlement, qui ne connoît de princes que ceux du sang, y procéda comme pour le plus obscur gentilhomme, malgré toutes les tentatives de distinction dont MM. de Bouillon ne purent obtenir aucune. Cet exil hors du royaume fit depuis la fortune de Caylus. De cette même affaire, Mlle de Soissons fut chassée de Paris.

La paix s'approchant, le roi la prévint par un trait de vengeance contre milord Galloway, dont il n'auroit plus été temps bientôt après. Il étoit fils de Ruvigny, et c'est ce qu'il faut expliquer. Ruvigny étoit un bon mais simple gentil-

homme, plein d'esprit, de sagesse, d'honneur et de probité, fort huguenot, mais d'une grande conduite et d'une
grande dextérité. Ces qualités, qui lui avoient acquis une
grande réputation parmi ceux de sa religion, lui avoient
donné beaucoup d'amis importants, et une grande considération dans le monde. Les ministres et les principaux seigneurs le comptoient et n'étoient pas indifférents à passer
pour être de ses amis, et les magistrats du plus grand poids
s'empressoient aussi à en être. Sous un extérieur fort
simple, c'étoit un homme qui savoit allier la droiture avec
la finesse de vues et les ressources, mais dont la fidélité
étoit si connue, qu'il avoit les secrets et les dépôts des personnes les plus distinguées. Il fut un grand nombre d'années
le député de sa religion à la cour, et le roi se servit souvent
des relations que sa religion lui donnoit en Hollande, en
Suisse, en Angleterre et en Allemagne, pour y négocier
secrètement, et il y servit très-utilement. Le roi l'aima et le
distingua toujours, et il fut le seul, avec le maréchal de
Schomberg, à qui le roi offrit de demeurer à Paris et à sa
cour avec leurs biens et la secrète liberté de leur religion
dans leur maison, lors de la révocation de l'édit de Nantes,
mais tous deux refusèrent. Ruvigny emporta ce qu'il voulut,
et laissa ce qu'il voulut aussi, dont le roi lui permit la jouis-
sance. Il se retira en Angleterre avec ses deux fils. La Caille-
motte, le cadet, plus disgracié encore du côté de l'âme que
de celui du corps, mourut bientôt après. Le père ne survécut
pas longtemps, et son aîné continua à jouir des biens que
son père avoit laissés en France. Il s'attacha au service du
prince d'Orange, à la révolution, qui le fit comte de Galloway
en Irlande, et l'avança beaucoup. Il étoit bon officier. Il
avoit de l'ambition; elle le rendit ingrat. Il se distingua en
haine contre le roi et contre la France, quoique le seul huguenot qu'on y laissoit jouir de son bien, même servant le
prince d'Orange. Le roi le fit avertir plusieurs fois du mécontentement qu'il avoit de sa conduite. Il en augmenta les

torts avec plus d'éclat ; à la fin, le roi confisqua ses biens, et témoigna publiquement sa colère.

Le vieux Ruvigny étoit ami d'Harlay, lors procureur général, et depuis premier président, et lui avoit laissé un dépôt entre les mains, dans la confiance de sa fidélité. Il la lui garda tant qu'il n'en put pas abuser ; mais quand il vit l'éclat, il se trouva modestement embarrassé entre le fils de son ami et son maître, à qui il révéla humblement sa peine ; il prétendit que le roi l'avoit su d'ailleurs et que Barbezieux même l'avoit appris, et l'avoit dit au roi. Je n'approfondirai point ce secret, mais le fait est qu'il le dit lui-même, et que, pour récompense, le roi le lui donna comme sien confisqué, et que cet hypocrite de justice, de vertu, de désintéressement et de rigorisme, n'eut pas honte de se l'approprier et de fermer les yeux et les oreilles au bruit qu'excita cette perfidie. Il en tira plus d'un parti ; car le roi, en colère contre Galloway, en sut si bon gré au premier président qu'il donna à son fils fort jeune, et qui se déshonoroit tous les jours dans sa charge d'avocat général, la place de conseiller d'État, vacante par la mort de Pussort, et que quelque temps après, il le combla par une pension de vingt mille livres, qui est celle des ministres. Ainsi les forfaits sont récompensés en ce monde ; mais la satisfaction n'en dure pas longtemps.

M. de Monaco, qui, comme on a vu plus haut, avoit obtenu le rang de prince étranger par le mariage de son fils avec la fille de M. le Grand, trouva bientôt et son fils plus encore, qu'ils l'avoient acheté bien cher. La duchesse de Valentinois étoit charmante, galante à l'avenant, et sans esprit ni conduite, avec une physionomie fort spirituelle ; elle étoit gâtée par l'amitié de son père et de sa mère, et par les hommages de toute la cour dans une maison jour et nuit ouverte, où les grâces, qui étoient sa principale beauté, attiroient la plus brillante jeunesse. Son mari, avec beaucoup d'esprit, ne se sentoit pas le plus fort ; sa taille et sa figure lui avoient acquis le nom de Goliath. Il souffrit longtemps les hauteurs et les mépris de sa femme et de sa famille. A la fin, lui et son père s'en lassèrent, et ils emmenèrent Mme de Valentinois à Monaco. Elle se désola et ses parents aussi, comme si on l'eût menée aux Indes. On peut juger que le voyage et le séjour ne se passèrent pas gaiement. Toutefois, elle promit merveilles, et au bout d'une couple d'années de pénitence, elle obtint son retour. Je ne sais qui fut son conseil, mais, sans changer de conduite, elle songea aux moyens de se garantir de retourner à Monaco, et pour cela fit un éclat épouvantable contre son beau-père, qu'elle accusa non-seulement de lui en avoir conté, mais de l'avoir voulu forcer. M. le Grand, Mme d'Armagnac, leurs enfants, prirent son parti; et ce fut un vacarme le plus scandaleux, mais qui ne persuada personne. M. de Monaco n'étoit plus jeune. Il étoit fort honnête homme et avoit toujours passé pour tel; d'ailleurs il avoit deux gros yeux d'aveugle, éteints, et qui en effet ne distinguoient rien à deux pieds d'eux, avec un gros ventre en pointe, qui faisoit peur tant il avançoit en saillie. L'éclat ne fut pas moins grand de sa part et de celle de son fils contre une si étrange calomnie, et la séparation devint plus forte que jamais.

Au bout de quelques années, ils s'avisèrent qu'ils n'avoient point d'enfants, et que Mme de Valentinois, nageant dans les plaisirs de la cour, sous l'abri de sa famille, jouissoit seule de son crime, et se moquoit d'eux. Ils prirent donc leur parti. M. de Valentinois redemanda sa femme; d'abord on se moqua de lui chez elle; mais bientôt l'embarras succéda. Les dévots s'en mêlèrent. L'archevêque de Paris parla à Mme d'Armagnac, et M. de Monaco protesta qu'il ne verroit jamais sa belle-fille, et qu'il lui défendoit de se trouver en aucun lieu où il seroit. Tout cela ensemble fut un coup de foudre. Il fallut céder, et le 27 janvier, Mme d'Armagnac, accompagnée du prince Camille son troisième fils, et de la princesse d'Harcourt, mena sa fille à Paris chez le duc de

Valentinois, où se trouva la maréchale de Boufflers, sa cousine germaine. Mme de Valentinois y soupa et y coucha, et qui pis fut, y demeura.

Elle étoit très-souvent chez Mme la Duchesse, qui changea en même temps de dame d'honneur. Mme de Moreuil qui étoit personne d'esprit et de mérite, femme d'un original de beaucoup d'esprit aussi, des bâtards de cette ancienne maison de Moreuil éteinte depuis longtemps, et qui étoit à M. le Duc, demanda tout d'un coup à se retirer sans qu'on pût savoir pourquoi, et le voulut absolument. On vit depuis de quoi il étoit question. La pauvre femme cachoit un cancer dont elle mourut quelque temps après. Mme de L'Aigle fut mise en sa place et s'y fit aimer et estimer, et même considérer à la cour. C'étoit une femme de beaucoup d'esprit et de monde, fille de Mme de Raré, gouvernante des filles de M. Gaston; son père et sa mère étoient fort des amis de mon père, et elle épousa le marquis de L'Aigle, à six lieues de la Ferté, qui en étoit aussi beaucoup. C'est ce qui me fait remarquer cette bagatelle. Les affaires de M. de L'Aigle étoient très-mauvaises; elle se mit là faute de mieux chez elle.

Il arriva une autre chose chez M. le Prince. Briord, son premier écuyer, fut choisi pour l'ambassade de Turin. Torcy, qui étoit de ses amis, le fit proposer par Pomponne, et quand l'affaire fut faite, le roi en dit un mot d'honnêteté à M. le Prince. Le sujet étoit bon, mais le monde fut surpris du lieu où on avoit été chercher un ambassadeur, et je le remarque comme une chose singulière, et tout à fait nouvelle. Au demeurant, Briord étoit sage, honnête homme, et n'étoit pas incapable.

Pontchartrain cherchoit à marier son fils. Il lui avoit fait faire une grande tournée par les ports du levant et du ponant pour lui faire voir les choses dont il entendoit parler tous les jours, et connoître les officiers. Tout s'y passa moins en étude et en examens qu'en réceptions, en

festins et en honneurs, tels qu'on auroit pu les rendre au
Dauphin. Chacun s'y surpassa en cour et en bassesses pour
le maître naissant de son sort et de sa fortune, qui revint
peu instruit, mais beaucoup plus gâté qu'auparavant, et
dans l'opinion d'être parfaitement au fait de tout. Le père
crut avoir trouvé tout ce qu'il pouvoit désirer en Mlle de
Malause, qui étoit pensionnaire à la Ville-l'Évêque à Paris.
Sa mère, qui étoit Mitte, fille du marquis de Saint-Chau-
mont, étoit morte. Son père étoit un homme retiré dans sa
province après avoir servi quelque temps jusqu'à être brigadier, et s'étoit remarié à une Bérenger-Montmouton dont il
avoit deux fils. Sa mère à lui étoit sœur des maréchaux de
Duras et de Lorges qui avoit toujours pris soin de cette famille avec amitié.

L'alliance en plut tant à Pontchartrain qu'il traita ce mariage, et qu'il en demanda l'agrément au roi. Sa surprise fut
grande lorsqu'il entendit le roi lui conseiller de penser à
autre chose. Comme celle-là lui convenoit, il insista, tellement que le roi lui dit franchement que cette fille portoit
les armes de Bourbon qui le choqueroient accolées avec les
siennes, qu'il la vouloit marier à son gré, et qu'en un mot,
il désiroit qu'il n'y pensât plus. La mortification fut grande.
Les ministres n'y étoient pas accoutumés. Peu à peu ils
s'étoient mis de ce règne au niveau de tout le monde. Ils
avoient pris l'habit et toutes les manières des gens de qualité. Leurs femmes étoient parvenues à manger et à entrer
dans les carrosses par Mme Colbert, sous le prétexte de
suivre Mme la princesse de Conti qu'elle avoit élevée; et
d'ailleurs [elle] étoit extrêmement bien avec la reine. Douze
ou quinze ans après, M. de Louvois l'obtint pour sa femme
sous prétexte qu'elle étoit fille de qualité, et par l'émulation
qui étoit entre Colbert et lui. De là leurs belles-filles, et à
cet exemple les autres femmes des secrétaires d'État, et à la
fin celle des contrôleurs généraux. Leurs alliances les sou-
tenoient dans ce brillant nouveau, et leur autorité, dont tout

sans exception dépendoit, leur avoit acquis une supériorité et des distinctions étranges sur tout ce qui n'étoit point titré, qui leur rendit bien amer et bien nouveau le refus du roi sur une alliance dont il n'auroit pas fait difficulté avec qui que c'eût été de la noblesse ordinaire. Pontchartrain se garda bien de se vanter de ce qui lui étoit arrivé, et se hâta seulement de trouver des prétextes de rompre. Mais le roi, si secret toujours, ne jugea pas à propos de l'être dans cette occasion. Il parla aux maréchaux de Duras et de Lorges, à M. de Bouillon, parce que leur mère étoit sœur de M. de Turenne, et à d'autres encore, de manière que ce que Pontchartrain avoit caché fut su, et que ses confrères n'en furent pas moins mortifiés que lui.

Mlle de Malause, unique de son lit, et ses deux frères étoient la sixième et dernière génération, et la seule existante de Charles, baron de Malause, sénéchal de Toulouse et de Bourbonnois, bâtard du duc Jean II de Bourbon, connétable de France, qui ne laissa point d'enfants légitimes, et qui étoit frère de Pierre, comte de Beaujeu, mari de la célèbre Mme de Beaujeu, fille de Louis XI, sœur et régente de la minorité de Charles VIII, qui fut duc de Bourbon après son frère, et qui ne laissa qu'une fille héritière, Suzanne de Bourbon, qui épousa le malheureux connétable de Bourbon si cruellement persécuté par la mère de François Ier, et qui fut tué devant Rome à la tête de l'armée de Charles V, après s'être trouvé à la bataille de Pavie contre François Ier. Ils étoient frères de Louis de Bourbon, élu évêque de Liége, qui laissa un bâtard, tige des seigneurs de Busset qui subsistent encore. Outre ces frères légitimes, ils en eurent un bâtard qui fut comte de Roussillon, amiral de France, et qui figura avec sa femme, bâtarde de Louis XI et de Marguerite de Sassenage. Mais l'amiral étoit bien loin alors d'être officier de la couronne, et la marine de ce temps-là d'être sur un grand pied en France. Peu à peu ces bâtards de Bourbon ont changé leur barre de bâtards et

leurs autres et diverses marques de bâtardise en bande
comme les princes de cette maison, et l'ont enfin raccourcie
comme eux, tellement qu'il n'y a plus aucune différence
entre les armes des légitimes et des bâtards; et c'est ce qui
choquoit si fort le roi qu'il ne voulut pas voir, disoit-il, à
la chaise à porteurs de la nouvelle mariée, les armes de
Bourbon accolées à celles de Phélypeaux.

Pontchartrain eut lieu de se consoler par une alliance
d'une bien autre sorte, et à laquelle le roi consentit sans
peine, car les mélanges qui mettoient tout à l'unisson ne
lui étoient point du tout désagréables en eux-mêmes. Ce fut
sur une autre nièce des maréchaux de Duras et de Lorges,
mais celle-là, fille de leur sœur, et de la maison de La Rochefoucauld, qu'il jeta les yeux. Elle étoit sœur des comtes
de Roucy et de Blansac et des chevaliers de Roye et de Roucy,
et elle étoit élevée dans l'abbaye de Notre-Dame à Soissons.
Ils étoient la troisième génération de Charles de La Rochefoucauld, fils du comte de La Rochefoucauld, qui fut tué à
la Saint-Barthélemy, et de sa deuxième femme, Charlotte de
Roye, comtesse de Roucy, sœur de la princesse de Condé,
première femme du prince de Condé, tué à la bataille de
Jarnac. Toute cette branche de La Rochefoucauld-Roye étoit
huguenote. Lors de la révocation de l'édit de Nantes, le
comte de Roye, père de celle dont il s'agit, et sa femme, se
retirèrent en Danemark, où, comme il étoit lieutenant général en France, il fut fait grand maréchal et commanda
toutes les troupes. C'étoit en 1683, et en 1686 il fut fait chevalier de l'Éléphant. Il étoit là très-grandement établi, et lui
et la comtesse de Roye sur un grand pied de considération.

Ces rois du Nord mangent ordinairement avec du monde,
et le comte et la comtesse de Roye avoient très-souvent
l'honneur d'être retenus à leur table avec leur fille, Mlle de
Roye. Il arriva à un dîner que la comtesse de Roye, frappée
de l'étrange figure de la reine de Danemark, se tourna à sa
fille, et lui demanda si elle ne trouvoit pas que la reine res-

sembloit à Mme Panache comme deux gouttes d'eau. Quoiqu'elle l'eût dit en françois, il arriva qu'elle n'avoit pas
parlé assez bas, et que la reine, qui l'entendit, lui demanda
ce que c'étoit que cette Mme Panache. La comtesse de Roye,
dans sa surprise, lui répondit que c'étoit une dame de la
cour de France qui étoit fort aimable. La reine, qui avoit vu
sa surprise, n'en fit pas semblant, mais, inquiète de la comparaison, elle écrivit à Mayercron, envoyé de Danemark à
Paris, et qui y étoit depuis quelques années, de lui mander
ce que c'étoit que Mme Panache, sa figure, son âge, sa condition, et sur quel pied elle étoit à la cour de France, et que
surtout elle vouloit absolument n'être pas trompée et en être
informée au juste. Mayercron, à son tour, fut dans un grand
étonnement. Il manda à la reine qu'il ne comprenoit pas par
où le nom de Mme Panache étoit allé jusqu'à elle, beaucoup
moins la sérieuse curiosité qu'elle lui marquoit d'être informée d'elle exactement ; que Mme Panache étoit une petite et
fort vieille créature avec des lippes et des yeux éraillés à y
faire mal à ceux qui la regardoient, une espèce de gueuse,
qui s'étoit introduite à la cour sur le pied d'une manière de
folle, qui étoit tantôt au souper du roi, tantôt au dîner de
Monseigneur et de Mme la Dauphine, ou à celui de Monsieur, à Versailles ou à Paris, où chacun se divertissoit à la
mettre en colère, et qui chantoit pouille aux gens à ces
dîners-là pour faire rire, mais quelquefois fort sérieusement,
et avec des injures qui embarrassoient et qui divertissoient
encore plus ces princes et ces princesses, qui lui emplissoient
ses poches de viande et de ragoûts, dont la sauce découloit
tout du long de ses jupes, et que les uns lui donnoient une
pistole ou un écu, et les autres des chiquenaudes et des cro-
quignoles, dont elle entroit en furie, parce qu'avec ses yeux
pleins de chassie, elle ne voyoit pas au bout de son nez, ni
qui l'avoit frappée, et que c'étoit le passe-temps de la cour.

A cette réponse, la reine de Danemark se sentit si piquée
qu'elle ne put plus souffrir la comtesse de Roye, et qu'elle

en demanda justice au roi son mari. Il trouva bien mauvais que des étrangers qu'il avoit comblés des premières charges et des premiers honneurs de sa cour, avec de grosses pensions, se moquassent d'eux d'une manière si cruelle. Il se trouva des seigneurs du pays et des ministres jaloux de la fortune et du grand établissement dont le comte de Roye jouissoit, tellement que la reine obtint que le roi le remercieroit et lui feroit dire de se retirer. Il ne put conjurer l'orage : il vint avec sa famille à Hambourg, en attendant qu'il sût ce qu'il pourroit devenir; et à la révolution d'Angleterre il y passa, c'est-à-dire quelques mois devant. Le roi Jacques, qui y étoit encore, le fit comte de Lifford et pair d'Irlande, dont un fils qui l'avoit suivi prit le nom.

Le comte de Roye étoit donc à Londres avec un fils et deux filles, et le comte de Feversham, frère de sa femme, chevalier de la Jarretière et capitaine des gardes du corps. A la révolution, ils ne se mêlèrent de rien; et [il] a passé dix-huit ans en Angleterre sans charge et sans service, et mourut aux eaux de Bath en 1690. Ses autres enfants étoient demeurés en France; on les avoit mis dans le service après leur avoir fait faire abjuration, et les autres dans des colléges ou dans des couvents. Le roi leur donna des pensions, et M. de La Rochefoucauld avec MM. de Duras et de Lorges leur servirent de pères.

Ce fut donc principalement avec M. le maréchal de Lorges, qui aimoit extrêmement la comtesse de Roye, que le mariage se traita. On compta que la fille n'avoit rien et n'auroit jamais grand'chose; ce fut ce qui y détermina, et ce qui, joint au solide du ministère, apprivoisa la roguerie de M. de La Rochefoucauld. La comtesse de Roucy surtout fut transportée d'un mariage dont elle comptoit bien tirer un grand parti, par la considération, et, mieux encore, par les affaires pécuniaires, auxquelles dans la suite elle ne s'épargna pas. Les Pontchartrain furent transportés d'aise. Le contrôleur général alla chez toute la parenté, et ils ne firent point la petite bouche de l'honneur qu'ils recevoient de cette alliance. La comtesse de Roucy alla chercher sa belle-sœur à Soissons, et le mariage se fit à petit bruit à Versailles, dans la chapelle, à minuit, par l'évêque de Soissons, Brûlard. Outre le présent ordinaire du roi à ces mariages des ministres, il ajouta six mille livres de pension aux quatre que la mariée avoit déjà, et donna cinquante mille écus à Pontchartrain, qui fit appeler son fils le comte de Maurepas. Près de quatre millions que le chevalier des Augers et un armateur prirent en ce temps-là sur les Espagnols, mirent en bonne humeur à propos pour cette libéralité.

Le comte d'Egmont, dernier de cette grande et illustre maison, avoit quitté la Flandre depuis peu et pris le service de France. Il épousa Mlle de Cosnac, nièce de l'archevêque d'Aix, qui demeuroit chez la duchesse de Bracciano, dont elle étoit aussi parente, et le roi, par grâce, voulut bien lui donner le tabouret, les grands d'Espagne, dont le comte d'Egmont étoit des premiers du temps de Charles V, n'ayant point de rang en France.

CHAPITRE XXVII.

Mort de Molinos. — Continuation de l'affaire de l'archevêque de Cambrai. — Mandements théologiques de MM. de Paris et de Chartres. — *Instruction sur les états d'oraison* de M. de Meaux. — *Maximes des saints* de M. de Cambrai. — Ducs de Chevreuse et de Beauvilliers perdus auprès de Mme de Maintenon. — M. de Cambrai se résout à porter son affaire à Rome. — Son intime liaison avec le cardinal de Bouillon et les jésuites. — Leurs intérêts communs. — Cardinal de Bouillon va relever à Rome le cardinal de Janson, et obtient pour son neveu la coadjutorerie de son abbaye de Cluny. — Embarras des jésuites et leur adresse. — Succès des *Maximes des saints* et de l'*Instruction sur les états d'oraisons*. — *Maximes des saints* mises à l'examen. — Examinateurs. — Mort de l'évêque de Metz ; sa fortune. — M. de Paris commandeur de l'ordre. — M. de Meaux conseiller d'État d'Église. — M. de Cambrai porte son affaire à Rome. — Lettres au pape de part et d'autre. — Réponses du pape. — M. de Cambrai exilé pour toujours dans son diocèse. — Mort de la duchesse douairière de Noailles. — Sa charge. — Sa famille. — M. de Troyes ; sa famille, sa vie, sa retraite. — M. d'Orléans de nouveau et durement condamné contre M. de La Rochefoucauld. — Abbé de Coislin : sa fortune ; est fait évêque de Metz. — Place décidée pour le premier aumônier derrière le roi à la chapelle. — Réconciliation du duc de La Rochefoucauld et de l'évêque d'Orléans. — Mort de La Hillière, gouverneur de Rocroy, ami de mon père. — Comédiens italiens chassés.

Molinos, ce prêtre espagnol qui a passé pour le chef des quiétistes, et pour en avoir renouvelé les anciennes erreurs, étoit mort à Rome dans les prisons de l'inquisition, tout au commencement de cette année, et cela me fait souvenir qu'il est temps de reprendre l'affaire de M. de Cambrai. J'ai laissé Mme Guyon dans le donjon de Vincennes, et j'ai omis bien des choses curieuses, parce qu'elles se trouvent dans ce qui a été imprimé de part et d'autre. Il faut néanmoins dire, pour l'intelligence de ce qui va suivre, qu'avant d'être arrêtée, elle avoit été mise entre les mains de M. de Meaux, où elle avoit été fort longtemps chez lui, ou dans les filles de Sainte-Marie de Meaux, où ce prélat s'étoit instruit à fond de sa doctrine, sans avoir pu lui persuader de changer de sentiments. On peut juger qu'elle les avoit épurés en effet, ou du moins en apparence, de tout ce qui étoit reproché de sale et de honteux à cette doctrine, et à ce qui lui avoit été reproché de sa conduite avec le P. Lacombe, et de ses bizarres voyages avec lui. Sans des précautions les plus scrupuleuses là-dessus, elle n'auroit pu surprendre la candeur et la pureté des mœurs des ducs de Chevreuse et de Beauvilliers, de leurs épouses, de l'archevêque de Cambrai, et de bien d'autres personnes qui faisoient l'élite de son petit troupeau. Mais, lasse enfin d'être comme prisonnière entre les mains de M. de Meaux, elle avoit feint d'ouvrir les yeux à sa lumière, et avoit signé une rétractation telle qu'il la lui avoit présentée, moyennant quoi lui qui étoit doux et de bonne foi en fut la dupe, et lui procura la liberté, dont l'abus qu'elle fit par les assemblées secrètes qu'elle tenoit avec les plus affidés de son école la firent chasser de Paris, puis, sur son retour secret, enfermer à Vincennes. Cette mauvaise foi de la fausse convertie, jointe au peu de fruits des conférences d'Issy qui sont si connues, et le célèbre tour que fit si prestement M. de Cambrai de se confesser à M. de Meaux, pour lui fermer la bouche, mit enfin la main de ce dernier prélat à la plume, pour exposer au public et la doctrine, et la conduite, et les procédés de part et d'autre depuis la naissance de cette affaire, sous le titre d'*Instruction sur les états d'oraison.*

Cet ouvrage lui parut d'autant plus nécessaire que M. de Chartres d'abord, et M. de Paris ensuite, n'avoient traité l'affaire que d'une manière toute théologique par leurs mandements, et qu'il crut important de réduire au clair cette théologie assez pour être entendue de tout le monde, et mettre en même temps au net tout ce qui s'étoit passé là-dessus avec M. de Cambrai. Comme il étoit rempli de la matière, tant par ce qui s'étoit passé à Issy avec M. de Cambrai, que par ce qu'il avoit vu des livres de Mme Guyon puis d'elle-même tandis qu'il l'avoit eue à Meaux, d'où Mme de Morstein l'avoit ramenée en triomphe dans l'équipage de la duchesse de Mortemart, sa tante, il eut bientôt composé son ouvrage, et avant de l'imprimer le donna à voir à M. de Chartres, aux archevêques de Reims et de Paris, et à M. de Cambrai lui-même. Ce dernier en sentit tout le poids et la nécessité de le prévenir. Il faut croire qu'il avoit sa matière préparée de loin et toute rédigée, parce qu'autrement la diligence de sa composition seroit incroyable, et d'une composition de ce genre. Il fit un livre intelligible à qui n'est pas théologien versé dans le plus mystique, qu'il intitula *Maximes des saints*, et le mit en deux colonnes : la première contenoit les maximes qu'il donne pour orthodoxes et pour celles des saints, l'autre les maximes dangereuses, suspectes ou erronées, qui est l'abus qu'on a fait ou qu'on peut faire de la bonne et saine mysticité, avec une précision qu'il donne pour exacte de part et d'autre et qu'il propose d'un ton de maître à suivre ou à éviter. Dans l'empressement de le faire paroître avant que M. de Meaux pût donner le sien, il le fit imprimer avec toute la diligence possible ; et pour n'y perdre pas un instant, M. de Chevreuse s'alla établir chez l'imprimeur pour en corriger chaque feuille à mesure qu'elle fut imprimée. Aussi la promptitude et l'exactitude de la correction répondirent-elles à des mesures si bien prises que, en très-peu de jours, il fut en état de le distribuer à toute la cour, et que l'édition se trouva presque toute vendue.

Si on fut choqué de ne le trouver appuyé d'aucune approbation, on le fut bien davantage du style confus et embarrassé, d'une précision si gênée et si décidée ; de la barbarie des termes qui faisoient comme une langue étrangère, enfin de l'élévation et de la recherche des pensées qui faisoit perdre haleine, comme dans l'air trop subtil de la moyenne région. Presque personne qui n'étoit pas théologien ne put l'entendre, et de ceux-là encore après trois et quatre lectures. Il eut donc le dégoût de ne recevoir de louanges de personne, et de remercîments de fort peu, et de pur compliment ; et les connoisseurs crurent y trouver, sous ce langage barbare, un pur quiétisme, délié, affiné, épuré de toute ordure, séparé du grossier, mais qui sautoit aux yeux, et avec cela des subtilités fort nouvelles et fort difficiles à se laisser entendre et bien plus à pratiquer. Je rapporte non pas mon jugement, comme on peut croire, de ce qui me passe de si loin, mais ce qui s'en dit alors partout ; et on parloit d'autres choses, jusque chez les dames ; à propos de quoi on renouvela ce mot échappé à Mme de Sévigné lors de la chaleur des disputes sur la grâce ; « Épaississez-moi un peu la religion, qui s'évapore toute à force d'être subtilisée. »

Ce livre choqua fort tout le monde : les ignorants parce qu'ils n'y entendoient rien ; les autres par la difficulté à le comprendre, à le suivre et à se faire à un langage barbare et inconnu ; les prélats opposés à l'auteur par le ton de maître sur le vrai et le faux des maximes, et par ce qu'ils crurent apercevoir de vicieux dans celles qu'il donnoit pour vraies. Le roi surtout et Mme de Maintenon, fort prévenus, en furent extrêmement mal contents, et trouvèrent extrêmement mauvais que M. de Chevreuse eût fait le personnage de correcteur d'imprimerie, et que M. de Beauvilliers se fût chargé de le présenter au roi en particulier, sans en avoir rien dit à Mme de Maintenon, et M. de Cambrai à la cour qui le pouvoit bien faire lui-même. Il craignit peut-être une mauvaise réception devant le monde et en chargea M. de Beauvilliers qui avoit des temps plus familiers et seul avec le roi, pour faire mieux recevoir son livre par la considération du duc, ou cacher au monde s'il étoit mal reçu ; mais ces messieurs, enchantés par les grâces et par la spiritualité du prélat, s'aliénèrent entièrement Mme de Maintenon par ces démarches : l'un en se faisant le coopérateur public, par une fonction si au-dessous de lui, d'un ouvrage qu'elle ne pouvoit agréer après avoir pris si hautement le parti contraire ; l'autre en lui marquant une défiance et une indépendance d'elle, qui la blessa plus que tout, et qui la fit résoudre à travailler à les perdre tous deux.

Parmi ces mouvements de doctrine et d'écrits, M. de Cambrai avoit songé à de plus forts secours. Ami des jésuites, il se les étoit attachés, et ils étoient à lui en corps et en groupes, à la réserve de quelques particuliers plus considérables par leur mérite que par leur poids et par leur influence dans les secrets, la conduite et le gouvernement intérieur de leur compagnie. Il se voyoit sans ressource en France, avec les premiers prélats en savoir, en piété, en crédit contre lui, qui, ayant la cour déclarée pour eux, mèneroient tous les autres évêques. Il songea donc à porter son affaire à Rome où il espéra tout par une démarche si contraire à nos mœurs et si agréable à cette cour, qui affecte les premiers jugements, et que toute dispute un peu considérable soit d'abord portée devant elle sans être d'abord jugée sur les lieux. Il y compta sur le crédit des jésuites, et la conjoncture lui présenta une autre protection dont il ne manqua pas de s'assurer.

Le cardinal de Janson étoit depuis six ou sept ans à Rome; il y avoit très-dignement et très-utilement servi : il voulut enfin revenir. Le cardinal de Bouillon n'avoit pas moins d'envie de l'y aller relever. La frasque ridicule qu'il avoit faite sur cette terre du dauphiné d'Auvergne, et d'autres encore, avoient diminué sa considération et mortifié sa vanité. Il vouloit une absence, et une absence causée et chargée d'affaires, pour revenir après sur un meilleur pied. Il n'y avoit plus que deux cardinaux devant lui, et il falloit être à Rome, à la mort du doyen, pour recueillir le décanat du sacré collége. M. de Cambrai s'étoit lié d'avance avec lui, et l'intérêt commun avoit rendu cette liaison facile et sûre. Le cardinal voyoit alors ce prélat dans les particuliers intimes de Mme de Maintenon, et maître de l'esprit des ducs de Chevreuse et de Beauvilliers qui étoient dans la faveur et dans la confiance la plus déclarée. Bouillon et Cambrai étoient aux jésuites, les jésuites à eux, et le prélat, dont les vues étoient vastes, comptoit de se servir utilement du cardinal, et à la cour et à Rome. Son crédit à la cour tombé, celui de ses amis fort obscurci, l'amitié du cardinal lui devint plus nécessaire. Ce dernier leur avoit l'obligation d'avoir vaincu la répugnance du roi pour l'envoyer relever le cardinal de Janson, et celle encore de lui avoir obtenu l'agrément et la protection du roi pour faire élire l'abbé d'Auvergne, son neveu, coadjuteur de son abbaye de Cluny. C'étoit avoir pris l'orgueil, qui gouvernoit uniquement le cardinal, par l'endroit le plus sensible. Il ne se démentit donc point à leur égard lorsqu'il vit leur crédit en désarroi, et il espéra les remettre en selle par le jugement qu'il se promettoit de faire rendre à Rome. Tout l'animoit en ce dessein, le fruit d'un si grand service, et on prétendit que le marché entre eux étoit fait, mais à l'insu des ducs, que le crédit de l'un feroit l'autre cardinal en lui faisant gagner sa cause, et que le crédit de celui-ci, relevé par sa victoire et sa pourpre, seroit tel en soi et sur les deux ducs, à qui il seroit alors temps de parler et sur lesquels il pouvoit tout, qu'ils feroient entrer le cardinal de Bouillon dans le conseil, d'où Bouillon ne se promettoit pas moins que de s'élever à la place de premier ministre.

Ce dernier point du conseil n'étoit pas à beaucoup près si aisé à imaginer raisonnablement que les espérances de Rome. Le roi n'avoit jamais mis d'ecclésiastique dans son conseil, et il étoit trop jaloux de son autorité et de sembler tout faire, pour se résoudre jamais à un premier ministre; mais Bouillon étoit l'homme le plus chimérique qui ait vécu en nos jours, et le plus susceptible des chimères les plus folles en faveur de sa vanité, dont toute sa vie a été la preuve. Un peu de sens auroit pu lui découvrir qu'indépendamment de la difficulté du côté du roi, il n'étoit pas sûr que, si ses amis les eussent pu vaincre, c'eût été à son profit, et que M. de Cambrai n'eût pas mieux aimé prendre pour soi ce qu'il eût pu procurer à un autre; mais, outre ces chimères, le cardinal de Bouillon haïssoit personnellement les adversaires de M. de Cambrai, et auroit peut-être plus que lui encore triomphé de leur condamnation.

Les Bouillon et les Noailles étoient ennemis de tous les temps. Les principales terres de Noailles étoient dans la vicomté de Turenne. Ce joug leur étoit odieux, ils le vouloient secouer. Le procès en étoit pendant depuis nombre d'années, et se reprenoit par élans avec une aigreur extrême et jusqu'aux injures, jusque-là que les Bouillon avoient reproché aux Noailles dans les écritures du procès qu'un Noailles avoit été domestique d'un vicomte de Turenne de leur maison. C'étoit avec un dépit extrême qu'ils voyoient briller les Noailles dans la splendeur des dignités, des charges, des emplois et du crédit, et ce fut avec rage que le cardinal de Bouillon vit arriver M. de Châlons à l'archevêché de Paris, où il avoit tâché inutilement d'atteindre autrefois, et devenir incessamment son confrère par le cardinalat. Les mêmes Bouillon n'étoient pas moins ennemis des Tellier. M. de Louvois, brouillé à l'excès avec M. de Turenne, et diverses fois humilié sous son poids, l'avoit rendu depuis à toute sa famille, et jusqu'à MM. de Duras ses neveux, et l'inimitié s'étoit perpétuée. M. de Reims, dans ce grand siége, étoit d'autant plus odieux au cardinal de Bouillon qu'il n'avoit pu affoiblir son crédit et sa considération. Le savoir éminent de M. de Meaux, l'autorité qu'il lui avoit acquise sur tout le clergé et dans toutes les écoles, ses privances avec le roi, sa considération, son estime et sa réputation au dedans et au dehors, tout cela piquoit l'émulation et l'orgueil du cardinal, et lui donnoit un désir extrême de lui voir tomber une flétrissure ; enfin le crédit que M. de Chartres commençoit à prendre sur le roi à la faveur de cette affaire, porté par son intimité avec Mme de Maintenon, étoit insupportable à un homme qui vouloit tout, et qui, dédaignant de regarder cet évêque que comme un cuistre violet, se trouvoit néanmoins obligé à des égards et à des ménagements qui l'outroient. Toutes ces choses ensemble étoient plus qu'il n'en falloit pour enflammer le cardinal de Bouillon, et pour lui faire entreprendre et porter la cause de M. de Cambrai autant et plus que la sienne propre. Je me suis étendu sur ces motifs parce que sans cette connoissance on n'en pourroit comprendre les suites.

M. de Cambrai ne put soutenir en face le triste succès de son livre, qui ne trouva de louanges que dans le *Journal des savants* qu'un calviniste faisoit en Hollande. Il partit pour son diocèse, où il alloit de temps en temps, et partit brusquement; mais aussitôt après, il tomba malade ou le fit, et pour demeurer plus près de ses amis, se relaissa chez Malezieux, son ami, et domestique gouvernant tout chez M. et Mme du Maine, où il ne fut qu'à six lieues de Versailles. Cependant les jésuites se trouvèrent embarrassés. Outre leur liaison intime et de tout temps avec le cardinal de Bouillon, et la leur bien affermie avec M. de Cambrai, ils haïssoient aussi ses adversaires : M. de Meaux, parce qu'il ne favorisoit ni leur doctrine ni leur morale, que son crédit les contenoit, et que son savoir et sa réputation les accabloient; M. de Paris, par les mêmes raisons de doctrine et de morale, mais ils frémissoient de plus de ce qu'il étoit devenu archevêque de Paris sans eux, et comme malgré eux; M. de Chartres, parce qu'ils haïssoient et envioient la faveur de Saint-Sulpice, quoique sur Rome et d'autres points dans les mêmes sentiments, mais la jalousie détruisoit toute union, et de plus ils sentoient déjà le crédit que ce prélat prenoit dans la distribution des bénéfices, et c'étoit leur partie la plus sensible que d'en disposer seuls; M. de Reims, qui se ralliait à ces prélats, parce qu'il ne les ménageoit en rien, et qu'ils n'avoient jamais pu ni l'adoucir ni être soutenus contre lui en aucune occasion.

Leur partialité avoit donc été aperçue; elle fut appréhendée; on voulut les contenir; on en parla au roi. On lui montra l'approbation du P. de La Chaise et du P. Valois, confesseurs des princes, au livre de M. de Cambrai; on mit le roi en colère, et il s'en expliqua durement à ces deux jésuites. Les supérieurs, inquiets des suites que cela pourroit avoir pour le confessionnal du roi et des princes, et par conséquent pour toute la société, en consultèrent les gros bonnets à quatre vœux; et le résultat fut qu'il falloit céder ici à l'orage, sans changer les projets pour Rome. C'étoit le carême; le P. La Rue prêchoit devant le roi : on fut donc tout à coup surpris que le jour de l'Annonciation, ses trois points finis, et au moment de donner la bénédiction et de sortir de chaire, il demanda permission au roi de dire un mot contre des extravagants et des fanatiques qui décrioient les vies communes de la piété autorisées par un usage constant, et approuvées de l'Eglise, pour leur en substituer d'erronées, nouvelles, etc.; et de là prit son thème sur la dévotion à la sainte Vierge, parla avec le zèle d'un jésuite commis par sa société pour lui parer un coup dangereux, et fit des peintures d'après nature par lesquelles on ne pouvoit méconnoître les principaux acteurs pour et contre. Ce supplément dura une demi-heure, avec fort peu de ménagements pour les expressions, et se montra tout à fait hors d'œuvre. M. de Beauvilliers, assis derrière les princes, l'entendit tout du long, et il essuya les regards indiscrets de toute la cour présente. Le même jour, le fameux Bourdaloue et le P. Gaillard firent retentir les chaires qu'ils remplissoient dans Paris des mêmes plaintes et des mêmes instructions, et jusqu'au jésuite qui prêchoit à la paroisse de Versailles en fit autant.

La vérité est que le P. Bourdaloue, aussi droit en lui-même que pur dans ses sermons, n'avoit jamais pu goûter ce qu'alors on nommoit quiétisme. Car, que la doctrine de M. de Cambrai et de Mme Guyon, pour la défense de laquelle il avoit uniquement fait ses *Maximes des saints*, fût ou non quiétiste, ni en quel degré, ou point du tout, c'est ce que je n'entreprends pas de décider; mais passant, bien ou mal, pour telle, on lui en donnoit aussi le nom, et à ceux qui lui étoient attachés; et comme il faut des noms dans le langage pour s'expliquer et pour s'entendre sans circonlocution, c'est aussi le terme dont je me servirai avec le public pour me faire entendre, sans prétendre qu'il ait une vraie ni une fausse application à la doctrine ou aux gens dont il s'agit. Le P. Gaillard étoit encore plus loin de les approuver; il étoit soupçonné, jusque dans sa compagnie, de n'en porter que l'habit; il y a eu plus d'une fois besoin d'apologie, et il n'y a dû son repos et les supériorités qu'il a eues, qu'à sa réputation et au nombre d'amis illustres qu'elle lui avoit faits, et encore à la politique de la société, qui par une conduite opposée ne vouloit pas donner cette prise sur elle, en donnant force à l'opinion que le P. Gaillard fût plus janséniste en effet que jésuite. Je dis et dirai dans la suite janséniste et jansénisme, si l'occasion se présente de parler de ceux qui sont réputés tels, par les mêmes raisons et avec la même protestation que je viens d'écrire sur les quiétistes. Enfin le P. de La Rue, jésuite de tous points, fut dirigé par ses supérieurs, et passa toujours pour nager entre deux eaux, entre le gros de la société qui appuyoit les quiétistes, et quelques particuliers qui leur étoient effectivement contraires. Cela fit même une espèce de scission entre eux, dont, par politique, ils ne furent pas fâchés, mais qui embarrassa étrangement le P. Valois et le P. de La Chaise, que l'habitude, l'amitié et l'ancienne confiance du roi tirèrent plus d'affaire que son adresse, et l'estime et l'affection que sa douceur, ses bons choix et toute sa conduite lui avoient acquise, et qui avoient fait qu'il n'avoit presque point d'ennemis.

Dans ces circonstances, M. de Meaux publia son *Instruction sur les états d'oraison*, en deux volumes in-octavo, la présenta au roi, aux principales personnes de la cour, et à ses amis. C'étoit un ouvrage en partie dogmatique, en partie historique, de tout ce qui s'étoit passé depuis la naissance de l'affaire jusqu'alors entre lui, M. de Paris et M. de Chartres, d'une part; M. de Cambrai et Mme Guyon, de l'autre. Cet historique très-curieux, et où M. de Meaux laissa voir et entendre tout ce qu'il ne voulut pas raconter, apprit des choses infinies, et fit lire le dogmatique. Celui-ci, clair, net, concis, appuyé de passages sans nombre et partout de l'Écriture et des Pères ou des conciles, modeste, mais serré et pressant, parut un contraste du barbare, de l'obscur, de l'ombragé, du nouveau et du ton décisif de vrai et de faux des *Maximes des saints*; [on le] dévora aussitôt qu'il parut. L'un, comme inintelligible, ne fut lu que des maîtres en Israël; l'autre, à la portée ordinaire, et secouru de la pointe de l'historique, fut reçu avec avidité et dévoré de même. Il n'y eut homme ni femme à la cour qui ne se fît un plaisir de le lire et qui ne se piquât de l'avoir lu, de sorte qu'il fit longtemps toutes les conversations de la cour et de la ville. Le roi en remercia publiquement M. de Meaux. En même temps M. de Paris et M. de Chartres donnèrent chacun une instruction fort théologique, en forme de mandement, à leur diocèse, mais qui fut un volume, surtout celui de M. de Chartres, dont la profondeur et la solidité l'emporta sur les deux autres, au jugement des connoisseurs, et devint la pierre principale contre laquelle M. de Cambrai se brisa.

Ces deux livres, si opposés en doctrine et en style, et si différemment accueillis dans le monde, y causèrent un grand fracas. Le roi s'interposa, et obligea M. de Cambrai à souffrir que le sien fût examiné par les archevêques de Reims et de Paris, et par les évêques de Meaux, Chartres, Toul, Soissons et Amiens, c'est-à-dire par ses adversaires ou par des prélats qui leur adhéroient. Paris, Meaux et Chartres étoient ses parties reconnues; Reims s'étoit joint à eux; Toul, qui a tant fait parler de lui depuis, sous le nom de cardinal de Bissy, vivoit avec M. de Chartres comme avec un protecteur duquel il attendoit sa fortune; Soissons, frère de Puysieux, étoit un fat, mais avec de l'esprit, du savoir, et plus d'ambition encore, qui lui avoit fait changer son évêché d'Avranches avec le savant Huet, pour être plus près de Paris et de la cour, des volontés de laquelle il étoit esclave. Lui et M. de La Rochefoucauld étoient enfants du frère et de la sœur, et Mme de Sillery, sa mère, qui n'avoit rien eu en mariage, et dont les affaires étoient ruinées, vivoit depuis longues années à Liancourt, chez M. de La Rochefoucauld. L'union étoit donc grande entre eux, et M. de La Rochefoucauld, le plus envieux des hommes ne pouvoit souffrir les ducs de Chevreuse et de Beauvilliers, dont le crédit et les places du dernier le désoloient, et dont la chute faisoit tous les désirs. Amiens, auparavant l'abbé de Brou et aumônier du roi, étoit très-savant, mais ami intime de M. de Meaux, et pensant comme lui en tout genre de doctrine; c'étoit d'ailleurs un homme extrêmement aimable, fort rompu au monde, goûté et recherché, mais un saint évêque, tout appliqué à son étude et à son diocèse, dont il ne sortoit que le moins qu'il pouvoit, et qui y donnoit tout aux pauvres.

Je ne puis me passer de raconter ici un trait qui en deux mots le fera connoître. Le scrupule le prit de son entrée dans l'épiscopat; et, après y avoir bien réfléchi, il fut trouver le P. de La Chaise, à qui il dit qu'il n'avoit acheté une charge d'aumônier du roi que dans l'esprit de se faire évêque; que c'étoit là une intrusion; qu'il lui apportoit sa démission pure et simple; qu'il ne demandoit point d'abbaye en quittant un évêché dans lequel il étoit mal entré, et qu'il le prioit de porter sa démission au roi et de lui faire nommer un successeur. Le P. de La Chaise admira sa délicatesse, et refusa sa démission. Ils disputèrent et se séparèrent ainsi. Quelques mois après, M. d'Amiens lui rapporta sa démission, et voyant que ce seroit avec le même succès de la première fois, il lui déclara que, s'il ne vouloit pas s'en charger, lui-même l'alloit porter au roi. Le P. de La Chaise, voyant cette résolution si déterminée, prit sa démission, et lui promit d'en rendre compte au roi. Il le fit en effet : la réponse fut prompte et digne de tous les trois. Le confesseur dit au prélat que le roi avoit accepté sa démission, mais qu'en même temps il le nommoit de nouveau évêque d'Amiens, et lui commandoit absolument d'accepter, et de cette manière le scrupule cessa, et l'affaire fut finie; mais elle n'eut pas une médiocre part au scrupule que le roi prit, à son tour, de la vénalité des charges de ses aumôniers, et à l'attention qu'il a eue depuis à l'éteindre.

Pour revenir d'où la parenthèse m'a distrait, M. de Cambrai souffrit l'examen qu'il ne put éviter, et duquel il n'avoit rien de bon à attendre, pendant lequel M. de Metz mourut à Metz et qui fit vaquer un cordon bleu et une place de conseiller d'État d'Église. M. de Metz étoit frère aîné de M. de La Feuillade, leur aîné à tous deux ayant été tué à la bataille de Lens en 1647 [20 août 1648], sans alliance, attaché à M. Gaston comme leur père tué au combat de Castelnaudary en 1632. M. de Metz étoit un homme de beaucoup d'esprit, avec du savoir, qui avoit toujours fort été du grand monde. Il avoit été un moment jésuite, à quoi son génie vif et libre étoit fort peu propre. Lorsqu'en 1648 M. de Lyonne fit nommer son père, qui étoit évêque de Gap, à l'archevêché d'Embrun, Georges d'Aubusson, qui est notre M. de Metz, eut Gap, et aussitôt après Embrun, sur le refus obstiné du père de M. de Lyonne, qui étoit un saint évêque, et qui ne voulut point quitter son évêché.

M. d'Embrun brilla fort en diverses assemblées du clergé par sa capacité et son éloquence. Il eut des abbayes et l'ambassade de Venise en 1659, où il se soutint très-dignement, avec sagesse mais fermeté, contre la prétention du nonce Altoriti qui lui disputa l'Excellence et le rochet découvert devant lui, parce qu'à la manière d'Italie il couvroit le sien du mantelet. Il passa de là à l'ambassade d'Espagne en 1661, où il étoit lors de l'insulte du baron de Batteville au comte depuis maréchal d'Estrades, pour la préséance à Londres ; et ce fut ce prélat qui fit à Madrid toute la négociation par laquelle il fut arrêté que l'ambassadeur d'Espagne déclareroit solennellement au roi que son maître lui cédoit partout la compétence, et qu'en aucun lieu les ambassadeurs d'Espagne ne disputeroient le pas ni la préséance aux ambassadeurs de France : ce que le marquis de La Fuente vint exécuter à Paris comme ambassadeur extraordinaire d'Espagne, en 1662. M. d'Embrun servit en cette occasion avec une grande fermeté et dextérité. Pendant cette ambassade il eut l'ordre du Saint-Esprit en la promotion de 1661. Il eut grande part à la fortune de son frère qui lui déféroit beaucoup. Il passa à Metz en 1668 avec tout ce qui lui fallut de Rome pour conserver le rang et les honneurs d'archevêque. Le roi lui parloit toujours et plaisantoit avec lui ; il mettoit d'autres seigneurs en jeu, et cela faisoit des conversations souvent fort divertissantes. On l'attaquoit fort sur son avarice, il en rioit le premier, et jamais le roi ne le put réduire à porter un Saint-Esprit sur sa soutanelle comme les autres. Il disoit que celui du manteau suffisoit, que la soutanelle étoit comme la soutane où on n'en mettoit point, et que la vanité avoit mis cela à la mode. Les autres lui répondoient qu'il n'en vouloit point pour épargner deux écus que cela coûtoit sur chaque soutanelle ; et c'étoit ainsi des prises sur sa chère, sur son équipage, et surtout, qu'il soutenoit avec beaucoup d'esprit, et se ruant à son tour en attaques fort plaisantes. Il conserva un grand crédit et une grande considération jusqu'à sa mort, et les ministres le ménageoient. Il étoit bon évêque, résidant et fort appliqué à ses devoirs. Il avoit quatre-vingt-cinq ans, et il y en avoit trois ou quatre qu'il étoit peu à peu tout à fait tombé en enfance : il laissa un riche héritage à son neveu.

Cette mort arriva fort mal à propos pour M. de Cambrai. Il n'étoit plus à portée de rien ; mais il eut la douleur de voir donner l'ordre à M. de Paris, et la place de conseiller d'État d'Église à M. de Meaux. Ce dégoût fut suivi d'un autre. Mme de Maintenon chassa de Saint-Cyr trois dames principales, dont une avoit eu longtemps toute sa faveur et sa confiance, et elle ne se cacha pas de dire qu'elle les chassoit à cause de leur entêtement pour Mme Guyon et pour sa doctrine. Tout cela, avec l'examen de son livre dont il ne se pouvoit rien promettre de favorable, lui fit prendre le parti d'écrire au pape, de porter son affaire devant lui, et de demander permission au roi d'aller la soutenir à Rome ; mais le roi lui défendit. M. de Meaux là-dessus envoya son livre au pape, et M. de Cambrai eut la douleur de recevoir une réponse sèche du pape, et de voir M. de Meaux triompher de la sienne[1]. Rien de plus adroit, de plus insinuant, de plus flatteur que la lettre de M. de Cambrai. L'art, la délicatesse, l'esprit, le tour y brilloient, et, tout en ménageant certains termes trop grossiers pour l'honneur de l'épiscopat et des maximes du royaume, il y fit litière de l'un et de l'autre, sous prétexte de modestie et d'humilité personnelles; elle ne laissa pas par cela même de faire pour lui un bon effet dans le monde. En général on est envieux, et on n'aime pas l'air d'oppression. Tout étoit déclaré contre lui : ses parties, devenues ses juges par le renvoi de son livre à leur examen; elles venoient de profiter des vacances de M. de Metz. On lui passa donc les flatteries de sa lettre en faveur du tour et de la nécessité, et il vit une lueur de retour du public.

Pour achever de suite ce qui s'en peut dire pour cette année, il ne jouit pas longtemps de cette petite prospérité. Elle fit peur à ses ennemis. Ils irritèrent le roi, qui, sans le vouloir voir, lui fit dire de s'en aller sur-le-champ à Paris, et de là dans son diocèse, d'où il n'est jamais sorti depuis. En envoyant cet ordre à M. de Cambrai, le roi envoya chercher Mgr le duc de Bourgogne, avec lequel il fut longtemps seul dans son cabinet, apparemment pour le déprendre de son précepteur auquel il étoit fort attaché, et qu'il regretta avec une amertume que la séparation de tant d'années n'a jamais pu affoiblir. M. de Cambrai ne demeura que deux jours à Paris. En partant pour Cambrai, il laissa une lettre à un de ses amis qu'on ne douta pas qu'il ne fût M. de Chevreuse et qui incontinent après devint publique. Elle parut

1. Toutes trois se trouveront aux pages 1 et 2 des pièces (*note de Saint-Simon*). — Cette note, plusieurs fois reproduite dans le cours de ces Mémoires, prouve que Saint-Simon y avait joint de nombreuses pièces justificatives, elles n'ont pas été retrouvées. Il est probable qu'elles sont encore aux archives du ministère des affaires étrangères, où les manuscrits de Saint-Simon furent longtemps déposés.

une espèce de manifeste d'un homme qui, d'un langage beau, épanche sa bile et ne se ménage plus, parce qu'il n'a plus rien à espérer. Le style haut et amer en est d'ailleurs si plein d'esprit et à tout événement d'artifice, qu'elle fit un extrême plaisir à lire, sans trouver d'approbateur, tant il est vrai qu'un sage et dédaigneux silence est difficile à garder dans les chutes.

La cour de Rome eut une extrême joie de se voir déférer cette cause à juger en première instance par les premiers prélats d'un royaume jusqu'alors si attachés à des maximes plus anciennes, et elle triompha de les tenir en suppliants à ses pieds. Cette affaire y fit grand bruit. Elle fut renvoyée à la même congrégation qui examinoit un ouvrage dogmatique du feu cardinal Sfondrat, abbé de Saint-Gall, qui avoit été déféré au saint-siége, qui, sur cette même matière et sur d'autres, étoit, disoit-on, fort étrange, mais que la pourpre de son auteur, quoique mort, protégea. Il faut les laisser travailler à Rome, et y mener le cardinal de Bouillon qui passa par Cluny, et y emporta la coadjutorerie pour son neveu qu'il fit confirmer à Rome.

Avant de quitter les prélats, il ne faut pas oublier la mort de la duchesse de Noailles, mère de l'archevêque de Paris. Le cardinal Mazarin l'avoit faite dame d'atours de la reine mère en 1657, qu'elle n'avoit que vingt-cinq ans, lorsque Mme d'Hautefort, dont j'ai parlé, quitta cette charge pour épouser le maréchal-duc de Schomberg[1], dont elle fut la seconde femme sans enfants. M. de Noailles ayant été fait duc et pair en cette étrange fournée des quatorze, en 1663[2], sa femme, quoique devenue duchesse, n'osa quitter; ce fut la première et l'unique dame d'atours duchesse, et la demeura jusqu'à la mort de la reine mère, c'est-à-dire deux ans. C'étoit une femme d'esprit, extrêmement bien avec le roi et

---

1. Mme d'Hautefort épousa le maréchal de Schomberg, le 6 septembre 1646, et non en 1657.
2. Voy. les notes à la fin du volume.

la reine, d'une vertu aimable, et toute sa vie dans la piété, quoique enfoncée dans la cour et dans le plus grand monde. Elle s'appeloit Boyer, et n'étoit rien. Sa mère étoit Wignacourt, nièce et petite-nièce des deux grands maîtres de Malte de ce nom. Les biens avoient fait le mariage de sa mère qui n'avoit rien, et le sien ensuite. Dès qu'elle fut veuve, elle se retira peu à peu du monde, et bientôt après à Châlons auprès de son fils, dont elle fit son directeur, et à qui tous les soirs de sa vie elle se confessoit avant de s'aller coucher. Elle l'avoit suivi à Paris et elle y mourut dans l'archevêché très-saintement comme elle avoit vécu, et ce fut une grande douleur pour son fils l'archevêque. Elle avoit une sœur femme d'un marquis de Ligny, mère de la princesse de Furstemberg, et une autre sœur femme de Tambonneau, président de la chambre des comptes, et mère de Tambonneau qui eut la même charge, et qui fut longtemps ambassadeur en Suisse. Cette Mme Tambonneau étoit riche, bien logée et meublée, et avoit trouvé le moyen de voir chez elle la meilleure et la plus importante compagnie de la cour et de la ville, sans donner à jouer ni à manger. Princes du sang, grands seigneurs dans les premières charges, généraux d'armée, grandes dames n'en bougeoient. La jeunesse en étoit bannie, et n'y étoit pas admis qui vouloit. Elle ne sortoit presque point de chez elle, et s'y faisoit respecter comme une reine. Cela est si singulier que je l'ai voulu rapporter.

Coulons à fond les prélats. M. de Troyes surprit beaucoup le monde par sa belle et courageuse retraite. Il étoit fils de Chavigny, cet honnête secrétaire d'État dont j'ai parlé, et petit-fils de Bouthillier, surintendant des finances. Il eut des bénéfices de bonne heure, fut aumônier du roi, devint, jeune, évêque de Troyes. Il avoit du savoir et possédoit de plus les affaires temporelles du clergé mieux qu'aucun de ce corps, en sorte qu'il étoit de presque toutes les assemblées du clergé et qu'il brilloit dans toutes. Il avoit de plus bien de l'esprit, et plus que tout l'esprit du monde, le badinage

des femmes, le ton de la bonne compagnie, et passa sa vie
dans la meilleure et la plus distinguée de la cour et de la
ville, recherché de tout le monde, et surtout dans le gros
jeu et à travers toutes les dames. C'étoit leur favori ; elles ne
l'appeloient que le Troyen, et chien d'évêque et chien de
Troyen, quand il leur gagnoit leur argent. Il s'alloit de
temps en temps ennuyer à Troyes, où, pour la bienséance et
faute de mieux, il ne laissoit pas de faire ses fonctions ; mais
il n'y demeuroit guère, et une fois de retour, il ne se pouvoit arracher.

C'est ainsi que jusqu'alors il avoit passé sa vie. Cependant
les réflexions vinrent troubler ses plaisirs, puis ses amuse-
ments. Il essaya de leur céder, il disputa avec elles, enfin
l'expérience lui fit comprendre qu'il seroit toujours vaincu
s'il ne rompoit ses liens de manière à ne les pouvoir
renouer. Jamais il n'avoit été plus gai ni de meilleure compagnie qu'à un dîner à l'hôtel de Lorges avec M. de Chaulnes
et grand monde fort choisi, au sortir duquel il alla coucher
à Versailles, après s'être arrangé, quelques jours devant,
avec le P. de La Chaise. Le lendemain matin, au sortir du
prie-Dieu, il demanda au roi un moment d'audience ; il l'eut
dans le cabinet, avant la messe. Là il fit sa confession avec
ingénuité. Il avoua au roi le besoin qu'il avoit de retraite et
de pénitence, et que jamais il n'en auroit la force tant qu'il
tiendroit au monde par quelques prétextes. Il présenta au
roi la démission de son évêché, et lui dit que, s'il le vouloit
combler, ce seroit de le donner à son neveu l'abbé de Chavigny qui avoit de l'âge assez et encore plus de mérite, de
savoir et de vertu ; qu'il l'aideroit à gouverner dans ses commencements un diocèse qu'il connoissoit à fond ; qu'il se re-
tireroit dans sa propre maison à Troyes ; qu'il partageroit
avec lui et qu'il y demeureroit en solitude le reste de sa vie.
L'évêché valoit peu ; le roi aimoit M. de Troyes, malgré la
dissipation de sa vie ; il lui accorda sur-le-champ sa demande. Au sortir du cabinet, M. de Troyes gagna Paris, n'y

vit personne, et partit le lendemain pour Troyes, où il tin'
très-exactement tout ce qu'il s'étoit proposé, sans vouloir
voir qui que ce soit que son neveu et ses prêtres, encore
pour affaires, et sans écrire ni avoir aucun commerce avec
personne, entièrement consacré à la prière et à la pénitence,
et à une entière solitude.

J'ai parlé [p. 322] de la querelle de M. de La Rochefoucauld et de M. d'Orléans sur une place derrière le roi au sermon. J'en ai abrégé les procédés : il faut dire que M. le Prince, M. le maréchal de Lorges ni les autres amis communs n'ayant pu venir à bout de les réconcilier, le prélat, après avoir fait un grand bruit inutile, s'en étoit allé à Orléans bouder. A la fin il fallut bien revenir faire sa charge, et ses amis et ses frères l'en pressoient depuis quelque temps, dans l'espérance que ce retour opéreroit un changement favorable dans son affaire. Son arrivée renouvela le bruit et les plaintes. Il se jeta aux pieds du roi avec peu de bienséance et moins de dignité, protestant qu'il aimeroit mieux être mort que voir dégrader sa charge, après l'avoir exercée trente-quatre ans. M. de La Rochefoucauld supplia le roi de trouver bon qu'il ne prît point la place qu'il lui avoit accordée, et qu'il avoit ignoré être prétendue par le premier aumônier lorsqu'il accepta, dont il préféroit le retour de leur ancienne amitié à une place dont il s'étoit bien passé toute sa vie. Le roi, qui n'aimoit pas à changer ses décisions, beaucoup moins à les voir blâmées, non-seulement tint ferme, mais il ajouta qu'après ce qu'il avoit réglé, c'étoit son affaire à lui, et non plus celle de M. de La Rochefoucauld; que le premier aumônier n'avoit point de place au sermon ni nulle part derrière lui ; qu'il se souvenoit trèsbien d'avoir toujours vu M. de Meaux, oncle et prédécesseur de M. d'Orléans, qui avoit eu sa charge, ou debout auprès de lui, ou assis sur le banc des aumôniers ; et finit par ces dures paroles, qui lui étoient si rares, « que si la chose étoit à décider entre M. d'Orléans et un laquais, il donneroit la place au laquais plutôt qu'à lui. » M. de La Rochefoucauld n'eut plus qu'à se taire. M. d'Orléans entra dans le cabinet, à qui le roi parla tout aussi durement ; je l'en vis sortir l'air outré de douleur. Ni lui ni ses parents ne la continrent pas, et il s'en retourna sur-le-champ à Orléans, où il auroit mieux fait de demeurer que de venir presque à coup sûr essuyer une mortification si amère pour une place qui ne lui avoit jamais appartenu, et devant connoître le roi assez pour ne pas douter qu'après l'engagement qu'il avoit pris de donner la place, c'étoit s'exposer très-inutilement que se hasarder à entreprendre de le faire changer.

Mais, pour ne plus revenir à cette tracasserie, je dirai tout de suite comment elle finit. Le roi au fond estimoit et aimoit M. d'Orléans, et le montra bien par la façon si obligeante dont il lui donna sa nomination au cardinalat, et par la considération qu'il lui avoit toujours constamment témoignée jusqu'à cette prétention de place au sermon. Il étoit donc peiné du cuisant déplaisir qu'il lui avoit fait, et il l'étoit encore de l'irréconciliable division que cela avoit mis entre deux hommes si principaux, si anciennement amis, et si continuellement autour de lui par leurs charges. La vacance du riche et magnifique siége de Metz parut au roi un moyen d'apaiser M. d'Orléans, et de finir la discorde. Il y nomma l'abbé de Coislin, sans que ni lui ni aucun de sa famille eût osé y songer. La surprise fût extrême ; ils se croyoient tous bien éloignés des grâces, et l'abbé de Coislin encore plus éloigné d'aucun évêché.

C'étoit un petit homme court et gros, singulier au dernier point, d'une figure comique et de propos à l'avenant, et souvent fort indiscrets, mêlé pourtant avec la meilleure compagnie de la cour, qu'il divertissoit en se divertissant le premier ; avec cela dangereux et malin, et un fort médiocre prêtre. Il se l'étoit fait par raison, malgré son père, qui étoit pauvre et qui, voyant son aîné sans enfants, vouloit marier celui-ci. L'aîné étoit impuissant, celui-ci en étoit fort soup-

çonné, et n'avoit point de barbe; son aîné étoit gueux, il
ne voulut pas mourir de faim toute sa vie, et se tourna du
côté des bénéfices. Dès qu'il fut prêtre, M. d'Orléans, sans
en dire mot à son frère, pour lui éviter le chagrin d'un
refus s'il en recevoit un, demanda au roi sa survivance de
premier aumônier, et l'obtint sur-le-champ. Avec cet établissement, le jeune homme ne douta plus de rien, et se
livra au grand monde et à son humeur. Le roi ne le goûta
jamais, et ne le souffrit qu'à cause de son oncle. Il eut beau
le suivre à Orléans pour y travailler sous lui, cela ne lui
produisit qu'une légère abbaye, et il n'avoit que celle-là
seule et point d'autre bien, lorsqu'il eut Metz. En même
temps, pour finir toute dispute, le roi donna à la charge de
premier aumônier une place derrière lui à la chapelle, au-
dessous de celle de M. de La Rochefoucaud, et la joignant.
M. de Metz ne fut pas alors en termes de la refuser, comme
avoit fait son oncle, à qui elle avoit été offerte. M. d'Orléans,
qui alloit être cardinal, et qui par là s'alloit trouver hors
d'intérêts pour sa personne, et dans la joie de ce retour du
roi qui plaçoit si grandement à Metz son neveu, pour lequel
il n'espéroit presque plus rien, se prêta à y consentir et à
se réconcilier avec M. de La Rochefoucauld. Le roi en fut
ravi; et tout se passa de part et d'autre de si bonne grâce,
que tout fut sincèrement oublié et qu'ils redevinrent amis
comme auparavant.

Je perdis environ dans ce temps-là le chevalier de La Hillière, gouverneur de Rocroy. C'étoit un ancien ami intime
de mon père, et un des braves et des galants hommes de
France, qui avoit été dans la confiance de M. Le Tellier et
de beaucoup de gens très-distingués de son temps, et dans
toute celle de Mademoiselle du temps de M. de Lauzun et
d'elle. Le roi le considéroit, et il y avoit toujours des choses
curieuses à apprendre de lui de l'ancienne cour; avec cela
de fort bonne et sûre compagnie.

Le roi chassa fort précipitamment toute la troupe des

comédiens italiens, et n'en voulut plus d'autre. Tant qu'ils n'avoient fait que se déborder en ordures sur leur théâtre, et quelquefois en impiétés, on n'avoit fait qu'en rire ; mais ils s'avisèrent de jouer une pièce qui s'appeloit *la Fausse Prude*, où Mme de Maintenon fut aisément reconnue. Tout le monde y courut, mais après trois ou quatre représentations, qu'ils donnèrent de suite, parce que le gain les y engagea, ils eurent ordre de fermer leur théâtre, et de vider le royaume en un mois. Cela fit grand bruit, et si ces comédiens y perdirent leur établissement par leur hardiesse et leur folie, celle qui les fit chasser n'y gagna pas, par la licence avec laquelle ce ridicule événement donna lieu d'en d'en parler.

FIN DU PREMIER VOLUME.

NOTES.

I. TABLE DE MARBRE.

Page 228.

La table de marbre, dont parle Saint-Simon, était placée dans la galerie des prisonniers du Palais de Justice de Paris, près de la chambre de la Tournelle. Le tribunal du grand amiral, qui se composait d'un lieutenant civil et criminel, d'un lieutenant particulier, de cinq conseillers, d'un procureur du roi et de plusieurs substituts, y avait son principal siége. Voilà pourquoi le comte de Toulouse est installé, en qualité de grand amiral, à la table de marbre. Il y avait encore d'autres juridictions qui avaient primitivement leur siége à la table de marbre, entre autres la connétable ou juridiction des maréchaux de France. Ce tribunal, où siégeaient rarement les maréchaux, comprenait un lieutenant général, un lieutenant particulier, un procureur du roi et plusieurs autres officiers. Il connaissait principalement des actions personnelles intentées aux gens de guerre, des contrats faits entre eux, des procès relatifs à leur solde, des malversations commises par les trésoriers et payeurs des compagnies, etc. Dans l'origine, le grand maître des eaux et forêts tenait aussi sa juridiction à la table de marbre du Palais.

II. CONSEILS DU ROI.

Page 289.

Saint-Simon parle souvent du *conseil des parties*, du *conseil des dépêches*, du *conseil des finances*, de la *grande et petite direction*, et en général des *conseils du roi*. Comme le lecteur moderne n'est pas toujours familiarisé avec ces termes, il ne sera pas inutile d'en préciser le sens.

Le *conseil des parties* était présidé par le chancelier, et se composait de conseillers d'État et de maîtres des requêtes, qui faisaient le rapport des affaires. On y traitait des règlements de juges, en cas de conflit ou de récusation des juges ; des évocations ou actes de l'autorité souveraine qui enlevaient la connaissance d'un procès aux tribunaux ordinaires, pour l'attribuer à d'autres juridictions; de la cassation d'arrêts contraires aux ordonnances, etc. Le *conseil des parties* était donc un tribunal suprême souvent en lutte avec les parlements.

Le *conseil des dépêches*, composé, comme le précédent, de conseillers d'État et de maîtres des requêtes, était souvent présidé par le roi. On y traitait toutes les questions relatives à l'administration des provinces. « Audit conseil, dit l'ordonnance du 18 janvier 1630, seront lues toutes les dépêches du dedans du royaume, et délibéré les réponses sur icelles. Seront aussi lues les réponses et les instructions qui seront baillées à ceux qui seront employés dans les provinces pour les affaires de Sa Majesté. Audit conseil, tous ceux qui auront été en commission pour le service de Sa Majesté seront tenus rendre compte de ce qu'ils auront fait, négocié et géré en leurs voyages. Il sera traité audit conseil de l'état des garnisons, état et payement des gens de guerre, tant de cheval que de pied, et autres affaires de la guerre, et généralement de toutes les affaires importantes, ainsi qu'il plaira à Sa Majesté l'ordonner. Et afin que ce qui aura été résolu audit conseil soit promptement et précisément exécuté, Sa Majesté ordonne que toutes résolutions qui se prendront audit conseil en chaque journée seront réduites par écrit par celui des secrétaires d'État qui sera en mois. » Dans l'origine, les quatre secrétaires d'État assistaient pendant un mois, à tour de rôle, aux délibérations de ce conseil, et en transmettaient les décisions sous forme de dépêches aux intendants chargés de les exécuter. De là venait le nom de *conseil des dépêches*. Les attributions de ce conseil répondaient en partie à celles du ministère actuel de l'intérieur.

Le *conseil des finances* se composait, comme les précédents, de conseillers d'État, de maîtres des requêtes, et en outre des intendants et contrôleurs des finances. On distinguait deux espèces de conseils des finances : l'un, appelé *conseil de grande direction*, était présidé par le chancelier, et jugeait le contentieux financier, les différends entre les fermiers des impôts et les particuliers, les procès pour remboursements d'offices, adjudication des travaux publics, et fourniture de vivres et munitions, rachat des rentes, etc. L'autre, appelé conseil de *petite direction*, était présidé par un ministre d'État désigné par le roi, et s'occupait des impôts, de leur répartition et de l'administration financière. C'était le duc de Beauvilliers qui, à l'époque de Saint-Simon, présidait le conseil des finances.

III. LETTRE DE LOUIS XIV A MADAME DE MAINTENON A L'OC-
CASION DE L'ARRIVÉE DE LA DUCHESSE DE BOURGOGNE.

Page 390.

Saint-Simon dit que le roi se hâta d'envoyer un courrier à Mme de Maintenon, pour lui mander sa joie et les louanges de la princesse. Voici la lettre même du roi [1] :

« Montargis, ce dimanche au soir à six heures et demie,
4 novembre 1696.

« Je suis arrivé ici devant cinq heures; la princesse n'est venue qu'à près de six. Je l'ai été recevoir au carrosse. Elle m'a laissé parler le premier, et après m'a fort bien répondu, mais avec un petit embarras qui vous auroit plu. Je l'ai menée dans sa chambre au travers de la foule, la faisant voir de temps en temps en approchant les flambeaux de son visage. Elle a soutenu cette marche et ces lumières avec grâce et modestie. Nous sommes enfin arrivés dans sa chambre, où il y avoit une foule et une chaleur qui faisoient crever [2]. Je l'ai montrée de temps en temps à ceux qui s'approchoient, et je l'ai considérée de toutes manières, pour vous mander ce qu'il m'en semble.

« Elle a la meilleure grâce et la plus belle taille que j'aie jamais vue, habillée à peindre, et coiffée de même, des yeux vifs et très-beaux, des paupières noires et admirables; le teint fort uni, blanc et rouge, comme on peut le désirer; les plus beaux cheveux blonds que l'on puisse voir, et en grande quantité. Elle est maigre, comme il convient à son âge; la couche fort vermeille, les lèvres grosses, les dents blanches, longues et très-mal rangées, les mains bien faites, mais de la couleur de son âge. Elle parle peu, au moins à ce

---

1. L'original autographe de cette lettre se trouve à la bibliothèque du Louvre, F 328, f° 2 et suiv. — Elle a été imprimée par M. Monmerqué dans un recueil tiré à un petit nombre d'exemplaires pour les bibliophiles français, sous ce titre : *Lettres de Louis XIV, etc., adressées à Mme la marquise de Maintenon* (1 vol. in-8, Didot, 1822).

2. M. Monmerqué a mis : *où il y avoit une foule et une chaleur à faire crever.* J'ai suivi le manuscrit autographe.

que j'ai vu, n'est point embarrassée qu'on la regarde, comme une personne qui a vu du monde. Elle fait mal la révérence et d'un air un peu italien; elle a quelque chose d'une Italienne dans le visage, mais elle plaît, et je l'ai vu dans les yeux de tout le monde. Pour moi, j'en suis tout à fait content.

« Elle ressemble fort à son premier portrait, et point du tout à l'autre. Pour vous parler comme je fais toujours, je la trouve à souhait, et serois fâché qu'elle fût plus belle. Je le dirai encore : tout plaît hormis la révérence.

« Je vous en dirai davantage après souper; car je remarquerai bien des choses que je n'ai pas pu voir encore. J'oubliois de vous dire qu'elle est plutôt plus petite que grande pour son âge. Jusqu'à cette heure j'ai fait merveille; j'espère que je soutiendrai un certain air aisé que j'ai pris jusqu'à Fontainebleau, où j'ai grande envie de me retrouver.

                                              « A dix heures.

« Plus je vois la princesse, plus je suis satisfait. Nous avons été dans une conversation publique où elle n'a rien dit; c'est tout dire. Je l'ai vu déshabiller; elle a la taille très-belle, on peut dire parfaite, et une modestie qui vous plaira. Tout s'est bien passé à l'égard de mon frère. Il est fort chagrin; il dit qu'il est malade. Nous partirons demain à dix heures et demie ou onze heures; nous arriverons à cinq heures au plus tard.

« Je suis tout à fait content [Rien] que de bien à propos en répondant aux questions qu'on lui faisoit. Elle a peu parlé, et la duchesse du Lude m'a dit qu'elle l'avoit avertie que le premier jour elle feroit bien d'avoir une grande retenue. Nous avons soupé; elle n'a manqué à rien, et est d'une politesse surprenante à toutes choses; mais à moi et à mon fils, elle n'a manqué à rien, et s'est conduite comme vous pourriez faire. J'espère que vous la serez aussi. Elle a été regardée et observée, et tout le monde paroît satisfait de bonne foi. L'air est noble et les manières polies et agréables. J'ai plaisir à vous en dire du bien; car je trouve que, sans préoccupation et sans flatterie, je le peux faire, et que tout m'y oblige. Ne voulant dire tout ce que je pense, je vous donne mille bons.... (deux lignes effacées)[1].

1. Ces deux lignes sont tellement biffées qu'il est impossible d'en apercevoir un seul mot. Il est à présumer qu'elles renfermaient les expressions d'une tendresse conjugale. Mme de Maintenon, en conservant cette lettre à cause de son importance historique, en a fait disparaître ce qui aurait pu être un indice de son union avec Louis XIV. (*Note de M. Monmerqué.*)

« J'oubliois à vous dire que je l'ai vue jouer aux onchets avec une adresse charmante. Quand il faudra un jour qu'elle représente, elle sera d'un air et d'une grâce à charmer, et avec une grande dignité et un grand sérieux. »

IV. RÉCEPTION DES DUCS ET PAIRS AU PARLEMENT.

Page 438.

Saint-Simon parle dans ses Mémoires de ce qu'il appelle la *fournée des ducs et pairs de* 1663. Il ne sera pas inutile d'en donner ici un récit, qui a d'autant plus d'intérêt qu'il vient d'un témoin oculaire et qu'il est inédit. On y trouve d'ailleurs des détails importants pour comprendre plusieurs passages des Mémoires de Saint-Simon, où il est si souvent question des ducs et pairs et de leurs prérogatives. Voici comment Olivier d'Ormesson retrace, dans son *journal*, la réception des ducs et pairs en 1663 :

« Le samedi 15 décembre 1663, je fus au parlement pour voir ce qui s'y passeroit sur la réception des nouveaux ducs ; j'y entrai facilement, comme officier du parlement, et pris place avec des conseillers en la place où les gens du roi se mettent aux assemblées particulières. M. le chancelier[1] y étoit sur le banc des présidents, en robe ordinaire de velours noir, comme tout le parlement étoit aussi en robes noires, cette séance du roi n'étant point lit de justice, mais séance particulière où le roi se trouve. Les présidents qui s'y trouvèrent furent MM. le premier président[2], de Nesmond, de Longueil, de Novion, de Mesmes, Le Coigneux, Champlâtreux. Dans le parquet, sur le banc des ducs, se mirent MM. de Bonnelles, de Bellièvre, d'Aligre, Morangis. Les maîtres des requêtes honoraires et titulaires, à l'ordinaire. La place des ducs étoit sur les bancs hauts de l'audience, mais ils ne s'y mirent que lorsque le roi arriva. Les présidents des enquêtes n'ayant point de places, il fut mis deux bancs dans le parquet à droite et à gauche, où ils se mirent avec quelques-uns de la grand'chambre.

« La nouvelle étant venue par M. de Sainctot[3] que le roi étoit à

---

1. Pierre Séguier, chancelier de France depuis 1635, mort en 1672.
2. Guillaume de Lamoignon, premier président du parlement depuis 1658, mort en 1677.
3. Saint-Simon parle de ce maître des cérémonies dans plusieurs passages de ses Mémoires.

la Sainte-Chapelle, où il entendoit la messe, M. de Nesmond et les trois présidents suivants, avec six conseillers, furent au-devant, à l'ordinaire. Incontinent après le roi arriva, M. le Duc, M. le Prince et Monsieur marchant devant lui, sans le bruit des tambours ni des trompettes, ayant seulement un capitaine des gardes, qui étoit M. de Noailles, qui servoit pour M. de Villequier malade. Le roi prit sa place ordinaire avec les ducs et les carreaux accoutumés, n'ayant aucun de ses officiers auprès de sa personne, ni capitaine des gardes, ni chambellan, ni autres; M. le duc d'Orléans, M. le Prince et M. le duc d'Enghien en leurs places à droite; au-dessous d'eux, MM. les ducs de Guise, d'Uzès, de Beaufort, de Luynes, de Lesdiguières, de Richelieu, de Retz. A la gauche étoient MM. les ducs de Laon et de Langres et comte de Noyon, pairs ecclésiastiques. Le roi étoit vêtu de noir avec des plumes sur son chapeau et garniture jaune, tous les autres seigneurs vêtus de noir.

« Chacun étant assis et couvert, le roi dit qu'il étoit venu pour faire recevoir les nouveaux ducs. Après, M. le chancelier partit de sa place pour aller recevoir l'ordre du roi. Étant revenu non point dans celle de l'encoignure, comme lorsque c'est lit de justice, mais sur le banc des présidents, il lut, en son particulier, un papier où étoient écrits les noms des ducs à recevoir, selon l'ordre que le roi leur avoit donné, dont personne n'avoit connoissance. Il demanda qui avoit les lettres de M. de Verneuil[1]. M. Perrot-la-Malmaison, qui en étoit rapporteur, prit la parole, et en fit la lecture nu-tête; tout le préambule en fut supprimé, et on lut le dispositif. Après, M. le chancelier dit que le roi ordonnoit le *soit montré* et le *soit informé*[2], sans prendre l'avis de personne.

« Perrot étant passé au greffe, M. le chancelier fit lire ensuite celles (les lettres) de M. le maréchal d'Estrées, puis de M. le maréchal de Grammont, et ainsi de plusieurs autres, jusques à ce que M. Perrot fût revenu. Alors lecture ayant été faite, par M. Perrot étant couvert, [des dépositions] de deux témoins et des conclusions, M. le chancelier lui demanda son avis. Il dit six lignes fort bien en faveur de M. de Verneuil, et fut d'avis des conclusions[3]. M. le chancelier demanda ensuite l'avis à tous les conseillers de la grand'chambre et des enquêtes, suivant l'ordre ordinaire, puis aux ducs laïques et aux pairs

---

1. Henri de Bourbon, duc de Verneuil, était fils naturel d'Henri IV. Il avait épousé Charlotte Séguier, fille du chancelier. Il est question plusieurs fois de cette duchesse de Verneuil dans Saint-Simon. Voy., entre autres, pages 31 et 32 du présent volume.
2. Formule par laquelle on renvoyait une pièce à l'examen des gens du roi, qui remplissaient les fonctions du ministère public.
3. Les conclusions étaient rédigées par les gens du roi.

ecclésiastiques, sans ôter son bonnet[1], puis au président, ôtant son bonnet; ensuite il monta au roi, auprès duquel se joignirent M. le duc d'Enghien, M. le Prince et M. le duc d'Orléans, pour donner leurs avis; et puis étant revenu dans sa place, et ayant dit qu'on fît entrer M. de Verneuil, et lui s'étant présenté sans épée à la place des récipiendaires, il prononça : *Le roi tenant son parlement a ordonné et ordonne que vous serez reçu en la charge et dignité de duc et pair de France, en prêtant par vous le serment en tel cas requis et accoutumé Levez la main. Vous jurez et promettez de bien et fidèlement servir le roi, lui donner avis dans ses plus importantes affaires, et séant au parlement rendre la justice au pauvre comme au riche, tenir les délibérations de la cour closes et secrètes, et vous comporter comme un digne, vertueux et magnanime duc et pair, officier de la couronne et conseiller en cour souveraine doit faire. Ainsi vous le jurez et le promettez.*

« M. de Verneuil ayant répondu *oui*, M. le chancelier dit : *Le roi vous ordonne de prendre votre épée.* L'huissier, qui la portoit auprès de lui, l'ayant remise dans le baudrier, M. de Verneuil alla prendre sa place sur le banc, et à la suite des anciens ducs.

« Cette même formalité fut observée pour chacun des autres ducs. Ils furent reçus suivant l'ordre qui suit : M. de Verneuil, le premier, duc de Verneuil; M. le maréchal d'Estrées, duc de Cœuvres; M. le maréchal de Grammont, duc de Grammont; M. de La Meilleraye, duc de La Meilleraye; M. de Mazarin, duc de Rethel (pairie mâle et femelle); M. de Villeroy, duc de Villeroy; M. de Mortemart, duc de Mortemart; M. de Créqui, duc de Poix; M. de Saint-Aignan, duc de Saint-Aignan; M. de Foix, duc de Randan (pairie mâle et femelle, à cause de Mmes de Senecey[2] et de Fleix); M. de Liancourt, duc de La Rocheguyon; M. de Tresmes, duc de Tresmes; M. de Noailles, duc d'Ayen; M. de Coislin, duc de Cambout.

« M. de Noailles faisoit ce jour la charge de capitaine des gardes en place de M. de Villequier malade. Voyant que, pour prêter le serment, il étoit de l'ordre d'ôter l'épée, il fit demander au roi, par M. le chancelier, si lui, faisant fonction de capitaine des gardes du corps, il devoit la quitter et son bâton[3]. Le roi répondit qu'il la devoit ôter, et il l'ôta comme les autres.

1. L'omission de cette formalité fut une des causes de la haine de Saint-Simon contre le parlement.
2. Marie-Catherine de La Rochefoucauld, mariée le 7 août 1607 à Henri de Beaufremont, marquis de Senecey. Elle était première dame d'honneur d'Anne d'Autriche, et avait été gouvernante de Louis XIV. La comtesse de Fleix, sa fille, était mère de Gaston de Foix, qui fut nommé duc de Randan, en 1663.
3. Le capitaine des gardes du corps en quartier portait un bâton de commandement comme signe de sa dignité.

« Au sortir, le roi parla quelque temps à M. le premier président, et, au sortir du parquet, il fit appeler à M. le procureur général¹, auquel il parla. »

1. Le procureur général était alors Achille de Harlay, qui devint plus tard premier président. Saint-Simon en parle souvent, surtout à l'occasion du procès de préséance. Voy. pages 142, 143, 144, 180, 181.

FIN DES NOTES DU PREMIER VOLUME.

TABLE DES CHAPITRES.

DU PREMIER VOLUME.

Introduction, par M. Sainte-Beuve..................................... I

Lettre écrite par Saint-Simon à M. de Rancé, abbé de la Trappe, en le consultant sur ses Mémoires................................ XXXII

Introduction de l'auteur.. XLIII

Chapitre premier. — 1691. — Où et comment ces Mémoires commencés. — Ma première liaison avec M. le duc de Chartres. — Maupertuis, capitaine des mousquetaires gris; sa fortune et son caractère. — 1692. — Ma première campagne, mousquetaire gris. — Siége de Namur par le roi en personne. — Reddition de Namur. — Solitude de Marlaigne. — Poudre cachée par les jésuites. — Bataille navale de la Hogue. — Danger de badiner avec des armes. — Coetquen et sa mort.................... 1

Chapitre II. — Mariage de M. le duc de Chartres. — Cause de la préséance des princes lorrains sur les ducs à la promotion de 1688. — Premiers commencements de l'abbé Dubois, depuis cardinal et premier ministre. — Appartement. — Fortune de Villars père. — Maréchale de Rochefort. — Comte et comtesse de Mailly. — Marquis d'Arcy, et comte de Fontaine-Martel et sa femme.................................. 17

Chapitre III. — Mariage du duc du Maine. — Mme de Saint-Vallery. — M. de Montchevreuil, sa femme et leur fortune. — 1693. — Duchesse douairière d'Hanovre et ses filles sans rang, à grands airs. — Causes de sa retraite en Allemagne et de la haute fortune de sa seconde fille. — Ma sortie des mousquetaires pour une compagnie de cavalerie dans le Royal-Roussillon. — Promotion de sept maréchaux de France. — Duc de Choiseul pourquoi laissé. — Mort de Mademoiselle et ses donations libres et forcées. — Distinction du rang de petite-fille de France procurée par mon père.. 34

Chapitre IV. — Distribution des armées. — Le roi en Flandre. — Époque de l'obéissance des maréchaux les uns aux autres par ancienneté. — Art de M. de Turenne. — Mort de mon père dont le roi me donne le gouvernement. — Origine première de la fortune de mon père. — Bonté et prévoyance de Louis XIII sur le gouvernement de Blaye. — Mon oncle et mon père chevaliers de l'ordre en 1633 avant l'âge. — Mon père duc et pair en janvier 1635, et comment. — Grandeur d'âme et courage de Louis XIII à la perte de Corbie. — Réprimande à mon père en public pour n'avoir pas écrit *monseigneur* au duc de Bellegarde disgracié et exilé. — Chasteté de Louis XIII digne de saint Louis, qui réprimande mon père. — Époque du nom de *madame* aux dames d'atours filles. — Intimité jusqu'à la mort de M. le Prince, père du héros, avec mon père, et sa cause. — Bontems et Nyert. — Leur fortune par mon père............................ 45

Chapitre v. — Gloire de Louis XIII au fameux pas de Suse. — Chavigny; ses trahisons; son étrange mort. — Retraite à Blaye de mon père et sa cause jusqu'à la mort du cardinal de Richelieu, et cependant employé et toujours dans la faveur. — Mort sublime de Louis XIII qui fait mon père grand écuyer de France. — Prophétie de Louis XIII mourant. — Scélératesse qui prive mon père de la charge de grand écuyer et qui la donne au comte d'Harcourt. — Fortune de Beringhen, premier écuyer. — Premier mariage de mon père. — Sa fidélité. — Contraste étrange de fidélité et de perfidie de mon père et du comte d'Harcourt. — Refus héroïque de mon père. — Quel étoit le marquis de Saint-Mégrin. — Origine du bonnet que MM. de Brissac et depuis MM. de La Trémoille et de Luxembourg ont à leurs armes. — Deuxième mariage de mon père. — Combat de mon père contre le marquis de Vardes. — Étrange éclat de mon père sur un endroit des Mémoires de M. de La Rochefoucauld. — Gratitude de mon père jusqu'à sa mort pour Louis XIII.................................... 61

Chapitre vi. — Départ subit du roi pour Versailles, et de Monseigneur avec le maréchal de Boufflers pour le Rhin. — Monsieur sur les côtes. — Tilly défait. — Huy rendu au maréchal de Villeroy. — Bataille de Neerwinden... 85

Chapitre vii. — Monseigneur, mal conseillé, n'attaque point les retranchements d'Heilbronn, dont le maréchal de Lorges est outré. — Monseigneur de retour du Rhin et Monsieur des côtes. — Succès à la mer. — Siége et prise de Charleroy par le maréchal de Villeroy. — Prise de Roses par le maréchal de Noailles. — Bataille de la Marsaille en Piémont. — J'arrive à Paris et j'achète un régiment de cavalerie. — Daquin, premier médecin du roi, chassé, et Fagon en sa place. — Fortune et mort de La Vauguyon. — Survivance de Pontchartrain. — Saint-Malo bombardé sans dommage. — Mariage du maréchal de Boufflers. — Dangeau, maître de l'ordre de Saint-Lazare. — Ordre de Saint-Louis.................. 101

Chapitre viii. — 1694. — Origine de mon intime amitié avec le duc de Beauvilliers jusqu'à sa mort. — Louville. — La Trappe et son réformateur, et mon intime liaison avec lui. — Son origine. — Procès de préséance de M. de Luxembourg contre seize pairs de France ses anciens. — Branche de la maison de Luxembourg établie en France. — M. de Luxembourg, sa branche et sa fortune. — Ruses de M. de Luxembourg. — Ducs à brevet.. 117

Chapitre ix. — Novion premier président. — Harlay premier président. — Harlay, auteur de la légitimation des doubles adultérins, sans nommer la mère; source de sa faveur. — Causes de sa partialité pour M. de Luxembourg. — Situation des deux partis. — Ducs de Chevreuse et de Bouillon en prétentions et à part. — Talon président à mortier. — Labriffe procureur général. — Mesures de déférence de moi à M. de Luxembourg. — Sommaire de la question formant le procès. — Opposants à M. de Luxembourg. — Conduite inique en faveur de M. de Luxembourg. — Mes lettres d'État. — Cavoye. — Mes ménagements pour M. de Luxembourg mal reçus.. 140

Chapitre x. — Éclat entre MM. de Richelieu et de Luxembourg, dont tout l'avantage demeure au premier. — M. de Bouillon, moqué par le premier président Harlay, et son repentir. — Sa chimère d'ancienneté et celle de M. de Chevreuse. — Tentative échouée de la chimère d'Épernon. — Prétention de la première ancienneté des Vendôme désistée en même temps que formée. — D'où naît le rang intermédiaire des bâtards. — Ruse, adresse, intérêt, succès du premier président Harlay et sa maligne formation de ce rang intermédiaire. — Déclaration du roi pour le rang intermédiaire. — Harlay obtient parole du roi d'être chancelier. — Princes du sang priés de la bouche du roi de se trouver à l'enregistrement et à l'exécution de sa déclaration, et les pairs, de sa part par une lettre à chacun de l'archevêque-duc de Reims. — M. le duc et M. le prince de Conti mènent M. du Maine chez MM. du parlement. — M. de Vendôme mené chez tous les pairs et chez MM. du parlement par M. du Maine, et reçu comme lui au parlement sans presque aucun pair. — MM. du Maine et de Toulouse visités comme les princes du sang par les ambassadeurs. 161

CHAPITRE XI. — Situation des opposants avec le premier président Harlay. — Duc de Chaulnes. — Il négocie l'assemblée de toutes les chambres avec le premier président Harlay, qui lui en donne sa parole et qui lui en manque. — Rupture entière des opposants avec le premier président Harlay. — Harlay, premier président, récusé par les opposants. — Mort du dernier des Longueville. — Prince et princesse de Turenne. — Mariage du prince de Rohan. — Mme Cornuel. — Mariage du duc de Montfort, du duc de Villeroy, de La Châtre. — Distribution des armées. — Beuvron et Matignon refusent le *monseigneur* au maréchal de Choiseul, et le lui écrivent par ordre du roi. — Le roi me charge de Flandre en Allemagne. — M. de Créqui chassé hors du royaume, et pourquoi. — Mme du Roure exilée en Normandie. — Monseigneur préfère la Flandre au Rhin. — La Feuillée lui est donné pour son mentor. — Je vais à l'armée d'Allemagne. — Belle marche du maréchal de Lorges devant le prince Louis de Bade................................... 176

CHAPITRE XII. — Bataille du Ter en Catalogne. — Palamos, Girone, Castel-Follit pris. — M. de Noailles fait vice-roi de Catalogne. — Bombardement aux côtes. — Dieppe brûlée. — Belle et diligente marche de Monseigneur et de M. de Luxembourg du camp de Vignamont. — Préférence de l'avis de l'intendant à celui du général, qui coûte une irruption des ennemis en Alsace. — Les ennemis retirés au delà du Rhin. — Procédé entre les maréchaux de Lorges et de Joyeuse raccommodé par les marquis d'Huxelles et de Vaubecourt. — Maréchal d'Humières, sa fortune et sa famille. — Sa mort. — Maréchal de Boufflers gouverneur de Flandre et Lille. — Maréchal de Lorges gouverneur de Lorraine. — M. du Maine grand maître de l'artillerie. — Duc de Vendôme général des galères. 195

CHAPITRE XIII. — Tracasseries de Monsieur et des princesses. — Aventure de Mme la princesse de Conti, fille du roi, qui chasse de chez elle Mlle Choin. — Disgrâce, exil, etc., de Clermont. — Cabale et désarroi. — Mlle Choin et Monseigneur. — M. de Noyon, de l'Académie françoise, étrangement moqué par l'abbé de Caumartin, qui en est perdu. — Grande action de M. de Noyon sur l'abbé de Caumartin. — Dauphiné d'Auvergne et comté d'Auvergne terres tout ordinaires. — Folie du cardinal de Bouillon. — Changements chez Monsieur........................ 207

CHAPITRE XIV. — Directeurs et inspecteurs en titre. — Horrible trahison qui conserve Barcelone à l'Espagne pour perdre M. de Noailles. — Établissement de la capitation. — Comte de Toulouse reçu au parlement et installé à la table de marbre par Harlay, premier président. — Procès de M. le prince de Conti contre Mme de Nemours pour les biens de Longueville. — Un bâtard obscur du dernier comte de Soissons, prince du sang, comblé de biens par Mme de Nemours. — Il prend le nom de prince de Neuchâtel, et épouse la fille de M. de Luxembourg....... 121

CHAPITRE XV. — 1695. — Mort de M. de Luxembourg. — Maréchal de Villeroy capitaine des gardes et général de l'armée de Flandre. — Opposition à la réception au parlement du duc de Montmorency, qui prend le nom de duc de Luxembourg. — Qualité de premier baron de France, fausse et insidieuse, que les opposants ont fait rayer au maréchal-duc de Luxembourg. — M. d'Elbeuf. — Roquelaure insulté par MM. de Vendôme. — Mort de la princesse d'Orange dont le roi défend le deuil aux parents. — Catastrophe de Kœnigsmarck et de la duchesse d'Hanovre. — Échange forcé des gouvernements de Guyenne et de Bretagne. — M. d'Elbeuf à l'adoration de la croix après MM. de Vendôme. — Origine de mon amitié particulière avec la duchesse de Bracciano, depuis dite princesse des Ursins. — Phélypeaux fils et survivancier de Pontchartrain. — Origine de ma liaison avec lui. — Maréchal et maréchale de Lorges. — Famille du maréchal de Lorges. — Mon mariage. — Trahison inutile de Phélypeaux. — Mariage de ma belle-sœur avec le duc de Lauzun. — Mort de la marquise de Saint-Simon et de sa nièce la duchesse d'Uzès, de La Fontaine, de Mignard, de Barbançon. — Échange de Meudon et de Choisy avec un grand retour... 230

CHAPITRE XVI. — Distribution des armées. — Profonde adresse de M. de Noailles qui le remet mieux que jamais avec le roi, en portant M. de Vendôme à la tête des armées. — Maladie du maréchal de Lorges, delà le Rhin. — Attachement de son armée pour lui. — Maréchal et maréchale de Lorges à Landau, et le maréchal de Joyeuse fort près des ennemis. — Situation des armées. — Maréchal de Joyeuse repasse le Rhin. — Traité de Casal. — Bombardement aux côtes. — Succès à la mer. — Siége de Namur par le prince d'Orange. — Le maréchal de Boufflers s'y jette. — Vaudemont et son armée échappés au plus grand danger. — Maréchal de Villeroy habile et heureux courtisan. — Lavienne, premier valet de chambre. — Sa fortune. — Le roi, outré d'ailleurs, rompt sa canne à Marly sur un bas valet du serdeau. — Reddition de la ville de Namur. — Deinse et Dixmude pris. — Bruxelles fort bombardé. — Reddition du château de Namur. — Guiscard chevalier de l'ordre. — Maréchal de Boufflers duc vérifié. — Maréchal de Lorges de retour à son armée tombe en apoplexie... 258

CHAPITRE XVII. — Brias archevêque de Cambrai. — Sa mort. — Abbé de Fénelon. — Mme Guyon. — Fénelon précepteur des enfants de France. — Fénelon archevêque de Cambrai. — Boucherat, chancelier, ferme sa porte aux carrosses mêmes des évêques. — Harlay archevêque de Paris. — Dégoût de ses dernières années. — Sa mort. — Sa dépouille. — Coislin, évêque d'Orléans, nommé au cardinalat. — Noailles, évêque-comte de Châlons, archevêque de Paris, et son frère, évêque-comte de Châlons. — Régularisation de la Trappe. — Évêque-duc de Langres. — Gordes ; sa mort. — Abbé de Tonnerre évêque-duc de Langres ; sa modestie. — M. le maréchal de Lorges ne sert plus. — Forte picoterie des princesses.. 283

Chapitre XVIII. — 1696. — Banc au lieu de ployant aux cardinaux aux cérémonies de l'ordre, à la réception de MM. de Noyon et de Guiscard. — Duc Lanti nommé à l'ordre ; son extraction. — Prince de Conti gagne son procès contre la duchesse de Nemours. — Mariage de Barbezieux avec Mlle d'Alègre ; de M. de Luxembourg avec Mlle de Clérembault ; de Mme de Seignelay avec M. de Marsan ; du duc de Lesdiguières avec Mlle de Duras ; du duc d'Uzès avec Mlle de Monaco. — Rang nouveau de prince étranger de M. de Monaco. — Mariage du duc d'Albret et de Mlle de La Trémoille ; de Villacerf avec Mlle de Brinon ; de Lassay et d'une bâtarde de M. le Prince ; de Feuquières avec la Mignard ; de Bouzols avec Mlle de Croissy. — Comte de Luxe, fait duc vérifié de Châtillon-sur-Loing, épouse Mlle de Royan. — Le prince d'Isenghien obtient un tabouret de grâce pour toujours. — Sourde lutte de l'archevêque de Cambrai et de l'évêque de Chartres. — Mme Guyon chassée de Saint-Cyr, puis à la Bastille...... 299

Chatitre XIX. — Cavoye et sa fortune. — Projet avorté sur l'Angleterre. — Le roi d'Angleterre à Calais. — Mort de Mme de Guise ; du marquis de Blanchefort ; de M. de Saint-Géran. — Mme de Saint-Géran. — Mort de Mme de Miramion. — Mme de Nesmond ; son orgueil. — Mort de Mme de Sévigné. — Éclat de l'évêque d'Orléans contre le duc de La Rochefoucauld, sur une place derrière le roi donnée au dernier. — Mort de La Bruyère ; de Daquin, ci-devant premier médecin ; de la reine mère d'Espagne... 312

Chapitre XX. — Reprise du procès de M. de Luxembourg. — Récusation du premier président Harlay. — Option hardie de M. de Luxembourg. — Renvoi au parlement de la cause par la bouche du roi. — Pairs postérieurs en cause. — Partialité de Maisons contre nous. — Insolence de l'avocat de M. de Luxembourg, sans suite. — Misère des ducs opposants. — D'Aguesseau, avocat général, conclut pour nous. — M. de Luxembourg appointé sur sa prétention et sans qu'il en eût fait demande ; mis en attendant au rang de 1662. — Pitoyable conduite des ducs opposants. — Projet d'écrit que je fis pour le roi inutilement. — Prévarication solennelle du premier président Harlay. — Honte des juges de leur jugement. — Réception de M. de Luxembourg au parlement............... 324

Chapitre XXI. — Destination des armées. — Maréchal de Choiseul sur le Rhin. — M. de Lauzun se brouille et se sépare de M. et de Mme la maréchale de Lorges. — Le duc de La Feuillade vole son oncle en passant à Metz. — Prévenances du maréchal de Choiseul en l'armée duquel j'arrive. — Mort de Montal ; du marquis de Noailles ; de Varillas ; du Plessis ; du roi de Pologne Jean Sobieski. — Cavalerie battue par M. de Vendôme. — Négociation. — Armée de Savoie. — Tessé. — Conditions de la paix de Savoie. — Succès à la mer... 335

Chapitre XXII. — Filles d'honneur de la princesse de Conti mangent avec le roi. — Elle conserve sa signature, que les deux autres filles du roi changent. — Mort de Croissy, ministre et secrétaire des affaires étrangères. — Torcy épouse la fille de Pomponne et fait sous lui la charge de son père. — Mort de Mme de Bouteville ; du marquis de Chanderrier ; sa disgrâce. — Fortune de M. de Noailles. — Anthrax du roi au cou. — Ducs de Foix et de Choiseul otages à Turin. — Maison de la future duchesse de Bourgogne. — Duchesse du Lude dame d'honneur. — Comtesse de Mailly dame d'atours. — La comtesse de Blansac chassée. — Duchesse d'Arpajon. — Comtesse de Roucy, sa fille. — M. de Rochefort menin de Monseigneur. — Dangeau chevalier d'honneur. — Mme de Dangeau dame du palais. — Mme de Roucy dame du palais. — Comte de Roucy. — Mme de Nogaret dame du palais. — D'O, et Mme D'O dame du palais. — Différence des principaux domestiques les petits-fils de France et de ceux des princes du sang. — Avantages nouveaux de ceux des bâtards sur ceux des princes du sang. — Marquise du Châtelet dame du palais. — Mme de Montgon dame du palais. — Mme d'Heudicourt... 345

CHAPITRE XXIII. — Projet des Impériaux sur le Rhin. — Maréchal de Choiseul dans le Spirebach. — Raisons de ce camp. — Dispositions du maréchal de Choiseul. — Mouvements et dispositions du prince Louis de Bade. — Retraite des Impériaux. — Précautions du maréchal de Choiseul à la cour, qui met en quartiers de fourrages et me donne congé. — Mort de M. Frémont, beau-père de M. le maréchal de Lorges. — Naissance de ma fille.. 369

CHAPITRE XXIV. — Noire invention à mon retour. — M. de la Trappe peint de mémoire. — M. de Savoie avec l'armée du roi assiége Valence. — Il lève le siège par la neutralité d'Italie. — Tout accompli avec lui et son ministre mené pour le premier des ministres étrangers à Marly. — La princesse au Pont-Beauvoisin a le rang de duchesse de Bourgogne. — Prétention étrange du comte de Brionne à l'égard de M. de Savoie. — Le roi à Montargis au-devant de la princesse. — Arrivée à Fontainebleau ; présentation. — Retour à Versailles. — Des présentations. — Grâces de la princesse qui charment le roi et Mme de Maintenon. — Mlles de Soissons ont défense de voir la princesse........................... 380

CHAPITRE XXV. — Plénipotentiaires nommés pour la paix. — Harlay conseiller d'État. — Courtin conseiller d'État. — Courtin, Harlay et le duc de Chaulnes. — Callières. — Candidats pour la Pologne. — Prince de Conti. — Princes Constantin et Alexandre Sobieski, bien qu'incognito, baisent la princesse. — Vaine entreprise de Mme de Béthune de baiser la princesse. — Mariage de Coetquen avec une fille du duc de Noailles. — Mort de l'abbé Pelletier, conseiller d'État ; du duc de Roannais. — Mme de Saint-Géran exilée. — Disgrâce de Rubantel. — Mme de Castries dame d'atours de Mme la duchesse de Chartres. — Mme de Jussac auprès de Mme la duchesse de Chartres............................... 392

CHAPITRE XXVI. — 1697. — Mort de Bignon, conseiller d'État, et de son frère, premier président du grand conseil, dont Vertamont, son gendre, a la place. — Caumartin, conseiller d'État, gagne sa prétention de sa date d'intendant des finances sur les conseillers d'État postérieurs. — La

Reynie, conseiller d'État et lieutenant de police, quitte cette dernière place à d'Argenson. — Mort de Pussort, doyen du conseil et conseiller au conseil royal des finances. — Cette dernière place donnée à Pomereu au refus de Courtin, doyen du conseil. — Combat à Paris du bailli d'Auvergne et du chevalier de Caylus ; Mlle de Soissons exilée. — Ruvigny et ses fils. — Harlay, premier président, s'approprie un dépôt à lui confié par son ami Ruvigny, fait son fils conseiller d'État et obtient vingt mille livres de pension. — Duchesse de Valentinois brouillée et retournée avec son mari. — Son horrible calomnie. — Mme de L'Aigle, dame d'honneur de Mme la duchesse. — Briord, ambassadeur à Turin, quoiqu'à M. le Prince. — Mariage du fils de Pontchartrain avec une sœur du comte de Roucy, après que le roi lui eut défendu celui de Mlle de Malause. — Élévation des ministres. — Malause. — Roucy-Roye-La Rochefoucauld. — Aventure qui fait passer le comte et la comtesse de Roye de Danemark en Angleterre. — Mariage du comte d'Egmont avec Mlle de Cosnac, à qui le roi donne un tabouret de grâce.................... 408

CHAPITRE XXVII. — Mort de Molinos. — Continuation de l'affaire de l'archevêque de Cambrai. — Mandements théologiques de MM. de Paris et de Chartres. — *Instruction sur les états d'oraison* de M. de Meaux. — *Maximes des saints* de M. de Cambrai. — Ducs de Chevreuse et de Beauvilliers perdus auprès de Mme de Maintenon. — M. de Cambrai se résout à porter son affaire à Rome. — Son intime liaison avec le cardinal de Bouillon et les jésuites. — Leurs intérêts communs. — Cardinal de Bouillon va relever à Rome le cardinal de Janson, et obtient pour son neveu la coadjutorerie de son abbaye de Cluny. — Embarras des jésuites et leur adresse. — Succès des *Maximes des saints* et de l'*Instruction sur les états d'oraison*. — *Maximes des saints* mises à l'examen. — Examinateurs. — Mort de l'évêque de Metz ; sa fortune. — M. de Paris commandeur de l'ordre. — M. de Meaux conseiller d'État d'Église. — M. de Cambrai porte son affaire à Rome. — Lettres au pape de part et d'autre. — Réponses du pape. — M. de Cambrai exilé pour toujours dans son diocèse. — Mort de la duchesse douairière de Noailles. — Sa charge. — Sa famille. — M. de Troyes ; sa famille, sa vie, sa retraite. — M. d'Orléans de nouveau et durement condamné contre M. de La Rochefoucauld. — Abbé de Coislin ; sa fortune ; est fait évêque de Metz. — Place décidée pour le premier aumônier derrière le roi à la chapelle. — Réconciliation du duc de La Rochefoucauld et de l'évêque d'Orléans. — Mort de La Hillière, gouverneur de Rocroy, ami de mon père. — Comédiens italiens chassés....... 422

NOTES.

I. Table de marbre... 445

II. Conseils du roi... 445

III. Lettre de Louis XIV à Mme de Maintenon à l'occasion de l'arrivée de la duchesse de Bourgogne............................. 447

IV. Réception des ducs et pairs au parlement en 1663............. 449

www.ingramcontent.com/pod-product-compliance
Lightning Source LLC
Chambersburg PA
CBHW051125230426
43670CB00007B/677